南京大学经济学院教授文选

沈坤荣自选集

中国的体制转型
与经济增长研究

沈坤荣　著

南京大学出版社

图书在版编目(CIP)数据

沈坤荣自选集：中国的体制转型与经济增长研究 /
沈坤荣著. — 南京：南京大学出版社，2023.8
（南京大学经济学院教授文选）
ISBN 978-7-305-26937-0

Ⅰ. ①沈… Ⅱ. ①沈… Ⅲ. ①中国经济－经济增长－
文集 Ⅳ. ①F124.1-53

中国国家版本馆 CIP 数据核字（2023）第 077074 号

出版发行　南京大学出版社
社　　址　南京市汉口路 22 号　　　　邮　编　210093
出 版 人　金鑫荣
丛 书 名　南京大学经济学院教授文选
书　　名　沈坤荣自选集：中国的体制转型与经济增长研究
著　　者　沈坤荣
责任编辑　张　静

照　　排　南京南琳图文制作有限公司
印　　刷　南京爱德印刷有限公司
开　　本　787 mm×960 mm　1/16　印张 34.5　字数 585 千
版　　次　2023 年 8 月第 1 版　2023 年 8 月第 1 次印刷
ISBN 978-7-305-26937-0
定　　价　168.00 元

网址：http://www.njupco.com
官方微博：http://weibo.com/njupco
官方微信号：njupress
销售咨询热线：(025) 83594756

前 言

对经济增长的研究一直是我的兴趣所在。经过 40 多年的改革开放,中国取得了举世瞩目的历史性成就,经济总量跃居世界第二,拥有世界上最大规模的中等收入群体,2008 年金融危机后成为拉动世界经济增长的主力。中国产品遍布全球,国际影响力进一步提升。

中国经济取得如此发展成就的根本原因在于坚持改革开放,通过体制改革和制度创新形成经济增长的动力机制,即工业化、市场化、城市化和国际化。20 世纪 80至 90 年代,工业化成为经济增长的主要动力源。通过农村改革,解放了农村生产力,推动了农业劳动生产率提升和农村工业化;通过市场化改革,实现了从以计划为主走向以市场为主,工业化进程加快,经济整体效率提高。1997 年亚洲金融危机的爆发对中国经济产生冲击,导致通货紧缩并加剧产能过剩。坚持改革开放,使得国际化和城市化"双轮驱动",成为 2000 年以来推动中国经济高速增长的关键力量。从国际化看,通过 FDI 的技术外溢效应提高技术水平和组织效率,进而提升全要素生产率;以开放倒逼改革,通过改革推动市场化进程、释放市场活力,促进民营经济快速发展,为经济增长提供坚实的微观基础。随着对外开放步伐的加快,中国企业在全球布局产业链,推动工业化迈上新台阶。从城市化看,随着财税制度和住房制度改革的深化以及户籍制度的"松绑",大规模劳动力转移和现代化建设在城市中展开。通过城市化加快资本形成、推动基建扩张,促进劳动力流动和人力资本集聚,中国经济按下"快进键"。在大规模快速城市化的带动下,通过构建具有中国特色的转移支付制度,助力全面建成小康社会,城乡面貌焕然一新。随着经济发展空间结构的演变,中心城市和城市群正在成为承载发展要素的主要平台和坚实载体，推动城市群治理体系构建和治理机制变革。正是在如火如荼的城市化进程中，增长绩效得以改进，经济结构得以优化，国家治理体系和治理能力现代化水平得以提升。

但是，在经济高速增长进程中不是没有发展的代价和成本。长期以来的要素投入型增长所积累的矛盾日益突出，特别是资源环境约束趋紧、收入差距较大、金融风险累积等一系列深层次问题，使得可持续发展面临挑战。随着中国经济总量的增加，尤其是中国成为全球第二大经济体以来，世界经济格局发生了重大变化。以美国为代表的发达经济体一方面享受中国经济全球参与带来的发展红利，例如，廉价产品供应和超大规模市场；另一方面，在意识形态领域对中国进行打压和遏制，原有开放格局下的国际经济技术合作面临挑战。与此同时，中国经济还面临人口老龄化、少子化，城市群化等结构性演变带来的挑战。如何应对发展阶段、发展条件、发展环境的演变，如何使人口规模巨大的中国迈上全面建设社会主义现代化国家新征程，必须做出新的思考。

面对"世界之变、时代之变、历史之变"，最重要的还是做好自己的事情。党的二十大报告再次强调，加快构建新发展格局，着力推动高质量发展。针对新发展阶段面临的挑战，以新发展理念为引领构建新发展格局，推动中国经济迈向可持续的高质量发展，需要深入思考中国经济增长的影响因素和支撑条件。第一，坚持科技自立自强，尤其是以数字经济发展增强自主创新能力，为高质量发展筑牢坚实的技术基础。第二，推进绿色低碳发展，加快发展方式绿色转型。第三，坚持高水平对外开放，以更开放的姿态面对国际环境变化。第四，增进民生福祉，突出共享发展、协调发展，真正做到提升经济增长的福利效应，使经济增长更好惠及全体人民。

本人围绕中国的体制转型与经济增长展开研究，主要包括三个方面。第一，从一般性技术分析入手，较早用定量与定性相结合的方法，对中国经济的增长绩效进行科学评估。第二，从制度变迁和体制转型入手，系统分析了地方政府行为、外商直接投资、贸易发展、资本市场开放等因素对经济增长的影响，尤其是政府行为演变影响中国经济增长的独特机制，在文献中也多有涉及。第三，在国际经验的比较中拓展中国经济增长研究的视野，在历史进程的演变中寻找中国经济特有的发展特征。

　　以上研究取得了一系列成果,这些成果发表于《中国社会科学》《经济研究》《管理世界》等学术期刊和《求是》《人民日报》《光明日报》等重要报刊,部分论文被《新华文摘》《人大复印报刊资料》等转载。部分研究成果曾荣获第十三届(2008 年度)孙冶方经济科学奖、第四届张培刚发展经济学优秀成果奖、第一届刘诗白经济学奖,两次获得教育部高等学校科学研究优秀成果奖(人文社会科学)二等奖,两次获得江苏省哲学社会科学优秀成果奖一等奖,产生了良好的社会反响。

　　本书从以上研究成果中收录了 23 篇论文和 16 篇重要报刊文章,对我的学术生涯进行了一次较为系统的回顾。感谢南京大学经济学院资助出版教授自选集的决定。感谢南京大学出版社的大力支持。感谢赵倩博士在初稿编排中做了大量资料收集和文字编辑工作。

　　我于 1982 年来到南京大学求学,先后就读于南京大学数学系、南京大学商学院,后就读于中国人民大学经济学院,获计算数学学士、经济学硕士和博士学位。1996年进入中国社会科学院工业经济研究所从事博士后研究工作。今年是南京大学 120周年华诞。南京大学走过两个甲子,我也即将走过人生一甲子。忆往昔峥嵘岁月,感谢南京大学、中国人民大学和中国社会科学院营造的良好学术氛围。

　　对中国经济学的研究既要关注外部环境的演变,更要直面中国经济运行的鲜活现实。随着中国经济迈上现代化新征程,如何在应对百年变局中找到中国式现代化发展路径,是我坚持不懈的学术追求。我将一直以中国经济发展为研究主题,将其放在全球视野下考虑,评价中国经济发展对世界经济的贡献;将当下的发展放在中华民族伟大复兴的历史进程中考虑,运用历史眼光研究现实问题,坚定历史自信;将学术重点放在讲好中国故事上,增强经济学科的前沿性、前瞻性和科学性,以科学规范的研究方法增强中国经济学在国际上的声音,为解读中国经济发展实践、推动中国经济学理论创新、构建中国经济学学术话语体系做出自己的贡献。

沈坤荣

2022 年 11 月 8 日于南京大学安中楼

目 录

上 篇

下　篇

上　篇

01　增长理论的演进、比较与评述[①]

经济增长理论从古典理论发展到今天的内生增长理论,这其中不仅体现了经济学家对经济增长源泉的不同理解,更为重要的是体现了经济学家对经济增长研究方法和研究工具的不断发展。笔者认为,不论是观点和思想的变化,还是方法和工具的进步,都是经济增长理论不断走向成熟的重要标志。因此,本文对于经济增长理论的综述将同时关注来自理论和方法上的发展。

一、经济增长概念与经济增长理论

（一）经济增长概念

通常意义上,经济增长被简单地概括为总产出的持续增长。经济学家们经常是通过衡量产出的两个指标 GNP(或 GDP)和人均 GNP(或人均 GDP)来测量经济增长,所以,经济增长在统计上反映为 GNP(GDP)或其人均值的持续上升。

然而,即使是这样一个简单的概念也包括了相当丰富的研究成果。关于经济增长内涵的研究成果直接来源于库兹涅茨、乔根森、麦迪逊等增长问题专家的工作。根据麦迪逊的研究,经济增长一直到资本主义阶段才真正显示出来,1820—1980 年,人均产出的增长率几乎每年增加 1.6%。库兹涅茨认为,现代经济增长的源头可以追溯到工业革命时期。而且现代经济增长具有一种共同的特征,即伴随着人均产出和人均收入的上升,同时产生"发展模式"的转型。这种"发展模式"转型表现为从农业

① 原文系 2003 年南京大学出版社出版的专著《新增长理论与中国经济增长》的"导论"部分;刊载于《经济学动态》2006 年第 5 期,有删节。著作荣获江苏省第九届哲学社会科学优秀成果奖一等奖、教育部第四届中国高校人文社会科学研究优秀成果奖二等奖。

向非农产业转移,以及不断增强的城市化趋势。

无论是库兹涅茨,还是麦迪逊,都把现代经济增长定位于最近二三百年的时间,定位于工业化过程,定位于这一过程中的总量或结构性的特征。因此,经济增长概念实质上代表了一种长期趋势——在过去的两个世纪中,世界经济和工业化国家的总产出表现出持续的增长趋势,特别是人均产出的持续增长。本文将要分析的增长理论就是建立在这样的增长概念基础之上。

(二)经济增长理论

经济增长概念描述了经济(GDP 或人均 GDP)的动态上升趋势。然而,我们发现,在这样的经济增长概念下,几乎任何与经济增长有关的总量或结构问题都可以看作经济增长问题。这样宽泛的经济增长概念及其研究内容已经大大超越了经济增长理论的边界,因为,诸如经济发展理论、产业经济学的有关内容都包含了对经济增长的深入描述。因此,从经济增长概念到今天的经济增长理论经历了一个逐步演化的过程。

从古典经济学对经济增长的研究开始,经济增长理论包括了相当广泛的内容,像制度因素往往也成为研究的内生变量。第二次世界大战以后,经济学家在研究经济增长问题时,增长理论的范围已经大大收缩了。经济增长理论特指那些研究特定制度背景下(制度是外生变量),经济总量水平持续上升的理论解释和经验研究。在这样的研究框架下,经济增长理论集中在对发达国家人均 GDP 持续增长的理论和经验研究上,而不再考虑经济增长中结构的变化或制度的变迁,主要运用最优化方法进行总量动态分析。

经济增长理论从古典理论发展到今天的内生增长理论(endogenous growth theory),这其中不仅体现了经济学家对经济增长源泉有着不同的理解——对经济增长的不同解释,更为重要的是体现了经济学家对经济增长研究方法和研究工具的不断发展。在我们看来,无论是观点和思想的变化还是方法和工具的进步,都是经济增长理论不断走向成熟的重要标志。因此,本文对于经济增长理论的综述将同时关注理论和方法上的发展。

二、经济增长理论的演进

美国著名的经济学家罗伯特·索洛在获得 1987 年诺贝尔经济学奖的讲演稿中写道:"增长理论并非从我的 1956 年和 1957 年的论文开始,而且它肯定不在那里结束。它可能从《国富论》开始,而且或许亚当·斯密还有先辈。"(索洛,1987;王宏昌,1998)或许我们对于经济增长理论的回溯应该尊重一下索洛的提议,就让我们以亚当·斯密的《国富论》(Smith,1776)作为一个历史的起点。

经济增长理论 200 余年的发展历史其实就是经济学 200 多年的发展史。以拉姆齐 1928 年的经典论文为分水岭,我们把经济增长理论一分为二。1928 年以前是经济增长理论的奠基阶段,这一阶段的增长理论称之为古典增长理论(为了与新古典增长理论的称呼相一致);1928 年以后是经济增长理论的成熟阶段,这一阶段的增长理论包括新古典增长理论和内生增长理论。

(一)增长理论的奠基阶段(古典增长理论):亚当·斯密—拉姆齐

从经济学的发展角度看,古典增长理论先后跨越了古典经济学、新古典经济学两个范式,所以,古典增长理论其实包括了很多特征完全不同的增长理论。亚当·斯密《国富论》中的"分工促进经济增长"的理论、马尔萨斯《人口原理》中的人口理论(Malthus,1798)、马克思《资本论》中的两部门再生产理论(或马克思再生产图式)(Marx,1867),都是属于古典经济学范式的增长理论。而熊彼特《经济发展理论》中的"创新理论"(Schumpeter,1912)、阿伦·杨格《递增的报酬和经济进步》中的"斯密定理"(Young,1928)则可以归入新古典经济学范式的增长理论①。

古典增长理论是一个丰富多彩的思想库,而这些思想或理论又有着不同的分析框架、不同的研究思路,因此,任何一位经济学家也不可能从大量的原始素材中归纳出系统的结果。然而,可以肯定的是,像马克思包括制度内生变量的增长理论、熊彼

---

① 严格意义上说,熊彼特和杨格都明显不属于新古典经济学派,因此,他们的增长理论当然也不能视为新古典增长理论。

特强调金融因素与产业资本结合的增长理论，在古典增长理论中确实包括了比现代增长理论更加丰富的思想。

古典增长理论的另一个重要特点是研究方法上的。古典增长理论丰富多彩的思想在很大程度上源于经济学家们不同的研究方法和视角。马克思的经济增长理论完全建立在古典经济学的基础之上，因此，马克思以劳动价值理论、剩余价值理论为主要的分析框架。而熊彼特的增长理论则完全是建立在奥地利学派的分析传统之上。

在现代经济学家看来，作为古典经济学家的亚当·斯密、马尔萨斯、马克思等人是将经济理论与增长理论完全结合起来的一代人。如果经济增长研究的是"为什么有的国家远远富于其他国家""如何解释真实收入随时间而大幅度提高"（罗默，1999）的话，那么，古典经济学家无疑是真正的增长理论家，古典经济学是经济增长理论发展的第一个高潮时期。

然而，继古典经济学范式之后崛起的新古典经济学范式在性质上发生了重大转变——经济学研究的重点转向了"静态的市场均衡"（马歇尔语），也就是"供求相等的价格均衡"，这种转变促使经济增长理论从新古典经济学的视野中消失了。而那些明确申明自己不属于新古典经济学派的经济学家，如杨格、熊彼特等人才能够创造出优秀的增长理论。所以，新古典经济学是经济增长理论的一个低潮时期①。

（二）增长理论的成熟阶段（现代经济增长理论）：拉姆齐至今

1. 现代经济增长理论的两个起点

通常认为，现代经济增长理论的起点是哈罗德-多马模型的出现。如果从研究的内容上看，哈罗德-多马模型确实可以作为现代经济增长理论的起点。因为，哈罗德-多马模型是将凯恩斯的思想动态化的典型例子，它试图在凯恩斯的短期分析中整合进经济增长的长期因素，并强调资本积累在经济增长中的重要性。

但是，如果从方法上具备了研究动态问题的角度来分析，那么，现代经济增长理

---

① 关于新古典经济学兴起如何导致经济增长理论的衰退，布朗、纳尔逊和温特做出了清楚的说明："从1870—1945年，经济学家们的研究工作受到'边际革命'的巨大影响，因而其主导方向朝向微观领域，目光集中在与如何使既定的资源有效率地分配有关的几个问题上。"

论的真正起点开始于1928年的弗兰克·拉姆齐①。这一年,英国经济学家拉姆齐在
《经济学期刊》上发表了一篇题为"储蓄的一个数理理论"的经典论文。所以,新古
典方法论上的起点最早可以前推到 Ramsey(1928)。20 世纪 60 年代,Cass &
Koopmans(1965)的工作主要是运用拉姆齐的思想对索洛模型进行新古典式的
改造。

似乎一个简单的问题被我们说得复杂了。其实不然,让我们以另外一种方式重
新解释这个问题。如果认为,现代经济增长理论强调的是模型使用方法的"新"或
"旧",那么,拉姆齐模型中的动态最优化方法无疑是现代经济增长理论的起点。但
是,如果现代经济增长理论强调的是模型是否研究总量指标的增长问题,那么哈罗德-
多马模型可以看作经济增长理论的标准起点。

2. 现代经济增长理论发展的三个高潮

索洛教授在演讲中提到了几位学者:哈罗德、多马、刘易斯、普雷斯科特(索洛,
1987;转引自王宏昌,1998)。在时间序列上,分别代表了索洛增长理论的前辈和继承
者。索洛教授实际上指出了现代经济增长理论发展过程中先后经历的三次高潮,下
面根据索洛的思路介绍现代经济增长理论在战后的发展历程。

现代经济增长理论经历的第一个高潮阶段是 20 世纪 40 年代,这一阶段的工作
主要是由 Harrod(1939、1948)&Domar(1946)开创的,他们是凯恩斯主义经济学家,
致力于将凯恩斯的短期分析动态化。

第二阶段是 20 世纪 50 年代中期,Solow(1956)& Swan(1956)建立的新古典增
长模型掀起了一个持续更久、规模更大的兴趣浪潮。这次浪潮在 1970 年到 1986 年
经过一段相对被忽视的时期后又重新兴起。

第三次浪潮开始于 20 世纪 80 年代,主要是因 Romer(1986)& Lucas(1988)的
研究工作而掀起的。这次浪潮引发了内生增长理论的发展,而内生增长理论是针对
新古典模型中理论上、实证上的缺陷而产生的。

---

① 哈罗德-多马模型之所以不作为现代经济增长理论的起点是因为它只是简单的数学恒等式,而
不是使用最优化方法构建的模型;它的结论也没有任何政策指向的意义。所以,通常视之为现代经济
增长理论的萌芽而已。

现代经济增长理论从哈罗德-多马模型开始,经历了"三级跳"才发展到今天的内生增长理论(或新增长理论)。伴随着战后经济增长理论的三次浪潮,经济增长理论也经历了巨大的改变。这种改变不仅是技术层面的,更是内容上的,甚至是思想层面的。因此,研究经济增长理论绝不能忽略从技术、内容、思想三个层面上考察经济增长理论发生的变化。

3. 现代经济增长理论的特征

现代经济增长理论最核心的特征不是体现在研究结果上,而是体现在研究方法上。在古典增长理论阶段,研究经济增长问题并没有一个固定的研究方法,这就使得经济增长理论呈现出研究方法与研究结论上丰富多彩的特征。现代经济增长理论则是通过不断采用标准化、主流化的研究方法,形成对经济增长问题的系统研究成果。现代经济增长理论的研究方法可以简单地概括为两个方面:新古典的分析框架——代理人(agent)的最优化决策与动态时间序列方法。

现代经济增长理论的另一个特征体现在研究结论上。与古典增长理论丰富多彩的结论不同,现代经济增长理论的结论显示了良好的可比性、扩展性,它对经济增长源泉的不同解释都可以放到生产函数中加以比较。从这个意义上说,不同的增长理论可以很容易地比较彼此之间的差异,同时也有利于经济增长理论在现有基础上的进一步发展。

三、经济增长理论的基本问题

（一）经济增长理论的内核

经济增长理论经历了古典增长理论和现代增长理论两个阶段,伴随着理论的发展和完善,已经逐步形成了十分重要的内核。

1. 经济增长理论中的"均衡"思想

现代经济增长理论是建立在均衡分析框架基础上的。而均衡的概念已经构成了主流经济学体系中最基本、最核心的概念,所以,经济增长理论最核心的内核当然也离不开均衡概念。

在阿罗-德布鲁静态一般均衡中,均衡概念继承了瓦尔拉斯的均衡内涵——"瓦尔拉斯的均衡是一个数学概念,它是指所有市场上、所有的商品和劳务供求同时达到相等的状态。只有当每个商品和劳务市场上都不存在需求过剩和供给过剩时,即所有市场都出清时,整个经济就达到了均衡"(加尔布雷斯,1997)①。

不过在阿罗-德布鲁的世界中,构造模型的方法适合用来说明静态的一般均衡,然而经济增长是一个动态过程,所以,经济学家必须从静态均衡概念上发展出动态均衡。

均衡概念从静态条件发展到动态条件是 20 世纪 60 年代开始的一项重要工作。这项工作不仅有助于使均衡概念动态化起来,更为重要的是,促使均衡概念动态化的方法也导致理性预期学派(实际经济周期学派)的出现②。

回顾历史,在 20 世纪二三十年代,哈耶克和缪尔达尔就进行了开创性的研究,其后,希克斯、哈罗德、卢卡斯、普雷斯科特等经济学家已经越来越清楚地表明预期概念如何将静态条件扩展到动态条件。毫无疑问,正是由于预期概念的引入,均衡概念才可以扩展到经济增长研究。在阿罗-德布鲁的静态一般均衡中,均衡就意味着每一个市场的需求和供给都相等(市场出清),市场处于帕累托最优状态,在经济增长理论中,均衡意味着每一个市场在每一个时间位置上的需求和供给都相等(市场持续出清)。

从均衡的内涵出发,经济增长理论分离出了理论角度的两个特征:市场总是出清的,市场出清总是最优的。

2. 经济增长理论中的"最优"思想

从经济增长理论的"均衡"内核中,我们已经看到了"最优"的思想。对于增长理论而言,增长意味着所有的潜在资源都处于充分利用的状态,这当然是建立在充分就

---

① 马歇尔也给均衡下过一个完全不同于瓦尔拉斯的定义:"(均衡)就是没有什么趋势使这个系统发生变化。处于马歇尔均衡的经济就是停留在一个静止点。"不过,马歇尔均衡思想与帕累托最优概念不相容,因此,战后发展起来的阿罗-德布鲁一般均衡就采用了瓦尔拉斯的均衡概念。

② 所以,动态的均衡概念已经将经济增长理论和经济周期理论密切地联系在一起。索洛教授在 1987 年获得诺贝尔经济学奖时的演讲稿里提及的对经济增长理论与经济周期理论的不满,很大程度上与均衡概念有关。这一主题将在下文中说明。

业、资源配置达到帕累托最优状态的基础之上。从这个角度分析，经济增长理论中确实包含着"最优"的思想，而且经济增长理论中的"最优"不仅是某个时点上的，还是整个时期的。

总之，经济增长理论的内核是"均衡"思想和"最优"思想，并且这两个思想在经济增长理论中具有动态的特点。"均衡"思想描述了市场出清的状态，"最优"思想描述了市场出清达到了帕累托最优状态。

（二）经济增长理论的主题

经济增长理论的发展经历了 200 多年的时间，不同的经济学家试图运用不同的方法、不同的概念来解释经济增长的过程，经济增长理论因此而呈现出百家争鸣的局面。然而，我们在这些丰富多彩的理论中，仍然可以提炼出所有经济增长理论都试图回答的关键性问题，它们构成了经济增长理论的主题。

经济增长理论的主题可以从理论研究中找到，也可以从经验研究中找到。我们借用卡尔多的说法，经济增长的全部理论与经验研究都是围绕着两个主题展开的：(1) 人均产出持续增长，且其增长率并不趋于下降；(2) 人均产出的增长率在各国之间的差距巨大。用更加精练的方式表述，这两个主题就是：(1) 经济持续增长的动力来源到底是什么？(2) 经济增长是否会产生收敛的结果？前者代表了经济学家研究经济增长的主要目的——就是寻找影响经济增长的主要因素，增长因素分析主要试图从经验角度计量不同要素对经济增长的贡献度，而不同的增长模型则是从理论上解释了促进经济增长的动力源泉。后者代表了经济学家对经济增长结果的关注，即经济增长在不同国家之间的分布状况。

我们看到的所有经济增长理论都可以放到这样两个主题下进行分析。所以，下文在介绍不同的经济增长理论时就主要围绕着这两个主题展开。

四、经济增长理论的分类研究

经济增长理论是一个大的范畴，其中包含着丰富多彩的理论、模型和研究方法。因此，任何对经济增长理论的全面介绍都面临着很大的困难，几乎找不到一个分类标准将所有的经济增长理论统统纳入其中;相反,任何一个分类标准都只能说明部分的经济增长理论。然而,对于一个经济增长理论的综述而言,还是有必要为经济增长理论提供有益的分析框架。只有这样,才能系统地理解经济增长理论演变的历程和思想动因。

对于经济增长理论的介绍可以沿着不同的分类标准进行,这样的处理可以从不同的纬度揭示经济增长理论的特征。

(一) 按照生产函数的形式揭示生产要素对经济增长的贡献

经济学家们往往利用生产函数来解释经济增长理论,生产函数构造的不同形式反映了不同的经济增长模型。第一类特殊的生产函数形式代表了古典增长理论的一种形式——以劳动价值理论为基础的经济增长模型,这种模型中的特殊生产函数可以表示为 $Y = A \cdot L$,它意味着经济增长的动力源泉是劳动力的投入。当然,威廉·配第和杜尔哥认为土地是经济增长源泉的思想也可以用上面的公式系统化表述,只不过 L 代表土地。

第二类特殊形式的生产函数主要出现在以索洛模型为代表的新古典增长理论中。这类模型强调资本和劳动对经济增长的促进作用,而技术因素只是资本和劳动两种生产要素贡献的剩余项。正因如此,索洛模型中技术因素的重要性来自经验结果,而其内涵则未能从理论上揭示清楚。

第三类特殊形式的生产函数是以罗默、卢卡斯为代表的内生增长理论。这类模型在总体上远远比新古典增长理论复杂得多。内生增长理论在生产函数上的体现主要是对 A 的具体化上。在具体化 A 时,大体上存在着两类不同的思路。

一类思路认为,导致经济增长的主要源泉是知识的积累,因此,生产函数形式中应该体现出知识的作用,于是生产函数可以改写为 $\dot{A} = B \cdot [\alpha_K \cdot K]^{\beta} \cdot [\alpha_L \cdot L]^{\gamma} \cdot A^{\theta}$ (Romer,1990)。新的生产函数意味着技术进步来源于用于研究的资本和劳动投入以及技术进步水平。其实,这样的思想同强调 R&D 的作用是一致的。

另一类思路认为,导致经济增长的源泉是人力资本的积累,因此,生产函数中应该增加人力资本部分,于是生产函数可以改写为 $Y = K^{\alpha} \cdot H^{\beta}[A \cdot L]^{1-\alpha-\beta}$ (Lucas,1988;Mankiw et al.,1992)。新的生产函数意味着技术进步来源于人力资本的积累。

因为人力资本具有规模报酬递增的特性。

然而,仔细地思考一下,我们就会发现按照生产函数的形式揭示出生产要素对经济增长贡献的方法是不全面的,我们可以从另外一个角度完善这种分类方法。

(二)按照积累性与非积累性的标准说明经济增长的动力来源

所有按照生产函数方法所揭示出来的经济增长源泉——劳动、物质资本、人力资本、知识等——都具有一个共同的特征,它们都是可以积累的生产要素,即它们都可以通过流量转化为存量的形式促进劳动、物质资本、人力资本、知识的增加。从经济学的角度看,积累就是经济增长的代名词,没有积累的经济增长是不可想象的,所以,经济增长表现为 GDP 在量上的巨大增加。因此,经济增长的动力来源也一定呈现出量上的增加。

然而,我们确实发现某些非积累性的因素也是促进经济增长的关键力量。换句话说,我们从经济学——特别是古典经济增长理论、制度经济学或者经济史文献中看到了这些非积累性因素对经济增长的突出贡献。最能代表这种非积累性的因素就是制度。熊彼特的《经济发展理论》、马克思的《资本论》、诺思(North,1981)的《经济史中的结构与变迁》都是努力从制度或者更广泛的角度解释经济增长的动力源泉①。

诺思在他的诺贝尔获奖演说中提道,新古典经济增长理论比较适合比较静态分析,而对经济在实践过程中演化的分析则比较缺乏(诺思,1993;王宏昌,1998)。诺思相信,解决这一问题的关键是修改新古典增长理论,增加新的分析工具和方法。

新的工具和方法就是"制度分析工具"。因此,政治和经济制度是经济业绩的潜在决定因素。制度的意义如同市场的作用,只是发挥作用的环境完全不同。诺思指出,这个极其重要的论断来自科斯 1960 年的一篇文章。科斯认为,只有当交易成本为零时,制度对于经济才没有意义(Coase,1960)。因此,我们推论出制度对于经济增

---

① 我们在这里只引用诺思的分析作为这一系列研究成果的代表。因为,诺思是这些学者中受过系统新古典经济学训练的战后经济学家,因此,他的分析是建立在主流经济学框架之上的。我们可以比较容易地从他的思想中理解其与新古典增长理论之间的差异,而在其他人的工作中要找出这些差异是困难的。

长也不重要。但是,在一个交易成本为正的世界里,制度则成了经济增长的动力源泉之一。

(三)按照实物与金融关系的标准来说明经济增长理论的结构

经济增长理论的分类标准可以沿着生产函数的角度向另一个方向延伸。这个角度是将金融要素也纳入经济增长理论的分析框架中。这个思想可以追溯到托宾在1965年的论文。新古典增长理论是一个无货币经济模型,经济中没有"货币"这种能便利交易的工具。托宾(Tobin,1965)在《计量经济学》上发表了题为《货币和经济增长》的论文(1965),这篇论文标志着将货币因素引入经济增长过程中的最初尝试。不过,托宾的论文具有两个明显的特征:(1)采用了索洛模型的基本框架,所以不是动态最优化的模型;(2)假定存在一个货币需求函数,这样就在模型中引入了货币。

但是,托宾模型的结论却是惊人的——货币是非中性的。托宾模型的主要结论有三个:(1)均衡状态时,名义货币供给增长率直接决定着通货膨胀率;(2)当通货膨胀率上升的时候,消费者调整持有的资产结构时(即在货币资产与实物资产之间的转换)会改变稳定状态的资本劳动比率,这就是托宾—蒙代尔效应的含义;(3)货币的变动会影响经济产出。

在托宾模型的基础上,西德劳斯基(Sidrauski,1967)提出了一个更加标准的新古典货币增长理论。西德劳斯基模型的最大特点是:(1)放弃了索洛模型的基本分析框架,采用了新古典最优化方法构建了动态最优化模型,用于说明市场主体的跨期最优化行为;(2)通过 MIU(效用函数中的货币)方式引入货币,其经济学上的含义是经济主体的效用直接来源于消费商品和持有货币(华莱士,2001)。

最终,西德劳斯基得出新古典式的结论:(1)货币供给增长速度决定了通货膨胀率;(2)稳定状态的资本劳动比率与通货膨胀率无关;(3)人均消费量只与边际产出水平有关;(4)货币超中性,即货币供给增长率只能影响通货膨胀率,而对经济增长率没有任何影响。所以,西德劳斯基的新古典货币增长理论否定了货币乃至金融对经济增长的促进作用,在新古典经济学的范式中,货币(金融)不是经济增长的动力来源。

然而,如果我们将视野拓宽到新古典经济学之外的部分,那么就会发现,其实存在着大量的非主流经济学家或者主流诞生之前的经济学家，都认为金融对经济增长起着至关重要的作用。

他们当中的杰出代表者是熊彼特、爱德华·肖、麦金农。熊彼特在《经济发展理论》中强调，"如果有人说货币只不过是一种便利商品流通的手段，没有什么重要现象与它相联系，那是不正确的"（熊彼特，1997）；熊彼特在强调了货币重要性后进一步指出，"既然各种为'创新'目的而提供的信贷，根据定义，是给企业家提供的信贷，并且构成经济发展的一种要素"（熊彼特，1997）。那么，仅仅从这些文字之间，我们就可以看到熊彼特对金融促进经济增长是多么坚信不疑，他明确反对新古典货币理论。

这样的思想还充分体现在约翰·格利和爱德华·肖在 1960 年发表的《金融理论中的货币》（Gurley & Shaw，1960），爱德华·肖于 1973 年的《经济发展中的金融深化》以及麦金农（McKinnon，1973）同年发表的《经济发展中的货币与资本》中。所有这些著作中最重要的思想是，金融因素在经济增长中的突出作用。麦金农（1997）指出，"在一个具有不完善资本市场经济中的货币作用模型，资本存量的质量同持有货币的实际收益正相关，私人储蓄（投资）对持有货币的实际收益及其稳定性相当敏感"。

这些非主流经济学家的观点明显不同于新古典货币增长理沦，这反而成为他们创新的动力来源。非主流经济学家的思想主要是：（1）货币不能覆盖整个金融，所以，金融发展理论更加关注金融要素（Gurley & Shaw，1960）；（2）金融是经济增长的动力来源，这既来源于金融对产业资本的融资功能（Schumpeter，1912），也来源于金融对储蓄和投资的促进作用（Shaw，1973；McKinnon，1973）。所以，非主流的货币增长理论一致认为，金融是经济增长的动力来源①。

综上所述，经济增长理论的分类方法主要是建立在新古典生产函数的基础之上。主流理论对经济增长动力源泉的解释都可以从生产函数的分解中找到，其他的分类方法则是对新古典方法的偏离或者补充，一种补充来自制度研究，另一种发展来自金

---

① 从这一意义上，再一次证实了我们的推断，在采用形式化的方法构建理论体系时，主流经济学损失了大量的重要信息和思想。

融发展理论。我们以图说明这种演变(图1-1)。

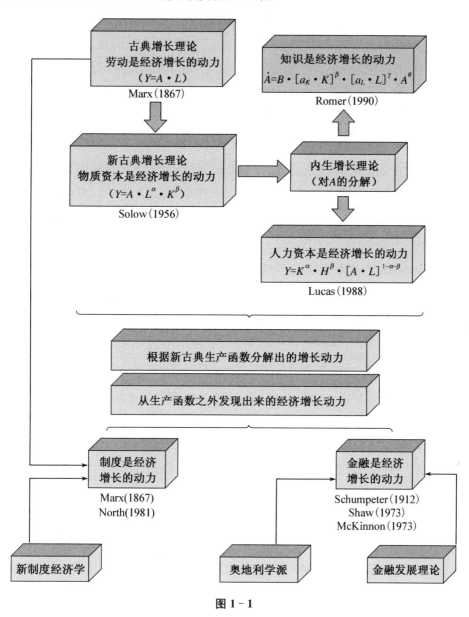

图1-1

五、经济增长模型：一个概述

经济增长理论是一个丰富的体系，可以在这个体系下找到许多在研究方法、研究主题和研究结论上完全不同的增长模型和增长思想。然而，当我们必须以一个统一的线索将经济增长理论系统地介绍时，我们就面临着所有经济学家都面对的两难冲突——我们只有以损失许多增长理论和思想的代价获得对某一个主题的深入介绍和说明。虽然这是一项痛苦的工作，但是，我们确实可以通过这样的精炼手段，找到经济增长理论发展的重要线索，因此我们认为，这样处理还是值得的。那么，最能反映经济增长理论演变的主题到底是什么呢？我们认为，几乎所有的增长理论都或多或少会涉及前面提及的两个主题：(1) 经济持续增长的动力来源到底是什么；(2) 经济增长是否会产生收敛性的结果。下面的理论模型分析都各自围绕着这两个主题展开。

（一）哈罗德-多马模型

Harrod(1939) & Domar(1946)发展起来的哈罗德-多马模型，是战后经济增长理论的第一波浪潮。他们最重要的贡献就在于试图将经济增长的长期因素整合进凯恩斯的短期分析之中。正如琼斯(1999)一再强调的那样，哈罗德-多马模型是一个标准凯恩斯化的模型。

然而，在今天比较重要的《宏观经济学》或《经济增长》教材中——如巴罗《经济增长》、戴维·罗默《高级宏观经济学》、费希尔和多恩布什《宏观经济学》等等——都不再把哈罗德-多马模型作为一个基本的起点。甚至有评价这样说"尽管这些(哈罗德、多马)文献在当时触发了大量的研究，但在今日的思想中它却影响甚微"(巴罗、萨拉伊马丁，2000)。所以，从今天增长理论发展的趋势看来，哈罗德-多马模型最大的贡献不是其研究增长理论的方法，而是在于其引发了研究增长理论的起点。那么，哈罗德、多马的研究为何会被今天的经济学家们忽略呢？换句话说，哈罗德-多马模型的哪些方面不能适应今天经济增长理论的需要呢？让我们首先从哈罗德-多马模型的特点说起。

哈罗德-多马模型有四个特点。(1) 从研究思路上看,哈罗德-多马模型是由一组完全没有微观基础的总量方程构成的模型,"哈罗德和多马仅仅根据初等代数推导出稳定增长需要满足的条件"(McCallum,1996)[①]。(2) 在模型中使用了具有固定系数的生产函数形式,即 $Y=\min[K/v,L/u]$。这种固定系数的生产函数具有一个明确的含义:"在一个已知任何特定资本存量的条件下,能产生并只能产生一个产出流量——在已知任何劳动存量的条件下也一样"(琼斯,1999)。这就是索洛教授最"看不惯"的资本和劳动在生产中完全不能相互替代的假定。索洛说,"我无法告诉你为什么我首先想到用更丰富和更现实的技术形式替换固定的资本—产出(和劳动—产出)比率"(Solow,1988)。(3) 在模型中假定存在单一的产品经济。这意味着这种单一产品既可以用于消费也可以用于投资。这样的技术处理方法有效地回避了凯恩斯式的总量困难——不必区分是谁进行储蓄和谁进行投资。换句话说,单一产品经济下储蓄自然等于投资,这不再是事后统计的结果,在事前也一定得到保证。(4) 在模型中采用了固定储蓄倾向的假定。这意味着储蓄在哈罗德-多马模型中是外生的。这一传统只是在索洛模型中短暂出现过,卡斯、库普曼斯的新古典经济增长理论则放弃这样一个不现实的假定。时至今日,在新古典增长理论、内生增长理论中,哈罗德-多马模型的这四大特点都已经难觅其踪迹。因此,哈罗德-多马模型十分适合作为回顾现代增长理论的逻辑起点,但是却不适合作为经济增长理论的起点。

哈罗德、多马通过简单的数学推导,就得出了与经济增长主题相关的一系列结论,其中有两个结论显得十分重要。(1) 哈罗德-多马模型认为,经济增长的收敛性是不稳定的,换句话说,经济增长率收敛是没有保障的。哈罗德-多马模型之所以会得出"哈罗德(经济增长率)不稳定性问题",在很大程度上是建立在适应性预期的均衡概念之上的。这里所说的"不稳定问题"并非索洛模型关注的那个"不稳定问题",即"有保证的增长率、自然增长率、实际增长率三者同时相等",而是"实际增长率对有保证增长率的偏离不但不能自动纠王,而且就其效应而言是积累的"。按

---

① 关于哈罗德-多马模型的缺陷是采用了过于简单的方程一直是存在争议的问题。如琼斯(1999)就认为"(哈罗德-多马模型)他们的假定和工具不是不适宜的"。

照琼斯的解释，这才是通常所说"哈罗德刀刃问题"的真正含义①。既然哈罗德、多马接受了马歇尔、凯恩斯的"均衡"思想，因此，他们完全信奉市场非出清状态是可以持续到长期的。那么，当实际的增长率偏离了自然增长路径时，经济会仍然维持这种偏离状态，而不能持续维持在稳定状态，因此，经济增长率是不稳定的。（2）哈罗德-多马模型认为，导致经济增长的最重要的动力来源是物质资本对经济的推动作用。哈罗德-多马模型强调资本积累在经济增长上的重大作用。这个模型的一个重要影响是，20 世纪 50 年代的发展经济学家把精力集中在研究如何使欠发达国家提高储蓄率而实现这些国家的经济起飞，达到持续增长的目的。刘易斯（Lewis，1954）、罗斯托（Rostow，1960）的思想在很大程度上是延续了哈罗德-多马模型的结论。从这一意义上看，哈罗德-多马模型对发达国家经济增长经验进行了理论上的总结，同时也为发展中国家的经济起飞提供了政策指南。

（二）新古典增长理论

新古典增长理论是经济增长理论一个最重要的里程碑。这种里程碑的意义不仅体现在新古典增长理论的思想性上，更为重要的是体现在研究经济增长问题的方法上。因此，在具体介绍新古典增长理论之前，我们将特别说明新古典增长理论的起点问题，因为从这个问题中我们可以看到新古典增长理论的核心特征。

1. 新古典增长理论的两个起点

从研究方法是否是现代经济增长理论的标准方法这一角度出发，现代经济增长理论的起点就可以向前推到拉姆齐。拉姆齐在 1928 年的论文中最早采用了一种从个人最优化决策推导出均衡路径的动态模型，拉姆齐的方法是新古典模型动态化的经典版本。正是从这一意义上，拉姆齐模型不仅是现代经济增长理论的起点，也符合作为新古典增长理论"方法论"起点的资格。但是，特别值得强调的是，拉姆齐的论文从内容上并非讨论经济增长问题，而是储蓄问题（Ramsey，1928）。

从研究结论上看，索洛 1956 年发表的一篇题为《对经济增长理论的一个贡献》的

---

① 有关适应性预期与不稳定性之间的关系可以参见琼斯（1999）或 Hahn & Matthews（1964）的著作。毫无疑问，"哈罗德刀刃问题"是一种典型的凯恩斯式的不稳定性问题。

论文(Solow,1956)与后来 Cass(1965)& Koopmans(1965)采用拉姆齐方法得出的新古典增长理论基本一致。正是从这一意义上,索洛模型也应该作为新古典增长理论的"结论上"的起点。当然,如果要将结论与方法综合在一起作为衡量新古典增长理论起点的标准,毋庸置疑,Cass(1965)& Koopmans(1965)的增长模型是最名副其实的。所以,新古典增长理论的真正起点应该是 20 世纪 60 年代的 Cass(1965)& Koopmans(1965)。图 1 - 2 显示了前文的主要结论。

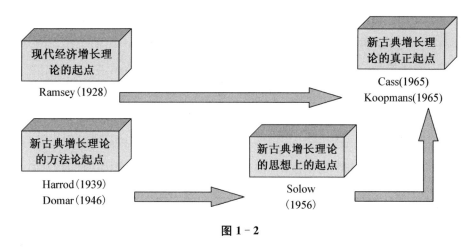

图 1 - 2

从 Ramsey(1928)的论文,到新古典增长理论大厦完全建成,经济学家们整整花了近 40 年的时间。难怪 Barro & Sala-i-Martin(1995)称拉姆齐的论文是"一篇超前于其时代好几十年的著作",杨小凯(1997)更是毫不掩饰地将拉姆齐的论文——而不是 Harrod(1939)、Domar(1946)或者 Solow(1956、1957)的经济增长理论——作为新古典增长理论的开山之作。

拉姆齐的方法长期被忽略与经济学的发展密不可分。在拉姆齐之后 40 年的时间里,拉姆齐的思想并没有能够迅速引发经济学家们对增长问题的兴趣。这其中的原因就在于,那个时代几乎所有的主流经济学家们都沉浸在"大萧条"之后的沉思之中。经济的剧烈波动引发了经济学家们对经济波动的关注,而在研究经济周期过程中诞生了经济学的"圣经"——凯恩斯发表于 1936 年的《就业、利息与货币通论》(简称《通论》)。从此以后,《通论》思想以及"凯恩斯革命"就成了经济学中最重要、最核心的思想。正如斯诺登和文(2000)所说,"毫无疑问,凯恩斯著作的一项非常重要的后果是研究重点从古典的长期增长问题转向较短时期的总体不稳定问题。…… 大萧条以及大萧条是由大规模的总需求冲击引起的解释,导致了对古典增长模型的质疑。当凯恩斯革命将与有效需求失灵有关的短期问题推向经济研究的前沿时,供给方面的问题就处于次要地位"。

因此,经济增长理论高潮的再现还要等待时机——等待一个名叫罗伯特·索洛的人和他的增长理论的出现。而将拉姆齐的方法与增长理论真正结合起来则是 20世纪六七十年代的事情了。

2. 索洛模型

1987 年,索洛因其在经济增长理论中的贡献而获得诺贝尔经济学奖。索洛到底做出了怎样的贡献呢? 瑞典皇家科学院卡尔-高兰·马勒教授在获奖公告中说,"索洛教授的伟大成就就是他创造了这样一种模型,用它能了解和分析变幻莫测的实际……""以前的经济增长模型基于刚性的假设,不允许资本和劳动之间的替代。在罗伯特·索洛的模型中,要素比例,即物质资本和劳动之间的关系将在增长过程中调整和变化。……罗伯特·索洛对经济增长的分析还作出了其他贡献。例如他研究了体现的技术进步,即体现在资本品中的技术进步的重要性,这些研究产生了资本和增长理论中最重要的方法。索洛教授对增长过程后面的研究开拓了经济研究的新领域。"对哈罗德-多马模型改进的第一个成功典范就是索洛的增长理论。所以,我们对索洛模型的说明着重强调两点,一个是索洛模型相对于哈罗德-多马模型的特点以及由此带来了什么不同的结论;另一个是索洛模型与标准新古典模型之间存在着什么关系。

(1) 索洛模型的特点

在索洛模型中,只有固定储蓄率的特点与哈罗德-多马模型是相同的,其他特点都明显存在差异。

索洛在模型中使用的生产函数具有连续性、规模报酬不变、资本和劳动要素投入可以相互替代的特点。这样的生产函数具有明显的新古典特色,规模报酬不变使得生产函数可以写成集约形式——将人均产出$\left(\dfrac{Y}{L}\right)$与人均资本存量$\left(\dfrac{K}{L}\right)$建立起函数对应关系。资本和劳动的相互替代使得生产要素投入存在多种不同比例的组合而不是一种比例的组合。

索洛模型在研究方法上采用了动态方法,较哈罗德-多马模型在研究方法上有较大的发展。索洛模型采用微分方程描述经济增长的动态过程,从而将时间因素引入模型中。

(2)索洛模型对经济增长两个主题的回答

索洛模型对于经济增长的理论分析可以概括为以下四点结论。① 索洛模型给出了资本积累的基本方程式:$\dot{k}=s\cdot f(k)-(n+g+\delta)\cdot k$。其中,$(n+g+\delta)\cdot k$ 表示为打破"零增长率"所必需的投资,零增长率来自劳动力、劳动力导向型的技术进步率和资本存量折旧率的增长率。

该方程意味着,人均资本的增长率等于产出中用于积累的部分减去"零增长率"。当$\dot{k}>0$ 时,投资增加促进了资本存量的积累,经济面临资本深化的情况(capital deepening)。反之,经济会由于投资不足而导致资本存量下降。所以,索洛模型为我们提供了资本积累促进经济增长的机制分析,从投资增长促进资本存量增长,再通过生产函数促进经济增长。索洛模型在增长因素分析中,对要素投入的贡献做出了合理的解释。② 索洛模型认为,由于要素的边际报酬是递减的,所以从长期看,任何一个经济都会逐渐达到一个稳定的均衡路径。索洛模型中的均衡增长路径的性质全部反映在当人均资本量的变化(投资)为零时的基础微分方程 $s\cdot f(k^{*})=(n+g+\delta)\cdot k^{*}$ 中。③ 索洛模型意味着任何经济增长都具有趋同(或收敛)的性质。趋同性结论一直以来都是一个相当有争议的问题,大量的理论和经验研究都围绕着这个问题展开。④ 索洛模型认为,经济增长的主要推动力量是技术进步。索洛模型是通过生产函数分解的方式将资本、劳动要素贡献之外的剩余贡献归于技术进步的贡献。索洛模型中的技术进步被视为外生的技术进步。

从上述结论中我们可以看到,在对经济增长两个主题的回答上,索洛模型不同于哈罗德-多马模型。索洛模型认为,经济增长的主要动力来自技术进步,只是索洛模型没有将技术进步作为内生变量引入模型，从而技术进步变得不可解释；其次，索洛模型认为，经济增长是会收敛的，穷国会比富国获得更快的经济增长速度。

3. 新古典增长理论在索洛之后的进一步发展

在索洛、斯旺之后，Cass(1965) & Koopmans(1965)将拉姆齐的消费者最优化分析和索洛模型的结论结合到一起，建立了新古典增长理论。Brock & Mirman(1972)发展了随机状态的新古典增长理论。从此，新古典增长理论不仅从研究结论上，而且从研究方法上也完全是新古典式的了。

（三）内生增长理论

索洛模型并未提供对技术进步的理论解释，卡斯和库普曼斯的工作也只是把储蓄行为内生化，将追求利益最大化行为引入索洛模型。所以，新古典增长理论的进一步发展并没有改变长期内人均收入的增长来源于外生的技术进步的结论。当然，新古典增长理论还有另外一个不足，他们关于经济增长趋同(收敛)的结论不能与经验研究一致起来。所以，经济增长理论的新发展就是要找出解释这种差异性的方法。

正是在这样的背景下，经过近20年的等待之后，经济增长理论迎来了内生增长理论的时代。然而，与我们前面介绍的新古典增长理论明显不同，内生增长理论至今尚未形成一个统一的理论框架，换句话说，内生增长理论还正处于发展之中。所以，面对不同形式的内生增长理论，我们将首先简单地说明内生增长理论发展的线索，并简单地介绍内生增长理论的基本思想。

1. 内生增长理论的演变

内生增长理论的萌芽产生于 20 世纪 60 年代。在 1962 年，阿罗发表了题为《边学边干的经济学应用》的论文(Arrow, 1962)，随后，Kaldor & Mirrlees(1962)、Uzawa(1965) & Conlisk(1969)先后发展了试图使技术进步内生化的模型。

接着，在 1986 年，罗默发表了他 1983 年在芝加哥大学的博士论文——《递增报酬和长期经济增长》(Romer, 1986)。同一年，鲍莫尔发表了一篇围绕"趋同和增长收敛"问题的论文——《生产率增长、趋同性和福利：长期数据显示了什么》(Baumol, 1986)。卢卡斯在 1988 年发表了他在 1985 年剑桥大学的马歇尔演讲稿《论经济发展的机制》(Lucas，1988)。研究经济增长的理论热潮再一次到来了。

罗默在 1994 年发表了《内生增长的起源》(Romer，1994)，Aghion & Howitt (1998)则创作了《内生增长理论》。巴罗发表了《民主与增长》(Barro，1996)，主要探讨了民主、政治稳定性与增长之间的关系，而 Alesina & Rodrik(1994)的《分配政治与经济增长》则是讨论了不平等与增长之间的关系。Barro & Sala-i-Martin(1995)、Jones(1998)更是撰写和修订了经济增长理论的专著。

现在的问题是，我们如何从内生增长理论的文献中找出一个演变的线索，以此来说明内生增长理论的主要思想以及它们的传承关系。

在我们看来，内生增长理论是沿着两条完全不同的线索同时展开的系统研究，这两条线索不仅影响到内生增长理论的模型思路，同时对于经验研究也产生了相当深远的影响。罗默曾经指出，无论是哪一种思路都是来自索洛模型对技术进步的处理。索洛模型将技术进步处理为一种公共产品，但是这不符合技术的真实状态。技术在某种程度上应该是一种受到私人控制的准公共产品——这意味着技术具有某种程度的独占性和排他性；另一方面，技术"是与资本和劳动截然不同的一种物品，它可以在零边际成本下被反复地加以利用"(斯诺登、文，2000)。

因此，按照罗默的这种解释，我们可以将内生增长理论分成两类。一类是强调技术的公共产品性质的模型，这类模型以 AK 模型、人力资本模型为代表；另一类模型指出了技术所具有的私人产品性质，罗默在 1986 和 1988 年发表的论文就具有这样的特征。当技术具有私人控制的准公共产品的特征时，技术所具有的部分排他性、非竞争性会自然将研究引向不完全竞争的市场，这使得经济增长理论跨越了完全竞争到不完全竞争的市场结构。

另一种十分重要的思路是由戴维·罗默提供的。他认为，内生增长理论可以分成两类。一类是将技术转化为知识，技术进步来自知识的积累。这样的知识又可以细分为两种类型，一种是阿罗提出的"边学边干"思想(Arrow，1962)，主要强调经验的学习效应，这种思想后来被罗默进一步发展了；另一种是由 Aghion & Howitt (1992)提出的 R&D 模型，主要强调通过研究和开发部门专门研究新的技术并加以实际应用。另一类是将技术界定为资本，即通过更加广泛的资本概念——如卢卡斯的人力资本来解释经济增长的动力。

我们认为，无论是人力资本观点，还是知识或 R&D 观点，按照罗默的分析，这些因素会引起规模报酬递增的效应——只是规模报酬体现在资本或者劳动要素上，最终会改变经济增长的新古典性质。

2. 内生增长理论的主要模型

根据前面的介绍，内生增长理论大致可以分为三个模型。

第一个是罗默的知识外溢模型（边干边学模型）。这个模型认为，由于个别厂商发明的新知识是如何"对其他厂商的生产可能区间产生一个正的外部效应，因为知识技能是不能完全专利化加以保护或永远不为人知的"（Romer，1986）。罗默的思想是十分深刻的，它表明，虽然经济中每一个厂商处于规模报酬不变的技术状态，但是一个厂商的投资行为所创造的新知识又可以产生出乎意料的外溢效应。所以，这些由个体投资行为带来的"外部性"使整个经济社会作为一个整体的知识水平得以提高。

第二个是 Romer(1990)、Grossman & Helpman(1991)、Aghion & Howitt(1992)发展的 R&D 模型。这些模型最重要的特点是构建了一个专门用于进行 R&D 的部门，从而知识的积累是独立于资本或者劳动要素之外的一项重要活动。他们称为中间活动，所以，R&D 部门的产出也称为中间产品。另一个十分重要的性质是由 Grossman & Helpman(1991)揭示出来的。他们区分了中间部门对经济增长的两个作用：一个是产品种类的增加；另一个是产品质量的提高。这两种影响当然是更好地解释了经济增长的性质。而 Aghion & Howitt(1992)的模型则将熊彼特的思想复活了。他们的模型具有熊彼特思想的两个特点：(1) R&D 市场是一个不完全竞争市场；(2) 引入了熊彼特的创造性毁灭的思想。

第三个是 Lucas(1988)的人力资本模型。卢卡斯认为，人力资本对经济增长的贡献比物质资本重要得多。因为人力资本的积累——通过教育投资的方式——会产生外部性，从而导致规模报酬递增（图 1-3）。

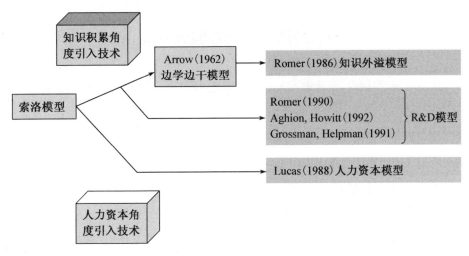

图 1－3

3. 内生增长理论的思想

不同内生增长理论对于技术进步、对于经济增长的动力来源的解释虽然不同,但是,在经济增长的思想上,这两种模型几乎是完全一致的。而且从内生增长理论对经济增长主题的回答上,明显可以发现它们与新古典增长理论的不同。(1) 内生增长理论在对经济增长的动力来源上几乎都强调技术进步的影响。正如罗默所指出的,技术进步的意义在于产生了规模报酬递增的现象,只有这样,经济增长的动力来源才永远不会减弱。问题只是在于经济学家们对导致规模报酬递增的来源有不同的解释。(2) 内生增长理论的另一个重要意义在于提供了对经济增长趋同性(收敛性)的不同解释。内生增长理论认为,由于技术进步在国家之间的差异性,各国经济增长完全可能是不收敛的(发散的)。内生增长理论可以解释发达国家与发展中国家经济增长上的差异。

当然,任何理论研究必须进行经验验证,这既是对理论正确与否的检验,也是理论发展的方向。因此,本章的最后将系统回顾对经济增长的经验性研究。

六、经济增长的经验性研究

库兹涅茨、乔根森、麦迪逊等人的工作都是对增长问题的经验研究。在这些经验研究中,最重要的成果主要有两个。一个是前面提到的关于现代经济增长的"发展模式",这项研究主要由库兹涅茨、钱纳里完成的。库兹涅茨和钱纳里主要从现代经济增长所带来的结构演变角度说明了现代经济增长的结构特征。而另一项研究主要是通过对经济增长总量的演变说明了现代经济增长的总量特征。这项重要的工作成果主要是由卡尔多完成。他提出了现代经济增长的六个总量特征:(1) 人均产出持续增长,且其增长率并不趋于下降;(2) 人均物质资本持续增长;(3) 资本回报率近乎稳定;(4) 物质资本—产出比近乎稳定;(5) 劳动和物质资本在国民收入中所占份额近乎稳定;(6) 人均产出的增长率在各国之间差距巨大。卡尔多的经验结论是十分重要的。现代的经验研究进一步证实,卡尔多的第(1)、(2)、(4)、(5)、(6)项特征与当前发达国家长期的统计数据基本一致,第(3)项特征则与英国经济的特殊性有关(巴罗、萨拉伊马丁,2000)。

(一)经验性研究十分重要

经济增长问题的经验研究之所以十分重要主要源于两个方面的原因。一方面,这些经验研究对已有增长理论的结论进行了计量检验。通过大量的跨国数据和时间序列分析,经济学家们可以验证理论结论的合理性。事实上,索洛增长理论取代哈罗德-多马模型成为主流的增长范式,很大程度上就是因为索洛增长理论更加符合卡尔多的经验结论[①]。增长理论的解释力如何往往是通过经验研究证实的。另一方面,通过经验研究可以发现相关理论存在的不足或缺陷。这些经验结果是促使新的增长理论不断涌现的重要力量。内生增长理论的出现在很大程度上可以归结为经验研究的推动。

---

① 当然,索洛增长模型在理论上更加合理的假设和推导出的结论也是导致其替代哈罗德-多马模型成为主流增长范式的重要原因。

索洛模型的一个重要结论是增长的趋同性:落后国家会有比平均水平更高的经济增长率,而发达国家的经济增长率将低于平均水平。索洛模型暗示,落后国家和发达国家之间将收敛于经济增长的稳定状态。然而,经验研究的结果显示出国家间的巨大人均收入差异与索洛模型的收敛性结论存在明显差异。

索洛模型的另一个重要结论是认为经济增长的主要动力来源是外生的技术进步。然而,这一结论与经验结果明显不符。无论是对各国长期数据的研究(Kuznets, 1973),还是对跨国数据的分析(Maddison, 1982;Barro, 1991),人均产出均持续增长,且其增长率并不趋于下降。经验结果与索洛模型结论上的差异促使了经济学家重新思考经济增长的源泉到底是什么。

(二) 经验研究中的三个问题

经验研究无论是在检验理论的解释力,还是在指引理论研究的新方向上都担当着十分重要的角色。经济增长的经验研究主要包括三个方面。

第一个方面是对经济增长的核算,也称为增长因素分析。阿布拉莫维茨和索洛做出了开创性的工作,之后在经济增长核算上,乔根森、丹尼森、巴罗、罗默进行了相当深入的研究。根据索洛的阐述,经济增长核算工作的主要目的是通过对总量生产函数的分解寻找经济增长源泉。这项经验研究主要是建立在新古典增长理论的思想之上。所以,从理论与经验相互对应的角度上,增长因素分析对应于新古典增长理论,对应于索洛模型。

索洛的总量生产函数可以表示成 $Q=F(K,L;t)$,通过采用"中性技术进步"假定求总量生产函数的全微分同时两边除以总产量,索洛得到了进行经济计量核算的基础形式:

$$\frac{\dot{Q}}{Q}=\frac{\dot{A}}{A}+w_K\frac{\dot{K}}{K}+w_L\frac{\dot{L}}{L}$$

这个方程式中,w_K 和 w_L 分别表示资本和劳动在产出中的相对份额。整个方程式显示出总产出的增长率可以分解成三个部分:资本投入对经济增长的贡献,劳动投入对经济增长的贡献,技术进步对经济增长的贡献。后来,经济学家们把索洛分解出来的技术进步对经济增长的贡献称为"索洛剩余"。值得指出的是,索洛将技术进步处理为资本和劳动之外的剩余项,这种扣除法得到的"索洛剩余"其实反映了所有资本和劳动之外其他增长的源泉,因此,"索洛剩余"项对技术进步的计量也是不完全精确的①。索洛处理技术进步的方式在很大程度上与他视技术进步为外生因素是一致的。

在具体的增长因素分析中,索洛使用了柯布-道格拉斯(Cobb-Douglas)生产函数形式②。索洛通过研究美国1909—1949年的数据发现,这段时间内美国GDP的平均增长率为2.9%,其中1.09%是来自劳动投入的增加,0.32%来自资本投入的增加,1.49%来自技术进步的贡献(Solow,1957)。

索洛1957年的工作具有开创性的意义。增长因素分析不仅用于分析经济增长来源的经验研究,而且还相当广泛地用于其他相关领域的研究。在分解经济增长来源的问题上,乔根森、丹尼尔森、马休斯等人对增长因素分析的深入研究都是建立在对索洛分析框架的拓展之上。他们使用了更加复杂形式的资本和劳动——不同种类、不同质量的资本和劳动,更先进的计量方法,大大扩充了索洛增长因素分析的深度。他们经验研究的结论显示,技术进步对经济增长的贡献度确实是重要的,但是计量结果却明显小于索洛的研究,技术进步的贡献度大约是1/3。

增长因素分析还被广泛地用于各国经济增长率变动的原因分析。阿尔文·杨格在1994年的一篇论文中运用增长因素分析方法研究了东亚国家(或地区)近30年来的增长状况(Young,1994),杨的研究表明,过去30多年,香港地区、新加坡、韩国和台湾地区异常高速的经济增长几乎完全来自投资增加、劳动力参与率提高、劳动力素质的改善(用教育程度衡量),而不是技术进步(全要素生产率、索洛剩余)等其他因素。杨的结论意味着东亚国家(或地区)经济增长的动力来源是生产要素的投入,而

---

① 戴维·罗默(1999)指出,"索洛剩余"包括了"除资本积累通过其私人收益所做贡献之外的所有其他增长源泉"。"索洛剩余"又被称为"全要素生产率",它的经济学含义是,在资本和劳动投入比率保持一定的情况下,生产方法的改进能在多大程度上提高总产出水平。

② 索洛使用柯布-道格拉斯生产函数主要出于技术上的考虑。w_K、w_L分别表示了总产出在资本要素和劳动要素之间的分配比率。柯布-道格拉斯生产函数具有规模报酬不变的特性,这意味着在总产出的分配中,劳动力的收入份额加上资本的收入份额等于1,即$w_K+w_L=1$。索洛在计量中规定,劳动力的收入占总收入的2/3,资本占总收入的1/3份额。

不是要素生产率的提高。这一结果与克鲁格曼1994年在《外交》上发表的文章是一致的(Krugman,1994)。Jorgenson(1988)、Griliches(1988)等运用增长因素分析方法研究了美国、日本等其他工业化国家人均产出增长率下降的原因。

第二个方面的工作是对R&D的经验研究。对R&D的经验研究主要是从80年代开始的。Griliches(1980)、Mansfield(1980)等经济学家首先开始研究企业、国家对R&D投入和产出的情况。特别值得指出的是,对R&D的经验研究是与内生增长理论的发展密切联系着的。经济学家们不满足于新古典增长理论关于技术进步是外生的结论,从理论研究上,Arrow(1962)、Romer(1986)、Lucas(1988)逐步试图以模型的方式将技术进步内生化;从经验研究上,R&D就被看成内生的技术进步,因此对R&D的研究其实贯彻了内生增长理论将技术进步内生化的思想。

对R&D的经验研究的主要思路是通过扩展柯布-道格拉斯生产函数,将技术进步包括在生产函数中。Griliches(1980)的方法是将知识资本存量作为一个单独生产要素放到柯布-道格拉斯生产函数中,他用R&D代表知识资本存量[①]。构造一个新的柯布-道格拉斯生产函数,

$$Y_t = AD_t^\beta K_t^{a_1} L_t^{a_2} e^{\mu t}$$

Y_t代表了总产出,D_t代表了R&D资本存量,L_t是劳动投入,K_t代表资本投入,A是常数,μ代表了时间趋势。假定资本、劳动的规模报酬不变,要素市场是竞争性的。全要素生产率(TFP)可以表示为:

$$TFP_t = AD_t^\beta e^{\mu t}$$

经济学家们从上面的公式中得出了R&D和全要素生产率之间两种形式的关系。一种是存量形式的R&D与全要素生产率之间的关系,$\log TFP_t = \log A + \beta \log D_t + \mu t$;另一种是采用R&D的密度(R&D intensity relative to output)形式与全要素生产率的变化之间的关系,$\mathrm{dlog}\, TFP_t = \frac{\partial Y}{\partial D} \frac{\partial D_t}{Y_t} + \mu$。其中,$\frac{\partial D_t}{Y_t}$就显示了R&D的流量

---

① 在R&D的经验研究中,除了采用柯布-道格拉斯生产函数外,也有经济学家使用不变替代弹性生产函数或者超越对数生产函数(translogarithmic production function),甚至有经济学家使用成本生产函数方法。

相对于产出的密度水平。而选择哪种方法进行经验研究主要取决于经济学家获得数据的形式。

Griliches(1980)是根据存量形式的 R&D 进行经验研究的。他得出结论,R&D 资本存量 1%的上升将会导致产出上升 0.05%～0.1%。结合其他经济学家计量研究的结果,可以进一步发现,基础性的 R&D 的收益率不同于应用性的 R&D,因为,基础性的 R&D 收益率会产生更高的回报。R&D 的收益率在不同的产业部门内存在着明显的差异。一般来讲,R&D 密度高的部门会产生更高的收益。

第三个方面的经验研究是经济增长的趋同性(也称收敛性)研究。这个经验研究与经济增长理论中经济增长是否收敛有着密切的关系。根据索洛模型的结论,在所有国家都具有相同的储蓄率、人口增长率和无限制的获得同样技术水平时,那么落后的国家有着比平均水平更高的增长率,而发达国家的经济增长率将低于平均水平,这样,最终所有的国家都将趋向于相同的稳定状态。

鲍莫尔在 1986 年研究了 16 个工业化国家从 1870 年到 1979 年的收敛性,他发现了几乎完美的收敛性——初始收入高出其他国家多少,平均而言,该国随后的经济增长就会相应低多少(Baumol,1986)。然而随后的经济学家的研究并不支持鲍莫尔的结论。Romer(1986)、Mankiw et al. (1995)、Barro(1997)证明,索洛模型的绝对趋同性的结论是不成立的,更全面的统计资料只能支持有条件的趋同性——每一个经济会趋向于它自己的稳定状态,达到稳定状态的快慢是由其自身的储蓄率和人口增长率决定的,而国家间的不同稳定状态(发展中国家和发达国家之间)则体现了国家之间的技术进步差异[①]。

综上所述,经济增长的经验研究与经济增长的理论研究存在着密切的联系,经验研究时时刻刻反映着经济增长理论的发展,同时也通过经验结论促进了经济增长理论的发展。经验研究和理论研究相互交织在一起,已经成为了经济增长研究的两个重要领域。

---

① 关于趋同性问题的详细分析可以参见专著《新增长理论与中国经济增长》第二部分。

参考文献

［1］布赖恩·斯诺登、霍华德·文,王曙光、来有为等译,2000:《与经济学大师对话》,北京:
　　北京大学出版社。

［2］戴维·罗默,苏剑、罗涛译,1999:《高级宏观经济学》,北京:商务印书馆。

［3］海韦尔·琼斯,郭家麟、许强、李吟枫等译,1999:《现代经济增长理论导引》,北京:商务
　　印书馆。

［4］卡尔·华莱士,王芳、曾刚、商越等译,2001:《货币理论与政策》,北京:中国人民大学出
　　版社。

［5］罗伯特·巴罗、哈维尔·萨拉伊马丁,何晖、刘明兴译,2000:《经济增长》,北京:中国社
　　会科学出版社。

［6］罗纳德·麦金农,卢骢译,1997:《经济发展中的货币与资本》,上海:上海三联书店。

［7］王宏昌编译,1998:《诺贝尔经济学奖金获得者讲演集》(1969—1995年),北京:中国社
　　会科学出版社。

［8］熊彼特,何畏、易家祥、张军扩等译,1997:《经济发展理论》,北京:商务印书馆。

［9］杨小凯,1997:《经济学原理》,北京:中国社会科学出版社。

［10］詹姆斯·加尔布雷斯,孙鸿敬、刘建州译,1997:《宏观经济学》,北京:经济科学出版社。

［11］Aghion, P., and P. Howitt, 1992, "A Model of Growth through Creative Destruction", *Econometrica*, 60, 323-351.

［12］Aghion, P., and P. Howitt, 1998, *Endogenous Growth Theory*, Cambridge, MA, MIT Press.

［13］Alesina, A., and D. Rodrik, 1994, "Distributive Politics and Economic Growth", *Quarterly Journal of Economics*, 109(2), 465-490.

［14］Arrow, K. J., 1962, "The Economic Implications of Learning by Doing", *Review of Economic Studies*, 29, 155-173.

［15］Barro, R. J., 1991, "Economic Growth in a Cross Section of Countries", *Quarterly Journal of Economics*, 106(2), 407-443.

［16］Barro, R. J., 1996, "Democracy and Growth", *Journal of Economic Growth*, 1, 1-27.

[17] Barro, R. J. , 1997, *Determinants of Economic Growth: A Cross-Country Empirical Study*, Cambridge, MA, MIT Press.

[18] Barro, R. J. , and X. Sala-i-Martin, 1995, *Economic Growth*, New York, McGraw-Hill.

[19] Baumol, W. , 1986, "Productivity Growth, Convergence and Welfare: What the Long-run Shows", *American Economic Review*, 76, 1072 – 1085.

[20] Brock, W. , and L. Mirman, 1972, "Optimal Economic Growth under Uncertainty: The Discounted Case", *Journal of Economic Theory*, 4, 497 – 513.

[21] Cass, D. , 1965, "Optimum Growth in an Aggregative Model of Capital Accumulation", *Review of Economic Studies*, 32, 233 – 240.

[22] Coase, R. H. , 1960, "The Problem of Social Cost", *Journal of Law and Economics*, 3, 1 – 44.

[23] Conlisk, J. , 1969, "A Neoclassical Growth Model with Endogenously Positioned Technical Change Frontier", *Economic Journal*, 79(314), 348 – 362.

[24] Domar, E. D. , 1946, "Capital Expansion, Rate of Growth, and Employment", *Econometrica*, 14, 137 – 147.

[25] Griliches, Z. , 1980, "R&D and the Productivity Slowdown", *American Economic Review*, 70(2), 343 – 348.

[26] Griliches, Z. , 1988, "Productivity Puzzles and R&D: Another Explanation", *Journal of Economic Perspectives*, 2, 9 – 21.

[27] Grossman, G. , and E. Helpman, 1991, *Innovation and Growth in the World Economy*, Cambridge, MA, MIT Press.

[28] Gurley, J. G. , and E. S. Shaw, 1960, *Money in a Theory of Finance*, Washington, D. C. , Brookings Institution.

[29] Hahn, F. H. , and R. C. Matthews, 1964, "The Theory of Economic Growth: A Survey", *Economic Journal*, 74(296), 779 – 902.

[30] Harrod, R. F. , 1939, "An Essay in Dynamic Theory", *Economic Journal*, 49, 14 – 33.

[31] Harrod, R. F., 1948, *Towards a Dynamic Economics: Some Recent Developments of Economic Theory and their Application to Policy*, London, MacMillan.

[32] Jones, C., 1998, *Introduction to Economic Growth*, New York, W. W. Norton.

[33] Jorgenson, D. W., 1988, "Productivity and Postwar US Economic Growth", *Journal of Economic Perspectives*, 2(4), 23 - 41.

[34] Kaldor, N., and J. A. Mirrlees, 1962, "A New Model of Economic Growth", *Review of Economic Studies*, 29, 155 - 173.

[35] Koopmans, T. C., 1965, "On the Concept of Optimal Economic Growth", in *The Econometric Approach to Development Planning*, Amsterdam, North-Holland.

[36] Krugman, P., 1994, "The Myth of Asia's Miracle", *Foreign Affairs*, 62 - 78.

[37] Kuznets, S., 1973, "Modern Economic Growth: Findings and Reflections", *American Economic Review*, 63(3), 247 - 258.

[38] Lewis, W. A., 1954, "Economic Development with Unlimited Supplies of Labour", *Manchester School of Economic and Social Studies*, 22, 139 - 191.

[39] Lucas, R. E., 1988, "On the Mechanics of Economic Development", *Journal of Monetary Economics*, 22, 3 - 42.

[40] Maddison, A., 1982, *Phases of Capitalist Development*, Oxford, Oxford University Press.

[41] Malthus, T. R., 1798, *An Essay on the Principle of Population*, printed for J. Johnson, in St. Paul's Church-yard, London.

[42] Mankiw, N. G., E. S. Phelps, and P. M. Romer, 1995, "The Growth of Nations", *Brookings Papers on Economic Activity*, 1, 275 - 326.

[43] Mankiw, N. G., P. M. Romer, and D. N. Weil, 1992, "A Contribution to the Empirics of Economic Growth", *Quarterly Journal of Economics*, 107, 407 - 437.

[44] Mansfield, E., 1980, "Basic Research and Productivity Increase in Manufacturing", *American Economic Review*, 70(5), 863 - 873.

[45] Marx, K. H., 1867, *Das Kapital*, Hamburg, O. Meissner.

[46] McCallum, B. T., 1996, "Neoclassical vs. Endogenous Growth Analysis: An

Overview", *NBER Working Paper*, No. 5844.

[47] McKinnon, R. I. , 1973, *Money and Capital in Economic Development*, Washington, D. C. , Brookings Institution.

[48] North, D. C. , 1981, *Structure and Change in Economic History*, New York, W. W. Norton.

[49] Ramsey, F. , 1928, "A Mathematical Theory of Saving", *Economic Journal*, 38, 543 – 559.

[50] Romer, P. M. , 1986, "Increasing Returns and Long-run Growth", *Journal of Political Economy*, 94, 1002 – 1037.

[51] Romer, P. M. , 1990, "Endogenous Technological Change", *Journal of Political Economy*, 98, 71 – 102.

[52] Romer, P. M. , 1994, "The Origins of Endogenous Growth", *Journal of Economic Perspectives*, 8(1), 3 – 22.

[53] Rostow, W. W. , 1960, "The Problem of Achieving and Maintaining a High Rate of Economic Growth: A Historian's View", *American Economic Review*, 50 (2), 106 – 118.

[54] Schumpeter, J. A. , 1912, *Theorie der Wirtschaftlichen Entwicklung*, Leipzig, Dunker & Humblot.

[55] Shaw, E. S. , 1973, *Financial Deepening in Economic Development*, New York, Oxford University Press.

[56] Sidrauski, M. , 1967, "Rational Choice of Patterns of Growth in a Monetary Economy", *American Economic Review*, 57(2), 534 – 544.

[57] Smith, A. , 1776, *An Inquiry into the Nature and Causes of the Wealth of Nations*, printed for W. Strahan, and T. Cadell, London.

[58] Solow, R. M. , 1956, "A Contribution to the Theory of Economic Growth", *Quarterly Journal of Economics*, 70, 65 – 94.

[59] Solow, R. M. , 1957, "Technical Change and the Aggregate Production Function", *Review of Economics and Statistics*, 39, 312 – 320.

[60] Solow, R. M. , 1988; "Growth Theory and After", *American Economic Review*, 78 (3), 307 - 317.

[61] Swan, T. W. , 1956, "Economic Growth and Capital Accumulation", *Economic Record*, 32, 334 - 361.

[62] Tobin, J. , 1965, "Money and Economic Growth", *Econometrica*, 33(4), 671 - 684.

[63] Uzawa, H. , 1965, "Optimal Technical Change in an Aggregative Model of Economic Growth", *International Economic Review*, 6, 18 - 31.

[64] Young, A. A. , 1928, "Increasing Returns and Economic Progress", *Economic Journal*, 38, 527 - 542.

[65] Young, A. , 1994, "Lessons from the East Asian NICs: A Contrarian View", *European Economic Review*, 38(3 - 4), 964 - 973.

02　江苏乡镇工业增长因素研究^①

近年来乡镇工业异军突起、迅猛增长,已成为我国农村经济的有力支柱,成为我国工业经济和国民经济的重要组成部分,从全国看,江苏省乡镇企业发展具有一定典型意义。分析 20 世纪 80 年代以来江苏乡镇工业增长的因素及其特点,探索其发展前景,将有利于研究乡镇工业的稳步协调发展问题。

一、江苏乡镇工业的增长因素分析

自从美国经济学家丹尼森开创了经济增长因素分析法以来,它已成为国际上研究经济增长问题的重要分析工具。在我国,由于统计资料不配套,在分析乡镇工业增长因素时,通常采用总产值指标。为了使分析结果具有可比性,本文将引入比较科学的准国民收入这个指标。

国民收入的定义与计算方法表明,一定时期的国民收入是经济各部门、各产业在一定时期内新生产出来的价值,或者说净产值的总和。国民收入是一种累积附加价值,是总利润加上工资总额,也就是 $v+m$。基于此认识,乡镇工业总利润(含税金)加上工资总额应近似于乡镇工业所创造的国民收入,因此,称之为"准国民收入"。采用准国民收入来描述乡镇工业的增长,比用"总产值"更科学。据此,本文就 1980—1990 年江苏省乡、村两级工业企业的基本情况做出分析。

(一)生产要素及其收入分配额

1980—1990 年,江苏省乡镇工业准国民收入由 34.21 亿元增加到 131.41 亿元^②,

---

①　原文刊载于《中国工业经济研究》1993 年第 5 期。

②　如无特别注明,本文资料均来自《江苏统计年鉴》(1991 年)。

年均递增 14.4%。乡镇工业准国民收入的创造不仅需要劳动,也需要资金(包括固定资产和流动资金)、土地或其他资源。在这里我们不考虑使用土地所付的费用。因为在社区政权的支持下,相对于资金使用,土地或其他资源不是乡镇工业发展的限制因素。实质上,乡镇工业企业在上交乡村提留的利润中已实现了费用的支付,只是很难清楚地把其分离出来而已。

表 2-1　乡村工业各生产要素收入分配额　　　　(单位:亿元)

年份	准国民收入	劳动	固定资产	流动资金
1980	34.21	13.05	10.22	10.94
1985	80.14	35.47	18.35	26.32
1988	133.45	67.88	26.40	39.17
1989	127.74	70.50	23.31	33.87
1990	131.41	73.23	22.87	35.31

资料来源:《江苏统计年鉴》(1991 年)第 114—115 页。

表 2-1 列出了乡镇工业按劳动、固定资产和流动资金分类的三种可用于再生产的生产要素的收入分配额。劳动收入分配额用乡镇工业工资总额表示。从准国民收入中减去劳动收入分配额,剩下的便是资金分配额。再根据固定资产与流动资金在奖金总额中的比重(表 2-2)进行分配。然后分别根据劳动收入分配额、固定资产收入分配额以及流动资金收入分配额在准国民收入中的比重,计算出各自的收入分配率,结果见表 2-3。

表 2-2　固定资产、流动资金及其各自比重　　　　(单位:亿元)

年份	年末固定资产原值(1)	年末固定资产净值(2)	固定资产(3)	年末流动资金(4)	资金总额(5)	固定资产比重(%)(6)	流动资金比重(%)(7)
1980	31.80	25.70	23.85	32.42	56.27	42.38	57.62
1985	93.61	73.08	70.21	126.91	197.12	35.62	64.39
1988	226.73	179.74	170.05	318.93	488.98	34.78	65.22

（续表）

年份	年末固定资产原值 (1)	年末固定资产净值 (2)	固定资产 (3)	年末流动资金 (4)	资金总额 (5)	固定资产比重(%) (6)	流动资金比重(%) (7)
1989	284.05	217.66	213.04	388.72	601.76	35.40	64.60
1990	325.24	243.34	243.93	470.60	714.53	34.14	65.86

注:① $(3)=(1)\times\dfrac{3}{4},(5)=(3)+(4),(6)=(3)\div(5)\times100\%,(7)=(4)\div(5)\times100\%$

② 流动资金系年末乡村工业企业占用流动资金。

资料来源:同表 2-1。

表 2-3 乡镇工业各要素收入分配率　　　　　　　（单位:%）

年份	准国民收入	劳动	固定资产	流动资金
1980	100	38.15	29.87	31.98
1985	100	44.26	22.90	32.84
1988	100	50.87	19.78	29.35
1989	100	55.24	18.24	26.52
1990	100	55.73	17.40	26.87

资料来源:同表 2-1。

从表 2-1 可以看出,随着乡镇工业的增长,劳动收入分配额有了一定的增长,这对调动农民的积极性、吸收剩余劳动力起了很大的作用。但是,近几年江苏乡镇工业固定资产收入分配率呈下降势头,与此相反,流动资金收入分配率呈上升趋势。

（二）各生产要素投入的指数

乡镇工业各生产要素投入指数的推算与各生产要素收入分配率一样,也分为劳动投入、固定资产投入与流动资金投入三部分。表 2-4 列出了江苏乡镇工业各生产要素的投入量及其指数,其中劳动投入量是以劳动者人数表示的,固定资产投入量和流动资金投入量的数据来自表 2-2,固定资产投入量是以固定资产原值和净值分别加进 3 和 1 的权数进行平均的结果,而流动资金投入量是以企业年末占用流动资金来表示。

表 2 - 4   各生产要素的投入量及其指数

年份	绝对值			指数(以 1980 年为 100)		
	劳动 (万人)	固定资产 (亿元)	流动资金 (亿元)	劳动	固定资产	流动资金
1980	312.51	30.28	32.42	100	100	100
1985	511.66	88.48	126.91	163.73	292.25	391.46
1988	632.42	214.98	318.93	202.74	710.10	983.74
1989	600.15	267.45	388.72	192.04	883.41	1 199.01
1990	588.12	304.77	470.60	188.19	1 006.66	1 451.57

资料来源:同表 2 - 1。

计算出各要素的投入指数后,就可以算出总要素投入指数,首先,以固定资产和流动资金的收入分配率为权数,加权平均固定资产和流动资金投入指数,得出资金投入指数。其次,以各要素收入分配率为权数,加权平均劳动、固定资产和流动资金投入指数,得出总要素投入指数,推算结果见表 2 - 5。

表 2 - 5   总要素投入指数(以 1980 年为 100)

年份	劳动	固定资产	流动资金	资金投入指数	总要素投入指数
1980	100	100	100	100	100
1985	163.73	292.25	391.46	350.70	267.95
1988	202.37	710.10	983.74	873.56	532.15
1989	192.04	883.41	1 199.01	1 070.38	585.21
1990	188.19	1 006.66	1 451.57	1 276.69	670.11
(年平均%)					
1981—1985	10.36	23.92	31.38	28.52	21.79
1986—1990	2.82	28.06	29.97	29.49	20.12
1981—1990	6.53	25.98	30.67	29.01	20.95

注:年平均增长率的计算采用水平法。

资料来源:同表 2 - 1。

（三）单位要素投入产出增加的因素

丹尼森在增长因素的分析中,对影响单位要素投入产出的因素划分得很详细。其中影响资源配置效益提高的因素有二:一是配置到农业上的过多劳动力从农业中转移的程度;二是非农业性的独立经营者和在那些本小利微的小企业中参加劳动但不取报酬的业主家属从各该企业向大企业转移的程度。而影响资源使用效益的因素则主要有技术水平、贸易壁垒等。考虑到分析的对象——乡镇工业企业的特殊情况,这里对影响单位要素投入产出率的各种因素做适当调整。

丹尼森分析的前提是假定有充分竞争的自由市场机制。目前,我国尚存在着新旧两种体制,乡村工业企业的发展受到经济因素,如市场调节和非经济因素两方面的干预,经济效益的改变有时并不是市场机制的作用。因此在考察影响单位要素投入产出的因素时,还需要更为直接的作为经济活动的结果性指标,其中包括资源配置效益、规模经济效益、资金投入效益和劳动投入效益等。关于乡镇工业资源配置效益的改善既表现为农业劳动力的转移程度,也表现为产业结构各产业各部门各行业比例关系的合理程度。如果产业结构内部比例关系较为合理,资源配置恰当,乡镇企业就能够比较协调地发展;相反,就会产生不足与过剩的结构性矛盾,最终制约各产业的发展,影响乡镇工业的稳定增长。由于资料限制,又考虑到江苏省人口多、劳动力资源丰富,而资金相对短缺的情况,这里采用百元固定资产所创造的产值指标来表示资源的配置状况。理由是一般来说,在乡村工业技术构成低而变化缓慢的情况下,固定资产闲置面越大,百元固定资产所产生的产值就越小,由此表明该部分投资在某些产业或行业是过剩的,或不合理的。关于规模经济效益,我们假定企业规模的大小与单位要素投入产出的变动方向相同,以各年乡镇工业企业年均产值水平(乡镇工业企业产值/乡镇工业企业数)来表示规模效益的变化情况。关于资金投入和劳动投入的效益状况,我们分别用资金产出率和劳动生产率指标来衡量。前者用乡镇工业准国民收入除以资金总额来表示,后者则以平均每个劳动者所创造的准国民收入来表示。依照上述方法计算出各单位要素效益指标的变化情况后,对这四个指标进行一般算术平均,计算出总效益指数,即单位要素投入的产出指数。全部推算结果列于表2-6。

表 2-6　乡镇工业单位要素投入的产出指数(以 1980 年为 100)

年份	资源配置	规模经济	资金效益	劳动效益	总指数
1980	100	100	100	100	100
1985	113.42	241.48	68.19	143.08	141.54
1988	114.96	462.27	45.81	92.76	203.95
1989	104.04	525.90	35.68	194.44	215.01
1990	101.95	610.49	31.06	204.12	236.90
(年平均%)					
1981—1985	2.55	19.28	−7.37	7.43	7.20
1986—1990	−2.11	20.38	−14.55	7.36	10.85
1981—1990	0.19	19.83	−11.03	7.40	9.00

注:年平均增长率的计算采用水平法。

资料来源:《江苏统计年鉴》(1991 年)第 114—115 页,第 126 页。

从表 2-6 中可以看出,1981—1990 年,江苏乡镇工业单位要素投入产出率年平均增长 9.0%,其中规模经济效益年均增长 19.83%,劳动投入效益年均增长 7.4%,资源配置效益年均增长 0.19%,资金使用效益却年均递减 11.03%。

(四) 各因素对产出增长的贡献

按丹尼森的方法,首先以各时期总要素投入指数年平均增长率与单位要素投入的产出指数年均增长率为权数,把准国民收入的实际增长率划分为两个部分,即由总要素投入增加所带来的增长和由单位要素投入产出率提高所带来的增长,然后用同样的方法在总要素投入和单位要素投入各自内部各要素之间再进行分配。计算结果是,1981—1990 年,江苏乡镇工业所创造的准国民收入平均每年递增 14.41%,其中 10.09% 是由总要素投入的增加所带来的,占 70%;而 4.32% 是由单位要素投入产出率的提高所带来的,占 30%;在总要素投入增加带来 10.09% 的增长中,劳动投入贡献率为 18.4%,资金投入贡献率为 81.6%,占有主要份额。在单位要素投入产出率提高所带来 4.32% 的增长中,由于资金使用效益下降其增长为 −2.89%,资源配置改善带来的增长为 0.05%,劳动效益提高带来的增长为 1.99%,规模效益提高带来的增长为 5.17%。这一点与现实有些差异,主要与我们选择的指标计算方法有关。我们选择规模效益指标为总产值除以企业个数,而总产值是指各个企业生产的最终产品价值的总和,由于投入中流动资金增长极快,也可能导致产品中转移的流动资金过多,从而使总产值上扬。

二、江苏乡镇工业增长的特点

通过实证分析,我们定量出各种因素在江苏乡镇工业增长中的贡献份额,据此可以明显地看到江苏乡镇工业增长具有如下特点。

(一) 江苏乡镇工业经济效益下降

1980—1990 年,江苏省乡镇工业增长中,只有 30%来自单位要素投入产出率的提高。乡镇工业投入产出水平低,突出表现为资金使用效益下降,1980—1990 年,年均递减 11.03%;与此同时,资源配置效益的改善徘徊不前,年均提高速度只有 0.19%。其实,资金使用效益与资源配置效益有密切联系,资金使用效益低落很大程度上反映了资金在不同产业间、部门间、行业间的配置存在许多不合理现象。

(二) 江苏乡镇工业的高投入,特别是高资金投入是其增长的基本原因

实证分析的结果表明,江苏乡镇工业增长中有 70%是由要素投入增加带来的。1980—1990 年,总要素投入年均增长高达 20.95%,而同期准国民收入年均增长率只有 14.41%。在总要素投入中,资金投入占有相当大的比重,为 81.7%。因此很大程度上可以说,80 年代以来江苏乡镇工业的迅速增长是由高投入、尤其是高资金投入带来的。

(三) 江苏乡镇工业经营机制改革的超前性

乡镇工业与国营工业相比有其自身的特点,这可以从两个方面来考察。一方面,江苏乡镇工业沿袭国营工业增长的传统,投入增长速度大于效益增长速度,走的是同一条投入型增长的路子(表 2 - 7)。

另一方面,江苏乡镇工业增长中,单位要素投入产出率为 30%,明显高于国有工

业企业 16.92％的水平。这表明,乡镇企业虽然脱胎于乡村,起点低,但较为注意提高低下的生产率,增强自身的生命力,现行经营机制比较适合于商品经济发展的要求,特别是与改革尚未到位的国营企业对照,有其一定的超前性。江苏的乡镇企业,不捧"铁饭碗",不吃"大锅饭",初步形成了自主经营、自负盈亏、自我发展、自我约束的机制,基本上是政企分开、"两权"分离的商品生产者和经营者。虽然现行体制并不十分完善,也受到外部环境特别是市场条件还不完善的制约,但是,这种体制比较接近于国营企业改革的目标模式,所以乡镇企业才有较强的内在活力。这在某种意义上,也是乡镇企业在城市国营集体企业的包围之中能够生存下来并不断发展的原因所在。

表 2 - 7 1980—1990 年江苏工业增长对比   (单位:%)

	乡镇工业	国营工业
国民收入增长率	14.41(100)	10.09(100)
总投入增加	10.09(70)	8.38(83.08)
资金	8.25(57.1)	6.62(65.64)
劳动	1.84(12.9)	1.76(17.44)
单位要素产出增加	4.32(30)	1.71(16.92)

注:① 国营工业的数据来源于《江苏统计年鉴》(1991 年),第 128 页;
② 括号内的数字是多要素的贡献率。

当然,尽管 80 年代江苏乡镇企业增长中单位要素生产率对产出增长的贡献份额有所提高,并且明显高于国营工业企业,但最终没有脱离资金投入型的增长道路,乡镇工业增长过程中这种稀缺要素的依赖性,不能不引起我们的注意。乡镇工业高资金投入在最初遇到的阻力还很小,特别是受社区保护情况下很容易获得大量资金,但发展到一定规模之后,对资金需求量加大,资金供给渠道就明显狭窄了,资金短缺成了制约乡镇工业增长最重要的因素。而若乡镇企业不改变资金投入型增长的道路且又要保持高速增长,就必须保持高投入,并不断加以补充,否则乡镇企业就会面临衰退的局面。而事实上,乡镇工业高资金投入增长所产生的对资金需求的确已超过了乡镇企业和银行的承受能力（表2－8）。乡镇企业百元产值占用贷款由1980年的7.07元上升到1985年的13.47元，以后一直徘徊在13元左右，1990年达13.68元。不仅如此，由于乡镇工业高投入所产生的对基础原材料、能源的需求，还导致了与城市国营工业的摩擦和冲突。这一切都要求我们对乡镇工业增长道路作出现实的判断：乡镇工业投入（主要是资金投入）型增长的道路必须调整，并重新做出选择。

表2－8　江苏省乡镇工业贷款与乡镇工业产值的关系

年份	1980	1985	1988	1989	1990
贷款额(亿元)	7.71	48.81	114.3	127.35	153.38
总产值(亿元)	109.33	367.4	892.5	1 004.8	1 122.0
百元产值占贷款(元)	7.07	13.47	12.76	12.67	13.68

资料来源：《江苏统计年鉴》(1991年)第115页，第126页。

三、90年代乡镇企业健康发展的道路选择

江苏省乡镇工业增长要实现从投入型向投入与效益并重型转变，最终实现效益型增长，需要从以下几个方面入手。

（一）实现乡镇企业管理体制的创新

80年代以来，江苏省乡镇工业实现了高速增长，产值由1980年的109.37亿元增加到1990年的1 258.22亿元，年均增长25.48％，并且乡镇工业总产值在全部工业中所占的比重不断提高，由1980年的26.35％上升到1990年的56.37％。由于江苏乡镇工业增长属于投入型增长，因此这种高速增长必然导致对各种原材料和能源的急剧需求。另一方面，当前江苏城乡工业的矛盾，表现为城乡工业结构趋同，在增长过速时争能源和原材料，在销售疲软时争市场。结构趋同的表现形式，不仅是行业和产品的雷同，产品分工的档次差距不断缩小，而且企业的规模、企业组织和技术水平上的区别也越来越小，这对国民经济的均衡发展产生了不利影响。要改变这种状况，根本的出路在于实现乡镇工业管理体制的创新。

由于乡镇工业的矛盾和摩擦是城乡工业两者共同作用的结果,因此乡镇工业管理体制的创新需要由各级政府来进行,光靠乡镇工业企业自身的完善是不够的。这种体制创新就是要使资源在宏观范围内达到有效配置。创新的重点是建立一种新型调节乡镇企业发展的机制。首先,对乡镇企业出现的问题应当积极调控,防止放任自流,求得城乡工业的合理分工,相互配合,协调发展并走向一体化。其次,应当健全乡镇工业信息网络机构,既为乡镇企业服务,又为决策和管理部门提供信息,以便有的放矢。在有了充分的信息后,乡、镇企业受到来自行政等非经济因素的影响将大为降低,从而使乡镇工业在市场调节下保持有效增长。

（二）推进股份制，实现以增加投入为主向资产存量调整与增加投入并重的转变

江苏乡镇工业经过几十年特别是自 80 年代以来的发展,已形成了相当规模的资产。据统计,1990 年乡镇工业资产总额已达 714.53 亿元,其中固定资产 243.93 亿元,流动资产 470.60 亿元(表 2 - 2)。充分利用已有的这部分资产存量,将是提高经济效益的有效途径,而实现资产存量的流动、转移和重新组合,使其社会化,将是利用资产存量的方向。目前,推动资产存量流动、转移和重新组合的有效方式是实行股份制。

当然,我们也应看到,乡镇工业资产存量的调整在社区之间要比社区内调整困难得多,成本也更高,这是因为乡镇企业本身行为方式明显受社区环境的影响和支配。因此,实现存量调整还有赖于企业制度的创新,弱化社区所有权,强化企业自主经营权,明确财产关系,为已有资产自由流动创造条件。

重视资产存量的调整,同样也应该重视增加投入。今后增加投入要有别于过去,重点是要确定合理的投资结构,既要考虑到对全省产业协调发展的影响,又要有利于乡镇工业结构性矛盾的缓和、与城市工业之间摩擦的消除。为此,江苏省乡镇工业的发展必须考虑到整个江苏经济(及我国整个国民经济)的发展格局,注重农村工业与城市工业结构的调整和差别化,并在区域上也要考虑到布局的合理性,实现江苏乡镇工业以至整个江苏经济的均衡发展。

（三）进一步提高乡镇企业的整体素质

江苏省乡镇企业在数量增加的同时，整体素质不断提高，特别是治理整顿以来，结构调整、技术进步、管理改善等方面已取得明显成绩，并在改革开放方面稳步前进。例如1985—1990年，苏州市乡镇工业的外贸收购额从1.4亿元增加到29.5亿元，"三资"企业从1家发展到266家，并办了2家境外企业。无锡市1990年乡镇企业完成外贸供货额22.15亿元，比上年增长51％。所有这些方面都体现了江苏乡镇企业的发展有其超前开拓之处。但是，江苏乡镇工业需实现从投入型增长向投入与效益并重型增长转变，最终实现效益型增长这一目标，企业的整体素质必须在现有基础上进一步提高。这主要包括提高技术水平，提高管理水平，提高组织程度等，从而提高经济效益，使乡镇企业跨上一个新台阶。可以预见，经过90年代的不断努力，江苏乡镇企业必将出现更加兴旺发达的景象。

03 中国经济增长绩效分析[①]

经济增长理论的最新发展揭示了这样一个规律:一个国家长期经济增长的决定因素或源泉是知识、人力资本积累和制度这样一些内生因素,而不是资源数量和人口数量这样一些外生因素。也就是说,长期经济增长率的大部分不是来自劳动和物质资本数量的增加,而是来自知识、人力资本积累水平的提高以及有效率的制度。这对研究我国的经济增长现实,解释我国的经济增长源泉富有启发意义。

一、TFP 与三次产业增长

在我国综合要素生产率与三次产业增长因素的研究中,由于相关统计资料的缺乏,研究者很少涉及。在文献搜寻过程中,笔者发现我国学者郭克莎(1992)在这方面的研究较为全面,其研究的样本区间为 1979—1990 年,并对分阶段的数据(1979—1984 年,1985—1990 年)进行了比较分析。研究结果表明:改革开放以来,我国综合要素生产率增长最快的产业是第三产业,第二产业次之,而第一产业的 TFP 增长最慢(表 3-1)。

从发展趋势来看,首先,第一产业虽然 TFP 增长最慢,但是对产出增长的贡献份额却最大。可是从分阶段上看,有下降趋势。1985—1990 年这一阶段要比 1979—1984 年这一阶段下降大约 13 个百分点。笔者认为,这种现象可以由中国农村经济体制改革的初步成功以及后来的政策失误得到说明。

---

① 原文刊载于《经济理论与经济管理》1998 年第 1 期。

1979—1984 年，我国在总结吸取以往经济建设经验教训的基础上，实行了农村联产承包责任制和提高农产品价格、改革购销体制等重大举措，极大地调动了广大农民务农的积极性，促使农业特别是粮食生产上了一个新台阶。因此，农村改革的初步成功是改革前期推动我国经济增长，尤其是第一产业的高速增长及其综合要素生产率迅速提高的主要动力。但是，农业的连年丰收一度带来了盲目乐观的判断：对第一产业政策上重视减弱，实际投入下降，导致农业特别是主要农产品连续四年的低速徘徊，1985—1988 年，年平均仅增长 4.1％，粮食产量直到 1989 年才基本恢复到 1984 年水平，从而导致第一次产业 TFP 增长呈下降趋势。

其次，第二产业产出增长速度明显上升，但资金投入与劳动投入呈反向变动，前者增长率大幅度提高，后者增长率却大幅度降低，结果，综合要素生产率的作用率上升了约 10 个百分点。

再次，在第三产业两个阶段的对比中，1985—1990 年较前一阶段的 1979—1984 年，产出增长和资金投入增长都略有下降，但是，劳动投入增长则大幅度降低，因此使综合要素生产率的贡献份额提高了 17 个百分点（表 3-1）。

总体来看，改革开放以来，特别是 1985 年以来，我国三次产业增长因素的变动是相当大的，其中，生产要素投入尤其是资本投入增长的变动则是增长因素变动的根本原因。这种情况也影响到整个国民经济的增长效率。根据笔者的计量分析，我国"六五"时期（1981—1985 年）综合要素生产率增长对产出增长的贡献份额为 49.76％，而到"七五"时期，则降为 29.92％（沈坤荣，1997）。资本投入的急剧波动给整个国民经济造成了相当份额的效率损失。

如果比较国外相应发展阶段的三次产业要素生产率变动，那么，我国三次产业增长与国外多国模型是有较大差距的（表 3-1）。笔者认为，由于我国既处于由计划经济向社会主义市场经济体制的体制转型期，又处在经济发展的起飞阶段，经济结构急剧变动。因此，三次产业增长因素的变动趋势与多国模型相比具有一定的差异。但是，从总体特征上看，我国经济增长的因素以及三次产业增长的变动基本符合多国模型中人均收入 560～1 120 美元这一阶段的增长格局，这与中国经济增长阶段的经验判断也基本符合。

表 3-1 中国三次产业增长因素及其国际比较

	产业	*GY*	*GA*	*EA*	*EK*	*EL*
中国 (1979—1990 年)	第一产业	5.54	3.68	66.4	16.8	16.8
	第二产业	9.90	3.67	37.1	34.1	28.8
	第三产业	10.03	2.58	25.7	34.5	39.8
中国 (1979—1984 年)	第一产业	7.30	5.17	70.9	17.2	11.9
	第二产业	8.91	2.82	31.6	31.2	37.2
	第三产业	10.12	1.76	17.3	35.4	47.3
中国 (1985—1990 年)	第一产业	3.80	2.20	57.9	16.0	26.1
	第二产业	10.90	4.53	41.5	36.6	21.9
	第三产业	9.94	3.41	34.3	33.5	32.2
多国模型 人均收入： 560~1 120 美元	第一产业	3.53	0.86	24	68	8
	第二产业	7.42	1.96	26	53	21
	第三产业	6.44	1.81	28	42	30

注:多国模型中的第一产业为农业;第二产业为采矿业和制造业的平均数;第三产业为社会基础设施和服务业的平均数。中国的数据根据郭克莎(1992)的有关结果整理。

二、非国有经济的效率优势

改革开放极大地推动了我国多种所有制经济的发展。统计资料显示,我国工业总产值构成中集体工业产值所占的份额已超过国有工业。其他经济类型和城乡个体工业产值占总产值的比重也日益提高。为了正确地评价中国经济增长的因素及综合要素生产率的变动趋势,有必要从不同经济类型的角度进行分析。但是,由于我国统计数据在完备性和连续性上有欠缺,给定量分析带来一定的难度。就笔者所得的文献资料看,几乎所有的研究仅仅集中在工业领域(德怀特·H. 珀金斯、陈越,1989;郭克莎,1990;李明哲、曹洪波,1990;胡永泰等,1994;谢为安,1994;谢千里等,1995;沈坤荣,1997)。而且大多数研究者着重研究了国有工业企业生产率变动的趋势,虽然其中也不乏有意义的研究结论,为推动我国综合要素生产率研究奠定了良好的基础,但是,对多种经济类型的经济增长因素的分析,目前尚缺少较深入的展开。

根据谢千里等(1995)的研究表明:不论是国有工业还是集体工业,在几乎所有时期内,单个要素生产率都取得了较快的增长,特别是集体工业,引人注目的例外是国有工业的资本生产率增长明显减慢,1988—1992年变为负增长(表3-2)。从表中数据可以看到,国有工业在劳动生产率上相对于集体工业具有优势,尽管它们之间的差距在缩小;而在资本生产率方面,集体工业比国有工业有着明显的优势。在工业生产率研究中更有意义的结论是有关综合要素生产率增长的比较分析(表3-3)。

表3-2　中国国有工业和集体工业单个要素生产率的增长率　　　(单位:%)

时期	国有企业			集体工业		
	劳动	资本	中间投入	劳动	资本	中间投入
1980—1992	12.9	5.88	6.48	9.18	2.16	2.74
1980—1984	9.49	5.49	1.93	9.00	4.99	1.44
1984—1988	15.12	5.50	8.31	10.92	1.29	4.10
1988—1992	14.08	6.65	9.22	7.61	0.19	2.75

资料来源:根据谢千里等(1995)的有关计算结果整理。

表3-3　中国国有工业和集体工业的综合要素生产率变动分析

时期	国有工业			集体工业		
	产出增长率(GY)	综合要素生产率增长率(TFP)	TFP/GY	产出增长率(GY)	综合要素生产率增长率(TFP)	TFP/GY
1980—1992	6.90	2.50	36.2	16.08	7.15	44.5
1980—1984	7.06	2.24	31.7	14.03	3.29	23.4
1984—1988	8.52	7.68	43.2	19.86	8.73	44.0
1988—1992	5.11	1.58	30.9	14.37	9.44	65.7

注:TFP的计算公式为:$TFP(t) = \exp[\ln Y(t) - \alpha_K \ln K(t) - \alpha_L \ln L(t) - \alpha_M \ln M(t)]$,
其中,$Y(t)$、$K(t)$、$L(t)$、$M(t)$分别为产出、资本投入、劳动投入、中间投入,t为时间变量,α_K、α_L、α_M分别为资本投入、劳动投入、中间投入的产出弹性;TFP为综合要素生产率。

资料来源：α_K、α_L、α_M 引自 Jefferson et al. (1992)；其他数据根据谢千里等(1995)的资料整理。

根据表 3-3 可以看出，在 20 世纪 80 年代，国有工业和集体工业的生产率增长呈加速趋势。1988—1992 年，国有工业生产率增长显著下降，而集体工业生产率增长继续加速。在三个不同阶段中，集体工业 TFP 的增长都始终快于国有工业，然而国有工业的计量结果表现出统计上的稳定性。

笔者认为，计量结果虽然可以说明一些问题，但应该看到，由于中国统计数据中包含一定的"水分"，因此，有关中国工业 TFP 增长对产出增长存在着高估的可能性。如果采用可比价格对有关统计数据进行调查，可以进一步计量中国不同所有制工业的增长因素(表 3-4)。

表 3-4　中国不同所有制工业增长因素分析(1978—1994 年)　　　(单位：%)

类型	GY	GK	GL	GA	EA	EK	EL
国有工业	7.05	12.14	1.96	1.05	14.9	68.1	17.0
集体工业	20.73	18.60	8.31	7.28	35.1	45.8	19.1
其他经济类型工业	50.25	60.11	31.7	8.05	16.3	48.0	36.7

注：① GY、GK、GL、GA 分别为产出增长率、资本投入增长率、劳动投入增长率和综合要素生产率增长率，EA、EK、EL 分别为综合要素生产率、资本投入增长率和劳动投入增长率对产出增长的贡献率；

② 集体工业的资本产出弹性和劳动投入产出弹性均为 0.5；而国有工业和个体工业的资本产出弹性和劳动产出弹性分别为 0.4 和 0.6。

资料来源：《中国统计年鉴》(1995 年)。

表 3-4 中数据显示，集体工业综合要素生产率的提高最快，对产出增长的贡献份额也最大。事实上，集体工业没有像国有工业那样有那么多老本吃，也不像其他经济类型工业那样有着畅通的资金渠道。改革开放越深入，经济搞得越活，集体工业的风险意识越浓，它除了在用活资金上做好文章外，还必须在设备引进、管理、产品结构、劳动力素质的提高等方面加大投入，从而大幅度提高其现有的技术水平。另外，集体企业在企业组织效率的提高上也优于国有企业。对于其他类型工业，由于发展

时间不长，处于起步阶段，产出的高速增长是建立在要素投入的迅速增长之上的，而且其企业规模、技术水平、组织效率等都还处于初期阶段。因此综合要素生产率提高对产出增长的贡献份额较少。至于国有工业，虽然国家对其主动放权让利，使国有工业的经济发展取得了一定的成效，减轻了一些冗员众多的负担，提高了全员劳动生产率，但还没有彻底转变经营机制，合理组织要素投入，发挥出它应有的内在效率，因此TFP 的贡献份额十分有限。

三、乡镇企业的综合要素生产率

上述的分析显示，我国集体经济综合要素生产率明显优于国有工业和其他经济类型。这充分显示了我国集体经济的内在活力及其对整个国民经济增长的巨大推动作用。而在集体经济中，乡镇企业具有十分重要的地位，因此，有必要单独对其进行分析。

在中国的改革开放大潮中，乡镇企业的迅速崛起使我国整个国民经济形成了国有企业与乡镇企业、城市经济与农村经济互为市场、共同发展的新局面。乡镇企业的发展不仅富有成效地推动了我国农村经济和国民经济的总量增长，而且还以较快的速率促进了我国经济结构的转变，从而提高了国民经济的总体效率。

为了分析中国乡镇企业的总体效率，即 TFP，我们首先建立中国乡镇企业的总量生产函数。其中 XY 为乡镇企业的产出指标；XK 为资本投入指标；XL 为劳动投入指标，α_K、α_L 分别为资本投入产出弹性和劳动投入产出弹性。

则中国乡镇企业的 C－D 型生产函数为：

$$\ln(XY)=-3.90+0.766\ln(XK)+0.72\ln(XL)$$
$$(-11.26)(17.48)\qquad(9.85)$$
$$R^2=0.998\,9, DW=1.568, F=4\,454.1$$

由于采用无规模约束的 OLS 估计，因此进行正规化处理，便得：资本产出弹性 $\alpha_K=0.51$，劳动投入产出弹性为 0.49。样本分析数据取自 1995 年的《中国统计年鉴》。利用样本分析资料和 α_K、α_L，就可以计算出中国乡镇企业综合要素生产率的增长率及其对产出增长的贡献率，各阶段的数据见表 3－5。

表 3-5　中国乡镇企业产出投入与 TFP　　　　　(单位:%)

时期	GXY	GXK	GXL	GXA	EXA	EXK	EXL
1979—1984	20.40	20.43	10.72	5.21	24.94	49.90	25.16
1979—1990	25.55	24.70	10.40	7.92	30.94	19.17	19.89
1979—1994	31.38	27.59	9.46	12.56	40.16	45.01	14.83
1991—1994	49.78	36.67	6.72	27.78	55.81	37.57	6.62

注:GXY、GXL、GXK、GXA 分别为中国乡镇企业产出增长率、资本投入增长率、劳动投入增长率、综合要素生产率增长率;α、β 分别为资本和劳动的产出弹性;EXA、EXK、EXL 分别为中国乡镇企业综合要素生产率、资本投入增长率、劳动投入增长率对产出增长贡献的份额。资本产出弹性为 0.51,劳动产出弹性为 0.49。

资料来源:《中国统计年鉴》(1995 年)。

表 3-5 的数据显示,改革开放使中国乡镇企业取得了突飞猛进的发展。1979—1994 年,产出年均增长 31.38%,在乡镇企业的产出增长中,要素投入的贡献份额为 59.84%,其中劳动投入占 14.84%,资本投入占 45.01%,综合要素生产率提高的贡献为 40.16%,从分阶段的情况来看;1979—1990 年,乡镇企业产出增长 25.55%,而 90 年代以来,年均增长率则高达 49.78%。在高速增长中,综合要素生产率提高,其对产出增长的贡献的份额也迅速提高,由 1979—1990 年的 30.94% 增长到 1991—1994 年的 55.81%。这充分显示了乡镇企业在国民经济中的生机和活力。

中国乡镇企业的这种增长格局明显优于国有企业。乡镇企业虽然脱胎于乡村,起点低,但较为注意提高低下的生产率,增强自身的生命力,现行经营机制比较适合于社会主义市场经济发展的要求,特别是与改革尚未到位的国有企业对照,有其一定的超前性。当然,乡镇企业发展在全国来说还很不平衡,差距很大,而且,乡镇企业如何进一步适应市场经济体制,还有很长的路要走。

四、经济增长的因素及其效应

前文是从不同角度考察中国经济增长的因素,其中较为详细地计量了 TFP 增长对产出的影响。本节考察综合要素生产率变化对宏观经济稳定的影响。

如果我们以 1952 年作为基期来计算中国 TFP 的增长率,则可得到 TFP 的时序数据(表 3-6),笔者发现,中国经济波动与 TFP 的变动具有明显的相关关系。如果以 GDP 增长率为解释变量,以 TFP 增长率为被解释变量,则不同时段上的相关关系见表 3-7。

表 3-6　中国 TFP 与 GDP 的定基增长率　　　　(单位:%)

年份	GY	GA	年份	GY	GA
1953	13.15	6.35	1974	5.90	0.59
1954	9.40	2.86	1975	6.01	0.72
1955	8.40	2.02	1976	5.63	0.40
1956	9.81	3.45	1977	5.72	0.55
1957	8.73	2.35	1978	5.96	0.82
1958	10.89	3.52	1979	6.01	0.88
1959	10.54	3.40	1980	6.01	0.88
1960	8.98	2.05	1981	5.97	0.85
1961	3.75	−2.72	1982	6.07	0.95
1962	2.67	−3.36	1983	6.20	1.11
1963	3.37	−2.36	1984	6.45	1.35
1964	4.41	−1.20	1985	6.61	1.49
1965	5.32	−0.21	1986	6.66	1.52
1966	6.12	0.56	1987	6.77	1.61

（续表）

年份	*GY*	*GA*	年份	*GY*	*GA*
1967	5.17	−0.34	1988	6.86	1.70
1968	4.40	−1.04	1989	6.78	1.63
1969	5.22	−0.17	1990	6.74	1.59
1970	6.15	0.75	1991	6.77	1.63
1971	6.20	0.76	1992	6.94	1.81
1972	6.03	0.66	1993	7.09	1.95
1973	6.13	0.79	1994	7.02	2.04

注:以 1952 年为计算基期,*GY* 为 GDP 增长率,*GA* 为 TFP 增长率。

资料来源:《体制转型期的中国经济增长——实证检验与分析》(沈坤荣,1996)。

表 3-7　中国 TFP 增长与 GDP 增长的回归分析

样本区间	解释变量	常数项	系数	*t* 检验值	*F* 检验值	R^2
1953—1994 年	*GY*	−4.33	0.81	19.88	395.16	0.91
1953—1978 年	*GY*	−4.63	0.81	21.30	453.84	0.95
1979—1994 年	*GY*	−4.97	0.974	90.41	8 174.5	0.998

注:方程 $GA = \alpha + \beta GY$,*GA* 为 TFP 增长率,*GY* 为 GDP 增长率。

资料来源:同表 3-6。

表 3-7 的数据表明,我国综合要素生产率与国内生产总值增长率之间具有高度正相关关系。综合要素生产率的增长呈现出明显的速度解释特征,这从一定程度说明我国经济增长中的速度效应。当然,上述计量分析是以 1952 年的定基增长速度为计量依据的,这在相当程度上减缓了我国经济波动对综合要素生产率提高的负面影响。笔者认为,国民经济的大起大落会极大地挫伤经济运行机体的效率功能,在经济强烈波动的六七十年代,综合要素生产率的平均值远远低于经济较为稳定增长的其他发展时期。

事实上,经济增长的大起大落,其结果或者是年均增长率降低,或者是资源配置的效率恶化,或者是要素投入的生产率剧烈波动,最终都会影响到国民经济整体效率的提高,即表现出综合要素生产率的增长速度减缓及其对产出增长贡献率的大幅度下降。当然,如果从综合要素生产率提高对产出增长的影响角度分析,由于综合要素生产率较高,那么同样单位的生产要素投入会带来较多的产出,从而进一步增强经济运行的效率机制,为国民经济的持续稳定增长打下良好的物质基础;相反,如果综合要素生产率的作用率下降,那么要保持经济高速增长,就必须快速而又大量地投入各种生产要素,但是,由于生产率低落会导致经济效益十分低落,过多的要素投入会引起需求过度,从而导致国民经济的需求过渡型短缺与通货膨胀,这样的增长局面不能长久维持,最终会因各种矛盾激化而迫使高速的经济增长降下来。长期以来,一些人认为增长保持高速度并不好,甚至有人视之如洪水猛兽,并把我国经济增长过程中几次大的波折归咎于追求高速度,这有一定的片面性。因为假若我国经济是建立在综合要素生产率不断提高基础之上的高速增长,那将会大大促进社会财富的增加,而且只有保持一定的高速度才能充分利用各种生产要素。笔者认为问题的关键不在于速度的高低,而在于经济增长的类型或方式,由于我国长期以来特别是改革开放之前,国民经济走的是一条综合要素生产率十分低落的要素投入型增长方式,这就已经规定了它的速度不能过高。因此,控制速度不能从根本上解决问题,根本的出路在于重视综合要素生产率的提高,走集约型增长之路。

参考文献

[1] 德怀特·H. 珀金斯、陈越,1989:《中国经济体制改革(二)》,《管理世界》第 1 期。

[2] 郭克莎,1990:《1979—1988 年经济增长的因素及效应分析》,《经济研究》第 10 期。

[3] 郭克莎,1992:《三次产业增长因素及其变动特点分析》,《经济研究》第 2 期。

[4] 胡永泰、海闻、金毅彪,1994:《中国企业改革究竟获得了多大成功》,《经济研究》第 6 期。

[5] 李明哲、曹洪波,1990:《价格因素与中国工业增长率高估的联系》,《价格理论与实践》第 5 期。

[6] 沈坤荣,1997:《中国综合要素生产率的计量分析与评价》,《经济与管理科学》第 1 期。

[7] 谢千里、罗斯基、郑玉歆,1995:《改革以来中国工业生产率变动趋势的估计及其可靠性分析》,《经济研究》第 12 期。

[8] 谢为安,1994:《国有工业与其他经济类型工业经济增长的比较研究》,《世界经济文汇》第 5 期。

[9] Jefferson, G. H., T. G. Rawski, and Y. Zheng, 1992, "Growth, Efficiency, and Convergence in China's State and Collective Industry", *Economic Development and Cultural Change*, 40(2), 239 - 266.

04　中国经济转型期的政府行为与经济增长[①]

经济增长因素的计量分析表明,推动中国经济高速增长的主要因素是生产要素投入,尤其是资本要素投入的大量增加。自改革开放尤其是 20 世纪 90 年代以来,虽然这种增长格局已有很大改观,但没有从根本上彻底摆脱主要依靠要素投入的投入型增长模式(沈坤荣,1997)。而且,这种投入型增长模式属于传统的政府推动型经济增长。为了进一步探讨中国经济增长的基本特征,本文从政府行为的角度进行分析。由于体制条件不同,推动经济增长的政府行为主体也有不同,因此,首先应对政府行为主体进行划分。政府行为主体是指具有特定政治经济利益目标,并在特定环境下,采取可行措施满足其目标的行政组织。就我国而言,政府行为主体主要包括中央政府和各级地方政府。本文将主要分析不同体制环境下政府行为对经济增长的影响及作用。

一、政府推动型经济增长

一般而言,推动经济增长可以有两种典型模式。一种是在市场经济体制下由企业推动。企业在其财产约束下,依据市场信号,通过景气预测做出有关决策并承担决策风险。整个经济增长是无数企业在市场机制作用下自发活动的结果。政府的作用只限于作为竞争的裁判和警察,公平、公正、公开地维持竞争秩序,弥补市场缺陷,调节市场失灵,从而为经济创造良好的宏观环境。另一种是在集中计划体制下由政府推动。政府依据其战略目标及其偏好而非市场信号做出增长决策,实现经济增长的

---

① 原文刊载于《管理世界》1998 年第 2 期。

基本条件是政府集中动员资源的能力。在我国传统的计划经济体制下,推动经济增长的行为主体是政府,而且主要是中央政府,中央政府依据储蓄规模和投资规模来决定经济增长的计划指标。

（一）政府储蓄与经济增长

储蓄或积累是影响经济增长的重要变量,广义的储蓄(或称总储蓄)概念以其主体划分,包括居民储蓄、企业储蓄和政府储蓄。改革开放前,我国一直实行中央计划经济,企业对自身盈利没有多少自主权,企业的财务收支由国家统制管理,所以过去很长时期基本上不存在所谓的企业储蓄。1978 年,我国企业储蓄在总储蓄中比重仅为 12％;在传统的计划体制下,由于居民收入不高,用于生活消费后所剩无几,因此居民储蓄在总储蓄中的比重也微不足道。据统计,1978 年我国居民储蓄份额仅为 15％,而且居民储蓄的资金非常分散,对经济增长推动十分有限。但是在传统的计划经济体制下,国民收入分配倾斜于政府,因此政府储蓄在总储蓄中占有主要份额,1978 年这一比重高达 73％。这个比重比经济发达的美国、英国和日本分别高出 66.73 和 64 个百分点,比发展中国家的韩国和印度也分别高出 47 和 60 个百分点[①]。这充分表明,在传统的计划体制下政府储蓄是我国总储蓄的主体。

在我国,政府储蓄主要是通过财政渠道对国民收入进行再分配来实施的,即一定的积累(或储蓄)首先以财政收入的形式集中起来,然后再以财政拨款的形式送入投资领域,这就决定了我国财政起着"政府出纳"的作用,实际上,这也就是传统体制我国财政的主要功能。而且,由于传统体制下,财政集中率比较高,财政收入占国民收入的比例在 1953—1978 年的 26 年均值为 34.3％,1978 年高达 37.2％,中央财政在财政收入中的比重常年在 60％左右[②]。因此,中央政府在总储蓄中的份额达 50％以上。假设储蓄/产出比率为既定,则储蓄就是经济增长的基本源泉。从这一意义上说,在传统体制下中央政府是推动经济增长的主要行为主体。

需要指出,作为传统体制下经济增长源泉的储蓄,对经济增长的决定作用是基本

---

① 世界银行 1984 年经济考察团:《中国:长期发展的问题和方案》,北京:中国财政经济出版社,1985 年,第 192 页。

② 洪银兴:《市场经济条件下的经济发展》,北京:高等教育出版社,1994 年,第 115 页。

的,但不是直接的。直接规定增长的,还是一定时期内的投资规模,因此要研究政府行为与经济增长的关系,就必须研究政府的投资行为。

(二) 政府投资与经济增长

在传统计划体制中,决定投资总额进而决定相对投资规模的,也主要是政府主体,这是因为形成投资的各条渠道大部分实际上都在政府的掌握之中。这些投资渠道包括:国家预算内投资、预算外投资、国内贷款投资、国外贷款投资。

国家预算内投资指的是列入统一计划并由国家统一财政预算拨款形成的投资。这种投资实际上是由中央政府统一控制的直接投资;国家预算外投资指的是由国务院各部委,各省、市、自治区及地(市)、县和企业自筹资金(包括各级地方政府的财政贷款)形成的投资。这种投资实际上主要是由各级各类部门和地方政府自行控制的直接投资;由于在传统计划体制下,各种信贷资源也都是由政府集中管理的,因而国内、国外贷款投资必然在政府的掌握之中,实际上是由政府主体所控制的间接投资,当然,这种控制又可分为中央政府统一控制和非中央政府自行控制。从全社会固定资产投资的资金来源比例来看,1957 年,国家预算内投资的比例为 88.6%,其他投资来源占 11.4%;到 1978 年,其他投资资金的来源比例也仅为 37.8%,而国家预算内投资的比例高达 62.2%[①]。这表明大部分投资始终是由政府所控制的直接投资,而且中央政府占有绝对优势的比重。因此,传统计划体制下决定我国投资规模的主要是政府主体,而且是以中央政府为主的政府主体。

综上所述,在传统计划体制下,中央政府主体既决定着我国的总储蓄规模,又决定着我国的投资规模,所以该主体也就拥有决定我国经济增长的行为权能(杨再平,1995),即在传统计划体制下,我国经济增长属于中央政府推动型的增长模式。

二、分权化的财政改革与经济增长

在传统的计划经济体制下,政府主要是中央政府依据其战略目标及其偏好而非

---

① 《中国统计年鉴》(1991 年),第 24 页。

市场信号做出增长决策,实现增长的基本条件是政府集中动员资源的能力。1978年以来,我国进行了市场取向的改革,市场边界不断扩大,市场机制对增长开始起调节作用。但推动经济增长的基本模式在本质上仍然属于传统的政府推动型,所不同的是推动经济增长的政府主体不再是中央政府,而是各级地方政府。地方政府在行政性分权的改革过程中被赋予了前所未有的经济权力,从而承担起推动经济增长的责任。下文将从财政改革的角度分析分权化的财政体制对我国经济增长的影响。

(一)财政体制改革及其效应

1978年以来,中国一直以放权让利为改革主线。在财政改革方面,地方政府由过去统收统支体制下的"吃饭财政"过渡为拥有自我发展目标的行政及经济实体。1980年,我国实行"划分收支,分级包干"的财政体制,在收入方面划分中央及地方财政的固定收入及中央与地方的分成收入,在支出方面则分为按企业划分的经常性支出和专项支出,并依照划分后的收支范围,实行分级包干,五年不变,正式采用"分灶吃饭"的财政制度。这个财政体制打破了多年统收统支的局面,调动了地方当家理财、增收节支的积极性。随着当时政治经济增长形势的发展,特别是第二步利改税改革后,国家与企业的财政分配关系发生了很大变化。为了适应变化了的形势,1985年实行了"划分税种,核定收支,分级包干"的财政体制,将国家的财政收入分为中央固定收入、地方固定收入和中央与地方的共享收入。按地方既得财力确定支出基数,把地方固定收入和共享收入加在一起,同地方支出挂钩,确定分成比例,实行总额分成。总额分成的办法比较突出的问题是不能充分调动地方政府组织收入的积极性。1988年,为了进一步调动地方积极性,又在原定财政体制的基础上实行财政包干体制(侯荣华等,1995;丛树海,1994)。从执行情况看,财政包干体制比原体制更能调动地方政府组织收入的积极性,扭转了部分地区收入下降的局面,但这种体制的弊端日益明显,主要表现在:(1)税收调节功能弱化,国家财力偏于分散;(2)在按企业隶属关系划分各级财政收入的情况下,各级财政机关对不同企业亲疏关系的不同,往往对地方企业税收抓得较紧,而对中央企业抓得较松,从而影响了国家财政收入尤其是中央财政收入的实现;(3)包干制促使地方利益膨胀,从而自觉不自觉地忽视全局利益,出现了有的地方尽管工农业产值、销售收入和实现利润大幅度增长,而财政收入下滑,出现了所谓的"藏富于企业"的现象,使应收的可能不收了,应多收的可能少收了。再加上税收的优惠减免大部分由中央财政负担,不应减免的地方也予以减免,然后又通过摊派和集资形式把钱收上来,形成"财政之外有财政,税收之外有税收",造成税收流失和财政减收,从而进一步弱化了中央政府宏观调控的应有的财力,强化了地方政府推动本地区经济增长的能力。

如果以省际的人均财政收入和省际人均财政支出分别与省际的人均国民收入建立起双对数回归分析模型,那么可以从经济计量的角度检验我国财政改革的分权倾向及其效应(表4-1)。

表4-1　中国省际人均国民收入与人均财政收支之间的关系

横截面样本分析年份	收入弹性 β_1	(R^2 值)	支出弹性 β_2	(R^2 值)
1981 年	1.73	(0.83)	0.58	(0.38)
1988 年	1.30	(0.91)	0.74	(0.52)
1991 年	1.15	(0.84)	0.73	(0.61)

注:括号内的 R^2 值是截面数据回归分析的判定系数。
资料来源:根据赵晓斌、关荣桂(1994)第151页的数据整理。

定量分析的数据显示,改革之初的1981年,中央财政收入与支出起着明显的分配作用,人均国民收入的人均财政收入弹性为1.73,而人均国民收入的人均支出弹性为0.58,这表明经济相对发达的地方,其对财政收入的负担也较大,而人均财政支出相对较少。然而,随着改革的不断深入,国民收入的再分配能力趋于下降,1988年人均国民收入的人均财政收入弹性已由1981年的1.73下降至1.30,1991年进一步下降为1.15,而人均国民收入的人均财政支出弹性则由1981年约0.58上升至1988年的0.74和1991年的0.73。这从一个侧面说明改革以来,经济较为发达的地区其留在本地的资源较1981年相对有所增长。

因此,定量分析的结果进一步验证了我国改革的分权化倾向,从而进一步说明了地方政府在推进经济增长方面起着越来越重要的作用。

(二) 财政收支变化对增长的影响

前面从财政体制改革的角度分析我国改革的分权化倾向及其效应,并用省际截

面数据进行了计量分析。下面从时间序列角度对我国改革以来的财政收支情况及其
对经济增长的影响做一分析。

1. 财政收入与 GDP 的关系分析

改革开放以来,我国财政收入从总量角度看呈不断增长的趋势,除开放初期的
1979 年和 1980 年外,其他各年份有不同程度的增长。1978—1994 年,财政收入年均
增长 10％,其中,1986—1994 年平均增长 12.2％(表 4 - 2)。但是,财政收入占 GNP
的比重却不断下降,由 1978 年的 31.2％下降到 1994 年的 12.2％(表 4 - 2)。从世界
各国的情况来看,财政收入占 GDP 的比例,发达国家比发展中国家高,并且有提高的
趋势(表 4 - 3)。从表中数据可以看到,发达国家财政收入占 GDP 的比例由 1979 年
的 42.84％上升到 1989 年的 48.7％,提高近 6 个百分点;而发展中国家财政收入占
GDP 的比例由 1979 年的 25.54％上升到 1989 年的 31％,也提高了近 5.5 个百分点。
国际比较数据显示,我国财政收入占 GDP 的比重不仅偏低而且呈不断下降的趋势。
这种情况与前面分析的我国分权化的财政体制有关,反映了政府财政职能的弱化。

表 4 - 2　我国财政收入状况的变化趋势　　　　　　(单位:％)

年份	财政收入/GNP	财政收入增长速度
1978	31.2	28.2
1980	24.3	−1.6
1985	21.8	24.3
1990	18.7	12.4
1992	17.4	15.0
1993	16.2	22.5
1994	12.2	20.0

资料来源:《中国统计年鉴》(1995 年),第 26 页,第 216 页。

表 4－3　财政收入占 GDP 比重的国际比较　　　　　（单位：%）

国别	1979	1985	1989
发达国家	42.84	46.69	48.70
美国	32.03	33.69	34.59
英国	38.10	43.42	42.59
澳大利亚	31.04	35.64	37.05
德国	43.77	46.91	45.94
发展中国家	25.54	31.04	31.00
马来西亚	28.38	34.98	29.93
新加坡	23.91	38.00	29.85
泰国	14.86	17.25	19.49
中国	27.60	21.81	18.43

　　资料来源：IMF，《政府财政统计年鉴》（1992 年）。转引自谢旭人等：《中国财政运行的实证分析》，北京：中国计划出版社，1995 年，第 4—5 页。

2. 中央财政收入占全国财政收入比重分析

　　新中国成立以来，在我国财力的分配过程中，中央财政收入比例经历了一个先升后降的变动过程，总的来看变动幅度不大，中央财政集中程度偏低的状况没有根本改观（表 4－4）。"一五"时期，中央财政收入占全部财政收入的比例为 45.4%；后来这一比例一直下降，改革开放以来这一比例一直保持在 30%～40%，相反，地方财政收入占全部财政收入的比重相比较高，1993 年达到 66.7%，1994 年实行新税制后这一情况有所好转。与此相反，世界各国伴随着经济发展和财政收支规模的扩大，国家财政特别是中央财力的集中程度相对提高，财政活动领域和范围逐步增大，致使财政政策的宏观调控功能呈现出不断强化的趋势。大多数国家中央财政收入在全部财政收入中保持一个较高的比重。根据 1988 年 45 个国家和地区的统计资料，中央财政占国家财政收入比重低于 50% 的只有南斯拉夫和加拿大 2 个国家（40%），而绝大多数国家在 60% 以上，像意大利、荷兰、新加坡、埃及、泰国等 20 个国家这一比重高达 90%①。由此可见,我国当前的现实与上述国际上的一般趋势是相悖的。

3. 预算外资金分析

在中央财政不断削弱的同时,反映中央以外经济力量的预算外资金却不断膨胀,从表4-5中可见,预算外资金由1979年的452.9亿元迅速上升至1992年的3 854.9亿元,与国家财政收入之比亦由1979年的42.4%增长到1992年的97.7%,这充分反映国家的财政力量已迅速下放至地方政府和企业。从表面看来,1979年以后的改革,导致政府对企业和干预减少,使企业的自主权不断扩大。然而实际上,大部分中央下放的权力被地方政府所截留,而企业实际上所能掌握的财力及决策力仍很少。从数据看来,国有企业及主管部门的预算外资金所占比重1992年达74.7%,行政事业单位占22.97%,同期地方政府的预算外资金仅占2.3%②,从表面看来,预算外资金主要由国有企业及主管部门所掌管。然而在现行体制下,基于地方政府在计划管理上的权力,行政事务单位根据"属地原则"为地方政府管理,地方行政事务单位预算外收入及支出均在地方政府控制之下。其次,如前所述,地方政府一方面通过减税的方法,减少分成总额;另一方面则利用摊派方式,将分散的资金重新集中起来。另外,地方政府透过控制基本上是软约束的基层银行信贷资金来影响企业的投资决定。因此,地方政府成为自筹投资的主要组织者。

表4-4 各时期中央财政和地方财政的收支比重 (单位:%)

时期	占财政收入比重		占财政支出比重	
	中央	地方	中央	地方
"一五"时期	45.4	55.6	74.1	25.9
"二五"时期	22.3	77.3	48.1	51.9
1963—1965	27.6	72.4	59.7	40.3

① 侯荣华等:《中国财政运行的实证分析》,北京:中国计划出版社,1995年,第7页;丛树海:《中国财政探索》,上海:上海人民出版社,1994年。
② 《中国统计年鉴》(1995年),第223页。

(续表)

时期	占财政收入比重		占财政支出比重	
	中央	地方	中央	地方
"三五"时期	31.2	68.8	61.1	28.9
"四五"时期	14.7	85.3	54.2	45.8
"五五"时期	15.6	84.4	49.4	50.6
"六五"时期	30.6	69.4	48.8	51.2
"七五"时期	39.5	60.5	39.6	60.4
"八五"前4年				
1991	38.3	61.2	39.8	60.2
1992	39.7	60.3	41.4	58.6
1993	33.3	66.7	37.0	63.0
1994	55.7	44.3	30.3	69.7

注:根据《中国统计年鉴》(1995年)第222页的有关数据计算;中央财政收入和地方财政收入是各级负责征收的收入数;1993年各年收入中包括了国内外借款,支出中包括了国外借款安排的支出和国内外债务还本付息支出,1994年则不包括。

表4-5　预算外资金及预算内收入增长　　　　　　(单位:亿元)

年份	预算外资金收入(1)	预算内收入(2)	(1)/(2)(%)
1979	452.9	1 068.0	42.4
1985	1 530.0	1 837.2	83.3
1990	2 709.6	3134.3	86.4
1991	3 243.3	3 430.8	94.5
1992	3 854.9	3 944.1	97.7
1993	1 432.5	4 730.3	30.3

注:国家预算收入是扣除了国外借款收入之后的数字。
资料来源:《中国统计年鉴》(1995年),第223页。

上述分析表明,改革开放以来,在持续的行政放权中市场机制并未完善地建立,而经济管理权力亦只是由中央政府下放至地方政府。而且,由于地方与地方之间,既失去以往计划体制下的紧密联系,亦未建立起全国性的统一市场体制相互协调。在地方政府追求自身快速经济增长的过程中,推动了整个国民经济的快速增长。

三、地方政府对经济增长的投资推动

前述分析指出,随着分权化改革的推进,我国的投资主体也从中央政府单一主体过渡到多元投资主体,在这多元投资主体中,地方政府投资行为在推进经济增长过程中的作用十分显著。为了分析地方政府投资行为对我国经济增长的影响,下面从省际截面数据、地方自筹投资与国内贷款、地方投资项目等方面分析投资与经济增长的关系。

(一) 地方政府的投资推动——省际截面分析

如果以分省的国内生产总值($FGDP$)为被解释变量,以分省的全社会固定资产投资总额(FTI)为解释变量,进行回归分析,则得:

$$FGDP = 329.24 + 2.27FTI$$
$$(2.51) \ (12.01)$$
$$R^2 = 0.837, DW = 2.10, F = 144$$

从回归结果的统计检验上看,分省截面数据(样本为 1994 年)的全社会固定资产总额与分省国内生产总值具有显著的相关性,每 1 亿元投资需求,可以带来 2.27 亿元的名义国内生产总值。从弹性分析角度看,分省的全社会固定资产投资总额每增加 1%,可以带来 0.988% 的国内生产总值的增长(见如下的对数截面数据模型,样本分析时间为 1994 年):

$$\ln(FGDP) = 1.15 + 0.988\ln(FTI)$$
$$(3.849)(19.64)$$
$$R^2 = 0.93, DW = 1.9977, F = 385.6$$

大样本统计检验的结果十分显著。这说明,投资增长对经济增长有明显的推动作用。

(二)地方自筹投资与国内贷款作用的显著性检验

为了从定量的角度进一步说明,地方政府推动经济增长的作用程度,我们做如下的多元回归分析:

设:$FGDP=f(C,FCI_1,FCI_2,FCI_3,FCI_4,FCI_5)$,其中:

$FGDP$ 为分省的国内生产总值;

C 为常数项;

FCI_1 为国家预算内基本建设投资(亿元);

FCI_2 为国内贷款的基本建设投资(亿元);

FCI_3 为利用外资的基本建设投资(亿元);

FCI_4 为地方自筹的基本建设投资(亿元);

FCI_5 为其他的基本建设投资(亿元)。

以 1994 年省际的横截面数据为样本分析数据并把上述多元函数采用线性形式进行分析,那么多元回归结果如表 4-6 所示:

表 4-6   被解释变量为 GDP 的多元线性回归

解释变量	系数	t 检验值	标准误差
C	175.2	0.61	287
FCI_1	−9.10	−0.697	13.05
FCI_2	19.89	2.35	8.46
FCI_3	−2.71	−0.51	5.34
FCI_4	7.38	2.51	3.43
$R^2=0.64$ DW=2.11 $F=11.43$			

表 4-6 的计量分析结果显示,判定系数 $R^2=0.65$,这说明回归结果是显著的,但从 t 检验值来看,国家预算内基建投资和利用外资的基建投资的 t 检验值分别仅为 0.697 和 0.51,均小于显著统计检验值。这说明这两项投资资金对国内生产总值

增长的作用没有显著影响。因此,这两项投资在经济增长中的作用十分有限。与此相反,国内贷款和地方自筹的基本建设投资对 GDP 增长作用显著,其 t 检验值分别为 2.35 和 2.51,回归系数也分别高达 19.89 和 7.38。事实上,上述定量分析的结果正好验证前面的分析。因此地方自筹的基建投资和国内贷款这两项是地方政府推动地方经济增长的首要因素。

(三)地方投资项目作用的显著性检验

进一步考察基本建设投资的项目构成,把它分成中央项目的基建投资和地方项目的基建投资,进行经济计量检验,建立如下的回归模型:

线性回归的模型:$FGDP = C + \alpha_1 FCIC + \alpha_2 FCIL$

双对数回归模型:$\ln(FGDP) = C + \beta_1 \ln(FCIC) + \beta_2 \ln(FCIL)$

其中:$FCIC$ 为分省中央项目的基建投资;

$FCIL$ 为分省的地方项目的基建投资;

$FGDP$ 为分省的国内生产总值。

利用 1994 中的截面数据可以得到如下的计量结果(见表 4 - 7 和表 4 - 8):表 4 - 7 和表 4 - 8 的数据显示,两个回归模型的大样本统计检验都是显著的,但是双对数模型的判定系数更高,为 $R^2 = 0.869$,而且从回归系数的 t 检验值看,地方项目的基建投资对分省的 GDP 增长更具有显著性;从边际分析看,每增加 1 亿元的地方项目投资可带来 5.50 亿元的 GDP 增长,而中央项目的基建投资对 GDP 增长的边际分析缺乏显著性,t 检验值仅为 1.51(表 4 - 7);但是,双对数模型的分析显示,每增长 1% 的中央项目基建投资可带来 0.47% 的 GDP 增长(t 检验值为 4.55),地方项目的基建投资每增长 1%,可带来的 GDP 增长为 0.65%。这说明地方项目的基建投资产出弹性高于中央项目的基建投资产出弹性,进而从另一个侧面说明地方政府在推动经济增长方面的主导作用。

表 4-7　线性回归模型（*FGDP* 为被解释变量）

解释变量	系数	*t* 检验值	标准误差
C	415.5	1.63	254.3
FCIC	6.32	1.51	4.19
FCIL	5.50	4.37	1.26

$$R^2 = 0.59 \quad DW = 1.82 \quad F = 19.69$$

注：样本数据为 1994 年。

资料来源：《中国统计年鉴》（1995 年），第 142 页。

表 4-8　双对数回归模型[ln（*FGDP*）为被解释变量]

解释变量	系数	*t* 检验值	标准误差
C	2.25	6.10	0.37
ln（*FCIC*）	0.47	4.55	0.10
ln（*FCIL*）	0.65	5.84	0.11

$$R^2 = 0.869 \quad DW = 1.66 \quad F = 89.47$$

样本数据：1994 年 30 个省、市、自治区的截面数据。

资料来源：《中国统计年鉴》（1995 年），第 142 页。

四、地方政府推动经济增长的动因

上述经济计量分析初步检验了以地方政府为主体推动中国经济增长的基本格局。事实上地方政府推动本地区经济增长从而整个推动国民经济增长有其自身的动因。首先，加快增长速度可以缓解地方政府的各种经济压力，其中包括就业压力、物价水平、收入水平、基础设施建设等等。所有这些指标的改善都取决于一个地区的经济发展水平，为此必须达到或维持一定的经济增长速度。其次，可以增加财政收入。在现行的中央与地方的分税体制（包括以前的财政包干体制）中，地方政府的可支配财力取决于本地区的经济发展水平。本地区的经济增长速度越快，可增加的地方财力就越多，从而保障地方政府的财政支出。因此，地方政府有着强烈的速度冲动。最后,中央政府采取不同的地区政策造成区域间增长反差明显,在中央政府"政策供给"的诱导下,各级地方政府形成了强烈的产值速度意识、速度攀比情绪和旺盛的投资冲动(洪银兴、曹勇,1996)。

根据我国权威部门问卷调查资料的结果可以看出①,改革开放以来,地方政府的职能发生了很大变化,调查显示,处于第一位的职能是"提高经济发展速度",其次是"增加地方政府财政收入"(表4-9)。在对地方政府投资目的的调查中,处于第一位的目的是"促进本地区经济迅速增长",其次是"尽快增加地方政府财政收入"(表4-10)。显然地方政府投资的目的与其职能有着明显的相关性,从中我们不难发现,投资活动是地方政府实现其职能的主要目的和重要手段。

表4-9 地方政府职能(问卷调查结果)

地方政府职能	排序(前三位)	综合得分
A. 提高经济发展速度	1	7.71
B. 增加地方财政收入	2	5.38
C. 完成国家各项计划		0.90
D. 领导和管理企业		0.33
E. 维护市场秩序		0.19
F. 完善区内社会保障		0.29
G. 提高就业水平		0.10
H. 完善投资环境	3	4.86
I. 保护本地区的生态环境		0.19
J. 其他		0.05

注:根据《1994年中国投资白皮书》第161页的资料整理。

---

① 《中国投资白皮书》(1994年)。

表 4 - 10　地方政府投资目的（问卷调查结果）

地方政府投资目的	排序（前三位）	综合得分
A. 投资利润最大化		0.57
B. 促进本地区经济迅速增长	1	7.81
C. 改变市容市貌		1.52
D. 为企业发展提供良好的基础设施		2.67
E. 尽快增加地方财政收入	2	3.52
F. 有利于本地区长远发展	3	3.00
G. 提高本地区社会福利和保障水平		0.43
H. 环境保护		0.19
I. 增加就业		0.10
J. 其他		0.19

注：根据《1994 年中国投资白皮书》第 162 页的资料整理。

在对政府扩大投资规模动机的问卷调查中，处于第一位的动机是"提高地方的经济发展速度"；其次是为了"提高地方财政收入"；第三位是"改善本地区的投资环境"；此外。在激励因素当中，"实现本届政府的政绩目标""发展地方薄弱产业"也是激励地方政府投资的主要因素（表 4 - 11）。

表 4 - 11　地方政府扩大投资规模的动机（问卷调查结果）

地方政府扩大投资规模动机	排序	综合得分
A. 提高地方财政收入	2	4.47
B. 发展地方薄弱产业		1.78
C. 实现本届政府的政绩目标		2.40
D. 提高地方的经济发展速度	1	6.92
E. 改善本地区投资环境	3	4.28
F. 提高本地区的就业水平		0.19

注：根据《1994 年中国投资白皮书》第 166 页的资料整理。

问卷调查的结果充分显示,改革开放以来,我国地方政府在推动投资增长从而在推动经济增长方面起着主导作用。地方政府已成为体制转轨时期偏好和追求高速增长的政府行为主体。

五、地方政府功能与作用的演变

地方政府作为推动经济增长的行为主体具有明显的体制过渡特征。就完善的市场经济体制而言,市场机制是配置资源的基本形式,处于基础和主导地位。政府在资源配置上只能是市场机制的补充者和引导者,处于从属地位。由于我国处于计划经济体制向市场经济体制的转轨阶段,政府的行政职能同经济管理职能逐渐分离。随着市场机制的不断完善,政府对资源的配置作用逐渐让位于市场,从而政府推动型经济增长模式也就逐步让位于市场机制作用下的企业推动模式。

但在经济体制的过渡时期,计划经济体制虽然已经解体,市场经济体制尚未真正建立,不完全的计划和不完全的市场同时对资源配置起作用。根据我国经济学家洪银兴教授的分析,在体制过渡时期,地方政府的参与可以弥补市场的不足,起到替代市场的作用,这对经济增长是有利的。而且在市场发育不完整的情况下,面对不完全的市场、不完全的信息,企业寻找市场的费用必然很大。在这种情况下,有地方政府收集并处理信息,成本要小得多。特别是供求、价格等市场行情的变化通常是在一个个相对独立的经济区域中发生的,带有区域性特征。如果企业间的外部交易变为有地方政府组织的地区内部的协调则可大大节省交易成本(洪银兴、曹勇,1996)。

当然,地方政府推动本地经济发展必须顺应市场发展。地方政府努力为企业疏通市场渠道,在推进区域的市场开放中促进经济增长,不同于"诸侯经济"。有人以规模市场经济条件下政府的功能和作用来衡量我国过渡时期的政府行为(尤其是比较接近市场主体的县乡等政府),把经济运行中的所有矛盾和问题都归罪于地方政府的参与与介入。我们认为这并不客观,也不符合现实的中国国情。问题的关键并不在于要不要参与,而在于是不是理性参与,是不是用市场手段来参与,或者说这种参与是否有利于国家统一大市场的建立,是否有利于市场经济体制的最终建立(洪银兴、曹勇,1996)。一个国家经济增长的快与慢并没有绝对的标准。关键要看处在什么样的发展阶段,具备什么样的资源条件(包括体制条件)。诺贝尔经济学奖获得者诺思教授认为,制度变迁和技术进步一样都是经济增长的源泉,"有效率的经济组织是经济增长的关键"(诺思,1991)。我国既处于经济快速增长的起飞阶段,又处于经济体制急剧变迁的过程之中,在这特定体制环境下和特定发展阶段上,地方政府的参与作用有其客观必然性,而且,随着市场体制的不断完善,地方政府的参与作用会趋于减弱直至最终退到它应有的行为边界。一般而言,政府对经济的过多干预会增加经济运行的成本,从而降低经济运行的效率。因此,现代市场经济强调政府的有效干预,即政府干预应该有一个合理边界。我国在向市场经济体制的转轨过程中,总体来说,市场对资源的配置作用不断增强,而政府的作用不断弱化。但是,在转轨阶段,地方政府的作用却有一个由强到弱的变化过程。因为,在计划经济体制条件下,地方政府隶属于中央政府,因此,地方政府的作用仅仅是执行计划,其对经济运行的作用十分有限。随着市场化改革的不断深入,地方政府的作用不断增强,尤其是分权化的财政体制改革,使地方政府在推动本地经济增长中起了关键作用。而且如前所述,由于市场体制尚未完全建立,地方政府起到了弥补不完全市场和不完全计划的作用,因此,地方政府的作用具有明显的过渡性,随着市场机制和中央政府宏观调控机制的不断完善,地方政府的这种作用会逐渐趋于减弱。

上述分析是十分粗略的,但作为一种演化趋势则具有解释意义。因此,在经济体制的过渡时期,如何规范地方政府行为,如何根据体制环境的变化适时调整其作用边界,如何缩短体制过渡的时间,降低过渡的成本,是我们有待进一步研究的课题,也是中国经济能否由高速增长的起飞阶段进入持续增长阶段的关键所在。

参考文献

[1] 陈宪,1995:《市场经济中的政府行为》,上海:立信会计出版社。

[2] 丛树海,1994:《中国财政探索》,上海:上海人民出版社。

[3] 道格拉斯·诺思,陈郁、罗华平译,1991:《经济史中的结构与变迁》,上海:上海三联书店。

［4］洪银兴，1994：《市场经济条件下的经济发展》，北京：高等教育出版社。

［5］洪银兴、曹勇，1996：《经济体制转轨阶段的地方政府功能》，《经济研究》第 5 期。

［6］侯荣华等，1995：《中国财政运行的实证分析》，北京：中国计划出版社。

［7］沈坤荣，1997：《中国综合要素生产率的计量分析与评价》，《经济与管理科学》第 1 期。

［8］孙锦华，1996：《论我国通货膨胀中的政府行为因素》，《价格理论与实践》第 2 期。

［9］杨再平，1995：《中国经济运行中的政府行为分析》，北京：经济科学出版社。

［10］赵晓斌、关荣桂，1994：《中国的区域发展模式和中央与地方关系分析》，《中国社会科学
      辑刊》秋季卷。

05 外商直接投资与中国经济增长[①]

内容提要: 20 年来的改革开放,中国已成为国际投资的热点。国际资本大量流入,缓解了经济发展进程中的资本短缺,促进了外向型经济的迅猛增长,从而使国民经济走上了工业化、市场化、国际化三位一体发展的道路。而且,国际资本流入,尤其是 FDI 的"外溢效应"(spillover effect)与"学习效应"(learning by doing),使中国经济的技术水平、组织效率不断提高,从而提高了国民经济的综合要素生产率(Total Factor Productivity,即 TFP)。进入 20 世纪 90 年代,随着国际资本流入规模的不断扩大,中国经济国际化呈现出新的特点,由贸易导向逐步转向资本导向。中国的外商直接投资,不仅决定了将近一半的进出口贸易总额,而且直接决定储备资产的增减和国际收支的平衡,对国民经济快速稳定增长发挥着越来越重要的作用。如何看待国际资本流动中的中国经济,如何评价过去 20 年中国利用外资的政策,如何适应发展了的国际经济形势,尤其针对东南亚金融危机后的新形势、新特点,及时调整我国利用外资的政策,已成为理论界和政府部门关注的热点。本文在现有理论文献的基础上,考察 FDI 的全球趋势;从中国国际资本流入的结构与特征入手,分析 FDI 对中国宏观经济的增长效应;在实证分析与计量检验的基础上,探讨国际收支新格局下中国国民经济快速健康稳定发展的战略与策略。

一、基本理论与文献概览

外商直接投资(Foreign Direct Investment, FDI),是指取得或拥有国外企业经营

[①] 原文刊载于《管理世界》1999 年第 5 期。

管理权和控制权的投资。FDI 是国际资本流动的基本形式之一。"二战"以后,由于生产的国际化趋势日益加强,跨国公司迅速发展,FDI 已成为最引人注目的现代国际经济关系。一般来说,FDI 主要包括以下几种形式:(1) 在国外创办新的企业,包括开办新工厂或设立分公司、子公司等,即所谓的独资经营;(2) 与当地东道国创办合资或合作经营的企业;(3) 参与和控制外国企业的股权,即购买外国企业的股票并达到一定的比例;(4) 单独以股金参与东道国资源的开发,如合作开发等。

随着 FDI 活动的产生与发展,经济学者们对其形成的动因和行为、作用的探讨与研究也渐趋活跃。学者们从各自的研究方向和角度对 FDI 活动这一现象做出各自的解释。总体来说,经济学理论研究 FDI 对东道国影响传统上有两条思路,一条思路从国际贸易的标准理论推演而来(MacDougall,1960),侧重于用局部均衡的比较静态方法检验 FDI 边际增量的分配。这类模型的重要假定是外商投资都将提高东道国的劳动边际产出而减少资本边际产出。另一条思路从产业理论中分离出来,首创者是 Hymer(1960),其他重要的代表人物有 Buckley & Casson(1976)、Caves(1971)、Dunning(1973)、Kindleberger(1969)和 Veron(1966)。这条思路发端于一个问题:为什么企业要到国外生产它们在国内也可以生产的产品? 研究得到的结论是:跨国公司所拥有的多种垄断优势决定了它们能够在国外进行直接投资(Kindleberger,1969)。20 世纪 80 年代以来,随着世界经济一体化、全球化趋势的不断增强,全球 FDI 迅速增长,对 FDI 的理论研究也日趋活跃。从理论发展方面来看,主要有市场内部化理论、市场交易成本理论等。

另外,发展经济学家在研究发展中国家如何实现经济发展,如何有效利用 FDI 时提出了许多理论。较为著名的有"双缺口模型",它由经济学家钱纳里(H. B. Chenery)和斯特劳特(A. M. Sturout)提出。该理论认为,发展中国家在储蓄、外汇吸收能力等方面的国内有效供给与实现经济发展目标所必需的资源计划要求量之间存在着缺口,即储蓄缺口和外汇缺口。利用外资既能弥补国内资源不足,促进经济增长,又能减轻因加紧动员国内资源以满足投资需求和动员国内资源以冲销进口而出现的双重压力。

在80年代中期，以罗默、卢卡斯等人为代表的新增长理论认为，对外开放和参与国际贸易可以产生一种外溢效应，加速世界先进科学技术、知识和人力资本(human capital)在世界范围内的传递。而且，在新增长理论家们看来，国际投资和国际贸易不再是一方受益一方受损的"零和博弈"(zero-sum game)，而是双方获益的"正和博弈"(positive-sum game)。就世界上总体资源使用效率来看，生产从发达国家向不发达国家转移为发达国家节约了大量资源，有利于新产品的开发活动。就发展中国家而言，它们可以学习和吸收发达国家的先进技术，形成一种"赶超效应"。当然，经济学家们认为，技术从发达国家流向不发达国家绝不是自发进行的，而是有赖于提高跨国公司的作用以及这些国家或地区对技术转移的反向。

二、外商直接投资的全球趋势

理论分析表明，一个国家或一个地区吸收外国直接投资的规模不仅取决于国内储蓄与投资的平衡状况及进出口增长，也取决于国际资本流动的规模和方式。因此在研究中国吸收外商直接投资的状况与特点时，应该首先考察一下外商直接投资的全球趋势。

80年代以来，国际资本流动日趋活跃，而且，直接投资成为主要的资本流动方式，对世界经济发展产生重要的作用。全球FDI在80年代末达到15 000亿美元的水平。进入90年代，随着世界经济的发展，FDI规模不断扩大，1990年全FDI达到2 038亿美元。虽然1991年由于主要发达国家经济衰退，FDI规模有所下降。但随着世界经济的逐渐复苏，1993年FDI开始回升，达到2 079亿美元，1995年为3 149亿美元(表5-1)。根据联合国贸易与发展会议《世界投资报告》(1998)的资料，全球FDI继1996年增长10%以后，1997年又增长27%，达到4 240亿美元。全球FDI的发展速度已超过国际贸易，成为各国经济联系在一起的重要机制。

表 5‑1 1983—1998 年全球 FDI 流量 （单位:10 亿美元）

年份	发达国家(地区)		发展中国家(地区)		所有国家(地区)	
	流进	流出	流进	流出	流进	流出
1983—1987	58.7	72.6	18.3	4.2	77.1	76.8
1988—1992	139.1	193.3	36.8	15.2	177.3	208.5
1990	169.8	222.5	33.7	17.8	203.8	204.3
1991	114.0	201.9	41.3	8.9	157.8	210.8
1992	114.0	181.4	50.4	21.0	168.1	203.1
1993	129.3	192.4	73.1	33.0	207.9	225.5
1994	132.8	190.9	87.0	38.6	225.7	230.5
1995	203.2	270.5	99.7	47.0	314.9	317.8
1996	208.0	295.0	134.4	51.4	349.0	347.0
1997	246.8	339.2	149.0	57.6	424.0	400.0
1998[①]					430.0	440.0

注:① 为预测值。

资料来源:《世界投资报告》(1996、1997、1998 年)。

近年来,全球国际直接投资呈现出以下特点:

第一,投资流量主要集中在发达国家。以美国、日本和欧盟为主的发达国家吸收了全球直接投资的大部分。发达国家通过其在各国设立的跨国公司从事对外直接投资。1997 年,全球 53 000 多家跨国公司绝大多数分布在发达国家,成为 FDI 的主要力量。《世界投资报告》(1998 年)显示,1997 年,全球直接投资流量增长的约 70%都发生在发达国家。鉴于此,发达国家在世界吸收 FDI 流量中的份额从 1996 年的57.9%增加到 1997 年的 58.2%,而对外直接投资流量则从 85.1%减少到 84.8%(表 5‑2)。从吸收投资角度看,其排列顺序为美国、英国和法国。1997 年,美国吸收投资和对外投资均有了很大的增长,从而进一步增强了其最大东道国和最大母国的地位。1997 年,美国吸收外商直接投资总流量 765 亿美元,为英国的 3 倍。与此同时,美国的对外直接投资也占有主导地位,1997 年,美国对外直接投资总额为 748 亿美元。

表 5-2　全球 FDI 流量的地区分布(1994—1997 年)　　　　　(单位:%)

地区/国家	流入				流出			
	1994	1995	1996	1997	1994	1995	1996	1997
发达国家	58.2	63.9	57.9	58.2	85.0	86.9	85.1	84.8
西欧	32.3	37.1	29.6	28.7	47.0	49.4	50.6	46.2
欧盟	29.5	35.3	27.4	27.0	42.4	45.2	45.3	42.4
其他国家	2.8	1.8	2.2	1.7	4.6	4.3	5.3	3.7
美国	18.6	17.7	22.6	22.7	25.8	26.1	22.5	27.0
日本	0.4	—	0.1	0.8	6.4	6.4	7.0	6.1
发展中国家	39.3	31.9	38.5	37.2	15.0	12.9	14.8	14.4
非洲	2.3	1.6	1.4	1.2	0.2	0.2	0.1	0.3
拉美	11.8	9.6	13.0	14.0	1.8	0.7	0.7	2.1
欧洲发展中国家	0.2	0.1	0.3	0.2	—	—	—	0.1
亚洲	25.0	20.3	23.7	21.7	12.9	12.1	14.0	12.0
西亚	0.6	-0.2	0.1	0.5	0.4	0.2	-0.3	0.1
中亚	0.4	0.5	0.6	0.7	—	—	—	—
南亚、东亚和东南亚	24.0	20.1	23.0	20.6	12.5	11.9	14.2	11.8
太平洋	—	0.2	0.1	0.1	—	—	—	—
中东欧	2.4	4.3	3.7	4.6	0.1	0.1	0.2	0.8
全世界	100	100	100	100	100	100	100	100

资料来源:《世界投资报告》(1998 年),第 9 页。

第二,流向发展中国家的投资明显增长。进入 90 年代,全球直接投资出现的一个显著特点是,流向发达国家的投资相对减少,而流向发展中国家的投资日趋增加,1997 年流向发展中国家的 FDI 达到 1 490 亿美元。全球对发展中国家投资再掀高潮的原因在于这些国家经济持续增长,这些国家日益被纳入跨国公司一体化投资计划中。1997年全球对发展中国家的投资比1996年增长了34％。在流入发展中国家的资本流量中,有58.35％即920亿美元流入了亚洲,比1996年增长了11.2％。而中国以453亿美元的资本流入量成为仅次于美国的第二个资本流入国。联合国贸发会议投资报告认为,不断扩大的市场是促进直接投资的动力,而FDI是推动经济全球化的主要力量。

第三,兼并与收购日益成为跨国公司对外直接投资的主要手段。进入90年代,越来越多的跨国投资企业以兼并与收购作为自己的核心经营战略,在国外建立起自己的生产设施,以保护、巩固和增强自己的国际竞争力。1990—1996年,世界跨国兼并与收购总额(包括证券投资进行的兼并与收购)增加了72％,达到2 746亿美元①。

第四,投资重点日益转向服务业、技术密集型制造业和基础设施建设。随着全球FDI总量的增长,投资的部门结构也发生了从初级产业和资源加工型产业向服务业和技术密集型产业投资的变化。发达国家相互投资的重点已明显地集中在资本、技术密集型产业,而流向发展中国家的投资仍偏向劳动密集型产业。

三、中国吸收外商直接投资的结构与特征

随着开放政策的不断深入,国际资本大量流入中国的同时,其资本结构也不断变化,呈现出新的特征。在整个80年代,流入中国的国际资本中,对外借款所占的比重较大,1979—1982年为86.2％,1983、1984和1985年虽然有所下降,但也分别达到54％、47.6％和57.8％,1986和1987年更是高达69％和68.8％。这说明,从80年代开始,虽然中国开始间接地开放资本市场,发行政府债券,并允许国际投资者进入中国市场。但是,在整个80年代,中国的国际资本流入仍然建立在政府信用基础之上,以对外借款为主要特征。进入90年代,特别是1992年以来,中国资本国际化进程明显加快,流入中国的国际资本年均增长速度为28.9％。而且,从外资结构上看,

---

① 《世界投资报告》(1997年)。

直接投资和其他外资占全部实际利用外资的比重为 58.8%,之后逐年增长,一直保持在 70% 以上。截至 1997 年年底,中国累计实际利用外资总额达到 3 479.4 亿美元,其中,FDI 为 2 201.8 亿美元,占 63.3%,而对外借款所占比重降到 26% 左右。

另外,从流入我国资本的期限结构来看,长期资本流入比重不断增大。1985—1996 年,我国国际资本流动总额由 327.8 亿美元增加到 1 019.9 亿美元,其中长期资本流动总额由 123.6 亿美元增加到 978.9 亿美元,年均增长 22.2%,占资本流动总额和国际收支总额的比重,分别由 37.7% 和 11.9% 提高到 95.9% 和 21%。由于长期资本流动额的增长明显高于国内生产总值的增长,因此,我国的资本依存度(即资本流动额与国内生产总额的比重)也明显增长。

FDI 的增长表明,中国国际资本流入开始发生实质性的转变,从以政府信用为基础开始转向以企业信用为基础,从间接融资转向直接融资,特别是 B 股、H 股和 N 股的建立,更表明中国开始直接参与国际资本市场的操作,并向更广泛范围的直接资本市场融资(陈东琪、秦海,1997)。

1997 年下半年以来,我国政府为了应对亚洲金融危机给我国吸收 FDI 带来的不利影响,采取了一些新的措施。(1) 从 1997 年 10 月 1 日起,再次大幅度自主降低进口关税。降幅达到 26%,关税的算术平均税率从 23% 降至 17%,这不仅有利于外国商品进口,也有利于外商进口资本货物。(2) 1997 年 12 月,我国公布了新的《外商投资产业指导目录》。(3) 1997 年 12 月,国务院调整了进口设备的税收政策。规定外商投资项目,只要属于《外商投资产业指导目录》中鼓励类和限制乙类的项目,其在投资总额内进口的自用设备,除《外商投资项目不予免税的进口商品目录》所列商品外,均免征关税和进口环节税。(4) 对 1996 年 3 月 31 日前依法批准设立的外商投资企业,投资总额内进口自用的设备和原材料免征进口关税和进口环节税,直到进口完毕,这项政策在 1998 年继续执行。

除了上述政策之外,我国还陆续出台了一系列扩大利用外资的措施。这些政策措施主要包括以下几个方面:(1) 继续扩大投资领域,进一步开放竞争性产业;(2) 积极进行旅游资源开发、水上运输等领域利用外资的试点;(3) 扩大国内商业、外贸、旅行社开放的试点范围;(4) 有步骤、有控制地开放金融和通信等领域的试点;

(5) 鼓励多种所有制、多种企业形式共同吸引外资,允许私营企业吸收外资发展经济。

　　一系列政策措施的出台,在一定程度上缓解了亚洲金融危机对我国吸收利用外资的不利影响。根据外经贸部的统计资料①,1998 年 1—10 月,全国新批外商投资企业 16 168 家,同比下降 4. 19％,新批合同外资金额 394. 11 亿美元,同比下降 1. 46％,实际使用外资金额 359. 07 亿美元,同比增长 0. 87％。在 1998 年亚洲主要资本输出国或地区经济普遍不景气的情况下,中国能够保持上述资本流入规模实属不易。这从一个方面支持了我国的投资需求,进而推动了总需求水平的提高,为确保我国经济的较快增长做出了贡献。

四、外商直接投资的来源、方式与企业规模

　　从 FDI 的来源分析,中国吸收 FDI 的主要来源地是香港、澳门、台湾地区,但随着改革开放程度的不断深入,FDI 的来源地结构不断改变,来自发达国家包括美国、日本、英国和德国等国家的 FDI 不断增加。如果按实际投入外资金额排序,截至 1997 年,对华投资最大的前 10 位国家(地区)是:中国香港、日本、台湾地区、美国、新加坡、韩国、英国、中国澳门、维尔京群岛和德国。在实际吸收的外商直接投资总额中,来源于中国香港、台湾地区、日本、韩国和东南亚等亚洲国家或地区的投资约占 80％以上。

　　由于受亚洲金融危机的影响,我国吸收 FDI 的来源地结构有所变化,来自亚洲国家或地区的比重有所下降,而来自欧盟和北美地区的投资比重有所上升。1998 年 1—10 月,来自亚洲十国(地区)的外商直接投资的项目数、合同金额和实际使用额分别比 1997 年下降了 3. 41 个百分点、8. 22 个百分点和 5. 72 个百分点;而来自欧盟的外商直接投资的项目数、合同金额和实际使用额分别比 1997 年上升了 0. 07 个百分点、4. 467 个百分点和 0. 48 个百分点;来自北美地区的上述比重也有所增加。

　　从 FDI 的方式来看,我国吸引直接投资的方式主要有合资经营、合作经营、外商

---

　　①　外经贸部:《外资快讯》1998 年第 10 期。

独资经营(外资企业)、外商投资股份制和合作开发等类型。在各种外商直接投资方式中,中外合资经营的比重最大,同时外商独资所占的比重呈逐年上升趋势。根据外经贸部《中国外资统计》(1998年)的数据,在1997年新批外商投资企业中,中外合资经营企业实际使用外资金额194.95亿美元,合作经营企业89.30亿美元,外资企业(独资企业)161.88亿美元,外商投资股份制企业2.88亿美元,中外合作开发企业3.56亿美元,分别占实际使用外资金额的43.07％、19.73％、35.77％、0.64％和0.79％。截至1998年10月底,我国共批准外商投资企业321 034个,合同外资金额5 605.75亿美元,实际使用外资金额2 577.78亿美元[1]。其中截至1997年年底的外商直接投资方式统计及其比重见表5－3。

表 5－3　中国吸收 FDI 的方式统计(截至 1997 年)

投资方式	项目数		合同外资金额		实际使用外资金额	
	绝对数 (亿美元)	比重 (％)	绝对数 (亿美元)	比重 (％)	绝对数 (亿美元)	比重 (％)
总计	304 821	100.00	5 203.92	100.00	2 218.49	100.00
合资经营企业	183 021	60.04	2 383.19	45.80	1 105.09	49.81
合作经营企业	44 365	14.55	1 222.26	23.49	469.64	21.17
外资企业	77 279	25.35	1 555.16	29.88	587.39	26.48
合作开发	156	0.05	43.31	0.83	56.37	2.54

资料来源:外经贸部《中国外资统计》(1998年)。

从 FDI 的企业规模分析,我国外商投资企业的平均规模,在最近10年呈不断扩大的势头。从全部来华投资项目的平均规模来看,由1988年的89.1万美元增加到1997年的242.9万美元。1998年1—10月,我国吸收 FDI 的平均合同金额仍有所增加,达到了257.1万美元。然而需要指出,我国来自香港、澳门、台湾地区的投资尽管在总量上占有绝对优势,但就平均规模而言,远不及欧美国家。1979—1997年,来自中国香港、澳门投资项目的平均规模为163万美元,来自台湾地区投资项目的平均规

---

[1]　外经贸部:《外资快讯》1998年第10期。

模为98.3万美元。而来自日本和美国的平均规模分别为181.6万美元和164.1万美元。当然,外商直接投资一般会考虑到东道国的投资环境,特别是所谓国家风险和市场风险。在改革开放初期,无论就国家风险还是市场风险而言都很大,因而以小公司为主,香港、澳门、台湾地区的投资居多,因为这些企业更熟悉中国的市场环境,也更容易撤回资金。进入90年代特别是1992年之后,我国决定建立市场经济体制,政治不确定性风险降低,而且由于我国巨大的市场潜力,全球大公司纷纷来华投资,特别是欧美著名的大型跨国公司,例如通用汽车、通用电气和杜邦等公司以较大的规模在华投资,从而扩大了我国外商投资的总体规模。美国来华投资的平均规模由1990年的100.2万美元扩大到1998年的277.3万美元,增加了2.7倍;欧盟来华投资的平均规模也由1988年的327.9万美元扩大到1998年的619.5万美元,增加近1倍(表5-4)。

表5-4 中国吸收FDI项目的平均规模 (单位:万美元)

年份	合计	中国香港地区、澳门地区	中国台湾地区	日本	美国	欧盟
1988	89.1	75.1	—	116.4	137.7	327.9
1989	96.9	6.4	80.1	149.2	232.1	426.8
1990	90.7	78.9	80.7	134.0	100.2	273.4
1991	92.3	84.6	80.0	135.6	79.0	465.9
1992	119.2	130.2	86.2	120.4	95.6	126.3
1993	133.6	150.9	91.0	84.9	100.9	184.3
1994	173.3	190.7	86.4	147.1	142.3	384.5
1995	246.6	237.7	120.7	257.8	215.1	469.0
1996	298.4	266.3	161.5	294.5	274.8	579.2
1997	242.9	214.3	93.4	242.6	225.6	406.6
1998(1—10月)	257.1	186.7	128.2	233.2	277.3	619.5
1979—1997	170.7	163.0	98.3	181.6	164.1	—

注:本表按每个项目的合同金额计算。

资料来源:根据外经贸部《中国外资统计》(1998年)及《外资快讯》1998年第10期的有关数据整理。

五、外商直接投资的产业分布与市场导向

从国际比较来看，全球直接投资的产业结构分布呈现出不断变化的态势。20 世纪五六十年代，全球直接投资主要集中于以初级产品为主的第一产业；七八十年代则主要集中于以制造业为主的第二产业；80 年代末 90 年代初，外商直接投资的产业构成又发生了一次重大变化，以服务业为主的第三产业成为主要投资领域。根据统计资料，全球第三产业国际直接投资的比重已占全部投资的 55%～60%。

就发展中国家或地区而言，第一产业 FDI 的比重基本稳定在 20% 左右；第二产业 FDI 的比重呈下降趋势，由 70 年代的 55% 下降到 1990 年的 48% 左右；而第三产业 FDI 所占份额不断上升，即由 1975 年的 23.5% 上升到 1985 年的 26.4%，1990 年则进一步提高到 29.5%。而且第三产业 FDI 增长速度最快，据统计，1981—1990 年，在发展中国家或地区 FDI 的年增长率中，第三产业为 13.8%，第二产业为 9.5%，第一产业为 10.5%。

而我国吸收外商直接投资的产业分布，目前以第二产业为最多。截至 1997 年年底，合同利用外资金额 5 203.93 亿美元，其中农、林、牧、渔业为 81.51 亿美元，占 1.57%；而第二产业为 3 205.7 亿美元，占 61.6%，其中工业为 3 045.56 亿美元，占 58.52%；第三产业占全部外资的比重为 36.83%，其中房地产公用服务业累计吸收 1 330.86 亿美元，占 25.57%。外商直接投资的合同金额在年度间也有波动，如在 90 年代初期外商曾掀起投资房地产的高潮，1993 年时，比重高达 39.3%，而同年工业吸收的外资比重仅占 45.92%。随着我国宏观调控政策的实施，房地产业投资比重逐步下降，1997 年已降至 15.81%，而工业部门吸收外商直接投资比重逐年上升，1997 年达到 68.82%（表 5 - 5）。

表5-5 中国吸收 FDI 的产业分布(按合同外资金额计算)(单位:%)

产业分类	1979—1990	1979—1995	1979—1997	1992	1993	1994	1995	1996	1997
总计	100	100	100	100	100	100	100	100	100
农、林、牧、渔业	2.85	1.50	1.57	1.17	1.07	1.18	1.90	1.55	1.39
工业	58.52	56.24	58.52	56.20	45.92	53.10	67.54	68.90	68.82
建筑业	1.81	2.75	3.08	3.16	3.48	2.89	2.10	2.73	3.18
交通、运输、邮电业	1.18	1.85	2.22	2.66	1.34	2.46	1.86	2.18	3.66
商业、饮食服务业	4.17	3.85	3.74	2.48	4.13	4.74	3.75	3.20	3.10
房地产公用服务业	22.20	28.80	25.57	31.11	39.28	28.86	19.54	17.54	15.81
卫生体育福利业	0.40	0.99	0.85	0.68	0.43	2.39	0.92	0.48	0.43
教育、文化、艺术业	0.36	0.43	0.37	0.17	0.41	0.74	0.38	0.23	0.16
科研、技术服务业	0.13	0.32	0.30	0.11	0.53	0.33	0.30	0.24	0.04
其他行业	8.38	3.26	3.78	2.27	3.41	3.31	1.71	2.94	3.41

资料来源:根据《中国工业发展报告》(1998年)、《中国外资统计》(1998年)的有关资料计算整理。

　　与其他发展中国家相比,我国 FDI 的产业分布有很大差异。首先,在三次产业分布中,外商在我国第一产业的投资比重偏低。产生这种差异的原因除了统计口径存在差异外,主要有农业体制方面,我国以家庭联产承包制为主体的农业经营体制,使外资产业与经营需要的规模经济难以体现;从投资来源看,由于我国 FDI 的主要来源地为香港、澳门、台湾地区,他们主要从事制造业,经营第一产业的企业很少;另外,由于在我国目前投资于第一产业没有明显的比较优势,这也是外商投资企业在第一产业比重偏低的一个原因。

　　其次,我国制造业吸收外商直接投资的比重高于发展中国家的平均水平,内部结构趋同。到90年代中期,发展中国家制造业中外商直接投资的存量,占全部外商直接投资存量的比重略高于45%,而我国这一比例约为58%。在90年代以前,我国吸收外商投资的主要领域是纺织、服装、电子元器件、轻工业等劳动密集型产业。就外资存量看,它们至今仍然是吸收外商较多的行业,进入 90 年代,外商在技术、资金密集行业的投资增长很快,这种趋势符合当今世界资金与技术跨国转移的总体趋势。

最后,外商在我国第三产业中的投资比例,高于发展中国家的平均水平,内部结构有很大不同。在我国 FDI 总额中,第三产业所占比重约为 40%,而发展中国家平均约占 30%。从第三产业内部看,外商投资的分布有很大差异,我国的特点是,房地产业是第三产业中吸收外商投资最多的行业,约占 2/3,而金融、保险、商业、外贸、信息服务等其他发展中国家吸收外资较多的行业,我国由于刚刚开始试点,吸收外商投资的数额还十分有限。

从工业行业结构看,我国外商投资企业的分布是不均衡的。笔者采用全部独立核算"三资"工业企业的企业单位数、工业增加值、资产总计、产品销售收入和利税总额占全部独立核算工业企业相应指标的比重来反映外商直接投资的行业结构。从全国总计来看,企业单位数占 9.15%,工业增加值占 17.86%,资产总计占 17.53%,产品销售收入占 20.52%,利税总额占 17.28%。如果按轻重工业划分,那么轻工业外资企业的参与程度大于重工业。在轻工业中,"三资"企业的单位数占 12.71%,工业增加值占 24.79%,资产总计占 25.37%,产品销售收入占 28.15%,利税总额占 18.89%,而重工业的上述指标分别仅占 5.81%、13.20%、13.45%、15.10% 和 16.16%,明显低于轻工业。而且在轻工业和重工业内部,外资企业的参与度也是不同的,这表明以非农产品为原料的轻工业,其"三资"企业的参与度大于以农产品为原料的轻工业;而在重工业内部,加工工业"三资"的比重远高于采掘工业和原料工业(表5-6)。

在细分的工业行业中,我国以下行业中"三资"企业的单位数比重较高:食品制造业(11.78%)、纺织业(14.82%)、服装及其他纤维品制造业(28.39%)、皮革毛皮羽绒及制品业(23.45%)、文教体育用品制造业(22.19%)、医药制造业(14.72%)、化学纤维制造业(23.76%)、塑料制品业(15.02%)、电气机械及器材制造业(11.49%)、电子及通信设备制造业(34.99%)、仪器仪表文化办公用机械(17.6%)、其他制造业(15.89%)。按工业增加值计算,"三资"企业比重较高的行业有食品制造(35.54%)、饮料制造业(24.42%)、服装及其他纤维品制造业(43.73%)、皮革毛皮羽绒及其制品业(47.35%)、家具制造业(35.54%),文教体育用品制造业(42.12%)、塑料制品业(31.56%),电子及通信设备制造业(高达61.33%)、仪器仪表文化办公用机械制造业(39.30%)。如果按资产总计计算,"三资"企业比重较大的行业有食品制造业(37.44%)、服装及其他纤维品制造业(44.09%)、皮革毛皮羽绒及其制品业(45.79%)、文教体育用品制造业(43.49%)、塑料制品业(36.53%)、电子及通信设备制造业(47.25%)(具体的数据见表5-6)。

表5-6 我国"三资"工业企业的行业分布(1997年) （单位:%)

产业/行业	企业单位数	工业增加值	资产总计	产品销售收入	利税总额
全国总计	9.15	17.86	17.53	20.52	17.28
轻工业	12.71	24.79	25.37	28.15	18.89
以农产品为原料	12.29	22.11	24.23	25.32	16.10
以非农产品为原料	13.57	30.44	27.22	33.32	26.76
重工业	5.81	13.20	13.45	15.10	16.16
采掘工业	0.99	2.13	1.26	2.16	5.55
原料工业	5.03	9.37	10.57	8.21	9.54
加工工业	0.69	21.81	20.16	24.20	30.20
按工业行业分					
煤炭采选业	0.15	0.10	0.18	0.18	0.06
石油和天然气开采	3.61	3.49	1.95	3.73	8.82
黑色金属矿采选业	0.56	0.83	0.31	1.19	0.07
有色金属矿采选业	0.97	1.46	0.59	0.73	0.54
非金属矿采选业	2.07	2.34	3.84	3.15	1.69
其他矿采选业	0.81	0.52	0.33	0.21	0.00
木材及竹采运业	0.42	0.05	0.05	0.05	0.00
食品加工业	6.18	19.04	20.50	23.16	31.79

（续表）

产业/行业	企业单位数	工业增加值	资产总计	产品销售收入	利税总额
食品制造业	11.78	35.54	37.44	35.04	33.81
饮料制造业	7.31	24.42	26.91	25.54	20.36
烟草加工业	2.01	0.62	1.13	0.94	0.48
纺织业	14.82	18.00	18.35	18.66	18.10
服装及其他纤维品制造	28.39	43.73	44.09	44.87	33.01
皮革毛皮羽绒及其制品业	23.45	47.35	45.79	50.09	33.71
木材加工及竹藤棕草制品业	8.27	23.16	32.42	27.14	13.81
家具制造业	9.19	35.54	34.92	29.77	18.66
造纸及纸制品业	7.67	17.86	23.95	19.63	20.76
印刷业记录媒介的复制	5.44	17.24	21.56	20.76	26.06
文教体育用品制造业	22.19	42.12	43.49	49.31	31.24
石油加工及炼焦业	5.31	3.08	5.04	4.12	2.40
化学原料及制品制造业	8.44	14.89	12.76	14.18	24.97
医药制造业	14.72	24.74	19.41	20.33	29.64
化学纤维制造业	23.76	15.77	14.77	17.46	15.59
橡胶制造业	8.94	20.14	23.87	23.11	19.40
塑料制品业	15.02	31.56	36.53	33.00	5.80
非金属矿物制品工业	3.98	10.72	16.59	11.54	5.80
黑色金属冶炼及压延加工业	4.49	2.91	3.42	3.99	0.90
有色金属冶炼及压延加工业	8.01	9.90	10.38	11.77	1.77
金属制品业	7.84	22.93	31.65	29.95	18.58
普通机械制造业	4.72	13.69	14.81	16.14	21.24
专用设备制造业	6.30	10.41	8.68	10.50	16.89
交通运输设备制造业	7.05	23.93	18.46	22.79	33.70
电气机械及器材制造业	11.49	23.20	26.28	27.21	14.72

（续表）

产业/行业	企业单位数	工业增加值	资产总计	产品销售收入	利税总额
电子及通信设备制造业	34.99	61.33	47.25	62.50	63.39
仪器仪表文化办公用机械	17.60	39.30	29.40	50.74	54.76
其他制造业	15.89	33.88	36.18	33.81	29.36
电力蒸汽水生产供应业	2.40	15.24	15.69	10.40	16.97
煤气的生产和供应业	4.43	22.82	2.87	5.48	36.29
自来水的生产和供应业	0.77	0.27	0.63	0.45	0.51

注:本表根据全部独立核算"三资"企业有关经济指标占全部独立核算工业企业的相关指标的比重计算所得。

资料来源:根据《中国统计年鉴》(1998年),第444、448、456页的数据计算。

事实上,上述指标在某种程度上反映出"三资"企业在我国市场中的份额。从1997年的数据可看出,"三资"企业产品销售收入占全部工业品销售收入的比重,在某些行业中已达相当比重。例如,电子及通信设备制造业占62.5%,仪器仪表文化办公用机械占50.74%,皮革毛皮羽绒及其制品业占50.09%,文教体育用品制造业占49.31%,服装及其他纤维品制造业占44.87%,食品制造业占35.04%,塑料制品业占33%。这些数据表明,有些行业在工业品销售收入中的份额已超过1/3,甚至高达近2/3,这从一个侧面反映出"三资"企业在我国的一些产业,特别是新兴产业和高技术领域中占据市场的相对优势或绝对优势地位。而且,由于"三资"企业的外销比例在实际执行过程中没有真正得到严格贯彻,有相当比重以内销为主,这就对我国国内市场构成冲击。为此,有些学者提出要限制外商投资,保护民族工业,从而引发了一场激烈的争论。但必须指出,仅仅从狭义的民族主义观点出发去保护民族工业,这只能是保护落后,问题的关键在于在有效的产业政策、税收政策引导下,通过制度创新和技术创新提高本国企业的国际竞争力,进而赢得市场才是根本之举。

六、外商直接投资的增长效应

（一）增长效应的时间序列分析

外商直接投资作为我国投资资金来源的重要部分,对国内生产总值的增长既有短期的需求拉动效应,又有长期供给效应。如果以历年国内生产总值(GDP)作为被解释变量,以历年的实际利用国际直接投资额(FDI)作为解释变量,采用多元滞后分布模型进行经济计量检验,则可以得到有关 OLS 估计的结果:

(I) $GDP = 1\,373.1 + 60.6FDI + 20.89\,FDI(-1) + 45.69\,FDI(-2)$
　　　　　(10.11)　(3.22)　　(0.61)　　　　　(1.23)
　　　　$+ 19.88\,FDI(-3) + 15.66\,FDI(-5)$
　　　　　(0.66)　　　　　(0.27)

$R^2 = 0.995$, Ad $R^2 = 0.989$, DW $= 1.328$, $F = 166.46$

(II) $\ln(GDP) = 7.90 + 0.23\,\ln(FDI) + 0.21\,\ln[FDI(-2)] +$
　　　　　　　(12.99)　(8.73)　　　　(4.82)
　　　　　　$0.04\,\ln[FDI(-3)] + 0.08\,\ln[FDI(-5)]$
　　　　　　(0.92)　　　　　　(1.70)

$R^2 = 0.998$, Ad $R^2 = 0.997$, DW $= 2.30$, $F = 706.1$

上面的经济计量分析从多元滞后分析模型的角度检验了中国利用外商直接投资对经济增长的影响程度。从模型 I 的 OLS 结果看,虽然 R^2、Ad R^2 和 F 值均已达到显著性水平,模型 I 在整体上是有效的。但是,由于变量 $FDI(-1)$、$FDI(-3)$ 和 $FDI(-5)$ 的 t 检验值没有显著性,因此这三个变量没有解释功能。另外,从模型 II 的 OLS 结果看,由于采用对数形式,各解释变量的 t 检验值均有所提高。但是,除 FDI 和 $FDI(-2)$ 之外,其他变量的 t 检验值均未达到显著性水平。因此,本文选择当年的外商直接投资(FDI)和滞后变量 $FDI(-2)$ 作为解释变量,利用同样的样本数据分别就线性形式和对数形式建立回归分析模型,结果如下:

(III) $GDP = 11\,255 + 78.8FDI + 72.19FDI(-2)$
　　　　　　　(7.16)　　　(5.02)

$R^2＝0.968, \text{Ad } R^2＝0.983, \text{DW}＝0.79, F＝355.35$

(IV) $\ln(GDP)＝7.76＋0.286\ln(FDI)＋0.287\ln[FDI(-2)]$

　　　　　　　　　　　　(6.39)　　　　　　(6.20)

$R^2＝0.99, \text{Ad } R^2＝0.98, \text{DW}＝0.59, F＝524.4$

上述经济计量分析的统计检验基本符合要求,因此是有效的。它表明每增加1亿美元的外国直接投资可以在当年带来 78.8 亿元人民币的 GDP 增长。即使从对数模型来分析,也可以看出,每增加 1% 的外国直接投资,可以带来 0.286% 的国内生产总值增长。经济计量检验的结果说明,外商直接投资对经济增长的需求效应十分明显。

如果从供给效应分析,本文仅就滞后 2 年的国际直接投资进行分析,进而近似地替代多元滞后分布模型。从计量分析结果看,外商直接投资每增加 1 亿美元可以带来 72.19 亿元人民币的供给效应。从弹性分析看,外商直接投资每增加 1% 可以带来 0.287% 的供给效应。

（二）地区增长效应分析

上述时间序列分析从动态角度检验了我国吸收外商直接投资的增长效应。为了更为深入地考察我国资本国际化进程对地区经济增长的影响,下面从省际截面数据的角度进行经济计量分析。

事实上我国吸收外商直接投资具有明显的梯度推移特征,即首先由东南沿海开始,逐步向内陆地区延伸。从现有投资结构看,我国吸收的外商直接投资主要集中在东部沿海地区,中西部地区吸收的外商直接投资非常有限。1997 年,东部沿海 12 个省、市、自治区新批准外商投资企业数、合同外资金额和实际使用外资金额在全国总量中的比重分别为 81.33%、87.04% 和 85.99%;中部 9 个省、自治区新批外商投资企业数、合同外资金额、实际使用外交金额在全国总量中的比重分别为 13.78%、9.10% 和 10.58%;西部 10 省、市、自治区新批外商投资企业数、合同外资金额、实际使用外资金额在全国总量中的比重分别为 4.90%、3.86%、3.43%。从全国各地吸收外资情况看,位于全国吸收外资前 10 位的广东、江苏、上海、福建、天津、山东、辽宁、北京、浙江和河北实际使用外资金额 369.74 亿美元,占全国实际使用外资金额的

81.70%。

如果以分省的国内生产总值($FGDP$)为被解释变量,以分省的外商直接投资额($FFDI$)为解释变量。以全国(除西藏、重庆、台湾地区、香港以外)的 29 个省、市、自治区 1996 年的数据为样本分析数据,建立线性回归模型,其结果如下:

$$FGDP = 1\,645.55 + 0.004\,99FFDI$$
$$(5.86) \qquad (4.91)$$
$$R^2 = 0.47, \text{Ad } R^2 = 0.45, \text{DW} = 1.71, F = 24.11$$

上述回归模型的判定系数为 0.47,虽然不是很高,但基本能说明两者的关系,而且由于 DW=1.71,t 检验值为 4.91,F=24.11,均符合大样本统计检验值,因此这个模型是有效的。从模型的数据看,1996 年每 1 万美元的外商直接投资可以带来 49.9 万元人民币的国内生产总值。

如果采用双对数模型,那么回归结果为:

$$\ln(FGDP) = 3.516 + 0.369\ln(FFDI)$$
$$(6.491) \quad (7.38)$$
$$R^2 = 0.69, \text{Ad } R^2 = 0.66, \text{DW} = 2.1006, F = 54.42$$

上述模型说明,分省的外商直接投资 1996 年每增长 1%,可带来国内生产总值 0.369%的增长。

需要指出,由于我国经济国际化(包括吸收资本国际)的梯度推移政策,对外开放的程度和深度在地区间存在着差异,因此外商投资企业的地域分布一开始就存在着不平衡。而且,由于外商直接投资高度集中于沿海地区,为了与外资进行配套投入,国内资金也大量投向沿海地区,这是导致近些年中国沿海与内地增长速度与收入水平差距拉大的主要原因。不仅如此,为了改善投资环境而向沿海地区基础设施投入大量资金,使内地与沿海的投资环境和"潜在增长能力"也呈现出差距拉大的趋势。因此,随着开放程度的深入,开放经验的积累,投资环境的改善,外商直接投资数量的增加,在沿海地区改善投资结构,提高投资水平的同时,努力使外商直接投资向我国内陆地区推进已势在必行。

（三）贸易增长效应分析

一般来说，外商直接投资的贸易效应体现在如下四个方面。其一是贸易替代效应，即从静态角度，一种商品可以通过贸易或投资方式进入一国市场，选择了投资，便会替代贸易。其二是贸易创造效应，即外商直接投资可以在母国和东道国之间创造新贸易机会，使贸易在更大的规模上进行。其三是贸易补充效应，外商直接投资往往带来维修等后续的支持性活动的发展，从而促进和增加贸易机会。其四是市场扩张效应，外商直接投资实现的生产扩大，既会加深对东道国的市场渗透，也会进一步拓展新的第三国市场，从而使贸易导向的生产带来总贸易量的净增(刘恩专，1998)。随着经济全球化进程的加快，外商直接投资与贸易的联系将更加紧密。

如前文所述，近年来随着国际资本流入规模的不断扩大，中国经济国际化已由贸易导向逐步转向资本导向，大规模的外资流入推动了中国对外贸易的增长。以市场为导向的外商投资企业带来其熟悉的销售和采购渠道，这对于发展中国家打破国际市场的进入壁垒是十分有利的。外商投资企业数量增多，生产规模扩大，带动了投入品的进口和制成品的出口，在我国进出口贸易中的地位明显提高。外商投资企业进出口额在全国进出口额中的比重由 1986 年的 4.04％增加到 1997 年的 46.95％，1998 年 1—10 月，这一比重又增加到 48.86％。外商投资企业几乎占据了我国进出口贸易的半壁江山。

从出口方面来看，外商投资企业的出口额占全国出口总额的比重也是逐年上升，由 1996 年的 1.88％增加到 1997 年 41％和 1998 年 1—10 月的 43.52％。另外，根据我国第三次工业普查资料，截至 1995 年年底，我国"三资"工业企业产品的平均出口率已达到 38.1％的水平，在其涉足的 39 个大类行业中，产品出口比重达到或接近一半的行业已有 10 个，足以见其极强的外向拓展能力。从某种意义上说，没有外资企业惊人的出口绩效，我国就难以实现对外贸易的平衡和高速增长，外商投资企业已成为我国出口贸易数量增长的中坚力量。特别在亚洲金融危机后，我国出口贸易中，国有企业出现了负增长，1998 年 1—10 月，国有企业出口金额 790.3 亿美元，与去年同期相比，减少了 4.8％，而外商投资企业实现出口额 647.5 亿美元，与 1997 年同期相比增长了 8.4％，这在很大程度上抵消了金融危机对我国出口贸易的影响。外商投资企业不仅对我国出口增长做出了贡献，而且也改变了我国出口商品的结构。外商投资企业的出口结构基本实现了从以初级产品为主向以制成品为主的根本性转变，在"七五"和"八五"期间制成品出口所占比重的增加幅度均超过了 30％，从而使我国目前制成品出口的比重达到了 85％以上。在这一结构转变中，机电产品、服装纺织和皮革、文体用品、家用电器、塑料及金属制品和电子通讯设备等行业出口的迅速增长发挥了重要作用，而这些行业也正是外资进入比较密集，且外资企业出口比重高、增长快、贡献率大的行业（表 5-6）。

从进口方面来看，近十几年来，我国外商投资企业进口额占全国进口总额的比值不断增大，由 1986 年的 5.6％增加至 1998 年的 56.05％。而且，外资企业进口额占全国进口额的比重一直明显高于其出口额占全国出口额的比重。

（四）提升综合要素生产率

外商直接投资不仅对国民经济具有增长效应，而且对经济效率提高作用显著。80 年代以来，中国经济快速增长的同时，综合要素生产率提高也十分明显（沈坤荣，1998）。综合要素生产率（TFP）提高除了制度创新，非国有经济不断壮大等因素外，一个重要的因素就是开放政策。新增长理论认为，发展对外贸易，引进国际投资，通过"技术外溢""学习效应"，可以使一国经济的技术水平、组织效率不断提高，从而提高综合要素生产率（Romer，1986；Lucas，1988）。我国是一个发展中大国，经济学家关于经济增长的最新理论，同样可以用来解释我国的经济发展现实。

如果以分省的综合要素生产率增长率（FTFP）为被解释变量，以分省的外商直接投资占国内生产总值比重（BFDI）为解释变量，进行经济计量检验则得：

$$FTFP = 3.380\,8 + 0.366\,2\,BFDI$$
$$(8.651) \quad (6.135)$$
$$R^2 = 0.582, \text{Ad } R^2 = 0.566, F = 37.64$$

虽然经济计量的大样本统计检验值并不十分理想，但上述模型能粗略地说明外国直接投资与综合要素生产率之间的相关关系，即外商直接投资占国内生产总值的比重增加 1 个单位，可以带来 0.37 个单位的综合要素生产率的增长。这从一个侧面说明了开放政策的经济增长效应，也说明了开放的程度不同，改革的深度不同，给我国经济增长的地区差异带来的影响。

　　事实上，外商直接投资带来了一批先进适用的技术，填补了我国许多产品技术空白，使许多行业的大批产品更新换代，一大批老企业得到技术设备改造。而且还带动了相关产业的技术进步，很多配套企业的产品已进入国际市场。例如，通过给上海桑塔纳等引进车型配套，我国汽车工业的零部件生产技术水平得到了整体上的提高，桑塔纳国产化率已达到85％以上。技术先进的外商投资企业通过市场竞争、商业往来和人员交流，还对国内其他企业提高技术产生示范效应和扩散效应，推动了国内工业的技术进步，缩小了国内技术与国际先进水平之间的差距。

　　另外，外商投资企业先进的管理方法，为国内其他企业提供了可借鉴的范例，一些地区积极推广外商投资企业管理方法，探索国有和集体企业改革的新途径，从而对我国企业效率的提高起了促进作用，进而提高了我国国民经济的整体效率。

七、结论与对策

　　实证分析与经济计量检验的结果表明，从总体来看我国仍属于资本短缺的国家，要保持经济的快速稳定增长，一个重要的因素就是积极地利用外资以加速资本形式。当然，外资引入在弥补资本不足、促进产业升级、增加就业、引进先进技术管理经验、开拓国际市场、促进经济增长方面起着不可替代的作用。但也必须同时看到，引进外资并非只是引进一种可以为我所用的资源，而实际上同时也引进了国际竞争的一种最激烈的方式，存在着一定的风险。对于外商直接投资，也应该把握住产业的控制权，最大限度地避免风险。尤其是随着世界经济一体化趋势不断增强，如何根据变化了的国际国内条件，制定出合适的外资战略和外资政策，是我国经济在未来几年能否持续快速健康发展的重大课题。

　　制定一国的外资战略及其政策框架的首要前提之一，是必须明确该国所处的经济发展阶段及其国际资本流动的存在形态或基本特征，从而确定该国利用外资的战略目标。经济学家邓宁（J. H. Dunning）根据对67个国家1967—1978年外国直接投资和经济发展阶段之间关系的统计分析，提出了有关外商直接投资的"投资周期论"。根据邓宁的分析,经济最不发达国家通常处于第一、第二等级(人均GNP400 美元以下)。这些国家储蓄能力有限,经济发展中存在着严重的"储蓄、外汇双缺口",经济的国际竞争力较弱。而处于另一则是以最发达国家构成的第四等级。第二等级(人均GNP400~1 500美元)和第三等级(人均GNP2 000~4 750美元)是过渡阶段。一个国家的发展进程,从实现工业化意义来看,必须完成从第一等级向第四等级方向的转化。一般来说,处于第二等级阶段的国家所要重点考虑的是如何更好地吸引外资以解决资本投资不足和就业问题。处于第三等级阶段的国家更多地要考虑引进先进技术与管理,提高国际竞争力问题。处于第四等级阶段的国家则应考虑如果有效地利用剩余资金,保持技术上的垄断地位,利用受资国低廉的土地、劳动力资源以及打开受资国国内市场等问题。

中国经济在工业化过程中已迈过几个关键阶段。统计资料显示,1997 年我国国内生产总值为 74 772 亿元,全国人均国内生产总值 6 079 元,按官方汇率计算,人均GDP 已达到 730 美元。1997 年实际利用外资 644 亿美元,而对外投资(这里是指对外经济技术合作完成的营业额)仅为 83.83 元。因此,无论是从人均国内生产总值水平,还是利用外资的基本特征上看,我国目前仍然处于邓宁模型的第二等级阶段,即人均国民生产总值 400~1 500 美元阶段上。依据我国经济所处的发展阶段,考虑到我国和发展环境和发展趋势,未来几年我国利用外资的战略定位应该侧重在以下两个方面:

第一,继续积极引进外资,并完善各项规章和管理体制,使之向国际惯例靠拢。

第二,引进外资应有利于提高我国产业的国际竞争力。积极鼓励对先进技术、管理方式的引进,促进产业升级。

上述两点是我国经济利用外资战略的核心内容,为了确保上述战略目标的实现,就有必要在外资的产业投向、来源地结构、国内区域投向等相关政策方面进行调整。调整的重点是:(1) 积极支持外资与中小型国有企业、私营企业、个体经济的资产融合,从而加快经济结构调整的步伐;(2) 鼓励外资投向农业、高新技术产业、基础产业和基础设施,有步骤地开放服务业利用外资,促进外商投资的产业协调,使之有利于我国产业结构的合理化和高度化;(3) 注重外商投资区域政策调整,鼓励外资投向中西部地区。国家应对上述地区投资的外商企业,按国际惯例,继续给予税收等方面的优惠。

东南亚发生金融危机后,我国吸收外资面临新的挑战。亚洲是我国吸收外商直接投资的主要地区,占我国利用外资总额的 80% 以上。金融危机使东南亚国家的经济实力受到较大的影响,对外投资必然削弱,相应投资我国的资金明显缩减。而且,由于东南亚国家货币贬值,将有利于吸收国际长期资本的流入,同时这些国家又相继出台了吸收外资的新政策,且重点又放在吸收外商直接投资上,这必然使我国吸收外商直接投资的竞争加剧。因此,必须进一步改善投资环境,尤其是投资的软环境,加强法制建设,依法保护外商投资企业的权益,使外商投资保持一定的规模,以适应国民经济总体发展的要求,并随着我国经济规模的扩大而稳步增长。

另外,针对经济全球化趋势和国际经济环境的变化,我国必须认真研究资本市场的开放问题,妥善处理外贸、外资、外债之间的关系,加强对外商投资企业的监督管理,维护中方合法权益,并且注意发展和保护自己,在政策上应支持我国幼稚产业的发展,建立健全反垄断、反补贴、反倾销等法规法律。避免过度竞争,使外商投资企业在未来我国经济发展进程发挥更大的作用。

参考文献

[1]《中国经济年鉴》(1997 年),北京:中国经济年鉴出版社。

[2]《中国统计年鉴》(1998 年),北京:中国统计出版社。

[3] 陈东琪、秦海,1997:《中国资本市场的渐进式国际化分析》,《经济研究》第 7 期。

[4] 国家计委课题组,1997:《我国中长期利用外资的战略选择》,《战略与管理》第 2 期。

[5] 国家计委课题组,1998:《我国经济的国际化程度研究》,《经济研究参考》第 19 期。

[6] 联合国贸易与发展委员会:《世界投资报告》(1996、1998 年),英文版。

[7] 刘恩专,1998:《外国直接投资的贸易效应分析》,中国国际贸易学会年会论文。

[8] 牛南洁,1998:《中国利用外资的经济效果分析》,国民经济研究所工作论文。

[9] 裴长洪,1998:《对外商来华投资增长潜力的分析》,载《1999 年中国经济形势分析与预测》,北京:社会科学文献出版社。

［10］沈坤荣，1998：《中国的国际资本流入与经济稳定增长》，《中国工业经济》第10期。

［11］王健主编，1996：《跨世纪发展中的利用外资战略》，北京：中国经济出版社。

［12］王洛林主编，1997：《中国外商投资报告》，北京：经济管理出版社。

［13］赵晋平，1997：《中国的国际资本流入分析与展望》，《管理世界》第3期。

［14］Barro，R. J.，and X. Sala-i-Martin，1995，*Economic Growth*，New York，McGraw Hill.

［15］Caves，R. E.，1971，"International Corporations：The Industrial Economics of Foreign Investment"，*Economica*，38(149)，1 - 27.

［16］Dunning，J. H.，1970，*International Investment*，Selected Reading.

［17］Fry，M. J.，1995，"Foreign Direct Investment in Southeast Asia：Differential Impacts"，ASEAN Economic Research Unit，Institute of Southeast Asian Studies.

［18］Jones，L. E.，and R. E. Manuelli，1997，"Endogenous Growth Theory：An Introduction"，*Journal of Dynamics and Control*，21(1)，1 - 22.

［19］Lucas，R. E.，1988，"On the Mechanics of Economic Development"，*Journal of Monetary Economics*，22(1)，3 - 42.

［20］MacDougall，G. D. A.，1960，"The Benefits and Costs of Private Investment from Abroad：A Theoretical Approach"，*Economic Record*，36，13 - 35.

［21］Romer，P. M.，1986，"Increasing Returns and Long-run Growth"，*Journal of Political Economy*，94(5)，1002 - 1037.

［22］Vernon，R.，1966，"International Investment and International Trade in the Product Cycle"，*Quarterly Journal of Economics*，80，190 - 207.

06 外商直接投资、技术外溢与内生经济增长[①]

内容提要: 20世纪80年代以来,外商直接投资(FDI)已成为国际资本流动的主要方式,对东道国经济发展产生愈来愈重要的影响。FDI的大量流入不仅能缓解东道国经济发展过程中的资本短缺,加快国民经济工业化、市场化和国际化的步伐;更为重要的是,FDI可以通过技术外溢效应,使东道国的技术水平、组织效率不断提高,从而提高国民经济的综合要素生产率。本文在现有文献研究的基础上,构建内生增长模型,依据中国近年来的具体数据,运用计量经济方法进行实证分析和检验,并就分析结论提出政策建议。

关键词: 外商直接投资 技术外溢 内生经济增长 收敛性

20世纪80年代以来,国际资本流动日趋活跃,直接投资成为主要的资本流动方式,也成为发展中国家获取外部资源的主要渠道。80年代末,全球外商直接投资额累计已达到15 000亿美元。进入90年代,国际间直接投资规模更加扩大,并呈高速增长的趋势。根据联合国贸易与发展会议(UNCTAD)《世界投资报告》的资料,1995年的外国直接投资规模为3 149亿美元,继1996年增长10%、1997年增长27%之后,1998年则增长近40%,达到了创纪录的6 440亿美元。这说明在以跨国公司为主导的全球化浪潮中,FDI正扮演着愈来愈重要的角色,同时,FDI对东道国尤其是发展中国家经济社会发展的影响也在日益扩大。除了可以增加东道国的资本存量、提高投资质量以及缓解东道国的就业压力外,FDI的大量进入对东道国长期且根本性的影响便是其技术的外溢效应。FDI可以通过技术的外溢效应使东道国的技术水

---

① 原文刊载于《中国社会科学》2001年第5期,合作者为耿强博士。

平、组织效率不断提高,从而提高国民经济的综合要素生产率(TFP),使国民经济走上内生化增长的道路。

一、文献概览

MacDougall(1960)在分析 FDI 的一般福利效应时,首次把技术外溢效应作为 FDI 的一个重要现象做了分析。Findlay(1974)构建了一个简单的内生动态化模型,检验了诸如技术差距、外资份额等静态特征对技术扩散的影响。模型的基本假设为:FDI 可以通过传染效应(contagion effect)提高东道国的技术进步水平。认为 FDI 输出国与东道国的技术差距越大,技术扩散率就越高;MNC(跨国公司)在当地的资本份额越高,扩散的速度就越快。Koizumi & Kopecky(1980)构建了一个国际资本长期流动的模型,用于研究 FDI 对一国经济增长的影响。该模型假设外资中内含的技术具有公共产品的性质,能给社会带来额外的利益。20 世纪 80 年代中期,以 P. Romer & R. Lucas 等人为代表提出了新增长理论。新增长理论突破了索洛创立的新古典增长理论中关于技术外溢性的假定,克服了其不能解释世界各国人均收入差异和实际人均 GNP 增长率差异原因的局限性,使增长理论再度成为经济学研究的热点。Romer(1990)构建的内生增长模型中,着重强调了技术扩散对于小国及广大发展中国家经济持续增长的决定性作用。FDI 作为技术扩散的一个主要渠道,其重要性愈发显著。许多学者借用新增长理论的建模思想和方法论,对 FDI 对东道国的经济社会的影响做了大量的实证研究。Basant & Fikkert(1996)利用印度 1974—1982 年年度厂商间数据,估计了 R&D 开支、技术购买、国内和国际的 R&D 溢出对综合要素生产率的影响。研究表明,技术的国际溢出是印度当地厂商 R&D 非常重要的一种补充;最近的许多实证研究多半也证实了 FDI 的重要性。Markusea & Venables(1997)发现 FDI 与国内的投资具有互补性。Borenstein(1998)利用 1970—1989 年 69 个发展中国家的跨国资料进行实证研究,证实 FDI 对促进技术转移具有正面效果,其重要性甚至高于国内投资。但也有研究得出相反的结论,Chen(1999)、Tsou & Liu(1998)利用台湾地区制造业厂商的资料实证分析认为 FDI 在台湾地区的外溢效果十分有限,甚至为负。

我国国内关于 FDI 的研究也有很多,王志乐(1996)全面介绍了各国著名跨国公司在中国的投资情况,包括详细的案例研究,还分析了外商在中国的直接投资对经济的正反两方面的影响。郑京平(1997)使用宏观经济模型检验了外商直接投资对中国经济的影响。王岳平(1997)分析了外商直接投资的产业特点及其变化,外资企业的资本密集型特点和外商直接投资对中国工业绩效的影响。姚洋(1998)利用第三次全国工业普查资料,从中随机抽取了 12 个大类行业中的 146 704 家企业作为样本进行了多因素回归分析后得出结论:与国有企业相比,国外"三资"企业的技术效率要高39%,港澳台"三资"企业要高 33%;并且在行业中,如果国外"三资"企业数量的比重每增加 1 个百分点,每个企业的技术效率就会提高 1.1 个百分点。沈坤荣(1999)利用各省的外商直接投资总量与各省的综合要素生产率作横截面的相关分析,得出FDI 占国内生产总值的比重每增加 1 个单位可以带来 0.37 个单位的综合要素生产率增长的结论。何洁和许罗丹(1999)借鉴 Feder(1982)的计量方法,利用生产函数建立回归方程,得出结论:外商直接投资带来的技术水平每提高 1 个百分点,我国内资工业企业的技术外溢作用(即产量的增加)就提高 2.3 个百分点。

二、模型与变量

本文在现有文献研究的基础上构建内生经济的增长模型,根据中国近年来的具体数据,运用计量经济方法进行实证的分析和检验。本文首先将 Barro(1995)提出的生产函数(参见附录 1)改造并动态化为总体生产函数:

$$Y_t = AH_t^\alpha K_t^{1-\alpha} \tag{6.1}$$

$$其中: K = \left\{ \int_0^N x(j)^{1-\alpha} dj \right\}^{\frac{1}{1-\alpha}} \tag{6.2}$$

$$N = n + n^* \tag{6.3}$$

式中,A 代表外生的经济环境因素(如制度的变迁、政策的变换等等),H 代表人力资本存量，K 代表中间产品(可理解为资本品)。K 为多种不同中间产品的集合，每一种中间产品用 $x(j)$ 来代表。国内共生产中间产品 N 种，其中 n 为内资企业创造，n^* 为外资企业创造的中间产品。

依据这一生产函数，我们分别从厂商和消费者均衡两方面进行考察。从企业角度来看，中间产品的提供者可以看作提供一种"耐久品的服务流"。因此，其自然可以从中获取租金收益(rent)。对于雇佣这一要素的生产者来说，其雇佣的最优条件是这一要素的边际成本要等于其边际收益。于是，出售中间产品 $x(j)$ 的租金收益将等于这种中间产品的边际生产率：

$$m(j) = \frac{\partial Y(j)}{\partial x(j)} = (1-\alpha)AH^a x^{-\alpha} \qquad (6.4)$$

$$其中：Y(j) = AH^a X(j)^{1-\alpha}$$

对于小国或发展中国家来说，假定其技术的扩散大多来源于拥有先进技术的跨国公司，而非来自本国的 R&D。这样，资本品的扩散就会存在技术的吸收、采纳问题。技术的扩散、外溢需要东道国一定的技术支持和基础设施的提供，即需要一定的固定成本 F。设固定成本 F 是国内目前外资比例与本国整体技术差距(technology gap)的函数，且 F 与目前国内的外资比例(n^*/N)成反比，表示外资企业的技术水平普遍高于内资企业，外资企业的比例越高，继续吸收外溢性技术的成本就越低；与东道国资本品生产企业数量(N/N^*)成同方向变化关系，其中 N^* 指其他国家的资本品生产企业的数量，表示东道国目前的技术水平相对越低，技术差距越大，模仿的相对成本越小[①]。这样，

---

① 这一固定成本函数还可以运用产品质量改进式技术变迁模型来解释。在这一模型中，中间产品数量的增加等同于质量的提高，以表示技术的变迁。FDI 数量的增加(n^*/N)，使技术传递的途径增加。另外，跨国公司之间存在着激烈的竞争，FDI 的增加意味着可以尽量避免某一家跨国公司在东道国形成垄断势力，竞争的作用加快了先进技术向东道国的扩散。这都可以使技术扩散固定成本降低。东道国初始水平的相对落后(N/N^* 较小)，也是质量提高更容易的一个主要因素，因为"对一台打字机的技术升级要比升级一台电脑的成本小得多"。

中间产品生产者(一定程度上的垄断者①)在每一期的收益函数为:

$$\pi(j) = [(m(j)-1)x(j)] - F(n^*/N, N/N^*) \tag{6.5}$$

$$F = F(n^*/N, N/N^*)$$

$$\frac{\partial F}{\partial(n^*/N)} < 0, \frac{\partial F}{\partial(N/N^*)} > 0 \tag{6.6}$$

在一定程度上为垄断者的中间产品生产者在每一期都要制定价格 $m(j)$,以最大化利润 $\pi(j)$。由此解得的垄断价格为:

$$x(j) = HA^{\frac{1}{\alpha}}(1-\alpha)^{\frac{2}{\alpha}}$$

$$m(j) = (1-\alpha)^{-1} \tag{6.7}$$

将中间产品生产者的收益函数动态化,可以得到:

$$\pi(j)_t = \int_t^\infty [m(j)x(j) - x(j)]e^{-r(s-t)}ds - F(n^*/N, N/N^*) \tag{6.8}$$

假设中间产品的生产是可以自由进入的,即不存在进入壁垒。那么从长期来看,$\pi(j)_t$ 趋近于零。这时,可以计算出利率 r 的值:

$$r = A^{\frac{1}{\alpha}}\varphi F(\cdot)^{-1}H$$

$$\phi = \alpha(1-\alpha)^{\frac{2-\alpha}{\alpha}} \tag{6.9}$$

与其他的内生增长模型一样,本模型最终也要回到在某种约束条件下运用 Pontrygain 最大值原理求解 Ramsey 于 1928 年提出的消费者效用函数。即从消费者的角度出发,使全体消费者的效用达到最大化,实现消费者均衡。借用 Ramsey 模型的消费效用函数:

$$U_t = \int_t^\infty \frac{c_t^{1-\sigma}}{1-\sigma}e^{-\rho(s-t)}ds \tag{6.10}$$

---

① Barro 认为:"一种新产品或设计(譬如说对这种中间产品 j 的创造)是有成本的,但它却可能被产品 j 的所有潜在生产者以一种非竞争性的方式无偿利用。因此,只有当对于 t 期之后的至少一部分时间而言,$x(j)$ 的销售价格超过其边际生产成本时,发明一种新的中间产品才是有利可图的,即要保证垄断租金流对发明者提供的激励。"所以说,中间产品的生产者在一定时间内是作为垄断者出现的。

其中，$c(t)$ 为消费者在 t 时刻的消费；ρ 为贴现率，表示人们对于推迟消费的耐心程度，ρ 越大，与现期消费相比，消费者对未来消费的评价越低；σ 为消费的边际效用弹性的负值，又称相对风险回避系数（$\sigma>0$）。运用 Pontrygain 最大值原理，得到的关键条件便是整个经济系统的最优平衡增长路径（参见附录 2）：

$$g=\frac{\partial c(t)/\partial t}{c(t)}=\frac{1}{\sigma}(r-\rho)=\frac{1}{\sigma}[A^{\frac{1}{\alpha}}\phi F(\,\cdot\,)^{-1}H-\rho] \tag{6.11}$$

上述理论模型的结论表明，经济的均衡增长率主要依赖于制度的演进（A），人力资本的存量（H），引进、吸收、模仿先进技术的效率（F），以及时间贴现率 ρ 的大小。与人力资本存量成正方向变化，与吸收、模仿技术所需的固定成本及时间贴现率成反方向变化。因此，人力资本部门的生产效率越高，人力资本存量越大，经济增长率越高；吸收外商直接投资的数量越多，与先进技术的差距越小，吸收新技术所需成本越小，则经济增长率越高；现时的储蓄率越高（即人们推迟消费的耐心程度越大），经济增长率越高。本文以上述理论模型为依据构建线性化的经济计量模型：

$$LnG=c_0+c_1FGDP+c_2H+c_3(FGDP^*H)+c_4LnPG+c_5GY+c_6DY+\varepsilon$$

具体的变量可依次为：

LnG：各地区年人均国内生产总值（单位：元人民币）的自然对数值，代表各地区的经济增长速度。本文中 LnG 为被解释变量，其余变量均为解释变量。

$FGDP$：各地区外商直接投资年流入量（单位：千万美元）与各地区当年的国民生产总值（单位：亿元人民币）的比例。从上面的理论分析可认为，$FGDP$ 与解释变量 LnG 应呈正相关关系，以表示 FDI 的技术外溢对经济的增长效应。

H：各地区的人力资本存量。中国目前尚未有权威的关于人力资本存量的计量方法，考虑到来华有技术外溢的直接投资，其人力资本要求必然较高，本文以各地区每年的高校人数比例来代表这一变量。具体为各地区每年的高校在校学生数与当年该地区的年底总人口的比例。从理论上讲，如果经济是内涵式增长，H 与 LnG 应呈正相关关系。

$FGDP^*H$：外商直接投资流量比与高校人数比的乘积。这一变量的系数为正，表示 FDI 技术外溢效应的发挥需要与一定的人力资本相结合。

LnPG：各地区最初 GDP 对数值，表示该地区经济发展的初始水平。按照理论模型的解释，这一变量的系数应为负值，表示地区经济的初始水平应与经济增长速度呈负相关关系。

A：根据各个国家的具体情况，要采取不同的制度变量。本文的计量检验与实证分析是以中国的数据为依托，所以本文的制度变量选取为以下两个：

（1）为了计算的方便，以各地区的国有工业产值与工业总产值的比重（*GY*）来粗略地反映一地区的体制环境（包括市场化程度）。一般来说，*GY* 理论上应和 *LnG* 呈负相关关系。

（2）虚拟变量 *DY*：表示地域间的差异。改革开放以来，受国家经济发展战略的影响，东部沿海的一些地区享受了许多的政策优惠，无论在外资引入上还是在税收征收等很多方面都处于不平等竞争的地位。为了反映这一政策的影响程度，以变量 *DY* 来反映。按享受优惠政策的程度，将全国的 29 个省市自治区（西藏、香港、澳门、台湾地区除外）粗略地分为三个等级①，它们的值分别为 3、2、1 不等。变量 *DY* 应与 *LnG* 呈正相关关系。

三、基础数据与计量方法

目前国内的研究文献大多采用简单的时间序列或某一特定时点的截面数据，并运用普通最小二乘法（OLS）进行回归运算，估计各变量的系数。这样的运算存在一定的局限性，采用时间序列数据对我国现阶段的经济现象进行分析时，由于有效数据大多只能从 1978 年改革开放以后来选取，而且许多数据在 1978 年后的一段时间内也没有进行规范的统计，因此样本区间太短；又由于我国的幅员辽阔，地区间差异十分显著，采用全国性的综合数据，往往会掩盖这种十分显著的省际差异。如果采用横

---

① 北京、天津、上海、广东、福建值为 3，东部沿海经济带剩下的 7 个省份值为 2，中西部地区值为 1。

截面数据(通常选取某一年全国 29 个省、市及自治区的有关数据),虽然可以在一定程度上弥补时间序列数据不能反映地区间差别性的缺陷,但其只能静态地反映某一个时点的经济情况,而不能全面地动态地从一个时段上描述经济现象的变化态势。为了避免这两种数据的缺陷,本文在数据选用上采取国际上通常采用的 Panel Data (面板数据或平行数据)进行分析。由于 Panel Data 既包括时间序列数据又包括横截面数据,可能产生异方差性和序列相关性问题,从而使 OLS 失效,因此本文在数据可以得到的情况下尽量采用处理联立方程组时经常采用的似然不相关回归(Seemingly Unrelated Regression,SUR)方法进行检验,以消除异方差性和序列相关性现象的影响。本文所有数据均为 1987—1998 年中国 29 个省、市及自治区的有关数据,分别摘自《新中国 50 年统计资料汇编》及《中国统计年鉴》各期。

四、计量检验与实证分析

（一）FDI 与中国经济增长的关联性分析

本文首先分析 FDI 与中国经济增长的关联性。为了详细测量每一解释变量的系数,本文逐渐扩大解释变量的个数,并删除不显著的参数,具体结果见表 6-1。在表 6-1 的第一列中,我们只选取 $FGDP$ 一个解释变量,从结果可以看出这一变量对 LnG 有显著影响(在 1%水平上显著),并呈正相关关系。第三列中加入变量 H, H 与 $FGDP$ 均呈正相关关系且在 1%水平上显著。但当第四列中加入变量 $FGDP^* H$ 时,发现 H 未能通过显著性检验,于是我们在余下的几列中均删去变量 H,并依次添加其余的解释变量,在第四列至第八列中各解释变量均通过显著性检验。

表 6-1　FDI 与经济增长的决定因素分析

	I	II	III	IV	V	VI	VII	VIII
常数项	7.61* (0.037) (206.04)	7.15* (0.05) (142.62)	7.50* (0.044) (169.92)	7.58* (0.052) (146.32)	7.59* (0.036) (210.42)	6.79* (0.21) (32.53)	6.80* (0.21) (32.62)	6.79* (0.21) (32.72)

（续表）

	I	II	III	IV	V	VI	VII	VIII
$FGDP$	0.0073* (0.0006) (12.36)		0.0063* (0.0006) (10.20)	0.0057* (0.0007) (8.70)	0.0057* (0.0007) (8.71)	0.0056* (0.0006) (8.83)	0.0060* (0.0006) (8.75)	0.005* (0.0007) (7.41)
$Ln(FGDP)$		0.27* (0.02) (14.22)						
H		29.98* (11.59) (2.59)	55.16* (12.25) (4.50)	6.63 (20.99) (0.316)				
$FGDP^* H$				0.52* (0.18) (2.84)	0.57* (0.11) (5.35)	0.495* (0.11) (4.70)	0.494* (0.11) (4.70)	0.37* (0.12) (3.08)
$LnPG$						0.15* (0.04) (3.90)	0.15* (0.04) (3.92)	0.12* (0.04) (3.11)
GY							−0.012*** (0.008) (−1.60)	−0.015*** (0.08) (−1.87)
DY								0.12** (0.06) (2.13)
R^2	0.27	0.41	0.30	0.31	0.31	0.34	0.34	0.34
调整后 R^2	0.26	0.41	0.30	0.30	0.31	0.33	0.33	0.33
F 值	152.88	146.27	90.07	63.73	95.75	71.07	54.12	54.12
样本数	424	424	424	424	424	424	424	424

注:① 本表的估计均由 E-VIEWS 软件包完成,表中括号内数值分别为该系数的标准差、t 统计值;

② *、**、*** 分别表示在 1%、5% 和 10% 的水平上显著。

计量检验的结果表明:

(1) 外商直接投资在一区域内的比重对人均 GDP 的增长有着非常显著的影响。在表 6－1 的估计结果中,它的系数估计值始终稳定在 0.006 左右。为了更好地分析

FDI 的增长效应,在第二列中将 *FGDP* 取自然对数值以进行弹性分析,其系数估计值为 0.27,表明在我国一地区的 FDI 年流量相对于其当年经济规模的比例每增加 1%,相应的人均 GDP 就将增加 0.27%。由于计量模型中的 R^2 均仅为 0.3～0.4,即该模型自变量的变化只能解释因变量变化的 30%～40%,这表明虽然 FDI 对我国经济长期均衡、稳定增长的作用不容置疑,但作为一个拥有人口最多、幅员最为辽阔的发展中大国,在大力促进 FDI 的技术扩散的同时,更要依赖本国的 R&D 发展和技术创新。

(2) 人力资本存量在大多数的估计模型中都没有通过显著性检验,这说明中国经济目前尚未走上内涵式增长道路,人力资本存量对经济增长的促进作用尚未显现。目前我国高校的科技转化能力不强、机制尚不健全,各地区高校的人力资本存量并不能完全体现出当地的科技实力,未能转化为真正的生产力。

(3) *FGDP* * *H* 与 *LnG* 呈正相关关系表明,对我国经济有增长效应的,能够带来技术扩散的 FDI 一般要求较高的人力资本存量。这从另一个角度说明,地区人力资本存量的多少对于 FDI 技术扩散效应的发挥程度有着至关重要的作用。

(4) *LnPG* 的估计系数与理论模型的结论相反,与 *LnG* 成同方向变化。这说明我国的区域经济增长中,初始水平低的地区发展速度也较低,即我国的区域经济发展在现阶段并未如新古典增长理论认为的那样呈现出收敛性,反而有扩散的态势。

(5) *GY* 变量基本上通过了显著性检验,这说明国有工业产值比重这一体制变化因素对经济增长呈较显著的负相关关系。过大的国有经济比重对经济的发展有着一定的负面效应,国有经济比重下降 1%,*LnG* 就会增加 0.01%。我国市场化的体制转型对经济的增长效应是显著的。

(6) *DY* 变量与 *LnG* 呈较显著的正相关关系,表明国家优惠政策在一定程度上影响着各地区的经济增长速度。事实上这也是区域间经济差异扩大的重要因素之一。

（二）Granger 因果分析

以上的分析仅仅说明 FDI 通过技术外溢与经济增长呈正相关关系,但并不能确定彼此之间的因果关系,也就是说 FDI 的增加并不一定必然引起经济增长。这种因果关系可以通过格兰杰因果性检验的分析方法(Granger no-causality test)来检验(参见附录3)。为了检验我国吸收外商直接投资与经济增长之间的因果关系,本文构建以下模型:

模型 I : $\Delta\ln Y_t = a_0 + a_{11}\Delta\ln Y_{t-1} + a_{20}\Delta\ln F_t + a_{21}\Delta\ln F_{t-1} + \mu_{1t}$

模型 II : $\Delta\ln F_t = b_0 + b_{11}\Delta\ln F_{t-1} + b_{20}\Delta\ln Y_t + b_{21}\Delta\ln Y_{t-1} + \mu_{2t}$

$\Delta\ln Y_t$、$\Delta\ln F_t$ 分别表示对时间序列 GDP、FDI 的各变量先求对数,再取一阶差分,以使其序列平稳化。模型 I 的零假设为 $H_0 : a_{20} = a_{21} = 0$,意味着 FDI 的增长不是产出增长的原因;同样,模型 II 的零假设为 $H_0 : b_{20} = b_{21} = 0$,意味着产出增长并不是 FDI 增长的原因。经过计量检验,可以得到有关的 OLS 估计的结果(表 6 - 2):

表 6 - 2　FDI 与中国经济增长的因果关系分析

模型 I :			模型 II :		
解释变量	系数	t 检验值	解释变量	系数	t 检验值
常数项	0.053	0.057	常数项	0.091	0.360
$\Delta\ln Y_{t-1}$	0.629	0.226	$\Delta\ln F_{t-1}$	0.259	0.340
$\Delta\ln F_t$	0.122	0.046	$\Delta\ln Y_t$	2.799	1.903
$\Delta\ln F_{t-1}$	−0.006	0.011	$\Delta\ln Y_{t-1}$	−2.189	1.398
R^2	0.623		R^2	0.467	
AD R^2	0.509		AD R^2	0.308	
DW 值	2.36		DW 值	2.051	
F 值	5.500		F 值	2.925	
样本区间	1985—1998 年		样本区间	1985—1998 年	

注:本表的 OLS 估计由 TSP 软件完成;样本资料来自《中国统计年鉴》有关各期。

两模型给出的结果显示,F 统计量分别为 5.500、2.925。在给定 $\alpha = 0.05$ 的显著性水平上,$F_{0.05}(2,8) = 4.46$,也就是说在给定 0.05 的显著性水平的情况下,模型 I 的检验结果是显著的,即以 95% 的置信度拒绝 H_0 假设,所以可以认为 FDI 的增长率在 Granger 意义上构成经济增长率的原因,而反之则不成立。

（三）区域分析

我国的外资引入在地区分布上呈现出显著的不平衡性。截至 1998 年，东部地区累计引入的 FDI 占全国累计总量的 87.83％，而中、西部地区仅占 8.89％、3.28％。这一现象一定程度上影响着以全国为统计对象模型的精确度，所以我们按传统口径将全国分为东、中、西三个区域进行分析。这一次采取 SUR 的计量方法，以避免截面异方差和序列间相关(表 6 - 3)。

表 6 - 3　FDI 与中国区域经济增长分析

	东部	中部	西部
常数项	7.67* (333.46)	6.63* (179.18)	6.64* (83.41)
$FGDP$	0.003* (29.91)	0.042* (14.49)	0.03* (6.67)
H	65.94* (19.12)	373.88* (23.83)	491.80* (28.41)
$FGDP^*H$	0.46* (24.86)	−7.71* (−8.98)	−14.51* (−7.76)
R^2	0.49	0.56	0.20
调整后 R^2	0.48	0.55	0.17
样本数量	144	108	91

注：① 本表的估计由 E-VIEWS 软件包完成，样本资料来自《中国统计年鉴》有关各期，表中括号内数值分别为该系数的 t 统计值；
　　② *、**、*** 分别表示在 1％、5％和 10％的水平上显著。

计量模型的结果显示，所有的变量都通过显著性检验，且均在 1％水平上显著。与表 6 - 1 结果相比较，具体分析如下：

(1) 中、西部地区变量 $FGDP$ 和 H 的系数估计值都大大超过东部的估计值。表明由于我国 FDI 和人力资本在地域分布上的极度不平衡，中、西部地区的 FDI 和高层次人才在中、西部地区对经济增长的边际效益很大，也说明中、西部地区对外部资源和人力资本的渴望。

（2）西部地区 $FGDP^*H$ 的系数估计值为负值。表明在中、西部地区的 FDI 和当地人力资本结合效益很小，甚至为负值。也说明中国中、西部地区的 FDI 技术扩散效应尚未完全显现。

（四）FDI 的不平衡分布加剧了地区间不平衡发展

由表 6-1 的结果分析可以看出，我国的区域间经济并未呈现收敛现象，且这种不平衡性越来越严重。出现这一现象的原因有很多，FDI 的不平衡分布有可能是造成地区间差异扩大的重要原因之一。Barro(1984)认为，一个经济系统初始时越低于它自身的稳态水平，增长就越快。由于一国内不同区域的厂商和家庭所拥有的技术应当是类似的，偏好和文化也大致相同，且各区域均面对同一个中央政府，制度框架和法律体系也应相似。这种同质性意味着，一国内的诸区域间要比国家间更能表现出绝对收敛。收敛有两个概念，如果一个穷国比富国增长得更快，则穷国就会在人均收入或产量水平的意义上赶上富国，这称为 β 收敛（又被描述为向"期望值回归"现象）；如果国家或区域间的对数人均收入或产量的标准差出现随时间而逐渐减少的衰减现象，则被称为 σ 收敛。第一种收敛会产生第二种收敛。

根据 Barro 的定义，本文就以第二种收敛（σ 收敛）作为衡量地区间收敛的标准。以我国各区域的人均 GDP 的标准差（以 GG 代表）为被解释变量，以各区域引入的 FDI（以 FF 代表）标准差为解释变量，建立时间序列模型，并可将其进一步发展成双对数模型。FDI 的流入对国内生产总值有短期的需求拉动效应，更有长期供给效应。以多元滞后分布模型进行计量检验，发现以滞后 1 期的 FF 作解释变量，模型的拟合程度最为理想。计量结果见表 6-4。

表 6-4　中国 FDI 不平衡分布与地区不平衡发展的相关性模型

模型 1:被解释变量为 GG			模型 2:被解释变量为 $Ln(GG)$		
解释变量	系数	t 检验值	解释变量	系数	t 检验值
常数项	13 324	9.14	常数项	6.86	9.00
$FF(-1)$	0.22	24.75	$Ln[FF(-1)]$	0.52	18.39
R^2	0.99		R^2	0.97	

(续表)

模型 1:被解释变量为 GG			模型 2:被解释变量为 $Ln(GG)$		
解释变量	系数	t 检验值	解释变量	系数	t 检验值
AD R^2	0.98		AD R^2	0.97	
DW 值	1.40		DW 值	1.31	
F 值	612.38		F 值	338.05	
样本区间	1987—1998 年		样本区间	1987—1998 年	

注:本模型由 E-VIEWS2.0 软件包完成。

计量分析结果在统计上基本通过显著性检验,因此是有效的,从而为"FDI 的不平衡分布加剧了地区间差异的扩大"这一观点提供了实证上的证据。表 6-4 的结果表明,FDI 在各地区间的分布标准差每增加 1 个单位,就会造成下一年的人均 GDP 分布标准差扩大 0.22 个单位。对数模型则从弹性角度显示,FDI 在各地区间的分布标准差每增加 1%,就会使下一年的人均 GDP 分布标准差多扩大 0.52%。

五、结　论

根据上面的理论模型以及关于中国 FDI 与经济增长率之间因果关系的实证分析,可以得出以下几条结论:

(1) 作为一个发展中大国,要充分利用技术落后的后发优势,通过跨国公司的直接投资这一渠道积极主动地吸收其先进技术。以往通过技术贸易方式引进技术,由于资金供应不配套、技术吸收能力不强、忽视市场开拓、成本居高不下等方面的原因,有相当比例的技术引进项目不能很好地发挥作用,或者当被吸收、消化之时,引进的技术已经落后。而随跨国公司直接投资引进的技术,随着技术的转移,资金供应、技术吸收能力、市场开拓能力和相应的管理知识,以及进一步的技术开发能力或新技术提供能力都会随之进入,因而引进的技术不但能够更好地发挥作用,而且可以大大降低技术进步的风险。

(2) 跨国公司的唯一目的是获得利润最大化,这一动机决定其技术转移在促进东道国技术进步方面有着不可避免的局限性。要克服这种局限性,就应保持市场的充分竞争性,只有竞争才能促进跨国公司最大可能地转让技术。首先是为国内企业创造与外资企业平等的竞争环境,形成国内竞争者;短期内与外资企业相比尚不具备竞争能力的一些领域,要积极引进多家跨国公司的投资,形成跨国公司投资企业之间的竞争,如目前国内的手机市场;另外,还可以适当降低关税,使外资企业的产品与进口商品处于竞争地位。

(3) 吸收外商直接投资带来的先进技术,必须要有足够的人力资本存量。只有东道国有一定的科技人才,跨国公司才有可能在东道国安排一些研究与开发项目,培训当地高级技术人才,以降低人力资源的成本和更好地使产品当地化。

(4) 从因果关系的实证分析结果来看,外商直接投资的增长导致了经济增长率的增加。中国经济过去二十多年来高速增长的过程中,FDI 的大量引进一直是一个不可忽视的重要原因。相反,中国产出的增长对 FDI 的增加并不存在必然的因果关系,这说明国际投资者在是否增加对中国直接投资量时考虑的因素有很多:政局是否稳定,看似巨大的市场真正的开放度如何,劳动力成本是否依然廉价,政策的优惠程度等等。并且由于跨国公司来华直接投资的动机和目的不同,它们对东道国投资的选择条件和要求也就不同。

(5) 由于地理位置及人为政策,我国的中西部地区长期以来很少能吸收到 FDI,这种 FDI 在区域间的不平衡分布加剧了地区间的不平衡发展。为了改变这种区域经济发展呈现的非收敛态势,国家适时地推出了西部大开发战略,在这一宏伟战略的执行过程中要充分重视 FDI 的作用。

附录

1. Barro(1995)在"具有扩大产品种类的技术变迁模型"中提出的生产函数：

$$Y_i = AL_i^{1-\alpha} \sum_{j=1}^{N} (X_{ij})^{\alpha} \tag{6.12}$$

其中，$0<\alpha<1$，Y_i 是企业 i 的产出，L_i 为劳动投入，X_{ij} 是第 j 种专业化中间产品的使用量。此生产函数规定了每种投入 L_i 和 X_{ij} 的递减的边际生产率，所有投入合在一起是规模报酬不变的。技术进步(变迁)的形式表现为中间产品数目的增加，假定中间产品可以用共同的物质单位来衡量(即为同质可衡量的产品)，则 $X_{ij}=X_j$，生产函数可写为：

$$Y_i = AL_i^{1-\alpha}(NX_i)^{\alpha}N^{1-\alpha} \tag{6.13}$$

Barro 认为，这一生产函数为内生增长提供了基础，"如果 NX_i 的增加采取给定 X_i 而增加 N 的形式，就不会造成报酬递减。以连续增加 N 为形式的技术变迁避免了报酬递减的趋势"。并且，为了方便起见，可把种类数目 N 理解为连续。其实，如果把 N 视为代表性企业生产过程的技术复杂性或其雇佣的生产要素的平均专业化程度的一个指标，则 N 在这一广义的概念上本就应是连续而非离散的。因此，最终企业 i 的生产函数被写作：

$$Y_i = AL_i^{1-\alpha} \int_0^N [X_i(j)]^{\alpha} \, \mathrm{d}j \tag{6.14}$$

2. 具体的数学推导过程：

(1) 每个家庭的总效用：

$$U = \int_0^\infty u[c(t)]e^{\pi t}e^{-\lambda t} \, \mathrm{d}t$$

$$L(t) = e^{\pi t}$$

$$u(c) = c^{(1-\theta)} - 1/(1-\theta)$$

家庭以规模不变的速度 n 增长；$u(c)$ 为家庭的效用函数(又称作幸福函数，felicity function)，$e^{-\rho t}$ 为家庭消费的贴现率，ρ 为时间偏好率，其中，$\rho>0$ 意味着随着效用获得越来越晚，其价格越低。

(2) 家庭的预算约束：

$$\partial a/\partial t = w + rt - c - na$$

w、r 分别为给定的每单位劳动服务的工资率和资产、贷款的真实收益率；a 为家庭的人均净资产。

(3) 家庭的最优化问题，就是在预算约束下最大化其总效用 U。

求解汉密尔顿方程：

$$J = u(c)e^{-(\rho-n)t} + \upsilon[w+(r-t)a-c]$$

$$\frac{\partial J}{\partial c} = 0 \Rightarrow \upsilon = u'e^{-(\rho-n)t}$$

$$\frac{\partial J}{\partial a} = \frac{\partial \upsilon}{\partial t} = 0 \Rightarrow \frac{\partial \upsilon}{\partial t} = -(r-n)\upsilon$$

$$\Rightarrow \frac{\partial \upsilon}{\partial t} = (\mathrm{d}u'/\mathrm{d}t)e^{-(\rho-n)t} + u'e^{-(\rho-n)t}(n-\rho)$$

$$\Rightarrow -(r-n) = \frac{\mathrm{d}u'/\mathrm{d}t}{u'} + (n-\rho)$$

$$\Rightarrow \frac{\partial c/\partial t}{c} = \frac{1}{\theta}(r-\rho)$$

3. 标准的格兰杰因果检验(Granger, 1969)认为，如果利用过去的 X 和 Y 的值一起对 Y 进行预测，比只用过去的 Y 值来进行预测所产生的预测误差更小，则可以说 X 是 Y 的原因。反过来也可以依据这一原理判断 Y 不是 X 的原因。为此，可以构造以下两个模型：

$$Y_t = a + \sum_{i=1}^{m} a_i Y_{t-i} + \sum_{j=1}^{n} b_j X_{t-j} + \mu_t \tag{6.15}$$

Y_t 表示其滞后变量 Y_{t-i} 和 X 的滞后变量 X_{t-j} 的线性函数，μ_t 为零均值非自相关的随机误差项，a、b 为系数。零假设为 $\mathrm{H}_0: b_j = 0 (j=0,1,\cdots,n)$，意味着 X 不是 Y 的原因。若零假设成立则有：

$$Y_t = a_* + \sum_{i=1}^{m} a_i Y_{t-i} + \mu_t \tag{6.16}$$

(6.15)式的残差平方和为 SSE_1，(6.16)式的残差平方和为 SSE_2，则构造统计量

$$F = [(\mathrm{SSE}_2 - \mathrm{SSE}_1)/n]/[\mathrm{SSE}_1/(T-m-n-1)]$$

应服从自由度为 $(n, T-m-n-1)$ 的 F 分布，其中 T 为样本数量。给定显著性水平 α，则有对应的临界值 F_α，如果 $F>F_\alpha$，则以 $(1-\alpha)$ 的置信度拒绝 H_0，在 Granger 意义上 X 是 Y 的原因。否则接受 H_0 假设，Y 的变化不能归因于 X 的变化。做格氏因果检验要求变量 X、Y 必须为平稳序列，现实中的变量一般都不是平稳的，为此常将其差分使其平稳化。

参考文献

［1］郭克莎，2000：《外国直接投资对我国产业结构的影响研究》，《管理世界》第 2 期。

［2］国家统计局，《中国统计年鉴》(1979—1999 年)，北京：中国统计出版社。

［3］何洁、许罗丹，1999：《中国工业部门引进外国直接投资外溢效应的实证研究》，《世界经济文汇》第 2 期。

［4］江小涓，2000：《内资不能代替外资》，《国际贸易》第 3 期。

［5］李海舰，1999：《我国"三资"企业发展状况分析》，《中国工业经济》第 4 期。

［6］沈坤荣，1999：《体制转轨期的中国经济增长》，南京：南京大学出版社。

［7］沈坤荣、耿强，2000：《外国直接投资的外溢效应分析》，《金融研究》第 3 期。

［8］宋泓、柴瑜，1999：《我国工业结构中三资企业的结构变动倾向及其影响》，《世界经济》第 7 期。

［9］王志乐，1996：《跨国公司投资对中国经济的正反两方面影响》，《管理世界》第 3 期。

［10］姚洋，1998：《非国有经济成分对我国工业企业技术效率的影响》，《经济研究》第 12 期。

［11］张帆、郑京平，1999：《跨国公司对中国经济结构和效率的影响》，《经济研究》第 3 期。

［12］赵晋平，1997：《中国的国际资本流入分析与展望》，《管理世界》第 3 期。

［13］Barro, R. J., and Sala-i-Martin, 1995, *Economic Growth*, McGraw-Hill, Inc.

［14］Chen, 1999, "Technology Adoption and Technical Efficiency in Taiwan", in T. Fu, C. J. Huang and C. Lovell(Eds.), *Economic Efficiency and Productivity Growth in the Asia-pacific Region*, Edward Elgar Publishing.

［15］Eduardo, B., 1995, "How Does Foreign Direct Investment Affect Economic Growth?", *NBER Working Paper*, No. 5057.

［16］Findlay, R., 1978, "Relative Backwardness, Direct Foreign Investment and the Transfer of Technology: A Simple Dynamic Model", *Quarterly Journal of Economics*, 92(1), 1-16.

［17］Granger, C., 1969, "Investigating Causal Relations by Econometric Models and Cross-spectral Methods", *Econometrica*, 37, 424-438.

［18］Koizumi, T., and K. J. Kopecky, 1980, "Foreign Direct Investment, Technology

Transfer and Domestic Employment Effects", *Journal of International Economics*, 10, 1 - 20.

[19] MacDougall, G. D. A. , 1960, "The Benefits and Costs of Private Investment from Abroad: A Theoretical Approach", *Economic Record*, 36, 13 - 35.

[20] Markusen, J. R. , and A. J. Venables, 1998, "FDI as a Catalyst for Industrial Development", *NBER Working Paper*, No. 6241.

[21] Romer, P. M. , 1990, "Endogenous Technology Change", *Journal of Political Economy*, 98(5), 71 - 102.

[22] Tsou, M. W. , and J. T. Liu, 1998, "The Spillover Effect from FDI: Empirical Evidence from Taiwan Manufacturing Industries", *Taiwan Economic Review*, 25, 155 - 181.

[23] United Nations Conference on Trade and Development, *World Investment Report* (1997, 1998, 1999).

[24] Ziss, S. , 1994, "Strategic R&D with Spillovers, Collusion and Welfare", *Journal of Industrial Economics*, 42(4), 375 - 393.

07　中国经济增长的"俱乐部收敛"特征及其成因研究[①]

内容提要:本文以经济增长文献中有关收敛性理论为基础,对新中国成立以来,特别是 1978 年改革开放以来,省际间的经济增长差异进行实证分析。本文认为中国地区间的经济增长,不仅存在着显著的"俱乐部收敛"(club convergence)特征,即按东中西划分的区域内部人均产出具有明显的聚集现象;而且存在着条件收敛(conditional convergence)的特征,即在具有相同的人力资本、市场开放度等结构特征的经济地区间存在着一定的增长收敛趋势。本文实证分析的结果还显示,各地区间工业化水平的差异和产业结构的变动对增长收敛性构成显著的影响。

关键词:β-收敛　σ-收敛　条件收敛　俱乐部收敛

一、引　言

中国自 1978 年改革开放以来,伴随着整体经济发展水平的上升,省际间经济发展水平的差异也在扩大,以可比价格计算,中国的人均 GDP 标准差从 1978 年的 330 上升到了 1999 年的 1 171[②]。应该看到,发展中国家在经济发展过程中出现一定的地区差异是一种普遍的现象。但是,这种差异长时间的存在和过分的拉大都会影响到整体经济的效率,也不利于资源的有效配置;再者,从社会福利、政治稳定性方面考

---

① 原文刊载于《经济研究》2002 年第 1 期,合作者为马俊博士。
② 根据《新中国 50 年统计资料汇编》及《中国统计年鉴》(2000 年)的相关数据计算得到。

虑,地区间经济发展失衡引起的收入分配地域性差别也会影响社会的整体福利水平。因此,缩小地区间发展差距对于保持中国经济的持续稳定增长显得意义重大,而如何缩小地区间发展差距也正成为研究的重点。

当然,要缩小地区间的经济发展差异,就要深入分析造成省际间经济发展差异的深层原因。从理论上讲,解释经济系统之间经济增长的理论体系,不外乎侧重于从要素总量入手的总量分析方法和从经济结构演化角度入手的结构分析方法。总量分析方法主要采用动态最优化方法,将增长的动因归结为要素供给总量在数量上的增加和质量上的提高;结构分析方法则强调,发生在非均衡要素市场上的要素由生产率较低部门流向生产率较高部门的转变过程,即工业化过程支持了实质经济增长。事实上,任何一个经济系统的增长过程都同时伴随着要素总量的增长和经济结构的转变,因而两种分析方法在考察特定的增长过程时是相辅相成的。

本文以收敛性理论为基础,结合结构分析方法考察中国省际间经济增长差异,并分析影响省际间经济增长差异的因素。本文的结构安排是:第二部分对有关收敛性理论做简要的文献回顾和评述;第三部分对中国省际间增长差异做统计描述;第四部分对造成省际间经济增长差异的因素进行计量检验和实证分析;最后是本文的基本结论和政策含义。

二、经济增长收敛性理论的文献回顾及评述

近十几年来,经济增长的收敛性问题正引起经济学者们的广泛关注和热烈讨论,不仅涌现出了大量构造模型的理论文献,而且也不乏将理论模型付诸经验数据的实证分析。收敛性问题之所以引起如此高度的研究热情,这与最初收敛性理论所预测的经济增长趋同和经济增长差异日趋扩大的现实世界构成强烈反差密切相关,而正是在对这一矛盾的解释和讨论的过程中,经济增长收敛性的概念得到了进一步的深化,对收敛性的分类也日益细化。

一般将经济增长的收敛性区分为 β-收敛和 σ-收敛。β-收敛是指初期人均产出水平较低的经济系统趋于在人均产出增长率、人均资本增长率等人均项目上比初期

人均产出水平较高的经济系统以更快的速度增长，即不同经济系统间的人均产出增长率与初始人均产出水平负相关。σ-收敛是指不同经济系统间人均收入的离差随时间的推移而趋于下降。β-收敛是针对产出增量而言的，而 σ-收敛则是对产出存量水平的描述。关于两种收敛性质的一般性评述可见 Sala-i-Martin(1994)，为行文方便，本文中所提到的收敛性若不特别指出则均指 β-收敛。

针对新古典增长理论预测出的收敛性，Baumol(1986)采用 Maddison 的数据进行了实证分析，结果显示，自 1870 年以来，在 16 个较富裕的国家间显示了较强的增长收敛性。然而 DeLong(1988)认为 Baumol 的选样有偏，分析结果不能令人信服，在包括了更广泛的样本分析后，DeLong 发现并不存在显著的收敛性。Romer(1986)基于 Arrow(1962)提出的知识创造是投资的一个副产品，而且重复相关联的学习过程受制于报酬递减这两方面的假设，发展出内生增长理论模型。Romer 模型中，知识资本对一般消费品生产具有递增效应，而且"干中学"的知识外溢产生了规模经济，这使得起初产出水平越高、经济越发达的国家，就具有更高的人均知识资本存量，从而也就会产生更高的人均产出，因此 Romer 从理论的角度提出了对增长收敛性的怀疑。Lucas(1988)将人力资本引入经济增长模型，并将人力资本区分为通过正规的脱产教育所产生的一般化人力资本和通过"干中学"导致的专业化人力资本。

通过在产出形式中包含一般化人力资本的外溢效应，Lucas 得出结论：具有较低水平的人力资本和物质资本的经济系统在稳态中将持续地拥有比起初就具有高水平的人力资本和物质资本水平的经济系统更低的产出水平。在引入专业化人力资本后，Lucas 指出，国际贸易对两国经济增长模式产生了锁定：起初具备丰富人力资本的国家在生产高技术含量的商品上拥有比较优势，并通过专业化生产和两国间的贸易不断积累高技术含量商品的生产经验，巩固对该商品专业化生产的优势和垄断地位，由此将持续地获得较高的经济增长率；反之，最初就处于人力资本劣势的国家将只能专业化生产低技术含量的商品，由此获得较低的经济增长率。Lucas 的研究支持了与经济收敛性不一致的理论结果。然而，Barro & Sala-i-Martin(1997)发展的技术扩散模型则认为，知识技术在技术领导者和跟随者之间可以发生低成本模仿，这就使得经济系统之间产生一定的收敛性质，其中经济系统的开放程度是决定收敛速度快慢的关键因素。

　　面对新理论的兴起,经济学者们开始转向实证分析,力求从经验数据中寻找判断理论正确与否的依据。一些学者提出了"俱乐部收敛"的概念,将收敛性的理解进一步深化。Galor(1996)认为"俱乐部收敛"的概念与条件收敛不同,它指的是初期经济发展水平接近的经济集团各自内部的不同经济系统之间,在具有相似的结构特征的前提下趋于收敛,即较穷的国家集团和较富的国家集团各自内部存在着条件收敛,而两个集团之间却没有收敛的迹象;Galor将这种现象归结于微观层面上劳动要素禀赋的异质性;Ben-David(1998)则将生存消费的假设引入新古典增长模型进行分析,得到了与经验数据一致的结论,从而解释了"俱乐部收敛"现象;Deardorff(2001)则以专业化和国际贸易为背景,进一步阐述了"俱乐部收敛"存在的原因。由此看来,"俱乐部收敛"有其理论依据并的确存在,即在初期经济发展水平相近的经济集团内部,其增长速度和发展水平趋于收敛,而集团间的增长差异却无法缩小。

　　近年来,中国经济发展的地区差异现象已引起学者们的关注。Jian et al. (1996)对中国自1953年到1993年的经济发展做了考察,结果发现,1978年改革后地区经济增长出现了明显的收敛。他们认为中国经济增长收敛性的出现与中国的农村改革有关,并且收敛性在具有国际贸易和资本流动自由化的沿海地区尤为显著。魏后凯(1997)的研究结果表明,中国地区间存在着明显的增长收敛。然而,王绍光和胡鞍钢(1999)对中国地区间增长收敛性的存在总体上持怀疑态度。根据蔡昉和都阳(2000)的研究,中国省际间的人均GDP增长趋同是有条件的趋同,除了地区因素外,他们认为需要考虑人力资本、投资率、贸易依存度等因素;蔡昉等(2001)还指出,劳动力市场扭曲程度也是影响中国地区间经济增长条件收敛的因素。刘强(2001)的研究结果显示,大规模劳动力的区际迁移是中国地区间经济增长收敛的重要诱发因素。

　　当然,由于收敛性理论提出时间不长,并且一直处于发展过程中。因此,笔者认为有必要在对最新理论进展做进一步总结的基础上,为中国省际间的经济增长差异提供进一步的实证分析,从而推进对中国地区间经济增长收敛性的研究。在对省际间增长差异做分析之前,需要对目前中国地区间的增长差异有一个概念性的认识和把握。为此,笔者首先对中国省际间经济增长差异的变化做统计描述,以期揭示差异变化的特征，以此为基础，分析影响省际间经济增长差异的因素。

三、中国省际间经济增长差异的统计描述

1978年改革开放以来，中国省际间人均GDP发展水平的相对差异在1990年以前一直趋于缩小。为考察其原因，笔者采用水平法计算出分地带的各省份在1978—1999年以可比价格衡量的人均GDP增长率，结果显示，地区间的初期经济发展水平和经济增长率都沿东中西三大地带的空间推移逐渐下降，东中西三大地带间的差异并未减小，而三大地带内部各省份间的经济增长却出现较为明显的收敛迹象，因而相对差异的缩小源于三大地带各自内部省份间人均GDP水平差异的缩小超出了三大地带间差异扩大的程度。

进一步，笔者采用回归方程 $\gamma_{i,t}=\alpha_1+\alpha_2\ln(y_{i,0})+\varepsilon_{i,t}$，分别对东中西三大地带内部各省份进行回归分析，其中 $\gamma_{i,t}$ 为1978—1999年各省份的真实人均GDP增长率，$y_{i,0}$ 为1978年各省份的初期人均GDP水平，$\varepsilon_{i,t}$ 为随机扰动项，得到的回归结果见表7-1。

由表7-1可见，除西部的收敛迹象并不显著外，东中部两大地带内部的收敛迹象十分显著，均以约2%的速度收敛。至此可以看出，中国改革以来省际间人均GDP的增长出现了较为显著的"俱乐部收敛"现象，即分东中西三大地带各自内部的收敛明显，而三大地带间的差距却没有缩小，甚至在不断地拉大。

笔者认为中国目前出现的"俱乐部收敛"现象主要源于中国采取的市场化改革在空间上由东部沿海向中西部内地逐级推进的渐进式战略，这使得东部地区不仅从资源总量的获得上比中西部地区处于明显的优势，而且东部地区从产业结构的转变和工业化进程的角度来讲步伐也快于中西部，因而其在结构转换的带动下资源的配置效应明显优于中西部地区。另外，在体制方面，东部地区较为灵活的政策机制和多元化的所有制结构，使其产生了比所有制结构较为单一的中西部地区更高的经济效率，因而三大地带间的差异不断扩大。与此同时，三大地带各自内部相似的起始发展水平，类似的结构特征和政策环境使得各自内部省份间的收敛得以出现。

表7-1 省际间人均GDP增长的"俱乐部收敛"特征

地带	解释变量	系数值	t检验值	R^2	Adjusted. R^2	F值
东部	截距项	0.212	5.76*	0.53	0.49	11.43*
	$\ln(78PGDP)$	−0.020	3.38*			
中部	截距项	0.212	4.99*	0.59	0.54	10.24**
	$\ln(78PGDP)$	−0.024	3.20**			
西部	截距项	0.214	2.60**	0.31	0.21	3.19
	$\ln(78PGDP)$	−0.026	1.79			

注:(1) 本表同样没有包括台湾地区以及1997年刚成立为直辖市的重庆市;(2) *表示在99%的水平上显著,**表示在95%的水平上显著。

我国省际间相对差异在1990年后再度上扬,这说明三大地带各自内部省份间的收敛已不足以带动相对整体经济而言的省际间人均GDP水平相对差异的缩小,地带间的趋异超过了地带内部的趋同,从而人均GDP水平的绝对差异在1990年后出现加速上扬。因而省际间发展水平的差异能否由倒"U"曲线假说预示的那样随我国市场化工业化进程的推进而自动趋于下降,值得提出疑问。笔者认为,如果不采取措施,那么省际间发展水平的差异在将来还会持续扩大(图7-1)。

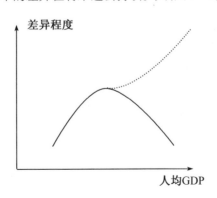

图7-1 省际间相对差异与人均GDP

那么,究竟是哪些因素造成了省际间经济增长的差异呢? 为此有必要进行计量检验和实证分析。

四、造成省际间经济增长差异的因素分析

笔者认为目前中国地区间的经济增长具有条件收敛的特征，而影响地区间经济增长差异的主要因素则包括人力资本、对外开放度以及地区因素等。对这一问题的研究虽已有学者进行尝试，但在分析影响条件收敛的因素时没有引入反映工业化进程的变量。笔者认为，在工业化初期工农业两部门生产率相差较大的情况下，中国各省份间工业化进程也应是影响条件收敛的重要因素。因而本文的分析将进一步引入反映各省工业实力的变量，建立回归方程并采用逐步引入变量的方法，分析影响省际间经济增长条件收敛的重要因素。

回归方程采取如下的形式：

$$\gamma_{i,t} = \alpha_1 + \alpha_2 \ln(y_{i,0}) + \alpha_3 \ln(H_{i,0}) + \alpha_4 RTG_{i,t} + \alpha_5 RIN_{i,t} + \alpha_6 D_{i,t} + \varepsilon_{i,t}$$

其中，$\gamma_{i,t}$ 是以可比价格衡量的 1978—1999 年各省份人均 GDP 的增长率，$y_{i,0}$ 是 1978 年各省份的人均 GDP 水平。$H_{i,0}$ 代表初期各省份间人力资本水平的差异，笔者采用 1978 年各省在校大学生的人数来反映。$RTG_{i,t}$ 是 1978—1999 年各省的贸易依存度，考虑到若对各省每年的贸易依存度简单求平均会忽略年与年之间由于人均 GDP 的不同对权重的影响，因而贸易依存度数值是通过分别计算 1978—1999 年各省的真实进出口总额和真实 GDP 总和并相除获得。$RIN_{i,t}$ 是各省在 1978—1999 年以可比价格计算的工业总产值占全国工业总产值的比重，这个变量反映了各省在此期间工业化进程的差异。$D_{i,t}$ 是引入的地区虚拟变量，反映在此期间内其他未分离的地区因素对省际间的经济增长差异造成的影响。

我们的回归结果表明，这个期间内各省份间并不存在显著的绝对收敛，这与观察到的 σ-趋异现象吻合；其次在依次引入人力资本、外贸依存度、工业化进程以及地区虚拟变量后，回归方程的解释能力逐渐提高，在包含所有解释变量的回归 V 中，F 值在 99% 的水平上显著，回归方程的拟合程度令人满意。可以看出在考虑了导致不同稳态的诸多因素后，各省份间表现出较为显著的条件收敛迹象，收敛的速度约为

2%,同时人力资本、外贸依存度和工业化进程对各省的经济增长具有显著的正向作用。注意到地区虚拟变量在解释省际间的经济增长差异中作用显著,它的引入不仅改善了回归方程的拟合结果,而且该变量的 t 检验值在99%的水平上显著,这说明省份间分东中西三大地带的"俱乐部收敛"现象确实十分明显。

1. 人力资本投资

Romer(1990)曾指出,人力资本在知识生产中具有规模效应,这使得具有较高人力资本的地区倾向于产生更快的技术进步和增长速度。从 Lucas(1988)发展的两部门内生增长模型中可以看出,如果人力资本相对物质资本丰裕,则定义在更广泛基础上的广义产出增长率,就会随着人力资本和物质资本之间的不平衡程度加大而上升;相反,如果人力资本相对物质资本稀缺,产出增长率趋于随不平衡程度的加大而下降,即具有更低人力资本的经济系统经济增长率反而更低(图 7 - 2)。

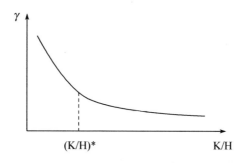

图 7 - 2　经济增长率与人力资本相对物质资本稀缺程度

事实上,在人力资本相对稀缺的情况下,人力资本的高成本使得密集使用人力资本的教育部门会产生较一般产品生产更高的成本,从而导致人力资本流向一般产品的生产而不去生产稀缺的人力资本,结果牺牲了长期的经济增长效率,使得经济系统有可能在一个低水平的状态下徘徊不前。

从现实的角度出发,在落后地区,经济发展水平低就造成了能利用的资金少,由于着眼于短期利益的需要,常常在将资金和人才是用于物质生产,还是投入回报周期长的教育部门的选择上更倾向于前者,从而使得有限的人力资本水平无法提高;相反,具有较高人力资本存量的东部经济发达地区,可以通过教育部门积累更多的人力资本,通过生产过程中的"干中学"效应进一步积累专业化的人力资本,并通过人力资本的外溢效应,使得对先进生产技术的学习和管理理念的引进比落后地区更快更容易,从而提高该地区的生产能力和经济增长率,进一步扩大与落后地区的发展差距。

2. 对外开放度

Helpman(1991)认为有形的商品贸易促进了无形思想的交换,并指出与发达地区的贸易往来有利于知识的获得,产生对国内经济的溢出效应和对本地 R&D 的刺激,导致生产力和技术进步的加速,进而在长期中持续地推动经济增长。钱纳里(1995)分析了准工业国家在结构转变过程中,采取不同的贸易战略对增长产生的影响,结果发现,贯彻外向型发展战略的国家,其要素利用的效率要明显高于采取内向型发展战略的国家。Barro & Sala-i-Martin(1997)发展的技术扩散模型中特别指出,经济系统的开放程度,包括 FDI 的引入,是促进技术扩散从而是决定收敛速度快慢的关键因素。

自 1978 年改革开放以来,我国经济的整体开放度不断扩大,经济领域的各方面与国际间的合作都在进一步地拓展和深化。计量分析结果显示(沈坤荣,1999),中国外贸总量的增长与 GDP 增长之间存在着显著的正向关联,对外开放度的整体提高确实对我国经济水平的整体进步功不可没。

然而,由于中国的领域广袤,各省之间存在的地理位置、自然资源、产业结构等多方面的差异使得各省份的对外开放程度参差不齐,这导致由对外开放而产生的效率提高和对经济增长的促进作用在各省的表现不一。我们的回归结果证实了在1978—1999 年各省的人均 GDP 增长率与各省的贸易依存度之间存在着显著的正向关联。也就是说,不同的省份间,市场开放度的差异部分地解释了省份间经济增长的差异。

另外,省际人均 GDP 水平与人均 FDI 水平之间也存在着显著的正向关联,已有的研究结果(沈坤荣、耿强,2001)显示,引进越多 FDI 的省份通过获得技术的外溢效应保持了较其他省份更快的经济增长率和更高的经济发展水平。

3. 工业发展水平

钱纳里等(1995)指出,经济增长的过程伴随着工业化的推进和产业结构的变化。

由于我国正处于工业化初期阶段,在相当长的一段时间内我国的经济增长还将由工业部门的扩张带动,因而工业化进程在地区间进展步伐的差异必然会导致地区间生产率和人均 GDP 增长率的差异。由我们的回归分析结果可以看出,各省份工业产值占全国工业总产值的比重与各省份的人均 GDP 增长率之间有正向的关联。因而工业发展水平的低下正是中西部地区生产率无法提高及整个地区的经济发展水平不能提升的重要原因。事实上,中西部工业主要还是以资源型产业为主导的产业类型,产业链条短、加工层次低,主导产业与周围地区的经济联系松散,无法形成紧密的地域生产综合体,因而其效率要低于以加工工业为主的东部经济。要消除地区间的经济增长差异,落后地区在工业发展水平上向发达地区的赶超在所难免,而现在政府推行的西部大开发战略正是希望通过实施诱导性的政策,在市场引导的基础上加快中西部地区的工业化进程。

当然,需要指出,由于我国正处于从计划经济向市场经济过渡的时期,体制方面的因素对解释经济增长的作用不可或缺。一般认为,经济组织形式的有效率变迁是促进经济增长的主要因素,即一个能够使私人收益与社会收益靠近的制度安排将促进生产效率的提高和经济的增长。中国目前的市场化改革正是改进微观经济组织效率,使私人收益与社会收益靠近的过程。然而,不同省份市场化改革的进程不一,市场化程度在地区结构上的分布存在差异。总的说来,处于沿海开放地区,交通环境良好以及政策较灵活、改革先行一步的地区,在增强市场观念、培养有效率的经济组织主体上,取得了较其他省份和地区更大的发展;相反,处于中西部内地的省份和地区由于政策、观念、经济基础和对外联系等多方面的因素,在市场化的进程中慢了一步,结果导致整体上较为逊色的增长表现。如何定量分析我国市场化进程与经济增长之间的关联程度值得探讨。笔者认为,在目前的经济发展阶段上,一个重要的指标是非国有经济在全部经济中所占的比重。实证分析(沈坤荣,1999)的结果显示,非国有经济比重较大的省份获得了效率优势,产生了更高的经济增长率,这初步证实了市场化程度高的省份比市场化程度低的省份具有更高的经济增长率。

五、基本结论和政策启示

本文以收敛性理论的最新进展为理论背景，对中国省际间的经济发展水平和增长差异做了统计描述，并着重分析了影响省际间经济增长差异的因素，由此得出本文的基本结论：

(1) 中国省际间经济发展水平的绝对差异一直处于上升趋势，而相对差异则在经历了几次波动后又趋于扩大。中国省际间经济增长并不具有明显的绝对收敛性，但呈现出明显的分为东中西三大地带的"俱乐部收敛"特征。

(2) 中国省际间经济增长的条件收敛迹象十分显著，人力资本水平、对外开放度以及工业化进程对各省经济增长起着明显的正向作用。

(3) 体制因素也影响了中国各省份的经济增长，其中市场化程度尤为显著。因而市场化改革应进一步向中西部地区推进，改进该地区的微观机制，从而提高生产效率，促进经济增长。

由此可见，中国省际间经济发展水平和增长差异的扩大主要是由三大地带之间的差异引起的，因而政府目前推行的西部大开发战略对于减小地区间的增长差异，协调我国地区间的经济发展水平，促进宏观经济的高效持续运行十分必要。另外，对中西部落后地区增加人力资本投入、扩大对外开放、提升工业化水平则是促进中西部落后地区利用后发优势，缩小与发达地区增长差异的重要前提。

参考文献

［1］H. 钱纳里，S. 鲁宾逊，M. 塞尔奎因，吴奇等译，1995：《工业化和经济增长的比较研究》，上海：上海三联书店。

［2］蔡昉、都阳，2000：《中国地区经济增长的趋同与趋异——对西部开发战略的启示》，《经济研究》第 10 期。

［3］蔡昉、王德文、都阳，2001：《劳动力市场扭曲对区域差距的影响》，《中国社会科学》第 2 期。

［4］郭克莎,2000:《中国工业化的进程、问题与出路》,《中国社会科学》第 3 期。

［5］刘强,2001:《中国经济增长的收敛性分析》,《经济研究》第 6 期。

［6］刘树成、李强、薛天栋,1994:《中国地区经济发展研究》,北京:中国计划出版社。

［7］沈坤荣,1999:《体制转型期的中国经济增长》,南京:南京大学出版社。

［8］沈坤荣、耿强,2001:《外国直接投资、技术外溢与内生经济增长》,《中国社会科学》第
　　5 期。

［9］王绍光、胡鞍钢,1999:《中国:不平衡发展的政治经济学》,北京:中国计划出版社。

［10］魏后凯等,1997:《中国地区发展——经济增长、制度变迁与地区差异》,北京:经济管理
　　出版社。

［11］Arrow, K. J. , 1962, "The Economic Implications of Learning by Doing", *Review of Economic Studies*, 29, 155 - 173.

［12］Barro, R. J. , and X. Sala-i-Martin, 1997, "Technological Diffusion, Convergence, and Growth", *Journal of Economic Growth*, 2(1), 1 - 26.

［13］Baumol, W. , 1986, "Productivity, Growth, Convergence and Welfare: What the Long-run Data Show", *American Economic Review*, 76, 1872 - 1885.

［14］Ben-David, D. , 1998, "Convergence Clubs and Subsistence Economies", *Journal of Development Economics*, 55(1), 155 - 171.

［15］Deardorff, A. V. , 2001, "Rich and Poor Countries in Neoclassical Trade and Growth", *Economic Journal*, 111, 277 - 294.

［16］De Long, B. , 1988, "Productivity Growth, Convergence and Welfare: Comment", *American Economic Review*, 78, 1138 - 1154.

［17］Galor, O. , 1996, "Convergence? Inferences from Theoretical Models", *Economic Journal*, 106, 1056 - 1069.

［18］Grossman, G. M. , and E. Helpman, 1991, "Trade, Knowledge Spillovers, and Growth", *European Economic Review*, 35, 517 - 526.

［19］Jian, T. , J. D. Sachs, and A. M. Warner, 1996, "Trends in Regional Inequality in China", *NBER Working Paper*, No. W5412.

［20］Lucas, R. E. , 1988, "On the Mechanics of Economic Development", *Journal of*

Monetary Economics，22，3 - 42.

[21] Romer，P. M. ，1986，"Increasing Returns and Long-run Growth"，*Journal of Political Economy*，94，1002 - 1037.

[22] Romer，P. M. ，1990，"Endogenous Technological Change"，*Journal of Political Economy*，98，71 - 102.

[23] Sala-i-Martin，X. ，1994，"Cross-sectional Regressions and the Empirics of Economic Growth"，*European Economic Review*，38，739 - 747.

08　中国贸易发展与经济增长影响机制的经验研究[①]

内容提要:本文对贸易和人均产出之间的影响机制进行分析。中国改革开放以来的经验数据证实,国际贸易通过提升国家要素禀赋结构和加快制度变革进程对人均产出产生正面影响;但国内贸易则相反,由于国内市场分割的加剧,阻碍了国内市场的一体化进程,进而对经济产出产生负面影响。另外,本文还发现,尽管人力资本对人均产出有着重要而显著的影响,但贸易的变化却较少通过这条途径对人均产出产生影响。

关键词:贸易　制度　人力资本　经济增长

一、文献概述

研究贸易和增长的文献大致可分为三类:古典贸易理论和经济增长,新古典贸易理论和经济增长,报酬递增、贸易和经济增长。考虑到本文的主题,本文仅对研究中国贸易和增长的相关文献进行概述。总体来看,这类研究主要集中在经验研究上。1978 年以后,中国推行开放政策,和众多发展中国家一样,出口增加带来了国内生产总值的迅速上升。在这种背景下,许多学者开始研究中国的经济增长是否是出口导向型增长,其中代表性的文献有杨全发和舒元(1998)、杨全发(1998)、沈程翔(1999)、赵陵等(2001)、孙焱林(2000)等。

杨全发和舒元(1998)的研究建立在 Balassa(1978)& Feder(1982)的基础上。

---

①　原文刊载于《经济研究》2003 年第 5 期,合作者为李剑博士。

Balassa 在传统的 C—D 生产函数中直接加入一个出口变量来进行经验研究,即 $Y=F(L,K,X)$。Feder 对该公式进行了修正,认为一国经济应该表示为:$N=F(K_n,L_n,X)$,$X=G(K_x,L_x)$,其中 N 表示非出口部门,X 表示出口部门。杨全发和舒元将Balassa 模型和 Feder 模型与中国数据结合得出,改革开放以来,中国经济增长的主要动力是资本投入的不断加大。另外,他们还发现中国的初级产品出口增长和经济增长呈正相关,但制成品出口增长和经济增长呈负相关,这似乎和中国试图转变出口结构的意图相矛盾。他们的解释是,中国在提高制成品出口的过程中,制成品的增长仍然停留在粗放型增长上,并没有通过技术进步、产品质量提高等实现集约型发展。

　　然而,出口增长并不总是促进经济增长。根据 Michaely(1977)的研究,出口促进增长有一个临界发达水平,在临界发达水平的两端,出口促进增长的作用有很大不同,经济发展程度较高的国家,出口促进增长的作用较为明显。杨全发(1998)用1994 年中国的数据去检验中国是否存在临界发达水平效应。他把全国各省分为人均 GDP 大于 3 000 元和小于 3 000 元两组,回归分析表明前一组出口增长率和 GDP增长率间有着显著的相关性,从而证实了中国各省存在着临界发达水平效应。

　　既然出口促进增长是有条件的,中国经济从总体上是否是出口导向型增长呢?沈程翔(1999)发现中国的出口和产出之间存在着互为因果的关系,但没有发现两者之间具有长期稳定的均衡关系。赵陵等(2001)的研究也得出了类似的结论。但是,孙焱林(2000)的研究却发现经济增长和出口的关系没有统计显著性,即使在 50%的水平上仍不显著。因此孙焱林得出的结论是,出口导向型经济增长战略并不具有普遍性,中国现阶段不宜实施出口导向型经济增长战略,而应该实行进口替代战略。发生这种矛盾的原因是多方面的,可能是计量技术的原因,也可能是样本数据的原因,但一个基本事实是,中国出口的增长伴随着经济的高速增长。

　　不难看出,已有的关于中国经济增长和贸易发展的研究文献基本上只关注增长和贸易之间的相关性,从而发现贸易发展能或不能促进经济增长。但它们并没有更仔细地研究其中的影响机制。关于贸易和增长之间影响机制的最有影响的研究是Frankel & Romer(1999)。该研究吸收了贸易引力模型(gravity model)的成果,利用地理因素拟合出一个贸易工具变量,然后从水平量角度出发将人均产出分解为三个要素,最后利用拟合得到的贸易工具变量分析贸易通过哪些途径影响人均产出。本文吸收了 Frankel & Romer 的研究思想并针对中国国情进行了合理的改善,用中国1978—1999 年的时间序列数据从水平量角度入手研究中国贸易和增长之间的影响机制。

二、计量模型

为了研究贸易和产出之间的影响机制,首先要把产出分解。Barro & Sala-I-Martin(1995)曾经描述过一个对物质资本和人力资本呈现出不变规模报酬的 C—D 生产函数:

$$Y = AK^{\alpha}H^{1-\alpha} \tag{8.1}$$

其中 Y 是产出,K 是物质资本存量,H 是人力资本存量,$\alpha \in [0,1]$,A 可以表示技术、制度等因素。把方程(8.1)改写成人均形式,然后求自然对数,得到:

$$\ln y = \ln A + \alpha \ln k + (1-\alpha) \ln h \tag{8.2}$$

其中人均产出 $y = Y/L$,人均人力资本 $h = H/L$,人均物质资本 $k = K/L$,L 表示简单同质劳动力数量。对于人力资本,不同的学者有不同的理解,本文假设人力资本由下式定义:

$$H = e^{\lambda E}L \tag{8.3}$$

其中 E 表示劳动力平均受教育年限,λ 表示人均受教育年限 E 每增加一年,人均人力资本($h = H/L$)增长的比例。把(8.3)代入(8.2),就得到下面的等式:

$$\ln y = \alpha \ln k + (1-\alpha)\lambda E + \ln A \tag{8.4}$$

该方程表明,人均产出受到人均资本、人均受教育年限以及制度、技术、文化、习惯等因素的影响。

然而一些研究人员建议(Hall & Jones,1999;Frankel & Romer,1999),人均产出应该分解为资本产出比项、人力资本项和技术项,而不应该用人均资本项代替资本

产出比项，即

$$y = A^{\frac{1}{1-\alpha}} \left(\frac{K}{Y}\right)^{\frac{\alpha}{1-\alpha}} h \tag{8.5}$$

对上式求对数，就得到下式：

$$\ln y = \frac{1}{1-\alpha}\ln A + \frac{\alpha}{1-\alpha}\ln \frac{K}{Y} + \ln h \tag{8.6}$$

Hall & Jones(1999)认为，不用人均资本作为对人均产出的影响因素有两个原因。第一，当经济在平衡路径上增长时，资本产出比和投资率成比例，因而用资本产出比作为人均产出的影响因素有其天然的解释力。第二，如果一个国家的技术水平的提高是外生的，那么即使在投资率不变的情况下，随着技术水平的提高，人均资本也会提高，因为技术进步使得每一个工人能配备更多数量的资本。这种建议有一定道理，因为在典型的新古典增长模型中，人均资本的变化按照下列方式进行：

$$\dot{k} = iy - (\delta + n)k \tag{8.7}$$

其中 k 为人均资本，$i = I/Y$ 为投资率，δ 为资本折旧率，n 为劳动力的增长率。当经济在平衡增长路径上时，$\dot{k} = 0$，因此可以推出资本产出比为：

$$\frac{K}{Y} = \frac{k}{y} = \frac{i}{\delta + n} \tag{8.8}$$

如果折旧率和劳动力的增长率固定，那么资本产出比就和投资率成正比，在人均产出分解方程中用资本产出比能间接地反映投资率对产出的影响。如果将人均产出代入(8.7)式，就可以得到：

$$\dot{k} = iAk^{\alpha}h^{1-\alpha} - (\delta + n)k \tag{8.9}$$

方程(8.9)是一个 Bernoulli 方程，其解为：

$$k = e^{-(\delta+n)t}\left[(1-\alpha)\int iAh^{1-\alpha}e^{(1-\alpha)(\delta+n)t}\mathrm{d}t + c\right]^{1/(1-\alpha)} \tag{8.10}$$

可以看出，人均资本 k 和技术水平 A 密切相关。因此，在用间接法测度技术的贡献过程中，如果在回归方程中包含人均资本 k，那么人均资本的贡献可能会很显著,而技术的贡献会很不显著,因为技术的贡献很大程度上会被人均资本解释了。

然而,中国经济正处于转型时期,很可能不在平衡增长路径上,所以 Hall & Jones 的建议在中国这种不成熟的市场经济中并不一定成立。由于无法知道中国经济是否处于平衡增长路径上,因此,本文仍采用(8.4)式的分解,但本文也检验资本产出比项的显著性,以确定采用哪些指标。

根据以上分析,可以建立下列计量模型:

$$LnYL_t = c_0 + c_1 LnKL_t + c_2 LnKY_t + c_3 SYS_t + c_4 LnRDG_t + c_5 E_t + u_t \quad (8.11)$$

$LnYL$ 表示人均产出的自然对数,在模型中是被解释变量,其余均为解释变量。$LnKL$ 表示人均资本的自然对数,它应该和人均产出呈正相关。$LnKY$ 表示资本产出比的自然对数,此项指标用来和 $LnKL$ 进行比较,在平衡增长路径上,$LnKY$ 应该和人均产出呈正相关。E 表示人均受教育年限,它并不表示人力资本,但却体现了人力资本对人均产出的影响。该变量应该和人均产出呈正相关。本文拟用技术进步($LnRDG$)和制度(SYS)两个指标来表示 A 因素对人均产出的影响。它们应该和人均产出之间呈正相关。其他因素的影响也会在残差中综合体现出来。u 是随机扰动项,在一定程度上体现了其他因素对人均产出的影响。

为了探索贸易和人均产出之间的影响途径,本文考察贸易和模型(8.11)中每一个解释变量之间的关系,进而建立如下计量模型:

$$LnKL_t = a_{10} + a_{11} LnITY_t + a_{12} LnDTY_t + v_{1t} \quad (8.12)$$

$$LnKY_t = a_{20} + a_{21} LnITY_t + a_{22} LnDTY_t + v_{2t} \quad (8.13)$$

$$SYS_t = a_{30} + a_{31} LnITY_t + a_{32} LnDTY_t + v_{3t} \quad (8.14)$$

$$LnRDG_t = a_{40} + a_{41} LnITY_t + a_{42} LnDTY_t + v_{4t} \quad (8.15)$$

$$E_t = a_{50} + a_{51} LnITY_t + a_{52} LnDTY_t + v_{5t} \quad (8.16)$$

$$u_t = a_{60} + a_{61} LnITY_t + a_{62} LnDTY_t + v_{6t} \quad (8.17)$$

$LnITY$ 和 $LnDTY$ 分别表示国际贸易量与国内贸易量占 GDP 的比重的自然对数。模型(8.17)的被解释变量 u_t 为模型(8.11)中的残差项,这样做的原因是还有一些被忽略的因素对人均产出有影响,如文化习惯等,但由于这些因素迄今为止还无法测度,因而不能用一个变量明显地表示出来;但这些因素确实存在,并发挥作用,它们的影响只能通过残差间接反映出来。贸易是否会通过这些无法测度的因素对人均产出产生影响呢? 通过估计模型(8.17),这种影响就能从一定程度上获知。

三、基础数据

下面分别对人均产出、人均资本、人力资本、制度变革、技术进步和贸易等变量所涉及的数据进行详细分析。

1. 人均产出

人均产出是 GDP 与劳动力总量的比值。GDP 可以从《中国统计年鉴》中得到。劳动力 L 其实应该用劳动时间表示,但由于劳动时间数据无法得到,或者即使得到,其准确性和可靠性也不能确定,因而通常用劳动力人数替代。出于数据可获得性的考虑,并且由于从业人员反映了一定时期内全部劳动力资源的实际利用情况,本文假定劳动力总量等于从业人员数。

2. 人均资本

资本存量的度量是一个复杂的过程,不同学者的结果也不尽相同。目前,国际上最有名的资本存量度量方法是永续盘存法和资本租赁价格度量法(Jorgenson,1995)。20 世纪 90 年代初期,许多学者对中国的资本存量进行了度量,但是由于统计资料的限制,对资本使用的相对效率和租赁价格估计问题无法得到满意的结果。比较著名的估计由 Chow(1993)做出,他对 1952 年我国资本存量的估计为 1 750 亿元(1952 年价格)。在最近的一些研究中,张帆(2000)对物质资本存量进行了估计,其方法是用国家统计局公布的物质资本每年形成额剔除价格的影响,减去折旧累加而成,然而张帆没有在研究中公布所使用的折旧率。王小鲁和樊纲(2000)计算了自1952—1999 年的资本存量,由于在估算中考虑了当年固定资产交付使用率,消除了投资过程中浪费所带来的影响,因而具有合理性。但是这一估计对资本的定义只限于固定资本形成,定义又过于狭隘。

根据世界银行的发展教育项目 *Beyond Economic Growth*：*Meeting Challenges of Global Development*,物质资本的定义为:生产中使用的建筑物、机器、技术装备加上原材料、半成品和制成品等存货。《中国统计年鉴》中的资本形成包括固定资本形成总额和存货增加。根据上述定义,王小鲁和樊纲的计算明显偏低。王金营(2001)弥补了上述不足,估计的资本存量考虑了固定资本形成和存货增加。但是王金营的研究着重于人力资本对经济增长的贡献,因而尽管考虑了两种形式的资本存量,但对资本的估算仍然相当粗糙。例如,他没有考虑投资中的巨大浪费,由于这种浪费不会形成生产力,所以他的估算明显偏高。

本文所用的资本存量综合考虑前人的研究,采用《中国统计年鉴》的定义。折旧率由于缺乏统计数据,采用王小鲁和樊纲(2000)的建议,统一按 5% 计算。由于统一使用 1978 年不变价格,因此本文对有关固定资本存量的数据(1952 年不变价格)用固定资产投资价格指数进行折算。每年的存货增加数据来自《中国统计年鉴》,并用商品零售价格指数按 1978 年不变价格折算。

3. 人力资本

一般而言,对人力资本的度量方法主要有劳动者报酬法、教育经费法、学历权重法和受教育年限法等。相比较而言,受教育年限法最可靠,但其又忽略了知识的累积效应。本文对人力资本的度量方法以受教育年限法为基础,但增加对知识累积效应的考虑,具体设定为:

$$H_t = e^{\lambda E_t} L_t \tag{8.18}$$

其中 H_t 为 t 期的人力资本存量, L_t 为 t 期的劳动力数量, E_t 表示劳动力平均受教育年限,相当于用受教育年限法计算出来的人力资本总量除以劳动力数量。E_t 在指数上出现,反映了知识的累积效应——每一年对人力资本积累的贡献是不同的。

4. 制度变革

加入经济体制变量是基于对中国国情的考虑。中国经济正处于典型的转型阶段,制度的变革带来了经济的高速发展,因而体制变量的解释力不容忽视。对于体制变量的测度,历来没有统一意见。一般而言,体制变量的测度可以采用非国有经济占

GDP 的比重来测度。然而国家统计局并没有统计各种经济类型的 GDP 比重，因此，研究人员通常采用一个替代指标：工业总产值中非国有经济的比重。本文拟用该指标反映制度变革的影响。

5. 技术进步

在以往的研究中，对技术因素贡献的度量通常采用残差法。Frankel & Romer (1999)在研究增长和贸易之间的关系时对技术贡献的估计也是用残差法。然而，残差法对技术的估计是一种间接的估计，估计出来的是剔除资本和劳动影响以后所有其他因素的影响。因此，许多其他因素的影响也被归入了技术。

本文对技术进步的测度也是间接测度，但和残差法不同，本文用国家财政支出中科学研究费用的比重来间接反映技术进步。由于中国的人均收入比发达国家低得多，私人投资研究开发还没有成为技术进步的主要力量，这一领域主要还是政府投资，所以政府的研发投资比重基本上可以反映出中国技术进步的状况。政府研发投资在财政支出中的比重越高，对技术进步的促进作用越大。

6. 贸易

考察贸易对增长的影响通常要排除国家规模的影响。对于一个开放程度很高而 GDP 不大的小国家，其贸易量的绝对数值可能不大，但其占 GDP 的比重却很高。因此，考虑贸易的相对量更具有意义。本文用两个贸易量相对指标：国际贸易量比重（ITY）和国内贸易量比重（DTY），即进出口总额除以 GDP 和社会消费品零售总额除以 GDP，比重越大表明该类贸易对国民经济的影响力越大。而且，由于 ITY 和 DTY 都是相对指标，因此不受价格因素的影响。

本文所使用的数据如果没有特别说明，均来自各年的《中国统计年鉴》，本文所涉及的受价格因素影响的变量均用 1978 年不变价格处理，样本区间为 1978—1999 年。

四、经济计量检验

（一）贸易和人均产出的总体分析

首先用人均国民生产总值 $LnYL$（在不引起歧义的情况下即指该指标的自然对数，下文同）对两个贸易变量 $LnDTY$ 和 $LnITY$ 进行回归，以考察国内贸易和国际贸易对人均产出的影响。按照贸易理论，自由贸易使得资源在更广泛的范围内配置，从而增加人均产出。因此，可以预期 $LnYL$ 和 $LnDTY$、$LnITY$ 呈正相关，回归结果见表 8 - 1。

表 8 - 1 贸易和人均产出的总体分析

Dependent Var.	$LnYL$	$LnYL$
Constant	7.53*** (18.72)	6.32*** (11.80)
LnITY	0.67*** (6.77)	0.33** (2.61)
LnDTY	−1.02*** (−2.93)	−1.90*** (−3.75)
AR(1)	—	1.30*** (5.29)
AR(2)	—	−0.98** (−2.51)
AR(3)	—	0.72* (1.86)
AR(4)	—	−0.54* (−2.19)
D−W	0.53	2.07
R^2 (Ad. R^2)	0.88 (0.87)	0.96 (0.93)
F-Stat.	69.46	40.23

注：表中括号内列出的数据为系数的 t 统计值；*、**、*** 分别表示在 10%、5% 和 1% 的水平上显著；所使用的统计软件是 E-Views 3.1。

表8-1中第二列用因变量 $LnYL$ 对两个自变量 $LnITY$ 和 $LnDTY$ 进行回归,结果发现 Durbin-Watson 统计量只有 0.53,明显存在正自相关,因而需要进行自相关校正。校正后的 Durbin-Watson 统计量为 2.07,从统计上已经消除了自相关现象(表8-1第三列)。表8-1的数据显示,国际贸易和人均产出呈正相关,这符合理论的预期。改革开放以来,中国的国际贸易比重在总体上不断上升(图8-1),对外开放程度的加大伴随着人均产出的上升。但是,图8-2显示国内贸易的比重从总体上看呈下降趋势,表8-1的回归结果也显示出国内贸易比重和人均产出呈负相关,回归系数在 1% 的水平上显著。那么,国际贸易和人均产出之间是通过什么途径产生正相关关系的? 而国内贸易为什么又会和人均产出呈负相关呢? 为此,首先对人均产出的影响因素进行分析,以确定各个因素的显著性。

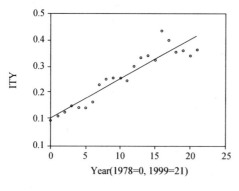

图 8-1 ITY 的总体趋势图

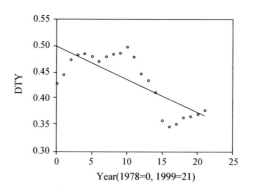

图 8-2 DTY 的总体趋势图

(二) 人均产出的决定因素

这里采用逐步回归法,对人均产出分解模型进行估计,并检验每一个变量的显著性,以确定回归方程。本文先分别估计 $LnYL$ 对 $LnKY$、$LnKL$、SYS、$LnRDG$ 和 E 的回归模型,这五个回归模型的估计结果列在表 8-2 中 $M_1 \sim M_5$。从结果中可以发现,从 M_1 到 M_5,以 M_2 的 R^2 最高,且变量 $LnKL$ 的系数为 0.96,回归效果非常理想,因此本文选择 M_2 作为基本回归模型。考虑到 M_1 的回归效果很差,R^2 只有 0.070 9,而且 $LnKY$ 的系数非常不显著。变量 $LnKY$ 尽管在经济理论中有重要意义,但从统计上可以忽略,因此在以后的回归中将该变量剔除。

在 M_2 的基础上,本文加入新的变量 SYS,得到模型 M_6。模型 M_6 中每一个变量系数的显著性都非常高,都在 1% 水平上显著,$R^2 = 0.9925$,比 M_2 的 R^2 要高一些,因此体制变量对回归方程有贡献,予以保留。依照这种程序,本文逐步加入 $LnRDG$ 和 E,分别得到模型 M_7 和 M_8。表 8-2 中的结果表明,新加入的变量改进了 R^2,并且回归系数都非常显著,因而最终得到了一个包含 $LnKL$、SYS、$LnRDG$ 和 E 的回归方程。由于 M_8 的 R^2 为 0.9988,从统计上看已经非常高,可以认为对人均产出影响重大的因素基本上被考虑进来了。

计量分析的结果显示,人均资本和人均产出之间存在着强烈的正相关性,回归系数在 1% 水平上显著,符合预期;制度变革的影响和预期也非常吻合,对人均产出有显著的正相关性,同样也在 1% 水平上显著;技术进步和人力资本积累是经济增长的两大源泉,回归结果证实了这一点,它们的系数都在 1% 水平上显著。然而,回归结果表明资本产出比对于人均产出的影响不显著。就一般的理论分析而言,当经济在平衡增长路径上时,资本产出比和投资率成正比,资本产出比应该和人均产出有内在的联系。然而回归结果和预期的差别说明中国经济可能并不处于平衡增长路径上。

表 8-2　人均产出的决定因素分析(因变量为 $LnYL$)

	M_1	M_2	M_3	M_4	M_5	M_6	M_7	M_8
C	5.33*** (3.13)	−0.55*** (−2.96)	6.34*** (193.74)	−3.67* (−1.84)	3.92*** (6.98)	2.11** (2.25)	2.94*** (4.15)	3.48*** (7.95)
$LnKY$	2.39 (1.24)	—	—	—	—	—	—	—
$LnKL$	—	0.96*** (42.95)	—	—	—	0.59*** (4.51)	0.67*** (6.94)	0.57*** (7.25)
SYS	—	—	2.47*** (35.69)	—	—	0.97*** (2.88)	0.97*** (3.99)	1.15*** (7.01)
$LnRDG$	—	—	—	−3.66*** (−5.56)	—	—	0.50*** (4.25)	0.71*** (5.79)

（续表）

	M_1	M_2	M_3	M_4	M_5	M_6	M_7	M_8
E	—	—	—	—	0.47 *** (6.29)	—	—	0.11 *** (5.44)
AR(1)	—	—	—	—	—	—	—	0.41 *** (4.42)
MA(1)	—	—	—	—	—	—	—	−0.99 *** (−2 376.94)
D—W	0.08	0.49	1.45	0.44	0.16	0.75	1.19	1.98
R^2	0.070 9	0.989 3	0.984 5	0.607 6	0.664 0	0.992 5	0.996 3	0.998 8
Ad. R^2	0.024 5	0.988 7	0.983 8	0.588 0	0.647 2	0.991 7	0.995 7	0.998 3
F-stat.	1.53	1 844.63	1 273.55	30.97	39.52	1 263.02	1 604.79	2 009.83

注：表中括号内列出的数据为系数的 t 统计值；*、**、*** 分别表示在 10%、5% 和 1% 的水平上显著。

（三）贸易和人均产出的影响机制

从统计上看，人均产出主要受人均资本、制度变化、技术水平和人均受教育年限的影响。因此，贸易要对人均产出产生影响，必然会通过这四条途径中的若干途径产生影响。本文就 $LnKL$、SYS、$LnRDG$、E 分别对 $LnITY$、$LnDTY$ 进行回归分析。为了使分析结果具有可靠性，本文还对贸易传导途径的回归过程进行高阶自相关过程校正（结果见表 8-3）[①]。计量分析结果表明：

（1）国际贸易比重和人均资本呈正相关性[②]，回归系数在 1% 水平上显著。众所周知，中国是一个劳动力丰富的国家，中国的出口结构在很长时间内一直以劳动密集型产品为主。由于劳动密集型产业符合中国的比较优势，因而该类产品在国际市场上具有很强的竞争力，从而能够创造利润，有利润就对资本积累产生贡献，因此对人

[①] 表 8-3 同时也列出了没有自相关校正的回归，以作比较。表中的最后一列 M'_{13} 是贸易对残差（$\hat{u}_t$）的回归，该回归用来检验那些被排除在 M_8 以外，但对人均产出产生实际影响的一些因素（如文化、习惯等）是否是传导渠道。

[②] 该结果证实了林毅夫（2002）的一个结论——发挥比较优势有利于提升要素禀赋结构。

均资本有正面影响。

（2）国内贸易比重和人均资本呈负相关性,回归系数在1％水平上显著。这可以从国内贸易的两种效应进行解释:第一种效应为由于资源转移而产生的国际一体化程度上升效应,样本区间内国内贸易比重下降表明经济资源逐渐转向国际贸易领域,进而促进国际贸易的增长,因此该效应对人均资本有正面影响;第二种效应是国内一体化程度下降效应,国内市场分割加剧导致资源的国内配置产生扭曲,它对人均资本有负面影响。

从（1）和（2）的分析可以看出,人均资本项是贸易和人均产出之间一条显著的影响途径。然而国际贸易和国内贸易对人均资本的影响是相反的。

（3）制度变化是贸易和人均产出之间的另一条显著影响途径,$LnITY$ 和 $LnDTY$ 两个变量的系数均在1％水平上显著。随着对外开放程度的上升,竞争也更加激烈,进而推动中国的市场化改革;但国内贸易下降伴随着国内市场一体化程度不断下降,地方行政割据不断加剧,阻碍了中国市场化进程,因此,两类贸易和制度变量之间的影响也是相反的。所以当中国国内改革举步维艰时,中国的领导层想通过进一步加大开放力度以促使国内改革的进一步发展,如加入世界贸易组织。

（4）技术进步作为贸易和人均产出之间的影响渠道其显著性不如人均资本和制度变化。随着国际贸易比重的上升,国内贸易比重的下降,技术进步指标却逐渐下降。国际贸易比重和技术进步之间存在负相关性,这说明开放程度的加大对中国技术开发的激励存在某种程度的负面影响,这或许是因为竞争的加剧导致技术投资利润的减少。然而在样本区间内,负面影响在统计上并不显著,从检验结果来看,技术进步主要是国内贸易和人均产出之间的影响渠道。

（5）在本文的样本区间内,人力资本并没有成为贸易和人均产出之间的显著影响渠道。尽管人力资本积累在中国经济中的相对重要性正在逐步体现出来,人均受教育年限 E 每变化1个标准差,$LnYL$ 就变化约0.20个标准差,然而,贸易和人力资本积累之间在统计上并没有显著关系,这说明贸易对中国经济的影响较少地通过人力资本积累渠道发生作用。

表 8-3　贸易影响人均产出的途径分析

	M_9	M_9'	M_{10}	M_{10}'	M_{11}	M_{11}'	M_{12}	M_{12}'	M_{13}'
Dep. Var.	$LnKL$	$LnKL$	SYS	SYS	$LnRDG$	$LnRDG$	E	E	$\hat{u}_t$
Cons.	8.34*** (18.20)	7.50*** (14.41)	0.36** (2.53)	0.23 (1.36)	−2.82*** (−16.70)	−2.74*** (−14.67)	12.00*** (14.22)	8.60*** (6.58)	−0.01 (−0.06)
$LnITY$	0.67*** (5.94)	0.46*** (3.82)	0.25*** (7.10)	0.20*** (4.96)	−0.06 (−1.43)	−0.06 (−1.31)	1.82*** (8.78)	−0.55 (−1.36)	0.01 (0.15)
$LnDTY$	−1.10** (−2.77)	−1.73*** (−3.64)	−0.52*** (−4.21)	−0.60*** (−3.74)	0.36** (2.44)	0.44** (2.74)	2.26*** (3.09)	1.02 (0.93)	−0.02 (−0.22)
	—	AR(1) 0.78*** (4.66)	—	AR(1) 1.01*** (6.44)	—	AR(1) 0.60*** (3.31)	—	AR(1) 0.84*** (16.77)	AR(1) 0.55*** (9.30)
	—	AR(4) −0.52** (−2.51)	—	AR(3) −0.47** (−2.25)	—	AR(4) −0.46** (−2.63)	—	—	MA(1) −0.99** (−2.67)
D−W	0.46	1.64	0.41	1.76	0.58	1.89	1.10	2.28	1.90
R^2	0.85	0.94	0.91	0.97	0.53	0.84	0.82	0.91	0.88
Ad. R^2	0.84	0.92	0.90	0.96	0.48	0.79	0.81	0.90	0.85
F-Stat.	55.71	50.65	92.71	110.03	10.84	17.03	44.57	60.58	29.64

　　注：表中括号内列出的数据为系数的 t 统计值；*、**、*** 分别表示在10%、5%和1%的水平上显著。

　　上文的分析仅是相关性分析，这些变量之间是否有内在的因果关系呢？为此本文采用 Granger 因果分析法，用中国 1978 年以来的时间序列数据（$LnKL$、SYS、$LnRDG$、E）进行 Granger 因果分析，结果显示（表8-4），变量滞后长度的变化导致了因果方向的改变。对照 Granger 因果分析法的核心思想，不难看出，中国样本的Granger 因果检验没有较大的可靠性。

表 8 - 4   Granger 因果检验

Sample：1978—1999；Lags：1

Null Hypothesis：	Obs	F-Statistic	Probability
$\Delta LnDTY$ does not Granger Cause ΔSYS	20	5. 393 52	0. 032 88
ΔSYS does not Granger Cause $\Delta LNDTY$	0. 817 71	0. 378 49	
Granger Causality：$\Delta LnDTY \rightarrow \Delta SYS$			

Sample：1978—1999；Lags：3

Null Hypothesis：	Obs	F-Statistic	Probability
$\Delta LnDTY$ does not Granger Cause ΔSYS	18	1. 202 80	0. 354 08
ΔSYS does not Granger Cause $\Delta LnDTY$	2. 700 00	0. 096 91	
Granger Causality：$\Delta SYS \rightarrow \Delta LnDTY$			

注：显著水平为 10%，本表检验过程由 E-Views 3. 1 软件完成。

综上所述，计量分析结果证实了通过国际贸易可以使资源配置在全世界范围内进行，发挥中国劳动力丰富的比较优势，从而提高了要素的使用效率。然而，值得注意的是，中国国内贸易和国际贸易的作用恰恰相反。Young(2000)的一项研究发现，中国国内市场的分割状况比较严重。Sandra Poncet(2002)对中国各省平均商品吸收额构成的一项研究发现，1987—1997 年，随着国际贸易量的上升，省内贸易量也上升，但省际贸易量在下降。这说明在国际一体化程度逐步上升的同时，国内市场分割有加强的趋势。国内市场一体化程度的下降表明国内贸易领域的资源配置扭曲有上升的趋势，其原因可能是地方保护主义逐渐加强，地方行政力量干扰了资源的自由配置。在这种情况下，资源的使用效率就会下降。另一方面，中国的劳动密集型产品在国际市场上具有很高的竞争力，其生产企业具有自生能力(林毅夫，2002)，会吸引更多的资源，结果，一部分处于国内贸易领域的资源就会转向国际贸易领域，从而导致国内贸易比重下降；同时，国内贸易的构成也发生变化(省内贸易强度增加，省际贸易强度减弱)，这些都使国内市场的一体化程度下降，并最终对人均产出产生负面影响。

五、结　论

本文从水平量角度出发,使用逐步回归法、残差分析法和 Granger 因果分析法研究贸易和人均产出之间的影响机制,得出以下几点结论。

(1) 对贸易和人均产出的总体分析表明,国际贸易比重和人均产出呈现显著的正相关性,但国内贸易比重和人均产出呈现显著的负相关性。这说明在样本范围内(1978—1999 年),国际贸易和国内贸易对人均产出具有相反的影响。

(2) 人均产出决定因素的分解结果表明,尽管资本产出比在 Frankel & Romer (1999)的研究中是人均产出的显著决定因素,但中国的情况并非如此,中国的资本产出比和人均产出之间并没有一种显著的相关性。对中国的人均产出有显著贡献的变量是人均资本、制度变化、技术和人力资本。

(3) 对贸易和人均产出决定因素之间的计量分析表明,人均资本和制度变革是贸易(国际贸易和国内贸易)影响人均产出的显著渠道,国内贸易影响人均产出的渠道除了人均资本和制度以外,还有技术进步。

(4) 尽管人力资本对人均产出的贡献比较显著,但贸易和人均产出的影响较少地通过人力资本积累实现,这也说明中国的人力资本积累在统计上看并没有享受到开放所带来的益处。当然,这也是在样本范围内得出的结论。

(5) 在样本范围内 Granger 因果分析法可靠性不高,或者并不适用于中国现有的数据。其原因可能有两方面:一是中国的样本数据太少;二是 Granger 因果分析法本身对滞后长度具有敏感性,特别是样本容量比较小的时候,因果分析结果的可靠性不大。所以因果检验工作只能留待后续研究继续完善。

(6) 本文对中国贸易和经济增长之间影响机制的分析还为中国的经济改革实践提供了三点启示:其一,发挥中国劳动力要素丰富的比较优势能促进要素禀赋结构的提升,进而促进人均产出的上升;其二,市场化改革确实对经济产生了巨大的推动作用;其三,国内市场的一体化程度对经济具有重大影响,当中国政府积极推行扩大内需的政策时,不应忽略国内市场分割带来的负面影响。

参考文献

［1］樊纲、王小鲁,2001:《中国市场化指数——各地区市场化相对进程报告(2000 年)》,北京:经济科学出版社。

［2］林毅夫,2002:《发展战略、自生能力和经济收敛》,《经济学(季刊)》第 2 期。

［3］沈程翔,1999:《中国出口导向型经济增长的实证分析:1977—1998》,《世界经济》第 12 期。

［4］沈坤荣,2001:《中国经济增长论》,北京:人民出版社。

［5］沈坤荣、耿强,2001:《外国直接投资、技术外溢与内生经济增长——中国数据的计量检验与实证分析》,《中国社会科学》第 5 期。

［6］孙焱林,2000:《我国出口与经济增长的实证分析》,《国际贸易问题》第 2 期。

［7］王金营,2001:《人力资本与经济增长——理论与实证》,北京:中国财政经济出版社。

［8］王小鲁、樊纲主编,2000:《中国经济增长的可持续性——跨世纪的回顾与展望》,北京:经济科学出版社。

［9］杨全发,1998:《中国地区出口贸易的产出效应分析》,《经济研究》第 7 期。

［10］杨全发、舒元,1998:《中国出口贸易对经济增长的影响》,《世界经济与政治》第 8 期。

［11］张帆,2000:《中国的物质资本和人力资本估算》,《经济研究》第 8 期。

［12］赵陵、宋少华、宋泓明,2001:《中国出口导向型经济增长的检验分析》,《世界经济》第 8 期。

［13］周申,2001:《贸易与收入的关系:对中国的案例研究》,《世界经济》第 4 期。

［14］Balassa, B., 1978, "Exports and Economic Growth: Further Evidence", *Journal of Development Economics*, 5, 181 - 189.

［15］Barro, R. J., and X. Sala-i-Martin, 1995, *Economic Growth*, New York, McGraw-Hill.

［16］Chow, G. C., 1993, "Capital Formation and Economic Growth in China", *Quarterly Journal of Economics*, 108(3), 809 - 842.

［17］Feder, G., 1982, "On Exports and Economic Growth", *Journal of Development Economics*, 12, 59 - 73.

[18] Frankel，J. A.，and D. Romer，1999，"Does Trade Cause Growth?"，*American Economic Review*，89(3)，379 - 399.

[19] Hall，R. E.，and C. I. Jones，1999，"Why Do Some Countries Produce So Much More Output Per Worker than Others?"，*Quarterly Journal of Economics*，114(1)，83 - 116.

[20] Jorgenson，D. W.，1995，*International Comparisons of Economic Growth*，Cambridge，MA，MIT Press.

[21] Jorgenson，D. W.，1995，*Postwar U. S. Economic Growth*，Cambridge，MA，MIT Press.

[22] Krugman，P. R.，and M. Obstfeld，1997，"International Economics: Theory and Policy"，London，Addison-Wesley Longman，Inc.

[23] Michaely，M.，1977，"Exports and Growth: An Empirical Investigation"，*Journal of Development Economics*，4(1)，49 - 53.

[24] Poncet，Sandra，2002:《中国市场正在走向非一体化? ——中国国内和国际市场一体化程度的比较分析》,《世界经济文汇》第 1 期。

[25] Young，A.，2000，"The Razor's Edge: Distortions and Incremental Reform in the People's Republic of China"，*Quarterly Journal of Economics*，115(4)，1091 - 1135.

09　投资效率、资本形成与宏观经济波动①

内容提要：改革开放以来，中国经济一直保持高速增长。但是，在这一过程中投资效率不断下降，储蓄转化为投资的效率不高，经济增长的质量和持续性并不让人乐观。本文针对这一情况，从金融发展视角分析资本形成水平、投资效率、储蓄向投资转化效率以及由此产生的宏观经济波动，并运用中国1978—2002年的数据进行计量检验。研究结果显示，虽然总体而言，20世纪90年代后金融发展与经济增长的相关性增强，但金融体系对投资效率和储蓄转化效率的改善极其有限；作者认为，投资效率低下，进而全要素生产率（TFP）不高是影响宏观经济波动的重要因素。

关键词：金融发展　投资效率　经济增长

一、引　言

改革开放以来，中国经济一直保持高速增长，年平均增长率约为 9.61%，城镇居民人均收入年均增长 6.1%，进出口年均增长 16.5%，在国内需求与出口增长的拉动下，GDP 保持了强有力的增长态势，经济发展水平和综合国力迅速提高。但是，从投

———————————

①　原文刊载于《中国社会科学》2004 年第 6 期，合作者为孙文杰博士。论文荣获第一届刘诗白经济学奖。

资效率和能源消耗率来看,经济增长的质量令人担忧①。长期以来,中国经济增长高度依赖大规模的投资和大量的能源消耗,体现出粗放型特征,对环境的压力越来越大。并且,由于经济增长的粗放型特征,容易产生行业投资的结构性失衡,引起经济过热;而随之而来的宏观"微调"又由于市场主体的逆向反应而收效甚微②,于是迫使调控部门采取更为严厉的紧缩政策,带有过度的行政色彩,形成"一刀切"的政策措施,从而加剧经济波动。

那么造成投资效率低下的原因是什么? 为什么中国的经济增长长期以来一直依赖大规模的资本投入体现出粗放型特征? 为什么宏观经济总是在过冷与过热之间徘徊? 当然影响因素有很多,其中包括产业结构水平,整个行业的技术水准,企业的现代管理水平,政府的宏观调控能力,旧体制遗留下来的弊端等等。但是,本文认为,包括金融体制落后在内的金融发展水平与发达国家之间的较大差距,可能是造成投资波动进而引起宏观经济波动的重要原因。本文试图从金融发展的视角探讨资本形成质量较低的原因以及金融发展对经济长期增长和宏观经济波动的影响。

二、文献回顾

金融发展是指金融中介体和金融市场的发展,并通过利率和汇率等杠杆促进储蓄以更高的比例转化为投资,提高资金的使用效率和资本的配置效率,以资本积累和

---

① 据国研网《科学的发展观与经济增长方式的根本转变》一文的统计数据显示,2003 年,我国实现的 GDP 约占世界 GDP 的 4%,但为此消耗的各种国内资源和进口资源,经折合后粗略估算为 50 亿吨,其中,原油、原煤、铁矿石、钢材、氧化铝、水泥的消费量分别约为世界消费量的 7.4%、31%、30%、27%、25%、40%。

② 事实上,我国宏观"微调"常常失效的原因还源自地方政府的"理性预期"与"学习效应"。一般而言,针对不断升温的宏观经济,中央政府采取温和的"微调"措施,发出经济应该放缓的信号,力图实现"软着陆"。但是,这些温和的"微调"措施往往得到逆向效果,导致出现中央喊停,各地经济反而冲刺的现象。为了能在中国特有的经济周期波动中获取最佳的发展空间,各级地方政府往往在经济紧缩的"前夜"进行最后的冲刺。有了这种理性预期概念,也就不难理解地方政府的"非理性"冲刺行为了。中央政府不断出台的"微调"政策,恰似十字路口不断闪烁的"黄灯",刺激着各级地方政府在即将到来的"红灯"亮起之前,猛踩投资扩张的"油门",发起最后的冲刺,中国的宏观经济也就随之潮起潮落,显示出特有的周期性特征。

技术进步来促进经济增长。随着金融的发展,金融系统将充分发挥其信息收集、风险分担、金融创新等功能,促进金融资源向实体经济转化,进而促进经济增长。从资本形成角度看,金融发展对经济增长的影响主要有:(1) 通过改变居民的储蓄水平影响一国的潜在资本供给;(2) 通过优化金融资源配置改善资本投资的质量和效率;(3) 由于金融系统本身所具有的易波动性和传染性,易引起投资和宏观经济的波动。

Merton(1995)从金融系统基本功能的角度分析了金融发展对经济增长的贡献,他认为金融系统的主要功能有:促进商品和证券交易;资产保值,分散和共担风险;配置资源;监督管理者,实施公司控制;动员储蓄,促进产品和服务的交换。这些功能的发挥将有利于资本形成和经济的长期增长。Levine(1997)等人则认为金融系统的上述功能是通过资本积累和技术进步来实现的,并最终促进经济增长,因为从长期看,资本积累水平和技术进步是支撑一国经济潜在增长的关键因素。

以 McKinnon 为代表的金融抑制论则指出发展中国家普遍存在市场不完全和信息不对称的现象,同时实际利率受到不同程度的管制,金融市场分割现象严重,而金融发展可以部分缓解或消除这些现象,加速资本积累,对经济长期稳定增长发挥积极作用。金融系统与资本、劳动等传统生产要素一样,对长期经济增长有重要影响。

金融发展理论则对新古典经济学不符合现实经济的假设提出质疑,新古典经济学建立在没有信息成本和交易成本的完美市场假设基础之上,在这种环境中金融系统对经济增长的贡献是极其有限的。然而发展中国家的现实经济情况恰恰与此相反,到处充满市场缺陷和信息不对称,而弥补市场缺陷和克服信息不对称本身就是金融系统基本功能之一,所以考虑到发展中国家和发达国家截然不同的经济背景,有必要重新认识和反思金融系统对经济增长的贡献,并且将金融系统作为一个单独要素来分析。

在此理论基础上,国外有大量文献从实证角度来分析金融发展与经济增长之间的相互关系。如 Gupta(1987)利用 14 个发展中国家的季度时间序列数据,通过计量分析发现 14 个发展中国家中有 8 个国家中存在金融发展带动经济增长的供给引导现象,有 2 个国家存在双向因果关系。Gelb(1989)检验了包括 34 个欠发达国家在1965—1985 年的经济增长率、利率、储蓄率等指标的相关性,发现实际利率为正值的国家,其经济增长率为 5.6%,而实际利率为强负值的国家,其经济增长率仅为1.9%。Levine(1997)通过对 80 个国家的数据进行分析,在控制了影响经济增长其他因素的情况下检验了资本积累和生产率发展与金融发展的关系。他们的研究结果表明:金融发展和经济增长存在显著的正相关关系。

国内学者就中国金融发展与经济增长之间的关系也进行了大量检验,绝大多数都发现金融发展对经济增长有显著的正向作用(谈儒勇,1999;宾国强,1999;沈坤荣,2000;冉茂盛等,2003)。值得注意的是,韩廷春(2001)从金融发展影响经济增长的渠道入手,将影响经济增长的因素分解为储蓄率,储蓄转化为投资的比例以及资本的边际效率,并运用中国的相关数据对金融发展与经济增长之间的关系进行计量检验,结果表明不同的经济发展阶段金融深化程度对经济的影响不同,金融体系的效率和质量与金融发展的数量同等重要,技术进步与制度创新是中国经济长期增长的关键因素。

从以上的文献回顾来看,金融发展与经济增长之间的关系学术界一直有争论,多数认为金融发展极大地促进了经济增长,一些是金融中性论,另一些则认为金融发展对经济增长并没有明显的贡献作用。由于发展中国家与发达国家市场化程度和市场作用机制差别很大,宏观经济运行有很大的不同,金融体系作用的传导渠道和发挥作用的前提条件不尽相同,考虑到发展中国家金融发展的滞后和传导渠道的阻塞,因此对储蓄能否顺利转化为投资,金融体系对资本形成效率究竟有何种影响需要做进一步研究,需要通过选取不同的指标和变量进行实证分析。

本文的以下部分结构安排如下:第三部分是研究框架以及相关指标的选取;第四部分是计量检验及其结果分析;最后是本文结论。

三、研究框架与指标选择

从总体上看,金融发展能否改善一国的投资效率和质量,引导企业合理地进行投资,充分发挥储蓄——投资转化器的功能和作用,对一国经济长期增长和宏观经济调控至关重要。

在现实经济中,经济增长的速度取决于有多少资金投入到经济运行中,即取决于实际有效投资。无论在发展中国家,还是在发达国家,都主要依赖两种方式将储蓄转化为现实经济中的投资,即直接融资和间接融资方式。这两种融资方式的效率直接决定了储蓄向投资的转化效率,金融发展正是通过这两种渠道影响资本形成的质量进而影响经济增长。在现有的储蓄资源(资本供给)给定时,实际利率水平以及金融体系本身的发展能否将现有的储蓄转化为投资,能否加速资本积累和技术创新,能否增加研发和人力资本的投资,对经济的长期增长至关重要。McKinnon(1973)&Shaw(1973)认为,在发展中国家实际利率等金融资产的价格被政府限制或管制,处于很低的水平,甚至经常为负值,同时金融市场存在严重的"分割现象",局部市场具有高度的垄断性,很多投资机会无法得到正式金融的支持,只好依赖非正式的融资,整体的融资体制存在扭曲。因此,放松金融管制可以改善资源配置,加速资本的形成,并最终促进经济的增长。

但是金融深化理论的假设前提是实际利率上升能迅速提高储蓄水平,而且金融体系能够将增加的储蓄迅速转化为实体经济中的有效投资。这一前提条件在发展中国家可能并不一定成立,因为在发展中国家普遍存在投资效率低下,金融系统运行效率低下,从而储蓄向投资转化效率低下等特征,这些与储蓄等于投资的假设相去甚远。

长期以来,我国一直以间接融资为主,且在间接融资中以国有银行为主体,市场结构比较单一,而且在企业的融资中大部分资金都是通过自身积累和银行贷款取得的,企业发行的债券和商业票据发行数量很少,这一方面导致企业的资产负债率过高,还本付息的压力很大;另一方面,风险过多集中在银行体系,造成潜在的系统风险。另外,国有银行的所有制歧视也造成贷款的主要对象是大中型国有企业,由于国有企业处于改制重组的关键阶段,体制和激励机制在短期内很难从根本上改善,亏损局面一直无法改变,银行贷款效率低下。在其他金融中介发展缓慢的情况下,银行体系的融资效率又非常重要,再加上国有银行的放款行为还要受到政府多重目标的影响,所以,从总体上说,目前间接融资的效率不高。

再考虑直接融资。虽然90年代以后直接融资发展很快,股票市场和债券市场的飞速发展使直接融资占 GDP 的比例从 1981 年的 1.68％增加到 2001 年的 24.5％，直接融资在金融机构资产中所占比例越来越大，但是由于体制、监管力度等因素，直接融资效率还不高，大量募集来的资金并没有成为企业的实际投资，而是转向风险较高的证券市场和房地产市场。

为了检验中国金融发展是如何影响资本形成效率和投资效率并最终影响经济增长的，本文运用上面文献中检验金融发展与经济增长之间关系的模型对金融体系的作用机制进行计量分析：

$$CA = f(FIR, RR, LOAN, FD)$$

$$IE = f(FIR, RR, LOAN, FD)$$

其中，CA 表示资本形成质量；IE 表示投资效率；而 FIR、RR、$LOAN$、FD 则分别表示金融发展变量（具体涵义见下文）。金融发展变量的选取综合考虑了上文所述的我国直接融资和间接融资的特点。考虑到计量检验的需要，下面对计量模型选取的变量和指标进行具体说明。

首先，考虑反映投资效率的变量和指标。本文选择投资回报率、资本产出比、非国有经济投资比例等指标来反映投资效率。

投资回报率是衡量投资效率的最直接、最有效的方法，本文用全国独立核算工业企业的平均资金利税率来测量投资效率，用 IR 表示。为了消除异方差性，本文选取 IR 的自然对数 $LNIR$ 来分析。同时，从能源消耗的角度，本文还选取了另外一个指标：生产每百万元 GDP 的能源消耗量（$ENERGY$）进行分析。

资本产出比 σ。在储蓄率一定的情况下，资本产出比从一个侧面反映了对现有资本的利用效率，资本产出比越大，生产一单位产出需要耗费的资本越多。$\sigma = K/Y$，K 为当年的资本存量，Y 为当年的产出水平，用 GDP 衡量，资本存量的数据来源于张军（2002）。

非国有经济投资额占全部工业固定资产总投资额的比例 PS。统计数据显示，非国有企业的投资收益率平均要高于国有企业，但非国有企业的投资额占总投资额的比重却很低。所以本文认为，非国有经济投资占总投资额的比例越高，整个经济的投资质量越高,用这一比例来间接衡量投资效率。

其次,考虑反映资本形成质量的变量。本文选择商业银行的存贷差额、国内投资率与储蓄率的比值等指标来反映资本形成质量。

商业银行的存贷差额 $LNSD$。由于我国长期以来以间接融资为主,所以银行的放贷行为成为储蓄能否顺利转化为投资的决定因素。存贷差额的持续增加说明有越来越多的储蓄不能转化为投资,储蓄转化为投资的渠道受阻。从 1994 年开始,存款总额就一直大于贷款总额,且数额在不断扩大,说明有越来越多的储蓄不能转化为投资。

国内投资率与储蓄率的比值 IS,本文用此比例间接衡量储蓄向投资转化的比例,其中,国内投资率是支出法中名义 GDP 减去最终消费率,国内储蓄率是用净出口加上当年资本形成额近似表示。

最后,金融发展变量的选择。根据有关学者(Shaw,1973;King & Levine,1993;Levine,1997)提出的衡量金融发展的几项指标,并结合中国的实际情况,本文选取以下指标:(1) 金融深化指标 $LNFIR$,用 M_2/GDP 的对数来表示;(2) 金融机构主要是银行部门贷款总额占名义 GDP 的比例,表示银行信贷对经济的支持度,用 $LOAN$ 来表示;(3) 实际利率 RR;(4) 直接融资占金融资产总量的比例表示资本市场的发展程度,用 FD 表示。其中,直接融资以股票市价总值与债券发行总额为近似值,间接融资以金融机构各项存款作为近似值,金融资产总值为直接融资与间接融资之和。

虽然理论上一般认为金融发展有利于资本的有效形成,并促进经济的长期增长。但是这种促进作用并不是永恒的,因为金融中介的低效率和金融市场的不完善将阻碍资本的有效形成,金融体制的弊端又将降低企业的投资效率。在资本形成效率和投资效率过低的情况下,要保持经济的快速增长就必需大量的投资,而大量的资本投入又会导致信贷增长过快,通货膨胀的压力会迫使政府进行宏观调控,从而引发经济波动,影响经济稳定。在中国,由于资本形成效率和投资效率不高迫使经济增长不得不依赖过度的投资(在金融资源相对充裕的情况下),而过度的投资和投资的大起大落影响了经济的整体效率,也导致了经济的波动。

金融体系不完善极大地影响了金融中介和金融市场对经济增长的积极作用,落实到中国的实际情况,虽然与国外相比,国内的储蓄率一直较高,但欠发达的金融系统一直无法充分利用现有的金融资源，高储蓄率与资源浪费并存，投资效率很低；同时，一方面，少数大企业集中控制和垄断多数的金融资源；另一方面，大多数的企业融资手段单一，许多中小企业基本上以内部融资为主，融资渠道枯竭，既造成了对储蓄资源的浪费，也导致了对潜在较高经济增长率的偏离。

因此根据前面的理论分析，除了对金融发展与资本形成质量和投资效率的关系进行计量检验之外，还有必要对以下两个重要问题进行实证分析。第一个问题是金融发展水平对经济总量影响的检验，即金融发展→资本形成→经济长期增长这一过程；第二个问题是金融发展水平对经济增长质量影响的检验，即金融发展水平较低→投资效率较低→大量资本投入→信贷投放过快→宏观经济波动。

四、计量检验与结果分析

考虑到 90 年代前后中国宏观经济状况发生重大的转变，1991 年以后我国股票市场高速发展，金融发展对经济的影响作用越来越明显，本文运用邹氏检验对 1978—2002 年的样本进行转折点检验。邹氏转折点检验的零假设是选择试验点作为转折点进行统计量的显著性检验。通常选取的统计量为 F 检验值和似然比检验值。本文选择的零假设是：1990 年是转折点。从检验结果来看：F 统计值，似然比检验值在给定 5% 的显著水平下都无法拒绝原假设，所以接受 1990 年是转折点的原假设[①]。本文将样本分为两个时段：1978—1990 年和 1991—2002 年，计量结果见表 9-1 和表 9-2。

对比两个时段的回归结果可以发现：从时间段来看，1991—2002 年金融发展与投资效率的相关性要明显强于 1978—1990 年金融发展与投资效率的相关性。1978—1990 年时间段，在分别以 $LNFIR$、$ENERGY$、σ、PS 为被解释变量的 4 个模型中，实际利率 RR 的系数在其中两个模型中显著，金融相关率 $LNFIR$ 在其中三个模

① F 统计值和似然比检验值分别为 0.442 和 7.206，P 值为 0.85 和 0.407，在 5% 的显著水平上都无法拒绝 1990 为转折点的原假设。选择以 $ENERGY$、σ、PS 为被解释变量，得出的结论基本相同。

型中显著,银行贷款比例占 GDP 比例只在其中一个模型中显著,直接投资比例 *FD* 在其中两个模型中显著;而 1991—2002 年时间段,实际利率、金融相关率、银行贷款比例、直接融资比例在 4 个模型中系数显著的个数分别是 3 个、3 个、1 个、3 个。而且 1991—2002 年金融发展与储蓄转化效率的相关性也显著增强,4 个金融发展指标在 1978—1990 年的回归模型中系数几乎都不显著,而在 1991—2002 年中回归系数都非常显著。这说明从总体上看,90 年代以来,随着我国金融市场的发展和金融机构运行机制的不断变革,金融体系不仅提高了资本积累水平,而且改善了储蓄资源转化为投资的效率,资本利用效率有所提高。

表 9 - 1　金融发展与投资效率(1978—1990 年)

	被解释变量					
	LNIR	*ENERGY*	σ	*PS*	*IS*	*LNSD*
Constant	4.24*** (4.14)	0.244 (0.058)	3.129*** (3.46)	2.839*** (3.155)	1.367*** (2.69)	−5.79 (−1.22)
RR	−0.008 (−1.64)	0.082*** (3.91)	0.016*** (3.49)	0.0047 (1.047)		
RR(−1)	0.018** (2.44)	0.037 (1.25)	−0.018** (−2.817)	9.75E−06 (0.0015)	0.002 (0.59)	0.05 (1.44)
LNFIR	0.34 (0.728)	−11.85*** (−6.20)	−0.947** (−2.28)	1.38*** (3.34)	0.136 (0.60)	−0.695 (−0.328)
LOAN	−1.31 (−1.134)	4.352 (0.927)	−0.48 (−0.478)	−2.69** (−2.65)	−0.36 (−0.62)	−2.76 (−0.50)
FD	−0.083** (−2.32)	−0.061 (−0.42)	0.087*** (2.80)	−0.02 (−0.67)	−0.026 (−1.46)	−0.013 (−0.08)
R^2	0.95	0.99	0.96	0.83	0.66	0.84
DW-stat	1.64	1.4	2.017	1.3	2.24	1.99
F-stat	20.96	294.7	30.46	6.194	3.517	9.59

　　注:数据来源于各期的《中国统计年鉴》(1982、1990、1998、2002 年),其中*** 、** 、* 分别表示在 1%、5%、10%的统计水平上显著,括号内为 *t* 检验值。

表 9 - 2　金融发展与投资效率(1991—2002 年)

	被解释变量					
	LNIR	*ENERGY*	σ	*PS*	*IS*	*LNSD*
Constant	3.949*** (7.49)	10.88*** (5.89)	3.35*** (15.49)	0.138 (0.618)	1.208*** (8.149)	−67.7*** (−4.22)
RR	−0.03*** (−3.46)	−0.02 (−0.65)	5.68E-4 (0.16)	8.2E-4 (0.23)		
RR(−1)	0.017** (2.38)	0.082*** (3.21)	0.004 (1.415)	−0.008** (−2.689)	−0.0037* (−2.084)	−0.733** (−3.75)
LNFIR	2.477** (3.72)	6.799** (2.91)	1.176*** (4.30)	0.033 (0.119)	−0.073 (−0.39)	−50.22** (−2.50)
LOAN	−0.749 (−1.296)	−3.59 (−1.77)	0.691** (2.91)	0.276 (1.13)	−0.64*** (−4.008)	55.05*** (3.183)
FD	−0.092*** (−3.56)	−0.384*** (−4.21)	−0.053*** (−5.01)	0.0028 (0.254)	0.023*** (3.288)	1.789** (2.32)
R^2	0.84	0.95	0.96	0.84	0.84	0.91
DW-stat	2.7	2.24	3.05	2.58	2.8	2.52
F-stat	6.41	24.31	31.39	6.47	9.34	18.81

注:数据来源于各期的《中国统计年鉴》(1982、2002 年),其中 *** 、** 、* 分别表示在 1%、5%、10%的统计水平上显著,括号内为 t 检验值。

　　从投资效率来看,资金利润率 *LNIR* 和资本产出比 σ 与金融发展的相关性要明显好于能源消耗 *ENERGY* 和非国有经济投资比例 *PS* 与金融发展的相关性。国有银行贷款的所有制歧视,对中小企业的金融支持力度不够,致使我国非国有经济的发展与金融发展程度之间缺乏应有的联系甚至呈负相关(在以 *PS* 为因变量的计量模型中,*LOAN* 的回归系数为−2.69,且在 5%水平上显著)。从生产每百万 GDP 的能源消耗量来看,1978—1990 年,*LNFIR* 的回归系数为−11.85;而 1991—2002 年,*LNFIR* 的回归系数是 6.799,因为生产单位 GDP 能源消耗越大,生产效率越低,所以以能源消耗量衡量,90 年代以后金融发展没有显著改善投资效率。

从金融发展指标看,实际利率 *RR* 的系数与投资效率显著正相关,这说明实际利率的提高改善了投资效率,因为利率作为企业投资的成本,正常情况下,只有投资回报率较高的项目才可以保留,回报率低于实际利率水平的项目将被放弃,投资的利率弹性逐渐凸现。1978—1990 年,金融深化率 *LNFIR* 与能源消耗量、资本产出比显著负相关(系数分别为-11.85 和-0.947),与非国有经济投资比例显著正相关(回归系数为 1.38);而 1991—2002 年,*FIR* 与能源消耗量和资本产出比显著正相关(系数分别为 6.799 和 1.176)。因为能源消耗量和资本产出比越高,投资效率越低,对比两个时间段的回归结果,可以看出 90 年代以后以金融深化指标衡量的金融发展并没有显著改善投资效率。

相对于其他指标,银行贷款占 GDP 比例的回归系数 *LOAN* 无论在 1978—1990 年还是 1991—2002 年都不显著,*t* 检验值都很小,无法通过显著性检验;在以 *LNSD* 为被解释变量的模型中,*LOAN* 的回归系数是 55.05,在 1%的统计水平上显著。银行贷款比例对存贷差额有显著正向的解释力,主要是因为我国银行贷款中国有银行占主导地位,而作为主要贷款对象的国有企业经营业绩不佳,连续亏损使贷款回收困难,贷款的投资回报率也日益降低,同时银行为控制风险产生惜贷行为,这直接影响了间接融资的效率,存贷差额不断增大,与此同时投资效率高的中小企业却无法从正常渠道得到银行的信贷支持,贷款利用效率低下和融资困难并存,使得总体上我国银行信贷的使用效率不高。

1991—2002 年,直接融资比例 *FD* 与能源消耗率和资本产出比显著负相关(系数分别为-0.384、-0.053),这说明随着我国直接融资的发展对投资效率改善起积极作用,虽然中国股票市场的高换手率和高投机性使股票市场的资源配置功能并没有得到很好发挥,与国外相比,上市公司资金使用效率也不是很高,但由于直接融资体制相对于间接融资降低了中介成本和交易成本,同时加强了信息披露和公司监督,所以其融资效率更高,实证结果也证明了这一点。随着我国资本市场的进一步完善,直接融资将成为一种非常重要的融资方式,对实体经济的支持作用也会更加明显。

为了进一步考察金融发展水平对经济总量和整体经济增长质量的影响,即对上文的两个重要问题做进一步的实证分析，本文进行以下两个计量检验。

检验一：关于金融发展对技术效率和整体经济效率影响的检验。本文采用全要素生产率(TFP)进行实证分析[1]，得到以 TFP 为被解释变量的金融发展水平与技术进步的回归方程：

$$TFP = 0.014 - 0.0039 \; RR(-1) + 0.029 \; FIR + 0.267 \; LOAN$$
$$ (0.06) \quad (-1.399) \qquad (0.176) \qquad (1.134)$$
$$+ 0.02FD + 0.98MA(1) \qquad\qquad\qquad (9.1)$$
$$ (3.804) \quad (631.8)$$

$R^2 = 0.976, F-\text{stat} = 151.08$，括号内是 t 检验值

从总体上看，全要素生产率 TFP 与金融发展之间的相关性较弱，在表示金融发展程度的变量中，除了表示资本市场发展程度的直接融资比例 FD 的系数在统计上显著外，滞后一期实际利率 RR(-1)，金融深化率 FIR，银行贷款比例 LOAN，其回归系数的 t 检验值都很小，均不显著，说明金融深化通过资本积累和技术进步促进经济增长的效应极其微弱。同时经过计算 TFP 与资本、劳动等要素投入的边际贡献率，TFP 对经济增长的贡献极其微小。

为了从总体上考察金融发展对经济增长的实际影响，本文建立 LNGDP 与各金融发展变量之间关系的计量模型：

$$LNGDP = f(FIR, RR, LOAN, FD)$$

并且以投资效率变量 $(LNIR, ENERGY, \sigma, PS)$ 作为计量模型的控制变量进行计量检验(时期为 1978—2002 年)，分析结果见表 9-3。

---

[1] 本文运用方程 $\ln(Y/L) = \alpha_0 + \alpha_1 \ln(K/L) + \alpha_2 D + \varepsilon$，估计资本产出弹性和劳动产出弹性，然后由公式 $TFP = \dfrac{Y_t}{K_t^{\alpha} L_t^{1-\alpha}}$ 测算全要素生产率。其中 Y/L 是人均产出，K/L 是人均资本，D 是虚拟变量，1991 年以前为 0，1991 年以后为 1，α_1 是资本的产出弹性。本文运用 1978—2002 的数据进行估计，得到资本产出弹性 $\alpha_1 = 0.549$，劳动产出弹性为 $1 - \alpha_1 = 0.451$。

表 9-3   金融发展与经济增长

| | \multicolumn{5}{c}{被解释变量:$LN(GDP)$} | | | | |
	(1)	(2)	(3)	(4)	(5)
$Constant$	11. 32*** (17. 90)	9. 26*** (36. 37)	12. 01*** (20. 54)	9. 58*** (13. 47)	3. 13*** (4. 153)
$RR(-1)$	$-0. 023$*** ($-2. 848$)	$-0. 01$** ($-2. 48$)	$-0. 03$*** ($-4. 804$)	$-0. 004$ (0. 81)	$-0. 002$ ($-0. 402$)
$LN(FIR)$	1. 01*** (3. 129)	$-1. 359$*** ($-4. 48$)	0. 071 (0. 19)	1. 359** (2. 66)	$-0. 609$** ($-2. 33$)
$LOAN$	0. 346 (0. 535)	1. 419*** (4. 16)	1. 307*** (2. 114)	$-0. 32$ ($-0. 55$)	0. 37 (1. 147)
FD	0. 032** (2. 08)	0. 066*** (10. 92)	0. 087*** (7. 51)	0. 055** (2. 834)	0. 0267*** (3. 575)
$LN(IR)$	$-0. 66$*** ($-3. 46$)				
$ENENGY$		$-0. 214$*** ($-10. 55$)			
σ			$-1. 128$*** ($-4. 96$)		
PS				1. 049* (1. 956)	
$AR(1)$				1. 349*** (7. 40)	
$AR(2)$				$-0. 811$*** ($-3. 66$)	
进出口/GDP					0. 715*** (9. 751)
R^2	0. 98	0. 99	0. 98	0. 99	0. 995
DW-stat	1. 4	1. 54	1. 31	1. 718	1. 4
F-stat	241. 2	1053	344	297	919. 8

注:***、**、*分别表示在 1%、5%、10%的统计水平上显著,括号内为 t 检验值,被解释变量为名义 GDP 的自然对数值,数据来自各期的《中国统计年鉴》(1982、1988、1990、1998、2002 年),AR(1)、AR(2)为自回归系数。

计量结果显示，总体上金融发展水平与经济增长呈显著的正相关。从实际利率的变动到影响产出和价格需要有一定的时滞，一般为1年左右，在本文的4个回归模型中，滞后1期的实际利率$RR(-1)$与经济增长负相关，且系数在统计上显著。因为实际利率提高增加投资成本，会导致投资减少，进而经济增长速度放缓。金融深化指标$LNFIR$的回归系数对控制变量的选择较为敏感，这说明在我国仅仅以金融深化度指标还不能完全反映金融发展水平对宏观经济的影响。

银行信贷对名义GDP的比例在统计上显著，两个系数都为正(1.419和1.307)，这说明银行贷款对经济增长的支撑作用明显，在模型(2)中LOAN的系数是1.419，即每增加1个单位银行贷款，可以使经济增长率上升1.3～1.4个百分点。直接融资FD对经济增长的支持作用也是明显的，无论是债券融资还是通过股票发行筹资，最后都支持了企业的投资项目和社会基础建设，虽然从系数的对比看，直接融资的贡献率较小，与间接融资相比转化效率还存在很大差距。

资金利税率$LNIR$的系数为-0.66，从数据来看，1978年至今，全国独立核算企业的资金利税率一直是下降的，在控制了价格水平以后，情况虽有所好转，但是资金利税率的下降还是很明显，说明伴随经济高速增长的是投资效率的显著下降。非国有经济投资比例PS的系数在10%的统计水平上显著，说明非国有经济投资增加显著提高了经济的增长率，其投资带动了经济的整体增长。贸易对经济的拉动作用十分明显，其系数是0.715，在1%的水平上显著，即进出口占GDP的比例每上升1个单位，能够使GDP增长率上升0.715个百分点。

检验二：关于投资效率低下引发投资波动和宏观经济波动的检验。正如前面的理论分析，从投资效率变量看，资金利税率$LNIR$、每百万美元GDP的能源消耗量$ENERGY$、资本产出比σ都显示在过去的经济增长中投资效率低下，TFP对经济增长的贡献率很低。而且由于投资效率低下导致投资波动，在投资乘数的作用下引起宏观经济的剧烈波动，进而促使政府采取各种措施熨平宏观经济的剧烈波动[①]。

───────────────

① 在1978—2002年的经济增长中，名义GDP增长率的标准偏差为2.94%，而固定资产投资增长率的标准偏差为15.03%，说明投资的波动程度远远大于GDP的波动程度。

如果前面的假说成立,那么在经济增长中投资波动应该是宏观经济波动的主要原因,应该能够解释宏观经济波动的大部分,而且考虑到每轮经济扩张带动能源消费量的急剧上升,导致能源价格短期快速上涨。本文选取 1979—2002 年 GDP 增长率与固定资产投资增长率的数据建立计量模型,并加入能源消耗增长率、实际利率、金融深化率作为控制变量,具体结果见表 9-4。

从回归结果看(表 9-4),在所有的回归模型中,当年的固定资产投资增长对 GDP 增长都有显著的正向引导作用,系数在 0.076～0.164 之间,说明固定资产投资每变动 1%,GDP 增长率的波动在 0.074%～0.164% 之间,投资波动引起宏观经济波动的效应非常明显。回归结果显示投资的滞后效应并不显著,$I(-1)$、$I(-2)$的系数都不显著。能源消耗增长率与 GDP 增长率显著正相关,系数在统计上显著,能源消费水平急剧上升与经济增长波动加剧的实证关系与理论预期一致。实际利率 RR 和金融深化指标 FIR 等控制变量的加入并不改变模型的基本结果,固定资产投资增长率、能源消耗增长率与经济增长率之间的关系在统计上是相对稳定的。

表 9-4　固定资产投资增长率与 GDP 增长率(1979—2002 年)

	被解释变量:GDP 增长率						
constant	6.18*** (9.847)	6.178*** (5.94)	5.536*** (6.86)	7.383*** (7.52)	5.777*** (5.634)	4.394*** (6.038)	5.601*** (3.688)
I	0.162*** (6.384)	0.136*** (4.67)	0.164*** (5.734)		0.117*** (3.624)	0.078** (2.344)	0.147*** (4.516)
$I(-1)$		0.026 (1.018)	0.01 (0.326)		0.022 (0.87)	0.034 (1.32)	0.008 (0.255)
$I(-2)$			0.025 (0.928)			0.074** (2.537)	0.015 (0.541)
ENERGY				0.476*** (2.95)	0.201 (1.354)	0.264** (2.429)	0.153 (1.161)
MA(1)		0.727*** (4.392)		0.702*** (4.76)	0.673*** (3.683)		

(续表)

	被解释变量:GDP 增长率						
$RR(-1)$						0.351*** (3.147)	
FIR							−0.132 (−0.128)
R2	0.649	0.749	0.719	0.60	0.77	0.84	0.74
DW-stat	1.50	2.25	1.67	1.708	2.20	1.68	1.59
F-stat	40.76	18.89	15.41	15.45	16.19	16.91	9.24

　　注:其中 I 表示当年全国固定资产投资的增长率,$I(-1)$、$I(-2)$表示滞后的固定资产投资增长率,$ENERGY$ 表示当年能源消耗的增长率,$MA(1)$表示残差项滞后 1 期的系数,用以修正回归模型的残差自回归趋势,$RR(-1)$是滞后 1 期的实际利率,FIR 是金融深化率;***、** 表示 1%、5%的显著水平,括号内是 t 检验值,由于使用增长率数据,少了一个样本,实际样本数为 23。

　　除了上述从增长率角度分析,还可以从宏观经济的水平变动与投资的水平变动之间的相互关系做进一步分析。考虑到固定资产投资的当期、前一期、前两期变动对 GDP 变动的引导效应,可检验的计量方程为:

$$\Delta \ln GDP = 0.023 + 0.323 \, \Delta \ln I + 0.225 \, \Delta \ln I(-1) +$$
$$(1.018) \quad (4.631) \qquad (3.497)$$
$$0.102 \, \Delta \ln I(-2) + 1.491 \, MA(1) \tag{9.2}$$
$$(1.744) \qquad (4.229)$$

Adjust $R^2 = 0.90$,DW−stat$=1.539$,F−stat$=48.53$,括号内是 t 检验值

　　回归结果显示当期和前一期的固定资产投资对 GDP 的水平变动具有显著的解释力,回归系数分别为 0.323 和 0.225,且都在 1%的水平上显著。联系到前面实证结果显示的投资效率低下,说明在中国经济高速增长中,由于投资效率低下而引发大规模的资本投入,要想达到目标产出的增长率就必须不断加大投资规模和力度,经济的每轮扩张都导致了投资的过度波动,同时也加剧了整体经济的波动。

五、结　论

本文从金融发展视角分析了影响经济增长的重要因素——资本形成、投资效率和储蓄转化效率以及宏观经济波动,主要结论如下。

(1)虽然中国经济一直保持年平均增长率约为 9.61% 的高速增长,但是从投资效率和能源消耗率来看,经济增长的质量和效益并不令人乐观。

(2)从总体上看,20 世纪 90 年代以后金融发展与投资效率的相关性显著提高,随着资本积累水平的提高,生产效率有一定程度提高,金融发展与经济增长之间存在显著的正相关关系。

(3)实证结果显示在储蓄向投资的转化过程中,一部分储蓄资源并没有能顺利转化为有效的投资,造成金融资源的浪费;而另一方面,很多非国有中小企业融资困难,金融发展并没有能够支持他们的融资需求。

(4)金融发展指标显示 90 年代以后,金融体系的发展并没有使投资效率得到显著改善,投资效率甚至有所下降,除了资本边际效率的自然下降之外,实际上暴露出我国现行融资体制的深层次矛盾。回归结果中银行贷款和直接融资变量与投资效率显著负相关,说明金融发展本身并没有解决这种效率低下的问题,反而还有继续扩大的趋势。

(5)投资效率低下,全要素生产率低下是影响宏观经济波动的重要原因,而且市场主体(包括地方政府)的“理性预期”与“学习效应”,使宏观“微调”产生逆向反应而收效甚微,于是迫使调控部门采取更为严厉的紧缩政策,带有过度的行政色彩,从而加剧经济波动。

因此,本文认为,一方面,应进一步深化金融体制改革,通过增加金融机构的竞争程度,形成多样化、层次分明、高效的金融中介服务体系,提升储蓄向投资转化的效率;另一方面,极为重要的是纠正各级地方政府追求政绩的行为,扭转地方政府与中央政府多次博弈中形成的理性预期,确保宏观调控的有效性。

需要指出,虽然本文的分析结果显示金融发展与资本形成质量和投资效率有直接的相关性,但是,金融发展究竟是通过何种传导机制对他们产生影响,并且如何从理论上对两者之间的逻辑关系进行严密的演绎和推理,是理论界急需进一步研究的课题。

参考文献

[1] 宾国强,1999:《实际利率,金融深化与中国的经济增长》,《经济研究》第 3 期。

[2] 曹啸、吴军,2002:《我国金融发展与经济增长关系的格兰杰检验与特征分析》,《财贸经济》第 5 期。

[3] 陈军、王亚杰,2002:《我国金融发展与经济增长互动关系分析》,《中国软科学》第 8 期。

[4] 韩廷春,2001:《金融发展与经济增长:经验模型与政策分析》,《世界经济》第 6 期。

[5] 李栋文,2001:《我国储蓄转化投资问题研究》,《金融研究》第 9 期。

[6] 冉茂盛、张宗益、钟子明,2003:《中国经济增长与金融发展关联性的实证分析》,《重庆大学学报》第 2 期。

[7] 沈坤荣、汪建,2000:《实际利率水平与中国经济增长》,《金融研究》第 8 期。

[8] 谈儒勇,1999:《中国金融发展和经济增长关系的实证研究》,《经济研究》第 10 期。

[9] 唐倩,2000:《中国金融深化的实证检验》,《财经研究》第 3 期。

[10] 肖红叶、周国富,2000:《我国储蓄——投资转化有效性研究》,《统计研究》第 3 期。

[11] 谢平,2000:《经济制度变迁和个人储蓄行为》,《财贸经济》第 10 期。

[12] 谢亚轩,2003:《金融发展与经济增长实证研究方法综述》,《南开经济研究》第 1 期。

[13] 张军,2002:《增长、资本形成与技术选择:解释中国经济增长下降的长期因素》,《经济学(季刊)》第 2 期。

[14] Bencivenga, V. R., and B. D. Smith, 1991, " Financial Intermediation and Endogenous Growth", *Review of Economic Studies*, 58, 195 - 209.

[15] Gelb, A. H., 1989, "Financial Policies, Growth, and Efficiency", *World Bank PPR Working Paper*, No. 202.

[16] Gupta, K. L., 1987, "Aggregate Savings, Financial Intermediation and Interest Rate", *Review of Economics and Statistics*, 69, 303 - 311.

[17] Khan, M. S., and A. S. Senhadji, 2000, "Financial Development and Economic

Growth: An Overview", *IMF Working Paper*, WP/00/209.

[18] King, R. G. , and R. Levine, 1993, "Finance and Growth: Schumpeter Might Be Right", *Quarterly Journal of Economics*, 108(3), 717 – 737.

[19] Levine, R. , 1997, "Financial Development and Economic Growth: Views and Agenda", *Journal of Economic Literature*, 35, 688 – 726.

[20] Levine, R. , and S. Zervos, 1998, "Stock Markets, Banks, and Economic Growth", *American Economic Review*, 88(3), 537 – 558.

[21] McKinnon R. I. , 1973, *Money and Capital in Economic Development*, Washington D. C. , Brookings Institution.

[22] Merton, R. , 1995, "A Functional Perspective of Financial Intermediation", *Financial Management*, 24, 23 – 41.

[23] Shaw, E. S. , 1973, *Financial Deepening in Economic Development*, New York, Oxford University Press.

10　大规模劳动力转移条件下的经济收敛性分析[①]

内容提要：本文提出一个存在大规模劳动力转移条件下的经济收敛性分析框架。经济收敛的性质取决于劳动力转移的规模，较小规模的劳动力转移会引致直接收敛，而大规模劳动力转移会使经济收敛性质呈现先发散后收敛的动态变化。对中国数据的实证检验表明，20 世纪 90 年代中后期，由于大规模劳动力转移，经济增长出现发散趋势，而现阶段正处于发散与收敛的过渡阶段，但这种趋势的出现是以二元结构转换速度放慢为代价的。为此，政府应努力改变农村劳动力跨区域流动的现状，一方面，通过增加欠发达地区的公共支出，改善投资环境，引导产业梯度转移和欠发达地区发展劳动密集型产业，实现农村劳动力就近转移；另一方面，政府应鼓励先进地区提升技术创新的能力，实现产业升级，促进经济增长方式的根本转变。

关键词：经济收敛性　劳动力转移　经济转型

一、引　言

中国经济经历了 27 年的改革开放，取得了令世人瞩目的成就。但在经济总量不断增长的同时，经济增长的地区差异也不断扩大，对中国经济持续稳定协调发展构成了威胁。因此，研究导致差异扩大的原因以及如何缩小发展差异，对中国经济未来的健康发展意义重大。本文的研究旨在说明，为什么从 20 世纪 90 年代中后期开始，中

---

①　原文刊载于《中国社会科学》2006 年第 5 期，合作者为唐文健博士。

国地区增长差距在经历 80 年代的一度缩小后又重新扩大,未来中国地区经济增长差异又会呈现什么样的趋势。

事实上,对于中国地区经济增长差异的研究,已有很多文献。近期的研究包括蔡昉和都阳(2000)、刘强(2001)、沈坤荣和马俊(2002)、林毅夫和刘培林(2003)等。但是,针对中国特有的转型经济背景,尤其是针对大规模劳动力转移条件下的经济收敛性问题的研究文献尚不多见。刘强(2001)考虑了劳动力迁移的影响,指出了中国经济增长并不存在索洛收敛机制。但是,索洛收敛在中国不存在并不表明中国地区经济增长没有引致经济收敛的力量,因为很多经验研究表明中国经济增长存在着条件收敛特征。本文同样集中考察大规模劳动力转移条件下的经济收敛性,但与刘强(2001)不同的是,本文考虑了中国经济特有的转型背景,认为中国经济增长存在着一种制度上的、与索洛收敛机制具有相同效应的收敛机制,在此基础上说明大规模劳动力转移和经济转型会怎样影响中国地区经济增长的收敛性。

关于经济收敛性分析的大部分研究,其理论基础主要是新古典增长理论或内生增长理论。本文之所以要以转型经济为背景,研究大规模劳动力转移条件下的经济收敛性,是考虑到主流增长理论所假设的经济环境与包括中国在内的一些发展中经济体的主要特征差异较大,因而根据这些理论提出的政策建议可能缺乏针对性。比如,很多研究在对中国地区经济增长差异扩大现象进行解释时,依据的是内生增长理论,把增长差异更多地归结为人力资本积累、外商直接投资(FDI)、政府对东部地区的政策支持等因素。然而众所周知,中国自 20 世纪 70 年代末期开始的高速增长是依靠大规模投资取得的粗放型增长。就 FDI 的分布来看,它仅集中于沿海地区的少数省份,FDI 能够解释这些省份与其他省份的增长差异,但它不能说明同样接受 FDI 较少的中西部省份之间的增长差异。并且,政府的政策支持也早在 20 世纪 90 年代后期转向了中西部。

为了更好地把握中国地区经济差距变化的特点和动因,本文提出了一个针对大规模劳动力转移的转型经济的收敛性分析框架,指出存在大规模劳动力转移的转型经济可能存在的两种收敛趋势,第一种是直接收敛,第二种是呈现出倒 U 型动态特征的先发散后收敛的趋势。根据这一框架,本文提出了度量指标和计量方法,用于判断经济收敛类型和趋势。对中国数据的经验分析表明，1978—1991 年，中国地区增长差距是缩小的，处于第一种收敛趋势之中，之后由于农村劳动力大规模向城市流动，经济处于第二种收敛趋势的发散阶段。本文的结论还预测，由于劳动力转移的增速放慢，当前中国经济正处于第二种收敛的发散与收敛之间的过渡阶段。

本文的结构安排如下：第二部分对相关文献进行简要评述；第三部分提出本文的理论框架；第四部分是中国数据的经验研究；最后是结论与政策建议。

二、已有研究文献评述

经济收敛性问题的研究，在很大程度上来源于经济学家对新古典增长理论关于经济收敛假说的经验性论证。新古典增长理论在完全竞争、无外部性、要素相互可以替代、正的且递减的要素边际收益等标准新古典假定下，认为随着资本存量的增加，资本边际收益的逐步下降会使经济的人均资本向稳态收敛，稳态的人均产出、资本等指标出经济当事人的主观贴现率和效用函数性质等参数决定，增长率取决于外生给定的劳动力和技术进步速度。根据这一理论，具有相同技术偏好的经济会有相同的稳态人均指标，从而人均指标较低的经济在向稳态过渡的过程中，会比人均指标较高的经济具有更高的增长率。而不同技术偏好的经济，会具有不同的稳态人均指标，距离稳态较远的经济将趋向于更快地增长。在经济收敛性研究中，前者被称为绝对收敛，后者被称为条件收敛（巴罗、萨拉伊马丁，2000）。

新古典增长理论可以解释经济收敛，同时在假定技术偏好存在差异的情况下，也能解释经济增长差异扩大的现象，因为如果一个富国比穷国距离其稳态更远，它就会比穷国增长得更快（巴罗、萨拉伊马丁，2000）。就这个意义来说，对于任何仅仅用增长率与初始人均收入或资本进行的回归检验，即使系数为正，也不能构成对新古典增长理论关于经济收敛结论的否定。比如，Baumol（1986）曾经检查了 16 个工业化国家 1870—1978 年的收敛性，回归结果显示几乎完美的收敛。而 De Long（1988）仅仅在样本中增减数国家，就使回归系数的大小与显著性大幅降低。

一国之内的各地区,其技术偏好的差异应该是相当小的,根据条件收敛的性质,地区增长应该是收敛的。Barro & Sala-i-Martin(1991)对美国各地、日本各县和欧洲各国的经验性研究,发现了显著的收敛证据。但遗憾的是,意大利等国的经验分析并没有得到 Barro 等人研究的结果(Paci & Pigliaru,1995)。而中国更是如此,即便不去做数量检验,我们也能感觉到增长差异的明显存在,并且这种差异不但存在于地区之间,也存在于地区内部,如江苏省的南部与北部、浙江省的东部与西部。

在理论上,一个经济在长期是收敛还是发散,取决于其资本边际收益是递减还是递增。新古典增长理论假定了递减的资本边际收益,因而这一理论预言,如果没有外生技术进步和人口增长,稳态的经济增长率为零。相反,内生增长理论因为突破了资本边际收益递减的假定,获得非零的稳态增长。因此,将各种引致内生增长的因素,比如对人力资本积累更多的投入(Lucas,1988)、有效激励商业 R&D 活动的制度及市场结构(Romer,1990;Grossman & Helpman,1991)等,纳入收敛性分析,成为 20世纪 90 年代中后期经济收敛性研究的主要方法。近年来对中国经济收敛性的研究文献,也大多使用由 Barro & Sala-i-Martin(1995)、Mankiw et al.(1992)提出的经典条件收敛计量模型,在控制一些参数后,考察增长与初始人均指标是否存在明显的负相关关系。如蔡昉和都阳(2000)对 1978—1998 年中国省际之间经济增长的收敛性进行研究,认为这一时期中国省际之间的经济增长存在条件收敛,地区差异可以用人力资本等变量来解释;林毅夫和刘培林(2003)运用 Barro 回归模型,在控制了发展战略等因素后,发现了条件收敛的证据;沈坤荣和马俊(2002)的研究显示,中国地区间的经济增长不仅存在着显著的"俱乐部收敛"特征,而且存在着条件收敛特征,人力资本、市场开放度、工业化水平和产业结构的变动对增长收敛性构成显著影响。

但是,无论是新古典增长理论还是内生增长理论,都假定了资本存量的增加快于劳动力的增长,即资本是不断"深化"的。正如 Lucas(1988)所指出的,新古典增长理论在很大程度上更适合像美国这样的发达经济。在发达经济中,劳动力增长快于资本积累是不可想象的。但对像中国这样具有刘易斯意义上的二元经济典型特征的发展中经济来说,经济增长伴随着较为剧烈的结构变动,尤其是大规模劳动力转移会带来就业结构的巨大变化。在存在大规模劳动力转移的条件下，劳动力增长可能会快于资本积累，在理论上资本相对于劳动就是不变的生产要素，其边际收益就可能不再递减，进而新古典收敛条件可能并不存在。所以，对于这样的经济，如果不考虑到劳动力转移的影响，仅仅用流行的分析框架进行经验研究，其结论的政策含义可能并不可靠，甚至会产生误导。这主要表现在以下三个方面。第一，将差异本身归结为差异的原因所产生的误导。比如，新古典理论认为由技术偏好决定的储蓄率进而投资率具有水平效应，给定其他条件，储蓄率越高，经济稳态的人均资本越高，因而这一理论倾向于用投资率的差异解释跨国人均收入的巨大差异(Mankiw et al.,1992)。但是对于资本流动障碍相对较小的一国各地区来说，投资率差异背后反映的是资本回报率的差异，因而它只是差异的本身，不应该成为差异的原因。第二，因混同短期因素与长期因素而产生的误导。这是因为对于中国这样结构变动剧烈的转型经济来说，通过主流框架分析得到的一些影响地区差异的因素，很多是短期的，将这些短期因素作为影响地区差距的长期因素看待，显然会产生政策误导。第三，更为重要的是，如果新古典理论的资本边际收益递减的收敛条件不再满足，增长的初始条件就至关重要，而主流收敛性分析框架将差异的原因主要归结为经济稳态结构参数的差异，容易使人们因此而忽略一些决定地区差距形成与发展的关键性因素。因此，要从新的视角，针对劳动力增长快于资本积累和经济转型这样的背景进行研究，才能更加准确地把握中国经济增长的收敛性特征。

三、大规模劳动力转移条件下的收敛机理

我们已经指出，资本边际报酬递减对于存在较为剧烈结构变动的二元经济可能并不适用，因为一个传统部门就业比例很高的经济，会因为传统部门的劳动生产率提高而释放出大量的劳动力，现代部门的劳动力供给就可能因此而超过因资本存量增加而引致的劳动力需求，其资本边际收益会因为源源不断的劳动力供给而不再递减。在这样的经济中，新古典增长理论所隐含的收敛条件，就可能不再成立。

同样地，新古典框架下的另一种收敛机制，即生产要素自由流动而导致的要素报

酬均等化趋势,在存在大规模劳动力转移的情况下也有可能不再出现。因为在要素能够自由流动的情况下,无论资本还是劳动力,总是趋于从边际收益较低的地区向较高的地区流动,如果要素边际收益是递减的,净流入地区的要素边际收益会因此降低,净流出地区的要素边际收益会因此提高。在这里,要素边际收益递减是要素自由流动能够促进不同地区要素报酬均等化,并加速人均收入水平及其增长率收敛的必要条件(巴罗、萨拉伊马丁,2000)。而在一个存在大规模劳动力转移的经济里,一旦不同地区生产率存在差异,由于要素边际收益不再递减,资本和劳动就会源源不断地由边际收益较低的地区向较高的地区流动,并且不会因此产生新古典意义上的要素报酬均等化趋势。所以,如果经济中没有其他导致收敛的机制,要素的自由流动非但不能加速收敛,反而会加速发散。

中国就是这样一种类型的经济。从1978年起,由于户籍制度的逐步放松和农业劳动生产率的不断提高,工业化吸引了大量的农村劳动力进入现代部门就业。1978年的经济活动总人口中,有70.5%在第一产业就业,而2004年这一比例下降到46.9%,第一产业外的就业人数从1978年的11 835万人增加到2004年的39 931万人①。在90年代之前,劳动力转移主要发生在地区内部,以乡镇企业为主要转移形式,1978年全国乡镇企业就业人数仅为2 827万人,而1992年这一数字达到了10 624.59万人②。90年代以后,农村劳动力转移不但发生在地区内部,跨地区转移的劳动力数量也逐年提高。据估计,农村转移劳动力从1997年的8 315万人增加到2000年的11 340万人,平均每年增加约1 008万,其中,跨省转移的农村劳动力达2 800万人③。并且,这种跨省劳动力流动在相当长的一段时期内并没有造成转移劳动力工资的收敛,因为最近10多年来,沿海发达地区的"农民工"名义工资几乎保持不变。上述数据至少表明:第一,由于大规模劳动力转移,资本积累的速度慢于劳动

---

① 国家统计局:《中国统计年鉴》(2005年),北京:中国统计出版社,2005年。
② 国家统计局、劳动与社会保障部:《中国劳动统计年鉴》(2004年),北京:中国统计出版社,2004年。
③ 劳动与社会保障部、国家统计局:《2000年中国农村劳动力就业及流动状况》,http://www.lm. gov. cn/gb/data/node4080. htm。

力供给增长的可能性是存在的,因为如果劳动力市场供给小于需求,市场的均衡工资率应该呈现上升趋势;第二,地区之间的劳动力流动并没有产生明显的、新古典理论所预言的要素报酬均等化趋势。

但是,中国又是世界上最大的转型经济,政府在配置资源方面仍有相当的影响力,这使经济具有了一种制度上的,而不是技术上的收敛机制。20世纪90年代中后期,中国出现了明显的"资本深化"过程(张军,2002)。对于中国这样劳动力资源丰富的国家,如果市场机制较为完善,是不大可能会这么早出现较为明显的资本深化的。但是,由于中国尚处于转型之中,存在政府替代市场配置资源的现象当属正常,何况从中国实际出发,在由市场配置资源的同时,政府利用所控制的经济资源投资一些资本密集的基础设施行业、高技术产业以及向落后地区进行转移支付,来缓解经济增长的"瓶颈"制约、提高本国经济竞争力和促进地区公平,也是在所难免的①。但无论是基于什么样的原因,政府部分替代市场进行生产要素配置,一方面会增加现代部门劳均资本存量,产生非市场选择的资本深化;另一方面也会减少由市场配置的资源总量,抑制传统部门的劳动力转移。正是因为转型经济存在非市场选择的"资本深化"现象,使得经济具有了一种收敛机制,它与新古典理论所分析的因为有限劳动力增长所产生的资本深化具有相同的收敛效应,区别仅在于前者的收敛机制是制度上的,后者的收敛机制是技术上的。

既然一方面存在发散的趋势,另一方面存在导致收敛的机制,那么经济是收敛还是发散,就要取决于这两种力量的对比。显然,劳动力转移的速度越快,结构变化越大,收敛出现的可能性就越小;相反,如果劳动力转移的速度较慢,资本深化的趋势很强,经济就可能出现收敛。这可以用一个简单的模型来说明。假定经济具有如下的生产函数②:

---

① 王小鲁和樊纲(2004)的研究发现,20世纪90年代,在市场主导的资金从中西部向东部地区流动的同时,政府主导的资金流动却相反。

② 舒元和徐现祥(2002)认为我国建国以来的经济增长可以用AK类型的增长理论说明,我们设定的生产函数与他们有类似之处,但更具一般性。

$$F(K(t),L(t))=A(t)(1-\varphi(t))K(t)+B(t)(\varphi(t)K(t))^{a}L_{M}(t)^{1-a} \quad 0<\alpha<1$$

$$(10.1)$$

这一函数形式类似于 Jone & Manuelli(1990)的扩展 AK 生产函数。但不同的是,本文用 $A(t)(1-\varphi(t))K(t)$ 表示经济中由于劳动力转移而产生的具有不变资本边际收益的成分,$B(t)(\varphi(t)K(t))^{a}L_{M}(t)^{1-a}$ 表示由于资源配置的非市场化而产生的具有递减资本边际收益的成分[①]。$\varphi(t)$ 表示总资本存量在这两类成分中的比例,它具有两重含义:第一,它可以被看作经济转型程度的一个指标,在转型过程中,如果资源配置越来越由市场来决定,那么经济中具有不变资本边际收益成分的比例就会逐步上升;第二,$\varphi(t)$ 可以理解成度量劳动力转移规模的一个指标,因为经济中不变资本边际收益部分的资本存量增高,表明有更多的劳动力被转移。$A(t)$、$B(t)>1$ 为全要素生产率。为简单起见,假定 $L_{M}(t)=1$[②],则生产函数可以改写为:

$$F(K(t))=A(t)(1-\varphi(t))K(t)+B(t)(\varphi(t)K(t))^{a} \qquad (10.2)$$

假设具有无限期界家庭的一生总效用为:

$$U=\int_{0}^{\infty}e^{-\rho t}\left(\frac{c(t)^{1-\gamma}-1}{1-\gamma}\right)\mathrm{d}t \qquad (10.3)$$

其中,$c(t)$ 为人均消费;效用函数为常见的不变跨期替代弹性效用函数;$\rho\in(0,1)$ 且 $\rho<A(t)$,为经济行为人的主观时间偏好。为简便起见,我们假定经济没有人口增长,没有折旧。在平衡增长路径上,经济增长率 g 与总消费水平 $C(t)$、资本存量 $K(t)$ 的增长率相同:

$$\frac{\dot{C}(t)}{C(t)}=\frac{1}{\gamma}(F'(K(t))-\rho) \qquad (10.4)$$

---

① 为简单起见,我们没有考虑传统部门的生产。我们认为可以做这样的简化,因为传统部门产品的收入需求弹性通常小于 1,所以其产出占总产出的份额会随着经济增长而不断下降,总量增长主要来源于现代部门的增长。需要提出的是,尽管传统部门对总量增长的贡献会越来越低,但劳动力转移却依赖于其生产率的不断提高。

② $LM(t)$ 不是常数并不影响本文的基本结论。

$$\frac{\dot{K}(t)}{K(t)} = \frac{F(K(t))}{K(t)} - \frac{C(t)}{K(t)} \qquad (10.5)$$

$$g = \frac{\dot{C}(t)}{C(t)} = \frac{\dot{K}(t)}{K(t)} \qquad (10.6)$$

由式(10.4)，平衡增长路径上经济增长的速度取决于资本边际收益的性质。显然，当资本边际收益趋于递增时，经济增长是发散的；如果资本边际收益是递减的，经济增长就是收敛的。从长期来看，$\varphi(t)$总体趋势是下降的，但由于转型过程的复杂性，不能排除某一阶段$\varphi(t)$下降较慢、不变甚至上升的可能性。通过对式(10.2)生产函数的资本边际收益性质进行分析，我们不难证明①如下两点。第一，如果$A(t)$、$B(t)$保持不变，$\varphi(t)$持续较快地下降，则经济的资本边际收益趋于递增；如果$\varphi(t)$下降较慢甚至上升，则资本边际收益趋于递减。第二，经济中两种成分的全要素生产率的变化，会加速或减缓经济收敛或发散的速度。比如给定经济增长处于发散之中，经济中不变资本边际收益成分的生产率$A(t)$的提高能加速经济发散，而经济中递减资本边际收益成分生产率$B(t)$的提高则能减缓经济发散的趋势。

考虑中国经济的特点，我们集中考察第一个结论的收敛性含义。根据$\varphi(t)$的定义，上述的结论预示着，在一个存在大规模劳动力转移的转型经济里，经济收敛的性质取决于劳动力转移的规模，较小规模的劳动力转移往往会引致直接收敛，而持续增长的大规模劳动力转移会使经济增长趋于发散。但是由于下面的原因，我们认为经济增长持续发散的可能性并不大。第一，给定其他条件不变，增长所引致的劳动力需求是递增的，而传统部门的生产率持续增长是保持较大的劳动力转移规模的必要条件，但像农业这样的传统部门要保持生产率的持续增长是不太现实的。第二，鉴于中国特有的增量改革特点，随着改革的深化，其成效具有边际收益递减的特征②。从目前来看，进一步完善市场经济体制比以往的任何一项改革难度更大，因此我们不能指望$\varphi(t)$总是递增的。第三，正如我们已经指出的，政府出于国力竞争和地区公平的

---

① 证明过程见本文末附录。

② 比如，中国农村的改革和城市的国有企业改革。

考虑,总是要通过直接替代市场配置资源来保持一定的经济控制力,所以 $\varphi(t)$ 不可能为 0。基于上述三个理由,我们认为,在一个存在大规模劳动力转移的转型经济里,经济增长出现长期持续发散趋势的可能性并不大,所以,除直接收敛之外,经济会存在着另一种收敛趋势,即经历一段时期的发散后再收敛,动态上呈现出倒 U 型变化的特征。

四、中国数据的实证检验

接下来,我们将运用上文提出的收敛性分析框架,检验 1978 年以来中国的地区经济增长。图 10 - 1 给出了用基尼系数和变异系数刻画的改革以来省际人均 GDP 差异的动态演进情况①。可以看出,地区差距的变化可以划分为四个阶段:第一个阶段是 1978—1984 年,地区差距是明显缩小的;第二阶段是 1985—1991 年,地区差距保持相对稳定;第三阶段是 1992—1997 年,地区差距呈加速扩大的趋势;第四阶段是 1998—2004 年,地区差距尽管仍在扩大,但速度有所减缓。根据我们提出的分析框架,地区差距的扩大即发散对应着较大规模的劳动力转移或者经济转型的加速,而收敛则对应着较小规模的劳动力转移或转型速度的减缓。为了检验这一观点,我们用国有经济固定资产投资占全社会固定资产投资总额的比例衡量转型速度②,用每年乡村劳动力中新增非农劳动力占全部乡村劳动力的比例衡量劳动力转移的速度③,考察这两个指标在时间序列上与地区差距是否存在确定的关系。上述两个指标来自于《新中国 50 年统计资料汇编》和有关年度的《中国统计年鉴》《中国农村年鉴》中数据的简单计算,表 10 - 1 我们给出这两个指标在不同阶段的平均值。

---

① 人均 GDP 根据《新中国 50 年统计资料汇编》和 1999 年以后历年的《中国统计年鉴》,按照 1978 年价格计算。

② 缺少 1978 年和 1979 年 2 年的全社会固定资产投资数据,因此我们仅计算了 1980—1984 年国有经济固定资产投资占全社会固定资产投资总额的平均比例。

③ 乡村劳动力中新增非农劳动力数量一般要低于实际的转移量,但由于没有历年劳动力转移数量的正式统计数据,我们用这一指标考察劳动力转移的变化趋势应该是可行的。

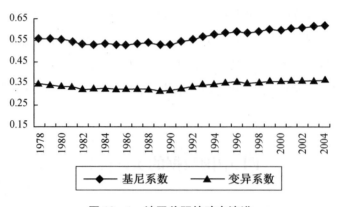

图 10‑1　地区差距的动态演进

表 10‑1　各阶段劳动力转移和国有经济固定资产投资

阶段	转移速度(%)	国有经济固定资产占 全社会固定资产投资比例
1980—1984 年	1.38	0.69
1985—1991 年	1.65	0.65
1992—1997 年	1.72	0.56
1998—2004 年	1.65	0.44

　　我们看到,对应于地区差距的变化,上述两个指标的变化似乎印证了本文对存在大规模劳动力转移的转型经济收敛性特征的分析。1984 年之前,因为国有经济投资比例较高、劳动力转移速度较低,经济处于第一种收敛趋势之中,地区差距呈现逐步缩小的趋势;1985—1991 年,随着国有经济投资比例的下降和劳动力转移速度的加快,经济收敛的趋势逐渐弱化,因此这一阶段的地区差距相对稳定;从 1992 年开始,劳动力转移的速度进一步提高,由上阶段的平均 1.65% 增加到 1.72%,同时国有经济的投资比例进一步下降,下降幅度由上一阶段的 4 个百分点提高到 9 个百分点,两种因素的共同作用使经济增长从直接收敛变为发散,进入第二种收敛趋势的发散阶段,引致了地区差距的不断扩大。我们注意到,从 90 年代后期起,尽管国有经济的投资比例由 1992—1997 年的 0.56 下降到 0.44,但由于劳动力转移速度未能有相应提高,经济中引致发散的力量开始减小,因而地区差距尽管仍在扩大,但其速度有所

减缓。

下面,我们将运用一个更为正式的方法,通过引入度量指标和计量模型检验本文提出的假说。在本文的框架中,经济中递减资本边际收益成分的资本存量占全部资本存量的比例 $\varphi(t)$ 是判断经济收敛性质的最重要指标,但它无法直接进行度量,因而需要根据模型的经济含义导出可以度量的指标来近似代替。我们知道,在最为简单的意义上,总产出将在资本与劳动这两种生产要素之间分配。资本报酬占总产出的份额为 $KF'(K)/F(K)$,劳动报酬所占的份额为 $\xi=1-KF'(K)/F(K)$。为简便起见,我们令 $\varphi(t)$ 为常数,记为 φ,对式(10.2)求一阶导数后代入劳动报酬份额的计算公式有:

$$\xi=1-\frac{A(1-\varphi)K+\alpha B(\varphi K)^{\alpha}}{A(1-\varphi)K+B(\varphi K)^{\alpha}} \tag{10.7}$$

从上式可以看出,φ 越小,即 AK 部分的比例越高,劳动报酬所占的份额就越小。反之,φ 越大,劳动报酬所占的份额越大。极端情况是,当 $\varphi=0$ 时,$\xi=0$;$\varphi=1$,$\xi=1-\alpha$。因此,经济中的劳动报酬的份额 ξ 可以作为 $\varphi(t)$ 的近似指标,通过分析它的变化趋势能够判断经济的收敛性质。在理论上,收入法国内生产总值核算出的劳动者报酬占国内生产总值的比例可以用来近似代替 ξ,但由于缺少 1978 年以来完整的省级收入法国内生产总值核算数据以及其他的一些原因,我们放弃了这种代替方法,而改用城镇国有部门和集体部门工资总额占第二、三产业总的增加值比例(以下简称工资产值比)来代替 ξ。因为根据模型的含义和中国的现实,转移劳动力的工资率水平可以看作相对不变的,并且它肯定低于城镇国有和集体部门的工资率,所以劳动力转移的规模越大,工资产值比就越低,并且其较快上升或下降将预示着经济可能出现收敛或发散的趋势。当然,这种方法没有第一种方法精确,因为它忽略了部分转移劳动力的工资,但是我们认为按照这种方法计算出来的结果更为真实和可信①。

根据历年的《中国统计年鉴》,我们计算出除西藏、重庆外中国各省(市、区)城镇

---

① 根据我们的计算结果,20 世纪 90 年代中国各地的工资产值比下降幅度相当大,而根据年鉴提供的 90 年代收入法国内生产总值数据计算出来的劳动者工资在 GDP 中的份额,其变化幅度远小于工资产值比的变化幅度。

职工工资总额占第二、三产业总增加值的比率①。由于官方公布的工资数据并未包括乡镇企业，考虑到各地乡镇企业发展的不均衡，我们以城镇集体企业的工资水平，按照乡镇企业的就业人数对各地区官方公布的工资总额进行调整。因为缺乏统一的工资指数，本文使用名义数据分析。

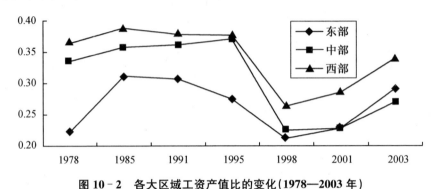

图 10-2　各大区域工资产值比的变化（1978—2003 年）

图 10-2 给出了 1978—2003 年各大区域工资产值比的变化情况②。根据前面的分析，劳动报酬在总产出中的比例上升意味着经济很可能是收敛的，下降则意味着经济可能是发散的。显然，1978—1985 年，由于劳动力转移的规模相对还较小，资源配置的方式仍然以计划为主，因而这一阶段的工资产值比是快速上升的，这提示经济处于加速收敛之中；1985—1991 年，由于乡镇企业的崛起，劳动力的转移规模不断加大，因而这一阶段的工资产值比并没有承接前一时期快速上升的势头，呈现出相对稳定的态势，预示着经济开始由收敛向发散过渡。1991—2003 年，各地的工资产值比经历一个大幅度的下降，这显示经济有可能处于发散阶段。特别是在 90 年代中期，工资产值比的下降非常明显，显示出 90 年代中期中国经济是加速发散的。因为从20 世纪 90 年代初起，除了通过在本地乡镇企业就业实现就地转移外，由于劳动力流

---

① 西藏缺少大部分数据，重庆成为直辖市较迟，并且四川的工资产值比在重庆划出前后变化不大。

② 东部包括北京、天津、河北、辽宁、上海、江苏、浙江、福建、山东、广东和海南，中部包括山西、吉林、黑龙江、安徽、江西、河南、湖北和湖南，西部包括内蒙古、广西、四川、贵州、云南、陕西、甘肃、宁夏和新疆。

动所受到的实质性限制越来越小,大量的农村劳动力开始跨地区流动,形成了可观的
"民工潮"。因此,90 年代开始的地区差距扩大现象,特别是 90 年代中期出现的地区
差距加速扩大现象,可以归结于农村劳动力就地转移和跨地区流动规模的不断加大,
使经济中资本边际收益递减的成分急剧下降,经济中引致发散的力量远远大于引致
收敛的力量①。

为进一步考察我们所构造的反映存在大规模劳动力转移的转型经济收敛性的工
资产值比指标,并通过这一指标检验经济增长处于哪一种收敛趋势,我们用式(10.8)
进行简单的回归。按照我们提出的框架,经济的收敛性质与工资产值比存在着一种
反向关系。简单地讲,如果工资产值比较低,并且经济处于发散时,增长率与工资产
值比会呈现负相关关系;如果经济处于收敛时,增长率与工资产值比应呈现正相关
关系。

$$\log(y_{it}/y_{i0}) = \alpha + \beta_1\, \bar{r}_i + \beta_2 \log(s_{i0}) + \varepsilon_{it} \tag{10.8}$$

式(10.8)中,y_{it} 和 y_{i0} 代表 t 期和 0 期 i 地区的人均产出,$\bar{r}_i$ 为 i 地区期初与期末
工资产值比的加权平均数,根据上面的分析,如果经济是发散的,其系数为负。s_{i0} 表
示 i 地区国有部门初始工资水平。由于 AK 函数的特性,资本边际收益不变,劳动报
酬在理论上为 0。但是在市场经济条件下任何一种生产要素都应获得报酬,并且正
是由于传统部门与现代部门存在工资差异,农村劳动力才会向城市流动或转移。所
以,模型中我们加入了初始工资水平。我们认为,这一工资水平越高,越能吸引劳动
力转移。因此我们预期,如果经济是发散的,s_{i0} 的系数应该为正。

表 10-2 给出了我们对 1978—1991 年和 1991—2003 年两个样本的计量分析结
果,变量的估计值全部显著,拟合系数也基本符合要求。这一结果验证了我们的分
析。1978—1991 年的样本回归结果,工资产值比的系数显著为正,初始工资水平的
系数显著为负,显示出经济收敛时工资产值比与增长率的负相关关系;1991—2003
年的样本回归结果,工资产值比系数显著为负,初始工资水平系数显著为正,显示出

---

① 刘强(2001)虽然指出了劳动力转移是地区增长差异扩大的重要原因,但他的研究并没有进一
步给出这种经济发散的理论解释。

经济发散时工资产值比与增长率的负相关关系。这表明,1978—1991 年,中国的经济增长处于直接收敛之中,地区差距是缩小的;而在 1991—2003 年,中国经济增长处于第二种收敛趋势的发散阶段,地区增长差异是扩大的,这和很多经验研究的结论(Chen & Fleisher,1996;魏后凯,1997;王小鲁、樊纲,2004)是一致的。

表 10 - 2　计量检验结果:工资产值比与经济增长

解释变量	被解释变量:人均收入增长率	
	1978—1991 年	1991—2003 年
工资产值比平均数	0.57** (2.44)	−0.88*** (−2.92)
初始工资的对数	−0.37*** (−4.14)	0.18* (1.96)
调整后的 R^2	0.36	0.22
样本数量	30	30

注:括号内为 t 统计量,*** 为 99% 水平显著,** 为 95% 水平显著,* 为 90% 水平显著。

借用 Barro 回归模型,我们可以进一步对本文所提出的分析框架进行检验[①]。我们已经指出,当经济的劳动力转移速度的增加并不足够大时,会引致直接收敛,经济的收敛机制与新古典增长理论所阐述的收敛机制具有同样的收敛效应。因此,当我们控制了初始工资产值比时,通过 Barro 回归我们应当发现存在条件收敛的证据。但是,一旦经济增长处于发散之中,Barro 回归是无效的。因为当增长发散时,新古典增长理论所描述的经济过渡动态将不复存在,因此即使我们控制了初始工资产值比,也难以找到条件收敛的证据。基于上述考虑,我们使用以下的条件收敛检验模型作进一步检验:

---

　　①　我们没有使用面板模型进行检验,因为增长回归需要使用动态面板模型,而早期的一阶差分 GMM 估计不但要求大样本,而且也没有完全解决变量的内生性问题,近期的 System GMM 估计方法尽管改进了一阶差分 GMM 估计的参数内生性问题,但它同样需要大样本。我们的样本较小,并且由于 System GMM 估计的结果通常与横截面 OLS 估计结果相近,所以我们使用了传统的横截面 OLS 估计方法。

$$\log(y_{it}/y_{i0}) = \alpha + \beta_1 \log(y_{i0}) + \beta_2 r_{i0} + \beta_3 \log(s_{i0}) + \varepsilon_{it} \qquad (10.9)$$

式(10.9)中,r_{i0} 代表 0 期 i 地区工资产值比,其他变量的意义同式(10.8)。从表 10-3 可以看出,1978—1991 年,中国经济增长存在条件收敛趋势,即一旦我们控制了初始工资产值比的差异后,经济增长与初始人均收入水平显著负相关。初始工资产值比系数为负表明,改革开放之初不同地区的初始发展条件,主要表现在经济中具有不变资本边际收益成分的高低对之后的经济增长至关重要。1991—2003 年的样本回归结果没有发现任何条件收敛的证据,说明这一阶段的中国经济增长是发散的而不是收敛的,因而 Barro 回归是无效的,但初始工资产值比系数为负(t 值也相对较高)并大于 1978—1991 年样本的估计值,说明初始工资产值比的差异是这一阶段地区差距扩大的一个重要因素。1978—2003 年样本尽管呈现了明显的条件收敛趋势,但这种条件收敛并不能用新古典理论来解释,因为至少在 90 年代以后经济是发散的,它仅仅说明了从改革开放以来整个时期来看,引致经济收敛的力量从总体上大于引致发散的力量。事实上,我们也看到,与 1978 年相比,由于东部地区工资产值比的提高,就平均而言,2003 年各地的工资产值比高于 1978 年。

表 10-3　计量检验结果:初始工资产值比与经济增长

解释变量	被解释变量:人均收入增长率		
	1978—2003 年	1978—1991 年	1991—2003 年
初始人均产出	−0.23*** (−4.39)	−0.21*** (−5.16)	0.01 (0.14)
初始工资产值比	−0.8** (−2.32)	−0.34 (−1.26)	−0.45 (−1.29)
初始平均工资对数	0.36*** (3.93)	0.23*** (3.24)	0.11 (0.84)
调整后的 R^2	0.44	0.50	0.08
样本数量	30	30	30

注:括号内为 t 统计量,*** 为 99%水平显著,** 为 95%水平显著,* 为 90%水平显著。

五、结论和政策建议

本文的目的在于针对存在大规模劳动力转移的转型经济,提出一个收敛性分析框架,为研究中国经济增长与地区差距提供一个新的视角。本文的主要结论有:处于转型中的二元经济,劳动力的大规模转移会使新古典收敛机制失去作用,转型经济所存在的政府替代市场进行资源配置使经济具有制度上的收敛机制。对中国数据的实证检验表明,从 1978 年到 20 世纪 90 年代前期,由于劳动力转移规模较小,政府配置资源的收敛效应较大,中国经济增长处于第一种收敛趋势之中;90 年代中后期,由于转型速度的加快和劳动力转移规模的加大,经济增长是发散的。

我们还提出了用工资产值比这一指标判断经济收敛性质和趋势。从 1991—2003 年工资产值比的变化趋势看,我们看到了倒 U 型的左半部分,1998 年之后各大区域工资产值比的缓慢上升,是否意味着一个“拐点”,预示着经济增长有可能由发散转向收敛,未来的地区差距有可能出现缩小的趋势? 1998 年之后,有两种现象值得注意:一是直到 2005 年才淡出的积极财政政策,二是沿海地区出现的“用工难”现象。显然,这两种现象会造成经济中资本边际收益递减成分的上升以及资本边际收益不变成分增长的减缓。但是,财政政策只是一个短期因素,收敛最终要取决于劳动力转移的力度。从目前看,沿海地区“用工难”现象还会持续下去,因此如果对这一现象的发展不加任何干预,当前的“拐点”极有可能是真实的,倒 U 型的右半部分很有可能在今后出现。

当前所出现的发散向收敛转变的“拐点”,对于缓解由于地区差距过大所导致的一系列矛盾和问题不能不说是一个好“兆头”,但这种“拐点”的出现是以二元结构转换速度放慢为代价的,因此在我们面前似乎存在两难选择,要么牺牲公平,加快经济的结构转变过程;要么牺牲增长,抑制地区差距的进一步恶化。我们看到,两难问题的关键在于劳动力的跨地区流动,因而要走出上述困境,关键是要改变农村劳动力跨地区转移这种导致两难困境的转移模式,一方面,要通过增加欠发达地区的公共支出,改善投资环境,引导欠发达地区发展劳动密集型产业,实现农村劳动力就近转移;

另一方面,应通过财政、税收和工资政策引导和鼓励先进地区改变过分依赖生产要素投入增长这种缺乏可持续性的增长模式,提升技术创新的能力,加快产业转移和升级的步伐,推动经济增长方式的根本转变,进而实现区域协调和经济可持续发展。

附录

在 t_0 时刻,经济的资本边际收益为:

$$F'(t_0)=A(t_0)(1-\varphi(t_0))+\alpha B(t_0)\varphi(t_0)^\alpha K(t_0)^{\alpha-1} \tag{10.10}$$

我们考虑三种极端情形:(1) t_0 时刻后,全部新增资本用于增加资本边际收益不变成分的资本存量;(2) t_0 时刻后,全部新增资本用于增加资本边际收益递减成分的资本存量;(3) 全部新增资本在两种成分之间配置,保持两种成分的资本存量的相对比例不变。在第一种情况下,任意 $i>1$ 的 t_i 时刻,经济的资本边际收益为:

$$F'(t_i)=A(t_i)(1-\varphi(t_i)) \tag{10.11}$$

任意 $i+1$ 与 i 时刻的资本边际收益之差为:

$$F'(t_{i+1})-F'(t_i)=A(t_{i+1})(1-\varphi(t_{i+1})-A(t_i)(1-\varphi(t_i)) \tag{10.12}$$

假设 $A(t)$、$B(t)$ 为常数,$\varphi(t_{i+1})<\varphi(t_i)$ 成立,故 $F'(t_{i+1})-F'(t_i)>0$,这时的资本边际收益是递增的。对于第二种情形,由于新增资本配置到资本边际收益递减的成分,显然有 $F'(t_{i+1})-F'(t_i)<0$。

第三种情形,任意两个时刻资本边际收益之差为:

$$F'(t_{i+1})-F'(t_i)=A(t)(\varphi(t_i)-\varphi(t_{i+1}))+\alpha B(t)(\varphi(t_{i+1})^\alpha K(t_{i+1})^{\alpha-1}-\varphi(t_i)K(t_i)^{\alpha-1})$$

$$\tag{10.13}$$

由于 $\varphi(t_{i+1})=\varphi(t_i)$,上式右边第一个表达式为 0,第二个表达式为负,所以 $F'(t_{i+1})-F'(t_i)<0$。因此,$\varphi(t_{i+1})<\varphi(t_i)$ 是资本边际收益递增存在的必要条件。

进一步看,对于任意配置比例,只要满足:

$$F'(t_{i+1})-F'(t_i)=A(t)(\varphi(t_i)-\varphi(t_{i+1}))+\alpha B(t)(\varphi(t_{i+1})^\alpha K(t_{i+1})^{\alpha-1}-\varphi(t_i)K(t_i)^{\alpha-1})>0$$

$$\tag{10.14}$$

资本边际收益就是递增的。

我们注意到,$\varphi(t_{i+1})<\varphi(t_i)$ 是资本边际收益递增存在的必要条件,因此我们有:

$$\varphi(t_i)^\alpha K(t_i)^{\alpha-1}>\varphi(t_{i+1})K(t_i)^{\alpha-1} \tag{10.15}$$

根据式(10.15),下式成立,式(10.14)必然成立:

$$F'(t_{i+1})-F'(t_i)=A(t)(\varphi(t_i)-\varphi(t_{i+1}))-\alpha B(t)(\varphi(t_{i+1})^\alpha K(t_i)^{\alpha-1}-\varphi(t_{i+1})K(t_{i+1})^{\alpha-1})>0$$

$$(10.16)$$

解出上式有：

$$\frac{\varphi(t_i)}{\varphi(t_{i+1})}>1+\frac{\alpha B(t)(K(t_i)^{\alpha-1}-K(t_{i+1})^{\alpha-1})\varphi(t_{i+1})^{\alpha-1}}{A(t)} \qquad (10.17)$$

即 $\varphi(t)$ 满足式(10.17)，资本边际收益就是递增的。证毕。

参考文献

[1] 巴罗、萨拉伊马丁,2000：《经济增长》,北京：中国社会科学出版社。

[2] 蔡昉、都阳,2000：《中国地区经济增长的趋同与趋异——对西部开发战略的启示》,《经济研究》第 10 期。

[3] 林毅夫、刘培林,2003：《中国的地区发展战略与地区收入差距》,《经济研究》第 3 期。

[4] 刘强,2001：《中国经济增长的收敛性分析》,《经济研究》第 6 期。

[5] 沈坤荣、马俊,2002：《中国经济增长的"俱乐部收敛"特征及其成因研究》,《经济研究》第 1 期。

[6] 舒元、徐现祥,2002：《中国经济增长模型的设定：1952—1998》,《经济研究》第 11 期。

[7] 王小鲁、樊纲,2004：《中国地区差异的变动趋势和影响因素》,《经济研究》第 1 期。

[8] 魏后凯,1997：《中国地区经济增长及其收敛性》,《中国工业经济》第 3 期。

[9] 张军,2002：《资本形成、工业化与经济增长：中国转轨的特征》,《经济研究》第 6 期。

[10] Barro, R., and X. Sala-i-Martin, 1991, "Convergence across States and Regions", *Brookings Papers on Economic Activity*, 1, 107 - 182.

[11] Barro, R., and X. Sala-i-Martin, 1995, *Economic Growth*, New York, McGraw-Hill.

[12] Baumol, W., 1986, "Productivity Growth, Convergence and Welfare: What the Long-run Show", *American Economic Review*, 76, 1072 - 1085.

[13] Chen, J., and B. M. Fleisher, 1996, "Regional Income Inequality and Economic Growth", *Journal of Comparative Economics*, 22, 141 - 164.

[14] De Long J. B., 1988, "Productivity Growth, Convergence, and Welfare: Comment", *American Economic Review*, 78, 1138 - 1154.

[15] Grossman, G. M., and E. Helpman, 1991, *Innovation and Growth in the Global Economy*, MA, MIT Press.

[16] Jones, L. E., and R. Manuelli, 1990, "A Convex Model of Equilibrium Growth: Theory and Policy Implications", *Journal of Political Economics*, 98, 1008 - 1038.

[17] Lucas, R. E., 1988, "On the Mechanics of Economic Development", *Journal of*

Monetary Economics, 22, 3 - 42.

[18] Mankiw, N. , G. R. Romer, and D. N. Weil, 1992, "A Contribution to the Empirics of Economic Growth", *Quarterly Journal of Economics*, 107, 407 - 437.

[19] Paci, R. , and F. Pigliaru, 1995, "Differnziali di Crescita tra le Regioni Italiance: un'Analist Cross-section", *Rivista di Politica Economica*, 85, 3 - 34.

[20] Romer, P. , 1990, "Endogenous Technological Change", *Journal of Political Economy*, 98, 71 - 102.

11　税收竞争、地区博弈及其增长绩效①

内容提要：中国的财政分权改革激发了地方政府推进本地区经济发展的积极性，但不恰当的分权路径也加剧了地区间的税收竞争。本文运用空间滞后模型，对中国省际间的税收竞争与博弈行为进行检验。研究显示，省际间税收竞争反应函数斜率为负，这说明省际间在税收竞争中采取的是差异化竞争策略；同时也意味着地方政府目前对公共产品的偏好较低。而对省际间税收竞争增长绩效的格兰杰因果检验则显示，公共服务水平对地区经济增长率具有显著的促进作用，并且地方政府的征税努力与其财政充裕状况直接相关。为此，本文提出应加快地区基本公共服务的均等化和转移支付的法制化进程，努力打破数量型增长的政绩观，从制度层面营造地区间协调有序的竞争关系。

关键词：税收竞争　策略性行为　增长绩效

一、引言与文献概览

改革以来，财政分权一直都是中国经济转型的重要内容。通过从行政性分权向经济性分权不断演进，地方政府逐渐拥有了对财政收入的剩余控制权，这种新的制度安排为地方政府发展本地区经济提供了重要动力，给中国经济增长带来了非常明显

---

① 原文刊载于《经济研究》2006 年第 6 期，合作者为付文林博士。论文荣获第十三届(2008 年度)孙冶方经济科学奖。

的激励(Shah,1994;Qian & Roland,1998)。但随着财政分权正面效应的不断释放，地区间税收竞争激化的负面影响正在逐步凸显。地方政府通过税收、公共服务等手段进行经济竞争，所引发的地方保护、市场割据和重复建设等一系列经济扭曲，实际上已经危及国民经济的稳定协调和可持续增长，以地区间税收竞争为主要动力机制的非均衡发展模式难以为继。因此，在未来的发展进程中，既要不断整合各种要素资源，更要从体制与机制入手，不断规范地区征税行为，完善政府参与经济活动的方式，从而使经济能够在一个协调有序的竞争框架下发展。为此，研究地区间的税收博弈特征及其增长绩效，对于匡正地方政府竞争行为、优化地区间的经济竞争环境，具有重要的理论价值和现实意义。

在蒂伯特的关于地区间竞争问题的经典论文中，地区间竞争主要指的是地方政府根据辖区居民偏好、社会经济特点，所选择的地区财政收支政策组合，而且他在一系列严格假定基础上，提出居民在社区间的"用脚投票"，可以使地方公共品供给实现帕雷托最优(Tiebout,1956)。尽管在蒂伯特那里，地区间竞争的出发点并不完全是为了和其他地区竞争财政资源，但此后，关于地区间竞争的研究已经越来越强调地区间财政收支层面的竞争(Wilson,1999)，如美国政府间关系咨询委员会就曾将地区间竞争定义为：地方政府为了赢得一些稀缺的有价值财政资源，或者避免一种特别的成本(USACIR,1991)。

地区间税收竞争主要指通过降低纳税人的税收负担来吸引有价值经济资源的流入；公共支出竞争则是地区间以公共产品和服务水平供给的手段来竞争稀缺经济资源。由于现实经济中政府主要是通过税收手段为公共支出进行筹资，因而，这两种性质不同的竞争方式最终都会在地区间的税负水平中得到反映。

国外经济学家对税收竞争问题的研究主要是围绕地区间税收竞争的基本特征及经济绩效展开。关于地区间税收竞争特征的研究，早期主要是考察地区公共产品的外溢效应问题，通常会假定各个地区的经济规模相对于整个经济而言很小，因而不可能通过设定税率影响资本的净回报，地区间不存在策略性税收博弈行为(Boskin,1973)。而后续的一些研究开始关注非同质地区的税收竞争中的博弈问题(Mintz & Tulkens,1986;Wildasin,1989)，资本在地区间的配置不仅取决于本地税率，还会受到周边其他地区税收政策的影响，即地区间会在税收市场上进行博弈，而地方政府利用税率手段的博弈行为，不仅对资本、劳动力等经济要素的区域配置产生影响，而且会使不同地区经济发展潜力产生差异，从而引起宏观经济的波动。

对地区间税收竞争特征的实证性检验，西方学者主要是考察地区间税负的反应函数，通过检验地区间实际税负的策略性行为，观察地区间税收竞争的具体特征。其先驱性研究是由凯斯等进行的，他们把政府支出看作策略性变量，采用空间滞后分析模型（也被称为空间自回归模型），检验美国州政府支出与经过加权的其他竞争州政府支出之间的策略性行为。研究发现，如果竞争州的政府支出越高，那么给定州的支出水平也越高（Case et al. , 1993）。沿着凯斯等开创的计量方法，亨德尔斯等（Heyndels & Vuchelen, 1998）对比利时的 589 个自治市之间的财产税和收入税竞争中的模仿问题进行了检验；布莱克纳等（Brueckner & Saavedra, 2001）利用美国波士顿地区的 70 个城市数据对地区间财产税中的策略性行为进行了估计，他们均发现了地区间的税收反应函数斜率显著为正，在地区间的税收竞争中存在明显的策略性博弈行为。

随着地区间经济联系的加强，一个地区的税收政策越可能对周边地区产生影响，这种影响既可能是正外部性，也可能是负外部性，因此地区间税收竞争的产出效应并不明确。钱颖一等（Qian & Roland, 1998）利用委托代理理论和公共选择理论，指出分权体制下的地区间竞争有助于减少政府对微观经济部门的干预，可能提高地方企业的效率，并导致高速的、可持续的经济增长。周业安（2003）通过一个简单的博弈模型指出由于垂直化行政管理架构和资源流动性的限制，地方政府之间的竞争并不必然带来经济的良性增长，特别是在地方政府选择保护性策略和掠夺性策略时会增大地区间的交易成本，这种保护带来的价格扭曲会导致资源配置效率低，从而损害经济增长。

中国经济体制改革的多维演进特征，使得中国的分权化改革既有一般理论框架所揭示的共同特征，也有中国转型阶段所特有的经济表现。对中国地区间税收竞争关系的形成原因、特征及其增长绩效，已有的实证研究主要侧重于地方保护主义（魏后凯，1995；Young，2000；蔡昉等，2002；白重恩等，2004），但因为地方保护只是地区间竞争的激化表现之一,因而对地方保护或市场割据的研究并不能提供关于中国地区间税收博弈行为的直接证据。

本文第二部分提出一个空间滞后计量分析框架,并对相关分析变量进行说明;第三部分对地区税收博弈进行分时期、分地区的计量检验;第四部分是对税收竞争增长绩效的经验考察;最后是本文的结论。

二、空间滞后分析模型

地区间的财政政策会相互影响,一方面,地区公共产品具有外溢效应,如一个地区的良好治安会对周边地区的社会安全带来正外部性;另一方面,财政政策因素所引发的生产要素跨地区流动会改变各地区的税基。考虑到资本的跨地区流动会使地区间资本的税后回报均等化,资本在地区间的配置不仅取决于本地税率,还会受到周边其他地区税收政策的影响。因此,可以通过检验一个代表性地区的税率反应函数,即该地区税率与其自身经济特征和其他竞争地区的税率关系,来考察地区间的税收竞争博弈状况,而这首先会涉及一个特定地区的竞争对象范围及每个竞争地区的权重确定问题。从方法论角度,理想的选择方法当然是由数据生成,但实际研究中受统计技术方面的限制,不可能在方案间进行比较选择,因而一般只能根据某种现有理论来进行筛选。本文这里参照的就是甘瑟等(Genser & Weck-Hannemann,1993)的处理方法,即将其他所有省区均看作给定省的竞争对象①,并通过权重赋值的方式对竞争省区的相对重要性进行区分②。

由于空间距离常常是影响资源流动的重要因素,不仅劳动力流动会受文化习惯(传统)、与空间距离有关的迁移成本的影响从而表现出地域性特征,而且,资本流动

---

①　对中国这样一个大国而言,各省的经济状况千差万别,政策工具的运用也各不相同,对省级以下地区间的财政竞争进行研究,对于准确把握政府间的财政分配与均衡关系特征可能更加重要,不过,由于相关数据的缺乏,本文的讨论仅限于省级层面。

②　权重的数值确定是根据研究者对空间交互性反应特征的先验预测,正如布莱克纳(Brueckner,1998)所言,权重的确定标准通常比较随意,研究者从各自的研究目的出发会提出不同的权重变量。

同样也会因为产业集聚效应的作用,具有很强的地域性(Anselin et al. ,1996)。考虑到地区增长绩效通常是衡量地方政府政绩的最主要指标,地方官员出于政治声誉竞赛方面的考虑,在竞争中对周边经济发达省区的税收政策安排会更加重视,为此,本文采用给定省与其竞争省区的距离、竞争省区的 GDP 作为确定权重的依据。具体来说,采用距离的倒数 $1/d_{ij}$,$i \neq j$ 作为 w_{ij} ,这里的 d_{ij} 是 i 省与其竞争省区 j 的省会城市间的铁路运行距离,经 $d_{ij}^{-1} / \sum d_{ij}^{-1}$,$i \neq j$ 标准化后记为 $W^{1/D}$;采用 i 省的竞争省区 j 在所有竞争省区的 GDP 总量中所占的比重 G_j 作为权重,记为 W^{GDP} 。为提升研究结论的稳定性,本文还采用距离与 GDP 的混合形式 G_j/d_{ij} ,$i \neq j$ 对竞争性省区进行加权,经标准化后记为 $W^{GDP/D}$ 。

对地区间税率的策略性行为进行检验,实际上是拟合一个给定地区的税负反应函数。如果给定地区的竞争性地区的加权税负变量的拟合系数显著不等于 0,则表明给定地区的税负水平受到其他地区税收政策的影响,即地区间存在税收竞争中的策略性行为;如果加权税负变量的回归系数等于 0,则表明给定地区的税收政策仅取决于其自身的经济特征和目标,即没有税收政策方面的策略性行为。

在具体分析中,本文采用的是空间滞后分析框架的简化模型(Brueckner & Saavedra,2001),其回归方程为: $t_i = \varphi \sum_{j \neq i} w_{ij} t_j + Z_i \theta + \varepsilon_i$ 。式中 w_{ij} 的为一个权重集,它的作用是给 i 的竞争性省份进行权重赋值,并将该权重矩阵每一行的和分别进行标准化,再利用标准化后的权重将 i 省的所有 j 个竞争性省区的税率加总成为一个税负变量;Z_i 是一个包含反映地区 i 的其他社会经济特征的变量集;t_i、t_j 分别为 i 地区和 j 地区的税负水平;ε_i 是误差项。

由于目前中国的税收立法权是高度统一的,除了筵席税等非常不重要的税收之外,地方政府一般无权决定税种开征和税率设定,所以各省区法定税率上的差别主要表现在中央政府所批准的税收优惠政策方面的不同,而不同省区由于争取到的税收优惠幅度和范围不同,其宏观税负水平具有很大差异。在这种背景下,省区间税收竞争主要表现在对优惠政策的争取和对征税努力程度的选择等方面,这些行为会使地方政府影响当地的宏观税负水平,因此本文主要关注省际间宏观税负竞争中的策略性行为。另外,由于我国地方政府财政预算体制有内外之分,在正式的财政制度之外存在大量非正式的财政安排,对于大量存在的预算外收入,地方政府具有事实上的决定权,预算外资金管理相对松散,为地方政府通过预算外资金进行竞争提供了重要条件。因此,本文实际考察的回归因变量有两个:预算内宏观税负和预算外收入占GDP比重(我国目前政府的预算外收入主要来源是各种各样的收费,下文称为平均预算外负担)。

地方政府征集财政收入主要受财政支出需要和财源丰裕程度两方面因素决定,因此,本文所采用的反映地区社会经济特征的变量有三个:政府部门职工人数在总人口中的比重,反映公共部门变量;在校学生人数占总人口的比重;人均GDP。前两个变量是从地方政府支出需要角度衡量地区财政特征,对一些经济落后地区,教育经费投入常常是最大的财政支出项目,而政府部门的职工比重,一方面直接影响了地方政府的行政管理支出负担水平,同时政府机构越庞大、行政机关人员越多,对预算外收入的依赖程度可能越大,这应该都会促使地方政府努力提高征税;人均GDP指标反应地区的经济发展水平,因而决定了该地区的税源丰裕状况,通常经济发展水平越高,维持一定公共产品供给水平需要的税负可以越低。

三、税收竞争中的策略性行为

由于中国税收立法权的高度统一,可能使省际间的宏观税负出现同步变动,即回归方程等式右边的竞争省份的加权税率可能是内生变量,这意味着普通最小二乘法不再是一致估计,加之分析横截面数据中经常要面对的异方差性,OLS估计结果可能将不再是有效的,通常的统计推断过程不再适用。为了尽量避免统计分析中的偏误,本文采用的是似然不相关回归分析方法(Heyndels & Vuchelen,1998)。

考虑到在1994年分税制改革前对税收优惠政策的执行很不规范,许多地区都存在乱开税收优惠口子的问题,而1994年之后,中央开始严格限制地方政府的税收优惠权力[①],对经济特区、经济技术开发区等的税收优惠政策正在逐步稳定化和规范化。为了对分税制改革前后地区间税收竞争博弈行为特征进行比较,本文分别对1992年[②]和2003年两个年份的省际间截面数据进行了回归分析。另外,针对目前区域经济发展环境方面所存在的巨大差距,我们还特别对发展条件比较接近的东部省区间的税率反应函数特征进行了考察。

表11-1对1992年省际税收竞争进行分析的结果表明,人均GDP水平与预算内宏观税负正相关关系,但系数在通常显著性水平上均不显著;而人均GDP与平均预算外负担之间的反方向变动关系,意味着人均GDP水平越低的省份,预算外税收负担越重。这反映了分税制改革前,一些经济落后地区的确在通过预算外收费增加可用财力,而经济相对发达的省市,财政对预算外收入的依赖程度会降低,某种程度上表明地方政府的财政支出往往具有一定的刚性,中央政府通过一般性财政转移支付,提高经济落后省区的可用财力,有助于规范地方政府的财政行为。

中小学生在校生占人口比重几乎在所有模型中均不显著。政府部门职工占人口比重虽然与预算内宏观税负之间的关系不显著,但在所有三个预算外税负模型中系数均显著为正,政府部门职工人数比重越高,预算外收入占GDP比重越高,说明在分税制改革前,乱收费的确与政府机构膨胀具有一定关联,预算外收入成为一些地区弥补人头费不足的手段。可以预计随着政府机构改革的不断深入,行政机构和行政人员的适度精简,地方政府的各种乱收费行为应该会得到有效缓解。

---

① 中国目前的税收制度分国税和地税两套征税机构,理论上讲一个地区的税负应当包括向国税和地税的总纳税额,但由于分税制改革前中央和地方的财政收入分享制度安排非常复杂,在《中国税务年鉴》(1993年)中并未公布1992年各地区向中央的上缴收入数,因而无法取得分地区中央和地方的分解数据,所以本文在计算宏观税负时,采用各地区财政收入作为地区总纳税额的代理变量,显然对经济结构不同的地区,计算值与实际值会存在着一定偏差。不过由于本文所研究的主要是地区间税收竞争问题,地方政府通常在地方财政收入征收中进行一些"特殊处理"更加容易,因此这里的处理方法对理解地区间财政竞争状况应该不会产生方向性误差。

② 因为1992年是中国正式明确建设社会主义市场经济体制的年份,而1993年,由于税制改革关于税收返还的数额方案的规定等导致了1993年各地方税收收入出现了异常增长的现象,使当年的税负水平可能不具有代表性。

表 11-1　1992 年省际间税收竞争的策略性行为分析结果

自变量	因变量:平均宏观税负			因变量:平均预算外负担		
	$W^{1/D}$	W^{GDP}	$W^{GDP/D}$	$W^{1/D}$	W^{GDP}	$W^{GDP/D}$
回归常数	0.38^c (0.21)	2.21^a (0.31)	0.30 (0.19)	0.22^a (0.08)	1.46^a (0.25)	0.21^a (0.08)
其他省加权税负	−2.87^b (1.46)	−23.41^a (3.17)	−2.45^c (1.48)	0.03 (0.54)	−15.83^a (3.01)	0.29 (0.75)
人均 GDP	0.001 (0.01)	0.01 (0.01)	0.006 (0.01)	−0.02^a (0.01)	−0.005 (0.005)	−0.02^a (0.01)
政府机关职工比重	1.60 (1.26)	−1.26^c (0.73)	0.77 (1.22)	4.78^a (0.72)	2.15^a (0.62)	4.74^a (0.69)
中小学在校生比重	0.17 (0.26)	0.09 (0.14)	−0.13 (0.26)	−0.23 (0.14)	−0.09 (0.10)	−0.24^c (0.14)
R^2	0.19	0.68	0.16	0.66	0.77	0.66
观察值	28	30	28	28	30	28

注:① 省会城市铁路营运距离数据来自《新世纪交通图册》(北京:中国地图出版社,
2001 年,第 5—6 页),其他分析数据均来自历年《中国统计年鉴》。由于海南和西藏
特殊的地理特征,直到最近铁路交通才开始发展,所以在采用距离加权的分析中未
包括这两个省,下表同;
② 括号中是标准差,上标 a 表示系数在 99% 水平上显著,b、c 分别代表 95% 和
90% 水平上显著,下表同。

　　本文所主要关注的竞争省区加权宏观税负变量的回归结果在不同模型中显现出
不同的特征。在预算内宏观税负方面,竞争省区的加权税负与特定省税负水平之间
的负相关,且至少在 90% 水平上显著,表明省际间存在着税收竞争的策略性博弈行
为①。这与早先世界银行的一项研究的结论基本一致(World Bank,1990),但与凯斯

---

　　① 在简单的静态税收竞争模型中,结论一般是递增的税收反应函数导致地区间税率决策的匹配
行为。然而,正如 Mintz & Tulkens(1986)所最先指出的,递增函数在地方政府强调公共支出变量时,
并不是策略性税收模型的一般性特征。Wildasin(1989)也认为在相同地区间的支出竞争也可能会导致
税率的非匹配行为,即地区间税收竞争中的策略性行为也会出现在递减的税收反应函数情况下。

等(1993)关于美国州际间税收竞争的研究、亨德斯等(Heyndels & Vuchelen,1998)对比利时地区间收入税和财产税中的模仿行为的研究所分别发现的正斜率反应函数的结论不同。

　　我国省际间税收竞争和欧美发达国家地区间税收竞争呈现的特征不同,当然反映了目前省际间所享有的税收优惠政策上存在着较大差异。但负斜率的税收反应函数常常与竞争地区的经济规模大小、居民对公共产品的偏好特征也有一定关联,因为对规模足够大的地区,其在区域资本市场内拥有一定的买方垄断势力,因而该地区可以通过降低资本税后回报的形式,向非居民资本所有者"出口"一些税收负担,即它对流动性资本的最优税收可以更高(Zodrow & Mieszkowski,1986)。而如果一个地区对公共产品的偏好比较小,则在其他地区税率上升时,它可能也会将本地税率调低,即出现向下倾斜的税收反应函数(Breukner,2001)。很显然,负斜率的税收反应函数与我国目前经济发展所处的工业化阶段、巨大的省际间发展水平差距的经济特征具有内在的一致性。一方面,地方政府对经济建设性项目的热情普遍比较高,而对公共卫生、教育、市场体制建设等公共产品和服务的投入力度相对较低,即地方政府对公共产品偏好比较低;另一方面,目前省际间发展水平上的巨大差异,也使经济规模相对较大的东部省区,可以利用其相对垄断势力导引税收竞争的方向,采取与中西部地区差异化的税收竞争策略。这里的结果显示:地区间税收竞争从根本上说,与产品市场竞争是类似的,在经济发展水平较低的阶段,竞争策略主要是直接的价格(税率)竞争方式;而在经济达到一定的发展水平之后,会更倾向采取公共服务竞争方式。

表 11－2　2003 年省际间税收竞争的策略性行为分析结果

自变量	因变量:平均宏观税负			因变量:平均预算外负担		
	$W^{1/D}$	W^{GDP}	$W^{GDP/D}$	$W^{1/D}$	W^{GDP}	$W^{GDP/D}$
回归常数	0.11 (0.10)	1.45[a] (0.19)	0.15 (0.11)	0.07 (0.05)	0.51[a] (0.09)	0.05 (0.05)
其他省加权税负	−1.91[b] (0.86)	−18.85[a] (2.29)	−2.22[b] (1.03)	−1.27 (1.00)	−15.15[a] (2.59)	−0.52 (1.02)

(续表)

自变量	因变量:平均宏观税负			因变量:平均预算外负担		
	$W^{1/D}$	W^{GDP}	$W^{GDP/D}$	$W^{1/D}$	W^{GDP}	$W^{GDP/D}$
人均GDP	0.01 (0.008)	0.002 (0.005)	0.01 (0.008)	−0.000 (0.003)	−0.001 (0.002)	−0.000 (0.003)
政府机关职工比重	2.35[c] (1.36)	−0.34 (0.61)	1.66 (1.46)	0.46 (0.52)	−0.66[a] (0.24)	−0.35 (0.58)
中小学在校生比重	−0.28[c] (0.16)	−0.14 (0.10)	−0.30[c] (0.16)	0.04 (0.06)	0.004 (0.04)	0.04 (0.06)
R^2	0.51	0.79	0.50	0.09	0.61	0.05
观察值	29	31	29	29	31	29

2003年省际间税收竞争的策略性行为的检验结果(表11-2)表明,在分税制改革逐步得到完善的2003年,在所有六个模型中,竞争省区的加权税率系数均呈负值,其中四个系数至少在95%水平上显著,负斜率的策略性反应函数性质与分税制改革前相同。

通过对比两个不同时期的分析结果,我们发现,2003年的预算内税收竞争反应系数与1992年相比均有不同程度的下降,说明目前省际间宏观税负的差距有所缩小,这可能是分税制改革对地方政府减免税进行限制的结果。但地区间预算外竞争弹性系数的下降,甚至由正转为负值,说明地区间预算外竞争从模仿策略在向差别化竞争策略转变。通过对省际间预算外税负数据的分析可以看到,1992年除三个直辖市,预算外税负最高的省区是内蒙、吉林、宁夏和青海等中西部地区,而江苏、广东和山东等东部经济较发达地区的预算外税负均较低,这表明在1992年,预算外收入在一些地区是作为缓解税收竞争给地区财政所造成的紧张状况的重要途经。而2003年,省际间预算外收入负担呈现出多元化特征,与地区经济发展水平之间的关系也不再像1992年那样明显,这是地方政府对税率竞争强度下降后,预算外收入在地区间财政竞争中的筹集财政资金作用随之下降的部分反映。当然随着财政预算管理体制改革的不断深入,越来越多的省区将预算外资金纳入收入预算中,也使得地方政府通过预算外资金进行竞争的功能逐渐弱化。

　　与 1992 年政府职工比重与预算外收入平均税负显著正相关不同，2003 年政府职工比重与预算外收入平均税负的关系呈现为负相关，或者是不显著的正相关。这有两方面原因。一是我国预算管理制度改革的不断深化，使许多地区将预算外收入的管理加强了，已经有越来越多的省区将预算外资金纳入收入预算中。通过完善预算编制，提高预算的完整性，也大大提高了对政府税收收入和各类非税收入的监督力度，实际上传统意义上的预算外收入已经不再完全游离于"预算"管理，如江苏开始将乡镇的非税收入按资金性质分别解缴县国库和县预算外资金专户，再根据乡镇年度收支预算和收支进度拨至各乡镇。这使预算外收入总体规模在不断缩小。二是 1998 年以来的精简机构、裁减政府部门冗员是卓有成效的，控制了地方政府工作人员的过快膨胀，也在一定程度上降低了地方政府对预算外收入的依赖，对规范地方政府的财政行为起到了明显的作用。

　　当然，我国幅员辽阔，地区间社会经济发展水平存在很大不平衡，使得采用全部省份考察地区间税收竞争，可能会出现竞争对象范围选择方面的偏差，而影响研究的结论。为验证以上分析结果的稳健性，本文利用 2003 年数据，对东部地区间的税收竞争策略性行为进行了研究，结果见表 11 - 3。

表 11 - 3　2003 年东部地区①省际间税收竞争的策略性行为分析结果

自变量	因变量：平均宏观税负			因变量：平均预算外负担		
	$W^{1/D}$	W^{GDP}	$W^{GDP/D}$	$W^{1/D}$	W^{GDP}	$W^{GDP/D}$
回归常数	-0.40^a (0.13)	0.53 (0.35)	-0.37^b (0.17)	-0.09 (0.07)	0.34^a (0.06)	-0.05 (0.09)
东部其他省加权税负	-1.16^a (0.25)	-6.67^a (1.82)	-1.63^a (0.50)	-3.73^a (1.14)	-7.42^a (0.92)	-2.50 (1.59)
人均 GDP	0.05^a (0.01)	0.01 (0.02)	0.06^a (0.01)	0.02^a (0.01)	-0.006^c (0.003)	0.02^c (0.01)

　　① 这里的东部地区包括北京、天津、河北、辽宁、上海、江苏、浙江、福建、山东、广东和海南，表 11 - 4 同。

（续表）

自变量	因变量:平均宏观税负			因变量:平均预算外负担		
	$W^{1/D}$	W^{GDP}	$W^{GDP/D}$	$W^{1/D}$	W^{GDP}	$W^{GDP/D}$
政府机关职工比重	3.87^a (0.91)	2.82^b (1.17)	2.68^b (1.28)	-2.16^a (0.79)	-0.04 (0.28)	-1.68 (1.14)
中小学在校生比重	0.13 (0.14)	-0.22 (0.20)	0.08 (0.18)	0.17 (0.09)	-0.08 (0.05)	0.11 (0.11)
R^2	0.96	0.94	0.94	0.55	0.88	0.26
观察值	10	11	10	10	11	10

　　表11-3所显示的东部省市税收竞争策略性行为的回归结果,从各模型的 R^2 值看,有五个模型的解释力在55%以上,说明将分析集中在社会经济特征相似性更高的东部地区,会大大提高模型的解释力,不过虽然在预算内宏观税负竞争的三个模型中,回归系数都有了不同程度的下降,但所有竞争省份的加权税负的回归系数仍然均呈负数,而对相关数据的进一步分析表明,东部各省市获得的税收优惠政策、产业结构之间的差别并不足以解释其宏观税负的差异。这意味着即使在经济发展水平比较接近的各东部省市间依然存在着税收竞争中的差别化策略性行为。而从企业投资区位选择看,它们往往看重综合性的良好投资环境,投资成本、公共基础实施水平、社会法制环境、人力资本投资水平等都是企业看重的重要因素,因而不同地区会根据其经济环境资源禀赋的特点,采取差别化的财政竞争策略,税率低的地区更加重视税收竞争策略,而高税率地区会努力提高其公共服务水平,不断改善其综合投资环境。

　　地方政府进行竞争的根本目标是改善本地区的投资环境,实现地区经济更快地增长,提升本地区在全国经济中的相对地位,为地方官员积累政治声誉,以谋取更多的晋升机会。而对地区间税率反应函数特征的分析,已经揭示各地区会根据自身经济社会的不同特点而采取差异化的税收博弈策略。为深入分析这些差异的原因和产生的绩效,我们进一步研究了税收竞争的宏观经济绩效。

四、税收竞争的增长绩效

经济增长是物质资本、人力资本、技术和制度环境等因素综合作用的结果，因而本文在分析中加入了地区资本存量和公路密度两个控制变量。考虑到当年的固定资产投资、公路建设投资都会直接形成新增 GDP 的一部分，为了避免本期资本存量、公路密度与经济增长变量间的内生性问题，分析中两个变量均采用一阶滞后①。另外，由于私人经济部门对地区间税收负担形成有效反应，可能需要一定时间，因而在研究税收竞争的增长绩效中，本文分别考虑了本期税负、上期税负和本期税负减上期税负等三个变量。分析中采用的是 1994—2003 年省际间面板数据集。同样地，出于对分析结论稳定性检验目的，这里的分析也分为全国和东部地区两部分。表 11－4 是分析结果。

表 11－4　1994—2003 年省际间税收竞争的增长效应分析结果

自变量	全部省份			东部省份		
	模型 1	模型 2	模型 3	模型 1	模型 2	模型 3
回归常数	0.34^a (0.04)	0.29^a (0.04)	0.30^a (0.04)	0.57^a (0.07)	0.49^a (0.07)	0.49^a (0.07)
资本存量	-0.03^a (0.01)	-0.03^a (0.01)	-0.02^a (0.01)	-0.06^a (0.01)	-0.05^a (0.01)	-0.05^a (0.01)
公路密度	0.01 (0.09)	0.06 (0.08)	0.05 (0.08)	0.20^c (0.11)	0.20^c (0.11)	0.30^a (0.10)
宏观税负	0.39^a (0.14)	0.25^c (0.13)		0.49^b (0.21)	-0.00 (0.25)	

---

① 资本存量数据是在张军等(2004)所报告的 2000 年分省数据基础上，进行补充计算后所得的序列，各年固定资本形成总额数据均来自《中国统计年鉴》相关各期。公路密度指每平方公里二级及以上公路里程数，各年公路里程数据分别取自《中国统计年鉴》和《中国交通统计年鉴》有关各期。其他数据均取自相关年份的《中国统计年鉴》。

（续表）

自变量	全部省份			东部省份		
	模型 1	模型 2	模型 3	模型 1	模型 2	模型 3
一阶滞后宏观税负		0.30^a (0.07)			0.48^a (0.14)	
税负改变量			0.23^a (0.07)			-0.49^a (0.15)
R^2	0.18	0.24	0.20	0.38	0.45	0.41
Hausman-test	83.2	79.1	43.8	17.4	532.8	39.4
F-test	20.1	21.5	21.8	19.8	19.2	22.6
观察值	300	300	300	110	110	110

结果表明,无论是本期还是上一期的宏观税负均与实际 GDP 间呈正向变动关系,即地区税负水平越高,其经济增长越快[1]。虽然从直观上讲,地方税负上升会使私人投资下降,但与此同时,由于私人投资和公共投资在生产中又是互补的,地方税负水平越高,也意味着地方财力相对更充足,可以有更多的财政资金进行公共服务产品的投资建设,形成对周边流动性资本和劳动力的吸引力,从而使地区经济增长加快。再考虑到我国是一个以商品税为主体税制结构的国家,商品税占税收收入的比重在 70% 左右(岳树民、安体富,2003),而对国内商品和服务的征税属于非扭曲性税(Kneller et al.,1999),在这样一种非扭曲税制结构下,通过适度征税方式为地方公共投资进行筹资一般总是合意的。本文以上分析结果意味着目前地方预算内税收对私人产出的正效应比负效应要大。

而税负变化量无论在全国,还是在东部地区的回归中,都与 GDP 增长率显著负相关,即本年度税负提高,GDP 增长率会下降,显示了在其他条件相同情况下,微观经济部门对税收成本变化的敏感性,这在一定程度上也反映了推动中西部地区的经

---

[1] 尽管凯恩斯主义经济学和新古典增长理论认为税收对产出具有负效应,但巴罗等(Barro,1990;Zou,1996)所构建的包含政府公共开支的内生经济增长模型,也得出了通过非扭曲性税筹资对经济增长具有促进作用的研究结论。

济发展,倾斜的税收优惠可能仍然是一种具有效率的政策手段,但必须同时辅以其他改善该地区公共基础设施的配套措施。

不过,由于相关性反映的关系是双向的,即表 11-4 的结果既可能是地区经济增长导致税负提高,也可能是税负上升引起 GDP 增长加快。为了进一步澄清地区税负与 GDP 增长率间的关系,本文采用格兰杰(1969)因果检验法对两者间的因果关系进行了分析,由于这里的省际面板数据集比较短,为了不损失自由度,分析中每个变量只取一阶滞后(Binet,2003)。回归分析中模型 1 的因变量为 $RGDP_{it}$,表示的是地区 i 在时间 t 的实际 GDP 增长率;模型 2 的因变量 TR_{it},代表地区 i 在时间 t 的宏观税负水平。

表 11-5 的分析结果显示所有回归系数均非常显著,并且可决系数 R^2 分别达到了 0.62 和 0.78,拟合效果比较好。说明地区间的宏观税负与实际 GDP 增长率间确实是双向因果关系,上期宏观税负水平上升 1%,本期的 GDP 增长率约提高 0.18%,这是一个很大的激励效应,说明目前地方政府通过税收手段进行公共服务融资,改善地区经济发展环境,可促进经济增长;但因为模型 2 中 $RGDP_{it-1}$ 的回归系数为 -0.15,即上期 GDP 增长率提高 1%,本期的宏观税负水平会下降 0.15%,反映经济增长越快的地区,地方政府可用财力越丰富,会因此降低征税努力。这可能与中央-地方政府间财政关系不稳定有关,由于中央政府频繁地对财政收入分配关系进行调整,导致了地方征税中的"灵活性",在可用财力丰富时,降低征税努力;反之,则加大税收征管力度。说明 1994 年分税制改革虽然对地区间税收竞争中的囚徒困境是一个有效限制,但从规范地方征税行为的总体角度,任务还远未完成。

表 11-5　宏观税率与经济增长率格兰杰因果分析结果

自变量	模型 1	模型 2
$RGDP_{it-1}$	0.54[a] (0.03)	-0.15[a] (0.02)
TR_{it}	0.18[a] (0.05)	0.17[a] (0.03)

自变量	模型 1	模型 2
Cons	0.03[a] (0.005)	0.07[a] (0.003)
R^2	0.78	0.62

上述分析显示中国地区间的税收竞争博弈方式，正从单纯的价格因素向多元化的公共服务等方向发展。但由于这种竞争方式演化是在财政分配制度总体上向发达地区倾斜，地区间一般性财政转移支付制度规模还较小的背景下展开的，因而可能会使落后地区在竞争中的优势更加脆弱。因为税收竞争实际上是一种事后支出，不会对地方政府的当期财政状况造成什么影响；而支出竞争在多数情形下是一种事前支出，会给地方政府的财政状况产生直接的压力，因而对财政收支本来就紧张的欠发达地区，支出竞争会加重其财政状况的困难局面。

五、结 论

在实行经济分权体制下，地区间经济关系既存在分工协作也面临着相互竞争。一般认为，由于地区间非合作条件下的税率竞争会导致囚徒困境，因而只具有短期的效率，而从吸引税基的长期效应看，公共服务竞争可能更容易持久。本文通过一个简单的空间自回归分析框架对中国目前省际间税收竞争中的博弈策略进行了实证检验，在这个基础上，又采用格兰杰因果分析方法对税收竞争的增长绩效进行了分析，研究所得到的主要结论有以下几点。

第一，无论是税制改革前，还是分税制改革以后，地区间预算内宏观税负反应函数均呈显著的负斜率，说明目前不同省市在地区竞争中采取的竞争策略明显不同。由于负斜率的税收反应函数通常与竞争地区的经济规模大小、居民对公共产品的偏好特征有关，因此，这里的结论不仅反映了目前某些地方政府对公共产品偏好还比较低，而且也表明省际间竞争格局正在向公共基础设施、服务水平等竞争方式转化。而这可能正是近年来政府税收收入节节攀升的重要原因之一，税收收入增长过快，显然会危及微观经济部门的经济活力，对宏观经济增长带来负面影响。

第二，预算外税负与政府部门规模在分税制改革前正相关，而之后的关系却不再显著，反映了地方政府对税率竞争强度下降后，预算外收入作为税收竞争中财政融资补充手段的作用正在弱化。说明随着政府机构改革和财政预算管理体制改革的不断深入，政府的财政行为正在逐步得到规范。

第三，税收竞争的增长效应分析表明，从促进地区经济增长的目的来看，单纯的税率竞争手段已不具有必然优势，相反，公共服务竞争对经济增长所起的作用正在加大，地方政府通过税收手段进行公共服务融资，改善地区经济发展环境，可明显提高本地区经济增长率。

第四，格兰杰因果分析显示上期 GDP 增长率提高 1%，本期的宏观税负水平会下降 0.15%，反映经济增长越快的地区，地方政府可用财力越丰富，会因此降低征税努力。这可能与自改革以来中央-地方政府间财政收入分配关系不断调整有关，地方政府的征税努力因而表现出一定的"灵活性"，在可用财力丰富时，降低征税努力，反之，则加大税收征管力度。这意味着 1994 年分税制改革虽然有效限制了地区间税收竞争行为，但从规范地方征税行为的总体角度，面临的挑战还有很多。

虽然地区间通过税收手段竞争流动性经济资源，对地区经济增长具有显著的促进作用，但过度的税收竞争也会引发投资的超常性增长，降低整体投资区域配置绩效，导致宏观经济过度波动，对经济长期的持续性发展带来损害，特别是会造成竞争失败一方的财政资源外流。为了防止极化效应形成地区间贫富差距拉大，努力发挥税收竞争对社会经济的积极作用，而尽量避免"有害的税收竞争"（OECD，1998），我们认为，一方面要进一步理顺改革和发展的秩序，规范中央与地方间的财权、事权划分，推进地区间基本公共服务均等化制度，使地区间能够基本在同一个起点上展开竞争，从而协调地区经济社会发展的步伐；另一方面，可能更为重要的是，需要隔断政绩与经济数量型增长间的联系，弱化政府对经济的直接性干预，以释放地方官员强烈的发展进位思想，为官员的晋升竞赛降温。当然在这个过程中，通过优化现行税制，适度减轻税负，强化税法执行中的严肃性，明确地方政府的职能界限，促进地方政府职能转化，也是消除地区恶性税收竞争的重要制度基础。

参考文献

[1] 白重恩、杜颖娟、陶志刚等,2004:《地方保护主义及产业地区集中度的决定因素和变动趋势》,《经济研究》第 4 期。

[2] 蔡昉、王德文、王美艳,2002:《渐进式改革进程中的地区专业化趋势》,《经济研究》第 9 期。

[3] 高培勇,2000:《通货紧缩下的税收政策选择——关于当前减税主张的讨论》,《经济研究》第 1 期。

[4] 格林,1998:《经济计量分析》,北京:中国社会科学出版社。

[5] 林毅夫、刘志强,2000:《中国的财政分权与经济增长》,《北京大学学报(哲学社会科学版)》第 4 期。

[6] 魏后凯,1995:《区域经济发展的新格局》,昆明:云南人民出版社。

[7] 银温泉、才婉如,2001:《我国地方市场分割的成因和治理》,《经济研究》第 6 期。

[8] 岳树民、安体富,2003:《加入 WTO 后的中国税收负担与经济增长》,《中国人民大学学报》第 2 期。

[9] 张军、吴桂英、张吉鹏,2004:《中国省际物质资本存量估计:1952—2000》,《经济研究》第 10 期。

[10] 周业安,2003:《地方政府竞争与经济增长》,《中国人民大学学报》第 1 期。

[11] Anselin, L. , A. K. Bera, R. Florax, and M. J. Yoon, 1996, "Simple Diagnostic Tests for Spatial Dependence", *Regional Science and Urban Economics*, 26(1), 77 - 104.

[12] Barro, R. , 1990, "Government Spending in a Simple Model of Endogenous Growth", *Journal of Political Economy*, 98, 103 - 125.

[13] Binet, M. E. , 2003, "Testing for Fiscal Competition among French Municipalities: Granger Causality Evidence in a Dynamic Panel Data Model", *Papers in Regional Science*, 82, 277 - 289.

[14] Boskin, M. J. , 1973, "Local Government Tax and Product Competition and the Optimal Provision of Public Goods", *Journal of Political Economy*, 81 (1), 203 - 210.

[15] Brueckner, J. K. , 1998, "Testing for Strategic Interaction among Local Governments:The Case of Growth Controls", *Journal of Urban Economics*, 44(3), 438 - 467.

[16] Brueckner, J. K. , and L. Saavedra, 2001, "Do Local Governments Engage in Strategic Property-tax Competition?", *National Tax Journal*, 54(2), 203 - 229.

[17] Case, A. C. , H. S. Rosen, and J. R. Hines, 1993, "Budget Spillovers and Fiscal Policy Interdependence: Evidence from the States", *Journal of Public Economics*, 52, 285 - 307.

[18] Genser, B. , and H. Weck-Hannemann, 1993, *Fuel Taxation in EC Countries: A Political Economy Approach*, University of Konstanz Mimeo.

[19] Granger, C. , 1969, "Investigating Causal Relations by Econometric Models and Cross-spectral Methods", *Econometrica*, 37, 424 - 438.

[20] Heyndels, B. , and J. Vuchelen, 1998, "Tax Mimicking among Belgian Municipalities", *National Tax Journal*, 51(1), 89 - 101.

[21] Kenyon, D. A. , 1997, "Theories of Interjurisdictional Competition", *New England Economic Review*, Mar/Apr, 13 - 28.

[22] Kneller, R. , M. Bleaney, and N. Gemmell, 1999, "Fiscal Policy and Growth: Evidence from OECD Countries", *Journal of Public Economics*, 74, 171 - 190.

[23] Mintz, J. , and H. Tulkens, 1986, "Commodity Tax Competition between Member States of A Federation: Equilibrium and Efficiency", *Journal of Public Economics*, 29, 133 - 172.

[24] Organization for Economic Co-operation and Development, 1998, *Harmful Tax Competition: An Emerging Global Issue*, Paris, OECD.

[25] Qian, Y. , and G. Roland, 1998, "Federalism and the Soft Budget Constraint", *American Economic Review*, 88(5), 1143 - 1162.

[26] Shah, A. , 1994, "The Reform of Inter-governmental Fiscal Relations in Developing and Emerging Market Economies", *Policy Research Series Paper 23*, Washington, DC, World Bank.

[27] Tiebout, C. , 1956, "A Pure Theory of Local Expenditures", *Journal of Political Economy*, 64, 416 - 424.

[28] Wildasin, D. E. , 1989, "Interjurisdictional Capital Mobility: Fiscal Externality and A Corrective Subsidy", *Journal of Urban Economics*, 25(3), 193 - 212.

[29] Wilson, J. D. , 1999, "Theories of Tax Competition", *National Tax Journal*, 52, 269 - 304.

[30] World Bank, 1990, *China: Revenue Mobilization and Tax Policy*, Washington, DC, World Bank.

[31] Young, A. , 2000, "The Razor's Edge: Distortions and Incremental Reform in The People's Republic of China", *Quarterly Journal of Economics*, 115, 1091 - 1135.

[32] Zhang, T. , and H. Zou, 1998, "Fiscal Decentralization, Public Spending and Economic Growth in China", *Journal of Public Economics*, 67, 221 - 240.

[33] Zodrow, G. R. , and P. Mieszkowski, 1986, "Pigou, Tiebout, Property Taxation, and the Underprovision of Public Goods", *Journal of Urban Economics*, 19, 356 - 370.

[34] Zou, H. , 1996, "Taxes, Federal Grants, Local Public Spending, and Growth", *Journal of Urban Economics*, 39, 303 - 317.

12 企业间技术外溢的测度①

内容提要:本文建立一个包含物质资本和研发资本的外部性模型,证明了研发函数的线性特征,并从社会收益率和私人收益率之间的差异来分析技术外溢的程度,进而建立了技术外溢的理论测度。经验研究发现,中国内外资企业间技术外溢的方向是从内资到外资,研发收益率外溢比例在三种外溢测度下分别为:30%、13%和23%。

关键词:技术外溢　研发资本　收益率　测度

一、引　言

技术作为一种知识形态,具有强烈的外部性,并依据不同的载体而有不同的形式。研究外部性的文献从性质看可以分为理论文献和经验文献。理论研究的基本结论是发现了外部性导致私人收益率和社会收益率存在差异,并揭示出外部性对长期增长存在重要影响。经验研究的基本目的是用经验数据检验理论结论。

从理论上看,最重要的有关外部性文献有 Romer(1986) & Lucas(1988)。前者假设技术以资本为载体,研究资本投资带来的知识外部性对经济增长的影响。该模型的主要假设之一为知识在不同企业之间的溢出具有完全性,每个企业都可以对称地利用全社会的知识库。该模型另外一个假设是企业存在边投资边学习的现象,物

---

①　原文刊载于《经济研究》2009 年第 4 期,合作者为李剑博士。论文荣获第四届张培刚发展经济学奖。

质资本投资同时会引起知识存量的增加。因此 Romer(1986)直接将知识存量等同于全社会的资本总量。Lucas(1988)假设技术以劳动者为载体,研究人力资本外部性对经济增长的影响。在 Lucas 模型中,企业的生产不但受到自身物质资本和人力资本的影响,而且受到全社会人力资本水平的影响,经济长期增长率依赖于人力资本的外部性。虽然外部性具有不同的载体,但是他们都发现了一致的结论:私人收益率低于社会收益率。

从技术外溢的经验文献看,思路大体有两种(Griliches,1992):第一种是直接测度社会收益率;第二种是经验回归法。社会收益率测度法的依据是外部性模型中私人收益率低于社会收益率的结论,如果能测度出社会收益率,减去私人收益率,就可以推算出收益外溢的比例。但是,社会收益率方法一般适用于能明确测度社会收益率的领域,必须有确定的技术创新项目,而且其外溢影响只在一定范围之内,该方法才能较好地测度社会收益率,否则会因成本过高而无法操作。采用该方法的研究主要有 Mansfield et al. (1977)对制造业创新社会收益率的研究,Bresnahan(1986)对计算机行业向金融行业的技术外溢的研究,Trajtenberg(1989)对 CT 扫描仪社会收益率的研究。

已有的理论文献揭示了社会收益率和私人收益率的差异是技术外部性的本质特征,但对该特征的经验研究方法却各有利弊。社会收益率计算法试图从正面研究技术外溢导致的收益率差异,但只能局限于有限范围,无法对整体性技术外溢进行研究,也无法从宏观上研究技术外溢。

基于以上分析,本文提出如下问题:如何才能从宏观上估计技术外溢导致的私人收益率和社会收益率的差异? 对这个问题的研究可以从两种角度出发。第一种是把社会收益率测度法和经验回归法综合使用,利用经验回归法估计社会收益率(Jones & Williams,1998),从而推测社会收益率和私人收益率差异。第二种是研究社会收益率和私人收益率差异的决定因素,通过获得这些决定因素的经验估计,来推算技术外溢导致的收益率差异程度。第二种角度尚未有相关文献涉及。

本文正是从第二种角度出发研究收益率差异的决定因素,研究思路大体如下:基于现有的外部性增长理论文献,建立一个带外部性的研发驱动增长模型,并推导出技术外溢对社会计划者和私人企业收益率差异的影响,进而构建技术外溢测度;然后,用中国数据分析三资企业和内资企业之间的技术外溢。本文的贡献主要有以下几方面:第一是本文构建的外部性模型证明了企业研发函数的线性特征,为经验研究中的线性计量模型提供理论支持;第二是从理论上建立了测度技术外溢的方法;第三是运用中国数据估算了内外资企业之间的技术外溢对研发收益率的影响,得到了比现有技术外溢文献更有意义的结论,即技术外溢的方向是从内资向外资;内外资企业间的技术外溢导致分散经济研发收益率比社会计划者(集权经济)的研发收益率低将近30%(非均衡状态)和13%(均衡状态),在分散均衡下,私人研发收益率的外溢比例大约为23%。

本文的结构安排如下:第二节构建技术外溢的理论模型,分析分散经济和集权经济的不同均衡状态,然后建立技术外溢的三个理论测度;第三节用中国数据进行计量分析;第四节是本文的主要结论。

二、技术外溢的理论模型

（一）模型的基本设定

假设企业的生产函数为柯布-道格拉斯形式:

$$Y = AK^\alpha(\phi L)^{1-\alpha} \tag{12.1}$$

其中 Y 表示企业的产出,K 表示通常的物质资本,L 表示无差异的简单劳动投入,ϕ 是企业的技术水平,放在括号里面表示企业使用劳动增进性技术。$\alpha \in (0,1)$ 为资本产出弹性,A 是一个参数,表示其他的外生因素对产出的影响。本文中的企业除了需要进行物质资本投资外,还需要分配一些资源进行研发,研发资本存量的多少在某种程度上决定了企业的技术水平。消除规模影响后,企业的技术水平 ϕ 取决于人均研发资本 z。另外,企业作为整个经济中的一员,它的技术水平还受到其他企业技术水平的影响。因此,技术研发函数可以表示为:

$$\phi=\phi(z+vz_a),\phi'(\,\cdot\,)>0 \qquad\qquad (12.2)①$$

其中 z 是该企业的人均研发资本水平, z_a 为社会平均研发资本水平, $v\in[0,1]$。该技术研发函数表示企业的技术水平可以看作研发努力的一个确定性函数。虽然排除研发过程中的不确定性显得过于理想化,但是,如果从均值意义上考虑,(12.2)式表示的是一种平均意义上的研发资本投入和技术产出的对应关系。Romer(1990)在其产品种类扩大型技术进步中曾使用过这种确定性假设,认为一定数量的努力就可以获得一种成功的新产品。这种确定性假设消除了平衡增长路径上的随机扰动。如果分析的重点并不在于那些短期波动和冲击,那么确定性研发函数假设就具有合理性。研发函数中的 vz_a 项表示单个企业的技术水平如何受到经济中其他企业研发活动的影响。 $\phi'(\,\cdot\,)>0$ 表示技术水平是研发资本的单调递增函数。如果 $\phi'(\,\cdot\,)\leqslant0$,企业不会去投资技术研发,因为研发水平越高,技术水平越低。因此,研发函数的一阶导数为正具有其合理性。另外, $\partial\phi/\partial z_a=v\phi'(z+vz_a)\geqslant0$,如果为正,表明整个社会的平均研发资本水平对于单个企业而言具有正面影响,这就是所谓的技术外溢效应;如果等号成立,就表示无影响,这就是没有技术外溢的情况。

将(12.1)式改写成人均水平(指每单位劳动力,per labor or worker)表达式:

$$y=Ak^a[\phi(z+vz_a)]^{1-a} \qquad\qquad (12.3)$$

其中 $y=Y/L,k=K/L$。在竞争性市场经济中,企业需要在消费 c、物质资本投资 I_k 和研发资本投资 I_z 之间进行决策。假设物质资本和研发资本的折旧率分别为 δ_1 和 δ_2。模型的动态方程分别为:

$$\dot{k}=I_k-(n+\delta_1)k \qquad\qquad (12.4)$$

$$\dot{z}=I_z-(n+\delta_2)z \qquad\qquad (12.5)$$

其中 n 为劳动力 L 的增长率。对于企业而言,其面临的资源约束条件为:

---

① 这种研发函数的设置将会使本文的结论比 Barro & Sala-i-Martin(2004)的模型更有意义,因为在他们的模型里面,只有物质资本和人力资本,没有外部性。在本文中,研发函数和前面的生产函数相结合,不但出现研发驱动增长的特征,而且研发具有外溢特征。同时,该研发函数具有一般化的技术外溢强度 v。

$$Ak^\alpha [\phi(z+vz_a)]^{1-\alpha} = I_k + I_z + c \qquad (12.6)$$

效用偏好形式为通常的不变跨期替代弹性效用函数形式:

$$u(c) = \frac{c^{1-\theta} - 1}{1-\theta} \qquad (12.7)$$

其中 c 为人均消费, θ 是一个常数,数量上等于跨期替代弹性的倒数。

（二）最优条件分析

在约束条件(12.4)～(12.6)下,最优化下面的目标函数:

$$U = \int_0^\infty \frac{c^{1-\theta} - 1}{1-\theta} e^{-(\rho-n)t} \mathrm{d}t \qquad (12.8)$$

该最优化问题的哈密尔顿函数为:

$$H = \frac{c^{1-\theta} - 1}{1-\theta} e^{-(\rho-n)t} + \lambda_1 [I_k - (n+\delta_1)k] + \lambda_2 [I_z - (n+\delta_2)z]$$
$$+ \lambda_3 \{Ak^\alpha [\phi(z+vz_a)]^{1-\alpha} - I_k - I_z - c\} \qquad (12.9)$$

其中 λ_i 为哈密尔顿乘子。最优状态的一阶必要条件有:

$$c^{-\theta} e^{-(\rho-n)t} = \lambda_3 \qquad (12.10)$$

$$\lambda_1 = \lambda_3, \ \lambda_2 = \lambda_3 \qquad (12.11)$$

$$\dot{\lambda}_1 - \lambda_1(n+\delta_1) + \lambda_3 \alpha Ak^{\alpha-1}[\phi(z+vz_a)]^{1-\alpha} = 0 \qquad (12.12)$$

$$\dot{\lambda}_2 - \lambda_2(n+\delta_2) + \lambda_3(1-\alpha)Ak^\alpha [\phi(z+vz_a)]^{-\alpha}\phi'(z+vz_a) = 0 \qquad (12.13)$$

由于每个企业都是无差异的,对称性条件意味着在均衡中每个企业都采取相同的决策,因此每个企业的 k 和 z 都等于社会平均水平, $k=k_a$, $z=z_a$。条件(12.11)说明在最优状态下,物质资本的影子价格和研发资本的影子价格相等,而且都等于社会资源对于效用的边际贡献。因此企业的最优选择会使两种资本在均衡状态下的报酬率相等。根据(12.11),可以将(12.12)和(12.13)写成:

$$-\frac{\dot{\lambda}_1}{\lambda_1} = \alpha Ak^{\alpha-1}[\phi((1+v)z)]^{1-\alpha} - (n+\delta_1) \qquad (12.14)$$

$$-\frac{\dot{\lambda}_2}{\lambda_2} = (1-\alpha)Ak^\alpha [\phi((1+v)z)]^{-\alpha}\phi'((1+v)z) - (n+\delta_2) \qquad (12.15)$$

在稳态中,各种变量的增长率不变,因此(12.14)式表明 k/ϕ 在稳态中一定是常数。结合(12.15)式,可以推断 ϕ' 在稳态中也必定是常数,否则 λ_2 的增长率就不可能是恒定的。进一步可以证明在 $(0,+\infty)$ 区间内,研发效率 ϕ' 是常数。因为假如在非稳态下 ϕ' 不是常数,那么当经济达到稳态后,只要人均资本 k 不断变化,z 也会不断变化,ϕ' 在稳态中也不会是常数,这就和前文产生矛盾。所以研发函数必定是线性函数。据此可以设定研发函数的具体形式为:

$$\phi(z+vz_a)=\phi_0+\xi(z+vz_a) \qquad (12.16)^①$$

$\xi>0$ 是常数。如果整个社会都没有技术研发,则企业的技术水平处于一个常数低水平 ϕ_0 上。在稳态中 $\phi=\phi_0+\xi(1+v)z$。

稳态中的利率为:

$$r^*=(1-\alpha)A\left(\frac{k^*}{\phi^*}\right)^\alpha\xi-\delta_2=\alpha A\left(\frac{k^*}{\phi^*}\right)^{\alpha-1}-\delta_1 \qquad (12.17)$$

式(12.17)说明稳态利率是一个常数,如果模型的参数取值使得稳态利率严格为正,则下文的分析表明经济能实现内生增长。

(三) 分散决策经济中长期增长率的决定

为了便于分析,假设:

$$\phi_0=0,\delta_1=\delta_2=\delta \qquad (12.18)$$

在此假设下可以得到:

$$\frac{z^*}{k^*}=\frac{1-\alpha}{\alpha(1+v)} \qquad (12.19)$$

可见,在稳态中,外部性强度的上升会导致研发收益更多地外溢至整个社会,同一项技术对经济的贡献会更大;但是外溢导致私人企业所能获得的研发收益下降,因

---

① Romer(1990)假设研发效率是常数,本文从理论上证明了研发效率是常数。因此常数研发效率在本文中是一个结论,而不是一个假设。研发效率为什么能够是常数? Jones(1998)曾经论述过研发效率受到三个因素的影响:钓鱼效应、重复研究效应和巨人肩膀效应。研发过程中这三种效应正负叠加,在理论上看,常数研发效率是有可能的。

此,私人企业会降低研发资本的相对投入比例,这对经济的影响是负面的。但是,总体看来,ϕ^*/k^* 的值却不变,表明这两种效应正好相互抵消[①],因此稳态利率和没有外溢的情况下相同:

$$r^* = \alpha^\alpha (1-\alpha)^{1-\alpha} A \xi^{1-\alpha} - \delta \qquad (12.20)$$

下面推导稳态中各变量的长期增长率。首先根据(12.19)式,z/k 在稳态中是常数,所以两者的稳态增长率一定相等,$g_k = g_z$。其次,稳态中生产函数为 $y = A k^\alpha [\xi(1+v)z]^{1-\alpha}$,两边取对数,再对时间求导就得到 $g_y = g_z$。将 k 和 z 的动态方程(12.4)和(12.5)式代入约束条件(12.6)式,得到:

$$y = [\dot{k} + (n+\delta_1)k] + [\dot{z} + (n+\delta_2)z] + c \qquad (12.21)$$

两边除以 k 得到:

$$\frac{y}{k} = \left[\frac{\dot{k}}{k} + (n+\delta_1) \right] + \left[\frac{\dot{z}}{z} \cdot \frac{z}{k} + (n+\delta_2)\frac{z}{k} \right] + \frac{c}{k} \qquad (12.22)$$

在稳态中,c/k 以外的所有项都是常数,c/k 必定也是常数,两者增长率相同。最后可以发现 c、k、z 和 y 在稳态中都以相同的速度增长:

$$g_y = g_k = g_z = g_c = g^* \qquad (12.23)$$

g^* 可以从(12.10)式获得:

$$g^* = \frac{1}{\theta} \left[\alpha^\alpha (1-\alpha)^{1-\alpha} A \xi^{1-\alpha} - \delta - \rho \right] \qquad (12.24)$$

因此,经济的长期增长特征完全由模型的基本参数决定,而且在长期是一个不变的常数。

（四）　集权经济中社会计划者的最优解

上面讨论的是以个体企业为决策主体的分散决策经济。这种经济的长期增长率是否能达到帕累托最优呢？从直观上看,这个模型中的技术外部性特征是对完全竞

---

① 当两种资本的折旧率不等时,依然成立。事实上,根据(12.17)式,在稳态下 ϕ^*/k^* 是一个常数,$z^*/k^* = $ 常数$/[\xi(1+v)]$,推理过程类似。

争市场假设的一种偏离,分散决策经济也许不具有帕累托最优性。为了考察这个问题,本文假设整个社会存在一个万能的、仁慈的社会计划者。这个集权经济只有一个人在决策,也可以看作整个经济只有一个人一个企业的情形。对于社会计划者而言,$z=z_a$,生产函数为:

$$y=Ak^a[\phi(z+vz)]^{1-a} \tag{12.25}$$

资源约束条件(12.6)式现在变成:

$$Ak^a[\phi((1+v)z)]^{1-a}=I_k+I_z+c \tag{12.26}$$

如果(12.7)式表示整个社会的效用函数形式,则社会计划者的最优化目标函数就是(12.8)式。在动态方程(12.4)式和(12.5)式以及资源约束条件(12.26)式下,社会计划者的哈密尔顿函数为:

$$H=\frac{c^{1-\theta}-1}{1-\theta}e^{-(\rho-n)t}+\lambda_1[I_k-(n+\delta_1)k]+\lambda_2[I_z-(n+\delta_2)z]$$
$$+\lambda_3\{Ak^a[\phi((1+v)z)]^{1-a}-I_k-I_z-c\} \tag{12.27}$$

最优性的一阶必要条件有:

$$c^{-\theta}e^{-(\rho-n)t}=\lambda_3$$

$$\lambda_1=\lambda_3,\lambda_2=\lambda_3$$

$$\dot{\lambda}_1-\lambda_1(n+\delta_1)+\lambda_3aAk^{a-1}[\phi((1+v)z)]^{1-a}=0$$

$$\dot{\lambda}_2-\lambda_2(n+\delta_2)+\lambda_3(1-a)Ak^a[\phi((1+v)z)]^{-a}(1+v)\phi'=0 \tag{12.28}$$

分散经济中的(12.14)式在集权经济中依然成立,但(12.15)式现在被修改为:

$$-\frac{\dot{\lambda}_2}{\lambda_2}=(1-a)Ak^a[\phi((1+v)z)]^{-a}(1+v)\phi'-(n+\delta_2) \tag{12.29}$$

根据同样的推理,研发函数的一阶导数是一个常数,研发函数仍然具有线性特征。

稳态中社会计划者的利率可以表示为:

$$r_S^*=(1-a)A\left(\frac{k_S^*}{\phi_S^*}\right)^a(1+v)\xi-\delta_2=aA\left(\frac{k_S^*}{\phi_S^*}\right)^{a-1}-\delta_1 \tag{12.30}$$

和分散决策经济中的利率相比较,可以发现(12.30)式多了一个大于1的因子 $(1+v)$,这会导致社会计划者的收益率高于分散决策者。另外, k_S^*/ϕ_S^* 的值也小于分散经济中的值,说明在社会计划者的决策中,资源被更多的分配到研发活动中。对于社会计划者而言,其增长率为:

$$g_S^* = \frac{1}{\theta}\{(1-\alpha)A(k_S^*)^\alpha[\phi((1+v)z_S^*)]^{-\alpha}(1+v)\phi'-\delta_2-\rho\} \qquad (12.31)$$

由于社会计划者能将企业之间的技术外溢内部化,因此报酬率的上升从长期提升了经济增长率。如果采用假设(12.18),那么:

$$\frac{z_S^*}{k_S^*} = \frac{1-\alpha}{\alpha} \qquad (12.32)$$

同(12.19)式相比较,这个比例要高于分散经济中的比例,表示在稳态下资源更多地被分配到技术研发领域。一个值得注意的特征是集权经济中的资源配置比例和外溢强度 v 无关,这是因为外部性被社会计划者内部化了;但在分权经济中外溢强度越高,研发资本的相对比例越低。集权经济的稳态利率为:

$$r_S^* = \alpha^\alpha(1-\alpha)^{1-\alpha}A\xi^{1-\alpha}(1+v)^{1-\alpha}-\delta \qquad (12.33)$$

长期增长率为:

$$g_S^* = \frac{1}{\theta}[\alpha^\alpha(1-\alpha)^{1-\alpha}A\xi^{1-\alpha}(1+v)^{1-\alpha}-\delta-\rho] \qquad (12.34)$$

从上式可以看到,影响长期增长率的因素除了资本产出弹性 α 、消费偏好参数 θ 、时间偏好率 ρ 、折旧率 δ 以及模型以外的一些综合因素 A 外,还受到了 ξ 和 v 的影响。同分散经济比较,社会计划者将技术外溢内部化从而提高了经济增长率;而且技术外溢越强,经济增长率越高,说明技术外溢在本质上有利于经济增长。

（五）技术外溢的测度

技术外溢的度量可以从两方面进行。第一是纯技术角度,即每单位社会平均研发水平的变化引起企业技术水平的变化程度,这就是技术外溢强度 v 所表达的内涵。第二个角度是收益率角度。技术外溢到底对研发收益率有多大的影响呢?本文从三个侧面来度量技术外溢的经济影响。由于外溢发生在研发资本领域,因此本文从研发的边际产出入手分析。

第一个技术外溢测度指标 w_1 度量技术外溢造成分散经济中研发边际产出对集权经济状态的偏离程度。根据上文的分析,研发的边际产出在分散经济中为:

$$MPZ_P = r + \delta_2 = (1-\alpha)Ak^\alpha \phi^{-\alpha}\xi \tag{12.35}$$

在集权经济中为:

$$MPZ_S = r_S + \delta_2 = (1-\alpha)Ak^\alpha \phi^{-\alpha}\xi(1+v) \tag{12.36}$$

下标 P 和 S 分别对应于分散经济中的私人变量(private)和集权经济中的社会计划者变量(social planner)。在空间 (k, ϕ) 中的任意一点,分散经济对集权经济的偏离程度 $w_1(k, \phi)$ 为在该点由技术外溢导致的研发边际产出的下降比例:

$$w_1(k, \phi) = \frac{MPZ_S - MPZ_P}{MPZ_S} = 1 - \frac{1}{1+v} \tag{12.37}$$

可见,该指标并不要求经济必须处于均衡状态下。w_1 并不依赖于资本产出弹性,只和技术外溢强度 v 正相关。

第二个技术外溢测度指标 w_2 度量技术外溢导致分散经济均衡状态 (k_P^*, ϕ_P^*) 对帕累托最优状态 (k_S^*, ϕ_S^*) 的偏离:

$$w_2(k_P^*, k_S^*, \phi_P^*, \phi_S^*) = \frac{MPZ_S^* - MPZ_P^*}{MPZ_S^*} \tag{12.38}$$

在假设(12.18)下为:

$$w_2 = 1 - (1+v)^{-(1-\alpha)} \tag{12.39}$$

由于

$$\partial w_2/\partial v = (1-\alpha)(1+v)^{\alpha-2} \geq 0$$

$$\partial w_2/\partial \alpha = -(1+v)^{-(1-\alpha)}\ln(1+v) \leq 0$$

因此,技术外溢强度越大,分散均衡对集权均衡的相对偏离越高;资本弹出弹性越大,分散均衡对集权均衡的偏离越小。

第三个技术外溢测度指标 w_3 度量在分散经济均衡状态下,研发边际产出外溢

至经济中的比例。根据(12.35)式,分散均衡下研发边际产出可以重新表示为:

$$MPZ_P^* \ (v>0)=(1-\alpha)A\xi^{1-\alpha}(k/z)^{\alpha}(1+v)^{-\alpha} \tag{12.40}$$

如果保持分散均衡状态下的 k/z 比例不变,即整个经济的资源配置不发生改变,那么设定 $v=0$ 就可以发现研发边际产出上升至:

$$MPZ_P(v=0)=(1-\alpha)A\xi^{1-\alpha}(k/z)^{\alpha}$$

高出的部分就是在分散经济均衡下外溢部分,私人的研发投资活动无法获得这部分收益[①]。因此分散均衡状态下研发收益外溢的比例可以定义为:

$$w_3=\frac{MPZ_P(v=0)-MPZ_P^* \ (v>0)}{MPZ_P^* \ (v>0)}=(1+v)^{\alpha}-1 \tag{12.41}$$

如果(12.40)式中保持不变的 k/z 比例并不是均衡状态下的比例,那么 w_3 依然能测度分散经济中非均衡状态下研发收益外溢的比例。

三、技术外溢的经验估计

（一）计量模型的设定

作为上文理论模型的应用,这一部分利用中国各地区三资企业和内资企业的数据来估计这两类企业之间的技术外溢程度,并在一定条件下估算技术外溢对经济收益率的影响。从上文的理论分析可以看出,估计中国技术外溢的影响主要在于对研发函数的估计,一旦有了研发函数中技术外溢强度 v 的估计值和资本产出弹性 α,就可以很容易估算 w_1、w_2 以及 w_3 的大小。

根据(12.16)式的研发函数,可以建立下面的面板计量模型:

EQ1: 　　　　　　　　$$TECH_{it}=\beta_{00i}+\beta_{02}RD_{it}+u_{it} \tag{12.42}$$

---

① 当然,这并不是一个分散均衡状态。由于研发边际产出高于资本边际产出,整个经济的资源配置将会从物质资本转向研发资本,直到形成新的均衡。不难发现,在新的分散均衡下,虽然经济不再具有外溢特征,但研发资本相对比例较高。这两种效应正好相互抵消,使得无外溢经济的均衡收益率等于有外溢情况的均衡收益率。

EQ2：$\qquad TECH\_J_{it}=\beta_{10i}+\beta_{11}RD\_J_{it}+\beta_{12}RD_{it}+\varepsilon_{it}$ $\qquad$ (12.43)

EQ3：$\qquad TECH\_J_{it}=\beta_{20i}+\beta_{21}RD\_J_{it}+\beta_{22}\overline{RD\_J}_{it}+\zeta_{it}$ $\qquad$ (12.44)

其中下标 i 表示地区，t 表示年份；J 代表企业类型，三资企业取 F，内资企业取 D。$\bar{J}$ 表示非 J 类企业。本文假设在统计口径中的非三资类企业都是内资企业。因此，如果 $J=F$，那么 $\bar{J}=D$。$TECH\_J_{it}$ 是第 J 类企业的技术水平，$TECH_{it}$ 是总体技术水平，RD_J_{it} 表示第 J 类企业的人均研发资本存量水平，RD_{it} 表示两类企业人均研发资本存量的总体平均水平。u_{it}、ε_{it} 和 ζ_{it} 是平稳随机扰动过程。

从理论上看，模型(12.43)和(12.44)的参数 β_{11}、β_{12}、β_{21} 和 β_{22} 都为非负。如果 β_{11} 和 β_{21} 在统计上显著，表明 J 类企业自身的研发活动对于自身的技术水平在统计上有显著影响，如果 β_{11} 和 β_{21} 在统计上不显著，则其技术水平的提高要么不依赖于自身的研发努力，要么自主研发并没有受到足够重视。如果 β_{12} 在统计上显著，表明经济的技术外溢特征显著，反之则技术外溢统计上不显著。β_{22} 的含义可以做类似解释。根据计量模型(12.43)的估计结果，就可以推测研发函数的参数 ξ 和 υ，具体如下：

$$\hat{\xi}=\hat{\beta}_{11} , \hat{\upsilon}=\hat{\beta}_{12}/\hat{\beta}_{11}$$ $\qquad$ (12.45)

但是，该方法会出现一个潜在的问题：如果 $\hat{\beta}_{11}$ 在统计上不显著异于零，表明 J 类企业的研发资本存量对自身技术水平的影响不显著，在这种情况下，如何推测 $\hat{\upsilon}$? 如果将内资和三资两类企业看作一个整体，这样内资和三资企业之间的技术外溢就内部化了。通过把整体技术水平 $TECH_{it}$ 对整体人均研发资本存量 RD_{it} 进行回归，即模型(12.42)式，可获得整体的平均技术研发效率估计：

$$\hat{\bar{\xi}}=\hat{\beta}_{02}$$ $\qquad$ (12.46)

在得不到(12.45)中 $\hat{\xi}$ 的情况下，用上式平均意义上的研发效率估计值替代 (12.45)中的 $\hat{\beta}_{11}$，来推算研发函数的外溢强度参数 $\hat{\upsilon}$ 不失为一种可行替代方案。如果 $\hat{\beta}_{02}$ 在统计上也不显著，则表明中国的技术水平和研发资本存量或许没有什么相关性，或者表明中国的研发资本存量可能并没有在通常的意义上从事研发活动，因此对于技术水平而言也没有确定的影响。

（二）基础数据

本文的数据主要来自历年《中国科技统计年鉴》和《中国经济普查年鉴》(2004年)的大中型工业企业的资料。对于计量模型(12.42)～(12.44)式中的被解释变量，一般采用 TFP 或者专利数据。从本质上看，TFP 是一个导出指标，包含了除技术以外的许多因素，包括制度变迁因素。如果其他因素对 TFP 的影响可以忽略，那么TFP 可以看作技术的一个良好测度。但是蒋殿春和张宇(2008)发现中国的制度变迁具有非常重要的影响。所以 TFP 在中国可能不是一个最佳选择。本文拟采用专利数据，因为专利数据是一个纯粹技术水平的衡量指标，研发活动的产出主要体现为技术成果的多少。统计资料中专利数据主要有三类：专利申请数、发明专利数和拥有发明专利数。但是时间维度能追溯至 1998 年的只有专利申请数。基于这种考虑，本文采用数据比较完备的大中型工业企业专利申请数作为技术水平的代理变量。

人均研发资本存量等于研发资本存量除以当年年末从业人员数，其中研发资本存量根据历年的 R&D 经费支出，采用永续盘存法计算。具体计算方法见 Coe & Helpman(1995)。1998—2006 年的总计口径的研发支出数据可以获得，但三资企业口径数据并不齐全。本文对缺失的三资企业数据按比例推算，推算比例为研发支出占科技经费内部支出比例的平均值。另外研发资本存量的折旧率采用5％。内资企业的人均研发资本存量根据内资企业研发资本存量和从业人员数计算，内资企业的研发资本存量、从业人员数和专利申请数则采用总计口径数据减去三资企业数据获得。

所有变量的含义解释见表 12-1。本文所有数据均采用生产者出厂价格指数调整为实际值，以 1998 年价格为基准。样本面板的时间范围为 1998—2006 年，截面范围为剔除西藏和新疆后的中国 29 个省、市[①]。

---

① 西藏和新疆的专利申请数据缺失太多。

表 12－1 计量模型中变量含义

变量名	含义	单位
TECH	总体技术水平,采用专利申请数	项
TECH_F	三资企业技术水平,采用三资企业专利申请数	项
TECH_D	内资企业技术水平,采用内资企业专利申请数	项
TECH_J	第 J 类企业技术水平,$J=F,D$	项
RD	人均研发资本存量	百元
RD_F	三资企业人均研发资本存量	百元
RD_D	内资企业人均研发资本存量	百元
RD_J	第 J 类企业人均研发资本存量,$J=F,D$	百元

（三）技术外溢估计结果[①]

1. 面板单位根检验和协整检验

专利申请数和人均研发资本存量可能不稳定,有必要对本文的面板进行单位根检验和协整检验。本文运用 LLC、IPS、Fisher-ADF & Fisher-PP 法对所有变量进行面板单位根检验。发现水平变量都存在面板单位根,一阶差分变量则不再存在面板单位根,因此可以认为所有的变量是 I(1) 过程。

本文用 Pedroni(2004)法对计量模型(12.42)～(12.44)式进行面板协整检验。Pedroni 提供了 13 个检验统计量,原假设是面板所有的截面个体都不存在变量协整关系。备择假设则分两种情况:组内检验统计量的备择假设为各截面存在共同的自回归系数,组间检验统计量的备择假设是截面个体存在不同的自回归系数。检验结果表明所有的统计量都在 1％水平上显著,拒绝无协整关系的原假设。所有结果都在 5％水平上拒绝了无协整关系的原假设。因此,可以将三个计量模型中的变量分别看作具有协整关系。

---

① 此处省略了面板单位根和协整检验等中间结果,后面的稳健性检验结果也省略了,感兴趣的读者可与作者联系。

2. 协整向量估计

面板协整向量的估计方法通常有最小二乘法(Ordinary Least Squares,OLS)、偏差修正的最小二乘法(Bias-corrected OLS,BCOLS)、完全修正的最小二乘法(Fully Modified OLS)和动态最小二乘法(Dynamic OLS,DOLS)。本文对协整向量的估计采用 Kao & Chiang(2000)建议的 DOLS 法,但作为比较,文中还列出了 FMOLS 的估计结果。具体结果见表 12-2①。对于两种估计法下 10% 水平上都显著的系数估计值,FMOLS 普遍要低于 DOLS;所有情况下 DOLS 的 R^2 都要高于 FMOLS。对于 FMOLS 而言,EQ2 中两个变量都在 5% 水平显著,根据(12.45)式推测的技术外溢强度为 1.264 8(4.006 9/3.168 0),这已经超出了技术外溢强度的上限 1。对于 DOLS 而言,RD_J 在 10% 的水平上都不显著,因此需要根据(12.46)式推测技术外溢强度,结果为 0.392 9,处于合理范围。

表 12-2　协整向量估计(折旧率 5%)

变量	FMOLS 估计				DOLS 估计			
	EQ1	EQ2	EQ3 ($J=F$)	EQ3 ($J=D$)	EQ1	EQ2	EQ3 ($J=F$)	EQ3 ($J=D$)
	TECH	*TECH_J*	*TECH_F*	*TECH_D*	*TECH*	*TECH_J*	*TECH_F*	*TECH_D*
RD_J		3.168 0 (2.111 0) (0.017 7)				2.180 1 (1.089 5) (0.1384)		
RD_F			−0.381 8 (−0.413 5) (0.339 8)	−2.364 8 (−1.549 1) (0.061 4)			1.340 5 (1.088 7) (0.139 1)	−0.751 0 (−0.369 0) (0.356 4)
RD_D			6.328 6 (6.162 4) (0.000 0)	14.420 5 (8.494 3) (0.000 0)			9.097 8 (6.644 2) (0.000 0)	14.521 7 (6.415 4) (0.000 0)
RD	14.578 4 (3.711 8) (0.000 1)	4.006 9 (2.260 8) (0.012 1)			20.430 1 (3.901 3) (0.000 1)	8.027 9 (3.397 2) (0.000 4)		

---

①　本文采用 GAUSS6.0 软件进行估计,相关的估计方法子程序见:http://faculty. maxwell. syr. edu/cdkao/working/w. html。

（续表）

变量	FMOLS 估计				DOLS 估计			
	EQ1	EQ2	EQ3 $(J=F)$	EQ3 $(J=D)$	EQ1	EQ2	EQ3 $(J=F)$	EQ3 $(J=D)$
	TECH	*TECH_J*	*TECH_F*	*TECH_D*	*TECH*	*TECH_J*	*TECH_F*	*TECH_D*
R^2	0.113 8	0.092 3	0.181 2	0.315 2	0.473 9	0.408 2	0.463 2	0.493 6
Implied v		1.264 8				0.392 9		

注:系数估计值下方第一个括号内数值为 t 统计量,第二个括号内为对应的 p 值;DOLS 估计中前瞻长度和滞后长度都取 1 期。

回归 EQ2 显示 *RD_J* 的系数并不显著,只是 *RD* 的系数比较显著,反映出在平均意义上企业自身研发努力的效果并不明显,但总体而言技术外溢的作用很显著。为了对这一结果更为深入分析,本文对于 EQ3 进行了分类估计。EQ3($J=F$)把三资企业的技术水平 *TECH_F* 对两类企业的人均研发资本存量 *RD_F* 和 *RD_D* 进行回归。EQ3($J=D$)把内资企业的技术水平和 *RD_F* 和 *RD_D* 进行回归。DOLS 结果揭示出三资企业的人均研发资本存量在 10% 的水平下都不显著,内资企业人均研发资本存量在 1% 的水平下都显著。该检验结果解释了 EQ2 中为什么 *RD_J* 的系数显著性不高的原因——三资企业的研发对于技术水平变化影响不大。

国内对于 FDI 技术外溢的研究结果大部分为具有正技术外溢,至少在行业间或区域内具有显著正外溢效应(王玲、涂勤,2008;王红领等,2006;李光泗、徐翔,2008;姚洋、章奇,2001;张建华、欧阳轶雯,2003;赖明勇等,2005;罗雨泽等,2008)。也有一些文献并没有发现显著技术外溢,甚至出现负外溢(袁诚、陆挺,2005;卢荻,2003;张海洋,2005;蒋殿春、张宇,2008)。本文的数据是区域数据,因此如果出现技术外溢,更有可能是区域内外溢,而非行业内外溢。但是估计结果是三资企业对内资企业的区域内外溢并不显著。更为甚者,估计结果还显示内资企业对三资企业具有显著的技术外溢。

出现这种结果的原因是多方面的。首先,研发人员流动可能是区域技术外溢的一条重要途径。各地区为了充分利用 FDI 的技术外溢来促进本地的经济增长,可能会鼓励内资企业和三资企业之间的人员流动，期待他们学习新技术后回到内资企业，提高自身的研发能力。但是这可能是一厢情愿的想法。内资企业的技术人员会由于高工资而留在三资企业，三资企业对于掌握技术的内资员工也乐意聘用。至少三资企业不会将技术人员拱手送给自己的竞争对手。最后可能出现内资企业的技术人员向三资企业的净流入，而三资企业的技术人员却没有按照一开始的想法回流到内资企业，导致了内资企业对三资企业出现单方面技术外溢。

其次，一些大型跨国公司为了保持垄断地位而控制技术外溢。Hymer(1970)曾对跨国公司的垄断导致当地企业技术发展受遏制进行了分析，认为大型跨国公司是国内垄断势力的国际延伸，导致或促进东道国市场的扭曲，遏制了当地企业的技术发展。在相同竞争领域的内资企业，为了获得生存机会，只能大力开展自主研发，提升自己的技术水平。然而，许多发展良好的内资企业还是面临被外资收购的困境。

最后，外资大肆并购或参股内资企业，促进了内资企业的单向技术外溢。外资通过大量参股或并购国内产业，已经渗透到除国家禁止的行业以外的几乎大部分领域。虽然被参股的内资企业在统计口径上可能仍属于内资企业之列，但技术外溢至外资方的通道却更为畅通。

（四）技术外溢测度的估算和稳健性分析

上文的分析采用了折旧率 5％的假设。虽然 Coe & Helpman(1995)在正式分析中使用的也是 5％的折旧率，但其附录中也列出了 15％折旧率时的结果。吴延兵(2008)认为 15％是一个通常采用的折旧率数据。因此为了考察折旧率的差异对估计结果稳健性的影响，本文还计算了 10％、15％和 20％三种折旧率下的技术外溢强度。估计结果基本类似于 5％的情况，非常稳健。所有三种折旧率下 FMOLS 估计结果推算的 v 都大于上限 1，DOLS 估计推算的 v 都处于合理范围，分别为 0.398 2 (10％)、0.402 9(15％)、0.406 7(20％)，差别非常小，因此可以认为折旧率对技术外溢强度的推算影响不大。

根据技术外溢强度 v 的推算值，下面估算三种技术外溢测度 w_1、w_2 和 w_3。首先需要获得中国物质资本的产出弹性 α。对于 α 的估计，已经有很多很有影响力的文献(Chow, 1988、1993、2008；Chow & Li, 2002；Chow & Lin, 2002；Heytens &

Zebregs,2003;Lau & Brada,1990;OECD,2005;Wang & Meng,2001;郭庆旺、贾俊雪,2005;吕冰洋,2008;谢千里等,2008;邹至庄,2005;郑京海等,2008)。这些文献所估计的资本产出弹性大约在 0.40～0.85,均值为 0.60。表 12 - 3 和表 12 - 4 列出了在这些文献的资本产出弹性下,不同的折旧率对应的三种技术外溢测度。在使用较多的折旧率 15％水平下,资本产出弹性取均值 0.60,非均衡条件下分散经济对集权经济的偏离将近 30％,分散均衡对集权均衡的偏离大约在 13％,分散均衡中技术外溢比例大约为 23％。

表 12 - 3 　中国内外资企业技术外溢测度估算(一)

文献		折旧率 5％			折旧率 10％		
	α	w_1	w_2	w_3	w_1	w_2	w_3
Chow & Li(2002)	0.628	28.21％	11.60％	23.14％	28.48％	11.72％	23.43％
Chow & Lin(2002)	0.647	28.21％	11.04％	23.91％	28.48％	11.16％	24.22％
Chow(1988)	0.602	28.21％	12.36％	22.08％	28.48％	12.49％	22.36％
Chow(1993)上限	0.640	28.21％	11.25％	23.63％	28.48％	11.37％	23.93％
Chow(1993)下限	0.538	28.21％	14.20％	19.52％	28.48％	14.35％	19.76％
邹至庄(2005)	0.647	28.21％	11.04％	23.91％	28.48％	11.16％	24.22％
Chow(2008)	0.601	28.21％	12.39％	22.04％	28.48％	12.52％	22.32％
Heytens & Zebregs (2003)	0.643	28.21％	11.16％	23.75％	28.48％	11.28％	24.05％
Lau & Brada(1990)	0.422	28.21％	17.43％	15.01％	28.48％	17.61％	15.19％
OECD(2005)	0.526	28.21％	14.54％	19.04％	28.48％	14.69％	19.28％
Wang & Meng(2001)	0.433	28.21％	17.13％	15.43％	28.48％	17.31％	15.62％
郭庆旺、贾俊雪(2005) 上限	0.784	28.21％	6.91％	29.67％	28.48％	6.98％	30.05％
郭庆旺、贾俊雪(2005) 下限	0.692	28.21％	9.70％	25.77％	28.48％	9.81％	26.11％
吕冰洋(2008)	0.555	28.21％	13.71％	20.19％	28.48％	13.86％	20.45％

（续表）

文献	α	折旧率 5％			折旧率 10％		
		w_1	w_2	w_3	w_1	w_2	w_3
谢千里等(2008)	0.381	28.21％	18.55％	13.46％	28.48％	18.74％	13.62％
郑京海等(2008)建议	0.500	28.21％	15.27％	18.02％	28.48％	15.43％	18.25％
郑京海等(2008)上限	0.726	28.21％	8.68％	27.20％	28.48％	8.77％	27.55％
郑京海等(2008)下限	0.842	28.21％	5.10％	32.18％	28.48％	5.16％	32.61％
均值	0.600	28.21％	12.40％	22.01％	28.48％	12.54％	22.29％

表 12－4　中国内外资企业技术外溢测度估算（二）

文献	α	折旧率 15％			折旧率 20％		
		w_1	w_2	w_3	w_1	w_2	w_3
Chow & Li(2002)	0.628	28.72％	11.83％	23.69％	28.91％	11.92％	23.90％
Chow & Lin(2002)	0.647	28.72％	11.26％	24.49％	28.91％	11.35％	24.71％
Chow(1988)	0.602	28.72％	12.61％	22.61％	28.91％	12.70％	22.81％
Chow(1993)上限	0.640	28.72％	11.47％	24.19％	28.91％	11.56％	24.41％
Chow(1993)下限	0.538	28.72％	14.48％	19.98％	28.91％	14.59％	20.15％
邹至庄(2005)	0.647	28.72％	11.26％	24.49％	28.91％	11.35％	24.71％
Chow(2008)	0.601	28.72％	12.64％	22.56％	28.91％	12.73％	22.76％
Heytens & Zebregs (2003)	0.643	28.72％	11.38％	24.32％	28.91％	11.47％	24.54％
Lau & Brada(1990)	0.422	28.72％	17.77％	15.36％	28.91％	17.90％	15.49％
OECD(2005)	0.526	28.72％	14.83％	19.49％	28.91％	14.93％	19.66％
Wang & Meng(2001)	0.433	28.72％	17.47％	15.79％	28.91％	17.59％	15.92％
郭庆旺、贾俊雪(2005) 上限	0.784	28.72％	7.05％	30.40％	28.91％	7.11％	30.67％
郭庆旺、贾俊雪(2005) 下限	0.692	28.72％	9.90％	26.40％	28.91％	9.98％	26.64％

（续表）

文献	α	折旧率 15%			折旧率 20%		
		w_1	w_2	w_3	w_1	w_2	w_3
吕冰洋(2008)	0.555	28.72%	13.99%	20.67%	28.91%	14.09%	20.85%
谢千里等(2008)	0.381	28.72%	18.91%	13.77%	28.91%	19.04%	13.88%
郑京海等(2008)建议	0.500	28.72%	15.57%	18.44%	28.91%	15.69%	18.60%
郑京海等(2008)上限	0.726	28.72%	8.86%	27.86%	28.91%	8.93%	28.11%
郑京海等(2008)下限	0.842	28.72%	5.21%	32.98%	28.91%	5.25%	33.29%
均值	0.600	28.72%	12.65%	22.54%	28.91%	12.75%	22.74%

四、主要结论

本文构建了一个包括物质资本和研发资本的外部性经济增长模型,分析了技术外溢对私人收益率和社会计划者收益率之间差异的影响,并从三个方面测度技术外溢导致研发收益外溢的比例。本文的主要结论有以下几点。

第一,即使在没有外溢的时候,研发活动还是能支持经济的长期增长。只是外溢会导致企业的研发收益率下降,从而降低研发的积极性。结果是分散决策经济的长期增长率偏离了帕累托最优状态。对中国数据的分析表明,在 $\alpha=0.60$ 的情况下,分散决策均衡和帕累托均衡之间的收益率差距大约有 13%。

第二,在分散均衡下,技术外溢是否存在对最终均衡收益率没有影响。但是,该结论并不意味着技术外溢对经济没有任何影响。在 $\alpha=0.60$ 的情况下,分散均衡中技术外溢导致私人研发收益率外溢的比例大约为 23%。

第三,经济在非均衡条件下,技术外溢导致分散决策经济对计划集权经济的偏离。这种偏离程度和物质资本的产出弹性并不相关,只和技术外溢强度 v 正相关。在 $\alpha=0.60$ 的情况下有接近 30% 的研发收益溢出。

第四,本文的理论分析还证明了研发函数的线性特征。这在研发驱动的内生增长理论中通常是一个假设,但在本文中是一个可以被证明的结论。该结论也为线性计量模型提供理论支持。

第五,本文的经验研究发现:三资企业对内资企业的技术外溢证据并不显著,相反,内资企业对三资企业的技术外溢证据却非常显著。发生这种现象的原因可能有如下三方面:内资企业技术人员被三资企业所吸纳、跨国公司的垄断遏制以及外资对内资企业的并购。

本文的研究尚有不足之处,例如理论模型中的技术外溢是对称性外溢,而不是中国三资企业和内资企业之间的非对称性、单向外溢。因此,运用本文的模型进行的经验研究只能从总体平均意义上解释技术外溢测度。例如内资企业和三资企业之间的技术外溢在总体上平均导致研发收益下降多少,不能就此认为内资企业对三资企业的技术外溢导致内资企业研发收益率下降多少。但可以推测,在非对称性外溢下,内资企业研发收益率下降比例要高于本文的研究结论。因此,本文的技术外溢测度可以被看作非对称性技术外溢情况下技术外溢测度的一个下界。

参考文献

[1]郭庆旺、贾俊雪,2005:《中国全要素生产率的估算:1979—2004》,《经济研究》第 6 期。

[2]国家统计局,2006:《中国经济普查年鉴》(2004 年),北京:中国统计出版社。

[3]国家统计局、科学技术部:历年《中国科技统计年鉴》,北京:中国统计出版社。

[4]蒋殿春、张宇,2008:《经济转型与外商直接投资技术溢出效应》,《经济研究》第 7 期。

[5]赖明勇、包群、彭水军等,2005:《外商直接投资与技术外溢:基于吸收能力的研究》,《经济研究》第 8 期。

[6]李光泗、徐翔,2008:《技术引进与地区经济收敛》,《经济学(季刊)》第 3 期。

[7]卢荻,2003:《外商投资与中国经济发展——产业和区域分析证据》,《经济研究》第 9 期。

[8]罗雨泽、朱善利、陈玉宇等,2008:《外商直接投资的空间外溢效应:对中国区域企业生产率影响的经验检验》,《经济学(季刊)》第 2 期。

[9]吕冰洋,2008:《中国资本积累的动态效率:1978—2005》,《经济学(季刊)》第 2 期。

[10]王红领、李稻葵、冯俊新,2006:《FDI 与自主研发:基于行业数据的经验研究》,《经济研

究》第 2 期。

[11] 王玲、涂勤,2007:《中国制造业外资生产率溢出的条件性研究》,《经济学(季刊)》第 1 期。

[12] 吴延兵,2008:《中国工业 R&D 产出弹性测算(1993—2002)》,《经济学(季刊)》第 3 期。

[13] 谢千里、罗斯基、张轶凡,2008:《中国工业生产率的增长与收敛》,《经济学(季刊)》第 3 期。

[14] 姚洋、章奇,2001:《中国工业企业技术效率分析》,《经济研究》第 10 期。

[15] 袁诚、陆挺,2005:《外商直接投资与管理知识溢出效应:来自中国民营企业家的证据》,《经济研究》第 3 期。

[16] 张海洋,2005:《R&D 两面性、外资活动与中国工业生产率增长》,《经济研究》第 5 期。

[17] 张建华、欧阳轶雯,2003:《外商直接投资、技术外溢与经济增长——对广东数据的实证分析》,《经济学(季刊)》第 3 期。

[18] 郑京海、胡鞍钢、ArneBigsten,2008:《中国的经济增长能否持续?——一个生产率视角》,《经济学(季刊)》第 3 期。

[19] 邹至庄,2005:《中国经济转型》,北京:中国人民大学出版社。

[20] Barro, R. J., and X. Sala-i-Martin, 2004, *Economic Growth*, 2nd ed., Cambridge, MA, MIT Press.

[21] Bresnahan, T. F., 1986, "Measuring the Spillovers from Technical Advance: Mainframe Computers in Financial Services", *American Economic Review*, 76, 742 – 755.

[22] Chow, G. C., 1988, "Economic Analysis of the People's Republic of China", *Journal of Economic Education*, 19, 53 – 64.

[23] Chow, G. C., 1993, "Capital Formation and Economic Growth in China", *Quarterly Journal of Economics*, 108, 809 – 842.

[24] Chow, G. C., 2008, "Another Look at the Rate of Increase in TFP in China", *Journal of Chinese Economic and Business Studies*, 6, 219 – 224.

[25] Chow, G. C., and K. Li, 2002, "China's Economic Growth: 1952 – 2010", *Economic*

Development and Cultural Change, 51, 247 - 256.

[26] Chow, G. , and A. Lin, 2002, "Accounting for Economic Growth in Taiwan and Mainland China: A Comparative Analysis", *Journal of Comparative Economics*, 30, 507 - 530.

[27] Coe, D. T. , and E. Helpman, 1995, "International R&D Spillovers", *European Economic Review*, 39, 859 - 887.

[28] Griliches, Z. , 1992, "The Search for R&D Spillovers", *Scandinavian Journal of Economics*, 94, S29 - S47.

[29] Heytens, P. , and H. Zebregs, 2003, "How Fast Can China Grow?", in *China, Competing in the Global Economy: Policies for Sustained Growth and Financial Stability*, W. Tseng, and M. Rodlauer, eds. , IMF.

[30] Hymer, S. , 1970, "The Efficiency (Contradictions) of Multinational Corporations", *American Economic Review*, 60, 441 - 448.

[31] Jones, C. I. , 1998, *Introduction to Economic Growth*, 1st ed. , New York, W. W. Norton &Company, Inc.

[32] Jones, C. I. , and J. C. Williams, 1998, "Measuring the Social Return to R&D", *Quarterly Journal of Economics*, 113, 1119 - 1135.

[33] Kao, C. , and M. H. Chiang, 2000, "On the Estimation and Inference of a Cointegrated Regression in Panel Data", in *Nonstationary Panels, Panel Cointegration, and Dynamic Panels*, B. H. Baltagi, Elsevier Science Inc, 15, 179 - 222.

[34] Kao, C. , M. H. Chiang, and B. Chen, 1999, "International R&D Spillovers: An Application of Estimation and Inference in Panel Cointegration", *Oxford Bulletin of Economics and Statistics*, 61(S1), 691 - 709.

[35] Lau, K. , and J. C. Brada, 1990, "Technological Progress and Technical Efficiency in Chinese Industrial Growth: A Frontier Production Function Approach", *China Economic Review*, 1, 113 - 124.

[36] Lucas, R. E. , 1988, "On the Mechanics of Economic Development", *Journal of*

Monetary Economics, 22, 3 – 42.

[37] Mansfield, E., J. Rapoport, A. Romeo, S. Wagner, and G. Beardsley, 1977, "Social and Private Rates of Return from Industrial Innovations", *Quarterly Journal of Economics*, 91, 221 – 240.

[38] OECD, 2005, *Economic Survey of China*, Issue 13, September.

[39] Pedroni, P., 2004, "Panel Cointegration: Asymptotic and Finite Sample Properties of Pooled Time Series Tests with an Application to the PPP Hypothesis", *Econometric Theory*, 20, 597 – 625.

[40] Romer, P. M., 1986, "Increasing Returns and Long-run Growth", *Journal of Political Economy*, 94, 1002 – 1037.

[41] Romer, P. M., 1990, "Endogenous Technological Change", *Journal of Political Economy*, 98, 71 – 102.

[42] Trajtenberg, M., 1989, "The Welfare Analysis of Product Innovations, with An Application to Computed Tomography Scanners", *Journal of Political Economy*, 97, 444 – 479.

[43] Wang, X., and L. Meng, 2001, "A Reevaluation of China's Economic Growth", *China Economic Review*, 12, 338 – 346.

[44] Xu, B., 2000, "Multinational Enterprises, Technology Diffusion, and Host Country Productivity Growth", *Journal of Development Economics*, 62, 477 – 493.

[45] Xu, B., and J. Wang, 1999, "Capital Goods Trade and R&D Spillovers in the OECD", *Canadian Journal of Economics/RevueCanadienne d' Economique*, 32, 1258 – 1274.

13　外资技术转移与内资经济增长质量[①]

内容提要:本文利用 1999—2007 年我国 29 个地区的面板数据,系统地探讨 FDI 的不同溢出效应对内资经济增长质量的影响及其制约因素。研究结果显示,外资企业的技术转移与扩散对内资经济增长质量具有正面作用;外资企业的溢出效应(主要是竞争效应)对内资经济增长质量主要是负面作用,只有在外资聚集水平高的子样本中,外资的技术溢出效应与外资企业生产本地化反映的技术转移、扩散效应趋近时,才对内资经济增长质量具有正面作用。研究还发现,技术差距、外资聚集水平和增加值率差距是影响 FDI 企业的技术转移与扩散对内资经济增长质量效应的重要因素。

关键词:技术转移与扩散　溢出效应　经济增长质量

一、引　言

改革开放以来,外资的流入不仅推动了我国经济持续稳定地高速增长,而且深刻影响了经济增长方式。FDI 通过两种方式影响我国经济增长方式:一是直接影响,即通过投资从数量上影响经济增长方式;二是间接影响,通过技术溢出影响内资经济的技术水平,进而影响内资经济增长质量(用投入产出率度量)。但是,不同的溢出效应因促进本地企业不同层面的技术进步而对内资经济增长质量产生不同的影响,本地企业通过外资企业生产本地化可能获得更多中间产品生产技术,提高投入产出率;通

---

①　原文刊载于《中国工业经济》2010 年第 11 期,合作者为傅元海博士。

过竞争效应可能获得更多终端产品生产技术或某一中间产品技术,中间产品或零部件则依赖进口,创造新价值过程缩短,导致经济增长质量下降。

理论界对 FDI 影响经济增长质量的讨论可概括为两个方面。一是讨论 FDI 的直接影响,郭克莎(1995)认为,提高利用 FDI 的规模和效益可以加快我国经济增长方式的转变;江小涓(2002)认为 FDI 通过改善存量资产质量进而提升经济增长质量;傅元海和王展祥(2010)指出,外资企业单位产值的消耗对全国的影响,就是 FDI 对经济增长质量的影响。二是从 FDI 溢出效应视角讨论间接影响。沈坤荣(1995)认为,FDI 除了直接影响经济增长方式外,还通过溢出效应影响技术水平、组织效率等来影响经济增长的方式。但是,研究 FDI 的溢出效应影响经济增长质量机制的文献不多。

FDI 溢出效应的理论研究多是讨论 FDI 技术溢出的机制,未涉及 FDI 不同的技术溢出机制影响本地企业不同层面的技术进步。实证方面,一般是基于本地企业的劳动生产率、全要素生产率或东道国 GDP 与 FDI 参与程度的联系构建计量模型,来判断 FDI 的技术转移与扩散效应,即根据 FDI 的参与程度这一解释变量系数估计的显著水平判断技术转移与扩散效应。外资参与程度的度量有多种方式:沈坤荣和耿强(2001)用外商投资额占 GDP 的比例,包群等(2006)用外商投资额占固定投资的比例,Aitken & Harrsion(1999)用外资企业资产的份额,Sjöholm(1999)用外资企业产值份额,Xu(2000)用外资企业增加值的份额等测度。外资参与程度虽然度量了外资企业的多种溢出效应,但是,用外资参与程度检验 FDI 对东道国技术进步的影响,只能说明内资企业技术进步的动力源是 FDI,技术源不一定是 FDI。因此,用外资的参与程度做解释变量不能反映 FDI 的技术转移与扩散效应;更重要的是,外资的参与程度不能反映 FDI 溢出的不同技术特点,即不能区分中间产品与终端产品技术转移、扩散对东道国不同层面技术进步影响的差异。另外,没有 FDI 溢出效应影响经济增长质量的确切结论,虽然全要素生产率是衡量经济增长质量的重要指标,从卢荻(2003)等关于 FDI 对全要素生产率影响的结论,可以推断 FDI 溢出效应对经济增长质量的影响,但就目前的测算方法,全要素生产率难以全部反映经济效果①,必然导致 FDI 对全要素生产率的影响更难准确测度。

FDI 的溢出效应影响内资经济增长质量机制的理论探讨及其实证检验,无论对理论发展还是政策探索均具有重要的现实意义。本文可能的创新:一是从理论上揭示 FDI 的不同技术溢出通过促进东道国不同层面的技术进步影响内资经济增长质量(用投入产出率度量)的机制;二是用 FDI 企业本地化度量技术转移和扩散效应,利用 1999—2007 年我国 29 个地区(西藏因数据不全、黑龙江因数据异常而未考虑)的面板数据,检验 FDI 技术转移、扩散效应与外资参与度反映的溢出效应对内资经济增长质量影响的差异,同时考察影响 FDI 企业技术转移对内资经济增长质量效应的因素。

二、FDI 技术溢出影响内资经济增长质量的机理

（一）外资企业生产本地化的技术转移影响内资经济增长质量的机制

经济增长质量的内涵是多维的,投入产出率是衡量内资经济增长质量的重要指标之一,本文将内资经济增长质量界定为增加值与中间投入的比②,以下称为投入产出率。投入产出率提高的关键在于技术水平,技术水平的提高能增加产出,即内资经济增长质量得到提升。本地技术进步的途径有研发投资、技术引进、模仿学习等,其中,模仿学习的重要来源是外资。外资影响本地技术进步可概括为两个关键问题:一是 FDI 技术转移与扩散程度;二是东道国模仿学习的能力,它受东道国的技术吸收能力制约。

FDI 企业通过生产本地化实现技术转移与扩散是 FDI 溢出效应的重要途径,反映了 FDI 企业对技术的控制程度,决定了东道国接触技术的概率,具体表现在以下两个方面:一是外资企业选择的技术水平决定了潜在技术转移与扩散的效应,是本地

---

① 郑玉歆(2007)指出,一些有影响的国际机构如世界银行、经合组织在研究经济时,经常把全要素生产率的变动作为考察经济增长质量的重要内容。

② 沈利生和王恒(2006)利用中间投入率分析了我国经济增长质量的变化。

企业模仿学习的前提;二是决定了外资企业的本地雇员接触技术的程度。如果东道国模仿学习能力充分,FDI 的技术转移与扩散效应可以理解为模仿学习效应(下文中两者等同)。目前仍缺乏 FDI 作为国际技术扩散路径的直接证据(李平,2007),原因是 FDI 的技术转移与扩散效应难以直接度量。Kumar(2002)认为,外资企业生产本地化水平反映了本地生产要素参与外资企业创造新价值的程度,是提高产品本地含量的重要途径,与技术转移和扩散程度高度正相关。

FDI 技术通过生产本地化实现转移与扩散的理由可以从微观上解释。一个单位总投入生产的增加值(VAD)不仅取决于技术水平,也反映了企业技术水平。因为创造 VAD 过程包含多道工艺或工序,如果每道工序对应一个中间产品 VAD_b($1 \leqslant b \leqslant j$),每个中间产品 VAD_b 包含对应工序的知识,涉及生产、设计和开发技术,VAD 最终包含了产品的全部技术。增加值率(增加值与总产出的比例)可以反映企业的技术水平[①],跨国企业(MNC)海外子公司的增加值率反映的技术水平决定了其技术转移和扩散的最大可能。

MNC 的增加值可以分解为母国创造 VADH 和国外创造 VADF 两部分。从东道国的视角,子公司在东道国创造 VADF 过程就是本地化过程。如果 VADF 趋近于VAD,MNC 在东道国生产的工序越多,生产链条越长,MNC 在东道国使用的技术就越多,MCN 本地化程度越高,技术转移与扩散力度越大。Madhok & Osegowitsch(2000)指出,中间产品或最终产品的生产、设计和开发技术,逆向模仿是不可能全部获得的;Bessant et al. (2003)强调,通过使用或观察产品、研究设计图纸、专利等知识也不能获得一些关键技术,这些知识的获得很大程度上依靠经验积累和直接的学习。外资企业生产的本地化程度则决定了本地企业获得这些知识经验的机会。

FDI 技术转移与扩散效应产生的三种渠道如人力资本流动、示范效应和联系效应与外资企业生产的本地化程度密切相关。FDI 企业生产本地化程度越高,本地雇员可以接触更多中间产品的技术,并积累相应的经验。本地雇员一旦流向本地企业或与本地企业雇员进行交流,本地企业就无偿地获得了相关中间产品的技术;同样,

---

① 郭克莎(1995)、王美今和沈绿珠(2001)指出,工业的价值增加值率衡量技术含量的重要指标。

本地企业能观察到更多的技术信息、参数、指南及诀窍，示范效应大。联系效应除了外资企业雇员与内资企业雇员的交流外，与本地企业前向关联的外资企业因本地化程度提高而提供技术含量更高的中间产品。

外资企业生产的本地化程度就可以理解为单位产出的增加值比例（傅元海等，2010），即增加值率。从宏观的角度来说，外资企业的生产本地化程度则反映技术转移与扩散的水平。外资企业通过控制生产本地化程度影响东道国经济增长质量的机制可表述为：FDI 企业的生产本地化程度—模仿学习—本地技术进步—投入产出率提高—内资经济增长质量提升。

（二）FDI 企业生产本地化的技术转移与其他溢出效应影响经济增长质量的差异

傅元海等(2010)将示范效应和人员培训效应归于生产本地化反映的模仿学习效应，与竞争效应、联系效应既有联系又有差异，在三类溢出效应下的本地企业技术进步动力均是 FDI，但技术来源不一定相同；模仿学习效应的技术来源于 FDI，其他溢出效应的技术来源不一定是 FDI。模仿学习效应与竞争效应、联系效应的外延部分重合，既包括本地企业在竞争压力下诱致的模仿学习效应，也包括本地企业与外资关联时诱致的模仿学习效应；区别主要是模仿学习效应也有非竞争性企业或非关联企业的模仿学习效应。

模仿学习效应、竞争效应和联系效应促进本地企业不同层面的技术进步，进而对经济增长质量产生不同的影响。提高外资企业生产的本地化水平，本地企业通过模仿学习可以获得更多产品的生产流程技术，本地企业提高单位投入创造的新价值，即提高投入产出率。竞争效应和联系效应可以通过模仿学习获得更多产品的生产流程技术进而提高经济增长质量，也可能因为获得的技术并不是生产的流程技术而降低经济增长质量。外资企业为了确保其竞争优势，通过进口包含核心技术的中间投入品支持企业的本地生产，严格控制中间产品技术外溢；或者本地企业迫于竞争压力，通过引进技术手段提高产品竞争力，获得的是某一环节的生产技术，上游投入产品依赖进口，进口增加提高了投入，即创造增加值的过程缩短，创造增加值的比例可能下降，导致经济增长质量下降。在联系效应中，本地企业为外资企业提供合格的中间投入品,通过模仿或外资企业的技术帮助获得了中间产品的技术,但零部件和原材料可能需要进口;同时放弃原有产品的生产流程,技术水平虽然提高,但创造增加值的比例下降,经济增长质量下降。

（三）制约外资溢出效应影响经济增长质量的因素

外资企业生产本地化的技术转移与扩散对内资经济增长质量的效应可能受一些因素的影响。国内外相当多的经验研究,如 Kokko(1994)、陈涛涛(2003)的研究表明,内外资的技术差距是影响溢出效应的重要因素。除了内外资企业的技术差距外,本文还要检验外资的聚集水平和内外资企业增加值率的差距对技术转移效应的影响。模仿学习效应中的人力资本流动效应与外资参与度即外资聚集水平密切相关。FDI 聚集水平越高,技术人员双向流动可能越频繁,模仿学习效应越大,经济增长质量可能提高;反之,FDI 聚集水平低,外资企业少而且技术水平高,技术人员仅由内资企业向外资企业单向流动,本地企业无法通过人力资本的流动获得 FDI 的技术。同样,内外资企业的平均增加值率差距大,即外资企业增加值率相对于内资企业越低,本地企业的模仿学习效应越小,对经济增长质量提高的作用越小。

三、计量模型与研究方法

（一）检验模型

依据前面关于投入产出率的定义,投入产出率用数学语言表述为:

$$R=VAD/MINP=(VAD/L)/(MINP/L) \tag{13.1}$$

R 为内资企业中间投入产出率,测度内资经济增长质量;VAD 为内资企业增加值,$MINP$ 为内资企业中间投入,L 为内资企业就业人数;相应地,VAD/L 为内资企业人均增加值,$MINP/L$ 为内资企业人均中间投入。

借鉴 Blomstrom(1983)、陈涛涛(2003)测度外资溢出效应的方法,将柯布-道格拉斯人均生产函数即内资企业人均增加值生产函数表述为:

$$VAD/L=Ae^{\alpha F+\phi Q}(K/L)^{\alpha} \tag{13.2}$$

VAD/L 为人均增加值，K 为内资企业的资本，EF 为外资的溢出效应，LQ 为内资企业劳动质量。将(13.2)式代入(13.1)式并取对数得到(13.3)式：

$$\ln R = lnA + \theta EF + \alpha \ln(K/L) + \varphi LQ + \lambda \ln(MINP/L) \qquad (13.3)$$

外资的溢出效应(EF)有多种度量方法，本文主要用外资企业生产本地化程度和外资参与度测度，外资企业生产本地化程度主要度量 FDI 的技术转移与扩散即模仿学习效应；外资参与度主要测度竞争效应，也测度部分模仿学习效应和联系效应。首先用 FDI 企业生产本地化度量溢出效应，以检验模仿学习对经济增长质量的影响，由(13.3)式得到投入产出率的基本计量模型：

$$\ln R_{it} = \beta + \theta LOC_{it} + \alpha \ln(K_{it}/L_{it}) + \varphi LQ_{it} + \eta NS_{it} + \lambda \ln(MINP_{it}/L_{it}) + \mu_{it}$$

$$(13.4)$$

$i(i=1,\cdots,29)$ 表示第 i 个地区，$t(t=1999,\cdots,2007)$ 表示第 t 年，μ 为残差，β、θ、α、φ、η、λ 为待估参数。LOC 为溢出效应 EF 替代变量，用外资企业的平均生产本地化程度反映，测度 FDI 的技术转移与扩散效应，是模型的核心解释变量。其余为控制变量，人均资本(K/L)通过创造增加值间接影响投入产出率，预期符号为正；劳动质量(LQ)反映本地企业吸收 FDI 溢出效应的能力，与投入产出率正相关；生产函数中的 A 选用市场化制度度量[①]（令市场化制度变量 $NS=\ln A$），反映了制度环境对增长质量的影响；预期人均中间投入水平($MINP/L$)与投入产出率负相关。

(13.4)式中外资的溢出效应(EF)不仅可以用生产本地化度量，也可以用参与度度量，但是用生产本地化反映的技术转移、扩散效应和用参与度反映的溢出效应对内资经济增长质量的影响是有差异的。因此，用本地化程度和外资参与度两个变量测度(13.3)式中的溢出效应，得到模型(13.5)，检验模仿学习效应和非模仿学习效应影响经济增长质量的差异。

[①] 沈坤荣和耿强(2001)认为，根据各个国家的具体情况，C—D 函数中 A 要采取不同的制度变量；在计量检验与实证分析中，以各地区的国有工业产值与工业总产值的比重来反映中国各地区的市场化程度。

$$\ln R_{it} = \beta + \theta_1 LOC_{it} + \theta_2 PRVADF_{it} + \alpha \ln(K_{it}/L_{it})$$
$$+ \varphi LQ_{it} + \eta NS_{it} + \lambda \ln(MINP_{it}/L_{it}) + \mu_{it} \tag{13.5}$$

$PRVADF$ 为外资工业企业增加值占全部工业企业增加值的比例,反映外资企业参与东道国创造新价值的程度,主要测度 FDI 的竞争效应对内资经济增长质量的影响,也能反映 FDI 的部分模仿学习效应和联系效应对内资经济增长质量的影响。理论分析表明,FDI 的技术转移、扩散效应与用 FDI 的参与度反映的溢出效应两者存在部分重合,重合的程度与诱致的模仿学习效应有关,在计量分析中则表现为 LOC 与 $PRVADF$ 的共线性程度。处理这一问题有两种方法:一是允许共线性存在,共线性程度低则不会影响检验结果,共线性程度高则影响检验结果;二是消除共线性,即借鉴 Kumar(2002)的处理方法,利用 $PRVADF_{it} = C + LOC_{it} + \varepsilon_{it}$ 对外资的参与度进行调整,用回归的残差 ε_{it} 表示 $PRVADF_{it}^*$,但这种方法存在缩小 FDI 竞争效应、联系效应的风险。对(13.5)式中的 $PRVADF$ 进行调整后,模型(13.5)变为:

$$\ln R_{it} = \beta + \theta_1 LOC_{it} + \theta_2 PRVADF_{it}^* + \alpha \ln(K_{it}/L_{it}) + \varphi LQ_{it}$$
$$+ \eta NS_{it} + \lambda \ln(MINP_{it}/L_{it}) + \mu_{it} \tag{13.6}$$

模型(13.5)和(13.6)核心解释变量则有生产本地化程度和外资参与度,控制变量不变。投入产出率 R 为内资企业增加值(VAD)与中间投入($MINP$)的比例,中间投入等于总产出减去增加值再加上增值税。外资企业生产本地化程度(LOC)为增加值与总产出的比例。资本(K)为内资企业固定资产的合计,就业人数(L)为内资企业年均就业人数。劳动质量(LQ)为内资企业中科技人员占就业人数的比例,但无法获得这一数据,本文采用 Blomstrom(1983)、Kokko(1994)和陈涛涛(2003)的处理方法,利用 $LQ_{it}^* = \sigma + VADF_{it}/VAD_{it} + e_{it}$ 进行调整,用回归得到的残差 e 作为内资企业劳动质量的数值,LQ^* 为工业企业科技人员占就业人数的比例。市场化(NS)为非国有企业总产值占全部工业总产值的比例。以上数据均为规模以上工业企业统计数据,内资企业的相关数据均由各地区企业的数据减去外资企业的数据获得,人均资本和人均中间投入均未考虑价格因素。以上采用数据来自《中国工业经济统计年鉴》和《中国经济贸易年鉴》各期以及国研网。

（二）研究方法与步骤

（1）研究方法。本文的实证检验主要有三个目标。一是外资企业生产本地化的技术转移与扩散（*LOC*）对内资经济增长质量是否有显著的影响；如果有显著影响，继而检验是否存在时滞效应。二是在第一个问题的基础上，需要重点讨论 FDI 企业生产本地化的技术转移与扩散对内资经济增长质量的影响是否与 FDI 参与度反映的溢出效应的影响存在差异。三是进一步讨论技术差距、聚集程度、增加值率的差距等因素影响 FDI 企业生产本地化的技术转移与扩散对内资经济增长质量效应的效果。在经验研究中常用两种方法检验影响 FDI 溢出效应的因素：一是采用分组法，二是采用连乘变量法。① 运用面板数据模型分别按 1999—2007 年技术差距（用内资与外资企业平均人均增加值之比反映）、外资聚集度、平均增加值率的差距（用内外资企业增加值率的差额反映）分组的子样本进行检验，考察对应两组样本中 FDI 企业生产本地化变量系数的差异。② 创造 FDI 的聚集度（*CLU*）、技术差距（*TECHGAP*）分别与外资企业生产本地化的连乘式①，将模型（13.4）改造为模型（13.7），按三个分组标准进行分组得到的子样本分别运行模型（13.7），考察连乘变量系数的差异。

$$\ln R_{it} = \beta + \theta_1 LOC_{it} + \theta_2 LOC_{it} \times CLU_{it} + \theta_3 LOC_{it} \times TECHGAP_{it} + \alpha ln(K_{it}/L_{it})$$
$$+ \varphi LQ_{it} + \eta NS_{it} + \lambda ln(MINP_{it}/L_{it}) + \mu_{it} \tag{13.7}$$

（2）检验步骤。为了系统地检验外资企业生产本地化反映的技术转移对内资经济增长质量的影响，本文将检验分为三个步骤。第一步，分全样本和按技术差距、聚集程度、增加值率的差距三个标准分组的子样本运行基本模型（13.4），检验外资企业生产本地化在不同样本中对内资经济增长质量的影响及其时滞效应，初步考察技术差距、聚集程度、增加值率的差距三个因素对外资企业生产本地化的内资经济增长质量效应的影响。第二步，对模型（13.5）和（13.6）进行全样本和分子样本检验，检验外资企业生产本地化和外资参与度影响内资经济增长质量的差异，判断外资企业生产

---

① 未考虑增加值率的差距与外资企业生产本地化的连乘式，因为增加值率的差距与外资企业生产本地化的连乘即为内资企业的增加值率，无法反映增加值率的差距对外资企业生产本地化的技术转移、扩散效应的影响。

本地化反应的技术转移和外资参与度反映的技术溢出是否存在趋同。第三步,运用模型(13.7)考察连乘项的估计系数,进一步验证内外资企业的技术差距、外资聚集程度因素对外资企业生产本地化的内资经济增长质量效应的影响。

四、计量结果及分析①

(一)外资企业生产本地化的技术转移对经济增长质量影响及时滞效应的检验

对模型(13.4)按全样本和设定的三个分组标准得到的子样本进行估计,结果如表 13-1 所示。全样本的检验表明,FDI 企业生产本地化的(LOC)不仅当年而且滞后 2 期均支持内资经济质量提升。

表 13-1　FDI 企业生产本地化的技术转移对经济增长质量影响的检验结果(模型 13.4)

解释变量	全样本	技术差距大	技术差距小	聚集程度高	聚集程度低	增加值率差距大	增加值率差距小
β	−1.747 3 (0.000 0)	−1.422 3 (0.009 1)	−1.843 4 (0.000 0)	−3.729 2 (0.000 0)	−1.702 5 (0.000 0)	−2.984 2 (0.000 0)	−1.850 5 (0.000 0)
LOC_t	0.814 6 (0.000 0)	1.036 2 (0.026 7)	0.761 3 (0.075 6)	1.499 2 (0.000 1)	0.342 5 (0.017 7)	1.374 0 (0.0108)	1.317 0 (0.000 0)
LOC_{t-1}	0.600 1 (0.000 0)	0.819 0 (0.080 6)	0.976 0 (0.005 6)	1.655 9 (0.000 1)	0.247 4 (0.076 6)	1.717 4 (0.007 9)	0.960 0 (0.000 0)
LOC_{t-2}	0.335 2 (0.000 0)		1.180 4 (0.007 6)		0.467 9 (0.000 4)		0.578 7 (0.007 3)
LQ	0.177 9 (0.026 3)	0.921 5 (0.001 0)	0.182 5 (0.526 6)	−0.173 6 (0.245 2)	0.619 1 (0.000 1)	0.409 5 (0.266 8)	0.271 3 (0.020 0)

---

① 由于实证检验主要是考察行业因素影响不同溢出效应对经济增长质量的效应,基于可比性,同一模型对按同一标准分组的样本估计方法一定相同,对按不同标准分组的样本估计方法则不必相同。通过模型设定检验,表 13-2 中全样本和按技术差距分组的样本采用固定效应估计,其余均采用混合最小二乘法估计。

（续表）

解释变量	全样本	技术差距大	技术差距小	聚集程度高	聚集程度低	增加值率差距大	增加值率差距小
$\ln(K/L)$	0.214 9 (0.000 0)	0.096 5 (0.231 4)	0.124 4 (0.003 8)	0.356 1 (0.000 0)	0.149 4 (0.000 5)	0.111 0 (0.130 2)	0.197 8 (0.000 0)
NS	0.196 6 (0.000 0)	0.223 5 (0.039 6)	−0.370 1 (0.000 2)	0.202 5 (0.000 0)	−0.128 7 (0.164 5)	0.446 6 (0.069 5)	0.139 5 (0.008 9)
$\ln(MINP/L)$	−0.188 2 (0.000 0)	−0.098 5 (0.066 1)	−0.089 3 (0.092 3)	−0.197 9 (0.000 0)	−0.089 3 (0.001 9)	−0.017 9 (0.789 0)	−0.189 0 (0.000 0)
调整 R^2	0.782	0.370 2	0.712 7	0.813 8	0.457 6	0.462 7	0.813 9
F 统计量	104.507 3	11.875	37.861	81.872 8	13.536 6	14.636 3	74.722 3
样本数	203	112	105	112	105	108	119

注:括号内数据为 p 值,以下均同。

按技术差距分组进行检验,结果如表13-1第三至第四列,当年 FDI 企业生产本地化的估计系数达到 1% 显著水平,其中"技术差距小"样本组的系数小于"技术差距大"样本组,初步认为 FDI 企业生产本地化的技术转移与扩散对内资经济增长质量的正面作用随技术差距扩大而扩大,但需要进一步检验。滞后效应则是明显随技术差距缩小而延长,"技术差距大"样本组 FDI 企业生产本地化对内资经济增长质量的滞后 1 期影响是显著的,"技术差距小"样本组 FDI 企业生产本地化对内资经济增长质量的滞后 2 期影响是显著的,说明技术差距越小,本地企业模仿学习时间越长,对 FDI 的技术吸收和消化越充分。

按 FDI 的聚集程度分组检验,聚集程度高样本组 FDI 企业生产本地化的估计系数同期比低样本组更大,当年和滞后 1 期系数是后者的 4~7 倍。而且,FDI 企业生产本地化对内资经济增长质量影响的滞后效应随 FDI 聚集水平降低而延长。这就是说,FDI 企业生产本地化对内资经济增长质量提升的作用随外资聚集水平降低而下降,但滞后效应却随外资聚集水平降低而更长。

按增加值率差距分组检验,两组样本 FDI 企业当期生产本地化的系数没有明显差异;"技术差距大"样本组外资企业生产本地化系数滞后 1 期,"技术差距小"样本组外资企业生产本地化系数不仅当年而且滞后 2 期均达到 1‰显著水平,说明 FDI 企业转移与扩散技术内资经济增长质量影响的滞后效应随增加值率差距的缩小而延长。

(二) 生产本地化的技术转移与其他溢出效应对经济增长质量影响的检验

对模型(13.5)和(13.6)分别进行全样本和分组检验,两个模型所有系数估计的显著水平和模型整体的显著水平几乎一致,变量系数仅有常数项和 LOC 有微小变化,完全不影响结论的性质,说明 LOC 和 PRVADF 共线性程度不高,进一步表明外资参与程度度量的溢出效应以非模仿学习效应为主。以模型(13.5)的检验结果进行分析,如表 13-2 所示。

表 13-2 生产本地化的技术转移与其他溢出效应对经济增长

质量影响的差异(模型 13.5)

解释变量	全样本	技术差距大	技术差距小	聚集程度高	聚集程度低	增加值率差距大	增加值率差距小
β	−0.756 5 (0.000 0)	−0.972 4 (0.000 0)	−2.350 8 (0.000 0)	−3.392 9 (0.000 0)	−2.048 2 (0.000 0)	−3.305 7 (0.000 0)	−1.647 4 (0.000 0)
LOC	0.215 9 (0.025 6)	0.466 9 (0.000 0)	0.348 1 (0.022 0)	2.781 5 (0.000 0)	0.725 3 (0.000 0)	1.355 9 (0.000 0)	1.465 4 (0.001 4)
PRVADF	−0.341 6 (0.000 0)	−1.240 0 (0.000 0)	0.038 2 (0.720 7)	0.272 7 (0.000 0)	−1.322 1 (0.000 0)	−0.349 5 (0.000 0)	−0.096 4 (0.043 3)
LQ	0.139 1 (0.069 2)	0.003 6 (0.982 1)	−0.074 1 (0.747 6)	−0.319 0 (0.140 1)	0.389 8 (0.087 5)	−0.619 3 (0.110 7)	0.757 9 (0.008 6)
$\ln(K/L)$	0.086 8 (0.001 6)	0.065 6 (0.016 8)	0.218 4 (0.000 0)	0.260 8 (0.000 0)	0.170 5 (0.000 0)	0.069 7 (0.198 2)	0.286 1 (0.000 0)
NS	0.670 3 (0.000 0)	0.827 3 (0.000 0)	−0.229 2 (0.078 8)	−0.047 1 (0.562 3)	0.006 7 (0.940 5)	−0.497 6 (0.000 1)	0.250 3 (0.000 1)
$\ln(MINP/L)$	−0.118 3 (0.000 0)	−0.078 3 (0.000 2)	−0.091 6 (0.004 2)	−0.120 2 (0.001 3)	−0.069 8 (0.041 8)	−0.132 8 (0.009 1)	−0.262 9 (0.000 0)
调整 R^2	0.963 5	0.792 8	0.959 0	0.789 9	0.589 4	0.629 4	0.683 1
F 统计量	202.610 8	26.180 1	158.111 4	79.338 4	33.053 1	31.284 3	55.610 8
样本数	261	126	135	126	135	108	153

外资企业生产本地化的系数在全样本和分组的子样本中均为正，系数的显著水平均高于5％。系数变化规律与模型(13.4)的结果基本一致，具体来说，外资企业生产本地化的系数随技术差距缩小、外资的聚集水平提高和内外资企业增加值率差距缩小而增大。

外资的参与程度在全样本中的估计系数为负值，显著水平达到1％；在按技术差距分组的样本中，外资参与度的估计系数只有在技术差距大组是显著的，且为负值；外资参与程度在按聚集水平分组的子样本中估计系数显著水平均达到1％，其中，外资"聚集程度高"样本组中的系数为正，"聚集程度低"样本组中的系数为负值；在按增加值率差距分组的样本中，外资参与度的估计系数均在5％显著水平下显著，且均为负值，其中外资参与度在"增加值率差距大"样本组中对经济增长质量的负作用大于"增加值率差距小"样本组。由检验结果可以初步得到一个结论，外资参与度在内外资技术差距较大时对经济增长质量具有负面作用；外资聚集程度高时，外资参与程度对内资经济增长质量具有正面作用，外资聚集程度低时，外资参与程度对内资经济增长质量具有负面作用；外资参与程度对内资经济增长质量的负面作用随内外资增加值率差距变大而变大。

通过比较外资企业生产本地化与外资参与程度两个变量的估计系数发现，两者分别度量的技术转移、扩散效应与其他溢出效应对经济增长质量的影响存在很大差异，初步验证了前面理论分析的结论，即外资企业生产本地化因转移更多中间产品技术而提高内资经济增长质量，外资参与度反映的溢出效应如果趋近于外资企业生产本地化的技术转移与扩散效应才能提高内资经济增长的质量，否则就会阻碍内资经济增长质量的提高。

（三）影响生产本地化的技术转移对经济增长质量效应因素的进一步检验

对包含内资企业技术差距、外资聚集程度与本地化程度连乘项的模型(13.7)进行检验，结果如表13-3。本地化程度的系数估计特征与模型(13.5)完全一致。除了增加值率差距大样本组外，技术差距与本地化程度连乘项的系数估计均为正，估计的系数均达到1％显著水平。"技术差距小"样本组的估计系数为0.67，小于"技术差距大"样本组的 0.94,这不仅证实了内资企业相对于外资企业的技术能力是促使 FDI 企业通过生产本地化转移技术的重要因素,而且进一步验证了模型(13.4)和 (13.5)中 FDI 企业生产本地化对经济增长质量的正向作用随技术差距增大而缩小的结论。另外,按增加值率差距分组检验表明,技术差距对 FDI 企业生产本地化中技术转移与扩散的影响只有在内外资企业增加值率差距较小时才显著。

表 13 - 3　影响生产本地化技术转移对经济增长质量效应因素的进一步检验(模型 13.7)

解释变量	全样本	技术差距大	技术差距小	聚集程度高	聚集程度低	增加值率差距大	增加值率差距小
β	−1.270 5 (0.000 0)	−0.671 0 (0.121 3)	−1.341 9 (0.006 6)	−3.075 5 (0.000 0)	−1.399 6 (0.000 0)	−3.243 1 (0.002 4)	−2.010 9 (0.000 0)
LOC	1.243 4 (0.000 0)	1.202 0 (0.000 0)	0.564 6 (0.057 8)	2.394 6 (0.000 0)	0.819 9 (0.000 0)	1.572 5 (0.000 0)	1.685 6 (0.000 0)
$LOC\times TECHGAP$	0.582 8 (0.000 0)	0.939 5 (0.000 3)	0.669 3 (0.000 0)	0.247 8 (0.001 2)	0.511 4 (0.000 4)	−0.007 1 (0.686 6)	0.000 8 (0.009 5)
$LOC\times CLU$	−0.354 2 (0.000 0)	−0.137 8 (0.469 2)	−0.218 9 (0.042 2)	0.106 7 (0.005 3)	−0.896 4 (0.000 0)	−0.340 8 (0.000 6)	−0.092 3 (0.055 0)
LQ	0.537 3 (0.050 7)	−0.814 2 (0.010 2)	−0.182 0 (0.668 9)	−0.217 0 (0.192 9)	0.359 9 (0.094 6)	−0.558 0 (0.159 3)	0.190 3 (0.028 8)
$\ln(K/L)$	0.133 7 (0.000 1)	0.069 9 (0.035 0)	0.157 0 (0.014 0)	0.236 8 (0.000 0)	0.172 0 (0.000 0)	0.072 2 (0.185 1)	0.280 0 (0.000 0)
NS	−0.244 7 (0.005 6)	0.073 0 (0.501 0)	−0.507 0 (0.002 0)	−0.152 8 (0.024 3)	0.020 3 (0.830 2)	0.505 1 (0.000 1)	0.192 6 (0.004 9)
$\ln(MINP/L)$	−0.128 6 (0.000 3)	−0.126 8 (0.001 0)	−0.120 8 (0.060 0)	−0.110 4 (0.000 0)	−0.141 0 (0.000 3)	−0.119 9 (0.019 0)	−0.228 4 (0.000 0)
调整 R^2	0.595 5	0.447 5	0.797 8	0.813 1	0.630 1	0.625 0	0.811 8
F 统计量	55.692 1	15.462 2	45.195 0	78.704 9	33.602 9	26.476 7	94.677 1
样本数	261	126	135	126	135	108	153

外资聚集水平与本地化程度连乘项的系数在外资聚集水平高样本组中为正,显著水平达到 1%,其余均为负值,其中在技术差距大样本组中不显著,余下的或达到

1％或接近5％的显著水平,与模型(13.5)的检验结果基本一致。这进一步证实了两个重要结论,外资参与程度只有达到较高水平时才能提升本地的经济增长质量,否则,将阻碍本地经济增长质量的提高;外资企业生产本地化产生的技术转移、扩散效应促进本地的技术进步,与外资参与度产生的溢出效应促进本地的技术进步是不同层面的,因而对本地经济增长质量产生的影响也是不同的。另外,按增加值率差距分组检验结果表明,外资聚集水平对外资企业生产本地化中技术转移与扩散效应的负面影响随内外资企业增加值率差距的扩大而扩大。

（四）检验结果的解释

(1) 外资企业生产本地化程度反映的技术转移、扩散效应与外资参与度反映的溢出效应因为对本地企业不同层面的技术进步产生影响,进而对内资经济增长质量的影响存在很大的差异。外资企业生产本地化程度提高,意味着外资在本地创造新价值过程延长,采用了更多的中间产品生产技术,因而向本地转移与扩散了更多的生产流程技术,本地经济增长质量得到提升。外资参与度提高,因为竞争或与本地企业的关联加强而产生更多的溢出效应,如果FDI溢出更多的生产流程技术,FDI的溢出效应与FDI企业生产本地化的技术转移、扩散效应促进本地的技术进步趋近于相同层面,则同样会提高内资经济增长质量;如果FDI溢出更多的是某个环节中间产品(非完整的产品生产流程)生产技术,本地企业不能获得产品完整流程的生产技术,因为依赖进口零部件或中间产品进行生产,虽然提高了产品的技术含量,但无益于投入产出率的提高,反而阻碍了经济增长质量的提升。

(2) FDI企业生产本地化的技术转移对经济增长质量的作用存在显著的滞后效应,而且滞后效应随技术差距缩小、聚集程度降低和内外资企业平均增加值率差距缩小而更长。原因可能是,熟悉、掌握、吸收、消化技术需要一定的时间,决定了模仿学习技术是一个较长的过程,FDI企业生产本地化过程中的技术转移与扩散效应不仅发生在即期,而且会延续一段时间。随着内外资企业技术差距缩小,本地企业技术能力越强,模仿学习的动力越强,跟随模仿者越多,FDI企业生产本地化过程中的技术转移与扩散范围越大,滞后效应就越长。外资聚集水平越高,或者内外资企业交流的网络更发达,或者内外资企业竞争更激烈,本地企业模仿动机越强,模仿更充分,模仿速度更快,时滞更短;相反,模仿学习不充分,模仿速度慢,时滞越长。增加值率的差距越小,一是外资企业的本地化程度高,FDI 技术转移与扩散更多;二是意味着内外资企业技术水平接近,模仿学习动力越强,模仿学习随 FDI 技术转移与扩散效应越多而时间越长。

(3) 内外资企业的技术、FDI 聚集水平和增加值率差距是影响 FDI 的技术转移与扩散对经济增长质量效应的重要因素。技术差距过大,意味着外资企业技术先进,相对于本地企业,外资企业生产使用更多的中间产品技术,本地企业模仿学习空间大,技术转移与扩散效应大,本地企业投入产出率提高,对经济增长质量的作用就大;技术差距小意味着竞争激烈,外资企业技术优势不大,相对于本地企业,外资企业生产使用的中间产品少,本地企业模仿学习空间小,本地企业为获得竞争优势可能选择引进或研发等途径获取提高技术水平,使用新技术生产可能依靠进口原材料或中间投入品,降低了投入产出率,进而降低了内资经济增长质量。

外资的集聚程度对 FDI 企业生产本地化的经济增长质量效应的影响较为复杂。一方面,FDI 聚集程度本质上就是外资参与度,对经济增长质量产生的影响是不确定的。另一方面,外资的聚集程度反映了示范效应和人力资本流动效应,FDI 聚集程度越高,技术人员双向流动可能非常频繁,或者内外资企业交流的网络非常发达,学习效应大,或者竞争程度更为激烈,模仿则充分,内资企业获得了更多的中间产品生产技术,经济增长质量提高。反之,FDI 聚集程度低,或者因为内资企业技术人员流向外资企业,或者缺乏内外交流的网络,或者内资企业与外资企业竞争程度弱,模仿学习不充分,FDI 企业生产本地化的技术转移与扩散对经济增长质量的影响小。

内外资企业的平均增加值率差距过大,意味着 FDI 企业创造新价值过程短,东道国生产要素参与少,如果通过进口中间投入品支持本地企业的生产,项目出现"飞地化",无法转移与扩散产品的生产流程技术;反之,FDI 企业转移与扩散更多的生产流程技术,本地企业通过模仿学习提高投入产出率,进而提升经济增长质量。

五、结论及政策建议

　　FDI 影响经济增长质量的方式有直接和间接两种，其中 FDI 企业生产本地化的技术转移与扩散通过推动技术进步间接影响本地经济增长质量最为重要。FDI 企业生产本地化过程中的技术转移、扩散效应与竞争效应、联系效应通过促进本地企业不同层面技术的进步而对经济增长质量产生不同的影响。利用 1999—2007 年我国 29个地区的面板数据，采用全样本和按技术差距、外资聚集程度、增加值率差距分组的子样本进行检验。研究发现，外资企业生产本地化程度提高反映的技术转移与扩散效应提高了内资经济增长质量；外资参与度反映的溢出效应主要是阻碍了经济增长质量的提升，只有在外资聚集水平高样本组中，外资参与度反映的 FDI 溢出效应促进了经济增长质量的提升，说明仅当外资参与程度达到较高水平，FDI 的溢出效应主要是 FDI 转移与扩散更多的中间产品技术时，即与 FDI 企业生产本地化的技术转移与扩散效应趋近，才能促进经济增长质量的提高。因此，这就验证了 FDI 企业生产本地化的技术转移、扩散效应与 FDI 的竞争效应和联系效应因为促进了本地不同层面的技术进步而对经济增长质量产生不同影响的理论观点。研究得到的结论还有：FDI 企业生产本地化对经济增长质量的正向效应不仅在当年存在，而且滞后效应显著；滞后效应随技术差距缩小、外资聚集水平下降和增加值率差距缩小而延长；FDI企业生产本地化对经济增长质量的正向效应随技术差距扩大、外资聚集程度上升和增加值率差距缩小而增大。因此，技术差距、外资聚集程度和增加值率差距是影响FDI 的技术转移与扩散对经济增长质量效应的重要因素。

　　上述的理论研究结论和经验检验的结果具有一些重要的政策启示，我国正面临着经济增长方式的转变，通过节能减耗提高投入产出率是重要的途径。节能减耗以提高投入产出率的关键在于技术进步，利用外资促进技术进步是重要的措施。但外资促进本地不同层面的技术进步对经济增长质量的影响是存在明显差异的，只有FDI 转移与扩散更多的生产流程技术促进经济增长质量提高是最有效的。因此，政府应区分不同溢出效应对经济增长质量的不同影响，制定相应的政策，例如借鉴世界其他一些国家,对外资企业产品的本地含量特别是外资企业在本地的增加值率做出相应的规定,提高外资企业生产的本地化水平,可以避免 FDI 项目的"飞地化",特别是可以促使其转移和扩散更多生产流程技术。企业或政府应加大研发支持和投资力度,提高企业技术能力,即提高模仿学习的能力,迫使外资企业转移与扩散更多的技术。因为,经验研究结果表明,技术差距越大,技术转移扩散的关键越取决于本地模仿能力。因此,应继续扩大利用外资,进一步提高利用外资水平,因为只有利用外资达到较高水平时才能提高内资经济增长质量。

参考文献

[1] 包群、赖明勇、阳小晓,2006:《外商直接投资、吸收能力与经济增长》,上海:上海三联书店。

[2] 陈涛涛,2003:《影响中国外商直接投资溢出效应的行业特征》,《中国社会科学》第4期。

[3] 傅元海、唐未兵、王展祥,2010:《FDI 溢出机制、技术进步路径与经济增长绩效》,《经济研究》第6期。

[4] 傅元海、王展祥,2010:《我国外资企业生产本地化程度研究》,《经济纵横》第5期。

[5] 郭克莎,1995:《加快我国经济增长方式的转变》,《管理世界》第5期。

[6] 江小涓,2002:《中国的外资经济——对增长、结构升级和竞争力的贡献》,北京:中国人民大学出版社。

[7] 李平,2007:《国际技术扩散对发展中国家技术进步的影响:机制、效果及对策分析》,北京:生活、读书、新知三联书店。

[8] 卢荻,2003:《外商投资与中国经济发展——产业和区域分析证据》,《经济研究》第9期。

[9] 洪银兴、沈坤荣、何旭强,2000:《经济增长方式转变研究》,南京:南京大学出版社。

[10] 沈坤荣、耿强,2001:《外国直接投资、技术外溢与内生经济增长——中国数据的计量检验与实证分析》,《中国社会科学》第5期。

[11] 沈利生、王恒,2006:《增加值率下降意味着什么》,《经济研究》第3期。

[12] 王美今、沈绿珠，2001：《外商直接投资技术转移效应分析》，《数量经济技术经济研究》第 8 期。

[13] 张建华、欧阳轶雯，2003：《外商直接投资、技术外溢与经济增长——对广东数据的实证分析》，《经济学（季刊）》第 3 期。

[14] 郑玉歆，2007：《全要素生产率的再认识——用 TFP 分析经济增长质量存在的若干局限》，《数量经济技术经济研究》第 9 期。

[15] Aitken, B. J., and A. E. Harrison, 1999, "Do Domestic Firms Benefit from Direct Foreign Investment? Evidence for Venezuela", *American Economic Review*, 89(3), 605 – 618.

[16] Bessant, J., R. Kaplinsky, and R. Lamming, 2003, "Putting Supply Chain Learning into Practice", *International Journal of Operations and Production Management*, 23 (2), 167 – 184.

[17] Blomstrom, M., and H. Persson, 1983, "Foreign Investment and Spillover Efficiency in an Underdeveloped Economy: Evidence from the Mexican Manufacturing Industry", *World Development*, 11(6), 493 – 501.

[18] Kokko, A., 1994, "Technology, Market Characteristics, and Spillovers", *Journal of Development Economics*, 43(2), 279 – 293.

[19] Kumar, N., 2002, *Globalization and the Quality of Foreign Direct Investment*, New Delhi, Oxford University Press.

[20] Madhok, A., and T. Osegowitsch, 2000, "The International Biotechnology Industry: A Dynamic Capabilities Perspective", *Journal of International Business Studies*, 31 (2), 325 – 335.

[21] Sjöholm, F., 1999, "Technology Gap, Competition and Spillovers from Direct Foreign Investment: Evidence from Establishment Data", *Journal of Development Studies*, 36(1), 53 – 73.

[22] Xu, B., 2000, "Multinational Enterprises, Technology Diffusion, and Host Country Productivity Growth", *Journal of Development Economics*, 62(2), 477 – 493.

14　农村劳动力流动对中国城镇居民收入的影响[①]

内容提要：中国的农村劳动力流动是在市场化改革、经济快速增长的背景下发生的，这也是其区别于国际移民最为重要的特征。在这一背景下，研究"农村移民对城镇居民收入的影响"需要考虑市场化改革的作用。本文提出假说认为，中国的市场化改革为统筹城乡劳动力资源配置提供了条件，城镇居民可以通过与农村移民的分工而获得农村劳动力流动带来的额外收益。但是，仍然存在的城市劳动力市场分割会阻碍这种作用的发挥。实证研究结果显示，农村移民可以对城镇居民的收入产生正向影响，但这严重依赖于市场化的进程。本文结论的政策性含义在于，要发挥农村劳动力流动在促进城镇居民收入增长中的作用，深化市场经济体制改革，打破城镇劳动力市场分割非常重要。

关键词：农村劳动力流动　城镇居民收入　市场化改革　劳动力市场分割

一、国内外文献回顾

在移民和本地居民关系的问题上，国内外学者中一直流行着这样一种观点：移民抢走了本地居民的饭碗。改革开放以来，中国大规模的农村劳动力流入城镇地区打工，农村移民是否也抢走了城镇居民的饭碗呢？农村劳动力向城镇地区的迁移对城镇居民的收入产生了什么样的影响？到目前为止，关于这些问题的答案还一直在争

---

①　原文刊载于《管理世界》2011年第3期，合作者为余吉祥博士。

论中。本文从中国市场化改革、经济快速增长的背景出发,从城乡劳动力分工合作的视角阐释了农村移民对城镇居民收入的影响。

在国外的研究文献中,主要关注了国际移民对输入国劳动力市场的影响。美国作为全球主要移民目的地国之一,移民对美国本土居民的就业和工资的影响成为学者们关注的焦点,这方面也积累了大量的文献,但观点却不尽一致,大致可以分为三类。

第一,移民对本地居民的就业和工资有负面影响。早在 1964 年,PaulA. Samuelson 在其经典教科书中就指出,移民会导致与其竞争的工人工资的下降。Grossman(1982)通过考察区域内本地工人的工资和区域内移民数量之间的关系来分析移民对本地劳动力市场的影响,结果显示,移民对本地工人有替代作用,且第二代移民的替代性更强一些。Borjas et al. (1996)的研究结果显示,移民在减少本地低技能工人工资方面有显著作用。Borjas(2003)的研究再次发现,移民对与其竞争的本土居民的工资和就业机会有显著的负面影响。给定一定技能水平的劳动力,当移民导致劳动力供给增加 10%时,本土工人的工资将下降 3%~4%。

第二,大多数研究结果显示,移民对本地居民的就业和工资的影响很小。Card(1990)通过研究迈阿密(Miami)地区的劳动力市场后发现,移民在短期内的剧增并不会导致本地工人就业机会和工资的下降。Friedberg & Hunt(1995)的研究也发现,移民对本地劳动力市场的影响是很小的,10%的移民增长仅导致本地工人工资下降约 1 个百分点。Borjas et al. (1996)的研究尽管发现了移民对本地居民工资的负面影响,但这种作用很小。他们指出,原因可能是移民的人力资本偏低。一些研究在考虑了移民的内生性问题后,发现移民对本地居民的负面影响仍然是很小的。例如,Altonji & Card(1991)使用工具变量法研究发现,10%的移民的增加仅导致本地低技能工人 1.2%的工资下降。Card(1990)在解释移民对本地居民只有较小的影响时指出:首先,移民的进入可以导致受到竞争威胁的本地工人迁移出本地区,从而弱化了移民对可以观察到的本地居民就业和工资的负面影响;其次,移民对商品和服务的需求会引致对本地劳动力市场需求曲线的上升,而这还会有利于本地居民的就业机会和工资的提高。

　　第三,最近的一些研究认为,移民对本地居民的就业和工资有正面的影响。Ottaviano & Peri(2006)的研究结果显示,本地工人的工资将从移民中获益,除未完成高中阶段学习的劳动力外,其他组的劳动力都将从移民中获益。Peri(2007)分析了移民对加利福尼亚州(California)劳动力市场的影响后发现,移民并没有增加具有相似受教育程度及工作经验的本地居民失业的可能性,移民并不是本地居民的完全替代者,移民是促进,而不是损害了本地居民的就业和工资。

　　改革开放以来,中国也经历了大规模农村劳动力向城镇地区的迁移,从而引发了农村移民对城镇本地居民福利影响的讨论。但是,国内的研究主要关注农村劳动力在城市劳动力市场上所受到的歧视,或城市劳动力市场分割等问题(王美艳,2005;Meng & Junsen,2001),直接研究农村移民对城镇居民影响的文献并不多见。在少量的研究文献中,北京大学中国经济研究中心城市劳动力市场课题组(1998)对上海市的调查结果显示,外来劳动力以年轻男性劳动力为主,而本地下岗职工则多为中年女性,加上前者的工资期望值通常较低,因此,外来劳动力对城镇本地劳动力已经构成了竞争威胁。杨云彦等(2000、2001)指出,由于城市劳动力市场改革带来的下岗失业问题,农村移民已经从城市劳动力市场上的"补充"角色,逐渐变为城市本地劳动力的竞争者。刘学军和赵耀辉(2009)的研究结果显示,外来劳动力对城市本地劳动力的就业率和工资均具有统计上显著的负向作用。不过,农村移民对城市本地居民就业和工资的负面影响是很小的。Knight et al. (1999)、王德文等(2004)从中国城市劳动力市场分割的角度认为,外来农村劳动力对城市居民的替代性作用相对有限。最近的一项研究显示,城镇劳动力垄断了城市主要劳动力市场上的岗位,而且在次级劳动力市场上也居于优势地位(乔明睿等,2009)。在这种情况下,农村移民很难对城镇本地居民的就业和工资构成实质性的负面影响。另外,还有一些研究认为,农村移民与城镇居民的关系是互补的,而不是替代的。王桂新等(2001)对上海市劳动力市场的研究认为,外来劳动力对城镇本地劳动力主要表现为补缺关系,而不是替代关系,因此,农村移民对城镇居民的就业和工资将产生正面的影响。钟笑寒(2006)认为,农村移民与城镇居民之间是一种分工合作关系,两者是互惠共赢的。

　　综观国内外关于移民对本地居民影响的研究文献,可以发现研究结论差异很大。

在这些结论中，受到学者们抨击最多的是"移民抢走了本地工人的饭碗"的观点。例如，Augustine(1998)指出，"任何经济只存在固定数量的职业，并且任何新来者都威胁了原定居者的工作"的观念都是十分错误的。Raymond(2001)认为，经济并非一个被相互竞争的个人或群体所瓜分的固定尺寸的馅饼，相反，它充满生机并不断发展。可见，经济自身的活力可以创造足够的就业岗位。在这种情况下，移民便少有可能对本地居民的福利产生负面影响。

自1978年以来，中国以市场化为导向的改革使得经济充满了丰沛的活力，30年的高速经济增长就是最好的例证。对比分析可以发现，中国国内大规模的农村劳动力向城镇地区的迁移与国际移民的迁移一个很重要的区别在于，我们的农村劳动力流动是在市场化改革、经济活力快速增强的背景下发生的，而国际移民一般并不具备这种特征。在这种情况下，本文认为，要研究农村移民对城镇居民收入的影响，需要结合中国快速的经济转型背景。本文通过分析经济快速转型背景下农村移民对城镇居民收入的影响机制，提出假设认为，经济活力的增强可以创造出足够的就业岗位，并促使城乡劳动力适当分工，城镇本地居民有可能从与农村移民的分工合作中获得好处。而经济活力的增强，就业岗位的创造，乃至城乡劳动力资源的统筹配置都来源于市场化改革，正是它使得城镇居民与农村移民在分工合作中实现互惠共赢。另一方面，本文还认为，仍然存在的城镇劳动力市场分割尽管在短期内保护了城镇居民不受农村移民的冲击，但是在长期内，它不利于城镇居民和农村移民分工合作关系的展开，这有可能抑制农村劳动力流动促进城镇居民收入增长的作用。

本文的结构如下：第二部分从市场化进程中城乡劳动力分工的视角分析了中国农村移民对城镇居民收入的影响机制，并提出本文的假说；第三部分建立实证研究模型，构建相关变量，并使用系统GMM方法对劳动力流动变量的内生性进行处理，实证检验本文的假说；最后是本文的结论和政策建议。

二、农村移民对城镇居民收入的影响机制

中国农村劳动力向城镇地区的流动与以市场经济为取向的制度变革密不可分。根据国家统计局的数据,早在 1996 年中国城镇非国有经济单位就吸纳了 582.2 万农村劳动力就业。到 2007 年,这一数据更是急剧增长到 1 590.1 万人。与此同时,统计数据还显示,在城镇非国有单位就业的城镇本地劳动力规模也在迅速增长。根据国家统计局公布的数据,1995 年,城镇年末从业人员 19 040 万人,其中国有单位从业人员达 11 261 万人,占 59%。但是到了 2000 年,国有单位从业人员占城镇年末从业人员的比例就已经下降到 34%[①]。尽管在这段时间内,从国有经济单位退出的劳动力有一部分是以下岗待业的方式存在的,但大部分仍然被迅速成长的非国有经济所消化吸收。可见非国有经济作为改革开放以来中国最具活力的经济形式,在为农村移民创造就业岗位的同时,也为城镇本地居民提供了大量的就业机会,这也是中国国内移民背景区别于国际移民背景的最大不同之处。从这一角度来看,只要深化市场经济体制改革,促进非国有经济的健康发展,保持经济机体足够的活力,农村移民对城镇居民的负面影响就是很小的,或者根本就没有影响。

然而,本文所持的观点还不止如此。我们知道市场的力量能够优化资源配置,形成分工和专业化,并由此产生经济剩余。从一些微观实证研究获得的证据来看,改革开放以来,中国非国有经济部门内部的劳动力的配置(即岗位和工资的决定)就是市场化的(邢春冰,2005)。另一方面,由于非国有经济无论是在吸纳农村劳动力就业方面,还是在吸纳城镇劳动力就业方面,均发挥了越来越重要作用。因此我们认为,市场化的运作方式能够保证城乡劳动力资源在非国有经济部门内部实现有效配置,能够使得农村移民和城镇本地劳动力在各自的岗位上实现分工合作,互惠共赢。这就好比在改革开放前,农村和城镇居民互通极少,最好的结果也不过是"1+1=2",甚至是"1+1<2",导致了城乡居民的共同贫穷。但是改革开放后,随着市场在配置资源

---

①　数据来源:《中国劳动统计年鉴》(1997、2008 年)。

中的作用逐渐增强，农村移民开始和城镇本地劳动力相互交流、分工、合作，从而实现"1+1>2"的效应，城镇居民也能从农村劳动力流动中分得"一杯羹"。因此本文认为，在市场化改革的作用下，农村移民不仅不会对城镇本地居民的就业和工资造成负面影响，甚至还有正向的促进作用。

其实，钟笑寒(2006)也指出了农村移民与城镇居民之间分工合作关系的可能性，但是，他没有注意到，这种分工合作关系得以产生的条件。试想，如果没有发挥市场在劳动力资源配置中的主导作用，城乡劳动力如何能够相互分工？如果没有市场化改革所带来的经济活力，就业岗位将何以产生？在这种情况下，我们也就无法想象在蛋糕固定的情况下，农村移民会不去抢夺城镇本地居民的那一份。我们发现，现实经济中一些地方政府的行为在一定程度上证明了"市场化进程中农村移民和城镇本地劳动力可以展开分工合作"的观点。这表现在那些市场化发育水平不够、非国有经济发展滞后的地区，地方政府更倾向于出台一些严格的限制农村劳动力流入的政策，以保护本地居民的利益不受农村移民的冲击。个中的原因在于，非国有经济发展滞后导致了经济活力不足，劳动力之间的分工合作也就无法展开，就业岗位也就无法被创造出来。而在一些市场化发育水平较高、非国有经济发展较好的地区，地方政府通常还鼓励农村劳动力的流入。其原因在于市场活力的增强使得劳动力之间的分工合作成为可能，城镇居民能够从农村劳动力流动中获利。

尽管非国有经济的发展促进了农村劳动力的流动，但是众多研究显示，中国的城市劳动力市场仍然是分割的(乔明睿等，2009；王美艳，2005；Meng & Junsen，2001)，因此，阻碍农村劳动力自由流动的制度障碍仍然普遍存在。与改革开放前相比，中国的城乡劳动力市场分割只是形式上有所不同而已，本质上仍然是一样的。陈金永(2006)就认为，改革开放以来，尽管劳动力流动的自由度在提高，但中国的户籍制度在本质上并没有任何改变，农村劳动力流动仍然受到严重限制。根据本文前面的分析，我们认为在短期内，阻碍农村劳动力自由流动的制度障碍尽管保护了城镇本地居民的利益，但是从长期来看，它不利于城乡劳动力资源的统筹配置，使得城镇居民难以从与农村移民的分工合作中获利。

在以上分析的基础上，本文提出如下有待实证检验的假说。改革开放以来的农村移民可以产生对城镇居民的溢出效应,促进中国城镇居民收入增长。但是,这种促进作用会依赖于市场化的进程以及仍然存在的劳动力市场分割的程度。

三、实证检验

(一)模型设定

钟笑寒(2006)使用生产函数 $y=q_w^2q_b$ 来表示任何生产过程中不同岗位劳动力之间的分工合作关系。式中,q_w 表示白领岗位,由于该岗位的产出弹性更大,因此,一般应由高技能劳动力担当。q_b 表示蓝领岗位,由于该岗位的产出弹性较小,因此,一般应由低技能劳动力担当。在假设农村移民的人力资本水平小于城镇居民的人力资本水平的条件下,钟笑寒(2006)认为,农村劳动力进城后就业于蓝领岗位,城镇本地劳动力就业于白领岗位,两者分工工作将是一个帕累托改进。这是因为,在一定的条件下,两者之间分工工作比各自独立工作有更多的产出[1]。

在他的研究的基础上,本文将城镇居民收入决定的基本模型设定为如下的形式:

$$Y_u=AL_u^\alpha L_r^\beta X^{1-\alpha-\beta} \tag{14.1}$$

(14.1)式中,Y_u 表示城镇居民的总收入,L_u 是城镇本地劳动力规模,L_r 是农村移民规模,X 是其他影响城镇居民收入的因素向量,参数 α、β、$1-\alpha-\beta$ 分别代表着各因素的收入弹性。(14.1)式表明,城镇居民的总收入受农村移民规模的影响,β 的符号决定着这种影响的方向。

将(14.1)式两边同时除以城镇人口,便得到人均意义上的模型:

$$y_u=Al_u^\alpha l_r^\beta x^{1-\alpha-\beta} \tag{14.2}$$

将(14.2)式对数线性化后得到如下的面板数据计量模型:

$$\log y_{u_t}=c+\alpha\cdot\log l_{u_t}+\beta\cdot\log l_{r_t}+\gamma\cdot\log x_{it}+\mu_{it} \tag{14.3}$$

在模型(14.3)中,y_{u_t} 表示地区 i 在时期 t 的城镇居民的人均收入,l_{u_t} 表示地区 i

① 详细的论述参见钟笑寒(2006)。

在时期 t 的城镇本地劳动力占城镇人口的比例，$l_{r_{it}}$ 表示地区 i 在时期 t 的农村移民占城镇人口的比例，x_{it} 表示其他影响城镇居民人均收入的变量向量。

如果本文提出的假设成立，那么 $\beta>0$。不过，由于农村移民对城镇居民收入的影响受市场化改革的进程和劳动力市场分割程度的影响，因此，本文在模型(14.3)的基础上，进一步设定了如下的计量模型：

$$\log y_{u_{it}} = c + \alpha \cdot \log l_{u_{it}} + \beta \cdot \log l_{r_{it}} + \phi \cdot nsoe_{it} \cdot \log l_{r_{it}} + \varphi \cdot seg_{it} \cdot \log l_{r_{it}} + \gamma \cdot \log x_{it} + \mu_{it}$$

$$(14.4)$$

在模型(14.4)中，$nsoe_{it}$ 表示地区 i 在时期 t 的市场化发育水平，seg_{it} 表示地区 i 在时期 t 的城镇劳动力市场分割的程度。我们发现，在引入市场化发育水平和劳动力市场分割程度与农村移民变量的交叉项后，农村移民对城镇居民收入的影响系数可定义为：

$$\frac{\partial \log y_{u_{it}}}{\partial \log l_{r_{it}}} = \beta + \phi \cdot nsoe_{it} + \varphi \cdot seg_{it} \tag{14.5}$$

根据(14.5)式，农村移民对城镇居民收入的影响受各地区市场化发育水平和劳动市场分割程度的影响，待估参数 ϕ 和 φ 刻画了这种影响的力度。若待估参数 $\phi>0$，$\varphi<0$，则表明市场发育促进了农村移民对城镇居民溢出效应的发挥，而城市劳动力市场分割抑制了农村移民对城镇居民溢出效应的发挥。在这种情况下，市场化发展水平越高的地区，农村移民更有可能对城镇居民的收入产生正的影响。

（二）变量构建

回归模型(14.4)中，$y_{u_{it}}$ 表示地区 i 在时期 t 的城镇居民的人均收入。我们使用各年各地区城镇居民的人均可支配收入表示这一变量，在具体使用这一指标时，我们使用各地区的城镇居民消费价格指数进行了消胀处理。相关数据可从各年份的《中国统计年鉴》直接获取。

《中国统计年鉴》自 2006 年起开始报告有各地区的城镇人口数据，但是在 2006年以前，各地区城镇人口规模数据无法获得。在一些研究中，一般采用各地区的非农业人口数据予以替代，本文亦采取这一做法。另外，《中国劳动统计年鉴》报告有各地区城镇从业人员的数据。在中国经济转型时期,各地区的城镇从业人员既包含有来自城镇本地的从业人员,也含有外来农村劳动力①。因此,要获得城镇本地从业人员和外来农村劳动力占城镇人口的比例,我们需要估算出城镇地区所吸纳的农村劳动力规模。

《中国人口和就业统计年鉴》报告有各地区城镇单位使用的农村劳动力规模,这样一来,我们可以计算出城镇单位从业人员中农村劳动力的比例。由于缺乏农村劳动力在城镇单位外就业的数据,本文假设在城镇单位外就业的农村劳动力比例与城镇单位就业的农村劳动力比例相同②。这样一来,我们将该比例乘以城镇从业人员的总数,便能估算出各地区城镇劳动力市场上农村外来劳动力的规模。将这一规模从城镇从业人员总数中扣除,便能得到城镇本地从业人员的规模。将城镇从业人员总规模分割为外来农村劳动力和城镇本地从业人员后,将其除上城镇人口,便得到本文所需要的两个指标 l_u、l_r。

$nsoe_{it}$ 为各地区各年的市场化发育水平,本文采用城镇地区非国有经济的发展水平代理,使用城镇非国有单位从业人员占城镇单位全部从业人员的比例来刻画这一变量,数据来源于《中国劳动统计年鉴》相关年份。

seg_{it} 为各地区各年的城市劳动力市场分割程度。然而,我们很难找到一个好的指标去度量城市劳动力市场的分割程度。蔡昉等(2005)认为,如果劳动力是自由流动的,那么,国民经济的 3 个产业部门将具有均衡发展的关系,在这种情况下,3 个产业部门从业人员的比例应该接近于相应部门的 GDP 的比例。但是由于劳动力市场分割,中国的农村劳动力流动是不自由的,这导致了在第一产业部门内部,我们使用更大比例的劳动力生产了更低比例的 GDP。因此,他们认为可以使用农业比较劳动生产率来衡量劳动力市场的扭曲程度。农业比较劳动生产率的计算公式为第一产业从业人员占比除以第一产业的 GDP 占比,表示每 1% 的农业 GDP 使用了百分之

---

① 这是因为国家统计局公布的城镇就业人员总数,是通过按常住人口调查获得的,而不是通过按户籍人口调查获得的。参见蔡昉等(2005)。

② 但是,这种处理会带来难以避免的误差,从而可能对实证研究结果产生影响。为此,下文的实证检验对此进行了相应的处理。

几的农业劳动力来生产。该比值越大，表明劳动力市场扭曲程度越高。

需要说明的是，在各项统计资料中，2006 年中国各地区分产业的从业人员和 GDP 均无法获得，因此，我们无法计算出该年各地区的农业比较劳动生产率，也就无法取得各地区城市劳动力市场分割程度的代理变量的值。在这种情况下，本文所采集的数据截至 2005 年。

x 表示其他影响城镇居民人均收入的变量向量，它们包括：

(1) 城镇居民的人力资本水平(h)。本文使用各地区城镇居民的人均受教育年限代理，计算这一变量的原始数据来源于各年的《中国人口统计年鉴》，方法参见陈钊等(2004)。由于这一数据只能从 1997 年开始收集到，因此，本文数据收集的时间起点为 1997 年。

(2) 城镇地区人均固定资产投资规模(k)。该指标的计算数据来源于各年的《中国统计年鉴》，并使用各地区固定资产投资价格指数进行了平减。

(3) 经济开放程度($open$)。本文使用各地区城镇人均出口额代理，数据来源于各年的《中国统计年鉴》。

(4) 政府支出(gov)。由于政府的财政支出具有显著的城市偏向性，因此，政府的人均财政支出也有可能成为影响城镇居民收入的因素，因此，也需要将这一变量控制住。数据来源于各年的《中国统计年鉴》。

(5) 非国有经济比重(soe)。本文认为，非国有经济的发展水平作为市场化程度的代理变量，不仅可以通过提高农村移民对城镇居民的溢出效应促进城镇居民收入增长，还可以通过优化城镇地区的各种资源(不仅包括劳动力，还包括物质资本)的配置效率，促进城镇居民收入增长。数据来源于各年的《中国统计年鉴》。

表 14-1 报告了计量模型(14.4)中各变量在有关年份的均值。结果显示，我国城镇居民的人均可支配收入由 1997 年的 5 151.365 元上升到 2005 年的 9 559.710 元(1997 年价格水平)。城镇本地从业人员占城镇人口的比例呈下降趋势，从 1997 年 56.0% 下降到 2005 年的 40.6%，幅度超过 15 个百分点。农村移民占城镇人口的比例经历了"U"型发展趋势，总体上看，2005 年城镇地区的农村移民占比仍然高于 1997 年水平。使用农业比较劳动生产率衡量的劳动力市场扭曲程度进一步上升了，

原因是在农业 GDP 占比快速下降的同时,农业从业人员占比却没有等比例的下降。城镇居民的人均受教育年限从 1997 年的 8.802 年上升到 2005 年的 9.251 年,城镇地区人均固定资产投资规模从 1997 年 6 486.777 元上升到 2005 年 19 257.210 元,增长了约 2 倍。人均出口也从 1997 年的 485.540 美元上升到 1 439.440 美元,政府人均支出规模从 2 625.489 元上升到 8 018.697 元。

表 14 - 1　各变量在相关年份的均值

变量	1997	1999	2001	2003	2005
y_u	5 151.365	5 959.501	6 934.375	8 249.184	9 559.710
l_u	0.560	0.477	0.432	0.414	0.406
l_r	0.046	0.039	0.038	0.044	0.055
$nsoe$	0.382	0.386	0.435	0.514	0.581
seg	2.485	3.007	3.344	3.502	3.669
h	8.802	8.974	9.338	9.265	9.251
k	6 486.777	8 112.235	9 632.667	13 218.600	19 257.210
$open$	485.540	499.036	645.701	890.934	1 439.440
gov	2 625.489	3 449.930	5 115.979	6 125.804	8 018.697

　　注:西藏部分数据缺失,因此,表中数据是不包括西藏及中国香港、中国澳门、台湾地区在内的其他 30 个省份的均值。

(三)估计方法

　　已有关于移民和劳动力市场关系的研究均注意到,首先,移民并不是随机地在空间上分布的,而是具有选择性。对于改革开放以来的中国农村移民来说,其迁移过程就更具有明显的选择性,这表现为绝大多数的农村移民都流向了东部地区。因此在上述回归模型中,农村移民变量是内生的。这是因为农村移民不仅会对城镇居民的收入产生影响,反过来,更高的城镇居民收入对农村移民来说可能意味着更多的就业机会和更高的工资报酬,从而吸引劳动力的流入。其次,劳动力流动变量的内生性还在于,中国的农村劳动力流动受到了各种制度性因素的影响,而这些制度性因素通常因为难以完全控制而被包含在误差项中,从而使得解释变量 $\log l_r$ 与误差项相关。最后,本文在计算各省份城镇地区的农村劳动力流入规模时使用了估算的方法。这种测量误差也有可能被带入了误差项,从而使得解释变量 $\log l_r$ 与误差项相关。基于此,如果使用 OLS 方法估计农村移民对城镇居民收入的影响,则可能得到有偏的估计结果。

为了解决农村移民变量内生性带来的估计偏误,本文使用由 Arellano & Bover(1995)提出的,并由 Blundell & Bond(1998)改进的系统 GMM 方法来解决个问题。系统 GMM 估计的一般形式如下:

$$\begin{cases} y_{it} = \alpha \cdot y_{i,t-1} + x_{it}' \cdot \beta + \mu_{it} \\ \Delta y_{it} = \alpha \cdot \Delta y_{i,t-1} + \Delta x_{it}' \cdot \beta + \Delta \mu_{it} \end{cases}$$

式中,$\mu_{it} = \nu_i + \varepsilon_{it}$,$E(\nu_i) = E(\varepsilon_{it}) = E(\nu_i \cdot \varepsilon_{it}) = 0$。其中,第一个方程为水平方程,第二个方程为差分方程,利用 $E(y_{i,t-1} \Delta \mu_{it}) = 0$ 这一假设,用内生变量的水平滞后项 $y_{i,t-l}(l \geqslant 2)$ 作差分项的工具变量。而系统 GMM 估计则在前者的基础上,进一步引入水平方程,在假设 $E(\Delta y_{i,t-1} \mu_{it}) = 0$ 下,用内生变量的差分滞后项 $\Delta y_{i,t-l}(l \geqslant 1)$ 作水平项的工具变量。由于系统 GMM 方法可以同时利用变量水平变化和差分变化的信息,因此,它比差分 GMM 方法更有效,在经验研究中有着非常广泛的应用。

在系统 GMM 估计中,我们可以使用两种方法来检验工具变量的有效性(Arellano & Bover,1995;Blundell & Bond,1998)。第一种方法称为过度识别约束检验(Sagan 检验或者 Hansen 检验)。这种方法主要是用来判断在估计过程中所使用的矩条件工具变量在总体上是否有效。第二种检验是自回归检验(AR 检验)。这种检验主要是用来判断残差项 μ_{it} 是否存在序列相关。在 AR 检验中,残差项允许存在一阶序列相关,但不允许存在二阶序列相关。

在系统 GMM 估计中,标准的处理内生变量的方法是使用二阶及以上的水平滞后项作为差分项的工具变量,使用一阶差分滞后项作为水平项的工具变量(Roodman,2006)。考虑到本文分省面板数据中的截面个数较少,我们分别使用二阶到五阶的水平滞后项作为差分项的工具变量,使用一阶差分滞后项作为水平项的工具变量。我们将 AR 统计量和 Hansen 统计量的 p 值报告在表 14 - 2。可以看到,所有回归结果都通过了 AR 检验和 Hansen 检验,这表明我们所选择的工具变量是有效的。

表 14 - 2 回归结果(系统 GMM 估计)

	I	II	III	IV
$\log l_r$	0.058 (0.099)	−0.256** (0.102)	0.072* (0.038)	−0.033 (0.021)
$nsoe \times \log l_r$		0.329*** (0.124)		0.260* (0.147)
$seg \times \log l_r$			−0.020 (0.022)	−0.017 (0.022)
$\log l_u$	0.291 (0.258)	0.277 (0.281)	0.369 (0.366)	0.350 (0.368)
$\log h$	0.307 (0.224)	0.400* (0.242)	0.427 (0.307)	0.489 (0.336)
$\log k$	0.028 (0.064)	0.079 (0.100)	0.075 (0.074)	0.111 (0.115)
$\log open$	0.116*** (0.044)	0.130** (0.052)	0.099* (0.053)	0.112* (0.064)
$\log gov$	0.470*** (0.084)	0.453*** (0.102)	0.347** (0.144)	0.346** (0.151)
$\log nsoe$	0.027 (0.088)	0.423 (0.524)	0.098 (0.130)	0.404 (0.672)
c	2.612*** (0.870)	2.056 (1.275)	3.365*** (1.207)	2.848* (1.652)
AR(1)p 值	0.056	0.325	0.336	0.485
AR(2)p 值	0.390	0.380	0.875	0.831
Hansen Test p 值	0.234	0.223	0.361	0.727
Obs.	270	270	270	270

注:***、**、*分别表示估计量在 1%、5%、10%的水平上显著,系数下方括号内的数字是标准差。

（四）回归结果讨论

我们考察了 4 种情况下农村移民对城镇居民收入的影响。首先，我们在不考虑市场化和劳动力市场分割的作用情况下，考察了农村移民对城镇居民收入的影响(回归结果Ⅰ)。结果显示，农村移民对城镇居民收入有不显著正向影响。其次，我们分别考虑市场化和劳动力市场分割对农村移民溢出效应的影响，结果显示，市场化进程显著提高了农村移民对城镇居民收入的边际影响，而劳动力市场分割降低了农村移民对城镇居民收入的边际影响。另外，同回归结果Ⅰ相比较，回归结果Ⅱ中 $\log l_r$ 的系数由正转负，回归结果Ⅲ中 $\log l_r$ 的系数有所提高，显著性也增强了。综合回归结果Ⅱ和回归结果Ⅲ，本文认为，市场化改革能够促进农村移民对城镇居民溢出效应的发挥，而城镇劳动力市场分割抑制了这种作用的发挥。如果没有市场化改革带来的经济活力，农村移民对城镇居民收入的影响可能如回归结果Ⅱ所示，是负面的。最后，当模型同时考虑市场化和劳动力市场分割的作用时，尽管 $\log l_r$ 的系数为负(不显著)，但市场化进程仍然显示了对这种溢出效应的显著的促进作用，而劳动力市场分割显示了对这种效应的抑制作用(回归结果Ⅳ)。

综合上文的各个回归结果，本文认为，农村移民对城镇居民收入的影响严重依赖于中国市场化的进程和仍然存在的劳动力市场分割的程度。建立在模型(14.4)和回归结果Ⅳ的基础上，并结合前文(14.5)式，我们取各地区平均的市场化水平和劳动力市场分割的程度，计算得到农村移民对城镇居民收入影响的系数大约为：$-0.033+0.260\times0.456-0.017\times3.192=0.031$①。结果显示了正向作用，且与回归结果Ⅰ大致相当。因此本文认为，农村移民可以对城镇居民的收入产生正向的影响。不过我们也需要注意到，这种影响是有条件的，它与各地区的市场化进程和劳动力市场分割程度密切相关。在市场化发育水平较高的地区，这种影响是正的。但是如果没有市场化改革，这种影响将是负的。这一结论的理论意义在于，研究中国的农村移民对城镇居民收入的影响必须将其与中国市场化改革的大背景结合起来。这一结论的政策性含义在于，促进农村劳动力流动不仅有益于农村居民收入增长，也有益于城镇居民

---

① 式中数值 0.456 和 3.192 分别是变量 *nsoe* 和 *seg* 的样本均值。

收入增长。但是要使得这种作用得以发挥,深化市场经济体制改革,打破劳动力市场分割十分重要。

其他变量对城镇居民收入的影响和预期基本一致。人力资本显示了促进城镇居民收入增长的作用,但显著性不高,原因可能在于我们没有一个完善的指标对人力资本水平加以衡量。最为显著的两个变量是出口和政府支出,两者均具有显著促进城镇居民收入增长的作用。

四、结论及政策建议

国内外文献关于"移民对本地劳动力市场的影响"的研究并没有得到一致的结论,中国农村移民对城镇居民收入的影响也需要进一步探讨。本文发现,中国的农村移民与国际移民在宏观经济背景上的一个重要差异在于,改革开放以来的中国农村劳动力迁移是在市场化改革的背景下发生的,而这会对城镇劳动力市场上移民和本地居民的关系产生深刻影响。然而,在已有的文献中,市场化改革在"农村移民对城镇居民收入的影响"中的作用并没有得到深入的研究。基于此,本文认为,要研究农村移民对城镇居民收入的影响,分析市场化改革,以及仍然存在的劳动力市场分割对这种影响的促进和抑制作用才是问题的关键所在。

本文结合中国快速的经济转型背景分析认为,市场化的资源配置方式能够统筹城乡劳动力资源配置,使得农村移民和城镇本地劳动力在分工合作中实现共赢,因此,农村移民可能会有益于城镇居民的收入增长。不过由于城镇劳动力市场分割仍然存在,城乡劳动力资源难以获得最佳配置,这不利于农村移民和城镇本地劳动力分工合作关系的展开,从而抑制了农村移民溢出效应的发挥。实证研究结果显示,农村移民能够对城镇居民的收入产生正向影响,但这一结论只有在那些市场化发育水平较高的地区才成立。若没有市场化改革,农村移民对城镇居民收入的影响将是负向的。本文研究结论的政策性含义在于,农村劳动力流动可以促进城镇居民收入增长,而深化市场经济体制改革,打破城市劳动力市场的分割是实现这一目标的必要条件。

当然,我们也必须注意到,本文的研究只是从宏观上就农村移民和城镇居民的关系做了一个总体的探讨。从微观的角度看,随着市场化进程的进一步推进,以及城镇劳动力市场分割程度的下降,农村移民对城镇低端劳动力市场的挤压效应将逐步显现。因此,从经验上探讨农村移民对这一特定群体的就业和工资的影响具有重要意义,不过这已超出了本文研究的范畴。

参考文献

[1] 蔡昉、都阳、王美艳,2005:《中国劳动力市场转型与发育》,北京:商务印书馆。

[2] 陈金永,2006:《中国户籍制度改革和城乡人口迁移》,载蔡昉、白南生主编,《中国转轨时期劳动力流动》,北京:社会科学文献出版社。

[3] 陈钊、陆铭、金煜,2004:《中国人力资本和教育发展的区域差异》,《世界经济》第12期。

[4] 刘学军、赵耀辉,2009:《劳动力流动对城市劳动力市场的影响》,《经济学(季刊)》第2期。

[5] 乔明睿、钱雪亚、姚先国,2009:《劳动力市场分割、户口与城乡就业差异》,《中国人口科学》第1期。

[6] 王德文、吴要武、蔡昉,2004:《迁移、失业与城市劳动力市场分割——为什么农村迁移者的失业率很低》,《世界经济文汇》第1期。

[7] 王桂新、沈建法,2001:《上海外来劳动力和本地劳动力补缺替代关系研究》,《人口研究》第1期。

[8] 王美艳,2005:《城市劳动力市场上的就业机会与工资差异——外来劳动力就业与报酬研究》,《中国社会科学》第5期。

[9] 杨云彦、陈金永,2000:《转型劳动力市场的分层与竞争——结合武汉的实证分析》,《中国社会科学》第5期。

[10] 杨云彦、陈金永、刘塔,2001:《外来劳动力对城市本地劳动力市场的影响》,《中国人口科学》第2期。

[11] 中国经济研究中心城市劳动力市场课题组,1998:《上海:城市职工与农民工的分层与融合》,《改革》第4期。

[12] 钟笑寒,2006:《劳动力流动与工资差异》,《中国社会科学》第1期。

[13] Altonji, J., and D. Card, 1991, "The Effects of Immigration on the Labor Market

Outcomes of Less-skilled Natives", in *Immigration, Trade, and the Labor Market*, J. Abowd, and R. Freeman, ed. , Chicago, University of Chicago Press.

[14] Arellano, M. , and O. Bover, 1995, "Another Look at the Instrumental Variable Estimation of Error-components Models", *Journal of Econometrics*, 68, 29 – 51.

[15] Augustine, J. K. , 1998, *The Impact of Immigration on the United States Economy*, Lanham, MD, University Press of America.

[16] Blundell, R. , and S. Bond, 1998, "Initial Conditions and Moment Restrictions in Dynamic Panel Data Models", *Journal of Econometrics*, 87, 115 – 143.

[17] Borjas, G. , 2003, "The Labor Demand Curve Is Downward Sloping: Re-examining the Impact of Immigration on the Labor Market", *Quarterly Journal of Economics*, 118, 1335 – 1378.

[18] Borjas, G. , R. Freeman, and L. Katz, 1996, "Searching for the Effect of Immigration on the Labor Market", *American Economic Review*, 86, 246 – 251.

[19] Card, D. , 1990, "The Impact of the Mariel Boatlift on the Miami Labor Market", *Industrial and Labor Relations Review*, 43, 245 – 257.

[20] Friedberg, R. , and J. Hunt, 1995, "The Impact of Immigrants on Host Country Wages, Employment and Growth", *Journal of Economic Perspectives*, 9, 23 – 44.

[21] Grossman, J. , 1982, "The Substitutability of Natives and Immigrants in Production", *Review of Economics and Statistics*, 43, 245 – 258.

[22] Knight, J. , S. Lina, and J. Huaibin, 1999, "Chinese Rural Migrants in Urban Enterprises: Three Perspectives", *Journal of Development Studies*, 35(3), 73 – 104.

[23] Meng, X. , and Z. Junsen, 2001, "The Two-tier Labor Market in Urban China: Occupational Segregation and Wage Differentials between Urban Residents and Rural Migrants in Shanghai", *Journal of Comparative Economics*, 29, 485 – 504.

[24] Ottaviano, G. , and G. Peri, 2006, "Rethinking the Effects of Immigration on Wages", *NBER Working Paper*, No. 12497.

[25] Peri, G. , 2007, "Immigrants' Complementarities and Native Wages: Evidence from California", *NBER Working Paper*, No. 12956.

［26］Raymond，J. K.，2001，"A Nation of Immigrants，An Economy of Immigrants"，*SBSC Policy Publications*，Washington D. C.

［27］Roodman，D.，2006，"How to Do xtabond2：An Introduction to Difference and System GMM in Stata"，Washington，*Center for Global Development Working Paper*，No. 103.

［28］Samuelson，P. A.，1964，*Economics*，6th edition，New York，McGraw-Hill.

15 是何因素制约着中国居民消费[①]

内容提要:居民消费增长相对缓慢给我国经济的持续健康发展带来挑战,扩大居民消费加快形成消费、投资、出口协调驱动经济增长的新局面是我国经济发展到新阶段后的客观要求。本文基于预防性储蓄理论分别从不确定性、收入分配和公共支出三个视角系统地研究中国居民消费的制约因素。研究分析表明,居民谨慎的消费行为、收入分配的不合理、公共支出转型滞后等都严重地制约着我国居民消费的增长,并据此提出相应的政策建议。

关键词:居民消费　预防性动机　收入分配　公共支出

一、引言与文献回顾

我国正处于经济高速增长阶段,持续的高增长创造了令世界瞩目的"中国模式","中国制造"在全世界推广;2009 年的出口总额达到了 82 029.7 亿元[②],居世界第一位。基于需求对我国改革开放后经济增长的驱动结构进行分析也可以发现,我国经济增长越来越依赖出口和投资。对出口来说,高出口可能无法持续:第一,从外部环境看,近年来经历金融危机和欧债危机,世界整体经济增长速度放缓,各种形式贸易保护主义也相继抬头,我国发展的外部环境更趋复杂化,出口导向型经济可能不会如

① 原文刊载于《经济学家》2012 年第 1 期,合作者为刘东皇博士。
② 若无特殊说明,本文的原始数据来源于历年的《中国统计年鉴》或中经网数据库。

过去般风光无限；第二，从内部环境看，中国劳动力成本将可能持续提升，依托廉价劳动力获取竞争优势的代工制造业步履维艰，而其转型升级是个渐进过程，出口竞争力必然会遭受削弱；第三，从国际地位上看，我国已成为全球第二大经济体，对于大国经济，继续依赖低劳动成本的出口驱动经济发展已不现实。对投资而言，高投资面临系列约束：第一，环境和资源约束，由于是政府投资主导，投资带有很强的"粗放型"特征，在此投资模式下，投资需求的继续快速增长面临着巨大的环境约束和资源约束；第二，最终需求的约束，投资需求是中间需求，没有最终需求支撑的高投资是不可持续的。过去持续走低的消费率及居民消费率反映我国经济并不是靠消费驱动，居民消费需求不振。把扩大（居民）消费需求作为扩大内需的战略重点、建立扩大消费需求的长效机制是"十二五"期间的一项重要内容。扩大居民消费不仅是应对当前国际形势不稳定、国内经济需要保持一定较高增长速度的应急对策，也是我国经济发展到一定阶段后结构调整的内在需要。"我国在进入需求约束型经济后，增长就不能仅仅依靠投资的拉动链条，需要特别重视消费的拉动链条。"（洪银兴，2010）

　　如何建立居民消费增长的长效机制进而推动经济又好又快发展已是目前全社会关注的话题。这方面的研究集中在以下三方面[①]。第一，未来不确定性与居民消费。考虑不确定性的预防性储蓄理论是当前解释居民消费行为的前沿理论，如 Deaton(1991)、Carroll et al. (1992)、Dynan(1993)。基于中国特殊的转型背景，国内学者宋铮(1999)、孙凤(2001)、易行健等(2008)运用国外预防性储蓄理论对消费问题也进行了大量实证研究。学术界对居民是否存在预防性储蓄已无异议，但预防性储蓄解释我国居民消费问题的重要性在当前仍然争议很大。第二，收入分配与居民消费。对于收入分配与居民消费的关系，Kalecki(1971)、Musgrove(1980)、李军(2003)、杨天宇(2009)主要是利用居民收入差距这个中介变量进行研究，实证研究结论大多认为我国居民收入差距的扩大制约了居民消费需求的增长，制定缩小居民收入差距的收入分配政策是扩大居民消费的有效举措。居民收入差距是收入分配所形成的格局，

---

　　① 诚然，除这三大因素外，还存在许多影响因素，如城市化进程、流动性约束、价格水平、传统文化、产业结构、家庭结构等等，限于本文的研究框架，这里不加分析。

收入分配既包括初次分配也包括再分配,仅仅利用收入差距这个结果变量容易忽视初次分配领域的变化对居民消费的影响。第三,公共支出与居民消费。公共支出是收入分配的重要手段,基于公共品和私人消费品的最优消费选择框架,Bailey(1971)、Karras(1994)、Ho(2001)公共支出对居民消费是存在挤入效应还是挤出效应,国外学者对此并无定论;国内学者谢建国和陈漓高(2002)、李永友和丛树海(2006)、刘东皇和沈坤荣(2010)对公共支出的消费效应也进行了实证检验,研究结论可以归纳为公共支出对居民消费具有程度不等的挤入效应。由于中国经济增长过程中公共支出总量也在增长,同时结构也在变化,基于总量分析从结构层面探究公共支出对居民消费的影响是重要的,此外,考虑到我国特定的"二元经济",也要分析这方面的影响。

学者们从不同视角研究居民消费问题,到底是何因素制约着我国居民消费增长呢? 视角不同、争议颇多,并没有形成一条清晰的研究主线。基于居民不敢消费、不能消费和不愿消费的考虑,本文分别从不确定性、收入分配和公共支出三个视角系统地研究中国居民消费的制约因素,以探求"十二五"期间居民消费启动的适宜途径。

二、居民消费的特征事实

改革开放以来我国居民消费的特征事实可以用简单一句话概括:居民消费增长相对缓慢,慢于经济增长,慢于政府消费增长,慢于居民收入水平增长,农村居民消费增长相对更为缓慢。

(一) 居民消费增长慢于经济增长

在我国经济持续快速增长过程中居民消费保持着较快的增长速度,两者表现出相似的演变轨迹(图 15-1)。改革开放的前几年,被压抑的居民消费需求得到释放,居民消费的增长速度超过支出法国内生产总值(GDP)的增长速度,随着改革开放的深入,居民消费的增速越来越慢于 GDP 的增速(表 15-1)。20 世纪 90 年代前,我国 GDP 的年平均增长速度约为 15.13%,居民消费的年平均增长速度约为 15.18%,居民消费的增长速度大致等于经济增长速度。20 世纪 90 年代以后,居民消费的增长表现出滞后于经济增长,1991—2000 年,我国居民消费年平均增长速度约为 17.48%,GDP 的年平均增长速度约为 18.17%,居民消费的增速慢于经济增速约 0.6 个百分点。21 世纪后,居民消费连续 8 年慢于经济增长速度,这段时期我国居民消费年平均增长速度约为 11.44%,GDP 年平均增长速度约为 14.98%,居民消费的增速慢于经济增速约 3.5 个百分点,居民消费增长与经济增长之间的差距在拉大。

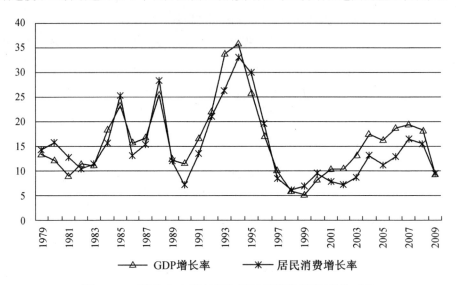

图 15-1　我国 GDP 增长率和居民消费增长率(单位:%)

表 15-1　我国 GDP 增长率和居民消费增长率　　　　　　(单位:%)

年份	支出法 GDP 增长率	居民消费增长率
1978—2009 年平均	16.064 3	14.837 3
1978—1990 年平均	15.126 9	15.179 5
1991—2000 年平均	18.168 8	17.482 7
2001—2009 年平均	14.976 0	11.441 8

注:表内的数据为名义增长率,下表同。

改革开放以来,我国居民消费年平均增长速度约为 14.84%,支出法 GDP 年平均增长速度约为 16.06%,居民消费的增速比支出法 GDP 的增速约慢 1.2 个百分点。

（二）居民消费增长慢于政府消费增长

经济持续快速增长过程中我国政府消费也保持着较快的增长速度,政府消费增长也与居民消费增长保持着相似的演变轨迹(图 15－2),但政府消费与居民消费的增长是不平衡的(表 15－2)。1978—1990 年,我国政府消费年平均增长速度约为15.43%,居民消费年平均增长速度约慢政府消费年平均增长速度 0.25 个百分点。1991—2000 年,政府消费年平均增长速度约为 19.79%,居民消费年平均增长速度约慢 2.3 个百分点。2001—2009 年,政府消费年均增长速度约为 12.37%,居民消费的年均增长速度约慢政府消费年均增长速度 0.9 个百分点。在 1978—1990 年、1991—2000 年和 2001—2009 年居民消费的年均增长速度均慢于政府消费年均增长速度。

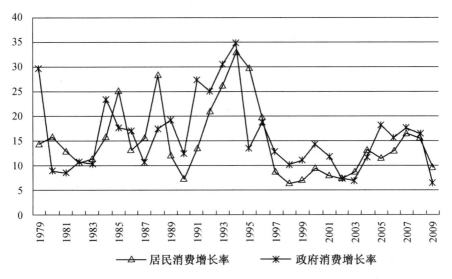

图 15－2　我国政府消费增长率和居民消费增长率(单位:%)

表 15－2　我国政府消费增长率和居民消费增长率　　　　　　(单位:%)

年份	政府消费增长率	居民消费增长率
1978—2009 年平均	15.944 4	14.837 3
1978—1990 年平均	15.428 0	15.179 5

(续表)

年份	政府消费增长率	居民消费增长率
1991—2000 年平均	19.785 5	17.482 7
2001—2009 年平均	12.365 0	11.441 8

改革开放以来,政府消费 1978—2009 年的年均增长速度约为 15.94%,居民消费年均增长速度约为 14.84%,居民消费年均增长速度约慢政府消费年均增长速度1.1 个百分点。

(三)居民消费增长慢于其收入水平增长

改革开放以来,无论城镇居民人均可支配收入水平还是农村居民人均纯收入都保持较快增长,全国居民人均收入水平和人均消费支出因此也保持着较快增长,但居民收入水平和消费支出的增长并不平衡(表 15-3)。1981—1990 年,我国居民人均收入年均增长速度约为 15.57%,居民人均消费支出年均增长速度约为 15.56%,两者大致相当。20 世纪 90 年代后,居民收入水平年均增长速度约为 16.76%,居民消费支出年均增长速度为 15.71%,约慢居民收入水平年均增长速度 1 个百分点。2001—2009 年,居民收入水平年均增长速度约为 13.23%,居民消费支出年均增长速度约为 12.47%,慢于居民收入水平年均增长速度 0.8 个百分点。1981—2009 年,我国居民收入水平年均增长速度约为 15.25%,居民消费支出的年平均增长速度约为14.66%,居民消费支出年均增长速度约慢居民收入水平年均增长速度 0.6 个百分点。因此,改革开放以来我国居民消费的增速慢于其收入水平的增速。

表 15-3 我国居民收入水平增长率和居民消费支出增长率 (单位:%)

年份	城镇居民		农村居民		全体居民	
	人均可支配收入增长率	人均消费支出增长率	人均纯收入增长率	人均消费支出增长率	收入水平增长率	消费支出增长率
1981—2009 年平均	13.345 8	12.633 6	12.261 9	11.925 0	15.251 0	14.656 6
1981—1990 年平均	12.328 9	12.170 7	13.699 7	13.722 7	15.569 3	15.563 6

年份	城镇居民		农村居民		全体居民	
	人均可支配收入增长率	人均消费支出增长率	人均纯收入增长率	人均消费支出增长率	收入水平增长率	消费支出增长率
1991—2000 年平均	15. 704 7	14. 999 7	13. 136 3	11. 635 8	16. 755 4	15. 714 6
2001—2009 年平均	11. 854 9	10. 519 1	9. 692 8	10. 248 8	13. 225 8	12. 473 3

（四）相对城镇居民而言农村居民消费增长更为缓慢

由于中国特定的"二元经济"结构特征,在经济高速增长过程中城乡居民的消费水平虽然均大幅提高,但城乡居民消费支出的增长是不同的:农村居民消费支出由 1978 年的 1 092.4 亿元增长到 2009 年的 28 833.6 亿元,增长了约 25 倍,而城镇居民消费由 1978 年的 666.7 亿元增长到 2009 年的 92 296.3 亿元,增长了约 137 倍。由此可见,在居民消费的城乡构成中,城镇居民消费占比呈上升趋势,而农村居民消费占比则反之。

考虑中国城市化的因素,城镇居民消费支出比重上升与农村居民消费支出比重下滑所刻画的居民消费城乡特征并没有排除人口变动的影响。从城乡人均对比角度进行分析,我国城乡居民收入水平和消费支出增长是不平衡的(表 15 - 3),城乡收入差距和消费差距总体上呈现不断扩大的趋势(图 15 - 3):1984 年,我国城乡居民人均收入比为 1.84,2009 年,这一比值高达 3.33;1984 年,我国城乡居民人均消费支出的比值为 2.04,2009 年,达到 3.07。随着城乡收入差距的扩大,城乡居民消费差距也在不断扩大,农村居民消费增速慢于城镇居民消费的增速,该结论从表 15 - 3 中城镇和农村居民人均消费增长率的对比也可以得到体现[①]。

农村居民消费增长相对缓慢表明消费总量增长主要表现为城镇居民消费需求的增长,然而,我国仍有大半人口分布在广阔的农村,农村居民是最庞大的潜在消费群

---

① 　在表 15 - 3 中,1981—2009 年,我国城镇居民人均消费年均增长率约为 12.63%,农村居民人均消费年均增长率为 11.93%,慢于城镇居民人均消费年均增长率约 0.7 个百分点。

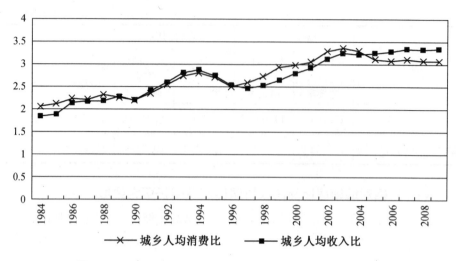

图 15 - 3　我国城乡居民人均收入比与城乡居民人均消费比

体,扩大国内需求,最大潜力在农村,农村居民消费疲软是当前居民消费需求不足的
重要原因。

三、居民消费的制约因素之一:不确定性视角

在向市场经济转轨过程中,中国经历着深刻的变革,居民消费行为发生较大的变
化,其中一个突出表现是居民平均消费倾向持续下降,特别是自 1990 年以来出现较
大幅度的下降:1989 年农村居民的平均消费倾向为 0.89,到 2009 年平均消费倾向为
0.77;城镇居民的平均消费倾向也出现大幅度的下降,从 1989 年的 0.88 持续下降到
2009 年的 0.71。我国经济保持持续高速增长,为何居民仍"急切"地倾向于储蓄呢?
由于居民的消费(储蓄)行为是个体行为,不仅受收入水平的影响,还与居民所感受到
的不确定因素密切相关。在转型过程中,居民亲身感受到了制度变迁所带来的不确
定性,在社会保障体系建设滞后的条件下可能的行为是减少消费增加储蓄以预防未
来种种不确定性的风险。

根据预防性储蓄理论,在未来收入面临不确定性的条件下,居民一般都会增加储

蓄,增加的这部分储蓄即为预防性储蓄,而未来收入的不确定既可以来自个人情况的不确定,也可以来自整个经济系统的不确定性,后者则被称为"系统性风险"。在效用函数三阶导数大于0[①]的条件下,当不确定性上升时,原有不确定性条件下消费水平的可能取值会朝各自的方向移动相同距离,在原来较高消费水平基础上继续增加消费所带来的边际效用减幅小于在原来较低消费水平基础上减少消费所带来的边际效用增幅,不确定性的上升增加了既定值下预期消费的预期边际效用(图15-4),从而使居民的消费行为表现得更为谨慎(预防性动机上升),刺激理性的消费者增加储蓄,以防止未来不确定性上升所带来的效用损失。

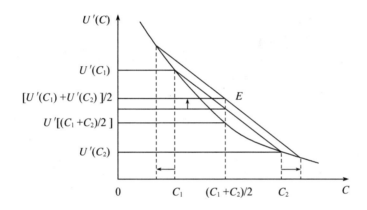

图15-4　不确定性上升对消费边际效用的影响

　　市场化、城市化、工业化和国际化促进了我国经济的持续高速增长,然而"四化"进程中我国社会保障制度建设却相对滞后,其在深度和广度方面都远没有达到当前社会发展的要求。世界上发达的市场经济国家由于有着相对较为完善的社会保障体系,居民的预防性动机并不高,甚至超前消费。处在转型期的我国,不确定性因素日益增多,在社会保障体系不完善的条件下,居民面临的各种潜在风险急剧增长,基于跨期效用最大化的理性居民不得不增加储蓄、减少消费,以应对未来不确定性所带来效用损失的风险,居民的消费行为难免表现出越来越谨慎的特征。

---

① 效用函数三阶导数为正是预防性储蓄存在的必要条件。

　　基于 1978—2009 年的中国城乡分列宏观数据,运用 Dynan(1993)的预防性储蓄理论,杜宇玮和刘东皇(2011)采用状态空间模型估测了城乡居民预防性动机强度的时序变化。1979—2009 年,无论城镇还是农村居民预防性动机强度的均值均超过12,远大于5[①],即居民消费行为非常谨慎。从居民消费行为谨慎程度的演变趋势(图15-5)看,无论是城镇还是农村,改革开放以来,特别是自 90 年代以来,居民预防性动机强度呈现稳步上升的态势[②]。在社会保障建设滞后等条件下,不确定性因素剧增,居民的消费行为越来越谨慎,这也在一定程度上解释了近些年来政府扩大居民消费的相关政策措施的效果为何甚微。

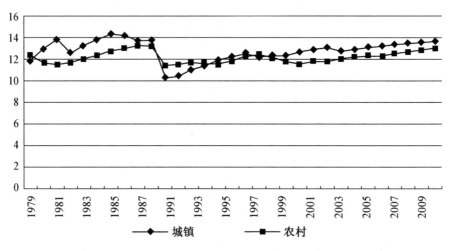

图 15-5　中国城乡居民预防性动机强度

　　注:数据转引自杜宇玮和刘东皇(2011)。

　　预防性储蓄理论有力地解释了转型期居民谨慎的消费行为,在社会保障体系不完备的条件下,未来不确定性增多带来的居民更谨慎的消费行为显然制约了居民消费的扩张。中国居民存在"不敢消费"的问题,通过完善社会保障制度等政策措施匡

---

　　① Dynan(1993)认为,预防动机强度的值一般介于 2～5 之间,其值越大表明预防性储蓄动机越强,居民消费行为越谨慎。

　　② 中国城乡居民预防性动机强度在 1989—1990 年出现了断点,但其前后两个时间段的趋势都在持续上升。

正居民消费行为是扩大居民消费的有效举措。

四、居民消费的制约因素之二：收入分配视角

在居民部门收入流既定的情况下，忽略消费者"异质性"的预防性储蓄理论能在一定程度上解释我国居民消费增长相对缓慢的问题。事实上，在经济转型过程中，我国居民收入水平增长也相对缓慢、收入差距在持续扩大，解释中国居民消费不振这一经济现象，并不能回避对居民部门收入流问题的分析，也不能回避对居民收入差距问题的研究。收入分配包括初次分配和再分配[①]，初次分配中要素分配结果表现为劳动者报酬率变化：我国劳动者报酬率 1978—1995 年在 49％～55％之间波动，1995 年后持续下降，从 1995 年的 51.44％下降到 2007 年的 39.68％，下降了约 12.8 个百分点。尽管有些学者如李稻葵等（2009）预言未来几年劳动份额在初次分配中的比重会进入上升通道，但当前仍处在下降通道。

劳动报酬率下降制约着居民消费需求的扩张，据笔者的研究[②]，劳动者报酬率下降 1％对居民消费的消极影响在 1978 年为 GDP 的 0.72％，1995 年为 GDP 的 0.64％，2007 年为 GDP 的 0.65％，提升劳动报酬率是扩大居民消费的有效举措。近年来，劳动报酬率持续下降的同时国民收入分配格局中居民部门占比也持续下降（表 15-4）：初次分配后居民部门占比从 1996 年的 67.2％下降到 2007 年的 57.9％，下降了约 9.3 个百分点；再分配后居民部门占比也从 1996 年的 69.3％下降到 2007 年的 57.5％。居民部门占比的下降显然制约了居民消费的增长，特别是 2000 年后，经过再分配后居民部门占比并没有得到很好的改善，政府部门占比得到了提升，再分配的功能也受到了扭曲。

---

①　严格来说，收入分配包括第三次分配，本文并不研究第三次分配，仅从初次和再分配两个视角进行分析。

②　参见沈坤荣和刘东皇（2011）。

表 15 - 4　1996—2007 年我国初次分配和再分配后的国民收入结构（单位:％）

年份	初次分配后企业占比	初次分配后政府占比	初次分配后居民占比	再分配后企业占比	再分配后政府占比	再分配后居民占比
1996	17.2	15.5	67.2	13.6	17.2	69.3
1997	18.1	16.2	65.7	14.4	17.5	68.1
1998	17.5	16.9	65.6	14.3	17.5	68.1
1999	18.1	17.0	65.0	14.3	18.6	67.1
2000	18.9	16.7	64.4	15.7	19.5	64.8
2001	18.1	18.4	63.5	15.1	21.1	63.8
2002	17.3	17.5	65.3	14.3	20.5	65.2
2003	18.8	18.0	63.2	15.5	21.9	62.7
2004	24.5	17.8	57.7	21.8	20.4	57.8
2005	22.9	17.5	59.6	20.0	20.5	59.4
2006	22.4	18.6	59.0	18.5	22.8	58.7
2007	22.6	19.5	57.9	18.4	24.1	57.5

注:根据历年《中国统计年鉴》中资金流量表(实物交易)的数据整理。

基尼系数反映出经过初次分配和再分配后的居民收入差距有着持续扩大趋势(图 15 - 6),全国的基尼系数(2009 年为 0.44)超过国际的"警戒线"[1]且居高不下,大量的实证研究都证明了我国居民收入差距的持续扩大制约着居民消费的增长。

2009 年,我国农村和城镇基尼系数分别为 0.385 和 0.31,并没超过"警戒线",虽然农村和城镇内部居民收入差距还处于一个相对合理的范围,但全国基尼系数 2001 年就已超过了"警戒线"。结合全国基尼系数的演变趋势,城乡居民人均收入比与全国基尼系数几乎保持着相同的演变轨迹,我国居民收入差距扩大的一个不容忽视的问题就是城乡间居民收入差距的持续扩大(图 15 - 3)。学者陈南岳(2004)指出,中

---

① 基尼系数是衡量居民收入差距的通用指标,一般认为,基尼系数在 0.2 以下,表示居民之间收入分配是平均的,在 0.2～0.3 之间表示相对平均,在 0.3～0.4 之间认为比较合理,通常把 0.4 作为"警戒线",超过 0.4 表示居民间收入分配不合理。

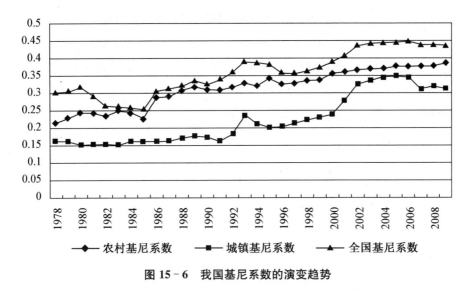

图 15-6 我国基尼系数的演变趋势

注:农村基尼系数来自 2010 年《中国农业年鉴》;1985 年后城镇基尼系数的计算采用等分法计算得到,原始数据来源于国家统计局公布的分组数据,1985 年前的数据来自李俊霖和莫晓芳(2006);对于缺失的 1979 年农村基尼系数的数据我们用插值法补齐;全国基尼系数的数据使用城乡加权法得到。

国有利于消费需求的最优城乡居民收入差距应控制在 1.1∶1~1.6∶1 之间,如果以 1.6∶1 作为标尺,2009 年我国 3.33∶1 的城乡收入差距显然并不利于居民消费需求的增长。从扩大居民消费角度,除阻止城镇和农村内部收入差距持续扩大趋势外,应特别注重缩小城乡间居民收入差距。

五、居民消费的制约因素之三:公共支出视角

公共支出作为收入分配的一个重要手段,与居民消费密切相关。扩大居民消费充分发挥消费对经济的拉动作用不仅要调整收入分配制度,提高居民的收入水平、缩小收入差距等,还应切实解决居民所关心的就业、住房、教育、医疗卫生和社会保障等方面存在的问题,从而消除居民消费的后顾之忧,营造一种"有钱快乐花"的消费环

境,这些都是政府公共支出转型过程中政策调整可以有所作为的方面。

随着我国经济持续高速增长,公共支出从 1978 年的 1 122.09 亿元增长到 2009 年的 76 299.93 亿元,特别是 20 世纪 90 年代中期以来,公共支出增长迅速,其占 GDP 的比重持续上升,从 1996 年的 10.7% 上升到 2009 年的 22.11%(图 15-7)。国家财政正经历着从"注重经济建设型"向"注重民生型"转型,经济建设费占公共支出的比重呈递减态势,从 1978 年的 64.1% 减少到 2009 年的 26.6%。在转型过程中建立消费需求的长效机制理应建立以提供"民生性"公共品为主的公共支出结构,在总量增长的基础上经济建设费所占比重持续递减,这表明公共支出演变趋势总体上符合加快形成消费、投资、出口协调驱动经济增长新局面的要求。

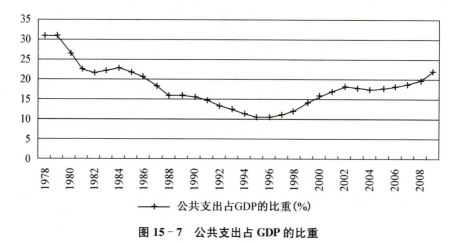

图 15-7　公共支出占 GDP 的比重

然而,我国公共支出转型是滞后的,主要表现为行政管理费增长过快,而对居民消费呈挤入效应的社会文教费增长相对缓慢:行政管理费从 1978 年的 52.9 亿元增长到 2006 年的 7 571.05 亿元,增长了约 142 倍;而社会文教支出从 1978 年的 146.96 亿元增长到 2006 年的 10 846.2 亿元,仅增长约 72 倍。在支出总量一定的条件下,行政管理费等的膨胀无疑加重了财政负担,显然会限制"民生性"公共品的供给,从而制约着公共支出消费效应的充分发挥。

改革开放以来,农村居民消费增速慢于城镇居民消费增速,农村居民消费的潜力并没有充分发挥。由于长期以来公共支出具有"非农偏好"特征,公共支出支农力度持续下滑(图15-8):公共支农支出所占比重从1978年的13.43%下降到2009年的8.81%,30年间下降了约34.4%,农村的公共品供给更为短缺。公共支出支农力度的下滑并未使公共支农支出的内部结构发生根本性变化:改革开放以来,支援农村生产支出和农林气象等部门的事业费及农林基本建设支出占公共支农支出的比重之和超过90%,而农业科技3项费用和农业救济费用所占比例均较小,两者之和都不到10%。公共支出支农力度下滑及公共支农支出结构的"锁定"所反映的公共支出的"非农偏好"极大地制约着公共支出对农村居民消费的挤入效应。

图15-8 公共支农支出占公共支出的比重

注:原始数据皆来源于《新中国55年统计资料汇编》和《中国统计年鉴》(2006—2010年),由于2007年1月1日开始实施政府收支分类改革,2006年后的公共支农支出用农林水事务支出替代,数据上也基本都保持了连贯性。

尽管大多数的实证研究都表明公共支出对居民消费存在程度不等的挤入效应,但公共支出转型滞后显然制约着公共支出消费效应的充分发挥:第一,公共支出的管理、运用效率低下(沈坤荣、张璟,2007);第二,公共(支农)支出结构的不合理;第三,公共支出的非农偏好。加快推进公共支出转型是构建消费增长的长效机制及促进我国经济持续健康发展的有效举措。

六、结论与政策建议

居民消费疲软现已成为制约我国经济持续健康发展的重要障碍之一,如何构建居民消费增长的长效机制是个复杂问题。消费疲软不仅是转型期不确定性引起居民谨慎消费行为导致的,而且和收入分配不合理及政府公共支出转型滞后等因素紧密相关。破除居民消费增长的制约因素是个系统工程,也是个长期过程,在这一过程中,制度、体制和机制的变革是核心,也是关键。应从一系列的体制机制创新入手,通过渐进式变革降低居民预防性动机、优化收入分配格局和推进公共支出转型等,使居民敢于消费、能于消费和乐于消费,加快形成"三驾马车"协调驱动经济增长新局面。

(一) 推进社会保障制度建设,健全社会保障体系

经济转型使居民所感受到的不确定性风险增大,在社会保障制度建设滞后的背景下,为应对不确定性所带来的风险,居民消费行为难免过于谨慎且越来越谨慎。降低居民偏强的预防性动机需要加快推进社会保障制度建设,减少城乡居民所感受到的不确定性风险,比如进一步拓宽社会保障的覆盖面,提升社会保障水平等。应通过社会保障体系的持续健全来缓解居民"有钱不敢花"的后顾之忧。

(二) 推进收入分配制度变革,优化收入分配格局

在收入分配的制度变革中,提升劳动者报酬占国民收入的比重,提高居民部门占国民收入的比重,不断优化收入分配格局是增强消费对经济增长驱动力的有效举措。初次分配领域应探索工资持续增长的长效机制,使居民收入的增长速度不低于经济增长速度,以优化国民收入分配格局,扩大居民消费的基础。针对持续扩大的城乡收入差距,在提升居民收入水平时应特别注重农村居民收入水平的提升,解决城乡居民"想花没钱花"的问题。再分配领域的政策调整除制止城乡居民内部收入差距持续扩大外,应努力缩小城乡间收入差距,通过各种政策手段增加中低收入者的收入,构建"橄榄型"居民收入分配格局。

(三) 推进财政税收体制变革,加快公共支出转型

财税政策是收入分配的重要手段,分税制下由于中央与地方间的财权事权划分

不尽合理,出于对政绩等因素的考虑,地方政府往往会有投资冲动,从而忽视对民生问题的关注,由此导致的公共支出转型滞后限制了公共支出消费效应的充分发挥。财税体制变革应进一步厘清中央和地方的职权,强化预算和监管,在保证财政收入和支出稳定增长的条件下,持续加大对保障性住房、教育、社会保障、公共医疗卫生和公共(支农)支出等的支持力度。通过推进公共支出转型,持续优化公共(支农)支出结构,增加与居民生活紧密相关的公共品和服务的供给,持续优化消费环境,使居民"有钱快乐花"。

（四）推进官员晋升机制变革，促进政府职能转型

各项制度、体制和机制的变革很大程度上取决于政府职能转型,而政府从过去的"无限政府""无效政府"和"建设型政府"转变为"有限政府""有效政府"和"服务型政府",从微观角度来说,又很大程度上取决于官员晋升激励机制变革。现阶段我国对官员的考核指标仍以 GDP 为主,考核模式仍是自上而下的目标管理模式。由此,地方政府官员往往存在强烈的"GDP 崇拜"。虽然地方经济得到了快速发展,但也导致了忽视民生问题等一系列负面影响。变革必然会带来"阵痛",如何在减少"阵痛"的同时,在考核指标适量加入"民生"和在考核模式适当引入"民意",这是推进政府职能转型,进而构建居民消费增长长效机制,加快形成"三驾马车"协调驱动经济增长新局面需要面对的重大课题。

参考文献

［1］陈南岳,2004:《中国过剩二元经济研究》,北京:中国经济出版社。

［2］杜宇玮、刘东皇,2011:《预防性储蓄动机强度的时序变化及影响因素差异》,《经济科学》第 1 期。

［3］洪银兴,2010:《马克思的消费力理论和扩大消费需求》,《经济学动态》第 3 期。

［4］李稻葵、刘霖林、王红领,2009:《GDP 中劳动份额演变的 U 型规律》,《经济研究》第 1 期。

［5］李军,2003:《收入差距对消费需求影响的定量分析》,《数量经济技术经济研究》第 9 期。

［6］李俊霖、莫晓芳，2006：《城镇居民收入分配差距、消费需求与经济增长》，《统计与决策》第 10 期。

［7］李永友、丛树海，2006：《居民消费与中国财政政策的有效性：基于居民最优消费决策行为的经验分析》，《世界经济》第 5 期。

［8］刘东皇、沈坤荣，2010：《公共支出与经济发展方式转变：中国的经验分析》，《经济科学》第 4 期。

［9］沈坤荣、刘东皇，2011：《中国劳动者报酬提升的需求效应分析》，《经济学家》第 2 期。

［10］沈坤荣、张璟，2007：《中国农村公共支出及其绩效分析——基于农民收入增长和城乡收入差距的经验研究》，《管理世界》第 1 期。

［11］宋铮，1999：《中国居民储蓄行为研究》，《金融研究》第 6 期。

［12］孙凤，2001：《预防性储蓄理论与中国居民消费行为》，《南开经济研究》第 1 期。

［13］谢建国、陈漓高，2002：《政府支出与居民消费——一个基于跨期替代模型的中国经验分析》，《经济科学》第 6 期。

［14］杨天宇，2009：《中国的收入分配与总消费》，北京：中国经济出版社。

［15］易行健、王俊海、易君健，2008：《预防性储蓄动机强度的时序变化与地区差异——基于中国农村居民的实证研究》，《经济研究》第 2 期。

［16］Bailey，M. J.，1971，*National Income and Price Level*，New York，McGraw-hill.

［17］Carroll，C. D.，R. E. Hall，and S. P. Zeldes，1992，"The Buffer-stock Theory of Saving：Some Macroeconomic Evidence"，*Brookings Papers on Economic Activity*，2，61 - 156.

［18］Deaton，A. S.，1991，"Saving and Liquidity Constraints"，*Econometrica*，59（5），1221 - 1248.

［19］Dynan，K. E.，1993，"How Prudent are Consumers"，*Journal of Political Economy*，101，1104 - 1113.

［20］HO，T. W.，2001，"The Government Spending and Private Consumption：A Panel Cointegration Analysis"，*International Review of Economics and Finance*，10，95 - 108.

［21］Kalecki，M.，1971，*Selected Essays on The Dynamics of The Capitalist Economy*，

Cambridge: Cambridge University Press.

[22] Karras, G. , 1994, "Government Spending and Private Consumption: Some International Evidence", *Journal of Money, Credit and Banking*, 26(1), 9 - 22.

[23] Musgrove, P. , 1980, "Income Distribution and the Aggregate Consumption Function", *Journal of Political Economy*, 88, 504 - 525.

16 政府干预、经济集聚与能源效率[①]

内容提要:本文在政府干预背景下经验分析企业、产业和区域3个层面经济集聚对能源效率的影响与作用机制。实证结果显示,市场机制主导的企业集聚能够显著提高能源效率,政府干预和环境治理的"搭便车"倾向导致产业集聚无法对能源效率产生预期效果,能源效率与表征区域聚集的城市密度呈U型变动特征。此外,相机抉择使得政府节能减排战略对改善能源效率未能发挥应有效果。控制政府干预的核心因素——金融发展变量后发现,金融发展规模扩张、地方政府干预增强导致的资源配置扭曲以及中央政府信贷干预的道德风险,均会抑制产业集聚对能源效率的改进,金融发展效率提高则有助于产业集聚提升能源效率。然而,由于存在环境质量治理的市场失灵,借助市场力量和政府适度干预更有利于节能减排目标的实现。

关键词:经济集聚 政府干预 能源效率 节能减排

一、引 言

经济集聚通过规模报酬递增(Dixit & Stiglitz,1977;Krugman,1991;Fujita et al.,1999)、技术外溢(Fujita,1989)和不完全竞争(Dixit & Stiglitz,1977;Fujita et al.,1999)引导要素和经济活动在空间集中,已成为现代经济增长的特征性事实。不

---

① 原文刊载于《管理世界》2013年第10期,合作者为师博博士。论文被《人大复印报刊资料·国民经济管理》2014年第1期转载。

仅如此,理论上经济集聚对提升能源效率会产生3个层面的积极效应:首先,规模效应有助于降低企业平均成本,包括能源在内的各类要素的单位产出消耗量会伴随集聚程度的提高而显著下降;其次,新经济地理学的相关研究(Krugman,1991;Fujita,1999)认为技术的外部性与企业间技术溢出是经济活动集聚的主要驱动力。而能源效率持续改进的本质来源于技术进步与技术外溢(Newell et al.,1999;李廉水、周勇,2006;史丹等,2008),旨在分享技术溢出效应的经济集聚则具备了推动能源效率持续改进的可能;最后,不完全竞争通过诱导厂商进行价格和质量竞争以降低成本,当能源价格持续高企,竞争效应能够形成有效的节能激励机制。

　　作为全球最具活力的经济体,中国的增长奇迹也是经济集聚不断深化的结果。就企业层面分析,为了节约交易成本,大量企业聚集于市场经济更为发达和活跃的区域,东部工业企业总数在全国占比已由1978年的40.5%攀升至2011年的72.5%;在产业层面,地方政府通过大规模兴建工业园区、招商引资以推动本地经济增长,在客观上为产业集聚创造了条件。2011年中国工业赫芬达尔指数比1978年提高了20.9%;从区域层面来看,为了获取更高的收益率,各种产品和要素逐渐向城市集中。1978—2011年以人口衡量的城镇化率从17.92%激增至51.27%,2011年城镇占全社会固定资产投资比重较1981年上升了23个百分点。在经济集聚快速启动的同时,中国能源利用效率也呈显著改进态势,单位产出能耗(能源强度)自1978年的15.68(吨标准煤/亿元)降至2011年的4.24。简单的数据分析显示,经济集聚与中国能源效率提升可能具有内在关联。然而值得注意的是,传统意义上的经济集聚是以市场机制为导向,各类要素在回报率的引导下自发集聚,但在中国,政府对经济集聚的过度干预却普遍存在。为了提升政绩,地方政府向投资本地的企业提供融资、土地及税收等各种优惠,通过主动诱导形成了表面的产业集聚——"企业扎堆"。由于并未遵循市场规律,以追逐"政策租"为目标的产业集聚不仅难以产生技术外溢,更会在低水平竞争的恶性循环中出现重复建设和严重的资源浪费现象,使经济集聚应有之绩效降低。本文基于政府干预的视角,围绕企业、产业和区域3个层面解读经济集聚对能源效率的作用机制,从而探寻借助政府适度干预和市场力量共同提升能源效率的可行选择。

我们以中国1998—2010年省级面板数据为样本，使用EBM模型测算纳入非合意产出环境污染的能源效率，并对经济集聚与能源效率的关系进行实证检验，发现政府干预会显著影响经济集聚对能源效率的作用效果。在市场机制的引导下，接近市场中心的企业更具运输成本和信息获取的优势，用以间接表征企业层面经济集聚的市场接近度与能源效率呈现出预期的同方向变动特征。然而，由于地方政府有意愿和能力通过贷款影响企业的投融资决策，在产业层面的经济集聚，即政府干预造成的企业扎堆，往往不具有市场力量形成的产业集聚的技术外溢效应，产业集聚并未直接促进能源效率提升。当控制了政府干预的核心因素，即金融发展和产业集聚交互项后，金融发展规模扩大、地方政府对产业集聚的潜在干预增加，都将抑制产业集聚对能源效率提升的效果。此外，中央政府信贷干预越高的地区，越易滋生道德风险，商业银行缺乏对贷款企业进行有效评估的动力，集聚于当地的贷款企业对于节约包括能源消耗成本在内的各项支出的约束减少，也会降低产业集聚对能源效率改进产生的积极影响。由于先污染后治理的广泛存在，涵盖环境质量信息的EBM能源效率随区域层面经济集聚的代理变量城市密度的提高先下降后上升。值得注意的是，为了应对2008年国际金融危机，中央政府采用相机抉择法，以大量基础设施投资刺激经济，政策层面的前后不一致导致2006年推出的节能减排政策未能发挥应有作用。

本文余下的结构安排是：第二部分对已有文献进行回顾和述评；第三部分在Fisher-Vanden et al. (2004)模型的基础上分析经济集聚与能源效率关系的理论内涵，并对相关指标进行说明与测算；第四部分经验分析政府干预下的经济集聚对能源效率的作用机制；最后是本文的基本结论。

二、文献评述

气候变迁与能源供需失衡已成为威胁全球经济稳定增长最为严峻的挑战，提升能源效率则是摆脱能源困境切实可行的选择。大量研究(Sinton & Levine, 1994；Lin & Polenske, 1995；Garbaccio et al. , 1999；史丹等, 2008；吴利学, 2009)认为能源效率改进的本质在于依托技术进步。后续研究则在细分技术进步的基础上，深入分析差异化的技术进步对能源效率的影响。Fisher-Vanden et al. (2004)的分析表明,资本节约型的技术创新是中国能源效率改进的核心驱动力。李廉水和周勇(2006)则将广义技术进步分解为科技进步和技术效率,并发现技术效率是我国能源效率提升的主因,科技进步的贡献相对较低。但也有研究(Khazzoom,1980)认为,技术进步虽然能够直接提升能源效率,但在回报效应(Rebound Effect)的作用下,技术进步会刺激经济增长进而间接带动能源消耗攀升,使得技术进步的节能效应具有不确定性。

Newell et al. (1999)发展的诱致性技术变迁理论阐明,虽然在表面上技术进步有助于能源效率提升,但节能技术是由能源价格变迁所激发,因此能源价格是影响能源效率的关键所在。Mulder et al. (2003)的研究显示,对能源价格征税也会加速节能技术扩散,引发资本和劳动对能源的替代,降低能源消耗。Popp(2002)使用1970—1994年美国专利数据发现,能源价格不仅会影响能源技术,还与科技创新显著正相关。也有研究发现,能源价格对能源效率具有差异化的影响。Kaufmann(2004)实证分析表明,能源价格与美国能源效率具有显著影响,但由于能源效率可以向上灵活调整,而向下调整具有粘性,能源价格与能源效率间存在非对称性关系。杨继生(2009)使用STR模型指出,1993年之前能源价格对中国能源效率的影响较弱,之后逐渐增强。袁晓玲等(2009)发现能源价格与能源效率呈弱正相关性。造成能源价格对能源效率影响不显著的原因在于,中国能源消费以煤炭为主,实行电煤和商品煤的价格双轨制,较难挖掘出能够准确反映能源价格变动的科学指标。

由于中国能源供需的市场化机制尚未完善,学者们逐渐将研究视角聚焦于经济结构与能源效率的关系。齐志新等(2007)使用因素分解法(Ang et al. ,2003)发现工业轻重结构对能源消费的影响都比较小,并且呈逐年下降态势。魏楚和沈满洪(2007)实证结果显示,第三产业占GDP的比重增加则会提升能源效率。相对于工业结构的变迁而言,产业结构的高级化可能对能源效率影响更为显著。除了对产业结构的考察外,经济结构中的市场化、开放度和城镇化也会作用于能源效率。史丹(2002)认为市场经济主要借助改进企业X低效率和改善能源配置效率提升能源利用效率。Fan et al. (2007)采用超对数成本函数估计要素替代弹性,指出1993年以来市场经济的不断完善提高了要素替代弹性,进而提出通过加快要素配置速度提升能源效率。与之接近的是，史丹(2002)分析经济开放度时指出，1980—1992年，我国要素净流出协调了要素投入比例关系和供需关系，1993年之后，FDI产生要素净流入增加的同时也创造了技术和管理效应，以1993年为分水岭，要素流出和流入均改进了能源效率。Fisher-Vanden et al. (2004)也发现外资、港澳台资企业拥有比国有企业相对较高的能源效率，FDI流入能够借助技术外溢提高中国的技术效率、组织效率和能源效率。樊茂清等(2009)则使用投入产出时间序列估算能源、资本和劳动的份额方程，研究表明，以贸易表征的经济开放度能显著改进我国能源效率。

除了产业结构、市场化和外向性外，城镇化是我国经济结构变迁的另一个重要表现形式，城镇化通过作用于能源消费总量影响能源效率(Cole & Neumayer, 2004; York, 2007)。但是，城镇化对能源消费的影响却具有非线性特征，Poumanyvong & Kaneko(2010)使用STIRPAT模型发现，城镇化会降低低收入国家能源消费，但会提升高收入国家能源消费。相似的，Sadorsky(2013)采集了76个发展中国家数据，使用异质性静态模型分析发现，一方面，城镇化通过消费和生产活动的高度集中增强了经济活力，带动能源消费攀升；另一方面，城镇化会产生规模经济促进能源效率提升。总体而言，城镇化两种相左的力量会改善能源效率。Liu & Xie(2013)使用时间序列数据发现，由于产业结构、技术进步和能源管理政策的变动，中国能源效率与城镇化之间也存在非线性关系。

然而，仅定量分析经济结构变动对能源效率的影响，似乎并未触及宏观经济运行中能源效率提升的深层因素，中国经济增长的特征性事实必然与能源效率具有内在关联。进一步分析不难发现，中国产业结构变迁不仅体现在三次产业结构的变化上，更表现为相关产业在空间的集聚，而产业集聚和城镇化均是要素和产品在空间集中，即经济集聚的表现形式。此外，中国的市场化改革是通过打破单纯由政府计划调配资源的机制，建立和完善依靠市场机制，引导要素自发向高报酬地区和部门流动，提升资源配置效率，这又与企业聚集于经济发达地区的分析逻辑相契合。然而，在财政分权和政绩考核的背景下，地方政府对经济的干预较为普遍，尤其是对企业投资的干预已成为影响企业行为选择的重要变量。在政府和市场力量双重作用下，资源配置可能会被扭曲,经济集聚应有的绩效会随之降低。正是基于上述原因,本文尝试从经济集聚的视角捕捉影响中国能源效率改善的潜在因素,剖析政府干预背景下经济集聚对能源效率的作用机制,挖掘依靠市场力量和政府适度干预共同提升能源效率的可行选择。

三、理论模型与变量说明

(一)理论模型

借鉴 Fisher-Vanden et al. (2004)的研究思路,本文假定生产需要物质资本(K)、人力资本(H)和能源(E)的投入,通过成本最小化分析,设定 Cobb-Douglas 成本函数:

$$C(P_K,P_H,P_E,Q)=A^{-1}G^{-1}P_K^{\alpha_k}P_H^{\alpha_H}P_E^{\alpha_E}Q \tag{16.1}$$

其中,A 表示全要素生产率,G 表征经济集聚程度,Q 是产出水平,而 P_K、P_H 和 P_E 分别为物质资本、人力资本和能源的名义价格,α_j 代表各投入要素的产出弹性。对于企业而言,经济集聚的内涵在于能够借助外部经济使得平均成本整体下降,因此本文设定的成本函数与经济集聚负相关。

一般来说,全要素生产率由制度变量与技术进步共同决定,1978 年开始的改革开放是对中国经济影响最大的制度性因素,同时,经济结构变迁会对全要素生产率产生一定的作用。因此我们对全要素生产率的表述如下:

$$A_i=f(Open_i,Mark_i,Str_i)+\varepsilon_i \tag{16.2}$$

(16.2)式中,$Open$ 是经济外向型水平,$Mark$ 为市场化进程,Str 表征产业结构变迁。

根据谢泼德引理,能源需求等于成本函数对能源投入价格求偏导:

$$E=\alpha_E A^{-1}G^{-1}P_K^{\alpha_k}P_H^{\alpha_H}P_E^{\alpha_E}Q/P_E \tag{16.3}$$

E 为生产中能源投入量,进一步我们假定产出的价格取决于 3 种投入要素的价格,即

$$P_Q = P_K^{\alpha_K} P_H^{\alpha_H} P_E^{\alpha_E} \tag{16.4}$$

其中，$\sum \alpha_j = 1$，在产品同质性的条件下 P_Q 能够代表一般物价水平。为了保证能够得到唯一的内点解，经济学理论往往假定生产函数是拟凹的，继而会得到既定产量水平下，企业要素成本最小化与利润最大化相吻合，即成本函数与生产函数具有对偶性。相应地，可以通过最优化证明，Cobb-Douglas 成本函数必然对应的是一个Cobb-Douglas 生产函数。生产函数表征的是产量和要素投入量之间的关系，在现实中生产函数往往难以观测，而成本函数是要素价格和产出水平的函数，这些变量能够也更易于获取，因此我们利用成本函数分析企业的要素需求决策。本文假定产品同质即完全竞争的市场结构，企业在长期仅能获得正常利润，换言之，企业总收益应等于总成本，即 $C = P_Q Q$，如果忽略全要素生产率和经济集聚的影响则需要假定 $P_Q = P_K^{\alpha_K} P_H^{\alpha_H} P_E^{\alpha_E}$。纳入全要素生产率和经济集聚后，企业会借助技术创新和外部性获得超额利润，即企业的总收益大于总成本，从而保证价格假设条件的合理性。

进而我们将(16.4)式代入(16.3)式，可得：

$$E = (\alpha_E A^{-1} G^{-1} P_Q Q)/P_E$$

$$\text{或} \quad Q/E = \alpha_E^{-1} A G (P_E/P_Q) \tag{16.5}$$

由(16.5)式不难发现，以能源强度倒数表征的能源效率取决于全要素生产率、经济集聚程度和实际能源价格(P_E/P_Q)，并且能源效率与经济集聚程度、全要素生产率和能源价格均呈正比关系。

新经济地理学认为经济集聚的来源可以划分为 3 个层面：企业层面、产业层面和区域层面(Lall et al. ,2004；范剑勇，2006)。首先，厂商以节约交易成本为选址布局原则，在地理空间上围绕产品和要素市场中心形成企业层面的经济集聚。其次，为了共享技术外溢出现了行业层面的经济集聚，即产业集聚。最后，旨在获取更高的收益率以及共享基础设施和信息、技术，大量企业、产品和要素向城市集中，构成了区域层面经济集聚——城镇化。在此基础上，我们可以将经济集聚表述为：

$$G_i = g(MA_i, LQ_i, UD_i) + \varepsilon_i \tag{16.6}$$

市场接近度 MA(market access)[1]是刻画企业层面聚集经济的指标。接近市场中心的厂商在节约运输成本和获取信息方面更具优势,生产率水平也相应更高。此外,交通基础设施在提升区域间交流与联系方面发挥着重要的作用。一方面,可靠便捷的交通设施能够通过提高运输能力、节约投入和产出的运输成本,减少生产的平均成本;另一方面,拥有良好交通基础设施的地区可以借助降低消费支出增加消费者剩余,从而提升了对私人投资的吸引力。更为重要的是,高质量的交通基础设施能够有效激发厂商、研发中心以及政府间的知识外溢。因此,市场接近度由厂商与市场中心距离、市场的商业规模和密度以及交通基础设施水平所决定。我们遵循 Harris(1954)的方法测算市场接近度:

$$MA_i = \sum_{i \neq r} S_r/d_{ri} + S_i/d_{ii} \tag{16.7}$$

(16.7)式中,S 是地区市场的规模指标,本文用1998年不变价格计算的居民消费支出作为代理变量;d_{ri} 为 r 和 i 地区间的距离,考虑到交通基础设施的作用,并且煤炭等大宗货物均使用铁路运输,我们采用了两地间铁路里程作为替代;d_{ii} 是各地区内部距离[2]。我们认为,距离市场中心越近,厂商越能够有效降低用于运输成本的能源支出,提升能源效率。

在完全竞争模型中,生产过程一般被假定为规模报酬不变,但是特定地区整个行业规模扩张即产业集聚水平提高,易于产生外部经济促进厂商生产效率的提高[3]。并且,从消费层面来看,产业集聚通过降低消费者的信息不对称,诱发厂商在价格和质量竞争中降低成本,进而控制企业内部能源消耗。由于制造业能源消费量占我国能源消费总量的比重接近60%,我们使用以城镇就业人数计算的制造业区位商 LQ 作为产业集聚代理变量。区域内制造业集聚度越高,企业间的节能减排技术外溢越显著,企业通过竞争降低能源消耗的倾向愈明显,产业集聚与能源效率预期同方向变动。

---

① 一些文献(Hanson,1998)也将该指标称为市场潜能。

② 内部距离的计算公式为:$d_{ii} = \sqrt{area/\pi}$,area 为各地区的辖区土地面积。

③ 产业集聚对地方经济的影响也被称为地方化经济(Henderson,1999)。

　　城镇化水平的提高具有规模效应,大城市往往能够支撑多样化的经济活动,从而使得上游供货商和下游厂商在空间布局上更为接近。此外,大型研发中心多集中于大城市,且大城市也能够为厂商提供更为优良的商业和生产服务。通过基础设施共享,城镇化水平的提高有助于增进效率(Hansen,1990),本文采用各地区地级以上城市人口与辖区面积的比值——城市密度(UD)作为城镇化的代理变量。然而,城镇化的发展会产生"拥挤效应"①(Henderson et al.,2001),因此城市密度与能源效率间可能存在非线性关系。

　　值得注意的是,市场化的产业集聚是由经济主体在约束条件下追求目标最优化的行为选择所引发,因此能够有效降低企业交易成本,激发技术外溢。但是相关研究发现,产业集聚形成过程中并非仅有市场力量在发挥作用,地方政府为了提高政绩对辖区内产业集聚的干预较为普遍。白重恩等(2004)指出,地方政府热衷于保护税率高和国有成分高的行业,最终降低了这类行业的区域专业化水平。郑江淮等(2008)通过研究企业进驻开发区的动机发现,为了获取"政策租"落地开发区的企业并不必然与关联企业在空间上集中,但其技术和行为将与地方政府和产业关联要素发生作用,这导致开发区扎堆的企业不具有一般意义上产业集聚的特征。政府对产业集聚的干预源于政府强烈的经济干预动机。在中国,中央政府和地方政府都具备对经济进行干预的动机和能力。在中央政府层面,林毅夫等(1999、2003)指出,发展中国家为了实现对发达经济的赶超,往往会基于比较优势理论,通过政府干预的方式优先发展重工业和推行进口替代政策。产业集聚也就与国家经济发展战略有关,但是,政府如果不恰当地选择了违背比较优势的产业就需要向该行业提供财政补贴,要素配置将会被扭曲,包括能源在内的各类要素的利用效率下滑。就地方政府而言,干预经济的动机来自两个方面。第一,财政分权体制下地方政府财权和事权不匹配,使得地方政府为了增加本地税收,而倾向于借助行政干预保护本地企业。基于保护税收的地方政府干预会导致地方政府间的竞争,产生重复建设、产业结构趋同和产能过剩,能

---

　　①　"拥挤效应"可以解释为随着城市密度增大,资源利用效率会上升,但当城市密度进一步增大,由于过度"拥挤",资源利用效率反转下降。

源的过度消耗难以避免。第二,晋升锦标赛体制下官员的升迁一般与其辖区的GDP挂钩(周黎安,2004、2007)。地方政府官员为了进入晋升通道,产生了依靠行政干预推动投资和本地经济增长的念头,招商引资的热情被升迁的诱惑点燃。为了促进经济增长,地方政府更为关注入驻辖区企业数量和投资规模,而忽视产业间的关联性以及投资行为是否与本地比较优势相符,为实现数量型增长,损失了要素配置和利用效率。

为了追逐"政策租",并不具备关联性的企业形成表面上的空间集聚——企业扎堆,政府干预下的产业集聚难以对能源效率产生积极影响①。政府干预下的企业扎堆对负面作用体现在:首先,政府干预的产业集聚不仅难以诱发严格意义上的技术外溢,更会在地区间低水平竞争的恶性循环中导致重复建设、过度投资和严重的资源浪费,要素配置被扭曲,能源利用效率恶化;其次,政府为了政绩而对企业提供"政策租"造成企业的"软预算约束",在获得政府补贴后,企业缺乏降低包括能源消耗支出在内的各项成本的激励,微观层面的能源消费将会增加;最后,为了促进经济增长,政府可能会对本地企业的污染行为纵容和漠视。环境作为公共产品,具有非竞争性和非排他性,企业生产必然会排放污染物,政府加强污染治理则会转嫁为企业生产成本。为了吸引企业投资,政府会适当减少对环境污染的监督,但却损失了包含环境质量信息的能源效率。从表面看政府干预能够促进经济增长,然而行政干预本身的成本却是高昂的,政府不仅会因"政策租"减少财政收入,还会牺牲包括能源在内的各类要素配置效率和环境质量。如果能够捕捉到"政策租"信息,进而在经验研究中控制住其影响,那么产业集聚可能会通过技术外溢促进能源效率改进。地方政府为产业集聚提供的"政策租"大致包括廉价的土地、资本和劳动力等生产要素,完善的基础设施以及税收优惠等,本文认为政府为集聚于辖区内的企业提供的融资支撑是众多"政策租"中的关键变量。

企业和行业发展与融资渠道、融资成本密切相关,Rajan & Zingales(1998)及

---

① 附录给出了一个简单的证明,产业集聚能够改进能源效率,但在政府干预下能源效率反而下降。

Claessens & Laeven(2003)指出,金融发展通过拓展企业融资渠道,有助于外部融资依赖性行业和企业成长。金融发展不仅会影响企业发展,还会作用于产业集聚。张晓蒂和王永齐(2010)认为,产业集聚实质上是企业家集聚,而金融市场则为企业家显现和产业集聚起到联接效应,较高的金融市场效率通过降低企业家能力临界值的最低要求,提高企业家的比例和分布密度。此外,技术溢出是产业集聚提升能源效率的一个重要途径,但前提是节能减排技术积累已相对成熟和完善,换言之,只有存在的技术才可能外溢。而相关实证研究(Acemoglu & Zilibotti, 1997;Aghion et al.,2005;解维敏、方红星,2011)发现,金融发展能够通过分散风险、降低合约的不完备和信息不对称促进企业研发投资,推动技术进步。也有研究直接探讨金融发展与能源消费的关系(孙浦阳等,2011),但企业是能源消费的主体,金融发展仅在二者之间充当媒介,忽略了企业和行业的行为选择及运行规律,可能会导致结果有偏。政府干预的核心因素——金融发展会作用于产业集聚,更为关键的是,中国地方政府有能力也有意愿通过金融机构贷款影响企业投融资行为(Zhang et al.,2007;钱先航等,2011;Cull et al.,2013),从而将其意愿贯穿于产业集聚。

　　本文采用3个指标分析金融发展通过产业集聚对能源效率的影响。

　　(1)金融发展规模(*Loan*)。理论研究认为,金融发展取决于金融资产总值与国民财富之比,但是,一方面,准确的金融资产数据难以获取,另一方面,地方政府通常通过贷款对产业集聚施加影响。因此,我们选择各地区金融机构贷款余额与GDP比值作为衡量金融发展规模的指标。

　　(2)金融发展效率(*FE*)。金融发展效率决定着各类企业融资渠道顺畅与融资成本高低,现有研究多采用非国有部门贷款占总贷款的比重作为衡量金融发展效率的指标,但是,官方统计并没有公布非国有经济部门信贷数据。本文沿袭 Zhang et al.(2007)的分析思路,从总贷款中剥离国有经济部门贷款。假定金融机构的贷款分为国有经济部门和非国有经济部门的信贷,并且信贷的匹配比例与其固定资产投资比例相对应,建立面板回归模型:

$$Loan_{i,t} = \alpha + \gamma SOE_{i,t} + \mu_i + \varepsilon_{i,t} \tag{16.8}$$

其中，*SOE* 为国有经济部门固定资产投资占固定资产总投资的比重，γ*SOE* 代表分配给国有经济部门的贷款份额。非国有经济部门信贷比例，即金融发展效率 *FE*，由金融机构信贷占 GDP 比重(*Loan*)的预测值减去经面板固定效应回归得到的国有部门信贷份额的估计值得到。

(3) 中央政府信贷干预(*CI*)。不仅地方政府行为会影响产业集聚，中央政府也会借助信贷干预协调各地区产业发展。在中国，中央银行划分地区信贷配额是贯彻货币政策的一个重要手段，本地存款不足的地区对中央银行的依赖必然相对更强，因此，各地区贷款与存款的比率能够反映中央政府信贷干预程度(Boyreau-Debray，2003；Liang，2006)。能够获得更多中央银行信贷配额的地区，由于有中央银行作为最后贷款人会滋生道德风险，当地国有银行缺乏提高经营效率和对贷款企业进行有效评估的动力(赵勇、雷达，2010)。贷款与存款比值越低的地区，中央银行对信贷市场的干预较少，金融效率相对更高。

综上所述，本文将能源效率(*EE*)影响因素的基础模型设定为：

$$EE_{i,t} = \alpha + \beta_1 MA_{i,t} + \beta_2 LQ_{i,t} + \beta_3 UD_{i,t} + \beta_4 UD_{i,t}^2 + \sum \beta X + \varepsilon_i \qquad (16.9)$$

为了进一步考察政府干预对能源效率的影响，我们在(16.9)式中分别加入金融发展规模、金融发展效率和中央政府干预指标与产业集聚交互项[①]：

---

① 审稿专家提出的一个非常富有启发性的意见使我们认识到：本文实证模型是建立在微观经济主体企业行为选择分析的基础上，然而囿于数据限制，我们无法获取足够的微观数据，因此本文使用了宏观的省级面板数据进行经验检验，这就不可避免地产生了计量经济学中常见的加总问题。由微观数据加总形成的宏观数据会使得计量检验中变量关系发生改变，尤其是涉及经济集聚的影响机制，即并不是所有省份的经济集聚水平都以相同方向和比例变动，经济集聚对能源效率的影响系数将不再是常数而是具有时变性。换言之，"加总"使得能源效率函数将不再是线性关系。而这也更进一步使我们认识到，在基础回归模型之后考察经济集聚对能源效率非线性影响的必要性，因此，本文分析了区域层面经济集聚——城市密度的二次项以及政府干预核心因素金融发展指标与产业集聚交互项对省级能源效率的作用。本文代表性企业的假定及使用非线性回归，在一定程度上能够缓解"加总"困扰，但并不能彻底消除。使用分位数回归考察不同经济集聚水平对能源效率的影响，以及分别从专业化和多样化的视角考察产业集聚对能源效率的差异化作用就显得尤为重要，在下一步研究中我们将深入考察这些问题。

$$EE_{i,t} = \alpha + \beta_1 MA_{i,t} + \beta_2 LQ_{i,t} + \beta_3 UD_{i,t} + \beta_4 UD_{i,t}^2 + \beta_5 (LQ_{i,t} \times Loan_{i,t}) + \sum \beta X + \varepsilon_i$$

$$(16.10)$$

$$EE_{i,t} = \alpha + \beta_1 MA_{i,t} + \beta_2 LQ_{i,t} + \beta_3 UD_{i,t} + \beta_4 UD_{i,t}^2 + \beta_5 (LQ_{i,t} \times FE_{i,t}) + \sum \beta X + \varepsilon_i$$

$$(16.11)$$

$$EE_{i,t} = \alpha + \beta_1 MA_{i,t} + \beta_2 LQ_{i,t} + \beta_3 UD_{i,t} + \beta_4 UD_{i,t}^2 + \beta_5 (LQ_{i,t} \times CI_{i,t}) + \sum \beta X + \varepsilon_i$$

$$(16.12)$$

其中，X 代表控制变量，包括：(1) 产业结构高级化指标(TS)，第三产业产值与第二产业产值之比(干春晖等，2011)；(2) 对外开放可以分为外贸依存度和外资依存度两个层面，但是二者高度相关，为了将其同时纳入计量模型，我们采用主成分分析法，将外贸依存度和外资依存度合成一个指标——经济开放度($Open$)；(3) 政府财政支出与 GDP 的比值 $Fiscal$，用以衡量市场化水平，比值越低表明政府干预越少，市场化程度愈高；(4) 能源价格 P_E 的代理变量原材料、燃料、动力购进价格指数；(5) 2006 年中央政府首次将节能减排目标纳入国民经济发展规划纲要，模型中加入节能减排虚拟变量 $Dumy2006$，2006 年之前取 0，之后取 1。上述数据来自《中国统计年鉴》《新中国六十年统计资料汇编》《中国城市统计年鉴》。

（二）能源效率测度

使用数据包络分析(DEA)方法对能源效率进行测度的合理性已经得到理论界广泛的认可，本文将采用 DEA 和能源强度倒数两种方法测度 1998—2010 年中国省级能源效率。

DEA 能够在一个统一的框架内处理多投入—多产出的效率问题，并且由于放松了 SFA(随机前沿分析)具体函数形式的限制，从而具备了更强的现实解释力。从测算方法来看，经典的 DEA 模型可以划分为两类：第一类为以径向测算(radial measure)为基础的规模报酬不变(CCR)(Charnes et al.，1978)模型；第二类为以非径向测算(non-radial measure)为基础的 SBM(slack-based measure)(Tone，2001)模型。值得注意的是，无论 CCR 模型还是 SBM 模型都存在一定缺陷。径向的 CCR 模型假定在保持产出不变的前提下测度投入导向的效率分值,但是,由于假设条件过于严格所有投入要素均要以相同的比例缩减,与现实经济产生背离。而 SBM 模型的效率测算包含了非径向的松弛变量,从而规避了投入要素同比例缩减的假设条件。但这一优化是以损失效率前沿投影值的原始比例信息为代价,并且在线性规划求解过程中,SBM 模型暴露出不足,即取零值和正值的最优松弛具有显著的差别。

为了有效解决 CCR 模型和 SBM 模型测算效率分值存在的问题,Tone & Tsutsui(2010)构建了一个综合径向和非径向特点的 EBM 模型。对于具有 m 个投入要素(x)和 s 个产出(y)的 n 个决策单元,EBM 模型可以表示为:

$$\gamma^* = \min_{\theta,\lambda,s}\theta - \varepsilon_x \sum_{i=1}^{m} \frac{\bar{w}_i \bar{s}_i}{x_{i0}}$$

$$s.t. \ \theta x_0 - X\lambda - \bar{s} = 0$$

$$\lambda Y \geqslant y_0, \lambda \geqslant 0, \bar{s} \geqslant 0 \tag{16.13}$$

其中,γ^* 为 EBM 模型测度的最优效率分值,θ 是 CCR 模型计算的径向效率值,$\bar{s}$ 代表非径向的投入要素的松弛向量,λ 为权重向量,$\bar{w}_i$ 表示第 i 个投入变量的权重(用以反映投入变量的重要程度)满足 $\sum_{i=1}^{m} \bar{w}_i = 1$,$\varepsilon_x$ 是包含有径向 θ 和非径向松弛的核心参数。$X = \{x_{ij}\} \in R_{m \times n}, Y = \{y_{ij}\} \in R_{s \times n}$ 分别为投入和产出矩阵,且 $X > 0$,$Y > 0$。

大量研究(涂正革,2008;魏楚等,2010;陈诗一,2010;张伟、吴文元,2011)认为,能源投入在维持经济发展的同时产生了不可忽视的坏产出——环境污染,因而对能源效率的分析除了将经济增长作为合意产出外,还应当采用方向性距离函数,将环境污染作为非合意产出,这样对能源效率测算才更为贴近现实。本文选择除西藏外 30个省、市、自治区的资本存量、人力资本存量以及能源消费量作为投入变量,产出指标则包括以 1998 年为基期的实际 GDP 和环境质量代理变量 CO_2 和 SO_2 排放量。由于各地区 SO_2 数据的统计始于 1998 年,所以研究的样本期定为 1998—2010 年。

资本存量采用单豪杰(2008)的测算数据,并依据其方法计算了 2007—2010 年省际资本存量数据,换算成 1998 年为基期的不变价格。能源消费数据取自历年《中国能源统计年鉴》，2010 年能源消费数据来自 2011 年的《中国统计年鉴》。人力资本采用各省份就业人员人均受教育年限法计算获得，数据取自历年《中国劳动统计年鉴》。本文 CO_2 排放量数据测算使用李锴和齐绍洲(2011)的方法，CO_2 排放主要来源于化石能源燃烧和水泥工业生产中从生料转化为熟料的过程。我国一次能源消费结构中，水电几乎不产生 CO_2 排放，而煤、石油和天然气 CO_2 排放因子则分别为 2.741 2、2.135 8 和 1.626 2(万吨/万吨标准煤)。水泥熟料 CO_2 排放因子为 0.527 2，水泥中熟料含量大致为 75%，因此生产 1 吨水泥约排放 0.395 4 吨 CO_2[1]。《中国统计年鉴》提供了 1998 年以来我国各省、市、自治区的 SO_2 排放量。上述数据除特殊说明外均来自历年《中国统计年鉴》和《新中国六十年统计资料汇编》。

四、计量检验与结果分析

EBM 模型所测算的能源效率显示[2]，能源利用高效率地区在样本期内均保持在较高水平，换言之，区域能源效率可能存在惯性，同时为了规避潜在的内生性问题，本文使用动态面板模型的两阶段系统广义矩阵(SYS-GMM)方法[3]对实证模型加以估计。

表 16-1 的模型(1) 仅检验经济集聚与使用 EBM 方法测算的能源效率之间的关系，市场接近度、城市密度与能源效率显著正相关，出乎意料的是制造业集聚水平

---

① 林伯强和刘希颖(2010)测算 CO_2 时也纳入水泥生产中碳酸钙排放的影响。

② 囿于篇幅，本文未报告 EBM 能源效率测算结果，感兴趣的读者可与作者联系。

③ 本文模型的内生性问题主要来自解释变量的遗漏以及被解释变量和解释变量互为因果关系。首先，我们认为经济集聚通过技术外溢效应改进能源效率，由于技术外溢来自集聚，缺乏能够准确衡量技术的指标(现有大多数研究使用 DEA 的方法测度技术进步，由于本文已使用 DEA 方法测算了能源效率，因此放弃了使用 DEA 方法计算技术进步)，并且在现实中也难以辨别促进能源效率提升的技术，因此，模型设计中未纳入技术进步的影响。而可能遗漏的技术进步又与经济集聚和能源价格相关，这是第一个会导致内生性的原因。其次，被解释变量能源效率越高，意味着内嵌于产品的能源消耗愈低，企业单位生产成本越低越有利于企业出口，经济的外向型程度随之提高，从而表现出能源效率和对外开放相互影响。基于上述考虑，本文使用两阶段系统广义矩阵对模型加以估计，工具变量选择能源效率的前定变量。

的提高却会降低能源效率。为了得到更加准确的信息,我们进一步考察经济集聚对
未涵盖环境质量信息的能源强度倒数(EI)[1]的影响。如模型(2)所示,市场接近度和
城市密度上升均会提高能源强度倒数,并且制造业集聚也会对能源效率改进产生积
极的影响。EBM 能源效率测算中包含了环境污染,而环境属于公共产品,企业的"搭
便车"倾向会抑制减排行为,与之对应能源消耗则需要支付成本,企业有充分的节能
激励[2]。因此,环境的"公地悲剧"是导致模型(1)和(2)中制造业集聚作用方向相左
的因素之一。这也佐证了前文的论述,为了推动本地经济增长;政府可能会纵容和漠
视企业的污染行为,通过减少对环境污染的监督,客观上降低了企业污染治理成本,
实现了吸引企业投资的目的。政府干预越多,以牺牲环境质量为代价的经济增长出
现的概率就越大。作为一种估计,动态面板模型成立的前提是,扰动项的一阶差分仍
将存在一阶自相关,但不存在二阶乃至更高阶的自相关。模型(1)和(2)的自相关
(AR)检验显示,均不能在 10% 的显著性水平拒绝一阶和二阶自相关存在,某些重要
变量被忽略会导致无法通过 AR 检验。此外,由于动态面板数据使用了多个工具变
量,还需要进行过度识别(Sargan)检验。模型(1)和(2)接受"所有工具变量均有效"
的原假设,通过了 Sargan 检验。

表 16-1 经济集聚与能源效率

被解释变量	模型(1)	模型(2)	模型(3)	模型(4)	模型(5)	模型(6)
	EE(EBM)	EE(EI)	EE(BM)	EE(EI)	EE(EBM)	EE(EI)
Ln MA	0.090***	0.039***	0.088***	0.040***	0.108***	0.055***
	(15.24)	(14.75)	(12.0)	(17.24)	(3.37)	(3.34)
LQ	−0.157***	0.008	−0.160***	0.001	−0.126***	0.062***
	(−6.29)	(0.80)	(−11.39)	(0.05)	(−4.39)	(3.68)

① 能源强度＝能源消费量/GDP,在理论上能源强度与能源效率反方向变动,能源强度越大、能源
效率越低,我们在实证模型中取能源强度的倒数衡量未涵盖环境质量信息的能源效率。

② 各能源品种具有差异化的碳排放系数,在预算约束的条件下企业可以通过选择能源消费品种
实现节能而不减排。中国的能源结构是"富煤贫油",煤炭价格更为低廉,企业可以选择用煤炭替代石
油控制能源消耗,但是煤炭的含碳量远高于石油,从而导致节能而不减排。

(续表)

被解释变量	模型(1) EE(EBM)	模型(2) EE(EI)	模型(3) EE(BM)	模型(4) EE(EI)	模型(5) EE(EBM)	模型(6) EE(EI)
UD	0.121*** (9.22)	0.081*** (9.87)	−0.808*** (−5.68)	0.114 (0.68)	−0.839*** (−3.55)	0.273** (2.20)
UD^2			0.069*** (6.67)	−0.003 (−0.204)	0.070*** (3.83)	−0.016* (−1.80)
TS					0.10*** (3.43)	0.047*** (3.34)
$Open$					0.036*** (3.92)	0.022*** (6.44)
$Fiscal$					−0.799*** (−3.69)	0.288*** (3.23)
P_E					0.158*** (4.32)	0.008 (0.54)
$Dumy\,2006$					−0.009 (−0.64)	0.054*** (11.4)
$L.EE$	0.415*** (39.01)	0.905*** (164.7)	0.401*** (28.1)	0.899*** (125.2)	0.321*** (4.97)	0.957*** (39.23)
$Cons$	−0.676*** (−8.07)	−0.611*** (−10.89)	2.42*** (5.12)	−0.693 (−1.21)	1.780** (2.36)	−1.03** (−2.41)
AR(1)检验 p 值	0.027	0.051	0.032	0.052	0.037	0.0207
AR(2)检验 p 值	0.082	0.037	0.107	0.103	0.108	0.105
Sargan 检验 p 值	1.00	1.00	1.00	1.00	1.00	1.00

注:*、**和*** 分别表示在1%、5%和10%上的显著性水平。

由于存在"拥挤效应",城市密度与能源效率间可能具有非线性关系,模型(3)和(4)中分别纳入城市密度的二次项。实证结果表明,城市密度与 EBM 能源效率呈 U型变动特征,而与能源强度倒数具有不显著的倒 U 型关系。造成这一现象的原因在于大多数国家都会经历"先污染后治理",在城镇化发展到特定高度、居民收入水平较高时,环境质量才会得到充分的重视,EBM 能源效率会随城市密度先下降后上升。城镇化进程中,基础设施建设和使用会消耗大量能源,而城市基础设施具有自然垄断特性,城市密度上升初期,城市人口增加使得基础设施使用频率上升,基础设施平均成本持续下降,内嵌于基础设施的能源利用效率得以提升。当城市密度进一步提高,由于"拥挤效应"的作用,基础设施超负荷运营,城市将不得不扩容,新建大规模基础设施带动能源消耗快速攀升,如果不考虑环境质量能源效率将反转下降。加入城市密度的二次项后,模型(3)和(4)都通过了 AR 检验和 Sargan 检验。

模型(5)和(6)中进一步加入控制变量。其中,本文最为关注的 3 个层面经济集聚对能源效率的作用方向均未发生变化,并且城市密度与能源强度倒数的倒 U 型关系通过显著性检验。无论对于 EBM 能源效率还是能源强度倒数,产业结构高级化、经济开放度以及能源价格均与能源效率显著同方向变动。值得注意的是,以财政支出占 GDP 比重衡量的政府干预经济指标以及节能减排虚拟变量对 EBM 能源效率和能源强度倒数表现出相反的作用。相对于环境质量而言,获取单纯的节能指标更为便捷和直观,因此短期内地方政府在节能减排目标约束下更容易通过"拉闸限电"的政府干预方式控制当期能源消耗,而对于改善公共产品——环境质量则显得力不从心。政府干预越多造成的扭曲愈显著,对包含环境质量的 EBM 能源效率的负面影响就越大。这也佐证了前文的论述:为了推动本地经济增长,政府可能会纵容和漠视企业的污染行为,通过减少对环境污染的监督,客观上降低了企业污染治理成本,实现了吸引企业投资的目的;政府干预越多,以牺牲环境质量为代价的经济增长出现的概率就越大。

虽然短期内行政干预手段能够有效节能,但在长期无法根治"能源依赖症",并且节能和减排也不能被简单地割裂开来。为了进一步考察政府干预的影响,我们在模型(5)的基础上,分别纳入金融发展规模、金融发展效率和中央政府信贷干预与制造业产业集聚的交互项,以控制"政策租"的核心因素——金融发展对产业集聚的影响。模型(7)~(9)中,各控制变量的作用方向和显著性均未发生变化,并且节能减排虚拟变量对能源效率依然产生不显著的负面影响。尽管 2006 年国民经济发展规划纲要首次提出年均 5% 的节能减排目标,但是为了应对 2008 年国际金融危机冲击,中央政府相机抉择地推出 4 万亿元经济刺激计划,催生了大批高能耗的"铁、公、基"项目,政策的前后不一致性导致节能减排政策未能发挥应有效果。

加入金融发展规模与产业集聚的交互项后,制造业产业集聚能够促进能源效率,但不显著,而交互项的系数显著为负。表 16-1 和表 16-2 实证结果的对比显示,实证结果印证了之前的推断,借助金融机构贷款影响产业集聚是地方政府的主要干预行为。在未控制表征政府干预的金融发展指标时,产业集聚会抑制能源效率提升。由于政府干预的影响,表面的集聚——"企业扎堆",不仅不会产生技术外溢、促进能源效率提升,而且行政干预扭曲了要素配置、企业节能约束软化以及政府放松对企业污染排放的监管力度,最终反而使得能源效率恶化。尤其值得注意的是,政府干预信贷资源配置后,会导致贷款企业的过度投资(程仲鸣等,2008),引发包括能源在内的各类资源消耗的激增。控制了金融发展规模指标后,产业集聚能够促进能源效率提升。但是从产业集聚的边际效应来看[①],随着金融发展规模的膨胀,潜在的政府干预增加,产业集聚对能源效率的改进效用趋于弱化。

表 16-2　经济集聚、金融发展与能源效率

被解释变量	模型(7) EE(EBM)	模型(8) EE(EBM)	模型(9) EE(EBM)	模型(10) EE(EBM)	模型(11) EE(EBM)	模型(12) EE(EBM)
$LnMA$	0.154*** (7.99)	0.109*** (3.19)	0.116*** (3.35)	0.135*** (4.82)	0.067** (2.29)	0.075*** (2.70)
LQ	0.055 (1.53)	−0.320*** (−6.07)	−0.123*** (−4.14)	0.188*** (4.54)	−0.148 (−1.50)	−0.023 (−0.20)
UD	−0.476 (−1.56)	−0.781 (−1.59)	−0.839*** (−3.24)	−0.703** (−2.58)	−1.01** (−2.27)	−0.832*** (−3.64)
UD^2	0.043* (1.85)	0.065* (1.78)	0.07*** (3.50)	0.059*** (2.86)	0.081** (2.48)	0.068*** (4.06)

①　金融发展规模对能源效率的边际效应为:$\partial EE/\partial LQ = 0.055 - 0.125 Loan$。

（续表）

被解释变量	模型(7)	模型(8)	模型(9)	模型(10)	模型(11)	模型(12)
	EE(EBM)	EE(EBM)	EE(EBM)	EE(EBM)	EE(EBM)	EE(EBM)
TS	0.133***	0.096***	0.093**	0.142***	0.097***	0.109**
	(5.43)	(3.25)	(2.46)	(3.74)	(2.43)	(2.58)
$Open$	0.027***	0.043***	0.038***	0.030***	0.044***	0.037***
	(2.79)	(4.83)	(4.63)	(3.33)	(4.63)	(3.64)
$Fiscal$	−0.486**	−0.843***	−0.792***	−0.646***	−0.651***	−0.693***
	(−2.19)	(−3.09)	(−3.29)	(−2.79)	(−4.74)	(−3.82)
P_E	0.047*	0.126***	0.145***	0.096**	0.194***	0.207***
	(1.70)	(3.08)	(3.51)	(2.33)	(3.67)	(4.50)
$Dumy\,2006$	−0.016	−0.014	−0.010	−0.001	−0.011	−0.003
	(−1.25)	(−0.99)	(−0.63)	(−0.07)	(−0.83)	(−0.29)
$Loan{\times}LQ$	−0.125***			−0.107***		
	(−6.13)			(−5.54)		
$FE{\times}LQ$		0.194***			0.186***	
		(4.00)			(2.79)	
$CI{\times}LQ$			−0.007*			−0.010*
			(−1.77)			(−1.79)
$L.\,EE$	0.336***	0.363***	0.327***	0.282***	0.343***	0.325***
	(5.86)	(7.61)	(4.57)	(5.31)	(6.31)	(6.93)
$Cons$	0.815	1.778	1.822**	1.36	2.258	1.596**
	(0.81)	(1.05)	(2.26)	(1.55)	(1.44)	(2.13)
AR(1)检验 p 值	0.041	0.029	0.036	0.033	0.031	0.033
AR(2)检验 p 值	0.155	0.122	0.109	0.109	0.118	0.109
Sargan 检验 p 值	1.00	1.00	1.00	1.00	1.00	1.00
备注	制造业集聚	制造业集聚	制造业集聚	工业集聚	工业集聚	工业集聚

注：*、** 和 *** 分别表示在 1%、5% 和 10% 上的显著性水平。

模型(8)检验金融发展效率的作用,金融发展效率和产业集聚交互项与能源效率显著正相关,而产业集聚依然抑制能源效率改进。但在产业集聚水平一定的情况下,较高的金融发展效率有助于提升能源效率。金融发展效率是由本文估算的非国有部门贷款占总贷款比重衡量,国有企业的不良贷款率远高于非国有企业(谭劲松等,2012),因此非国有部门贷款占比越高反映金融发展效率越高。地方政府通过干预信贷资源的配给,为投资于本地的企业提供了可观的"政策租"。黎凯和叶建芳(2007)发现,在财政分权体系下,地方政府更易于通过行政干预影响国有企业的长期信贷;而何贤杰等(2008)指出,"政治性"贷款造成了银行对国有企业和非国有企业的双重信贷标准,来自政府提高资产质量的压力和向非国有企业发放信贷时潜在的政治成本压力迫使银行为了控制贷款风险对非国有企业制定过于严苛的信贷标准,国有企业及与政府关联性强的企业会得到较高的信贷配额和较低的贷款利率。我们有理由认为,金融发展规模的扩张是以在地方政府的干预下国有部门的信贷规模不断挤出非国有部门信贷为基础的。换言之,潜在的地方政府干预越强,金融发展规模指标越高;金融发展效率指标越高,则意味着地方政府干预越低。加入金融发展效率和产业集聚交互项后,由于不再直接控制政府干预的影响,产业集聚又导致能源效率下降,但是,金融发展效率的提高即政府干预的减少,有助于弱化产业集聚对能源效率的不利影响。

中央政府信贷干预与产业集聚的交互项为负,说明从中央政府的信贷干预来看,给定产业集聚水平,中央政府信贷干预的减少会降低道德风险,对能源效率改进产生积极影响[模型(9)]。贷款与存款比值越高的地区,意味着依靠本地存款支撑本地贷款的难度越大,相应的,这类地区对中央银行有较高的依赖,中央政府的信贷干预较强。此类地区的商业银行发放贷款大都有中央银行"兜底",为了获取高额的存贷款利差,商业银行倾向于大规模放贷,缺乏对企业贷款风险的必要评估。一方面,集聚于当地的贷款企业对于节约包括能源消耗成本在内的各项支出的约束减少,企业缺乏节能减排的动力;另一方面,企业贷款难度降低也会滋生过度投资,并将带动能源消耗攀升。

最后,我们用工业产业集聚替代制造业产业集聚进行稳健性检验。模型(10)～

(12)用工业行业从业人员测算工业产业集聚,各变量的作用方向均未发生变化,仅显著性检验有微小的差异。相较于制造业集聚,工业集聚与金融效率的交互项系数绝对值较小,而与中央政府信贷干预交互项系数绝对值更大。工业行业中包含了采掘业,在能源价格逐年走高的背景下,中央政府对能源开采业的控制明显增强,能源开采业的“国进民退”是导致上述结果的可能原因。

五、结 论

借助新经济地理学的相关知识,本文认为在理论上经济集聚通过规模效应、技术溢出效应和竞争效应有利于提升能源效率,为了验证二者间的联系,本文分别从企业、产业和区域 3 个层面经验分析经济集聚对能源效率的影响与作用机制。研究的主要结论有:

(1)以市场接近度衡量的企业层面集聚与能源效率显著正相关,企业为了节约交易成本围绕市场中心选址布局形成集聚,进而能够有效节约交通运输中的能源消耗,提升能源效率。市场机制通过引导要素合理配置能够对节能减排产生积极影响。此外,交通基础设施质量的改善会进一步提高各地区的市场接近度,进而惠及节能减排。

(2)由于环境治理的“搭便车”倾向与政府干预的扭曲效应,在“政策租”的诱导下,企业形成表面的空间集聚——企业扎堆,产业集聚也难以诱发严格意义的技术外溢,进而无法对能源效率改进发挥预期效果。控制了政府干预产业集聚的核心因素——金融发展后,我们发现金融发展规模扩张、潜在的政府干预增加会使产业集聚对能源效率的积极作用趋于弱化。给定产业集聚水平,较高的金融发展效率能够提升能源效率。中央政府信贷干预减少会降低道德风险的滋生,有助于以产业集聚改进能源效率。

(3)能源效率与表征区域层面经济集聚的城市密度呈 U 型变动特征。大多数国家都会经历“先污染后治理”,当城镇化发展到特定高度环境质量才会得到充分的重视,EBM 能源效率会随城市密度先下降后上升。此外,实证研究还发现城市过度扩容会导致不包含环境质量信息的能源效率下滑。中国城镇化建设需要在提升现有基础设施利用效率的同时,防止盲目追求城市规模扩张的"摊大饼"现象,切实贯彻节能减排战略的实施。

本文的研究结论表明,与中国经济相似,节能减排战略在深层次也面临着政府干预和市场力量的权衡。虽然政府干预会导致潜在的资源配置扭曲,但也不能完全否认政府的作用。由于存在环境"公地悲剧"和货币信贷的道德风险,政府在环境质量监管和信用评级领域的适度干预能够抵消市场失灵在资源配置中的不利影响。提升能源效率,实现节能减排目标需要借助市场力量和政府适度干预共同作用。

附录

承接第三部分的模型设定,地方政府为投资本地的企业提供政策租金 R,因此政策租可表示为产业集聚的函数 $R=R(G)$,进而在产业集聚条件下,企业的利润函数可表示为:

$$\pi=P_Q Q-A^{-1}G^{-1}P_K^x P_H^{a} P_E^{a} +R(G) \tag{16.14}$$

给定产品和要素价格,企业利润由产量和产业集聚所决定,企业利润最大化条件为:

$$\partial\pi/\partial G=A^{-1}G^{-2}P_K^x P_H^{a} P_E^{a} +R'(G)=0 \tag{16.15}$$

$$dR/dG=-A^{-1}G^{-2}P_K^x P_H^{a} P_E^{a}<0 \tag{16.16}$$

(16.16)式表明,产业聚集与地方政府提供的政策租呈反方向变动特征,即经济集聚程度越低,地方政府越倾向于向投资本地企业提供各种便利,进而促进本地产业集聚。

由(16.5)可知,能源强度的倒数 I,即能源效率与产业集聚程度、全要素生产率和能源价格均呈正比关系:

$$I=Q/E=\alpha_E^{-1}AGP_E/P_Q \tag{16.17}$$

能源效率 I 对经济集聚的一阶偏导为:

$$\partial I/\partial G=\alpha_E^{-1}AP_E/P_Q>0 \tag{16.18}$$

(16.18)式的含义是,在市场化条件下即不存在政府干预时,随着产业集聚程度的提高会改善能源效率。

如果政府通过政策租主动诱导企业集聚行为时,(16.17)式可改写为:

$$I=Q/E=\alpha_E^{-1}AG(R)P_E/P_Q \tag{16.19}$$

政府干预会通过产业集聚作用于能源效率,通过链式法则求能源效率 I 对政府干预的一阶偏导,并且由(16.16)式可知:

$$\partial I/\partial R=(\partial I/\partial G)(\partial G/\partial R)=(\alpha_E^{-1}AP_E/P_Q)(\partial G/\partial R)<0 \tag{16.20}$$

由(16.18)和(16.20)式可知,虽然产业集聚能够提升能源效率,但由于政府干预的作用,能源效率反而会下降。

参考文献

［1］白重恩、杜颖娟、陶志刚等，2004：《地方保护主义及产业地区集中度的决定因素和变动趋势》，《经济研究》第4期。

［2］陈诗一，2010：《节能减排与中国工业的双赢发展》，《经济研究》第3期。

［3］程仲鸣、夏新平、余明桂，2008：《政府干预、金字塔结构与地方国有上市公司投资》，《管理世界》第9期。

［4］樊茂清、任若恩、陈高才，2009：《技术变化、要素替代和贸易对能源强度影响的实证研究》，《经济学(季刊)》第4期。

［5］范剑勇，2006：《产业集聚与地区间劳动生产率差异》，《经济研究》第11期。

［6］干春晖、郑若谷、余典范，2011：《中国产业变迁对经济增长和波动的影响》，《经济研究》第5期。

［7］何贤杰、朱红军、陈信元，2006：《政府的多重利益驱动与银行的信贷行为》，《金融研究》第6期。

［8］解维敏、方红星，2011：《金融发展、融资约束与企业研发投入》，《金融研究》第5期。

［9］黎凯、叶建芳，2007：《财政分权下政府干预对债务融资的影响》，《管理世界》第8期。

［10］李锴、齐绍洲，2011：《贸易开放、经济增长与中国二氧化碳排放》，《经济研究》第11期。

［11］李廉水、周勇，2006：《技术进步能提高能源效率吗?》，《管理世界》第10期。

［12］林伯强、刘希颖，2010：《中国城市化阶段的碳排放：影响因素和减排策略》，《经济研究》第8期。

［13］林毅夫、蔡芳、李周，1999：《比较优势与发展战略》，《中国社会科学》第5期。

［14］林毅夫、李永军，2003：《比较优势、竞争优势与发展中国家的经济发展》，《管理世界》第7期。

［15］齐志新、陈文颖、吴宗鑫，2007：《工业轻重结构变化对能源消费的影响》，《中国工业经济》第2期。

［16］钱先航、曹廷求、李维安，2011：《晋升压力、官员任期和城市商业银行的贷款行为》，《经济研究》第12期。

［17］单豪杰，2008：《中国资本存量K的再估算》，《数量经济技术经济研究》第10期。

[18] 史丹,2002:《我国经济增长过程中能源利用效率的改进》,《经济研究》第 9 期。

[19] 史丹、吴利学、傅晓霞等,2008:《中国能源效率地区差异及其成因研究》,《管理世界》第 2 期。

[20] 孙浦阳、王雅楠、岑燕,2011:《金融发展影响能源消费结构么?》,《南开经济研究》第 2 期。

[21] 谭劲松、简宇寅、陈颖,2012:《政府干预与不良贷款》,《管理世界》第 7 期。

[22] 涂正革,2008:《环境、资源与工业增长的协调性》,《经济研究》第 2 期。

[23] 魏楚、杜立民、沈满洪,2010:《中国能够实现节能减排目标》,《世界经济》第 3 期。

[24] 魏楚、沈满洪,2007:《能源效率及其影响因素:基于 DEA 的实证分析》,《管理世界》第 8 期。

[25] 吴利学,2009:《中国能源效率波动:理论解释、数值模拟及政策含义》,《经济研究》第 5 期。

[26] 杨继生,2009:《国内外能源相对价格与中国的能源效率》,《经济学家》第 4 期。

[27] 袁晓玲、张宝山、杨万平,2009:《基于环境污染的中国全要素能源效率》,《中国工业经济》第 2 期。

[28] 张伟、吴文元,2011:《基于环境绩效的长三角都市圈全要素能源效率》,《经济研究》第 10 期。

[29] 张晓蒂、王永齐,2010:《企业家显现与产业集聚:金融市场的联接效应》,《中国工业经济》第 5 期。

[30] 赵勇、雷达,2010:《金融发展与经济增长:生产率促进或资本形成》,《世界经济》第 2 期。

[31] 郑江淮、高彦彦、胡小文,2008:《企业"扎堆"、技术升级与经济绩效》,《经济研究》第 5 期。

[32] 周黎安,2004:《晋升博弈中政府官员的晋升与合作》,《经济研究》第 6 期。

[33] 周黎安,2007:《中国地方官员的晋升锦标赛模式研究》,《经济研究》第 7 期。

[34] Acemoglu, D. , and F. Zilibotti, 1997, "Was Prometheus Unbound by Chance? Risk, Diversification and Growth", *Journal of Political Economy*, 105, 709 - 775.

[35] Aghion, P. , P. Howitt, and D. Mayer-Foulkes, 2005, "The Effect of Financial

Development on Convergence: Theory and Evidence", *Quarterly Journal of Economics*, 120, 173 - 222.

[36] Ang, B. W. , F. L. Liu, and E. P. Chew, 2003, "Perfect Decomposition Techniques in Energy and Environmental Analysis", *Energy Policy*, 31, 78 - 89.

[37] Boyreau-Debray, G. , 2003, "Financial Intermediation and Growth", *World Bank Working Paper*, No. 3067.

[38] Charnes, A. , W. W. Cooper, and E. Rhodes, 1978, "Measuring the Efficiency of Decision Making Unites", *European Journal of Operational Research*, 2, 429 - 444.

[39] Claessens, S. , and L. Laeven, 2003, "Financial Development, Property Rights, and Growth", *Journal of Finance*, 58, 2401 - 2436.

[40] Cole, M. A. , and E. Neumayer, 2004, "Examining the Impact of Demographic Factors on Air Pollution", *Population and Environment*, 26, 5 - 21.

[41] Cull, R. , W. Li, B. Sun, and L. C. Xu, 2013, "Government Connection and Financial Constraint", *World Bank Working Paper*, No. 6352.

[42] Dixit, A. K. , and J. E. Stiglitz, 1977, "Monopolistic Competition and Optimum Product Diversity", *American Economic Review*, 67(3), 297 - 308.

[43] Fan, Y. , H. Liao, and Y. Wei, 2007, "Can Market Oriented Economic Reforms Contribute to Energy Efficiency Improvement? Evidence from China", *Energy Policy*, 35, 2287 - 2295.

[44] Fisher-Vanden, K. , G. H. Jefferson, H. Liu, and Q. Tao, 2004, "What is Driving China's Decline in Energy Intensity?", *Resource and Energy Economics*, 26, 77 - 97.

[45] Fujita, M. , 1989, *Urban Economic Theory*, Cambridge University Press, Cambridge, UK.

[46] Fujita, M. , P. Krugman, and A. Venables, 1999, *The Spatial Economy and International Trade*, MIT Press, Cambridge, MA.

[47] Garbaccio, R. F. , and D. W. Jorgenson, 1999, "Why has the Energy-output Ratio Fallen in China?", *Energy Journal*, 20, 63 - 91.

[48] Hansen, N. , 1990, "Impacts of Small-and Intermediate-sized Cities on Population

Distribution: Issues and Responses", *Regional Development Dialogue*, 11 (1), 60 – 79.

[49] Hanson, G. , 1998, "Market Potential, Increasing Returns and Geographic Concentration", *NBER*, No. 6429, National Bureau of Economic Research, Cambridge, MA.

[50] Harris, C. , 1954, "The Market as a Factor in the Localization of Industry in the United States", *Annals of the Association of American Geographers*, 44 (4), 315 – 348.

[51] Henderson, V. , T. Lee, and J. Y. Lee, 1999, "Externalities and Industrial Deconcentration Under Rapid Growth", *Mimeo*, Brown University.

[52] Henderson, V. , Z. Shalizi, and A. Venables, 2001, "Geography and Development", *Journal of Economic Geography*, 1, 81 – 105.

[53] Kaufmann, R. K. , 2004, "The Mechanisms for Autonomous Energy Efficiency Increases: A Cointegration Analysis of the US Energy/GDP Ratio", *Energy Journal*, 25, 63 – 86.

[54] Khazzoom, J. D. , 1980, "Economic Implications of Mandated Efficiency in Standards for Household Appliances", *Energy Journal*, 1(4), 21 – 40.

[55] Krugman, P. , 1991, *Geography and Trade*, MIT Press, Cambridge, MA.

[56] Lall, S. V. , Z. Shalizi, and U. Deichmann, 2004, "Agglomeration Economies and Productivity in Indian Industry", *Journal of Development Economics*, 73, 643 – 674.

[57] Liang, Z. , 2006, "Financial Development, Growth and Regional Disparity in Post-reform China", *Mimeo*.

[58] Lin, X. , and K. R. Polenske, 1995, "Input-output Anatomy of China's Energy Use Changes in the 1980s", *Economic System Research*, 7, 32 – 45.

[59] Liu, Y. , and Y. Xie, 2013, "Asymmetric Adjustment of the Dynamic Relationship between Energy Intensity and Urbanization in China", *Energy Economics*, 36, 43 – 54.

[60] Mulder, P. , H. L. F. de Groot, and M. W. Hofkes, 2003, "Explaining Slow

Diffusion of Energy-saving Technologies: A Vintage Model with Returns to Diversity and Learning-by-using", *Resource and Energy Economics*, 25, 105 – 126.

[61] Newell, R. G., A. B. Jaffe, and R. N. Stavins, 1999, "The Induced Innovation Hypothesis and Energy-saving Technological Change", *Quarterly Journal of Economics*, 114, 941 – 975.

[62] Popp, D., 2002, "Induced Innovation and Energy Prices", *American Economic Review*, 92, 160 – 180.

[63] Poumanyvong, P., and S. Kaneko, 2010, "Does Urbanization Lead to Less Energy Use and Lower CO_2 Emissions? A Cross-country Analysis", *Ecological Economics*, 70, 434 – 444.

[64] Rajan, R., and L. Zingales, 1998, "Financial Dependence and Growth", *American Economic Review*, 88, 559 – 586.

[65] Sadorsky, P., 2013, "Do Urbanization and Industrialization Affect Energy Intensity in Developing Countries?", *Energy Economics*, 37, 52 – 59.

[66] Sinton, J., and M. Levine, 1994, "Changing Energy Intensity in Chinese Industry: The Relatively Importance of Structural Shift and Intensity Change", *Energy Policy*, 22, 239 – 255.

[67] Tone, K., 2001, "A Slacks-based Measure of Efficiency in Data Envelopment Analysis", *European Journal of Operational Research*, 130, 498 – 509.

[68] Tone, K., and M. Tsutsui, 2010, "An Epsilon-based Measure of Efficiency in DEA-A Third Pole of Technical Efficiency", *European Journal of Operational Research*, 207, 1554 – 1563.

[69] York, R., 2007, "Demographic Trends and Energy Consumption in European Union Nations, 1960 – 2025", *Social Science Research*, 36, 855 – 872.

[70] Zhang, J., G. Wan, and Y. Jin, 2007, "The Financial Deepening-productivity Nexus in China: 1987—2001", *Journal of Chinese Economic and Business Studies*, 5(1), 37 – 49.

17　城乡收入差距、劳动力质量与中国经济增长[①]

内容提要: 本文从劳动力供给视角出发,将二元经济结构特征引入跨期模型来揭示城乡收入差距通过劳动力质量影响经济增长的内在机理,并运用中国 1995—2012 年的省级面板数据,采用三阶段最小二乘法对城乡收入差距、劳动力质量与经济增长的关系进行经验检验。研究结果表明,城乡收入差距过大会导致初始财富水平较低的农村居民无法进行人力资本投资,从而制约劳动力质量的提高。由于现代部门与传统部门具有不同的生产效率,较低质量的劳动力只能在传统部门从事生产,这不仅不利于传统部门自身生产效率的提升,而且也减少了进入现代部门从事生产的劳动力数量,城乡收入差距通过劳动力质量影响了中国的长期经济增长。

关键词: 城乡收入差距　劳动力质量　经济增长

一、引　言

改革开放 30 多年以来,中国经济总体上保持了长期的高速增长,形成了世界关注的中国模式。但我国国民经济快速增长的过程中,也积累了不少结构性的矛盾。随着产业结构由工业向服务业转变以及廉价资源的终结,中国经济正在逐渐步入"结构性减速"的新阶段,增长下移、总量下行使得分配、就业、税收、金融等方面的隐性矛

---

①　原文刊载于《经济研究》2014 年第 6 期,合作者为钞小静博士。论文被《人大复印报刊资料·国民经济管理》2014 年第 9 期转载。

盾不断显性化。尤其是，随着经济下行压力不断增大和"人口红利"逐渐消失，缩小城乡收入差距、提高劳动力质量成为当前中国经济增长的迫切需要。

大量实证研究表明，中国收入差距在很大程度上表现为城乡收入差距，20 世纪90 年代以来，中国的收入差距，尤其是城乡收入差距正在不断扩大（Wu & Perloff，2004；Benjamin et al.，2004；Wan et al.，2006；Sicular et al.，2007；林毅夫等，1998；陈斌开等，2010）。关于收入差距对经济增长影响的文献，主要有四种观点：第一种观点从积累激励视角，认为收入差距会限制穷人的投资机会、降低积累财富的激励，从而不利于经济增长（Banerjee & Newman，1993；Aghion et al.，1997）；第二种观点从劳动分工的视角，认为低技能者更倾向于选择不分工，平等的收入分配会通过促进分工协作而影响经济增长（Fishman & Simhon，2002；陆铭等，2007）；第三种观点从消费需求的角度，认为收入差距会降低居民消费需求，从而在相当程度上制约经济增长（Murphy et al.，1989；权衡等，2002；杨汝岱、朱诗娥，2007；沈凌、田国强，2009）；第四种观点从政治经济的视角，认为收入差距通过政府税收、社会冲突影响了经济增长（Persson & Tabellini，1994；Alesina & Rodrik，1994；Li & Zou，1998；Cagetti & Nardi，2007；Benhabib & Rustichini，1996；Alesina & Perotti，1996；Aghion et al.，1997；尹恒等，2005）。

解决短期的增长和波动问题需要依靠需求因素或外部因素，而解决长期增长问题则需要依靠供给因素。在讨论收入分配对经济增长影响的过程中，供给因素越来越受到关注。随着劳动力无限供给时代的结束和"人口红利"的逐渐消退，从总量来看，我国适龄劳动人口规模正在下降，人口抚养比不断上升，劳动力成本逐步提高。从结构来看，低端劳动力无法实现自由就业，而高端劳动力却相对短缺。中国在长期享受"人口红利"之后，许多专家预期这一经济增长源泉将于 2013 年前后，随着"人口抚养比"的停止下降而消失。应对"人口红利"消失问题的关键点是要依靠劳动力质量的提高（蔡昉，2011）。但是收入差距影响劳动力质量，进而对经济增长产生影响的作用机制在现有研究中并没有得到充分的重视。

人力资本是一个国家经济能否可持续增长的一个基本要素，也是一国财富状况的最终决定因素之一。Galor & Zeira（1993）首次提出收入不平等通过人力资本积累进而阻碍经济增长的观点,认为在资本市场不完善和人力资本投资不可分的情况下,收入分配不平等会限制穷人拥有受教育的机会,降低其对物质资本和人力资本的投资,进而阻碍到经济增长。而 Benabou(1996)、Aghion(1998)进一步研究了再分配通过人力资本积累机制对经济增长产生的影响,也得出了相似的结论。DeLa Croix et al.(2004)从生育决策和教育决策的相互影响入手,认为穷人倾向于多生孩子并较少投资于教育,收入差距扩大降低了平均受教育水平,从而阻碍了经济增长。

与其他经济体相比,中国的经济问题具有很大的特殊性,其经济发展路径的"异质性"是内生锁定且长期存在的。在中国城市和农村之间,资源约束对个人接受教育、提高劳动力质量的影响是不同的,出生地的差别在很大程度上影响了中国人接受教育、获取技能的机会,从而导致了严重的城乡差异。现有从劳动力质量视角研究我国城乡收入差距与经济增长的文献主要集中在经验检验层面。杨俊等(2008)通过构建联立方程组模型对中国教育不平等与收入分配的作用方向进行实证检验,采用三阶段最小二乘法估计的结果表明教育投入对收入差距会产生重要影响,同时收入差距也将会对教育的获得产生影响。黄燕萍等(2013)放松了不同层级人力资本具有完全替代性的假设,运用面板数据分析方法研究了不同层级教育对中国地区经济增长差异的影响,结果表明,我国初级教育和高级教育均促进了经济增长,但初级教育对经济增长的作用大于高级教育。进一步,陆铭等(2005)把教育和投资作为内生变量引入联立方程模型,以 1987—2001 年中国省级面板数据为样本采用三阶段最小二乘法实证检验了收入分配不平等与投资、教育和经济增长的相互影响,结果表明,收入差距对于经济增长的间接影响主要来自投资渠道,而教育的间接影响相对较弱。

上述研究对中国收入差距与经济增长问题进行了卓有成效的探索,本文在以下方面对现有研究进行扩展:第一,现有文献大多是从积累激励、劳动分工、消费需求或政治经济的视角来研究收入分配差距对经济增长的影响,而我们选择要素供给视角来进行讨论;第二,现有文献主要在经验分析层面对中国的收入差距、教育投入与经济增长问题进行了计量检验,而我们从中国二元经济结构的基本特征出发,首先在 Galor & Zeira(1993)研究的跨期模型中引入规模报酬不变的现代部门与规模报酬递减的传统部门,由此来阐释城乡收入差距、劳动力质量与经济增长的作用机理,然后在理论分析基础上构建联立方程模型对其进行经验检验。

二、理论分析

Galor & Zeira(1993)在一个规模报酬不变的生产函数假设基础上，阐明了资本市场不完善时收入分配与人力资本投资之间的相互作用。本文依据中国经济发展的异质性，放弃 Galor & Zeira(1993)规模报酬不变的生产部门的前提假设，引入规模报酬不变的现代部门与规模报酬递减的传统部门并存的二元经济假设来进一步扩展跨期模型，重点阐释城乡收入差距通过劳动力质量对经济增长的影响。

（一）基本假设

我们考虑一个由传统生产部门与现代生产部门共同构成的二元经济，其中传统生产部门使用低技能的非熟练劳动力，而现代部门使用高技能的熟练劳动力，劳动力质量的提高通过进行人力资本投资来实现。本模型假设劳动力市场由两个相互隔离的完全竞争市场构成，其中非熟练劳动力的工资水平为用 W_n，熟练劳动力工资水平为 W_s[①]。

假定经济中只有一种产品，该产品既可用于消费也可用于投资，其价格标准化为1，并且这种产品是被凝结在熟练劳动力身上的人力资本和物质资本或非熟练劳动力和土地两种方法生产出来的。每个人具有相同的潜力和偏好，只是从父母处获得的遗产有所不同。

假设熟练劳动力从事生产的现代部门的产出为：

$$Y_t^s = F(K_t, H_t) \tag{17.1}$$

其中，Y_t^s、K_t、H_t 分别表示该部门第 t 期的产出、物质资本及人力资本；F 表示一个规模报酬不变的凹生产函数，以柯布-道格拉斯生产函数来表示，即

$$Y_t^s = A_1 K_t^\alpha H_t^{1-\alpha} \quad (0 \leqslant \alpha \leqslant 1) \tag{17.2}$$

---

① 陈彦斌等(2013)指出由于通过劳动力流动来刻画城乡收入差距的理论建模方法尚未成熟，而且分割市场设定能够简单而有效地刻画城乡收入差距，因此该假设在现行理论建模上被广泛应用。

其中,A_1 是外生给定的技术水平,我们可以把人力资本 H_t 理解为是第 t 期的熟练劳动力数量 L_t^s 乘以其劳动力质量水平(即人力资本投资水平 h),当劳动力质量提高或劳动力数量增加时,现代部门的产出会增加。假定人力资本投资和物质资本投资均是提前一期的,且不存在投资调整成本和资本贬值。则熟练劳动力从事生产的现代部门产出为:

$$Y_t^s = A_1 K_t^\alpha (h L_t^s)^{1-\alpha} \quad (0 \leqslant \alpha \leqslant 1) \tag{17.3}$$

假设非熟练劳动力从事生产的传统生产部门的产出可表示为:

$$Y_t^n = G(L_t^n, N) \tag{17.4}$$

其中,Y_t^n、L_t^n、N 分别表示该部门第 t 期的产出、非熟练劳动力数量和土地投入。我们假定土地数量是固定不变的,则生产函数关于非熟练劳动力投入就具有递减收益,即 $G' > 0, G'' < 0$,则有:

$$Y_t^n = G(L_t^n, \overline{N}) \tag{17.5}$$

进一步假设非熟练劳动力从事生产的传统部门产出为规模报酬递减的生产函数:

$$Y_t^n = A_2 (L_t^n)^\beta \quad (\beta < 1) \tag{17.6}$$

其中,A_2 表示外生给定的技术水平。进一步,总产出可表示为传统生产部门与现代生产部门的产出之和,我们用 Y_t 表示第 t 期的总产出,则有:$Y_t = Y_t^s + Y_t^n$。

由此可见,在不考虑物质资本约束条件下,在规模报酬递减的传统农业部门与规模报酬不变的现代部门同时并存的国民经济中,一单位的劳动投入在现代部门的产出要远高于传统农业部门的产出,而劳动力从传统部门向现代部门的转移要以进行人力资本投资、提高劳动力质量为条件。在发展中国家,传统农业部门存在过剩的非熟练劳动力,这部分过剩的非熟练劳动力从传统农业部门向现代部门转移可以促进总产出的增长,这也就意味着非熟练劳动力通过进行人力资本投资提高劳动力质量,变为熟练劳动力后在现代部门从事生产可以有效推动经济的增长。

假定作为经济主体的每个人只生活两期,在第一期个人可以选择是否进行人力资本投资,即是进行人力资本投资还是作为非熟练劳动力从事生产,在第二期时进行人力资本投资的作为熟练劳动力从事生产,而没有进行人力资本投资的还是作为非熟练劳动力进行生产,人力资本投资为 $h>0$。为了简化,我们不考虑人口增长,即假定每个人只有父母和一个孩子,人口数量不变,个人只在第二期进行消费并给子女留下遗产,则经济主体的效用函数为:

$$u=\lambda \log c+(1-\lambda)\log b \tag{17.7}$$

其中,c 表示第二期的消费,b 表示遗产,且有 $0<\lambda<1$。这里 $u(c, b)$ 取决于个体在第二期的消费以及从父母处继承的遗产数量。

(二)城乡收入差距与人力资本投资决策

基于上述假设,我们来讨论在短期城乡收入差距与劳动力质量、经济增长的关系。假定资本市场的利率为 r,一个代表性个体在第一期继承了数量 x 的遗产,此时他将面临两种选择:一是不进行人力资本投资,不管在第一期还是第二期都作为非熟练劳动力参与生产;二是在第一期进行人力资本投资,在第二期作为熟练劳动力参与生产,此时如果个体所继承的遗产数额小于人力资本投资所需的数额,就需要通过在资本市场借款来完成人力资本投资。这里,是否进行人力资本投资的决策取决于各种情况下所带来效用大小的比较。

若个体选择不进行人力资本投资,而直接作为非熟练劳动力来进行工作,其效用函数为:

$$U_n(x)=\log[(x+w_n)(1+r)+w_n]+\varepsilon \tag{17.8}$$

根据式(17.7),该个体留下的遗产额为:

$$b_n(x)=(1-\lambda)[(x+w_n)(1+r)+w_n] \tag{17.9}$$

若个体在第一期继承数量为 x 的遗产,且 $x\geqslant h$,则其选择人力资本投资时效用函数就为:

$$U_s(x)=\log[(x-h)(1+r)+w_s]+\varepsilon \tag{17.10}$$

该个体留下的遗产额为:

$$b_s(x)=(1-\lambda)[(x-h)(1+r)+w_s] \tag{17.11}$$

如果代表性个体在第一期继承遗产数量为 x,且有 $x<h$,这时要选择进行人力资本投资就必须通过借款来完成。我们假定该个体进行人力资本投资借款数额为 d,借款支付的总成本为 c,且总成本 c 由借款利息 dr 和额外成本 p 两部分组成。需要说明的是,额外成本 p 存在的原因主要有两个:其一,教育是人力资本投资的主要途径,教育资源在城市与农村之间的分布是不均等的,而借款个体一般是初始财富水平较低的农村居民,为了获得同样 1 单位的教育投入,农村居民付出的成本往往要高于城镇居民;其二,当个体在第一期选择进行人力资本投资,就无法在传统部门从事生产来获得工资收入,并且相同数额的人力资本投资在农村居民的初始财富中所占比重大于其在城镇居民初始财富中的占比,借款进行人力资本投资个体所付出的时间、生活等机会成本将高于不借款个体。因此,借款个体支付的总成本为 $c=dr+p$,单位成本为:

$$i=\frac{c}{d}=r+\frac{p}{d} \tag{17.12}$$

此时有 $i>r(p>0)$。则借款进行人力资本投资个体的效用函数就为:

$$U_s^d(x)=\log[(x-h)(1+i)+w_s]+\varepsilon \tag{17.13}$$

根据式(17.7),该人留下的遗产额为:

$$b_s(x)=(1-\lambda)[(x-h)(1+i)+w_s] \tag{17.14}$$

显然,对于任何理性个体,如果作为非熟练劳动力从事生产的效用大于进行人力资本投资的效用,那么所有人都会选择作为非熟练劳动力进行工作。当 $U_n(x)>U_s(x)$ 时,所有个体都不会进行人力资本投资,均作为非熟练劳动力从事生产。根据式(17.8)与式(17.10),当 $w_s-h(1+r)<w_n(2+r)$ 时,有 $L_t^s=0,L_t^n=L_t$。总产出就是非熟练劳动力部门的产出,即 $Y_t=Y_t^n=A_2(L_t)^\beta$。在此,我们施加一个约束条件:$w_s-h(1+r)\geqslant w_n(2+r)$。

当人力资本投资的回报高于非熟练劳动力时,经济主体更倾向于进行人力资本投资,即当 $U_s^d(x)\geqslant U_n(x)$ 时,经济主体才会选择进行人力资本投资。根据(17.8)式和(17.13)式,个体是否进行人力资本投资的决策将取决于初始财富水平的高低,当

个体所继承的遗产 $x \geqslant f$ 时选择进行人力资本投资,而当个人继承的遗产小于 f 时则会选择作为非熟练劳动力进行工作:

$$f = [w_n(2+r) + h(1+i) - w_s]/(i-r) \tag{17.15}$$

基于此,个体在第一期继承的遗产额决定了其是进行人力资本投资还是作为非熟练劳动力进行工作,也决定了他未来的消费和所留下的遗产。初始财富水平较高的个体比初始财富水平较低的个体更容易获得人力资本投资。

理论假说1:具有较高初始财富水平的城镇居民更倾向于进行人力资本投资以提高劳动力质量,而财富水平相对较低的农村居民更倾向于直接作为非熟练劳动力参与生产。

(三) 城乡收入差距、人力资本投资决策与经济增长

令 D_t 为每个人在第 t 期的财富分布,则该分布满足: $\int_0^\infty dD_t(x_t) = L_t$ 。 D_t 决定了第 t 期的经济表现,由此决定了熟练劳动力和非熟练劳动力的数量分别为: $L_t^s = \int_f^\infty dD_t(x_t)$, $L_t^n = \int_0^f dD_t(x_t)$ 。则总产出为: $Y_t = A_1 K_t^\alpha (hL_t^s)^{1-\alpha} + A_2 (L_t^n)^\beta$ 。进而有:

$$Y_t = A_1 K_t^\alpha (h \int_f^\infty dD_t(x_t))^{1-\alpha} + A_2 (\int_0^f dD_t(x_t))^\beta \tag{17.16}$$

由此可见,财富的分配状况决定了选择进行人力资本投资后成为熟练劳动力的数量和不进行人力资本投资作为非熟练劳动力的数量,进一步决定了劳动力质量的高低,而这又是影响总产出的重要变量,收入分配通过劳动力质量影响了国民经济的总产出。

理论假说2:城乡收入差距过大会导致非熟练劳动力无法顺利向高质量的劳动力转化,熟练劳动力的总数量受到限制,进而制约整体经济的产出增长。

在其他条件保持不变时,1单位劳动参与规模报酬不变,现代部门的产出要大于规模报酬递减传统部门的产出,而传统生产部门使用低技能的非熟练劳动力,现代部门使用高技能的熟练劳动力,因此,在总劳动力数量保持不变的条件下,非熟练劳动力通过人力资本投资转化为熟练劳动力的数量越多,则整体经济的产出越高。

当一个经济体中城乡收入差距过大时,具有较高初始财富水平的城镇居民选择进行人力资本投资,作为熟练劳动力在规模报酬不变的现代部门从事劳动,而财富水平相对较低的农村居民则会选择不进行人力资本投资,作为非熟练劳动力在规模报酬递减的传统部门从事劳动。城乡收入差距过大通过阻碍非熟练劳动力向熟练劳动力转化影响了整体经济的产出。

理论推论1:如果财富水平较低的农村居民愿意进行人力资本投资以提高劳动力质量,则随着劳动力从传统部门向现代部门的流入,整体经济产出将获得增长。

如果城乡收入差距相对比较小,财富水平较低的农村居民就可以通过进行人力资本投资,从传统部门向现代部门转移,由于传统部门规模报酬是递减的,而现代部门规模报酬是不变的,这种转移能促进整个经济总产出的增长。

理论推论2:如果财富水平较低的农村居民愿意进行人力资本投资以提高劳动力质量,则规模报酬递减的传统生产部门的生产效率将得到提高,整体经济产出将获得增长。

舒尔茨(1987)认为传统部门不能成为经济增长新的源泉是因为其生产效率太低。如果从事传统部门生产的劳动力质量能够获得提高,则传统部门的生产函数将会被改变。也就是说,如果城乡收入差距相对比较小,财富水平较低的农村居民就可以通过进行人力资本投资转化为熟练劳动力,当其继续参与传统部门生产时可以提高其生产效率,整体经济的产出同样可以获得增长。

(四)收入差距、劳动力质量与经济增长的动态变化

在以上分析的基础上,我们按照收入水平的高低把经济主体分为高收入阶层、中等收入阶层和低收入阶层三个群体,以 x_1 和 x_2 为分界点($x_1=h, x_2=f$),即收入高于 x_1 的为高收入阶层,收入介于 x_1 与 x_2 之间的为中等收入阶层,收入低于 x_2 的为低收入阶层。收入分配不仅决定了第一期的均衡,而且也决定了下一期的财富分布 D_{t+1}:

$$b_n(x_t)=(1-\lambda)[(x_t+w_n)(1+r)+w_n],\ 当\ x_t<x_2$$

$$x_{t+1}=b_s(x_t)=(1-\lambda)[(x_t-h)(1+i)+w_s],\ 当\ x_2\leqslant x_t<x_1$$

$$b_s(x_t) = (1-\lambda)[(x_t - h)(1+r) + w_s], \quad 当\ x_1 \leqslant x_t$$

所继承遗产小于 x_2 的低收入阶层会选择作为非熟练劳动力进行工作，他们的后代也是如此，在长期他们的财富将收敛于均衡水平 $\bar{x}_n$：

$$\bar{x}_n = \frac{1-\lambda}{1-(1-\lambda)(1+r)} w_n(2+r) \tag{17.17}$$

所继承遗产大于 x_2 的人会选择进行人力资本投资，但他们的后代并不都会作为熟练劳动力来进行工作，其中的关键点为 g：

$$g = \frac{(1-\lambda)[w_s - h(1+i)]}{1-(1+i)(1-\lambda)} \tag{17.18}$$

在第 t 期所继承遗产小于 g 的人或许会进行人力资本投资，但是在若干年后他们的后代就会变成非熟练劳动力，而他们的财富将会向 $\bar{x}_n$ 趋近；在第 t 期所继承遗产大于 g 的人进行人力资本投资，他们的后代也会如此，最终他们的财富将会收敛于 $\bar{x}_s$：

$$\bar{x}_s = \frac{1-\lambda}{1-(1-\lambda)(1+r)}[w_s - h(1+r)] \tag{17.19}$$

为了保证长期遗产 $\bar{x}_s$、$\bar{x}_n$ 在代际之间是稳定的，在式（17.17）、（17.18）、（17.19）基础上需假设 $(1-\lambda)(1+r)<1$。则在长期熟练劳动力和非熟练劳动力的数量分别为：$L^s = \int_g^\infty dD(x), L^n = \int_0^g dD(x)$。

此时，长期的总产出就为：$Y = A_1 K^a (h\int_g^\infty dD(x))^{1-a} + A_2 (\int_0^g dD(x))^\beta$。

由此可见，收入分配不平等时，在长期来看整个经济就会分化为两个阶层，高收入阶层将一代一代进行人力资本投资，而低收入阶层只能一代一代作为非熟练劳动力从事生产活动，由于在长期非熟练劳动力将不再能向熟练劳动力转变，劳动力质量提高受到限制，从而影响到总产出。

理论假说 3：从长期来看，城乡收入差距过大会使财富水平较高的城镇居民一代一代不断进行人力资本投资以提高劳动力质量，而财富水平较低的农村居民则不愿意进行人力资本投资、劳动力质量相对较低，由于现代部门与传统部门具有不同的生产效率,较低质量的劳动力只能在传统部门从事生产,这不仅不利于传统部门自身生产效率的提升,而且也降低了进入现代部门从事生产的劳动力数量,城乡收入差距通过劳动力质量影响了长期的经济增长。

（五）外生冲击与工资水平的决定

上述几个理论假说以及推论都是基于工资水平是外生给定的,为了进一步说明均衡水平工资变动对长期经济增长的影响,我们进一步放松该假设,认为在完全竞争市场条件下,劳动力的工资水平等于劳动的边际产出,根据式(17.3)和式(17.6),非熟练劳动力的工资水平 w_n、熟练劳动力的工资水平 w_s 分别为:

$$w_t^n = \partial Y_t^n / \partial L_t^n = \beta A_2 \ (L_t^n)^{\beta-1} \tag{17.20}$$

$$w_t^s = \partial Y_t^s / \partial L_t^s = (1-\alpha) A_1 K_t^\alpha h^{1-\alpha} (L_t^s)^{-\alpha} \tag{17.21}$$

其中,$w_t^n = e_1(A_2, L_t^n)$,$w_t^s = e_2(A_1, K_t, h, L_t^s)$。也就是说,非熟练劳动力的工资水平是传统部门技术水平与非熟练劳动力数量的函数,而熟练劳动力的工资水平是现代部门技术水平、资本供给总量、人力资本投资和熟练劳动力数量的函数。

式(17.20)与式(17.21)分别刻画了传统部门对非熟练劳动力的需求和现代部门对熟练劳动力的需求,让我们再来观察一下它们的供给情况,非熟练劳动力的供给取决于不愿进行人力资本投资的人数,而熟练劳动力的供给取决于愿意进行人力资本投资的人数,此时非熟练劳动力的供给 S_t^n 与熟练劳动力的供给 S_t^s 分别为:

$$S_t^n = \int_0^{f(w_s)} dD_t(x_t) , S_t^s = \int_{f(w_s)}^{\infty} dD_t(x_t)$$

其中,$D_t(x_t)$ 作为分布函数其具体形式在研究过程中是难以显化的,但是根据积分函数性质可知,供给 S_t^n、S_t^s 在函数 $D_t(x_t)$ 上是单调不减的,如图 17 - 1 所示。

具体而言,在图 17 - 1(a)中,S^n 刻画了非熟练劳动力部门的供给,根据前文的约束条件 $w_s - h(1+r) < w_n(2+r)$,当 $w_n = [w_s - h(l+r)]/(2+r)$ 时,个体选择作为非熟练劳动力还是熟练劳动力进行生产,其所带来的效用是相等的,此时供给曲线为一水平线;而当 $w_n > [w_s - h(l+r)]/(2+r)$ 时,所有个体都会选择作为非熟练劳动来进行生产,此时 $L_t^n = L_t$,供给曲线为垂直于横轴的一条线。

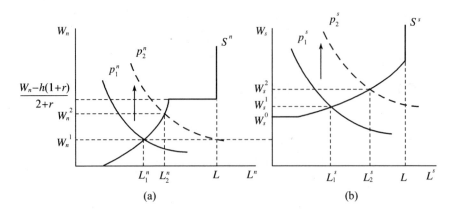

图 17-1　传统部门与现代部门工资水平的决定

在图 17-1(b)中，S^s 刻画了熟练劳动力部门的供给，当 $w_s = w_s^0 = w_n(2+r) + h(1+r)$ 时，个体选择作为非熟练劳动力还是熟练劳动力进行生产是无差异的，此时供给曲线为一水平线；而当 $w_s > w_n(2+r) + h(1+r)$ 时，个体将根据所继承遗产数量与式(17.15)中 f 临界值之间的比较来决定是否作为熟练劳动力进行生产。正如之前理论分析所论证的那样，个体是否进行人力资本投资取决于在第一期所继承的遗产数额能否超过临界点 f，根据式(17.15)，f 与 Y 呈反向变化，随着 Y 的上升临界点 f 在下降，这意味着能够选择进行人力资本投资的人数会增加，此时供给曲线向右上方倾斜，当 $L_t^s = L_t$ 时，供给曲线成为垂直于横轴的一条线。

根据式(17.20)与式(17.21)，设 P_1^n、P_1^s 分别为非熟练劳动力与熟练劳动力的需求，供给与需求相等时决定了均衡的工资水平与劳动力数量，其中，传统部门均衡的工资水平与劳动力数量为 w_n^1、L_1^n，现代部门为 w_s^1、L_1^s。由式(17.20)可知，w_n 是传统部门技术水平与非熟练劳动力数量的函数，当技术水平 A_2 获得提高时，需求曲线向上平移至 P_2^n，均衡的工资水平与劳动力数量都会上升。由式(17.21)可知，W_s 是现代部门技术水平 A_1、资本供给总量 K_t、人力资本投资 h 和熟练劳动力数量 L_t^s 的函数，当其技术水平、资本供给总量或劳动力质量提高时，需求曲线向上平移，均衡的工资水平与劳动力数量也都会上升。由此可见，技术水平、资本总量等外生变量的冲击会影响传统部门和现代部门均衡工资水平的变化，而均衡工资水平的变化又会进一步影响个体是否进行人力资本投资,遗产数量的临界点 f 改变,此时非熟练劳动力与熟练劳动力的人数将发生改变,劳动力的供给随之变化。由式(17.16)可知,传统部门与现代部门劳动力人数的变化会对最终的经济增长产生影响。

三、实证分析

在上述理论模型分析的基础上,本文利用 1995—2012 年我国大陆 30 个省、市、自治区(西藏除外)的面板数据,构建同时包含经济增长方程、投资方程、劳动力质量方程与城乡收入差距方程的联立方程模型,进一步对我国城乡收入差距、劳动力质量与经济增长之间的作用关系进行实证检验。

(一)联立方程模型的构建

城乡收入差距、劳动力质量与经济增长的关系非常复杂,很多因素都是相互影响、相互联系的,如果采用单方程模型很难完整有效地把经济系统各经济变量之间的相互作用关系表达出来,而采用联立方程模型则能较好地解决这一问题。我们将经济增长、投资、劳动力质量和城乡收入差距视为内生变量,构建完备的结构式联立方程模型来检验城乡收入差距通过投资与劳动力质量机制影响经济增长,基本计量方程设计如下:

$$gdp_{it} = \alpha_0 + \alpha_1 inv_{it} + \alpha_2 edu_{it} + \sum_{j=3}^{9} \alpha_j \cdot X_{jit} + \varepsilon_{Git} \tag{17.22}$$

$$inv_{it} = \beta_0 + \beta_1 ine_{it} + \sum_{j=2}^{6} \beta_j \cdot Y_{jit} + \varepsilon_{Iit} \tag{17.23}$$

$$edu_{it} = \gamma_0 + \gamma_1 ine_{it} + \sum_{j=2}^{4} \gamma_j \cdot Z_{jit} + \varepsilon_{Eit} \tag{17.24}$$

$$ine_{it} = \theta_0 + \theta_1 gdp_{it} + \sum_{j=2}^{6} \theta_j \cdot C_{jit} + \varepsilon_{Nit} \tag{17.25}$$

本文的联立方程模型包括四个基本方程,其中,(17.22)式为经济增长方程,(17.23)式为投资方程,(17.24)式为劳动力质量方程,(17.25)式为城乡收入差距方程。在模型中,下标 i 为各省市区的标识($i=1,2,\cdots,30$),下标 t 是各年份($t=1995$,

1996,…,2012)的标识；ε_{Git}、ε_{Iit}、ε_{Eit}、ε_{Nit} 为随机误差项，服从独立同分布。

增长方程(17.22)研究投资、劳动力质量与经济增长的关系，我们用各省人均实际 GDP 表示经济增长 gdp，用投资占 GDP 的比重表示物质资本投资 inv，用平均受教育年限度量劳动力质量 edu。另外，因为还有很多其他因素可能会影响经济增长，还需要控制一些可能的影响因素。X 为控制变量集合，我们遵循经济增长文献的结论，控制了政府支出规模 gov、人口红利约束 $popde$、产业结构合理化 $indra$、二元经济结构 $stru$、非国有化程度 $private$、城市化水平 $urban$ 以及经济开放度 $open$（陆铭等，2005；干春晖等，2011）。需要说明的是，作为世界上最大的发展中国家，中国具有典型的二元经济结构特征，既存在着以城市工业为代表的现代经济部门，还存在着以手工劳动为特征的传统农业部门。Lewis(1954)、Fei & Lanis(1957)的理论研究认为，经济增长的基本路径就是促使二元经济结构转化，且钱纳里和塞尔昆(1988)的实证研究也证实了他们的结论，二元经济结构的转化具有显著的增长效应。因此，在控制变量的选择中除了考虑产业结构之外，我们还讨论了二元结构的转化问题。物质资本投资在推动我国经济增长中一直扮演着重要角色，在投资方程(17.23)中，我们研究物质资本投资与城乡收入差距的关系，用城乡收入比来度量城乡收入差距 ine，Y 为控制变量集合，我们分别控制了 gov、ser 来看政府支出规模和一般公共服务支出对于投资的影响。进一步，我们控制了非国有化 $private$、城市化 $urban$、经济开放 $open$ 三个结构性变量。劳动力质量是我们关注的重点内容，在劳动力质量方程(17.24)中，我们研究城乡收入差距 ine 对劳动力质量 edu 的影响，Z 为控制变量集合，我们分别控制了二元经济结构 $stru$、城市化水平 $urban$ 和教育支出占财政支出比重 $eduex$ 三个变量。城乡收入差距方程(17.25)关注经济增长 gdp 对城乡收入差距大小 ine 的影响，C 为控制变量集合。根据发展经济学的基本理论与中国经济发展的基本特征，大多研究认为传统的二元经济结构是决定我国城乡收入差距的重要因素，所以我们将二元对比系数引入城乡收入差距方程，除此之外，我们还控制了社会保障支出占财政支出比重 ins、城市化 $urban$、非国有化 $private$ 和经济开放 $open$ 这四个变量。

（二）变量设计与数据说明

本文联立方程模型所使用的变量及其定义如表 17 - 1 所示。

表 17 - 1　变量定义与说明

变量符号	变量名称	变量说明
gdp	人均实际 GDP	首先根据国内生产总值指数(上年＝100)来计算环比 GDP 平减指数,然后将各个时期环比指数连乘来求得以 1995 年为基年的定基指数,通过名义 GDP 除以 GDP 平减指数(1995＝100)得到各地区实际 GDP,最后将其除以人口数。
inv	物质资本投资	实际固定资本形成额与实际 GDP 的比重
edu	劳动力质量	用平均受教育年限度量,由各学历层次年限乘以其所占总人口比重加总而得,其中设定文盲为 0 年、小学为 6 年、初中为 9 年、高中和中专为 12 年、大专及以上文化程度为 16 年。
ine	城乡收入差距	城镇人均可支配收入与农村人均纯收入之比
gov	政府支出规模	政府支出占 GDP 比重
popde	人口红利约束	少年儿童与老年人口的总抚养比
indra	产业结构偏离	用结构偏离度表示,具体计算公式如下所示。其中,*TL* 表示结构偏离度,*y* 表示产值,*L* 表示就业,*i* 表示产业,*n* 表示产业部门数,这里取为 3。 $$TL = \sum_{i=1}^{n} \left(\frac{Y_i}{Y} \right) \ln \left(\frac{Y_i}{L_i} \bigg/ \frac{Y}{L} \right)$$
stru	二元经济结构	用二元对比系数表示,是第一产业比较劳动生产率与第二、三产业比较劳动生产率的比率。
private	非国有化程度	地区非国有经济固定资产投资额占地区经济固定资产投资额比重
urban	城市化水平	非农业人口占总人口比重
open	经济开放度	进出口之和占 GDP 比重
ser	公共服务支出	一般公共服务支出占公共财政预算支出比重
eduex	教育支出	教育支出占公共财政预算支出比重
ins	社会保障支出	社会保障支出占公共财政预算支出比重

　　本文选择以 1995—2012 年作为样本区间,原因主要有:(1)虽然改革开放已经 30 多年,但自 20 世纪 90 年代中后期以来,中国的城乡收入差距才呈现迅速扩大的趋势;(2)作为本文重要变量的平均受教育年限数据,《中国人口年鉴》报告了 1987 年以来的受教育人口结构,但 1989 年、1991 年和 1992 年数据缺失,1987 年与 1988 年的数据未包含文盲人口,1994 年的数据没有包含 15 岁以下的人口,这些年份与其他年份的数据不具可比性。因此,考虑到数据的可得性以及统计口径的一致性,本文选择以 1995—2012 年作为样本区间。此外,由于西藏的数据质量非常低,所以本文基于除西藏外的 30 个省、市、自治区的面板数据进行实证检验。

　　本文所采用的数据均来源于历年《中国统计年鉴》与《新中国六十年统计资料汇编》《中国国内生产总值核算历史资料(1952—1996)》《中国国内生产总值核算历史资料(1952—2004)》以及《中国人口年鉴》。因为大部分地区 GDP 的历史数据从 1993 年开始修订,所以 1995—2004 年的相关数据我们采用《中国国内生产总值核算历史资料(1952—2004)》中修订后的数据,而其他年份则采用历年《中国统计年鉴》中的数据。

（三）实证分析结果

　　根据联立方程模型识别的阶条件与秩条件我们可以知道,本文所构建的联立方程模型是过度识别的。对这类联立方程模型的传统估计方法有二阶段最小二乘法(2SLS)和三阶段最小二乘法(3SLS)。在扰动项满足条件同方差时,3SLS 是最优的 GMM 估计量,而 2SLS 只有在某些特殊情形下才等价于 3SLS,3SLS 要优于 2SLS。因此,本文选择 3SLS 对联立方程模型进行估计。根据通常的做法,我们使用所有外生变量的线性组合作为内生解释变量的工具变量,采用三阶段最小二乘法进行回归,结果如表 17 - 2 所示。

表 17 - 2　城乡收入差距、劳动力质量与经济增长(3SLS)

解释变量	以城乡收入比度量				以人口加权城乡收入比度量			
	被解释变量				被解释变量			
	gdp	inv	edu	ine	gdp	inv	edu	ine
gdp				$-6.49\text{e}-05$ *** $(6.84\text{e}-06)$				$-2.77\text{e}-04$ *** $(1.07\text{e}-04)$

（续表）

解释变量	以城乡收入比度量				以人口加权城乡收入比度量			
	被解释变量				被解释变量			
	gdp	*inv*	*edu*	*ine*	*gdp*	*inv*	*edu*	*ine*
inv	235. 82 *** (76. 39)				515. 22 *** (87. 51)			
edu	452. 85 *** (138. 67)				3 992. 42 *** (1 517. 64)			
ine		9. 44 *** (1. 41)	−1. 66 *** (0. 11)			0. 97 ** (0. 42)	−0. 08 *** (0. 02)	
gov	478. 05 *** (151. 41)	2. 68 *** (0. 45)			1 229. 46 *** (411. 83)	2. 93 *** (0. 47)		
popde	−466. 93 *** (84. 55)				−581. 24 *** (94. 04)			
indra	−24 316 *** (3 555. 75)				−23 959 *** (4 047. 84)			
stru	21 141 *** (4 702. 69)		6. 56 *** (0. 64)	−4. 71 *** (0. 31)	−3 944. 62 (5 271. 86)		2. 72 *** (0. 83)	−43. 50 *** (7. 83)
private	50. 62 * (26. 84)	0. 42 *** (0. 04)		0. 0072 *** (0. 0018)	13. 79 (29. 49)	0. 68 *** (0. 07)		0. 17 *** (0. 04)
urban	25. 65 (21. 32)	0. 29 *** (0. 04)	0. 02 *** (0. 003)	0. 007 6 *** (0. 002 2)	56. 46 *** (21. 89)	0. 35 ** (0. 17)	0. 011 5 (0. 007 9)	0. 15 ** (0. 06)
open	7 029. 2 *** (1 536. 43)	−7. 27 *** (1. 81)		0. 25 *** (0. 10)	13 019. 5 *** (1 697. 10)	2. 62 (3. 47)		−4. 14 * (2. 27)
ser		−0. 56 *** (0. 17)				−0. 10 *** (0. 01)		
eduex			−0. 09 *** (0. 008)				−0. 07 *** (0. 008)	
ins				−0. 03 *** (0. 006)				−0. 43 *** (0. 11)
截距项	22 744 * (12 441. 69)	−10. 39 ** (4. 78)	15. 30 *** (0. 58)	3. 68 *** (0. 13)	45 266. 6 *** (13 843. 49)	−21. 44 * (12. 09)	10. 52 *** (0. 79)	40. 05 *** (3. 35)
R^2	0. 753 0	0. 310 2	0. 372 2	0. 294 6	0. 545 8	0. 280 0	0. 491 7	0. 381 0

注：*、**、*** 分别表示在 10%、5% 和 1% 显著性水平下显著；回归系数括号内为对应的参数标准差值。

　　在表 17-2 中,我们发现在中国经济发展中确实存在城乡收入差距通过劳动力质量影响经济增长的机制。劳动力质量方程的估计结果显示,在 1‰ 的显著性水平上,城乡收入差距对劳动力质量的效应显著为负。中国所处的发展阶段正是教育费用相对于人均收入较高的阶段,当城乡收入差距扩大时,其限制低收入家庭受教育的作用超过了促进高收入家庭受教育的作用,这时,会有更多的低收入家庭面临时间与资金的约束,从而降低各级教育的入学率,并最终降低全社会的毕业率和人均受教育水平。这初步验证了本文的理论假说 1,即城乡收入差距过大不利于劳动力质量的提高。物质资本投资方程表明,在 1‰ 的显著性水平上,城乡收入差距扩大会对投资产生正面影响,这可能主要是因为城乡收入差距的扩大有利于激励城镇居民的物质资本积累。进一步地,从经济增长方程来看,计量结果表明,在 1‰ 的显著性水平上,物质资本投资增加与劳动力质量提高均会显著地促进经济的增长。根据劳动力质量方程和经济增长方程中的回归系数,我们可以计算出城乡收入差距扩大通过劳动力质量渠道对经济增长的影响,如果城乡收入差距扩大 1 个单位,经济增长将下降751.73 个单位。这与本文理论模型中所阐释的城乡收入差距通过劳动力质量对经济增长的作用方向是一致的。

　　除此之外,我们的实证研究还发现了其他影响经济增长、物质资本投资、劳动力质量和城乡收入差距的因素。(1) 在经济增长方程中,政府支出规模对经济增长的影响表现出较强的正相关的关系,这与 Barro(2000)、Clarke(1995)、陆铭等(2005)的发现是一致的。在具有中国经济特征的控制变量中,人口红利约束与产业结构偏离都不利于经济增长,而二元结构优化、非国有化程度增加、城市化与经济开放则对经济增长有正的影响。这一结果与现有大多研究经济增长文献的结果是相一致的。(2)在投资方程中,政府支出规模对投资有显著的正的影响,陆铭等(2005)认为这与中国的地方投资具有明显的政府推动特点有关。非国有程度、城市化都有推动投资的作用,而一般公共服务支出与经济开放对于投资的作用则为负,这与大多研究文献当中的结果也是一致的。其中,经济开放的负向影响可能与其对国内投资产生的挤出效应密切相关。(3)在劳动力质量方程中,教育支出的增加并没有促进劳动力质量的提高,这似乎与直觉相反,但也可以从中国公共支出利用效率低的问题上去解释。

二元经济结构的优化与城市化被发现对劳动力质量提高有显著的推动作用。(4)在城乡收入差距方程中,经济增长、社会保障支出的增加、二元经济结构的优化对于缩小城乡收入差距具有积极作用,而城市化、非国有程度增加与经济开放却显示出扩大城乡收入差距的作用。

为了进一步检验回归结果的稳健性,我们使用经城乡人口权重调整之后的城乡收入比作为劳动力质量的度量指标,具体计算公式为:

$$popine_{it} = \sum_{i=1}^{2} \left(\frac{p_{it}}{p_t}\right) \ln\left(\frac{p_{it}}{p_t} \Big/ \frac{z_{it}}{z_t}\right)$$

其中,$popine$ 表示城乡人口加权的城乡收入比,$i=1,2$ 分别表示城镇和农村地区,z_{it} 表示 t 时期城镇或农村的人口数量,z_t 表示 t 时期的总人口,p_{it} 表示城镇和农村的总收入(用相应的人口和人均收入之积表示),p_t 表示 t 时期的总收入。使用所有未包含在方程中的外生变量的线性组合作为内生解释变量的工具变量,采用三阶段最小二乘法进行回归,结果如表 17-2 所示,我们发现研究结论与以城乡收入比为衡量指标的结果是一致的,这也进一步验证了本文的理论假说 3,即城乡收入差距通过劳动力质量会影响经济增长[①]。

四、结　论

本文在一个完整的实证分析框架下,从劳动力供给视角入手对城乡收入差距通过劳动力质量影响经济增长进行了理论分析,并利用中国 1995—2012 年的省级面板数据进行了经验检验。理论分析说明,在规模报酬递减的传统农业部门与规模报酬不变的现代部门同时并存的二元经济中,1 单位的劳动投入在现代部门的产出要远

[①]　这里,我们还进一步引入了内生解释变量的滞后变量,使用所有外生变量和内生变量滞后 2、3 阶的线性组合作为工具变量。对于滞后阶数的选择,月度数据一般选取 12,季度数据一般选取 4,而我们这里使用的是年度数据,如果选用 4 则过长,而选择 1 又太短,所以我们倾向于选 2 或 3。采用三阶段最小二乘法分别对以城乡收入比和人口加权城乡收入比作为城乡收入差距度量指标的模型进行回归,结果发现,加入内生变量的滞后阶后,各变量的作用方向并未发生明显变化,这也进一步验证了本文理论分析的判断。限于篇幅,这里并未报告详细的回归结果。

高于传统农业部门的产出，劳动力从传统农业部门向现代部门转移可以促进总产出的增长，这也就意味着劳动力质量的提高，从非熟练劳动力进行人力资本投资变为熟练劳动力在现代部门从事生产可以推动经济的增长，反之则会抑制经济的增长。从短期来看，在初始财富分配不平等时，各收入阶层根据自身财富状况以及人力资本投资后的效用大小来选择是否在第一期进行人力资本投资。当人力资本投资的回报高于非熟练劳动力时，拥有较高财富的个体将选择进行人力资本投资，而拥有较少财富的个体将无法进行人力资本，从而影响到劳动力质量提高，阻碍经济增长。从长期来看，财富分配影响个体的收入水平，也决定了其留给子女遗产的数量，而这又是其子女选择能否进行人力资本投资的决定性因素之一，最终经济中就会分化为高收入与低收入两个阶层，劳动力质量受到限制，总产出受到影响。

通过对我国1995—2012年省级面板数据的实证分析，我们发现在当前经济发展水平下城乡收入差距与经济增长之间存在非常明显的负相关关系，"效率"与"公平"之间并不是绝对对立的，城乡收入差距的持续上升，不仅不利于全民分享经济发展的成果，而且也通过劳动力质量机制抑制了经济的增长。依靠劳动力投入的规模扩张来推动经济增长的方式在长期将会受到人口增长减缓的约束，提高劳动力质量才是驱动经济长期增长的主要因素。随着我国工业化、城市化、市场化和国际化的深入推进，人力资本投资对经济发展的影响越来越大，而城乡收入差距对劳动力质量提升的制约作用也越来越明显。因此，从长期来看，我们应该在初次分配与二次分配中都注重收入分配的平等程度，重视由利益冲突向利益和谐的转化，这将有利于传统农业部门的非熟练劳动力进行人力资本投资后向现代生产部门转移，推动我国经济长期持续的增长。

参考文献

［1］陈斌开、张鹏飞、杨汝岱，2010：《政府教育投入、人力资本投资与中国城乡收入差距》，《管理世界》第1期。

［2］陈彦斌、陈伟泽、陈军等，2013：《中国通货膨胀对财产不平等的影响》，《经济研究》第8期。

［3］干春晖、郑若谷、余典范，2011：《中国产业结构变迁对经济增长和波动的影响》，《经济研究》第5期。

［4］黄新飞、舒元、徐裕敏，2013：《制度距离与跨国收入差距》，《经济研究》第9期。

［5］黄燕萍、刘榆、吴一群等，2013：《中国地区经济增长差异：基于分级教育的效应》，《经济研究》第4期。

［6］林毅夫、蔡昉、李周，1998：《中国经济转型时期的地区差距分析》，《经济研究》第6期。

［7］陆铭、陈钊、万广华，2005：《因患寡，而患不均——中国的收入差距、投资、教育和增长的相互影响》，《经济研究》第12期。

［8］陆铭、陈钊、杨真真，2007：《平等与增长携手并进——收益递增、策略性行为和分工的效率损失》，《经济学（季刊）》第2期。

［9］钱纳里、塞尔昆，1988：《发展的型式1950—1970》，北京：经济科学出版社。

［10］权衡、徐琤，2002：《收入分配差距的增长效应分析：转型期中国经验》，《管理世界》第5期。

［11］沈凌、田国强，2009：《贫富差别、城市化与经济增长——个基于需求因素的经济学分析》，《经济研究》第1期。

［12］舒尔茨，1987：《改造传统农业》，北京：商务印书馆。

［13］田新民、王少国、杨永恒，2009：《城乡收入差距变动及其对经济效率的影响》，《经济研究》第7期。

［14］万广华，2013：《城镇化与不均等：分析方法和中国案例》，《经济研究》第5期。

［15］万海远、李实，2013：《户籍歧视对城乡收入差距的影响》，《经济研究》第9期。

［16］王少平、欧阳志刚，2007：《我国城乡收入差距的度量及其对经济增长的效应》，《经济研究》第10期。

［17］刑春冰、贾淑艳、李实，2013：《教育回报率的地区差异及其对劳动力流动的影响》，《经济研究》第11期。

［18］徐舒，2010：《技术进步、教育收益与收入不平等》，《经济研究》第9期。

［19］杨俊、黄潇、李晓羽，2008：《教育不平等与收入分配差距：中国的实证分析》，《管理世界》第1期。

［20］杨俊、李雪松，2007：《教育不平等、人力资本积累与经济增长：基于中国的实证研究》，

《数量经济技术经济研究》第 2 期。

[21] 杨汝岱、朱诗娥，2007：《公平与效率不可兼得吗？——基于居民边际消费倾向的研究》，《经济研究》第 12 期。

[22] Aghion, P. , and P. Bolton, 1997, "A Theory of Trickle-down Growth and Development", *Review of Economic Studies*, 64(2), 151–172.

[23] Aghion, P. , E. Caroli, andC. Carcia-Penalosa, 1999, "Inequality and Economic Growth: The Perspective of the New Growth Theories", *Journal of Economic Literature*, 37(12), 1615–1660.

[24] Alesina, A. , and D. Rodrik, 1994, "Distributive Politics and Economic Growth", *Quarterly Journal of Economics*, 109(2), 465–490.

[25] Angrist, J. , and W. Evans, 1998, "Children and Their Parents' Labor Supply: Evidence from Exogenous Variation in Family Size", *American Economic Review*, 88(3), 450–477.

[26] Banerjee, A. , and A. Newman, 1993, "Occupational Choice and the Process of Development", *Journal of Political Economy*, 101, 274–299.

[27] Barro, R. J. , 2000, "Inequality and Growth in A Panel of Countries", *Journal of Economic Growth*, 5(1), 5–32.

[28] Benabou, P. , 1996, "Inequality and Growth", in B. S. Bernanke, and J. J. Potemberg, eds. , *NBER Macroeconomics Annual*, Cambirdge, MA, MIT Press, 11–74.

[29] Benjamin, D. , L. Brandt, and J. Giles, 2004, "The Dynamics of Inequality and Growth in Rural China: Does Higher Inequality Impede Growth?", *Working Paper*, University of Toronto.

[30] Bloom, D. E. , D. Canning, G. Fink, and J. E. Finlay, 2009, "Fertility, Female Labor Force Participation, and the Demographic Dividend", *Journal of Economic Growth*, 14(2), 79–101.

[31] Chen, A. , 2002, "Urbanization and Disparities in China: Challenges of Growth and Development", *China Economic Review*, 13.

[32] De Brauw, A., and S. Rozelle, 2008, "Reconciling the Returns to Education in Off-farm Wage Employment in Rural China", *Review of Development Economics*, 12(1), 57 – 71.

[33] Fei, J. C. H., and G. Ranis, 1964, "Development of the Labor Surplus Economy: Theory and Policy", R. D. Irwin, Homewood, IL.

[34] Fishman, A., and A. Simhon, 2002, "The Division of Labor, Inequality and Growth", *Journal of Economic Growth*, 7, 117 – 136.

[35] Forbes, K. J., 2000, "A Reassessment of the Relationship between Inequality and Growth", *American Economic Review*, 90(4), 869 – 887.

[36] Galor, O., and J. Zeira, 1993, "Income Distribution and Macroeconomics", *Review of Economic Studies*, 60, 35 – 52.

[37] Jia, N., and X. Y. Dong, 2011, "Economic Transition and the Motherhood Wage Penalty in Urban China: Investigation Using Panel Data", *Departmental Working Papers*, The University of Winnipeg, Department of Economics.

[38] Lu, D., 2002, "Rural-urban Income Disparity: Impact of Growth, Allocative Efficiency and Local Growth Welfare", *China Economic Review*, 13(4), 419 – 429.

[39] Murphy, K., A. Shleifer, and R. Vishny., 1989, "Income Distribution, Market Size, and Industrialization", *Quarterly Journal of Economics*, 104(3), 537 – 564.

[40] Panizza, U., 2002, "Income Inequality and Economic Growth: Evidence from American Data," *Journal of Economic Growth*, 7, 25 – 41.

[41] Patridge, M. D., 1997, "Is Inequality Harmful for Growth? Comment", *American Economic Review*, 87, 1019 – 1032.

[42] Persson, T., and G. Tabellini., 1994, "Is Inequality Harmful for Growth?", *American Economic Review*, 84, 600 – 621.

[43] Piketty, T., 1997, "The Dynamics of the Wealth Distribution and the Interest Rate with Credit Rationing", *Review of Economic Studies*, 64(2), 173 – 90.

[44] Wan, G., M. Lu, and Z. Chen, 2006, "The Inequality-growth Nexus in the Short and Long Run: Empirical Evidence from China", *Journal of Comparative Economics*,

34(4),654 - 667.

[45] Wu,X. , and P. M. Jeffrey, 2004, "China's Income Distribution over Time: Reasons for Rising Inequality",home page of the Jeffrey.

18 税制结构优化与经济增长动力重构①

内容提要:扭曲的税制结构是中国经济增长动力不足的重要内因之一。随着经济结构转型的推进以及原有制度红利的消失,中国经济增长乏力,经济增长模式逐步进入从需求管理向供给管理阶段的转变时期,税制结构的优化将是经济发展的必然选择。结合中国税收现实的研究发现:中国亟须通过增加制度供给,改善与调整扭曲的税制结构,建立统一税制,改善治税理念,重新获得资源配置效率,为经济长期稳定增长注入新动力。

关键词:税制结构　经济增长　供给管理　治税理念

一、引　言

改革开放以来,以劳动力和资本等生产要素投入为驱动力的传统增长模式带动了中国经济持续高速增长。然而,伴随着"刘易斯"拐点的到来,市场改革的旧制度红利正逐渐消失,中国经济增长速度开始转折性地回落,2010—2013 年中国经济增长率由 10.4% 逐步下降到 7.7%,经济长期平稳增长的压力增大(沈坤荣、滕永乐,2013)。为了应对可能带来的经济增长减速,政府长期选择从需求管理角度刺激经济增长,但短期的刺激效应无法维持长期的经济增长,不仅如此,需求管理政策的过度使用还带来了大规模的地方政府债务,各种融资平台的出现影响了货币存量的变化,引致"影子银行",加剧经济风险。从现实情况来看,中国原有的经济增长动力开始衰

---

① 原文刊载于《经济学家》2014 年第 10 期,合作者为余红艳博士。

竭,经济增长乏力事实逐步呈现。

第一,工业化主导下的经济增长受到挑战。1994年分税制改革以来,在工业化战略的导向下,各级政府围绕短缺资本的相互竞争愈演愈烈,以各种优惠政策为基本特征的非正式制度框架在工业化推进中广泛形成,包括以低价格、零价格甚至补贴形式提供工业用地、水电供应,以及实行各种税收优惠策略等(金碚,2008)。这种依靠大量消费能源推动经济增长的模式,使得中国经济增长逐步接近资源和环境条件的约束边界(金碚,2005),再加上地方政府产业发展的政绩驱动因素(韩秀云,2012)和投资的补贴性竞争(江飞涛等,2012),产能过剩的局面更为突出。

第二,市场化改革需要进一步深化。在经济发展的早期,市场化改革推动了中国经济增长,提升了资源配置效率,市场化对全要素生产率的贡献也是显著的(樊纲等,2011)。但是,当经济增长到一定阶段后,以行政管制、垄断等各种形式存在的市场资源错配阻碍了经济效率的改善,制度供给的不足以及制度环境的滞后进一步强化资源错配,中国经济的可持续增长需要深入推进市场化改革(樊纲等,2011)。

第三,工业增长的空间载体即城镇化亟待转型。一直以来,"土地财政"模式的经济增长在分权主义的制度支撑下取得了很大的成就。土地存量的减少,人口结构的悄然转变,社会保障制度等公共品供给的缺失,城镇化发展无法向经济增长释放积极的预期,反而由于制度的约束,抑制了消费能力的提升,以致中国的城镇化还处于"半城镇化"状态。就消费情况看,居民消费能力扩大的关键是"住、行、学"的供给,它是保障中国经济长期可持续发展的主要动力(王国刚,2010),政府投资主导下的中国城镇化产业经济发展需要更有效的消费力支撑。

第四,国际化战略的消极增长效应正在累积。改革开放后,中国经济从国际化进程中获得了持续的增长红利。加入WTO后,中国在融入国际经济、税收环境、外资的增长以及技术引进方面也取得巨大的成果。然而,在世界性要求保护知识产权浪潮的背景下,由于技术创新及与其对应的制度创新不足,低端产品产量累积所带来的负效应正迅速扩散,加之高端产品的市场占有率又相对低下,技术引进下的国际化模式与现实经济发展之间摩擦增大,中国国际化模式的增长也走到了尽头。

由此可见,作为传统的经济增长源泉,需求管理即依靠大量资本投入和资源消耗的经济增长是不可持续性的,需求管理的局限性日益显现,供给管理的内在诉求也变得愈加强烈(刘伟、苏剑,2010)。值得指出的是,中国经济在体制改革、管理效率等诸多领域中,仍存在改善微观生产效率的空间(蔡昉,2013),供给管理将开启中国新一轮经济增长的新起点。供给管理的核心是释放供给约束,其中,税收制度将成为经济动力重构中的关键所在。十八大报告中指出,"科学的财税体制是优化资源配置、维护市场统一、促进社会公平、实现国家长治久安的制度保障"。税收制度是财税体制的重要组成部分。在经济增长动力重构的路径选择上,作为经济重要变量的政府税收制度供给又将有着怎样的调整? 微观生产效率的提升对税收制度本身又提出怎样的要求? 为了回答这些问题,本文则从如何优化税制结构的角度来勾勒中国经济的增长路径,从供给管理的角度来研判中国经济增长的动力机制。

二、经济增长路径中的税制结构:历史演进轨迹

(一) 1994 年税制结构调整目标: 投资重税与扩大规模

1994 年的分税制改革是中国税制结构调整的分水岭。分税制改革前,由于企业和银行的双重预算软约束,市场责任意识淡薄,税收收入规模不足,银行实质上代行了部分财政职能;中央政府的宏观经济调节作用难以有效发挥,地方政府投资行为盲目,导致投资过热,引发通货膨胀("财税体制的进一步改革"课题组,2000)。鉴于这样的改革背景,1993 年设计税制改革时,政府的宏观政策目标是治理通货膨胀和增加税收收入,尤其是增加中央政府的财力,并选择了对投资课以重税的政策,其中包括生产型增值税的设计,固定资产投资方向调节税和土地增值税的开征,以及在一些经济领域内不征增值税而开征营业税。同时,为了避免税制对外资的大规模冲击,税制改革对涉及外资的问题实施过渡措施,即改革后的五年内对于间接税负超过以前工商统一税的部分实行返还。实质上,所谓的投资重税政策所造成的税收负担基本上落在了内资企业身上,这种局面在统一内外资企业所得税后也未能大幅度扭转,原因在于税制的统一仍然伴随着税收优惠的大规模实施。

（二）1998 年税制结构调整目标：调节内需不足

分税制改革后的很长时期,中国宏观经济形势又发生了巨大变化。1994 年的投资过热局势有所缓解,内需不足和供给结构失调成为经济发展的主要特征。为了配合 1998 年后的积极财政政策,自 2000 年起,国务院暂停征收固定资产投资方向调节税,考虑到产业政策的实施,对技术改造项目的国产设备投资实行 40％抵免所得税,对高新技术企业加大优惠力度,对其实行 6％的增值税,提高内资企业计税工资标准,并征收利息所得税等等。与此同时,"先行资本"的大规模投入使得基础设施瓶颈问题得到解决,积极财政政策初见成效。但我们也看到,即使经历了几年的大规模建设投资,政府也采取了一些启动社会投资的措施,并加大税收优惠的力度,依然不足以完全解决经济层面上的所有问题,内需不足尤其是居民消费低下问题仍旧存在。在维持现有税制结构的前提下,需求管理的政策效应在一定情况下还在持续,只是方式上做了些微改变。

（三）2004 年税制结构调整目标：市场公平与收入分配

在经历了"经济软着陆"阶段后,中国收入分配矛盾也愈发突出。于是,2004 年新一轮税制改革开始侧重于公平目标的实现,中国增值税转型试点改革正式启动,在八大行业内实施"增量抵扣"方式的改革试点。此后,为了促进市场公平竞争环境的形成,增值税转型全面推行。消费税制的改革解决了征税范围偏窄问题,增进了消费公平,将环境保护和资源节约的理念纳入消费税制,使得应税品目的税率结构与产业结构、消费结构的变化相适应。同时,政府取消农业税,体现了现代税收中的"公平"原则。2006 年,企业所得税的"两法合并"在微观层面拉开序幕,统一税制释放了经济增长的积极信号;个人所得税提高了扣除标准,并降低最低一档税率以增加中低收入阶层的可支配收入。这些措施都在一定程度了暂时缓解了当时的市场不公以及收入分配失衡的问题。

（四）2008 年税制结构调整目标：优化经济结构

2008 年金融危机后,中国经济的重心更侧重于深化重点和关键领域的改革,以及加快经济结构调整。为此,2009 年政府开始继续推进有增有减的结构性减税政策,主要用于支持科技创新、促进产业结构优化和提高企业竞争力等等。这其中涉及车辆购置税、成品油税费、增值税、营业税等税种改革,其中,"营改增"最为引人注目。2012
年,上海率先进行了改革试点,后又将试点范围分批扩大至 8 个省市。尽管结构型减
税的实施取得了一些成效,但这些改革内容更多地体现为税种的局部调整或优惠政策
的选择,在需求管理向供给管理转换的过程中,现行税制本身与经济稳定增长之间的
矛盾根源并没有得到解决,改善当前的问题还需要税制结构做更深层次的优化。

从中国税制结构变迁轨迹来看,在中国经济发展的初期,税制结构适应了当时经济
发展水平低的状况,无论是流转课税的调整、所得课税的规范,还是多种多样的税收优惠
政策,都满足了中国经济的内在需要。目前,经济社会环境已发生了变化,税制改革的目
标不再是规模扩大,而是结构调整。相比之下,1994 年所形成的税制结构在这样的经济
背景下不但不能释放有效的增长效应,反而背离了经济稳定增长的目标。

三、现行税制结构扭曲经济增长:统计判断及基本特征

(一) 主体税种与辅助税种搭配失衡扭曲经济结构

从税收的收入结构看,首先,中国税制结构的收入结构依旧是以流转税为主(见
图 18-1)。自 1994 年税制改革后,流转税税负的长期持续转嫁以及课税的累退性
不但加剧了国民收入分配格局的失衡,而且降低了居民消费能力。且流转税对外贸
企业出口退税体制影响较大,2003 年出口退税改由中央、地方共同分担后,外贸企业
出口退税占流转税的比重一直维持在 15% 以上(图 18-2)。2007 年,为了控制出口
过快增长和调整出口产品结构,我国调低部分商品出口退税率,尤其是"三高"产品平
均降低 11.06 个百分点,尽管如此,出口退税占流转税的比重还是高位徘徊。实际
上,出口退税率下调并没有显著抑制"三高"产品出口的增长,调整出口商品结构的目
的未全部达到预想的效果(白重恩等,2011)。相比于流转税,所得税规模提升缓慢,
税收优惠过多,侵蚀税基。其次,辅助税种调控乏力。现有辅助税种存在着严重的
"缺位"和"越位"现象:一是环境税体系的"缺位"影响产业结构调整;二是社会保险税
的"缺位"弱化社会保障的制度增长效应;三是财产税体系的"缺位"与地方税体系的
不健全相对应。税收"越位"则更多地体现为当前税种的调整要求,在经济发展过程

中,需要动态调整一些不必要的税种。

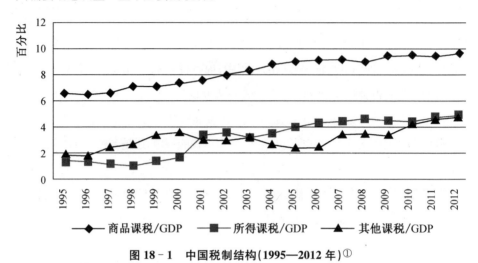

图 18-1　中国税制结构(1995—2012 年)①

数据来源:《中国税务年鉴》。

图 18-2　外贸出口退税占全部流转税的比重(1985—2012 年)

数据来源:《中国税务年鉴》。

---

① 其中商品课税只计算增值税、营业税和消费税,所得课税包括个人所得税和企业所得税,除此之外的所有辅助税种为其他课税。

（二）税制结构安排下总量税率偏高抑制经济增长

首先,从小口径税收收入角度看,当前税制结构显示流转税税负过高,就国际比较来看,中国增值税、企业所得税与个人所得税三大税种基本税率偏高(刘佐,2011),而且增值税有四档税率,过于复杂;个人所得税的问题主要是征收模式。从总规模来看,图18-3显示税收收入的增长幅度自2007年后开始缓慢上升,这恰恰也说明了税制结构内在的缺陷所在。其次,从中、大口径来看,非税收入的负担越来越突出。从1995年开始,财政收入与税收收入之间的差距一直在不断扩大,非税收入在近20年内发展迅速。2007年后,非税财政收入的增幅明显快于税收收入,相当一部分的政府收入来源于税收以外的其他途径,也给调整税负水平和税负结构增加难度。即便是调整了税制相关的要素内容,也不能确定是否能从税改中得到最大的成效预期,甚至以非税形式存在的税负会加大增长目标的偏离力度。从大口径来看,预算管理水平的提升使得政府收入与财政收入呈现趋近态势,但大规模的政府性基金又拉大了两者的差距,中国税制结构的大、中口径目标将更多地体现为税收与非税结构的全面调整。

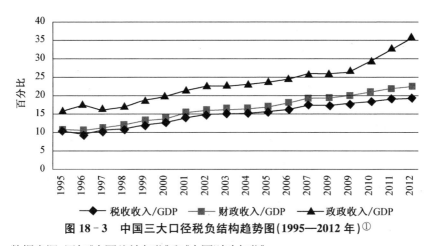

图18-3 中国三大口径税负结构趋势图(1995—2012年)[①]

数据来源:历年《中国统计年鉴》和《中国财政年鉴》。

---

① 结合国际货币基金组织《政府财政统计手册》的标准,1995—2009年,图中的政府收入涵盖一般预算、预算外收入和社保基金收入;2010—2012年,政府收入涵盖一般预算、预算外收入、社保基金收入和政府性基金收入。图中预算外收入的数据到2010年,原因在于财政部规定自2011年1月1日起,中央各部门各单位的全部预算外收入纳入预算管理;地方各级财政部门要按照国务院规定,自2011年1月1日起将全部预算外收支纳入预算管理。

（三）非正式制度下的税收优惠"刚性"偏离经济稳定增长目标

首先，税收优惠体系扰乱了正式税制结构的安排，加剧了税制结构的扭曲。更甚有，过多的税收优惠增加了财政压力，降低了经济效率（马国强，2003）。现实中，中国的税收优惠体系可谓是"乱象重生"：从税种来看，优惠政策基本上覆盖所有税种，现行的18个税种，每个对应的法律法规都有优惠条款，且相比之下，由此而形成的地方性优惠政策体系更为复杂，且随意性强。从区域来看，多年来，经济特区、经济开发区等实行占优税收优惠；自2008年起，政府对一些区域仍实行企业所得税过渡期优惠政策。从产业来看，在工业主导战略下，来自工业企业的优惠幅度很大，在各地区政府经济竞争中，税收优惠是一个常用的手段。2009年，我国出台了十大产业振兴规划，其中，税收优惠是重要组成部分。其次，"刚性"税收优惠体系阻碍资源有效配置。受到既得利益的阻碍，税收优惠往往形成容易，取消难。我们不能否认，税收优惠的确存在其有利的一面，但在阶段性成效获得后必须动态调整优惠策略，减少长期的市场效率损失。归纳来看，一方面，税收优惠政策结构调节目标不清晰，这种无导向的税收优惠难以解决现实经济的结构矛盾，低端产品仍在优惠中以"量"大的优势存在，加剧经济资源错配。另一方面，税收优惠的预算监督力度不足，也没有具体的规划和预算约束，这样的税收优惠，不但腐蚀了合理的税基，而且背离了经济稳定增长和经济结构优化的目标，比如地方政府之间为吸引外资而提出很多税收优惠的做法就是低效的（殷华、方鲁明，2004）；新的企业所得税法的实践证明，降低法定税率，强化税收政策的产业导向，取消优惠，同时给企业以一定的延缓期是有效的政策组合（李增福，2010）。

（四）税收来源结构的资源错配阻碍经济长期稳定增长

税制结构有两种表现形式。一是收入结构。主要指中国18个税种占比。二是来源结构。图18-4显示中国税收的90%以上来自企业，仅有约6%的税收来自个人。结合收入结构来看，来自个人的税收虽然较少，但由于流转税存在税收转嫁，收入来源完全依靠着价格分配通道改变居民与企业的税负水平，企业是名义纳税人，而居民个人是真正的负税人。对企业而言，企业面临高的名义税率，经济活动面临不利预期，税务部门的征管也更多地倾向于对企业的监管，只要企业流转税的税收征收到位,税收的任务也就有了极大的保障。在这样的收入结构下,政府税收更多地着眼于企业,使得政府本身对税制结构的调整缺乏动力。对居民个人来说,居民收入水平提升缓慢,在税负转嫁中承担着过多的企业税收负担,导致居民消费受阻。从税收收入的企业来源结构来看,在表18-1中,中国主要的税负承担者是内资企业,约75%的税收收入来自内资企业,且国有经济的税收贡献随之下降,其他经济成分对税收的贡献随之上升,但是国有企业在税收非正式制度安排下优势地位明显,其价格机制与利润水平往往不是市场竞争的结果(李晋中,2011)。在企业层面,甚至高管的政府背景也会决定企业税负水平。在企业税外负担较重的省市,高管具有政府背景的公司的适用税率和实际所得税率都要低于高管没有政府背景的公司,而且,高管的政府背景能获取的税收优惠也较多,尤其是所得税的优惠(吴文锋等,2009)。相比之下,私营企业、股份制企业等在创造产出和税收等方面都发挥了积极的作用,但现行税制对非公有制经济的不平等税收待遇依然存在。

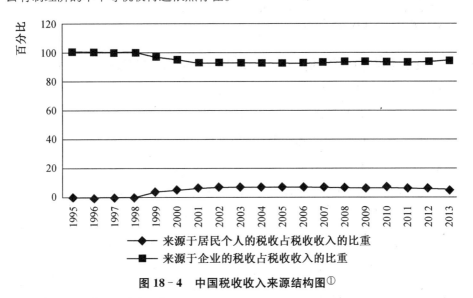

图18-4 中国税收收入来源结构图①

数据来源:《中国税务年鉴》。

---

① 来自个人缴纳的税收主要是个人所得税,由于其他涉及个人缴纳的税种中,其税收收入规模较小,不影响分析的效果,所以除个人所得税之外的所有税收列入其他企业来源。

表 18-1　2011 年全国税收收入分税种分企业类型贡献表　　（单位:%）

项目	内资企业	国有企业	集体企业	股份合作企业	联营企业	股份公司	私营企业	其他企业	港澳台投资企业	外商投资企业	个体经营
税收收入	75.25	14.54	0.97	0.50	0.12	45.30	10.61	3.21	6.65	13.87	4.23
增值税	73.48	20.50	0.65	0.23	0.12	36.64	12.15	3.19	7.32	17.28	1.93
消费税	85.85	25.39	0.03	0.03	0	57.76	0.62	2.02	2.78	11.33	0.03
营业税	83.78	9.56	1.72	0.72	0.16	54.03	13.93	3.65	4.18	5.93	6.12
企业所得税	72.42	5.58	1.28	0.97	0.13	54.09	9.34	1.04	9.91	17.67	0
个人所得税	69.27	9.87	0.93	0.68	0.16	39.63	11.04	6.98	5.58	14.70	10.44
资源税	90.53	11.38	2.18	0.17	0.12	63.74	10.78	2.16	1.93	1.51	6.04
房产税	74.03	11.40	2.46	0.91	0.16	43.18	10.84	5.11	8.73	10.99	6.24
土地增值税	81.43	4.07	0.83	0.20	0.16	57.68	14.87	3.63	9.21	6.58	2.78

数据来源:《中国税务年鉴》(2012 年)。

（五）体制背景下的税制结构弱化经济长期增长意愿

　　税制结构的优化需要良好的体制背景。在保持现行分税制格局不变的前提下,以往很多的做法是调整税制结构而忽略体制调整,但这些表面上的变动并不能解决根本性问题,反而还会进一步加剧税制结构扭曲。1994 年分税制没有完全建立顺畅的政府间财政分配框架,税收的公平和效率原则也未能在税权划分中充分体现,由此引发政府间税收竞争,使得政府收入结构内出现"费税争宠"的局面。所以,尽管中央税收收入的比重较高,但图 18-5 所示,地方非税收入比重优势凸显。另有,现有分税制框架下的税制结构弱化经济长期增长意愿。分税制改革前,中央政府的商品课税在总商品课税收入比重中逐步上升,改革后逐步稳定。中央政府的所得税收入在总所得税收入比重中处于下降状态,2002 年所得税分享后,中央的所得税收入比重大幅度提升(图 18-6),在原有税收体制的安排下,中央在重要税种的量上具有绝对优势。这种情况下,由于各级政府财权与事权的分割存在严重的不对称性,现有的分税制体制安排反而强化了政府对流转税的强烈依赖及其与企业税收的联动机制(沈坤荣、余红艳,2014),地方政府在经济稳定增长中的"短期"行为和自利性降低了经济长期增长意愿。

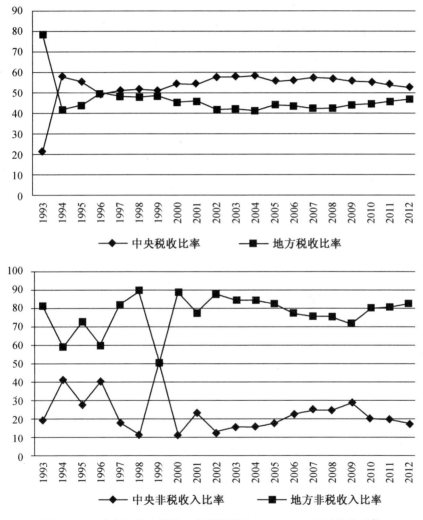

图 18-5　中央与地方税收与非税比重(1993—2012 年)(单位:%)

数据来源:图中数据来自《中国财政年鉴》(2008—2012 年),1999 年、2006 年的税收数据源于《中国税务统计年鉴》,其中,表 18-1 中比率等于中央、地方数值比上全国总值。

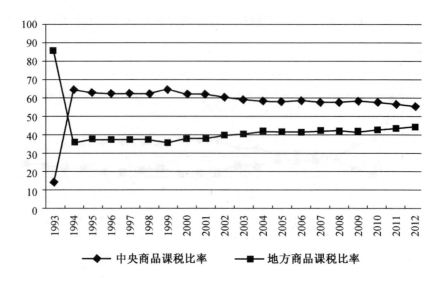

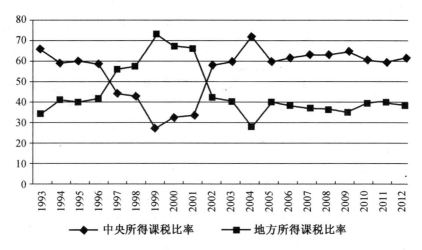

图 18-6　中央与地方商品课税与所得课税比重(1993—2012 年)(单位:%)①

数据来源:图中数据来自《中国财政年鉴》(2008—2012 年),1999 年、2006 年的税收数据源于《中国税务统计年鉴》,其中,表 18-1 中比率等于中央、地方数值比上全国总值。

---

①　其中,商品课税包括国内增长税、消费税、营业税;所得课税包括企业所得税和个人所得税,除此之外的所有辅助税种为其他课税。

四、改革税制结构的可能性及其目标:新供给主义诠释

（一）改革中国税制结构的目标：新供给主义与中国现实

较之以前的供给学派思想,新供给主义更强调中国当前的现实与新供给主义政策的结合。第一,新供给主义理论秉承了以市场为资源配置核心,这与中国当前深化市场改革、矫正资源错配、强化市场资源配置决定性作用的现实方向相同。第二,供给学派的减税政策是释放供给约束的关键所在。中国的税收收入和经济总量在经历了大规模的攀升后,增长幅度开始出现下降,企业层面上的供给约束尤为明显,调节税收收入仍然是现阶段中国经济的必然选择。第三,供给学派在滞涨时期的政策安排有着其特殊的经济背景,以美国为首的实施供给主张的国家多数是以所得税为主,甚至有些国家在供给管理的要求下开增了商品课税,这与中国当前的情况相比是有差异的;原有的供给经济学强调税收中性与减税,使经济自身增加供给的原则,而中国供给管理应以推动机制创新及结构优化作为切入点(贾康,2013)。单一的减税并不能从根本上达到增加供给的内在要求,税制结构的内在失衡会制约减税本身所带来的作用发挥。因此,中国解除供给管理约束的出发点是优化税制结构,在此基础上合理减税才是可取的。第四,供给学派中所涉及的减税必须考虑到一国财政收入的根本情况,不能盲目减税。

（二）制度供给释放税制结构的长期增长效应

在过去很长时间内,市场经济体制的确立与财税体制改革极大地释放了中国经济的供给潜力,正是在这样的制度供给保障下,中国经济实现了长期需求管理的有效性。自1994年税制改革以来,效率型的税制结构配合了中国需求管理的基本要求,经济增长和税收始终处在"拉弗曲线"的有效区内。在经历了两次危机之后,需求管理的效能已经在现有的制度供给中发挥到极致,其政策调节效用已渐进尾声,经济增长的供给端动力不足则较为突出。长期被忽略的供给结构和供给效能在现阶段经济结构调整中变得愈发重要,以此为主导,改善经济系统的运行效率和增加系统的结构变革能力在经济增长乏力时愈发迫切。新供给主义经济学认为,周期性的产能过剩

是经济结构进入供给成熟阶段的必然结果,应该创造新的制度供给,然后让其给企业本身带来利润缓冲,促进经济转型,引导资源进入新的供给领域。当前情况下,中国经济增长速度放缓虽然面临着严峻挑战和风险,但也说明了中国供给端的"拐点"已经到来,我们应该以体制改革促进结构优化,释放制度供给潜力,充分利用税收结构的供给效应加速中国产业升级,推动经济从低端供给结构向高端供给结构转变。

（三）建立统一税制与有效减税理念的内部诉求渐已形成

经济发展的停滞其实不是需求不足,而是供给(包括生产要素供给和制度供给)不足引起的(贾康等,2013)。其中,要素供给与微观主体密切相关。从结构优化和市场公平的角度出发,税制的供给学派主张强化市场作用,弱化政府对经济的不利干预。新的供给理念下税制结构的安排应该是建立统一税制,为市场创造良好的竞争环境。按照统一税制和市场公平的要求,首先,可以择机降低大类税种的税率,尤其是流转税税率。当然,名义税率的降低可能并不意味着税收收入的减少,相反,还会向经济提供良好的供给预期。从相关税种来看,一是增值税,尽管我们没有直接降低增值税税率,但增值税的转型、"营改增"都是在一定程度上调整增值税。二是降低企业所得税税率和规范企业所得税税收优惠政策。多数的税收优惠都集中在所得税上,所以长期以来,企业所得税比重之所以一直得不到提升也有这方面的原因,税基的侵蚀与优惠的混乱使得所得税税制本身无法担当起结构优化的重要责任。

五、结　论

（一）深化制度供给,优化税制结构,提升经济增长效率

税制结构的构成受到所处经济体制的制约,经济社会体制的变迁意味着国家汲取收入的基础与方式也要随之发生变化,但若税收制度不能有效地回应这一需求并积极寻求制度创新,原有的税制结构就会和新的税基发生冲突,导致国家汲取收入能力下降,从而加剧财政压力,严重的会引致财政风险。现行改革的方向是由建立与社会主义市场经济体制相适应的财税体制框架向建立国家治理现代化相匹配的现代税收制度转变。如今,经济社会环境都发生了巨大变化,如果税制结构不改变,经济的

转型与调整便会倍受阻碍。在这种情况下,税制结构的制度供给必将随着结构税源的调整做相应的改善,无论选择何种税制结构,都是政府经济长期稳定增长的一种政策安排。通常情况下,政府的经济目标是多维的,这意味着从多元的经济社会角度来选择适合中国经济增长的税制结构非常重要。

(二)稳定税负,统一税制,释放供给约束

"稳定税负"是当前中国税制改革的首要约束条件。短期内,大规模缩减流转税总量是不可取的,这样可能影响正常的政府收支安排,还会给地方政府债务雪上加霜,而且即使改变了税制结构也不能完全调整税收收入规模,原因在于只改变税制结构,而不改变支出型宏观税负和政府职能本身,是难以有好的改革效果的。虽然不能过分缩减总量,但可以在结构的调整中不断优化税制结构。在流转税改革中,营改增的推进是在不过分缩减税收总量的基础上优化税制结构;消费税的改革则可以将更多与资源、环境保护的税种纳入其中。另有,流转税中涉及外贸出口退税的政策亟待规范,可以考虑降低相关税种的标准税率。从长期来看,要谨慎地缩减流转税的比重,减低以企业为纳税人的税负水平;提升所得税比重,尤其是加大居民缴纳的税收比重,逐步筛选税收优惠政策,实施科学的税式支出预算,统一税制;改革个人所得税的征收模式,选择分类与综合相结合的征收模式;加快房地产税立法;选择合适的时机开征遗产税和赠与税,调节居民收入分配,促进社会公平。

(三)强化"新"减税、治税理念,矫正资源错配机制,优化国家治理环境

减税依然是助推经济增长的必然选择,但这里的减税包括两个方面:一是在相关税种税制结构优化之上的减税;二是宏观税负,即政府收入结构规范下的减税。前一种减税就是要从正式的税制要素和非正式的税收优惠即完善税制的角度,结合经济发展的需要进行减税。后一种减税是要形成良好的治税理念。一直以来,地方政府的考核指标更多地体现为财政收入为先的治税理念,政府为获得更多的收入就很难体现实质性减税,且税制结构的惯性维持还会得到强化,所以,治税理念也是减税中的关键。从当前的政府收入来看,税收收入与非税收入的配比至关重要,不管怎样,两者都会切实形成企业和居民的税收负担。如果不能改变"锦标赛"竞争模式下的考

核标准，那么在原有分税制的框架下，非税收入对税收收入的挤出效应可能会更突出。税收作为经济调节的"楔子"，其功能本身就说明了税收是改善当前经济配置效率的重要手段，合适的税制结构及其治税理念可以带动合理的税负水平，也可以矫正政府干预所带来的一些资源错配现象，有效推动经济稳定增长，实现国家有效治理的最终目标。

参考文献

［1］白重恩、王鑫、钟笑寒，2011：《出口退税政策调整对中国出口影响的实证分析》，《经济学（季刊）》第4期。

［2］蔡昉，2013：《中国经济增长如何转向全要素生产率驱动型》，《中国社会科学》第1期。

［3］"财税体制的进一步改革"课题组，2000：《调整税制结构，激活社会投资推动国企改革，促进经济增长》，《经济社会体制比较》第3期。

［4］樊纲、王小鲁、马光荣，2011：《中国市场化进程对经济增长的贡献》，《经济研究》第9期。

［5］韩秀云，2012：《对我国新能源产能过剩问题的分析及政策建议——以风能和太阳能行业为例》，《管理世界》第8期。

［6］贾康，2013：《中国需要以改革为核心的新供给经济学》，《地方财政研究》第2期。

［7］贾康、徐林、李万寿等，2013：《新供给经济学在中国改革中的关键点分析》，《现代产业经济》第7期。

［8］江飞涛、耿强、吕大国等，2012：《地区竞争、体制扭曲与产能过剩的形成机理》，《中国工业经济》第6期。

［9］金碚，2005：《资源与环境约束下的中国工业发展》，《中国工业经济》第4期。

［10］金碚，2008：《中国工业化的资源路线与资源供求》，《中国工业经济》第2期。

［11］李晋中，2011：《国有经济对税收的影响分析》，《财政研究》第1期。

［12］李增福，2010：《税率调整、税收优惠与新企业所得税法的有效性——来自中国上市公司的经验证据》，《经济学家》第3期。

［13］刘伟、苏剑，2010：《供给管理与我国现阶段的宏观调控》，《经济研究》第12期。

［14］刘佐，2011：《中国"十二五"税制改革初步展望》，《山东经济》第3期。

［15］马国强，2003：《中国现行税收优惠：问题与建议》，《税务研究》第 3 期。

［16］沈坤荣、滕永乐，2013：《"结构性"减速下的中国经济增长》，《经济学家》第 8 期。

［17］沈坤荣、余红艳，2014：《税制安排对产业结构的影响》，《经济纵横》第 1 期。

［18］王国刚，2010：《城镇化：中国经济发展方式转变的重心所在》，《经济研究》第 12 期。

［19］吴文锋、吴冲锋、芮萌，2009：《中国上市公司高管的政府背景与税收优惠》，《管理世界》
　　第 3 期。

［20］殷华、方鲁明，2004：《中国吸引外商直接投资政策有效性研究》，《管理世界》第 1 期。

19　中国经济发展阶段转换与增长效率提升①

内容提要:当前我国宏观经济增速呈现连续回落调整态势,主要宏观经济指标持续走低,但是并不能简单地判断为周期性调整。由于人口结构、产业结构、分配结构和需求结构等长期趋势正在发生逆转,标志着原有经济增长模式的终结,经济已经进入发展阶段转换时期。为此,必须要把推动发展的立足点转到提高增长效益上来,通过在规模效率、技术效率、配置效率和管理效率四个维度持续推动改革,激活市场活力,提升全要素生产率,实现经济转型升级。

关键词:经济增长　发展阶段　增长效率　结构转型

一、引　言

改革开放 30 多年来,中国经济实现了"奇迹般"的高速成长,人民生活水平和质量得到显著改善。然而,中国在转型背景下对发达国家的追赶,也付出了高消耗、高污染、牺牲个人福利以及经济运行体制扭曲的代价。重规模轻质量、重速度轻效率的倾向已成为中国经济进一步发展的桎梏,经济发展的不可持续性与赶超的后劲不足等问题变得愈发紧迫。党的十八届三中全会指出②,紧紧围绕使市场在资源配置中起决定性作用深化经济体制改革……推动经济更有效率、更加公平、更可持续发展。

---

① 原文刊载于《北京工商大学学报(社会科学版)》2015 年第 2 期,合作者为滕永乐博士。
② 《中共中央关于全面深化改革若干重大问题的决定》,北京:人民出版社,2013 年。

加快经济发展方式转变,关键是要把推动发展的立足点转到提高增长效益上来。当前,中国经济正从高速增长转向中高速增长,经济进入"新常态"。长期经济增长中的供给和需求因素已经发生趋势性逆转,导致原有增长模式已不适应新的发展需要。因此,如何针对发展阶段转换时期的结构转型矛盾重新构筑中国经济增长的动力机制,提升经济增长的质量与效益,实现由规模扩张向效率提升转变已经成为政府和学界关注的核心议题。

二、经济增长下行压力加大

2008 年金融危机爆发后,关于中国经济增长的格局与动力,后危机时代中国经济将何去何从等话题一直困扰着政策制定者。在"四万亿"刺激政策逐步退出后,中国经济增速自 2010 年第二季度开始放缓,特别是 2012 年第一季度以来 GDP 增速已连续十一个季度低于 8%。考虑到 2014 年国内外经济形势的复杂性,中国经济连续 5 年增速下降,连续 3 年增速低于 8%已成基本定局。这将是自改革开放以来经济下滑时间最长的一次,并且增速放缓的压力仍在不断加大。为此,许多国际机构和投资银行纷纷下调中国 2014 年的 GDP 增速预期(表 19 - 1),国外一些评论也对中国经济的前景表示担忧,"唱衰"中国经济的言论再一次甚嚣尘上。

表 19 - 1   国外主要机构对中国经济增长的预测   (单位:%)

研究机构	2014 年			2015 年
	年初值	最新值	变化幅度	
世界银行	7.7	7.4	—0.3	7.2
国际货币基金组织	7.5	7.4	—0.1	7.1
亚洲开发银行	7.6	7.5	—0.1	7.4
经合组织	—	8.2	—	7.5
德意志银行	8.6	7.8	—0.8	8.0
高盛集团	7.6	7.3	—0.3	7.6

（续表）

研究机构	2014 年			2015 年
	年初值	最新值	变化幅度	
美银美林	7.6	7.2	—0.4	—
摩根大通	7.4	7.2	—0.2	—
瑞银	7.8	7.5	—0.3	7.2

数据来源：根据各机构研究报告和相关报道整理，更新至 2014 年 10 月。

与此同时，也有学者认为，任何国家的经济增长都不是直线上升的，即便在改革开放的 35 年中，中国经济由于外部冲击和内部调整等原因，也同样经历过几次不同幅度的升降起落，年均增长率也并非保持稳定。若是进一步从国际比较的角度看，中国的经济增长速度不仅远高于欧美日等主要发达经济体，与收入水平接近的其他金砖四国相比，无论是在增长的速度还是稳定性方面，中国经济显然更胜一筹。

实际上，无论是乐观者的看好还是悲观派的唱衰，都反映了中国的经济发展已经受到举世关注。从国内看，尽管改革开放 35 年来中国经济保持年均 9.8% 的高速增长，然而根据世界银行的数据，中国人均 GDP 仍然只有美国的 19.4%、日本的 25.7%，在世界 214 个国家中排在第 114 位；接近 1 亿人尚未摆脱贫困，其中 80% 是农村人口；每年新进入市场的劳动者约为 1 300 万人，其中多半是等待就业的大学生。这一系列数字说明，对于刚刚迈入中等收入国家行列的中国而言，GDP 增长速度不仅仅是经济问题，更是与社会和谐、稳定密不可分。从国际上看，中国已跃居世界第二大经济体，经济总量占世界经济的份额已从 1978 年的 1.8% 提高到 2011 年的 10.5%，若按照购买力平价计算，这一数字将进一步上升到 14.32%。中国经济的崛起对整个世界已经产生了举足轻重的作用，外溢效应显著。研究表明（IMF，2014），在新兴市场中，中国的增长率上升 1 个百分点，其他新兴市场的增长率会立刻上升 0.1 个百分点。随着贸易条件进一步改善，这种正面效应会不断增大。可以说，世界经济比起以往任何时候都更需要中国。

必须看到，当前中国经济下行风险明显加大，稳增长压力陡增。从国民生产总值构成来看，消费、投资和出口均呈现回落态势（图 19 - 1）。国内消费持续低迷，自

2010 年开始,社会消费品零售总额增速逐年下降趋势十分明显。国民收入分配不合理,收入预期下降等都抑制了消费意愿。中央八项规定和各项反腐措施出台在纠正不合理消费的同时也间接地冲击了国内消费增长(刘伟,2014)。在投资方面,由于社会投资回报率不断下降,企业自主投资意愿下降,固定投资增速仍延续回落之势。特别是自 2014 年以来,房地产投资的大幅下滑进一步拖累了全社会固定资产投资。外贸进出口方面,受人民币升值和国内劳动力成本上升等因素共同作用,我国出口传统的成本优势正逐渐被东南亚地区超越,高端制造又面临着发达国家制造业回流的挑战。因此,全年的外贸形势依旧复杂严峻。

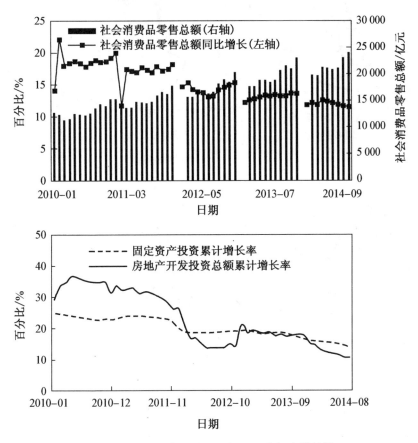

图 19‑1　社会消费品零售总额和固定投资增长情况

数据来源:国家统计局网站。

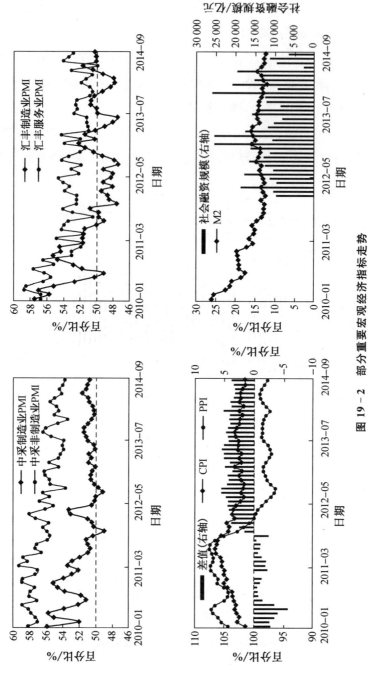

图 19 - 2　部分重要宏观经济指标走势

数据来源:国家统计局,中国人民银行网站。

　　在企业生产方面,制造业 PMI 和工业增加值自 2011 年以来一直处于收缩过程(如图 19-2)。外需恶化、内需放缓、企业用工成本上升以及去库存压力都令制造业承压,企业整体盈利仍在低位徘徊。实体经济面临的核心问题是缺乏竞争力,生产率难以提升,去库存、去产能仍将继续,加快更新改造、转型升级都需要一个过程。从物价走势看,消费者价格指数(CPI)逐月走低,而工业产品出厂价格(PPI)持续负增长,宏观经济中的通货膨胀隐忧已经远去,但是实体经济通缩风险已经形成。特别是,由于 CPI 与 PPI 之间的差距并未显著缩小,其反映的真实融资利率仍处于高位,这对净负债的工业企业造成了巨大压力。

　　为了保证经济增长在合理区间内运行,中央政府采取了一系列措施,先后通过为小微企业减税、加快铁路投融资方式转变、加大铁路投资、加大棚户区改造力度等财政"微刺激"政策,中国人民银行通过不对称降息、公开市场操作、连续定向降准以及创新使用多种货币政策工具,保持了中性适度的流动性水平,促进了信贷的合理增长和信贷结构的有效改善,避免了中国经济出现大的波动。从近期月度数据来看,主要宏观经济指标基本保持稳定,但是经济复苏的基础依然脆弱,复苏势头有待于时间的进一步验证。

　　经济增长减速意味着很多潜在的风险会逐步暴露,这主要体现在企业盈利能力下降、地方政府债务风险加大、银行资产质量下降以及信贷资金无法有效流向实体经济。特别是当前部分企业依然存在经营困难和盈利能力不足的问题,资本回报率呈明显的下降趋势,产能过剩和去库存成为部分行业的主要问题。银监会公布的数据也反映出,银行不良贷款率与 2013 年年底相比出现了较快上升,部分企业出现了资金链断裂、违约等问题,影子银行违约风险加大,地区性金融风险问题凸显。同时,地方政府债务高筑,2014—2015 年还款压力较大。结合上述几点问题来看,当前中国经济动力依旧不足,潜在风险日益突出,部分深层次的问题并未得到明显改善,经济下行压力依然较大。

三、经济发展进入阶段转换期

　　尽管对于当前中国经济增速放缓的原因分析仍有争论，但是社会各界对增长阶段转换的共识已经形成。从表面上看，经济增速回落主要是由刺激政策退出后的投资放缓导致的，具有周期性波动的特点。然而，全社会投资不足背后却折射出这样一个不争的事实：中国经济的增长效率正在下滑。增长核算的研究显示(图 19－3)，在2008 年之前，效率的改善不仅直接推动经济增长，还会有效地拉动民间投资的增加，使经济增长富有效率。但是在 2008 年之后，一方面，资本产出比年均增长率大幅提高，资本形成总额占 GDP 中的比重由 2004—2008 年的均值 42.3％上升到 2009—2013 年的 47.8％，中国的增量资本产出率(ICO)从 2006 年的 2.9 个百分点升至2013 年的 6.6 个百分点。另一方面，中国经济增长中全要素增长率(TFP)的贡献在快速回落，从 2007 年的 6.06 个百分点降至 2013 年的 0.04 个百分点。特别值得注意的是，投资高速增长的同时伴随着投资回报率的大幅下滑。白重恩和张琼(2014)使用资本在总收入中的占比、资本产出比、折旧率以及产出价格相对于资本价格的增速测算整体资本回报率，结果显示 2000—2007 年的平均资本回报率约为 22％，但之后大幅下降，由 2007 年的 26.7％降至 2013 年的 14.7％。这些数据都反映了一个事实，即后危机时代中国经济的投资拉动忽视了真正的效率改善。所以，中国经济增长速度放慢并不是周期性的，而更多的是一种体制性、结构性问题，这也是经济潜在增长率下滑的主要原因。

　　国际经验表明，任何国家或地区都无法保持经济长期高速增长，经济发展过程具有明显的阶段性特征。历史上，成功实现经济起飞的经济体大都先后经历了显著的增长加速和减速、调整阶段。在理论上，长期经济增长并不存在固定模式和路径，世界经济史中不乏形形色色的演进路径和成功案例。现代经济增长可以被看作一个不断采用新技术的过程。在技术的创新和使用上，发达国家与发展中国家之间存在着一个重要的区别——在人类进入现代经济增长阶段，发达国家长期处于全球科技前沿，生产技术的升级换代只能通过本国研发得以实现；然而，发展中国家可以在出口

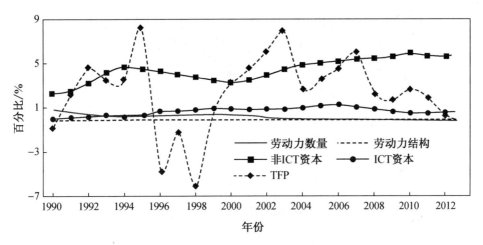

图 19 - 3　中国经济增长核算

数据来源:格罗宁根经济增长和发展中心(GGDC)。

和吸引外商直接投资的同时获得国际技术溢出,通过技术引进而非自主研发获得更加现代化和高效率的生产技术,从而获得巨大的后发优势。因此,后发国家在追赶发达经济的过程中,通常会面临(从传统的到现代的)多种可供选择的生产技术,而不是如新古典增长理论假设的那样存在一致的生产技术(函数)。因此,经济增长并不是单一、匀质的过程,既有可能表现为遵从现有增长路径向特定稳态收敛的过程,也有可能发生增长路径跳跃,收敛到新的稳态,呈现出由均衡到非均衡再到新均衡循环动态变化的特点。

　　如果回过头来重新审视改革开放30多年的中国经济增长,可以清晰地发现,中国的经济之所以能够取得令世人瞩目的发展成就,其根本原因就是坚持通过体制改革,释放市场活力,推动增长路径向更高水平转移,避免了由于投资回报率下降出现的"条件收敛"现象。如果做一个形象的比喻,将中国的经济增长比作火箭升空,那么无论是1978年的改革开放,还是1992年邓小平同志的南方谈话,抑或2001年中国加入WTO都发挥了助推器的作用,每一次的点火(改革)都推动了中国经济增长进入一个更高水平的运行轨道(图19-4)。因此,中国经济的发展阶段转换不仅具备新古典经济理论的转移动态特征,亦伴有中国特色的渐进式改革的特征。

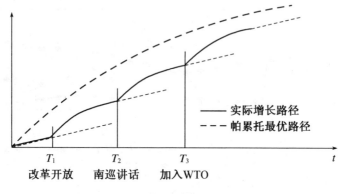

图 19-4　制度改革推动增长路径跳跃

　　当然,经济增长动力在特定的发展阶段所释放的增长活力并不是永恒的。伴随着经济发展的不断深入和社会主义市场经济体制改革的不断深化,改革开放以来,支撑中国经济高速增长的动力机制正在衰竭,而全新的增长动力尚处于形成之中,因此,增长的波动也成为可能。当前,中国经济增长的基本格局已经发生显著改变,经济结构正在发生趋势性逆转(图 19-5),在供给端表现为四个典型的倒 U 型结构特征:人口结构——适龄劳动人口比重开始下降,人口红利逐渐消失;产业结构——第二产业增加值首次低于第三产业,中国迈入服务化时代;收入结构——劳动收入占国民收入比重回升,收入差距开始缩小,统计局公布的基尼系数开始下降;环境结构——接近环境库兹涅茨曲线拐点。从需求端来看,资本形成占总产出份额远超同时期的日本和韩国,到达历史峰值,消费占 GDP 比重开始回升;在出口方面,中国出口占世界份额接近美国和德国水平。考虑到人民币升值、国内要素成本上升以及贸易保护主义等因素,中国出口产品在全球市场所占的份额将基本保持稳定,进一步提升空间不大。此外,在城镇住宅、汽车、钢铁、建材等新世纪拉动中国经济高速增长的龙头产业已经或接近长期需求的年度峰值。显然,各项数据均已表明,中国经济结构调整已经发生,经济发展正在进入一个新的发展阶段。

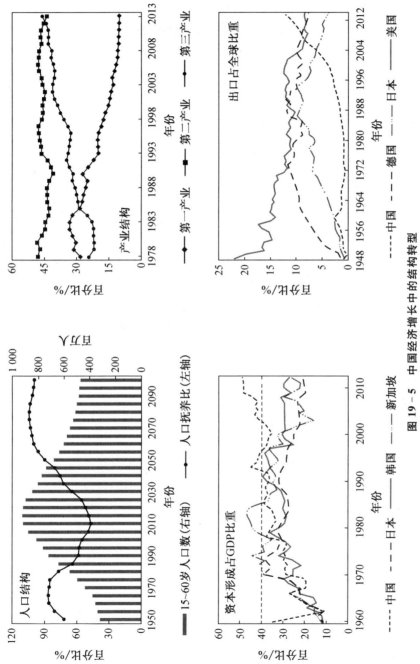

图 19-5 中国经济增长中的结构转型

数据来源：国家统计局、联合国、世界银行、世界贸易组织网站。

四、增长动力转向效率提升

　　面对"十八大"后的经济形势，新一届中央领导集体提出了统筹推动稳增长、调结构、促改革的发展思路，力图平稳、顺利地渡过发展转换阶段，实现经济转型升级。面对经济下行压力和诸多潜在风险，在保证调结构、促改革的前提下，针对经济的短期波动，采取一定的需求管理措施、刺激投资对实现增长的预期目标是十分必要的。经济体制改革属于慢变量，而投资回落、出口趋缓则是快变量，短期的经济波动难以通过调结构和促改革予以化解。如果放任经济下滑，无所作为，那么不仅会加速风险暴露，还会改革社会预期，引发"羊群效应"。所以，采取一系列定向微刺激政策继续加大投入仍有一定的作用空间，通过打造"长江经济带"，推进"一路一带"等重大项目建设达到稳定经济增长效果。因此，需求管理措施不应被排除在政策选择之外。但是，如果没有调结构和促改革的配合，这类刺激措施只会延缓甚至强化固有的经济增长方式。这就需要兼顾稳增长、调结构、促改革等多重目标，特别要处理好稳增长与控风险、需求管理与推进改革之间的关系。

　　调结构和促改革的核心是要把推动发展的立足点转到提高增长效率上来，就是要提高全要素增长率在经济增长中的贡献。然而，近年来，部分地区在经济发展中过分强调经济增长速度，忽视了增长的质量和效益。特别是在畸形政绩观引导下，地方政府通过盲目上项目、扩投资，干预微观主体的生产经营决策，片面追求 GDP 绝对值的增长而忽略了其他因素，比如经济结构的平衡、环境成本、社会福利，等等。正是由于过分强调通过政府干预来克服市场失灵现象，强调政府在资源动员和配置上的作用，导致制度供给固化，形成负反馈效应。转型经济体制和强政府主导的经济增长实际上也为经济的可持续发展和转向效率驱动的增长模式造成了障碍。因此，若要提高经济增长质量和效益，必须要切实改变重数量轻质量、重速度轻效益的做法。通过着力提高提高劳动生产率，提高科技进步对经济增长的贡献率，使经济发展更多依靠科技进步、劳动者素质提高、管理创新驱动。为此，需要在以下四个方面深入推进改革，提升经济增长效率。

（一）深耕规模效率

同欧美发达经济体的企业相比,中国企业普遍存在规模扩张不足的问题。从生产角度看,由于金融结构存在扭曲,导致社会整体融资难、融资成本高,众多中小企业发展缓慢,部分优势企业难以做大做强。同时,市场分割与地方保护的存在导致竞争尚不充分,特别是僵尸企业长期存活,占用并浪费大量金融资源,阻碍了产业转型升级和结构优化。从需求角度看,缓慢的城镇化进程拖累了国内企业对本土市场开发,导致企业过分依赖出口。尽管统计数据显示,我国的城镇化率已经到达 53.7%,但是仍有约 2 亿人无法享受到城市提供的各项公共服务,缺位的社会保障在很大程度上抑制了进城务工人员的消费能力(陈斌开等,2010)。部分小城镇由于人口集聚不足,无法摊薄供给成本,导致基础设施不足、公共服务能力严重滞后(沈坤荣,2014)。因此,在发挥规模效率方面中国企业仍需下大功夫。首先,要深化金融改革,发展多层次资本市场,努力消除金融歧视,为优势企业的规模发展提供金融支持。其次,要努力克服地方保护主义,让市场竞争机制充分发挥作用,鼓励企业通过兼并重组,整合各类社会资源,实现行业跨越发展。第三,要紧抓新型城镇化建设这一重大机遇,深耕国内消费市场,掌握国内个性化、多样化消费需求趋势,开发相应产品,提升产品竞争力。

（二）优化配置效率

尽管社会主义市场经济建设已经取得长足进步,然而大部分改革仍有待深化,各种有形无形的制度壁垒,妨碍着生产要素的自由流动和市场参与主体的公平竞争。比如,金融体制、户籍制度和城乡统一用地市场改革滞后,导致资金、劳动力和土地等生产要素低效流动。另一方面,计划经济时期强调政府动员、配置资源的陈旧思想依然存在,政府仍然存在干预资源配置的动机和能力,特别是对资源的直接配置过多,不合理干预太多,政府的不断扩权,严重压抑了市场成长空间,造成效率损失。因此,优化社会资源配置效率有赖于真正地发挥市场在资源配置中的基础性作用。首先,要打破行业进入和退出壁垒,消除对民营经济的歧视,破除民营经济发展中存在的"玻璃门""旋转门"和"弹簧门",允许并鼓励社会资金向养老、医疗、教育、金融等现代服务业流动,提升社会资源配置效率。其次,切实推进行政管理体制的改革,正确处理市场和政府的关系，努力打造有效政府和有为政府，减少政府缺位乃至不作为问题。最后，统筹城乡、统筹区域经济协调发展，完善主体功能区定位，调整政绩考核和绩效评价体系。

（三）提升技术效率

技术创新对经济发展至关重要，创新能力已经越来越成为社会生产力解放和发展的重要标志，综合国力竞争的核心某种程度上就是自主创新能力的竞争。长期以来，中国经济发展具有典型的粗放式特征，更多的依赖投资拉动和产能扩张，而科技创新的贡献偏低。这也导致我国经济发展出现高端制造缺乏、产业链高端环节缺失等问题，具有核心技术和自主知识产权的产品并不多。同时，高投入、高能耗的发展模式也产生了严重的环境和生态问题。因此，实现经济和社会的可持续发展，必须着重提高国家创新能力，实施创新驱动发展战略。首先，真正形成以企业为主体的科技创新体系，加强企业的创新意识和动力，引导企业不断加大科技投入。其次，加强与科研院所、高校、企业的联系，加快科技成果转化，推进科技资源共享机制。第三，健全科技资源配置体系，加快各类鼓励创新政策的实施，完善政府科技创新补贴的使用方式。

（四）改善管理效率

通过深化国有企业改革，建设现代公司治理体系，实现国有资产保值增值；鼓励企业学习和推广现代企业管理实践，提高企业生产经营中的规范化和标准化水平，发挥增长的管理效率。目前，中国企业的生产效率低下，部分原因在于企业的经营主要依靠要素投入、规模扩张，决策短期化倾向严重等。同时，中国企业具有明显的机会主义倾向，盈利主要依靠改革过程释放的各种稀缺机会。另一方面，一些中国企业并不缺乏拥有生产技术和管理知识的优秀人才。然而，企业委托代理机制存在的缺陷导致企业员工特别是中高层管理人才为实现企业生产成本最小化的积极性不足。因此，企业无法采用可以提高生产率的新技术，产品的质量也无法得到保证。这就要求企业改变生产经营模式，将企业经营和管理过程中获得的有用经验和知识规制化，建立标准化管理流程。通过内部挖潜、机制体制改革和流程优化，提高企业的生产运营效率和管理水平，达到更高水平的产需均衡点和盈利均衡点。

参考文献

［1］国际货币基金组织,2014:《世界经济展望》(2014 年 4 月 10 日),http://www. imf. org/
external/chinese/pubs/ft/weo/2014/01/pdf/textc。

［2］刘伟,2014:《我国宏观经济最新趋势分析》,《北京工商大学学报(社会科学版)》第 4 期。

［3］白重恩、张琼,2014:《中国经济减速的生产率解释》,《比较》第 4 期。

［4］陈斌开、陆铭、钟宁桦,2010:《户籍制约性下的居民消费》,《经济研究》第 1 期。

［5］沈坤荣,2013:《长短结合培育经济增长新动力》,《求是》第 19 期。

20　中国地方政府环境治理的政策效应[①]

内容提要:水污染治理是建设美丽中国赢得攻坚战和持久战的重要方面。基于国控监测点水污染数据和手工整理的河长制演进数据,采用双重差分法,识别河长制在地方实践过程中的政策效应,结果发现,河长制达到了初步的水污染治理效果。但河长制并未显著降低水中深度污染物,可能揭示了地方政府治标不治本的粉饰性治污行为。在全面推行河长制的进程中,各级政府制定清晰且适宜的治理目标,设计健全可行的问责机制,引进专业第三方水质检测机构进行监督,将取得更好的治理效益。

关键词:河长制　水污染　政策效应　双重差分法

一、引　言

党的十九大报告指出,"中国特色社会主义进入新时代,我国社会主要矛盾已经转化为人民日益增长的美好生活需要和不平衡不充分的发展之间的矛盾";"从现在到二〇二〇年,是全面建成小康社会决胜期","要坚决打好防范化解重大风险、精准脱贫、污染防治的攻坚战,使全面建成小康社会得到人民认可、经得起历史检验"。[②]

[①]　原文刊载于《中国社会科学》2018年第5期,合作者为金刚博士。论文荣获江苏省第十六届哲学社会科学优秀成果奖一等奖。

[②]　习近平:《决胜全面建成小康社会夺取新时代中国特色社会义伟大胜利》,《党的十九大报告辅导读本》,北京:人民出版社,2017年,第11、27页。

"小康全面不全面,生态环境质量是关键。"①对于全面建成小康社会的第三大攻坚战污染防治,十九大报告强调"着力解决突出环境问题",其中要求"加快水污染防治,实施流域环境和近岸海域综合治理","提高污染排放标准,强化排污者责任,健全环保信用评价、信息强制性披露、严惩重罚等制度"。② 在社会主义生态文明体制总体改革持久战中,这些问题都涉及生态环境监管体制改革,目标是"构建政府为主导、企业为主体、社会组织和公众共同参与的环境治理体系"③。

如何设计有效的环境治理政策,是学术界和政策界关注的重要问题。不少研究指出,市场化的环境治理手段可以有效缓解环境污染问题,如排污权交易等(Montero,2002)。但环境供给是作为公共品存在的,政府必须发挥主导作用。优质环境作为人民美好生活的需要之一,是落实以人民为中心发展思想的关键抓手。创造优质生态环境需要健全环保信用评价,针对当前环境政策进行有效性评估和经验总结,以便更加合理地设计政府主导的环境政策。

长期以来,我国政府主导的环境政策都是自上而下的,中央政府制定环境政策,由地方政府负责执行。研究表明,我国中央政府已经建立了比较完备的环境法律法规体系,当前环境治理低效的主要原因在于,地方政府没有全面贯彻落实中央政府的环境政策(Wang et al.,2003)。为调动中央和地方两个积极性,本文试图回答二者关系中的一个关键问题:地方政府出于自身的发展利益而自主实施的环境政策,能否有效降低污染。在我国水污染治理领域,作为近年来十分重要的一项环境政策,河长制最初由地方政府自主实施和推广。2016年年底,习近平总书记主持召开的深改组第28次会议通过了《关于全面推行河长制的意见》。该意见指出,2018年年底前全国将全面建立河长制,标志着河长制从地方实践上升到国家行动④。对于这一自下而上

①　陈吉宁:《着力解决突出环境问题》,《党的十九大报告辅导读本》,第378页。

②　习近平:《决胜全面建成小康社会夺取新时代中国特色社会义伟大胜利》,《党的十九大报告辅导读本》,第50-51页。

③　习近平:《决胜全面建成小康社会夺取新时代中国特色社会义伟大胜利》,《党的十九大报告辅导读本》,第51页。

④　《中共中央办公厅国务院办公厅印发〈关于全面推行河长制的意见〉》,2016年12月12日《人民日报》,第1版。

与自上而下相结合的污染治理攻坚战，需要严谨地评估河长制在地方实践中的水污染治理效应，尤其需要发现地方政府自主推行河长制过程中存在的不足，以期为全面推行河长制提供必要的政策启示，同时为破解环境治理低效难题提供新思路。

本文基于国控监测点水污染数据和手工整理的河长制实施数据，使用双重差分法(Difference in Differences, DID)识别河长制的水污染治理效应。结果发现，在地方实践过程中，河长制显著增加了水中的溶解氧，取得了初步的水污染治理效应，但未显著降低水中深度污染物，可能揭示了地方政府治标不治本的粉饰性治污行为。因此，在全面推行河长制的进程中，各级政府需要制定明晰且适宜的治理目标，实施有效的问责机制。在鼓励公众参与的同时，尤其需要引入专业第三方水质检测机构加强监督。

从既有文献看，随着政策分析工具的发展，近年来有不少文献展开对环境治理政策的效果评估。具体到我国特定的情境下，多数文献关注了空气污染治理政策。例如，Jefferson et al. (2013)、Hering & Poncet(2014)以及 Tanaka(2015)分别研究了"两控区"政策(SO₂和酸雨控制政策)对产业效率、出口贸易以及婴儿健康的影响。相对而言，针对我国具体水污染治理政策的效应评估文献偏少。其中，部分学者围绕中央政府五年规划中水污染减排要求展开分析。例如，Cai et al. (2016)和 Wu et al. (2017)等分别研究了"十五"规划和"十一五"规划中关于 COD 和 NH 减排要求的影响，发现水污染治理引致跨界污染及其向西部转移。与这些研究相比，本文的贡献主要有以下方面。第一，这些研究考察的均是自上而下的环境政策，未研究地方自主性环境政策的影响。本文着重评估河长制这一地方性环境政策的治理效果，拓展了我国环境政策的研究视角。第二，借助河长制在各地区渐进性推行的特征，本文通过大量的识别假定检验和稳健性检验，有效处理了地方自主性政策存在的内生性问题。第三，河长制的治理经验还可较好地应用于空气、土壤等领域治理，因而本研究颇具有一般性。第四，在分析中采用了更加微观和翔实的水污染数据。

本文以下的结构安排为：第一部分介绍河长制演进的政策背景；第二部分介绍本文的实证策略、变量以及数据；第三部分报告初步的实证结果、识别假定检验和稳健性检验；第四部分报告拓展性讨论；最后为结论。

二、政策背景

自 20 世纪 80 年代初环境保护被列为我国的一项基本国策后,中央政府颁布了一系列治理环境污染的法律法规。除了 1989 年通过的《中华人民共和国环境保护法》,全国人大及其常委会迄今已经制定了几十部关于环境与资源保护的法律,包括《水污染防治法》《大气污染防治法》《固体废物污染环境防治法》等(包群等,2013)。同时,为了加大环境政策的统筹协调力度,中央政府不断调高国家环境保护局的级别,并于 2008 年将国家环境保护总局从国务院的直属单位升格为组成部门,2018 年又将环境保护部的全部职责和其他 6 个部门相关的职责整合,组建了新的生态环境部。尽管中央政府很早就开始重视环境保护,但几十年的高速工业化使我国面临的环境污染问题至今仍十分严峻。以水污染为例,截至 2016 年,在全国 6 124 个地下水监测点中,水质为较差级以下的占比高达 60.1%[①]。地方政府未能有效执行中央政府制定的环境政策往往被视为环境治理低效的重要原因。在官员晋升锦标赛下,经济增长仍然是绩效考核的主要指标,地方政府具有非完全执行中央环境政策的激励(张华,2016)。

由于地方政府在执行层面的自由裁量空间,自上而下的环境政策的效果不彰,这在学术界已基本形成共识。但关于地方政府自主推行的环境政策能否取得有效的治理效果,已有研究缺乏相应的评估。本文关注的河长制,首先是项典型的地方性环境治理政策。该政策发轫于 2007 年爆发的无锡太湖蓝藻危机。这次水源地污染事件

---

① 根据中华人民共和国环境保护部等发布的《2016 年中国环境状况公报》相关数据计算。参见《2016 年中国环境状况公报》,2017 年 6 月 6 日,http://ecep.ofweek.com/2017—06/ART-93008 - 8120 - 30140449.html,2017 年 10 月 16 日。

造成了严重的社会影响,迫使无锡当地政府开始寻找治理水污染的新模式①。在无锡市政府首次推出河长制政策后,这一政策逐渐在我国其他地区扩张。以 2008 年为例,江苏太湖流域的苏州等地、浙江长兴、云南昆明、河南周口、辽宁全境以及河北邯郸等地陆续推行了河长制。自 2016 年年底中共中央办公厅和国务院办公厅颁布《关于全面推行河长制的意见》以来,各地区纷纷加快推行河长制的脚步。根据水利部部长的介绍,截至 2018 年 3 月,全国已有 25 个省份建立了河长制,并且预计在 2018 年6 月底,全国将提前全面建立河长制②。

　　图 20-1 报告显示,随着时间的推移,河长制在本文样本中各地区渐进演进的趋势,为本文准确识别其政策效应提供了可能。当前关于河长制政策效应的研究侧重定性分析,缺乏系统性的实证研究,因而难以对河长制真实的治理效应形成准确的判断。一些定性研究认为,作为从环保问责制和领导督办制衍生的水污染治理责任承包制,河长制将治污责任落实到地方党政一把手,可以有效解决长期以来地方政府缺乏治污激励的痼疾,也可以避免以邻为壑,实现上下游共治。而且,地方主要官员具有协调辖区众多涉水部门的权力,能够避免过去"九龙治水"的弊端(熊烨,2017)。但事实上,河长制在地方实践过程中是否具有显著的治理效应仍然存在争议。例如,王书明和蔡萌萌(2011)提出,河长制无法根除委托—代理问题,基层河长可能会合谋隐瞒真实的治理信息,使得行政问责难以落实③。河长制过于依赖人治,会受到地方官员差异性治理激励的影响,可能导致"人走政息",受限于地方官员的有限精力,还可

---

　　① 　河长制继承了我国历史上治水的经验,具有深厚的历史渊源。例如,明代刘光复创立的圩长制就是河长制的雏形,参见邱志荣和茹静文(2017)。但是需要指出,尽管本文研究的河长制与历史上辖区官员负责治水的制度(如圩长制)存在相似性,但本质并不完全相同。一是治水的目标不同。过去治水重在防汛,而河长制目的在于治污。二是官员治理激励不同。过去官员激励来源于单一的服从上级命令,而河长制面临的官员治理激励更为复杂。

　　② 　《年内全面建立河长制湖长制》,2018 年 3 月 10 日《北京晨报》,第 A07 版。

　　③ 　我们梳理各地区推行河长制的进程时发现,部分地区河长制无人问津,也未有相应问责。参见《济南"河长制"4 年打公示电话竟有人不知道这回事》,2016 年 6 月 27 日,http://www.dzwww.com/shandong/sdnews/201606/t20160627_14523839.htm,2017 年 10 月 1 日。

能存在"县官不如现管"的现象①。

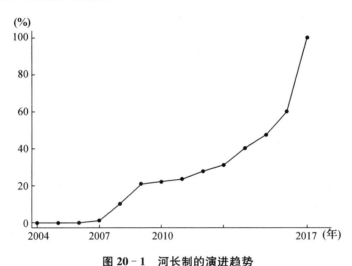

图 20 - 1   河长制的演进趋势

注:纵轴表示本文样本中推行河长制的地级市占比。
资料来源:根据各地区官方公布的关于河长制推行的文件整理。

三、实证策略和数据

（一）计量模型的设定

我们采用 DID 方法评估河长制在地方实践过程中的政策效应。具体使用与 Li et al. (2016)类似的模型设定,基准回归的形式如下:

$$Pollutant_{it} = \beta Hezhangzhi_{it} + \lambda X_{it} + \alpha_i + \gamma_t + \varepsilon_{it} \qquad (20.1)$$

其中,$Pollutant_{it}$ 为 i 监测点第 t 年的水污染指标,$Hezhangzhi_{it}$ 为 i 监测点第 t 年是否受河长制政策影响的哑变量,如果受到河长制政策的影响,这一变量取值为 1,反之取值为 0。X_{it} 为控制变量集合,包括人均 GDP、GDP 增长率、夜间灯光亮度以

---

① 此外,在我国的政治体制下,过于依赖人治还可能会出现环境治理"上梁不正下梁歪"的现象。比如,副市长负责的河道,其治理效果可能会参照市长、市委书记负责的河道治理效果。如果上级治理乏力,可能引发下级官员水污染治理不逮的连锁效应。

及地表气温。α_i 为监测点固定效应，γ_t 为年份固定效应，ε_{it} 为误差项。

采用哑变量刻画各监测点是否受河长制影响，并不能区分河长制实际执行力度的差异。因此，在拓展性讨论部分，我们将核心解释变量 $Hezhangzhi_{it}$ 即是否受河长制影响，更换为河长制实际执行力度 $Hezhangzhi\_Intensity_{it}$，作为对(20.1)式估计结果的拓展性讨论。计量方程如下：

$$Pollutant_{it} = \beta Hezhangzhi\_Intensity_{it} + \lambda X_{it} + \alpha_i + \gamma_t + \varepsilon_{it} \qquad (20.2)$$

依据相关研究(Sigman,2002)，河流污染存在空间负外部性。因此，河长制作为水污染治理政策理应具有空间正外部性。为了对此进行验证，基于(20.1)式，构建如下计量方程：

$$Pollutant_{it} = \beta Hezhangzhi_{it} + \beta \sum_{\delta} \sum_{j} w_{ij}^{\delta \sim \delta+100} Hezhangzhi_{it} + \lambda X_{it} + \alpha_i + \gamma_t + \varepsilon_{it}$$

$$(20.3)$$

其中，$w_{ij}^{\delta \sim \delta+100}$ 表示阈值为 $[\delta, \delta+100]$ 的地理距离倒数矩阵元素，以 100 km 为步进距离，$\delta = 100, 200, \cdots, 700$ km。当距离在阈值范围内，该元素取值为距离倒数，否则为 0。空间权重矩阵经行标准化处理，对角线设为 0。

根据前文对河长制政策优劣势的分析，河长制的水污染治理效应可能受到地方官员治理激励的影响。并且河长制可能有助于改善地方政府以邻为壑的行为。为检验这些判断，建立以下计量模型作为(20.1)式的拓展分析：

$$Pollutant_{it} = \beta Hezhangzhi_{it} + \varphi Group_{it} + \theta(Hezhangzhi_{it} \times Group_{it}) + \lambda X_{it} + \alpha_i + \gamma_t + \varepsilon_{it}$$

$$(20.4)$$

与(20.1)式相比，(20.4)式增加了 $Group_{it}$ 和 $Hezhangzhi_{it} \times Group_{it}$ 两项，以考察河长制的水污染治理效应是否受到相关因素的影响。当研究地方官员治理激励对河长制政策效应的影响时，$Group_{it}$ 为监测点所在辖区主要官员的年龄；当研究河长制在地方实践过程中是否存在以邻为壑行为时，$Group_{it}$ 为监测点是否位于边界的哑变量，或相距最近边界的距离。

最后，根据以往研究(Kahn et al.,2015)，相比于农业和生活面源污染，我国地方政府更容易对工业点源污染进行有效治理。因此,我们进一步从微观企业的视角考察河长制是否降低了辖区工业水污染,作为(20.1)式的拓展性讨论。构建如下三重差分模型(DDD):

$$Firm_{dt} = \theta Pollution_k \times Hezhangzhi_{dt} + \nu_{ct} + \psi_{kt} + \sigma_{ck} + \varepsilon_{dt} \tag{20.5}$$

其中,$Firm_{dt}$表示c城市k行业第t年的生产活动;$Pollution_k$表示产业k是否为水污染密集型产业,如果是水污染密集型产业,该变量为1,否则为0;ν_{ct}、ψ_{kt}、σ_{ck}分别表示"地区-年份"固定效应、"产业-年份"固定效应、"地区-产业"固定效应,ε_{dt}为误差项。

(二)变量设置与数据说明

本文的被解释变量主要是我国各监测点报告的水污染情况。我们首先整理了2004—2010年497个国控[①]断面监测点报告的水污染数据[②],包括8个分项指标和1个综合指标。8个分项指标包括溶解氧、化学需氧量、(五日)生化需氧量、氨氮、石油类、挥发酚、汞以及铅。除汞的单位为µg/L外,其余指标的单位均为mg/L。综合指标为水质,分6个等级(Ⅰ类、Ⅱ类、Ⅲ类、Ⅳ类、Ⅴ类以及劣Ⅴ类),分别赋值1~6,等级越高表示水污染越严重。该数据来自历年《中国环境年鉴》。为了避免本文核心结论受到样本区间偏短的影响,我们从中国环境监测总站爬取了2006—2016年全国主要流域重点断面水质自动监测周报,整理得到2006—2016年150个自动监测点关于化学需氧量、氨氮以及综合水质[③]的年均值,进行稳健性检验。拓展性讨论部分采用3个指标刻画行业生产活动。一是工业增加值,二是企业个数,三是新企业个数,

---

① 在研究我国环境问题时,数据质量的可靠性是一个无法回避的问题。地方环保部门受到地方政府的干扰,存在谎报污染数据的可能。本文选取国控断面监测点水污染数据,可以保证较高的数据质量。参见Ghanem & Zhang(2014)。

② 这些国控监测点覆盖了我国最主要的水系:长江、黄河、珠江、松花江、淮河、海河、辽河、西北诸河、西南诸河以及浙闽区河流。中央政府从2004年开始大规模增加国控监测点数量,因此该样本始于2004年。由于《中国环境年鉴》在2010年以后不再公布详细的监测点水污染数据(换之以水系层面的加总数据),因此该样本的研究期截至2010年。

③ 需要指出,本文采用的水质指标根据《地表水环境质量标准》(GB 3838—2002)除水温、总氮、粪大肠菌群外的21项指标评价各项指标水质类别,按照单因子方法提取水质类别最高者。

根据 2004—2010 年中国工业企业数据库整理得到。

　　本文的核心解释变量为监测点所在地级市是否推行河长制的情况①。我们手工整理了 2004—2016 年 497 个国控监测点和 150 个自动监测点所在地级市推行河长制的情况。为保证手工整理数据的准确性，我们基于两个渠道整理了河长制的演进数据，并进行交叉验证。一是通过百度百科检索各地区发布的河长制官方文件，手工整理各地级市是否推行河长制，以及哪一年开始推行河长制的信息。例如，淮安市推行河长制的时间根据《中共淮安市委、淮安市人民政府关于全面建立"河长制"加强水环境综合整治和管理的决定》(淮发〔2009〕12 号)得到。二是通过中国知网检索关键字"河长制"(或"河长")的新闻报道，手工整理各地区推行河长制的信息。

　　河长制是否推行的哑变量，不能反映河长制在地区间实际执行力度的差异。为此，我们从问责可行性和官员关注程度两个角度，构造刻画河长制执行力度的 3 个连续变量。一是地级市所辖县(市、区、旗)的数量。由于各地河流特征不一，治理空间以及问责依据往往为辖区特有信息。县域数量越少，越容易形成合谋而隐藏真实的治理信息(王书明、蔡萌萌，2011)，使得上级政府缺乏问责的标尺。二是地级市内县(市、区、旗)长数量与辖区内河流长度的比值。三是地级市内县(市、区、旗)长数量与辖区内河流数量的比值。河长制能否有效执行，有赖于辖区主要官员"亲自过问"。如果一个官员负责的河流过长或数量过多，河长制的实际执行力度必然受到官员个人精力的掣肘。地级市所辖县(市、区、旗)及其行政首长的数量，根据国家统计局公布的历年"最新县及县以上行政规划代码"整理得到。地级市辖区内河流数量和总长度，根据国家地理信息中心 1∶400 万主要河流矢量分布图提取。

　　在拓展性讨论部分，根据已有研究(Li & Zhou，2005)，我们采用官员年龄刻画地方官员的治理激励。由于不同层级的地方官员面临的激励存在差异，我们分别收集整理了省级、市级以及县级主要官员的年龄数据。省级官员数据来自 Kahn et al.

---

　　①　监测点所在地级市信息根据《中国环境年鉴》得到。虽然存在部分县(如浙江长兴县)自主推行河长制的情况，但是我们将国控监测点与中国县级行政区域地图进行匹配后，发现自主推行河长制的县并无匹配的监测点。因此，在本文样本中，监测点水污染数据是否受到河长制的影响均在地级市层面识别。

(2015),市级官员数据来自陈硕(2016),县级官员数据根据各省份年鉴、百度百科、人民网县级领导资料库以及中国名人录网站整理得到。国控监测点是否位于省级行政边界的数据来自《中国环境年鉴》,根据各监测点经纬度坐标计算其相距最近边界的距离。

由于影响水污染的因素十分繁杂,为了缓解遗漏变量偏误,依据相关研究(Jiang et al.,2014;Kahn et al.,2015),我们加入一些控制变量。主要采用的控制变量包括人均GDP、GDP增长率、夜间灯光亮度以及地表气温。人均GDP和GDP增长率的数据来源于《中国城市统计年鉴》。夜间灯光亮度数据来自美国国家海洋和大气管理局(NOAA)。地表气温数据来自国家气象科学数据共享服务平台。需要指出,人均GDP和GDP增长率为监测点所在城市的数据,位于城市边界的监测点取相邻城市的均值。夜间灯光亮度为以监测点作中心、半径5km的缓冲区灯光亮度[①]。气温为距离监测点最近的气象站测度的地表气温。在稳健性检验和拓展性讨论部分,还包括其他一些城市层面的控制变量——开放程度、产业结构、财政分权、人口密度、失业率以及平均工资,数据来自历年的《中国城市统计年鉴》[②]。

四、实证结果及分析

（一）平行趋势假设事前检验

采用DID方法的基本前提是平行趋势假定(Bertrand et al.,2004)。即如果没有政策对处理组产生的冲击(反事实),处理组和控制组结果变量的变化趋势,不应随时间推移存在系统性差异。我们无法直接观察反事实的情况,但可以检验政策冲击前处理组和控制组是否满足同趋势假设。图20-2反映了受河长制影响的处理组和未

---

① 虽然近年来有文献认为,我国GDP与夜间灯光亮度存在高度相关性(徐康宁等,2015),但这不会对本文核心解释变量的参数估计造成干扰。并且,本文GDP与灯光亮度的口径并不一致,能削弱二者的相关性。为谨慎起见,我们去除灯光亮度进行回归,发现本文结论没有变化。

② 限于篇幅,未报告各变量的描述性统计,感兴趣的读者可向作者索取。

受河长制影响的控制组、溶解氧和化学需氧量的趋势变化情况①。可以发现，在河长制最早开始实施的 2007 年之前，处理组和控制组水污染的变化趋势基本一致，满足平行趋势假定②。

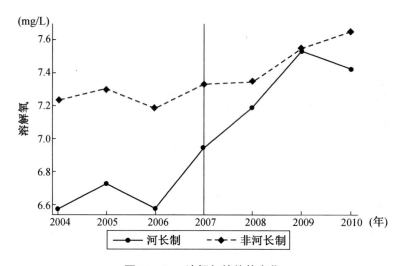

图 20‑2a　溶解氧的趋势变化

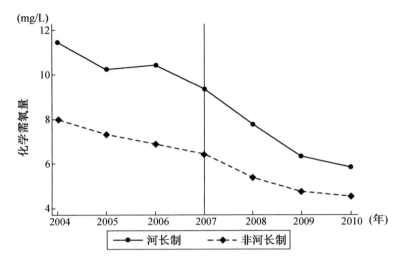

图 20 - 2b　化学需氧量的趋势变化

（二）基准回归结果

我们在基准回归中将各水污染分项指标作为被解释变量,结果见表 20 - 1[①]。可以发现,河长制显著提升了水中的溶解氧(1%的显著性水平),溶解氧越少,水污染越严重,这说明河长制一定程度上降低了水污染。具体而言,河长制使得溶解氧平均上升了 0. 369 个单位。本文样本中溶解氧的均值是 7. 290,可见河长制提升了约 5. 06%的溶解氧。因此,就经济意义而言,河长制对溶解氧的政策效应是显著的。河长制对表征水污染的其他指标基本呈负向影响,但均未通过至少 10%水平的显著性检验,表明河长制在地方实践过程中尚未全面改善水污染状况[②]。

[①]　多数地区在自主推行河长制时未设定精准的水污染治理目标,或是宽泛地以改善水污染为目标,或是把所有水污染指标均囊括为治理目标。如参见《苏州市河(湖)断面水质控制目标》(苏办发〔2008〕59 号)。

[②]　为进一步验证该结论,我们将被解释变量更换为综合水质,并参考 La Ferrara et al.(2012)的做法,控制不同层面的固定效应(监测点、水系以及县)。结果均表明,河长制并未显著改善综合水质,限于篇幅未在文中报告,感兴趣的读者可向作者索取。

表 20‑1　基准回归结果

	溶解氧	化学需氧量	生化需氧量	氨氮	石油类	挥发酚	汞	铅
	(1)	(2)	(3)	(4)	(5)	(6)	(7)	(8)
是否受河长制影响	0.369*** (0.138)	−1.968 (1.729)	−3.792 (2.302)	−0.372 (0.396)	−0.015 (0.036)	−0.001 (0.002)	−0.018 (0.014)	0.001 (0.001)
控制变量	有	有	有	有	有	有	有	有
样本量	3 377	3 377	3 377	3 377	3 377	3 377	3 377	3 377
R^2	0.799	0.731	0.717	0.882	0.587	0.466	0.401	0.750

注：括号内为聚类到监测点层面的标准误差，*、** 和*** 分别表示在 10%、5%和 1%的统计水平显著；回归均包括监测点固定效应和年份固定效应；控制变量包括人均 GDP、GDP 增长率、夜间灯光亮度以及地表气温。

　　上述结果表明，河长制在地方实践的进程中，地方政府可能存在治标不治本的粉饰性治污行为。产生这一现象的原因可能在于两个方面。第一，根据 Holmstrom & Milgrom(1991)提出的多任务委托‑代理模型，当代理人面临的工作具有多个目标或维度时，由于委托人对于不同目标或维度的监督能力不同，代理人往往倾向于完成容易监督(测度)的目标，忽视那些不容易监督(测度)的目标。河长制在地方实践过程中制定的目标，或是比较模糊，或是囊括了所有水污染指标。缺乏针对性目标可能使得地方政府倾向于通过打捞蓝藻、清除垃圾等方式治理水污染①，以取得显而易见的感官治理效果。由于大水面作用是溶解氧的主要来源，地方政府通过打捞蓝藻、清除垃圾等方式加大水面曝气面积，可以改善水体缺氧环境，有效缓解黑臭水体问题(姜伟、黄明，2012；李艳红等，2013)。而水中的深度污染物如果未达到十分严重的程度，

---

　　① 通过梳理各地推行河长制的新闻报道发现，绝大多数地区在推行河长制期间治理水污染的方式多是打捞蓝藻和清理垃圾等。关于水污染治理效果，各地也更强调感官水质的改善。例如，在治理方式上，整个太湖流域在推行河长制十年内打捞蓝藻 1 000 多万吨(参见《太湖"年轻"了》，2017 年 12 月 31 日《人民日报》第 3 版)。徐州沛县关于河道整治的报道聚焦河里的水草、垃圾、漂浮物等被清理干净(参见《河长制助江苏沛县从水系治理后进生变为优秀生》，2016 年 7 月 4 日，http://js.people.com.cn/n2/2016/0704/c360304‑28609847.html，2016 年 11 月 1 日)。在治理效果上，天津市在报道河长制效果时强调感官水质改善。参见《天津"河长制"：让河流从"没人管"到"管到位"》，2016 年 8 月 29 日，http://news.xinhuanet.com/local/2016‑08/29/c_129260629.htm，2016 年 11 月 1 日。

公众识别能力较弱,治理水污染的需求不足(Greenstone & Hanna, 2014; He & Perloff, 2016),地方政府缺乏治理水中深度污染物的激励。第二,基层地方政府一方面面临上级政府关于推行河长制的要求,另一方面又具有促进辖区经济增长的动力。这种相互矛盾的外部压力往往使地方政府在推行河长制的过程中采取象征性的治污策略,选择与经济增长不存在明显冲突的治污方式。这与 Luo et al. (2017)发现的我国上市公司公布低质量的企业社会责任报告具有一致的逻辑。

（三）识别假定检验

尽管前文发现河长制取得初步的水污染治理效应,但这一结果仍可能受遗漏变量以及自选择等问题的干扰。为了验证本文选择 DID 识别策略的可靠性,需进行多个识别假定检验[①]。

1. 事件分析

为了对事前平行趋势进行正式检验,我们遵循 Jacobson et al. (1993)的方法,采用事件分析的研究框架,评估河长制的动态效应。具体做法为,将(20.1)式的 *Hezhangzhi$_{it}$* 替换成表示河长制推行前和推行后若干年的哑变量,被解释变量采用溶解氧 *DO*,估计如下回归方程:

$$DO_{it} = \beta_{-3}D_{-3} + \beta_{-2}D_{-2} + \beta_{-1}D_{-1} + \beta_0 D_0 + \beta_1 D_1 + \beta_2 D_2 + \beta_3 D_3 + \lambda X_{it} + \alpha_i + \gamma_t + \varepsilon_{it}$$

$$(20.6)$$

其中,D_0 是河长制开始推行年份的哑变量,D_{-s} 是河长制推行前第 *s* 年的哑变量,D_s 是河长制推行后第 *s* 年的哑变量,$s = 1, 2, 3$。需要指出,由于河长制并非同时在所有地区开始推行,因此对于不同地区而言,D_0 表征不同的年份。我们省略了推行前 3 年以上的年份,河长制政策效应评估,以政策实施 3 年前作为基准。

图 20-3 显示了估计参数 $\{\hat{\beta}_{-3}, \hat{\beta}_{-2}, \hat{\beta}_{-1}, \hat{\beta}_0, \hat{\beta}_1, \hat{\beta}_2, \hat{\beta}_3\}$ 的大小及对应的 95％置信区间。可以发现,河长制推行前年份哑变量的估计系数,均未通过 5％水平的显著

---

①　除文章中报告的识别假定检验外,为谨慎起见,我们还参考 Galiani et al. (2005)的思路,对河长制非随机推行可能带来的偏误再次进行检验。结果发现,地区是否推行河长制更多受非时变变量的影响,未受到时变变量的影响。而采用面板数据和 DID 识别策略可以较好地消除非时变变量的干扰。限于篇幅,具体检验结果未报告,感兴趣的读者可向作者索取。

性检验。这正式验证了,受河长制影响的处理组和未受河长制影响的控制组,满足平行趋势假定。因此,2007 年以后处理组相对控制组,溶解氧出现显著上升,是河长制推行的结果,而不是事前差异的结果。

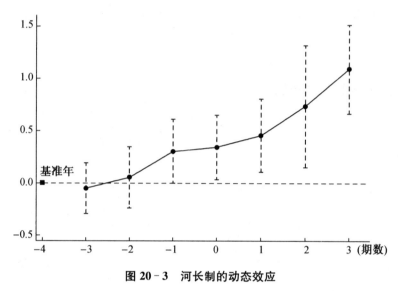

图 20 - 3　河长制的动态效应

注:垂直于横轴的虚线表示 95％置信区间。

2. 结构断点检验

进一步参考 Greenstone ＆ Hanna(2014)的做法,采用时间序列分析中常用的结构断点检验(structural break test)方法,检验 DID 策略的可靠性。该检验包括两个步骤。第一,假定每个年份为政策实施期,对估计得到的政策效应进行 F 检验。第二,在每个年份对应的 F 检验值中挑选最大者,得到匡特似然比统计量,从而判断是否存在结构断点。图 20 - 4 检验结果[①]显示,结构断点很明显地出现在河长制推行之后,表明基于 DID 模型识别的河长制初步水污染治理效应是真实存在的。

---

① 限于篇幅,未报告结构断点检验的具体过程,感兴趣的读者可向作者索取。

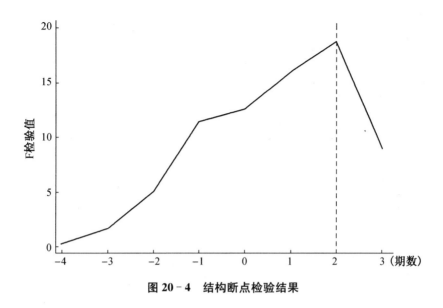

图 20 - 4　结构断点检验结果

3. 选择问题处理

现在进一步检验河长制的推行时间,是否与样本初期各地区的水污染状况相关。具体估计如下回归方程:

$$Hezhangzhi\_Year_i = \kappa DO_i^{2004} + \lambda X_i^{2004} + \eta_i \qquad (20.7)$$

其中,$Herzhangzhi\_Year_i$ 为 i 监测点开始受到河长制影响的年份,DO_i^{2004} 为 i 监测点 2004 年的溶解氧值,X_i^{2004} 为控制变量集合,取 2004 年值。η_i 为误差项。表 20 - 2 报告选择偏误检验结果。可以发现,当不控制地区固定效应时,溶解氧与监测点所在地区推行河长制的年份,呈显著的正向关系(1%或 5%的显著性水平),表明水污染越不严重的地区,越晚推行河长制。但是,一旦控制了地区固定效应,溶解氧与河长制开始推行年份之间的关系就不再统计显著。这充分说明,本文的基准回归不存在明显的选择偏误问题。

表 20‐2 选择偏误检验结果

	河长制开始推行的年份					
	(1)	(2)	(3)	(4)	(5)	(6)
溶解氧	0.085*** (0.027)	0.066** (0.027)	0.027 (0.024)	0.024 (0.021)	0.036 (0.032)	0.041 (0.033)
控制变量	无	有	无	有	无	有
地区固定效应	无	无	省份	省份	水系	水系
样本量	104	104	104	104	104	104
R^2	0.108	0.304	0.774	0.800	0.582	0.632

注:括号内是聚类到省级(水系)层面的标准误差;*、** 和*** 分别代表在10%、5%和
1%的水平统计显著;控制变量包括人均GDP、GDP增长率、夜间灯光亮度以及地表气温。

4. 安慰剂检验

为了排除河长制的初步水污染治理效应受到遗漏变量干扰的可能,我们参考
Chetty et al. (2009)的做法,通过随机选择河长制实施的年份以及受到河长制影响的
监测点,进行安慰剂检验[①]。基于随机选择的样本,我们重复进行了 500 次基准回
归,图 20‐5 报告回归系数的分布情况。可以发现,基于随机样本估计得到的系数分

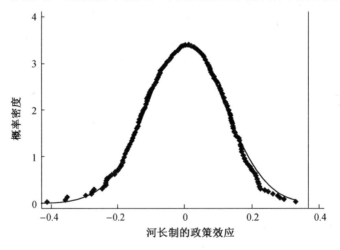

图 20‐5 安慰剂检验结果

---

① 限于篇幅,未报告随机挑选年份和监测点的步骤,感兴趣的读者可向作者索取。

布在 0 附近,而基准回归估计的系数(0.369)完全独立于该系数分布之外。这表明,河长制对溶解氧的政策效应并未受到遗漏变量的干扰。

(四) 稳健性检验

首先,针对河长制的初步水污染治理效应进行检验。基于 DID 分析框架,展开如下稳健性检验。其一,增加额外的控制变量,结果见表 20 - 3 列(1)。其二,依据谭之博等(2015)的做法,采用一省份内同时推行河长制和完全未推行河长制的子样本进行回归分析,结果见表 20 - 3 列(2)。其三,借助 Heckman et al. (1998)提出的 PSM - DID 方法先筛选对照组,再进行 DID 回归,结果见表 20 - 3 列(3)。其四,为排除异常值干扰,基于被解释变量 5%～95%分位点数据进行回归,结果见表 20 - 3 列(4)。其五,为避免联立方程偏误,将所有解释变量滞后一期,重新进行回归,结果见表 20 - 3 列(5)。其六,考虑到不同水系的水污染随时间推移可能呈现不同的变化趋势,进一步加入"水系-年份"联合固定效应,结果见表 20 - 3 列(6)。其七,考虑到残差项可能存在空间相关性,将标准误差聚类到"河流-年份"层面进行检验,结果见表 20 - 3 列(7)。此外,参考 Kahn et al. (2015)的做法,进一步采用 Conley(2008)提出的空间 HAC 标准误差进行检验[①],结果见表 20 - 3 列(8)。稳健性检验表明,河长制的初步水污染治理效应成立。

表 20 - 3　稳健性检验结果

	溶解氧							
	(1)	(2)	(3)	(4)	(5)	(6)	(7)	(8)
是否受河长制影响	0.285** (0.140)	0.667*** (0.233)	0.356** (0.139)	0.278*** (0.108)	0.313** (0.159)	0.251* (0.142)	0.369** (0.159)	0.369*** (0.082)
控制变量	有	有	有	有	有	有	有	有

---

① 空间 HAC 标准误差需要先验地设定空间相关的范围和序列相关的阶数,表 20 - 3 列(8)报告的标准误差设定 5km 范围空间相关,滞后一期序列相关。为避免结果受到先验设定的干扰,还分别设定空间相关范围为 50km 或 100km,与滞后一期或两期序列相关组合起来计算标准误差,结果发现,文中结论仍然成立,详见 Conley(2008)。

(续表)

	溶解氧							
	(1)	(2)	(3)	(4)	(5)	(6)	(7)	(8)
样本量	2910	2956	3212	3043	2857	3377	3377	3377
R^2	0.803	0.782	0.798	0.796	0.848	0.815	0.799	0.799

注:列(1)—(6)括号内为聚类到监测点层面的标准误差,列(7)和(8)括号内分别为聚类到河流-年份层面的标准误差和空间 HAC 标准误差;*、** 和*** 分别表示在 10%、5% 和 1% 的水平统计显著;回归均控制了监测点固定效应和年份固定效应,列(6)进一步控制了水系-年份固定效应;控制变量包括人均 GDP、GDP 增长率、夜间灯光亮度以及地表气温,列(1)进一步控制了产业结构、财政分权、人口密度、失业率以及平均工资;列(5)中所有解释变量均为滞后一期项。

进一步,参考 Guo(2017)的做法,我们脱离 DID 分析框架,采用面板 VAR 模型,估计河长制的冲击对溶解氧的影响。图 20 - 6 报告溶解氧对河长制的脉冲响应函数图①。可以发现,河长制冲击在当期对溶解氧存在显著的正向作用。可见,即使更换估计模型,河长制的初步水污染治理效应依然得到支持。

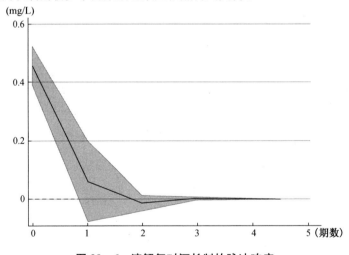

图 20 - 6　溶解氧对河长制的脉冲响应

注:阴影部分是 95% 置信区间。

---

① 限于篇幅,未报告面板 VAR 模型的具体估计过程和结果,感兴趣的读者可向作者索取。

其次,针对河长制并未显著降低水中深度污染物这一结论进行检验。考虑到水污染治理见效可能存在较长的滞后期,在基准回归中未发现河长制对水中深度污染物的影响,可能仅因采用的样本期偏短,河长制对水污染的全面治理效应尚未表现出来。

为了避免这一因素对本文结论造成干扰,我们基于 2006—2016 年 150 个自动监测点的非平衡面板数据,从更长时期对河长制的污染治理效应进行评估,结果见表 20-4。可以发现,即使采用 2006—2016 年的样本,在地方实践过程中河长制仍然未能显著降低水中深度污染物,从而未能实现水质的全面改善[1]。考虑到我国地方政府在治理化学需氧量上具有丰富经验(Chen et al.,2018),并且在"十一五"规划短短五年期间超额完成 10% 的化学需氧量减排任务[2],有理由相信河长制并未显著降低水中深度污染物,更可能是治标不治本的粉饰性治污行为所致[3]。因此,一方面要认识到河长制在地方实践过程中的积极意义(初步的水污染治理效应),另一方面也不应回避河长制在地方实践过程中暴露的不足。

---

①　为进一步验证该结论的稳健性,我们提取 2006—2016 年平衡面板数据(83 个监测点)再次进行回归,发现文中结论仍然成立。考虑到 2006—2016 年自动监测点与 2004—2010 年国控监测点有不少重合,现将两套数据进行组合,构造 2004—2016 年自动监测点非平衡面板数据和平衡面板数据,再次进行回归。结果均表明,文中结论依然得到支持。限于篇幅,未报告详细结果,感兴趣的读者可向作者索取。

②　参见《环境保护部公布 2010 年度及"十一五"全国主要污染物总量减排考核结果"十一五"主要污染物总量减排任务全面完成》,2011 年 8 月 29 日,http://www.zhb.gov.cn/gkml/hbb/qt/201108/t20110829_216607.htm,2017 年 12 月 1 日。

③　虽然近年来媒体报道了一些河长制改善水质的新闻,但这并不能对本文的结论构成太大挑战。第一,媒体报道援引的数据往往来自地方政府,存在操纵水质数据的可能。第二,水质可由单指标水质类别和综合指标水质类别衡量,媒体很可能依前者评价水质,本文因采用后者而更加全面。并且,如果媒体报道的水质是基于溶解氧评价的单指标类别,实际上已被本文发现的河长制初步水污染治理效应所验证。第三,媒体报道仅反映个案情况,而本文采用的 497 个国控监测点和 150 个自动监测点基本覆盖全国重要水系,结论反映整体情况。

表 20 - 4　基于 2006—2016 年样本的稳健性检验结果

	化学需氧量		氨氮		综合水质		劣 V 类	
	(1)	(2)	(3)	(4)	(5)	(6)	(7)	(8)
是否受河长制影响	0.675 (0.782)	0.503 (0.758)	−0.016 (0.161)	0.059 (0.173)	0.005 (0.084)	−0.060 (0.095)	−0.001 (0.028)	−0.031 (0.034)
控制变量	无	有	无	有	无	有	无	有
样本量	1 301	1 031	1 301	1 031	1 299	1 029	1 301	1 031
R^2	0.650	0.689	0.688	0.715	0.858	0.875	0.710	0.746

注:括号内为聚类到监测点层面的标准误差;回归均控制了监测点固定效应和年份固定效应;控制变量包括人均 GDP、GDP 增长率以及地表气温;综合水质分为 I、II、III、IV、V 以及劣 V 类,分别用 1—6 衡量;劣 V 类是哑变量,当水质为劣 V 类时,该变量取值为 1,否则为 0。

五、拓展性讨论

（一）河长制的执行力度

现在进一步采用连续变量刻画河长制的执行力度,表 20 - 5 报告基于方程 (20.2)式的回归结果。可以发现,河长制实际执行力度显著提升了溶解氧。这表明, 即使采用连续型变量替换河长制哑变量,河长制的初步水污染治理效应仍然显著存 在。同时说明,河长制的实际执行力度越强,产生的初步水污染治理效应越大。

表 20 - 5　河长制执行力度对溶解氧的影响

	溶解氧					
	(1)	(2)	(3)	(4)	(5)	(6)
ln(县域数量)	0.102** (0.051)	0.101* (0.051)				
ln(县级行政首长数量)/ ln(河流数量)			0.163* (0.097)	0.162* (0.098)		

（续表）

	溶解氧					
	(1)	(2)	(3)	(4)	(5)	(6)
ln(县级行政首长数量)/ ln(河流长度)					0.601* (0.310)	0.589* (0.313)
控制变量	无	有	无	有	无	有
样本量	3 377	3 377	3 377	3 377	3 377	3 377
R^2	0.798	0.799	0.798	0.799	0.798	0.799

　　注:括号内为聚类到监测点层面的标准误差,*、** 和 *** 分别表示在 10%、5% 和 1% 水平上的统计显著;回归均包括监测点固定效应和年份固定效应;控制变量包括人均 GDP、GDP 增长率、夜间灯光亮度以及地表气温。

（二）河长制的空间溢出效应

　　下面进一步考察河长制的空间溢出效应。图 20 - 7 报告方程(20.3)式不同地理

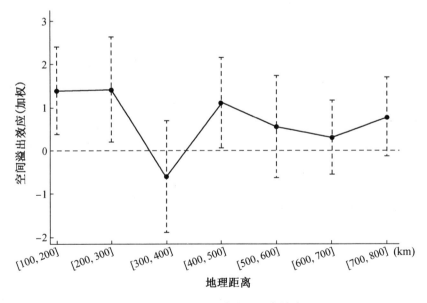

图 20 - 7　河长制的空间溢出效应

注:垂直于横轴的虚线表示 95% 置信区间。

阈值下，系数 α 的估计结果及对应的 95％ 置信区间。可以发现，河长制对溶解氧的作用在 300 km 范围内存在显著的空间溢出效应，超过 300 km 的空间溢出效应基本不再具有统计意义[①]。这一结论表明，在全面推行河长制的进程中，需要谨防邻近地区可能存在的"搭便车"现象[②]。

（三）异质性分析

首先，前文的分析指出，河长制依赖于地方官员的"人治"。在官员晋升锦标赛下，随着中央逐渐加大环境治理考核力度[③]，河长制的污染治理效应可能会受到地方官员晋升激励的影响。我们采用年龄刻画地方官员的晋升激励[④]。由于不同层级地方政府官员的环境治理激励可能存在差异（Wang et al. ，2018），需分别考察省长、市长以及县长年龄对河长制治理效应的影响[⑤]。

表 20 - 6 列(1)报告省长的估计结果[⑥]显示，"省长年龄×是否受河长制影响"的估计系数显著为负(5％的显著性水平)。这一结果显示，省长的年龄越大，越会降低河长制的初步治理效应。而年龄越小的省长，出于长期职业生涯的考虑，更可能注重辖区环境治理。这与 Kahn et al. (2015)的结论一致。列(2)报告的市长估计结果发

---

①　为验证这一结论的稳健性，现将河长制哑变量空间滞后项，更换为对应地理阈值的哑变量，再次对河长制的空间溢出效应进行检验。结果表明，河长制的局部空间溢出效应依然得到支持。限于篇幅，未报告相关结果，感兴趣的读者可向作者索取。

②　由于推行河长制的处理组与未推行河长制的控制组大多分属不同省份，河长制的局部空间溢出效应不太可能对控制组造成影响。

③　在本文样本期内，中央政府越来越强调"科学发展观"。例如，中央政府在"十一五"规划中首次对化学需氧量和二氧化硫提出约束性减排要求。

④　年龄虽是影响地方官员晋升激励的重要因素，但非唯一因素。本文整理了市长和市委书记的任期、工作年数、学历以及籍贯等特征变量，研究河长制治理效应是否取决于地方官员其他特征。限于篇幅，未报告相关结果，感兴趣的读者可向作者索取。

⑤　鉴于我国各地党委和政府部门主要领导的职责分工不同，党委书记一般不负责具体经济社会事务，且在地方自主推行河长制的过程中，较少有党委书记担任河长（常纪文，2017），可以预期河长制治理效应并不取决于党委书记年龄特征。事实上，基于省委书记、市委书记以及县委书记的实证检验结果与我们的预期相符。由此可见，在全面推行河长制的进程中，需要进一步落实党政同责制度。

⑥　需要指出，在本文样本期间，的确存在省级政府一把手官员担任河长的情况(如江苏 2008 年由时任省长罗志军同志担任望虞河河长)。同时，考虑到存在省级副职官员担任河长的情况，我们整理了常务副省长的年龄，对其是否影响河长制治理效应进行检验。结论表明，省级副职官员年龄同样是影响河长制治理效应的重要因素。限于篇幅，未报告具体结果，感兴趣的读者可向作者索取。

现,"市长年龄×是否受河长制影响"的估计系数显著为正(5%的显著性水平)。与省长相似,市长年龄同样显著影响河长制的治理效应。但不同的是,年龄越大的市长,越可能推动河长制的治理效应。可能的原因是,与省长相比,市长因环境事故遭受处罚的可能性更高。为了避免因处分导致多年努力付之东流,相比年轻市长,年长的市长更有动力加强河长制的治理效应。

表 20-6 列(3)报告的县长估计结果发现,与省、市级官员不同,县长年龄并未显著影响河长制的治理效应。这可能源于两方面因素。一方面,作为基层政府,与省市级政府相比,县级政府面临经济增长目标的"层层加码",经济增长压力更大。同时,由于中央政府监管效果逐层递减,县级政府拥有更大的自由裁量空间。这两种因素叠加在一起,使得县长的晋升激励与环境治理"脱钩"。另一方面,在本文样本中,河长制均由省级或市级政府自主推行,并不存在县级政府自主推行河长制的情况。在省管县和市管县的行政体制下,河水治污主要由省级或市级官员负责,县长更多地扮演执行河长的角色,因而河长制治理效应并不因县长而异,这也符合河流的自然地理特点。

表 20-6 异质性分析结果

	溶解氧				
	(1)	(2)	(3)	(4)	(5)
是否受河长制影响	3.352*** (1.211)	−3.222** (1.624)	−2.123 (2.879)	0.355** (0.152)	0.423** (0.206)
省长年龄× 是否受河长制影响	−0.052** (0.020)				
市长年龄× 是否受河长制影响		0.069** (0.033)			
县长年龄× 是否受河长制影响			0.055 (0.066)		
是否位于边界× 是否受河长制影响				0.068 (0.333)	

(续表)

	溶解氧				
	(1)	(2)	(3)	(4)	(5)
相距最近边界的距离× 是否受河长制影响					−0.001 (0.003)
控制变量	有	有	有	有	有
样本量	3377	2792	2138	3377	3377
R^2	0.800	0.801	0.841	0.799	0.799

注:括号内为聚类到监测点层面的标准误差,*、** 和*** 分别表示在10%、5%和1%的水平统计显著;回归均包括监测点固定效应和年份固定效应;控制变量包括人均GDP、GDP增长率、夜间灯光亮度以及地表气温;回归包括省、市以及县长的年龄变量,限于篇幅,未报告。

其次,根据前文分析,河长制使得责任落实到地方主要官员,以邻为壑的负外部性被内部化,可能有助于上下游共治。表20-6列(4)和列(5)报告,"是否位于边界×是否河长制影响"以及"相距最近边界的距离×是否受河长制影响"的系数估计结果,二者均未通过显著性检验,说明河长制的初步水污染治理效应,不因是否位于边界或靠近边界而存在差异。就河长制的初步水污染治理效应而言,地方政府在行政边界并不存在以邻为壑的行为。

(四) 河长制有效治理工业污染了吗

根据《国务院关于开展第一次全国污染源普查的通知》(国发〔2006〕36号),水污染有三个来源:工业污染、生活污染以及农业污染。长期以来,各级政府环保部门在治理农村生产生活污染方面往往鞭长莫及[1],而在治理工业污染方面却有着十分丰富的政策工具(如税收征管、土地出让等)。前文的结论发现,河长制在地方实践过程中并未显著降低水中深度污染物。这一结果是仅因地方政府未能有效治理农业和生活的污染所致,还是因地方政府同样未能对工业污染进行有效治理? 明晰这一问题

---

[1] 参见宋国君等:《中国农村水环境管理体制建设》,2009年5月26日,http://www.zhb.gov.cn/home/ztbd/rdzl/hzhzh/gfpl/200905/t20090526_152013.shtml,2017年3月14日。

对于在全面推行河长制的进程中把握水污染治理的抓手具有重要现实意义。

从河长制在各地的推行过程来看,尽管部分地区通过关闭本地污染企业和拒绝污染企业迁入等措施治理水污染,但这是否为普遍现象,仍需要通过严谨的实证分析加以检验。为此,我们基于方程(5)式,识别河长制是否显著减少了辖区水污染密集型行业的生产活动。现考察 30 个二位数行业,其中 7 个行业是水污染密集型行业,其余 23 个行业是非水污染密集型行业。划分标准来自《第一次全国污染源普查公报》[①]。

表 20 - 7 报告相关估计结果。其中,列(1)—(3)为未控制联合固定效应的结果,"是否属于水污染行业"的估计系数为正(1‰显著性水平),说明本文样本中各地区产业结构,仍然偏向于污染密集型行业。"是否受河长制影响×是否属于水污染行业"的系数,均未通过显著性检验。在列(4)—(6)控制联合固定效应后,这一结果仍然保持不变。这表明在地方实践过程中,河长制并未显著减少辖区水污染密集型行业的生产活动。由此可见,在全面推行河长制的过程中,除农业和生活的面源污染外,工业点源污染仍是全面治理水污染的重要抓手。

表 20 - 7　河长制与工业污染治理

	工业增加值	企业个数	新企业个数	工业增加值	企业个数	新企业个数
	(1)	(2)	(3)	(4)	(5)	(6)
是否受到河长制影响×是否属于水污染行业	−0.031 (0.096)	0.061 (0.054)	−0.139 (0.234)	−0.011 (0.050)	−0.007 (0.022)	−0.057 (0.183)
是否受到河长制影响	−0.012 (0.045)	−0.020 (0.029)	0.017 (0.150)			
是否属于水污染行业	0.590*** (0.051)	0.446*** (0.029)	0.778*** (0.108)			

---

①　中华人民共和国环境保护部、中华人民共和国国家统计局、中华人民共和国农业部:《第一次全国污染源普查公报》,2010 年 2 月 11 日,http://www. stats. gov. cn/tjsj/tjgb/qttjgb/qgqttjgb/201002/t20100211_30641. html,2017 年 1 月 5 日。

（续表）

	工业增加值	企业个数	新企业个数	工业增加值	企业个数	新企业个数
	(1)	(2)	(3)	(4)	(5)	(6)
控制变量	有	有	有	无	无	无
样本量	33 469	33 655	33 655	34 246	34 447	34 447
R^2	0.336	0.422	0.143	0.933	0.975	0.636

注：列(1)—(3)括号内的标准误差聚类到城市层面，同时控制城市和年份固定效应；列(4)—(6)括号内的标准误差聚类到省级层面，同时控制"城市-年份""行业-年份"以及"城市-行业"固定效应；控制变量包括人均 GDP、开放程度、产业结构、财政分权、人口密度、失业率以及平均工资；* 、** 和*** 分别表示在 10％、5％和 1％上的水平统计显著。

六、结　论

本文利用我国多个地方政府渐进性推行河长制的准自然实验，使用双重差分的识别策略，评估河长制在地方实践过程中对水污染的治理效果。实证结果显示，在地方政府自主实践过程中，河长制显著提升了水中溶解氧，缓解了水体黑臭问题，达到了初步的水污染治理效果。但是，河长制并未有效降低水中深度污染物，可能揭示了地方政府治标不治本的粉饰性治污行为。多任务委托-代理理论提出，当代理人面临多个目标任务时，倾向于完成易为委托人测度的目标，忽视不易测度目标。本文研究结果为这一理论提供了来自中国水污染治理领域的经验证据。

2016 年年底，习近平总书记主持召开的深改组第 28 次会议通过了《关于全面推行河长制的意见》。李克强总理在 2018 年政府工作报告中也再次强调全面推行河长制。本文研究从河长制对水污染初步治理效应的地方局部实践，验证党中央和国务院关于全面推行河长制的重大决策，对于治理我国水污染问题的必要性。在将河长制从地方实践上升为国家行动的全面推行河长制过程中需要不断总结经验，健全环保信用评价，本研究发现的地方实践存在的不足具有重要参照价值。

中央《关于全面推行河长制的意见》指出，"建立健全以党政领导负责制为核心的责任体系,明确各级河长职责,强化工作措施,协调各方力量,形成一级抓一级、层层抓落实的工作格局"①。我们认为这对于解决河长制地方实践过程中暴露出的党政官员职责不一、基层官员缺乏激励的问题,是十分必要的。该意见还指出,"立足不同地区不同河湖实际,统筹上下游、左右岸,实行一河一策、一湖一策,解决好河湖管理保护的突出问题","建立健全河湖管理保护监督考核和责任追究制度,拓展公众参与渠道,营造全社会共同关心和保护河湖的良好氛围","实行生态环境损害责任终身追究制,对造成生态环境损害的,严格按照有关规定追究责任"。我们认为这也是十分必要的。本文研究表明,河长制在地方实践过程中缺乏针对性目标,导致了地方政府的激励扭曲。针对河流实际污染情况制定精准的治理目标,通过"精耕细作"重点解决突出问题,有益于避免水污染治理"广种薄收"。建立多部门联动、协调有序的河长办,同时鼓励公众参与,增设民间河长,有助于分担主要官员的具体事务工作,提升河长制执行效能。此外,引入第三方专业水质检测机构进行监督,弥补公众监督固有的不足,可以健全河湖管理保护监督机制。

沿着新发展理念指引的方向前进,建设天蓝、地绿、水清的美丽中国,要充分认识实施山水林田湖一体化生态保护和修复的重要性、紧迫性、艰巨性。习近平强调,"要加强水污染防治,严格控制七大重点流域干流沿岸的重化工等项目,大力整治城市黑臭水体,全面推行河长制,实施从水源到水龙头全过程监管"②。"实践证明,生态环境保护能否落到实处关键在领导干部。""要落实领导干部任期生态文明建设责任制,实行自然资源资产离任审计","针对决策、执行、监管中的责任,明确各级领导干部责任追究情形"。"对造成生态环境损害负有责任的领导干部,不论是否已调离、提拔或者退休,都必须严肃追责","决不能让制度规定成为没有牙齿的老虎"。③ 抓住了"关键少数",才能为人民群众创造良好的生产生活环境。

---

① 以下所引内容见《中共中央办公厅国务院办公厅印发〈关于全面推行河长制的意见〉》,2016 年 12 月 12 日《人民日报》,第 1 版。

② 中共中央文献研究室编:《习近平关于社会主义生态文明建设论述摘编》,北京:中央文献出版社,2017 年,第 76 页。

③ 中共中央文献研究室编:《习近平关于社会主义生态文明建设论述摘编》,第 110 - 111 页。

参考文献

［1］包群、邵敏、杨大利，2013：《环境管制抑制了污染排放吗?》，《经济研究》第 12 期。

［2］常纪文，2017：《河长制的法制基础和实践问题》，《水利建设与管理》第 3 期。

［3］陈硕，2016：《从治理到制度：央地关系下的中国政治精英选拔，1368—2010》，复旦大学经济系工作论文。

［4］姜伟、黄明，2012：《苏州市城区河道黑臭成因分析及对策研究》，《中国水运月刊》第 10 期。

［5］李艳红、成静清、夏丽丽等，2013：《鄱阳湖区水体溶解氧现状及环境影响因素分析》，《中国农村水利水电》第 10 期。

［6］邱志荣、茹静文，2017：《明代浦阳江治水史上的杰出创举——诸暨知县刘光复推动实施河长制》，《紫光阁》第 2 期。

［7］谭之博、周黎安、赵岳，2015：《省管县改革、财政分权与民生——基于"倍差法"的估计》，《经济学（季刊）》第 2 期。

［8］王书明、蔡萌萌，2011：《基于新制度经济学视角的"河长制"评析》，《中国人口·资源与环境》第 9 期。

［9］熊烨，2017：《跨域环境治理：一个"纵向—横向"机制的分析框架——以"河长制"为分析样本》，《北京社会科学》第 5 期。

［10］徐康宁、陈丰龙、刘修岩，2015：《中国经济增长的真实性：基于全球夜间灯光数据的检验》，《经济研究》第 9 期。

［11］张华，2016：《地区间环境规制的策略互动研究——对环境规制非完全执行普遍性的解释》，《中国工业经济》第 7 期。

［12］Bertrand, M., E. Duflo and S. Mullainathan, 2004, "How Much Should We Trust Differences-in-differences Estimates", *Quarterly Journal of Economics*, 119 (1), 249 – 275.

［13］Cai, H., Y. Chen and Q. Gong, 2016, "Polluting Neighbor: Unintended Consequences of China's Pollution Reduction Mandates", *Journal of Environmental Economics & Management*, 76, 86 – 104.

[14] Chen, Z., M. E. Kahn, Y. Liu, and Z. Wang, 2018, "The Consequences of Spatially Differentiated Water Pollution Regulation in China", *Journal of Environmental Economics & Management*, 88, 468 – 485.

[15] Chetty, R., A. Looney and K. Kroft, 2009, "Salience and Taxation: Theory and Evidence", *American Economic Review*, 99(4), 1145 – 1177.

[16] Conley, T., 2008, "Spatial Econometrics", in S. Durlauf and L. Blume, eds., *The New Palgrave Dictionary of Economics*, Basingstoke, Palgrave Macmillan, 741 – 747.

[17] Galiani, S., P. Gertler and E. Schargrodsky, 2005, "Water for Life: The Impact of the Privatization of Water Services on Child Mortality", *Journal of Political Economy*, 113(1), 83 – 120.

[18] Ghanem, D., and J. Zhang, 2014, "'Effortless Perfection:' Do Chinese Cities Manipulate Air Pollution Data", *Journal of Environmental Economics & Management*, 68(2), 203 – 225.

[19] Greenstone, M., and R. Hanna, 2014, "Environmental Regulations, Air and Water Pollution, and Infant Mortality in India", *American Economic Review*, 104(10), 3038 – 3072.

[20] Guo, S., 2017, "How Does Straw Burning Affect Urban Air Quality in China?", *The Graduate Institute of International and Development Studies*, Working Papers.

[21] He, G., and J. Perloff, 2016, "Surface Water Quality and Infant Mortality in China", *Economic Development and Cultural Change*, 65(1), 119 – 139.

[22] Heckman, J., H. Ichimura and P. Todd, 1998, "Matching as An Econometric Evaluation Estimator", *Review of Economic Studies*, 65(2), 261 – 294.

[23] Hering, L., and S. Poncet, 2014, "Environmental Policy and Exports: Evidence from Chinese Cities", *Journal of Environmental Economics & Management*, 68(2), 296 – 318.

[24] Holmstrom, B., and P. Milgrom, 1991, "Multitask Principal-agent Analyses: Incentive Contracts, Asset Ownership, and Job Design", *Journal of Law, Economics,*

& Organization，7，24 - 52.

[25] Jacobson，L.，R. Lalonde and D. Sullivan，1993，"Earnings Losses of Displaced Workers"，*American Economic Review*，83(4)，685 - 709.

[26] Jefferson，G.，S. Tanaka and W. Yin，2013，"Environmental Regulation and Industrial Performance：Evidence from Unexpected Externalities in China"，Tufts University，Working Papers.

[27] Jiang，L.，C. Lin and P. Lin，2014，"The Determinants of Pollution Levels：Firm-level Evidence from Chinese Manufacturing"，*Journal of Comparative Economics*，42 (1)，118 - 142.

[28] Kahn，M.，P. Li and D. Zhao，2015，"Water Pollution Progress at Borders：The Role of Changes in China's Political Promotion Incentives"，*American Economic Journal：Economic Policy*，7(4)，223 - 242.

[29] La Ferrara，E.，A. Chong and S. Duryea，2012，"Soap Operas and Fertility：Evidence from Brazil"，*American Economic Journal：Applied Economics*，4 (4)，1 - 31.

[30] Li，H.，and L. Zhou，2005，"Political Turnover and Economic Performance：the Incentive Role of Personnel Control in China"，*Journal of Public Economics*，89(9 - 10)，1743 - 1762.

[31] Li，P.，Y. Lu and J. Wang，2016，"Does Flattening Government Improve Economic Performance? Evidence from China"，*Journal of Development Economics*，123，18 - 37.

[32] Luo，X.，D. Wang and J. Zhang，2017，"Whose Call to Answer：Institutional Complexity and Firms' CSR Reporting"，*Academy of Management Journal*，60(1)，321 - 344.

[33] Montero，J.，2002，"Permits，Standards，and Technology Innovation"，*Journal of Environmental Economics & Management*，44(1)，23 - 44.

[34] Sigman，H.，2002，"International Spillovers and Water Quality in Rivers：Do Countries Free Ride"，*American Economic Review*，92(4)，1152 - 1159.

[35] Tanaka，S. ，2015，"Environmental Regulations on Air Pollution in China and Their Impact on Infant Mortality"，*Journal of Health Economics*，42(3)，90 - 103.

[36] Wang，H. ，N. Mamingi，B. Laplante，and S. Dasgupta，2003，"Incomplete Enforcement of Pollution Regulation：Bargaining Power of Chinese Factories"，*Environmental & Resource Economics*，24(3)，245 - 262.

[37] Wang，R. ，F. Wijen and P. Heugens，2018，"Government's Green Grip：Multifaceted State Influence on Corporate Environmental Actions in China"，*Strategic Management Journal*，39(2)，403 - 428.

[38] Wu，H. ，H. Guo，B. Zhang，and M. Bu，2017，"Westward Movement of New Polluting Firms in China：Pollution Reduction Mandates and Location Choice"，*Journal of Comparative Economics*，45(1)，119 - 138.

21　土地功能异化与我国经济增长的可持续性①

内容提要：1994 年分税制改革后,地方政府财政收支缺口扩大,促使土地作为生产要素的功能异化为土地财政这一新事物,并由此衍生金融功能,给地方政府带来正规税收之外的支出灵活性,间接推进工业化进程和以基础设施建设、公共服务体系构建以及城市间的互联互通为重点的城镇化进程。但是,地方政府非理性博弈以及财政支出对土地财政的过度依赖弱化了土地财政等制度安排的正面功能,导致资产泡沫堆积、交易成本增加、地方债务扩大。如果听之任之,很可能触发"明斯基时刻",引发系统性金融风险。为了弱化土地财政的负面影响,强化其正面效应,需要规范完善地方政府的收支制度安排与支出行为。

关键词：地方政府行为　土地财政　地方债务系统性　金融风险

一、引　言

"劳动是财富之父,土地是财富之母"②,工业化创造了对工业用地的需求,土地作为重要的生产要素在工业化进程中发挥了不可替代的作用;由工业化带动的人口

---

① 　原文刊载于《经济学家》2019 年第 5 期,合作者为赵倩博士。论文被《人大复印报刊资料·体制改革》2019 年第 8 期转载。

② 　本文提及的"土地"是土地使用权的缩写,土地资产实际上是对国有土地使用权的垄断权力。

集聚以及住房制度改革创造了对商服用地和住宅用地的需求[①],随着地方政府完全垄断了土地一级市场,土地价值被再定义、再发现,土地的生产要素功能逐步异化为土地财政,土地出让金成为地方政府重要的非税收入来源,在分税制改革后弥补了地方政府的财政收支缺口(图21-1),"以地谋发展"的融资模式初步形成。土地的金融功能脱胎于土地财政,促使地方政府融资模式转向"土地财政+平台贷款"(徐忠,2018)。另一方面,受到纵向财政失衡(陈志勇、陈莉莉,2010;吴群、李永乐,2010;贾康、刘微,2012;孙秀林、周飞舟,2013)、晋升激励(陶然等,2009;张莉等,2011)、寻租等多方面影响(Cai & Zhang,2013),地方政府普遍存在卖地、土地抵押担保等融资行为,并与房地产开发商"拿地"形成激励相容,正是两者的共同作用开启了浩浩荡荡的大规模快速城镇化,1978—1997年城镇化率平均每年增加0.7%,而1998—2016年

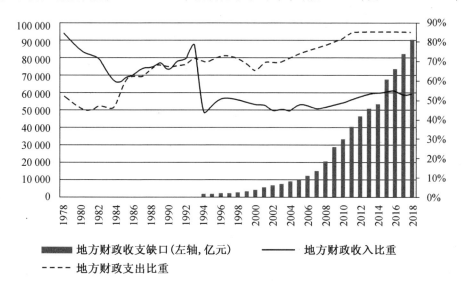

　　　　　　■ 地方财政收支缺口(左轴,亿元)　　　　—— 地方财政收入比重
　　　　　　- - - - 地方财政支出比重

图 21-1 分税制改革后地方政府财政收支情况

注:财政收支缺口是指一般预算支出与一般预算收入的差额。

数据来源:财政部。

---

　　① 改革开放前,中国实行公有住房实物分配制度,城镇居民住房的主要来源为单位建房分配,住房租金只占工资收入的2%~3%,住房的商品属性被忽略,仅作为国家福利手段。1978年后,城市住房制度开始了市场化的探索过程,经历了住房制度的市场化探索期(1978—1997年)、住房市场供给的形成期(1998—2002年)、住房市场供给的成熟期(2003年至今)三个阶段。

平均每年增加 1.3％。城镇化的快速推进极大改善了人民群众的居住条件，从 1998 年起，商品住宅销售面积年均增速高达 17.1％，城镇居民人均住宅建筑面积从 1998 年的 18.7 平方米上升至 2016 年的 36.6 平方米[①]，住房供需矛盾得到缓解。

如果土地功能没有异化，地方政府就无法推动城市滚动开发，大规模城市基础设施、公共服务投资以及招商引资的优惠政策承诺将无法实现；中国制造业也会面临居高不下的用地成本，难以维持全球制造成本优势，工业化进程将因此受到极大阻碍。但是，在起到上述作用之外，地方政府非理性博弈以及财政支出对土地财政等制度安排的过度依赖加剧了资产泡沫、地方债务等问题，如果听之任之，很可能触发"明斯基时刻"，引发系统性金融风险，造成短期经济的异常波动，影响中长期经济增长的可持续性。为此，本文试图研究土地功能异化的制度背景、主要表现及其负面影响，并为更好地发挥土地财政的正面功能提供对策。

二、土地功能异化的制度背景及主要表现

为了换取地方对分税制改革的支持，中央承诺将土地出让金划归地方政府管理，因此 1994 年起，地方政府成为国有建设用地的唯一供应方，与之对应的是土地成为一项重要的地方政府资产。经过一系列特殊的土地制度安排，地方政府通过市场化手段出让国有土地，为城市建设筹措资金，形成土地财政，进一步衍化出金融功能。土地功能异化是改革开放特有的经济现象，有力推动了工业化、城镇化进程，离开土地财政等特殊的制度安排，就无法透视高速增长的中国经济。

（一）制度背景

整体来看，中国的土地制度走了一条不完全市场化改革的道路，市场化改革体现在土地有偿使用方式，而不完全体现在土地供给主体单一，两相结合使得地方政府通过市场化的出让方式最大化土地收益。

城镇土地使用权制度改革促成了土地价值的再发现。为了提高土地资源配置效

---

① 数据来源：根据《中国统计年鉴》(1981—2017 年)计算得出。

率,纾解地方财政困难,1986 年,中央出台《中华人民共和国土地管理法》,国有建设用地制度从无偿划拨转为无偿划拨与有偿使用并存,随后开启土地市场化改革试点①。《城镇国有土地使用权出让和转让暂行条例》(国务院令〔1990〕第 55 号)规定了土地使用权出让和转让细则,国有土地有偿使用制度进入实际执行层面。《划拨土地使用权管理暂行办法》(国家土地管理局令〔1992〕第 1 号)明确土地使用权获取方式包括出让、划拨、转让②。《关于加强国有土地资产管理的通知》(国发〔2001〕第 15号)规定有条件的地方政府可划出部分土地收益用于收购储备建设用地,由金融机构提供信贷支持。地方政府低价征收集体农地③、高价出售国有建设用地,形成城乡土地价格"剪刀差",并且行政级别越低对土地的依赖程度越高(刘守英、蒋省三,2005)。

招拍挂出让加快了土地市场化进程。为了节约土地资源,《招标拍卖挂牌出让国有土地使用权规定》(国土资源部令〔2002〕第 11 号)明确了招拍挂出让方式细则;2005 年,招拍挂出让方式在商服用地和住宅用地市场全面实施,国有土地使用权由价高者得,市场化的土地批租制度正式形成。另一方面,《协议出让国有土地使用权规定》(国土资源部令〔2003〕第 21 号)明确了工业用地以协议方式出让的细则;由于工业用地是买方市场,协议出让方式实质上是亏本出让,地方政府的收益来自企业达产后稳定的税收,以及人口集聚带来的土地储备增值。

土地的金融功能被土地收储、抵押担保制度放大。政府财政收入包括一般预算收入(以税收为主,非税收入为辅)、政府性基金收入(以土地出让金为主)、社会保障

---

① 1987 年,深圳经济特区借鉴香港土地批租制度经验,率先进行土地使用权出让转让试点。

② 以划拨方式取得国有土地使用权,经国家批准可以无偿、无年限制使用国有土地。划拨方式的主要适用范围包括国家机关用地和军事用地,城市基础设施用地和公益事业用地,国家重点扶持的能源、交通、水利等项目用地。转让方式包括出售、交换、赠与等,以转让方式取得国有土地使用权,其地上建筑物、其他附着物所有权随之转让。出让方式包括招标、拍卖、挂牌、协议。

③ 1986 年《中华人民共和国土地管理法》第四十七条规定,土地补偿安置费包括土地补偿费、安置补助费以及地上附着物和青苗补偿费。

基金收入、国有资本经营收入等。整体上,政府性基金用途是刚性的[1],加之市级、县级政府无法发行市政债券,因此全球金融危机爆发前地方政府仍然存在较大融资约束。2008 年起,为了应对经济下行压力,《土地储备管理办法》(国土资发〔2007〕第277 号)规定土地储备按照市场价格评估,允许地方政府将土地储备用于抵押担保,大量注入土地储备的地方融资平台就是在这一阶段成立的[2]。地方政府充分利用在征地、卖地上的垄断权力,将土地储备作为抵押物,形成"借债、征地、投资"循环(王小鲁,2018),地方融资平台债务迅速扩大。

(二) 建设用地审批与供应

根据《中华人民共和国土地管理法》,各级政府实行建设用地总量控制指标,充分利用现有建设用地,不占用或尽量少占用农用地;土地利用总体规划和土地年度计划实行国家、省、市、县四级分级管理,分级制定,分级审批[3]。如表 21 - 1 所示,从供应总量来看,国有建设用地供应面积呈波动上升趋势,于 2013 年达到峰值后开始下降,2017 年,国有建设用地供应 60.3 万公顷,同比增长 13.5%;国有建设用地供应数量呈波动下降趋势。划拨和出让为国有建设用地主要供应方式,划拨面积占比呈先降后升趋势,而出让面积占比先升后降趋势,2017 年出让面积占比为 37.4%,比上一年下降 2.5 个百分点;平均每宗划拨建设用地面积呈上升趋势,而每宗出让建设用地面积呈下降趋势。从供应结构来看,土地供应向基建倾斜,而工矿仓储用地、商服用地以及住宅用地占比均呈下降趋势,特别是住宅用地供给相对不足。2017 年,基础设施及其他用地占比高达 60.5%,较去年提高 4.6 个百分点;工矿仓储用地占比为

---

① 《关于规范国有土地使用权出让收支管理的通知》(国办发〔2006〕第 100 号)明确了土地出让收入使用范围:(1)征地和拆迁补偿支出;(2)土地开发支出;(3)支农支出;(4)城市建设支出;(5)其他支出,包括土地出让业务费、缴纳新增建设用地土地有偿使用费、计提国有土地收益基金(主要用于土地收购储备)、城镇廉租住房保障支出、支付破产或改制国有企业职工安置费支出等。

② 融资平台贷款主要有土地抵押贷款和政府财政信用贷款两种方式。此外,融资平台可以发行城投债、城建债、中期票据等进行融资。

③ 《中华人民共和国土地管理法》第二十条规定,省、自治区、直辖市的土地利用总体规划报国务院批准,省会城市、人口在 100 万以上的城市以及国务院指定城市的土地利用总体规划经省、自治区人民政府审查同意后报国务院批准,其他土地利用总体规划逐级上报省、自治区、直辖市人民政府批准,乡(镇)土地利用总体规划可以由省级人民政府授权的设区的市、自治州人民政府批准。

20.4%,较去年降低 2.9 个百分点;商服用地占比 5.1%,较去年降低 1.6 个百分点;住宅用地占比为 14.0%,较去年降低 0.1 个百分点。从供应布局来看,自 2003 年起,中央政府实行倾向于中西部的土地供应政策,相应压缩东部地区的国有建设用地计划指标(陆铭等,2015)。

表 21-1   国有建设用地供应总量与方式

年份	数量 (万宗)	划拨数量占比	出让数量占比	租赁数量占比	面积 (万公顷)	划拨面积占比	出让面积占比	租赁面积占比
1999	40.37	41.8%	24.5%	16.0%	13.33	40.6%	34.0%	21.6%
2000	42.10	38.1%	28.2%	20.5%	24.18	33.3%	20.1%	43.6%
2001	45.91	30.7%	37.1%	26.0%	17.87	41.4%	50.6%	5.7%
2002	43.35	24.1%	56.0%	15.6%	23.54	37.4%	52.8%	7.5%
2003	31.71	15.2%	65.4%	12.4%	28.64	22.8%	67.6%	3.7%
2004	25.00	14.7%	74.0%	9.8%	25.79	24.1%	70.4%	3.4%
2005	22.24	13.8%	72.9%	11.2%	24.43	26.5%	67.8%	3.3%
2006	23.33	13.2%	80.0%	5.8%	30.68	20.8%	75.9%	2.5%
2007	21.19	12.7%	75.7%	10.0%	34.20	22.2%	68.7%	8.6%
2008	16.39	16.1%	75.3%	7.3%	23.42	26.6%	70.8%	1.5%
2009	15.09	17.3%	81.2%	1.4%	36.16	33.8%	61.1%	2.5%
2010	17.43	18.0%	81.4%	0.6%	43.26	32.0%	67.9%	0.1%
2011	19.36	21.6%	78.1%	0.2%	59.33	43.4%	56.5%	0.1%
2012	19.20	27.7%	72.2%	0.2%	71.13	53.0%	46.7%	0.2%
2013	22.71	25.4%	74.3%	0.2%	75.08	49.7%	49.9%	0.4%
2014	18.26	27.4%	72.5%	0.1%	64.80	57.1%	42.8%	0.1%
2015	16.37	33.0%	66.8%	0.1%	54.03	58.2%	41.6%	0.2%
2016	15.40	33.6%	66.2%	0.2%	53.12	59.0%	39.9%	1.1%

注:国有建设用地供应方式包括划拨、出让、租赁、其他四种,2010 年后其他供应数量、面积占比均接近零。

数据来源:《中国国土资源年鉴》(2000—2017 年)。

（三）土地财政规模

如表 21-2 所示，从总量来看，1999 年起，土地出让金年均增长 39.2%，远高于 GDP 和全国公共财政收入增速，2017 年，土地出让金高达 4.99 万亿元。从结构来看，不管是出让数量、面积还是收入，招拍挂都是土地出让的主要方式。

表 21-2　土地出让金规模与结构

年份	土地出让成交价款(亿元)	同比增速	招拍挂数量占比	招拍挂面积占比	招拍挂成交价款占比
1999	519		15.5%		
2000	621	19.6%	16.2%		
2001	1 314	111.7%	14.7%		
2002	2 449	86.3%	16.0%		
2003	5 421	121.4%	24.1%	28.0%	56.7%
2004	6 412	18.3%	25.3%	28.9%	55.4%
2005	5 884	−8.2%	27.4%	34.6%	71.3%
2006	4 195	−28.7%	24.5%	30.5%	71.7%
2007	12 217	191.2%	31.6%	49.9%	82.5%
2008	10 260	−16.0%	44.8%	83.9%	92.9%
2009	17 180	67.4%	51.5%	84.8%	94.9%
2010	27 464	59.9%	56.6%	88.4%	96.0%
2011	32 126	17.0%	60.6%	91.0%	95.9%
2012	28 042	−12.7%	66.5%	90.7%	95.0%
2013	43 745	56.0%	66.0%	92.4%	96.3%
2014	34 377	−21.4%	68.2%	92.5%	95.3%
2015	31 221	−9.2%	69.0%	92.2%	95.3%
2016	36 462	16.8%	66.7%	92.0%	96.3%
2017	49 843	36.7%			

注：《中国国土资源年鉴》(2000—2003 年)没有将协议和招拍挂出让的面积、收入拆分，因此相关数据缺失。

数据来源：《中国国土资源年鉴》(2000—2017 年)、《中国土地矿产海洋资源统计公报》(2017 年)。

关于土地财政的规模测算目前有三套指标。指标一,土地出让金(吴群、李永乐,2010)。指标二,土地相关税收收入和土地出让金,其中土地相关税收收入包括土地增值税、城镇土地使用税、耕地占用税、契税、房产税、建筑企业所得税(杨圆圆,2010)。指标三,土地相关税收收入、非税收入/土地出让金、土地隐性收入/土地资产抵押收入(李尚蒲、罗必良,2010)。由于土地隐性收入数据可获得性不强,本文根据指标二估算土地财政规模(表21-3),结果显示土地财政收入年均增长32.3%,2017年,该值高达6.79万亿元,长期以来土地出让金贡献了2/3以上的土地财政收入;在土地相关税收收入中,土地增值税对土地财政收入的贡献度呈上升趋势,房产税的贡献度呈下降趋势,其余税种的贡献度保持平稳。土地财政规模快速扩张,对于城市化原始资本积累起到重要作用(赵燕菁,2014)。

表 21-3 土地财政规模测算(单位:亿元)[①]

年份	土地增值税	城镇土地使用税	耕地占用税	契税	房产税	建筑企业所得税	土地财政收入	同比增速
1999	7	59	33	96	202	53	969	
2000	9	65	35	131	230	65	1 157	19.4%
2001	11	66	38	157	249	91	1 928	66.6%
2002	22	77	57	239	308	109	3 262	69.2%
2003	41	92	90	358	353	146	6 502	99.3%
2004	82	106	120	540	400	192	7 853	20.8%
2005	147	137	142	735	474	231	7 750	−1.3%
2006	247	177	171	868	561	290	6 507	−16.0%
2007	403	385	185	1206	575	396	15 370	136.2%
2008	537	817	314	1308	680	441	14 357	−6.6%
2009	720	921	633	1735	804	540	22 533	56.9%

---

① 统计口径为2017年全国土地出让合同价款数,与财政部门统计的全国土地出让收入缴入国库数口径不同。

(续表)

年份	土地 增值税	城镇土地 使用税	耕地 占用税	契税	房产税	建筑企业 所得税	土地 财政收入	同比 增速
2010	1 278	1 004	889	2 465	894	693	34 688	53.9%
2011	2 063	1 222	1 075	2 766	1 102	863	41 218	18.8%
2012	2 719	1 542	1 621	2 874	1 372	1 058	39 229	−4.8%
2013	3 294	1 719	1 808	3 844	1 582	1 312	57 304	46.1%
2014	3 915	1 993	2 059	4 001	1 852	1 439	49 635	−13.4%
2015	3 832	2 142	2 097	3 899	2 051	1 490	46 731	−5.9%
2016	4 212	2 256	2 029	4 300	2 221	1 513	52 992	13.4%
2017	4 911	2 361	1 652	4 910	2 604	1 616	67 898	28.1%

数据来源:土地增值税、城镇土地使用税、耕地占用税、契税、房产税数据来自财政部《中国财政年鉴》(2000—2017 年);建筑企业所得税数据来自国家统计局。

（四）土地储备与抵押

可供抵押的土地包括住宅用地、商服用地、储备用地以及工矿仓储用地,储备用地抵押贷款的期限一般在三年以内,有政府信用和土地抵押双重保障,储备用地抵押贷款质量较高,银行更愿意放贷,在地价上涨较快时会增加授信,因此从 2009 年开始,土地抵押面积和抵押贷款总额呈快速上升趋势(表 21 - 4)。当房地产调控政策收紧时,房地产开发商的土地需求降低,引起土地价格波动,土地抵押物的价值会随之波动,此时银行也会考虑土地抵押贷款风险。

表 21 - 4　84 个重点城市土地抵押变化情况

指标名称	抵押面积 （万公顷）	同比增速	净增面积 （万公顷）	抵押贷款 总额 （万亿元）	同比增速	净增贷款 总额 （万亿元）
2009	21.70		5.10	2.59		0.77
2010	25.82	19.0%	3.74	3.53	36.5%	0.92
2011	30.08	16.5%	4.19	4.80	36.0%	1.27

（续表）

指标名称	抵押面积 （万公顷）	同比增速	净增面积 （万公顷）	抵押贷款 总额 （万亿元）	同比增速	净增贷款 总额 （万亿元）
2012	34.87	15.9%	4.72	5.95	24.0%	1.12
2013	40.39	15.8%	5.33	7.76	30.4%	1.77
2014	45.10	11.7%	4.56	9.51	22.6%	1.73
2015	49.08	8.8%	3.87	11.33	19.1%	1.78

数据来源：《中国国土资源年鉴》（2010—2016 年）。

三、土地功能异化的负面影响

土地财政已实行了 20 多年，在特定时间内为地方经济发展做出过重要贡献，但其弊端也逐渐显露，主要表现为资产泡沫堆积、土地寻租行为增加、地方债务扩大，对经济增长的负面影响骤然放大，导致潜在的系统性金融风险上升，可能由此引发短期经济异常波动以及中长期经济增长效率损失，影响经济增长的可持续性。

（一）资产泡沫堆积

地价与房价循环上涨，形成资产泡沫。为了依靠有限的建设用地指标创造更多财政收入，地方政府选择抬高住宅、商服用地价格，同时低价供应大量工业用地进行招商引资。土地成交统计数据显示（表 21-5），2008—2018 年 100 大中城市住宅、商服、工业用地平均溢价率分别为 24.9%、12.6%、1.9%[①]；2016 年，住宅用地溢价率高达 58.3%，为近年来最高；受宏观调控影响，2018 年住宅用地溢价率有所回落。2008 年，100 大中城市住宅用地成交楼面价为 1 173 元/m²，是工业用地的 4 倍；2018 年，这一数字已上升至 4 635 元/m²，是工业用地的 16 倍，住宅用地成交楼面价年均增速高达 16.2%。在地方政府、房地产开发商、银行的共同推动下，2008 年以后土地价格与房地产价格循环上涨，房地产市场进入繁荣期。根据世界银行的标准，正常房

---

① 土地溢价率＝（成交价格－土地成本价）/土地成本价＊100%。

价收入比为 1.8～5.5,2010 年以来,我国二、三线城市房价收入比为 8～11,而一线城市房价收入比高达 18～21①。一线及二线热点城市房价高、涨幅大,房地产价格泡沫严重。限购、限贷、限价等调控举措在短期内抑制了房地产价格过快上涨,但没有稳定社会预期,一旦宏观调控出现松动,会引发新一轮房价上涨。此外,资产泡沫化导致社会不公和贫富分化,由于现阶段住房保障体系不够健全,城市"夹心层"有所扩大。从宏观层面来看,土地是重要的抵押资产,地价波动通过影响融资放大投资波动(Chaney et al.,2012),进而造成宏观经济波动(Liu et al.,2013)。

表 21－5　100 大中城市土地成交统计

时间	成交土地面积(万 m²)			成交楼面价(元/m²)			土地溢价率(%)		
	住宅	商服	工业	住宅	商服	工业	住宅	商服	工业
2008	13 494	3 031	15 862	1 173	1 387	310	13.7	10.4	0.9
2009	25 188	5 056	23 990	1 667	1 574	308	46.5	24.9	1.9
2010	35 433	8 004	34 980	1 777	1 687	298	31.0	20.1	2.6
2011	31 168	10 168	45 727	1 527	1 698	320	11.2	12.9	2.8
2012	26 043	11 136	41 494	1 607	1 342	275	10.1	6.1	1.5
2013	33 589	13 546	38 926	2 020	1 692	303	20.8	13.9	3.4
2014	22 411	10 216	31 256	2 340	1 810	293	12.9	9.2	1.3
2015	18 377	6 764	27 398	2 884	2 142	297	23.3	6.2	0.9
2016	18 599	6 835	25 304	4 302	2 595	302	58.3	14.4	2.1
2017	23 480	6 602	27 422	4 879	2 992	302	32.2	12.4	2.1
2018	25 074	6 889	31 532	4 635	2 994	297	14.4	7.9	1.3

数据来源:Wind 资讯。

金融杠杆风险加大。从居民部门来看,由于存在房价上涨预期,房地产被认为是一种低风险的优质资产,加之股市低迷、债市违约频发、汇率贬值、贵金属价格剧烈波

---

① 数据来源:Wind 资讯,《经济数据库[EDB]快讯》2016 年 4 月。

动,居民缺乏稳健的投资渠道,因此近年来居民对住房过度消费①,住房按揭贷款快速上升。2018 年,新增贷款中房地产贷款占比高达 39.9%,人民币房地产贷款余额高达 38.7 万亿元②,居民部门存在高杠杆风险。从房地产行业本身来看,近年来地王频现,企业拿地成本居高不下,房地产市场开始出现"面粉比面包贵"的情况。此外,房地产行业挤占了其他行业的信贷资源,2018 年 6 月末,沪深两市房地产上市公司整体资产负债率为 80.02%,较年初上升 1.09 个百分点,高于上市公司平均水平20.2 个百分点③。房企杠杆率已处于历史高位,一旦房价出现异常波动,大量房地产企业将出现现金流枯竭、债务违约,甚至被破产清算,由此产生的银行大面积坏账可能引发系统性金融风险。

(二)土地寻租行为增加

尽管中央三令五申保护耕地、严控新增建设用地指标,在当前的财政分权和政绩观下,放松对土地的监管、实现土地违法供给是地方政府偏离中央土地调控政策的理性选择(张莉等,2013)。在土地有偿使用方式中,协议、挂牌出让的市场化程度较低,土地违法案件较多(陶坤玉等,2010)。当地方政府部门与企业形成利益共同体时,存在保护该企业行为④,提高了房地产企业"拿地"的交易成本。另一方面,长期以来,各地土地出让金处于"封闭运行",收支明细并未公开,收支预算编制不够准确,未完全按基金预算核算管理,土地出让金挪用情况时有发生。随着土地出让收入中的成本性开支逐年增加,地方政府通过出让土地获取的净收入迅速下滑,近两年来甚至出现了土地出让"收不抵支"的情况。

(三)地方债务扩大

在《国务院关于加强地方政府性债务管理的意见》(国发〔2014〕第 43 号)出台前,

---

① 据经济日报社中国经济趋势研究院编制的《中国家庭财富调查报告》(2017 年)显示,房产净值占全国家庭人均财富的 66.0%。

② 数据来源:中国人民银行,《2018 年金融机构贷款投向统计报告》。

③ 数据来源:《3 194 家上市公司总杠杆平稳房地产业杠杆率升至 80.02%》,《21 世纪经济报道》2018 年 8 月 31 日。

④ 比如政府部门对竞买申请人资格设置不合理限制性条件,大量潜在竞买人因此丧失竞买资格,公开出让变成"定向出让";企业资质造假、注水,通过"陪标""串标""围标"等恶性竞争方式排挤其他企业。

融资平台公司的主营业务是交通、水利等基础设施及公益类项目,主要偿债方式是土地出让金[1]。由于土地出让金波动较大,地方政府偿债能力极不稳定,叠加银行过度放贷、道德风险等问题,地方债务违约风险逐渐积累。为了避免地方政府债务恶化,财政部先后出台《地方政府性债务风险分类处置指南》(财预〔2016〕第 152 号)、《地方政府土地储备专项债券管理办法(试行)》(财预〔2017〕第 62 号),融资平台公司的融资职能逐渐被剥离,部分债务被认定为政府债务,并分批置换成地方政府债券(图21-2)[2],城投债问题则通过资产证券化、债转股解决。通过实施地方政府存量债务置换,地方政府显性债务逐步公开化,截至 2018 年年末,地方政府债务余额 18.39 万亿元,其中地方政府债券余额 18.07 万亿元,为债券市场存量规模最大的品种,占地方政府债务的比重为 98.3%,负债率为 20.4%[3],地方政府显性债务风险总体可控。但是,部分西部省份的政府负债率较高,特别是贵州,其 2017 年显性债务余额为0.86 万亿元,负债率高达 63.6%[4],已超过 60% 的国际警戒红线。

值得注意的是,地方政府债券余额只是反映了显性债务,由于地方政府仅在出资范围内承担有限责任,地方政府或有债务或者非政府性债务没有纳入财政部门的统计口径,无法进行债务置换,其偿还主体为融资平台公司,这一部分隐性债务存在相当大的违约风险;PPP 项目、政府购买服务、政府投资基金等融资新模式也暗藏隐性债务风险。但是,有关部门的统计口径存在分歧,对隐性债务的认定标准尚未统一,导致地方政府隐性债务摸底存在困难。国内部分学者利用融资平台公司债务估算地

---

① 2013 年,审计署发布第 32 号公告《全国政府性债务审计结果》,结果显示,截至 2012 年年底,1个省级、316 个市级、1 396 个县级政府承诺以土地出让金偿还的债务余额为 3.5 万亿元,占省市县三级政府负有偿还责任债务余额的 37.2%。

② 地方政府债券于 2009 年试点发行,2015 年正式自发自还。

③ 数据来源:《2018 年地方政府债券发行和债务余额情况》,财政部网站 2019 年 1 月 23 日。http://yss.mof.gov.cn/zhuantilanmu/dfzgl/sjtj/201901/t20190123_3131019.html。政府负债率＝政府债务余额/GDP。

④ 数据来源:《2017 年地方政府一般债务分地区余额表》,财政部网站 2018 年 7 月 12 日。http://yss.mof.gov.cn/zhuantilanmu/dfzgl/sjtj/201807/t20180717_2963339.html。《2017 年地方政府专项债务分地区余额表》,财政部网站 2018 年 7 月 12 日。http://yss.mof.gov.cn/zhuantilanmu/dfzgl/sjtj/201807/t20180717_2963337.html。

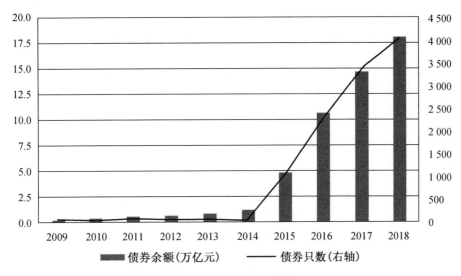

图 21‑2 地方政府债券存量

数据来源：Wind 资讯。

方政府隐性债务，初步估计隐性债务为显性债务的 2～3 倍[1]。整体来看，2018 年政府显性债务规模(中央财政债务余额与地方政府债务余额之和)为 33.35 万亿元，负债率为 37.0%[2]，但如果计入隐性债务，负债率就会超过国际标准风险警戒线。另一方面，存量债务置换只是通过"拆东补西""借新还旧"推迟兑付时间、降低利息分担，而非从根本上解决地方政府债务问题。如果无法化解存量债务、无法保障新增债务的质量，那么地方政府债务风险将难以得到有效控制，可能引发系统性金融风险，将反过来制约中长期稳定、可持续的经济增长，因此需要遏制地方政府为了短期目标把隐患留给后人的举债行为。

---

①　数据来源：《地方债高悬之忧：隐性债务的水有多深?》，《财经》2018 年 7 月 10 日。https://finance. qq. com/a/20180710/037489. htm。

②　数据来源：《2018 年财政收支情况新闻发布会文字实录》，财政部网站 2019 年 1 月 23 日。http://www. mof. gov. cn/zhengwuxinxi/caizhengxinwen/201901/t20190123_3131193. htm。

四、抑制土地财政负面效应的政策建议

土地功能异化的根源在于地方政府行为的异化,要以制度创新纠正地方政府行为偏差,抑制土地财政的负面影响。从体制层面来看,加快财政体制改革,重构官员激励机制;从风险层面来看,防范化解地方债务风险,加强对土地财政的监管;从供给层面来看,深化土地要素市场改革,推动城乡土地市场一体化;从需求层面来看,因城施策、分类调控,加快建立多主体供给、多渠道保障、租购并举的住房制度。

（一）体制层面：加快财政体制改革，重构官员激励机制

深化财税体系改革,合理划分各级政府的财权事权和支出责任①。其一,通过法律法规明确各级政府的职责。坚持中央在财权事权确认和划分上的决定权,覆盖全国的基本公共服务由中央负责,辖区内基本公共服务由地方负责,跨区域基本公共服务由上级和本级政府共同负责,捋顺省、市、县三级政府的职权范围。其二,完善转移支付制度。适度加强中央政府对跨省基本公共服务的支出责任,扩大一般性转移支付规模,完善转移支付管理制度、规范转移支付分配行为,严格甄别、控制专项转移支付项目。其三,提高主要分享税种的地方分成比例,健全以房产税为代表的地方税体系,赋予地方政府更多财政自主权。

改革官员激励机制,抑制地方政府投资冲动。第一,加快形成推动高质量发展的政绩考核评价体系。要适应新时代中国特色社会主义发展要求,弱化 GDP 总量考核指标,强化地方政府债务考核指标,从严整治违法违规举债问题。统筹推进新时代"五位一体"总体布局,强化民生改善、社会进步、环境保护等考核指标,实现地方政府职能从经济建设向提供基本公共服务转变。第二,精简各类考核指标,简化考核程序;严控"一票否决"事项,降低基层干部迎考迎评负担。第三,强化考评奖惩机制的激励约束作用。强调考评结果的权威性,考评奖惩要体现在干部选拔任用和末位淘

---

① 根据《关于推进中央与地方财政事权和支出责任划分改革的指导意见》(国发〔2016〕第 49 号),2020 年要形成中央与地方财权事权和支出责任划分的清晰框架。

汰过程中,既要激发干部工作热情,又要约束干部不正当行为。

(二) 风险层面: 防范化解地方债务风险,加强对土地财政的监管

防范化解地方债务风险,遏制隐性债务增量。一方面,"开前门""堵后门",规范和加强地方政府债务管理。针对"开前门",要加快建立规范的地方政府举债融资机制,科学制定省市县三级政府的债务限额,规范地方政府债券的偿债来源①,打破刚性兑付。针对"堵后门",严格执行《预算法》《担保法》,对政府购买服务列出负面清单,严禁地方政府利用 PPP 项目、各类政府投资基金等方式违法违规变相举债,对挪用债务资金或改变既定资金用途等行为"发现一起,查处一起,问责一起";建立完善考核问责机制,加大督查问责力度,落实地方政府的属地管理责任,做到"终身问责、倒查责任",硬化地方政府预算约束。另一方面,针对地方政府间接负债、或有负债、隐性负债,要建立隐性债务监测监督机制,科学制定隐性债务统计口径,搭建大数据监测平台,摸清存量底数;加大对融资平台公司的处置力度,逐步剥离其政府融资职能,推动融资平台公司市场化经营。

加强对土地财政的监管,缩小寻租空间。第一,逐步改变土地资源主要依靠行政配置的现象。压缩土地以行政划拨和协议出让比重,增加土地招拍挂出让面积,提高土地配置效率。第二,严查土地寻租行为。要改变"重审批轻监管"的政府行为,特别是加强建设用地批后监管,如对土地合同履约情况进行合规性监管、依据相关法律法规定期清理闲置用地。相关部门联合制定建设用地复核验收标准,形成部门监管合力;建立批后监管部门协调机制,避免多头监管导致行政成本过高的局面。第三,规范土地出让金收支管理。为了整治土地出让金收支乱象,应核定土地出让金征收金额,依法进行催缴,确保土地出让金征收入库并进行核对,将土地出让金收支管理情况作为重大事项定期公开,增加土地出让收支信息透明度。

(三) 供给层面: 深化土地要素市场改革,推动城乡土地市场一体化

加快集体经营性建设用地入市流通,打破土地一级市场卖方垄断。十九大报告指出要完善产权制度和要素市场化配置,与其他生产要素相比,土地市场化进展缓

---

① 一般债券主要通过一般公共预算收入偿还,而专项债券由对应的政府性基金偿还。

慢，为此要扎实推动城乡土地市场一体化改革。第一，深化利用农村集体经营性建设用地建设租赁住房试点①，按照"同地、同权、同价"原则推动村集体土地入市，做好安全监管工作，这样做不仅能纾解基层政府财政困难②、提高农民财产性收入，还能打破土地垄断、改变建设用地供应主体单一的局面。第二，完善征地制度。确保征地程序公开透明，做好征地协商工作；参照市场价制定合理的征地补偿标准，提高农民的土地财产收入。与企业合作，为被征地农民提供职业技能培训、在"留用地"推广新品种、新技术，切实保障被征地农民的生存发展能力，化解征地矛盾和冲突。

完善耕地总量动态平衡制度，优化土地利用结构。第一，土地复耕、复垦是增加耕地面积的主要途径，要探索农村宅基地"三权分置"，加快清理闲置农村住房，整理出成片土地并根据规划复耕或作为建设用地，提高农村土地使用效率。第二，城市无节制地扩张是耕地面积锐减的根本原因，保护耕地需要从提高城市建设用地配置效率着手，通过弹性年限出让土地、长期租赁等方式，提高工业用地利用率。第三，要以实施跨区域指标计划和建立全国土地市场为抓手推动土地市场化改革，纠正土地资源错配。具体而言，要根据房地产库存实现建设用地计划指标的动态调整，即房地产库存不足的城市要增加建设用地计划指标，库存过量的城市要减少计划指标；建立全国性的土地置换指标交易市场，允许城市化进程较快的地区购买其他地区腾退的耕地指标。

（四）需求层面：因城施策、分类调控，加快建立租购并举的住房制度

从短期来看，坚持分类调控、因城因地施策，抑制资产泡沫。为了提升监管效率，需要建立和完善房地产统计和监测预警机制，科学研判房地产市场供求关系，严厉打击房地产企业和中介机构违法违规行为。进一步夯实地方政府的主体责任，继续坚持分类调控、因城因地施策，保持政策的连续性和稳定性，逐步建立和完善差异化的调控政策体系。考虑到宏观调控的滞后性，房地产市场存在"上有政策、下有对策"的

---

① 村集体可以自行开发运营租赁住房，也可以通过联营、土地入股方式运营。

② 农业税全面取消后，乡（镇）政府财政收入锐减，由于土地二元制度，乡（镇）政府缺乏可供出让、抵押的土地资源，主要依赖财政转移支付，而县级政府下拨的资金不足以覆盖乡（镇）政府的财政支出，致使乡（镇）有效公共品供给不足。

理性预期,不可急于求成,需要进行窗口指导,处理好宏观调控的度,形成"活而有序"的房地产市场以及"控而不死"的监管体系,避免"跷跷板效应"。

从长期来看,加快建立租购并举的住房制度。城市群建设是新一轮城镇化的主要实现形式,劳动力向中心、次中心城市集聚的趋势不会改变,为此需要加快建立多主体供应、多渠道保障、租购并举的住房制度,完善促进房地产市场平稳健康发展的长效机制。一方面,加快发展住房租赁市场。鼓励民间资本进入住房租赁市场,规范住房租赁交易环节,强化住房租赁信用管理;为利用农村集体经营性建设用地建设租赁住房试点制定相应管理办法,确保配套基本公共服务。另一方面,加大公租房保障力度。通过资产证券化、财政补贴、税收减免等方式解决公租房融资难题;完善公租房管理办法,对骗租行为要严惩不贷,并记入社会信用档案。

参考文献

［1］陈志勇、陈莉莉,2010:《"土地财政":缘由与出路》,《财政研究》第1期。

［2］贾康、刘微,2012:《"土地财政":分析及出路——在深化财税改革中构建合理、规范、可持续的地方"土地生财"机制》,《财政研究》第1期。

［3］李尚蒲、罗必良,2010:《我国土地财政规模估算》,《中央财经大学学报》第5期。

［4］刘守英、蒋省三,2005:《土地融资与财政和金融风险——来自东部一个发达地区的个案》,《中国土地科学》第5期。

［5］陆铭、张航、梁文泉,2015:《偏向中西部的土地供应如何推升了东部的工资》,《中国社会科学》第5期。

［6］孙秀林、周飞舟,2013:《土地财政与分税制:一个实证解释》,《中国社会科学》第4期。

［7］陶坤玉、张敏、李力行,2010:《市场化改革与违法:来自中国土地违法案件的证据》,《南开经济研究》第2期。

［8］陶然、陆曦、苏福兵,2009:《地区竞争格局演变下的中国转轨:财政激励和发展模式反思》,《经济研究》第7期。

［9］王小鲁,2018:《改革40年的回顾与思考》,《比较》第5期。

［10］吴群、李永乐,2010:《财政分权、地方政府竞争与土地财政》,《财贸经济》第7期。

[11] 徐忠，2018：《新时代背景下中国金融体系与国家治理体系现代化》，《经济研究》第7 期。

[12] 杨圆圆，2010：《"土地财政"规模估算及影响因素研究》，《财贸经济》第 10 期。

[13] 张莉、高元骅、徐现祥，2013：《政企合谋下的土地出让》，《管理世界》第 12 期。

[14] 张莉、王贤彬、徐现祥，2011：《财政激励、晋升激励与地方官员的土地出让行为》，《中国工业经济》第 4 期。

[15] 赵燕菁，2014：《土地财政：历史、逻辑与抉择》，《城市发展研究》第 1 期。

[16] Cai, H. and Q. Zhang, 2013, "China's Land Market Auctions: Evidence of Corruption?", *Rand Journal of Economics*, 2013, 44(3), 488-521.

[17] Chaney, T., D. Sraer, and D. Thesmar, 2012, "The Collateral Channel: How Real Estate Shocks Affect Corporate Investment", *American Economic Review*, 102(6), 2381-2409.

[18] Liu, Z., P. Wang, and T. Zha, 2013, "Land-price Dynamics and Macroeconomic Fluctuations", *Econometrica*, 81(3), 1147-1184.

22　中国经济高质量发展的能力基础、能力结构及其推进机制①

内容提要：党的十九届四中全会再次强调，坚持和完善社会主义基本经济制度，推动经济高质量发展。能否实现高质量发展，取决于高质量发展的能力基础能否壮大，即人才基础从人口红利转向人才红利，技术基础从后发优势与模仿型技术进步转向自主创新，制度基础从渐进式增量改革转向全面深化改革，需求基础从主要依靠国际市场转向促进形成强大国内市场。基于新的能力基础，需要对现有的能力结构进行重构和优化，即产业结构从要素投入型转向创新驱动型，空间结构从单一城市化转向城市集群发展，资本积累结构从偏向于物质资本转向偏向于人力资本，地方政府治理结构从发展型政府转向服务型政府。为了壮大高质量发展的能力基础，重构高质量发展的能力结构，需要进一步完善高质量发展的推进机制，充分发挥新发展理念的引领带动作用，以寻求活力与秩序的平衡为重点规范地方政府行为，形成高水平育才、识才、聚才、用才体系。考虑到国际环境的不确定性、不稳定性日益增强，需要完善化解高质量发展进程中国际阻击的应对机制，积极适应国际环境演变。

关键词：高质量发展　能力基础　能力结构　推进机制

---

①　原文刊载于《经济理论与经济管理》2020 年第 4 期，合作者为赵倩博士。论文被《新华文摘》2020 年第 16 期作为封面文章转载。

一、引　言

经过 40 多年的改革开放,中国取得了举世瞩目的历史性成就,经济总量跃居世界第二,拥有世界上最大规模的中等收入群体,2008 年金融危机后成为拉动世界经济增长的主力。然而,经济长期高速增长过程中积累的矛盾日益突出,特别是资源环境约束趋紧、收入差距较大、金融风险累积等一系列深层次问题,已成为经济持续健康发展的巨大障碍。为了有效应对重大挑战、抵御重大风险、克服重大阻力、解决重大矛盾,努力实现更高质量、更有效率、更加公平、更可持续的发展,既要跨越非常规的经济发展现阶段所特有的关口,特别是要打好防范化解重大风险、精准脱贫、污染防治三大攻坚战,又要跨越常规性的长期性的关口,也就是要大力转变经济发展方式,优化经济结构,转换增长动力,特别是要净化市场环境,提升人力资本素质,提高国家治理能力。

党的十九届四中全会再次强调,坚持和完善社会主义基本经济制度,推动经济高质量发展。面对新常态下中国经济发展的环境、条件、任务、要求的新变化,需要壮大高质量发展的人才、技术、制度以及需求基础,需要有新的能力结构来匹配高质量发展,更需要有新的推进机制来引领高质量发展。考虑到国际环境的不确定性、不稳定性日益增强,不仅高质量发展的能力基础、能力结构需要适应这种新环境,从中央到地方的各级政府更需要适应这种新环境,凝聚力量、形成动力,以政府治理体系和治理能力现代化为高质量发展提供制度保障。本文将从壮大高质量发展的能力基础、优化高质量发展的能力结构出发,构建一个从高速增长阶段转向高质量发展阶段的研究框架,为推进高质量发展提供政策建议。

二、从高速增长转向高质量发展的能力基础转换

新中国成立以来特别是改革开放以来,中国用几十年的时间,在发展的很多方面走过了西方发达国家上百年甚至数百年的发展历程。经过 40 多年的发展,高速增长

阶段的能力基础已经不能满足高质量发展的要求,为此,需要壮大高质量发展的人才、技术、制度以及需求基础,为即将开启的全面建设社会主义现代化国家新征程提供强大保障。

（一）人才基础：从人口红利转向人才红利

人口红利是"劳动年龄人口持续走高""人口抚养比持续下降"这种特定的人口结构对经济增长的贡献,由国外学者在研究东亚经济增长的人口因素时首次提出(Mason,1997;Bloom & Williamson,1998)。新中国成立后,政府鼓励生育的政策使人口出现爆发式增长,随着改革开放的不断推进和计划生育被定为基本国策,人口生育率迅速下降,形成人口红利,贡献了中国改革开放前20年经济增长的25%(Cai & Wang,2005)。一方面,人口红利阶段劳动人口持续增加,充足的劳动力供给为经济高速增长打下了坚实基础。另一方面,改革开放的前24年社会储蓄率始终在30%以上,为经济增长提供了资金支持(Kuijs,2005),而社会储蓄率与人口抚养比呈负相关关系(董丽霞、赵文哲,2011);人口红利阶段较低的抚养比使得社会储蓄率增加,符合消费的生命周期理论,即理性人追求终生效用最大化,会在壮年时期进行大量储蓄,而储蓄转化为投资。在"刘易斯拐点"到来之前,劳动力无限供给可以限制边际报酬递减,从而保障资本的供给(陆旸、蔡昉,2016)。因此,劳动力供给充足和高储蓄率的人口优势一旦转化为就业和投资,就能够为经济增长提供充足的动力。此外,随着户籍制度逐步放开,农业大量剩余劳动力由农村转移到城市,不仅通过劳动力的跨部门转移提高劳动生产率,而且将工业部门的工资长期压制在低水平,使工业制成品在世界市场上具有价格竞争力。

中国的人口规模还在持续扩大,但根据国家统计局公布的数据,劳动年龄人口自2012年开始下降。随着人口年龄结构的持续演变,奠定中国经济高速增长的"人口红利"基础逐渐消失(王德文,2007;蔡昉,2010),对资本报酬递减的抑制作用逐渐减弱,对经济增长的促进作用也逐渐减弱(蔡昉,2011)。为了实现高质量发展,需要从人口红利转向人才红利,壮大以高素质劳动者、技术技能人才以及创新型人才为主的人才基础,而这离不开现代职业教育以及世界一流大学、一流学科的有力支撑。既要发挥高校和科研机构在基础研究领域的突出作用,推进"双一流"建设与产学研协同创新，着重培养创新型、复合型人才，也要大力发展现代职业教育，培育更多应用型、技术型人才。此外，目前中国拥有全球规模最大的工程师团队，需要站在融合创新链、产业链、资金链、人才链以及政策链的高度，重视挖掘和释放工程师红利，适应中国的市场升级、技术升级、产业升级。

（二）技术基础：从后发优势与模仿型技术进步转向自主创新

后发优势是指在先进国家和后进国家同时存在的情况下，经济上原本落后的国家通过借鉴、模仿先进国家的技术和制度，实现经济快速发展（Gerschenkron，1962）。改革开放以来，中国经济的高速增长离不开后发优势的助力，因为中国的收入和技术水平与发达国家相比仍有较大差距（林毅夫，2003）。技术模仿是发展中国家技术进步的重要途径（林毅夫、张鹏飞，2005），但发展中国家实现向发达国家技术收敛的关键是引进与本国资源禀赋相匹配的适宜技术（Acemoglu & Zilibotti，2001；林毅夫、张鹏飞，2006；王林辉、董直庆，2012）。中国在较短时间内普及了基础教育，因此对先进技术的模仿、吸收能力大大增强（邹薇、代谦，2003）。同时，经济全球化使各国之间资本、技术和信息等要素流动更加频繁，中国市场开放程度的提升加速了学习、借鉴先进国家经验的进程。

技术进步和创新是一个国家经济发展的动力（Romer，1990；Aghion & Howitt，1992），从引进、消化到改进、创新，从模仿者到创新者，这是后发国家实现赶超的关键。改革开放后，中国在较短时间内普及基础教育，使技术模仿和吸收具备了相应的人力资本条件。但是，简单的技术模仿使中国产品的价值链被锁定在低端环节，难以实现持续的经济增长。此外，技术吸收与现有技术水平存在阈值，与技术前沿保持一定距离时，技术模仿和吸收可能获利最大（Kokko et al.，1996）。在追赶、逼近世界技术前沿的过程中，技术模仿成本越来越高，不对称贸易导致的学习溢出效应正在减弱。这些都意味着奠定中国经济高速增长的后发优势正在消失，模仿型技术进步难以持续，进一步的经济增长唯有依赖内生的技术进步。实现高质量发展需要从简单模仿转向自主创新，更多依靠本土创新和自主研发，壮大以市场为导向、以企业为主体、实现局部领先的技术基础，切实提升科技创新能力，而这离不开创新型人才、高效的知识产权保护体系以及国际一流营商环境的有力支撑。

（三）制度基础：从渐进式增量改革转向全面深化改革

20世纪90年代，经济转轨主要有两种模式，一种是激进式、休克式改革方案，即"华盛顿共识"，其核心是自由化、市场化、私有化以及财政政策稳定化（崔之元，2005）。在一系列"华盛顿共识"试验失败后，世界的目光聚焦于经济高速增长的中国。与中欧、东欧的激进式改革不同，中国在坚持社会主义制度的前提下进行经济体制改革。中国的转轨方案是另一种，即先易后难的渐进式增量改革，依据改革阻力越小越优先的原则安排各项经济体制改革的次序，从试点到推广、从农村到城市、从体制外到体制内（吴敬琏，1996），巩固了改革的成果，降低了改革带来的不确定性。此外，中国的渐进式增量改革强化政府在转轨中的作用，特别是地方政府有力推动了自下而上的制度创新（杨瑞龙，1998；周业安，2000）。

渐进式增量改革释放了巨大的制度红利，但也面临不少问题和挑战。例如，偏实用主义的转型特点与建立公平、开放、透明的市场规则之间的冲突，新旧两种体制之间的"套利"以及由此形成的既得利益群体问题都增加了改革的难度。随着中国经济发展进入新阶段，改革进入攻坚期和深水区，需要从渐进式增量改革转向全面深化改革。经济体制改革是全面深化改革的重点，如限制行业和部门垄断、完善资源环境价格形成机制等，核心问题是处理好政府与市场的关系，即充分发挥市场在资源配置中的决定性作用，更好地发挥政府作用。要最大限度调动一切积极因素，广泛凝聚共识，形成改革合力，以更大决心冲破思想观念和体制机制的束缚，突破利益固化的藩篱。坚持正确处理改革发展稳定关系，加强顶层设计与摸着石头过河相结合、整体推进和重点突破相促进。继续用好推进改革开放的倒逼机制，以钉钉子精神抓好改革落实。

（四）需求基础：从主要依靠国际市场转向促进形成强大国内市场

市场由国际市场和国内市场两部分组成，在经济高速增长阶段，人民生活水平普遍较低、内需不足，经济增长主要依靠国际市场。国际贸易通过优化要素禀赋结构、加快制度变革进程，对人均产出产生了正面影响（沈坤荣、李剑，2003），而合作共赢友好互利的国际环境有效保障了外需驱动的实现。也需要注意到，改革开放以来，国内地区分割的局面加剧（Young，2000），阻碍了市场一体化进程，对经济产生负面影响（沈坤荣、李剑，2003）。对于各省份而言，采取市场分割的政策才是地区博弈中的占优策略，地方政府在利用国际贸易带来的规模效应的同时，放弃了国内市场的规模效应(陆铭、陈钊，2009)。

市场规模的进一步扩大有利于经济增长。随着城乡居民收入水平持续提升，中国已经逼近全球最大消费市场，市场潜力大、韧性强、活力足、成长性好，国内消费对经济发展的基础性作用进一步增强。为了实现高质量发展，需要从主要依靠国际市场转向促进形成强大国内市场，而这离不开供给侧结构性改革、统一的全国市场与庞大的中等收入群体的有力支撑。第一，深化供给侧结构性改革，更多运用市场化、法治化手段，在巩固、增强、提升、畅通上下功夫。第二，优化收入分配格局，促进中等收入群体的成长；保持房地产市场相对稳定，防止其出现"过热""过冷"现象，提升中等收入群体的消费能力。第三，民营经济的持续发展是市场整合的推动力(陆铭、陈钊，2009)，从长远看，市场的力量将打破市场分割；协调区域地理和自然条件差异，充分发挥省际比较优势，建立统一的全国市场，是进一步利用国内经济的规模效应推动经济增长的有效途径。

三、基于新的能力基础重构高质量发展的能力结构

新的能力基础要求能力结构的重构与优化，产业结构需要重新定位，区域协调能力、人力资本积累和集聚能力、地方政府治理能力有待提升。

（一）产业结构：从要素投入型转向创新驱动型

对中国这样一个后发大国而言，要实现经济持续增长，必然要在某一特定阶段实施具有正外部性的发展战略，为国民经济的全方位发展提供支撑(邓宏图等，2018)。在中国经济建设的起步阶段，中国借鉴苏联模式优先发展重工业，为经济腾飞奠定了坚实的工业化基础(任保平，2018)。改革开放以来，人口红利的释放降低了工资成本(蔡昉，2010)，地方政府低价出让工业用地的策略降低了土地成本(陶然，2012)，叠加低成本的技术模仿与应用(邹薇、代谦，2003)，使中国的工业化维系了低成本优势，在很大程度上推动了中国经济的高速增长。在工业化过程中，由于后发国家具有可供借鉴的技术、管理经验及生产组织方式，试错成本大大降低，工业化发展的阻碍更少，

工业化发展的效率相对更高,因此具有更高的经济增长速度(罗米武、雷蔚,2006)。此外,发达国家产业发展的外溢效应加速了中国的工业化进程,缩短了产业发展的历程(郭熙保,2009)。

但是,客观经济条件的变化使低成本工业化发展模式面临危机。一方面,过度的工业资本积累使人均收入水平并未随工业产值同步提升,生产结构与由人均收入水平决定的需求结构的不匹配导致产能过剩,工业化对经济增长的推动作用不再强劲,并制约第三产业的发展(郭克莎,2000)。此外,高积累、高投入、高消耗的粗放型工业增长方式引发了矿产资源与能源的过度开采、森林资源的退化、大气污染、水污染、土地荒漠化等一系列关乎人类生存与发展的问题,是一种不可持续的、不注重投资效率的增长(吴敬琏,2006)。另一方面,随着人口红利的消失(蔡昉,2011)、中国逐步靠近世界技术前沿,由低成本推进的工业化、简单的技术模仿将难以为继。在这一背景下,产业结构只有实现从要素投入型向创新驱动型的转变,才能为经济高质量发展提供支持。为此,需要把握新一轮科技革命和产业变革的重要战略机遇,以新一代信息技术(以人工智能、量子信息、移动通信、物联网、区块链为代表)和融合机器人、数字化、新材料的先进制造技术引领中国制造业从过去的跟跑、并跑向并跑、领跑转变,切实提升自主创新能力和国际竞争力,实现制造智能化、服务化、绿色化,以此促进产业链由中低端迈向中高端,重构全球创新版图和全球经济结构。

(二) 空间结构:从单一城市化转向城市集群发展

城市化作为一个生产要素的集聚过程,通过借助规模经济效应推动经济高速增长。改革开放以来,限制农村人口向城市迁移的户籍制度逐渐放宽,城乡间的要素分割局面被打破,商品交换、要素流动、人口迁移推动了这一时期城市化的较快发展(中国经济增长前沿课题组,2011)。从人口城市化的角度来看,以就业密度度量的规模经济效应具有显著的促进劳动生产率增长的作用(范剑勇,2006),使大城市支付了更高的工人工资(踪家峰、周亮,2015;孟美侠等,2019)。同时,在中国的城市化进程中,进城务工的农村劳动力对城镇居民的收入产生显著的外溢效应(沈坤荣、余吉祥,2011)。随着人口向城市集聚,城市空间也大幅扩张。从土地城市化的角度来看,分税制改革后,地方政府以地生财,通过大规模土地征用、开发进行城市扩张(周飞舟,

2007;孙秀林、周飞舟,2013),并产生了显著的经济增长效应。以开发区为例,城市的经济开发区建设加快了企业集聚和产业结构调整(郑江淮等,2008;李力行、申广军,2015),显著提高了企业生产率(谭静、张建华,2019)。

在经济高速增长阶段,快速工业化掀起了"造城运动",客观上加剧了人地失调的城市化,为未来的高质量发展埋下隐患。首先,城市化发展带来的经济与社会效益并没有外溢到农村地区,城市对农村的辐射带动作用有限,城乡间发展模式、发展速度的差异造成城乡分割(中国经济增长前沿课题组,2011)。其次,参与城市建设的农村剩余劳动力并没有同城市居民一样享受发展带来的同等福利,农民工在融入城市生活的过程中遇到种种阻力与排斥,"半城市化"特征明显,具体表现在农民工和城市居民的职业分割、"同工不同酬"、社会保障缺失、交往排斥等方面(白南生、李靖,2008)。最后,中国城市的土地供给制度受制于一个从中央到地方的指标分配办法,形成逆人口集聚方向的地区配给模式且叠加偏向工业的用途配置模式(余吉祥、沈坤荣,2019);地方政府为了推动空间扩张型城市化而过度举债,也使地方经济发展面临潜在的风险(范剑勇、莫家伟,2014;张晓晶等,2019)。随着经济增长动力从工业化主导转向城市化主导,需要推进更高层次的城市化,从空间扩张型转向人口集聚型的城市群协同发展。城市群有利于要素自由流动,提高资源配置效率;有利于拓展市场边界,降低企业的生产成本和交易成本,形成规模经济;有利于劳动分工、知识溢出、技术变革扩散,产生正外部性。城市群的核心城市处于对外开放前沿,是高端生产要素跨境流动的门户,具有较好的创新基础,并通过示范作用、溢出效应带动周边中小城市发展。

(三) 资本积累结构:从偏向于物质资本转向偏向于人力资本

中国经济增长的一个典型事实就是物质资本积累与技术进步的动态融合,高投入式增长并非一定是低效增长(赵志耘等,2007)。与其他国家比较,中国平均资本回报率明显高于大多数发达经济体,也高于很多处于不同发展阶段的经济体(中国经济观察课题组,2006),如果没有效率改善或技术进步,这种高回报现象不会持续出现。公共部门的资本积累与政府行为相关,政府公共投资的外部性抵消了物质资本和人力资本边际报酬递减效应的影响,形成推动经济长期持续增长的内生动力(Barro,1990;Barro & Sala-i-Martin,1992;Mulligan & Sala-i-Martin,1993)。以经济建设为中心的竞争锦标赛使地方政府采取更加直接快速的需求拉动型经济增长方式(吕健,2014),如倾向于增加基础设施投资(张军等,2007)。公共投资规模与资本回报率的门槛效应有关,投资缺口使资本回报率上升,政府投资能弥补私人投资的不足;投资过剩使资本回报率下降,政府投资加剧了资本过剩问题(郭步超、王博,2014)。从另外一个视角来看,政府投资对私人投资的影响则取决于两个方向相反的力量,即对私人投资的挤出效应和挤入效应的相对大小(Barro & Redlick,2011)。

中国的资本积累偏向于"物",公共部门的资本积累偏向基础设施,而私人部门的资本积累偏向房地产。这种资本积累模式为经济高速增长做出显著贡献,但也弱化了资本积累在促进技术进步和人力资本开发中的作用。政府通过扩大财政支出规模进行投资活动显著促进了物质资本积累,但也会埋下债务危机的隐患。地方政府间的过度竞争带来了地区间重复投资和重复建设的"潮涌现象"(林毅夫等,2010),导致资本过度积累,由此形成巨大的债务风险(王叙果等,2012)。此外,人才是最重要的生产要素,关键的自主创新要由创新型人才去实现,各类人才也是推动消费结构升级的主力。只有积极推动培育和积累人力资本的科教文卫体等现代服务业的有效供给(李静等,2019),实现资本积累结构从偏向于"物"向偏向于"人"的转变,才能为促进经济发展方式转变和产业转型升级储备领军人才、高素质劳动者与潜在购买力。

(四)地方政府治理结构:从发展型政府转向服务型政府

以地方政府为主导的地方治理是国家治理体系的重要组成部分。地方政府竞争最早出现在 Tiebout(1956)的文献中,强调辖区居民拥有"用脚投票"的权利,地方政府为了竞争流动性税基而努力改善公共服务。改革开放以来,中央和地方之间实施"财政承包制",使地方政府为了竞争流动性税基而支持地方非国有经济的发展,推动了改革开放初期的经济高速增长,由此在理论上上升为"维护市场的财政联邦主义"(Qian & Weingast,1997;Qian & Roland,1998;Jin et al.,2005)。1994 年"财政承包制"被"分税制"替代,主要财权上收中央,但地方官员仍然为了政治前途而竞争。由于社会主义初级阶段的基本路线是"以经济建设为中心",官员晋升锦标赛的标的物为 GDP 或财税收入的增长,由此在理论上上升为"官员晋升锦标赛"(Maskin et al.,2000;Li & Zhou,2005;周黎安,2007)。因此,地方政府的"维护市场的财政联邦主义"和"晋升为目的的经济建设锦标赛"成为解释中国增长奇迹的重要视角。此外，地方政府不仅拥有土地、金融等关键经济资源的配置权力（杨其静等，2014；郑思齐等，2014；范剑勇、莫家伟，2014），还能够制定弹性的税收优惠政策（沈坤荣、付文林，2006）、土地出让金返还政策（陶然，2012）、环境保护政策以及劳工保障政策等，并通过调整地方税务部门的征管力度对企业的经营成本产生影响（许敬轩等，2019）。对资源配置权力的策略性应用成为地方政府招商引资、推动本地经济增长的重要手段。

分权激励背景下的地方政府是中国经济增长的重要推动力量。但是，许多不合理的竞争手段也产生了巨大的发展成本。地方政府早期的非理性博弈阻碍了要素的自由流动、市场规模的扩大以及公共服务的投入，降低了引资质量（杨其静等，2014），不利于地区间资源配置效率和国家竞争力的提高。而当下对土地出让金、污染转移和金融资源（尤其是无节制地发行地方债）等的过度竞争，造成资产价格泡沫、环境福利绩效损失以及金融风险累积等一系列负面影响，进一步削弱了地方政府推动经济增长的正面功能。高质量发展要求地方政府治理能力和服务水平现代化，需要切实转变地方政府"唯GDP论"的经济管理职能，构建职责明确、依法行政的政府治理体系，强化公共服务、社会管理职能，加强重点领域民生工作，加强区域间的合作和资源整合共享。

四、引领高质量发展的推进机制

为了壮大高质量发展的能力基础，重构高质量发展的能力结构，需要充分发挥新发展理念的引领带动作用，不断完善地方政府激励约束机制与人才培养、集聚机制。考虑到国际环境的不确定性、不稳定性日益增强，需要制定化解高质量发展进程中外部阻击的应对策略，积极适应国际环境演变。

充分发挥新发展理念的引领带动作用。新发展理念是引领中国发展全局深刻变革的顶层设计，相互贯通、相互促进，需要全面贯彻新发展理念，不能顾此失彼。其中，创新是高质量发展的基础动力，通过全面融入全球创新网络，加强创新能力开放合作，鼓励技术融合创新，从技术模仿向自主创新转变。协调是高质量发展的基本方式,通过推动区域协调发展、城乡发展一体化、乡村振兴,解决当前发展中不平衡、不协调、不可持续的突出问题。绿色是高质量发展的基本价值取向,通过保护和改善环境实现对生产力的保护与发展,杜绝以牺牲生态环境为代价换取一时一地的经济增长。开放是实现高质量发展的必由之路,通过扩大开放,充分发挥竞争、溢出效应以及广阔市场的正面作用,并以进一步开放倒逼全方位改革。共享是高质量发展的必然结果,通过加大对困难群众的帮扶力度、扩大中等收入群体,逐步形成橄榄型分配格局。

以寻求活力与秩序的平衡为重点规范地方政府行为。地方政府活力是中国经济的压舱石,通过引导、规范其行为,使其在创新发展、人才培养、城市群建设、产业结构升级等方面继续发挥正面作用。第一,为政之要,唯在得人。建设一支高素质专业化干部队伍,需要"不忘初心、牢记使命",树立正确政绩观;需要优化干部考核内容,并根据各地实际情况适当调整,不能简单以GDP论英雄;需要改进考核办法手段,完善干部选拔任用工作机制。第二,在制定相关宏观调控政策时,要充分考虑地区发展水平差异以及由此引致的地方政府行为异质性问题,充分考虑地方诉求,更加注重因城施策、一城一策,不搞"一刀切"。第三,不仅要保持宏观政策的连续性和稳定性,也要保持经过实践检验的地方性法规、条例、意见、细则、办法的连续性和稳定性,切忌朝令夕改,才能稳定市场信心。

形成高水平育才、识才、聚才、用才体系。事业因人才而兴,人才因事业而聚,人才的培养集聚与人才红利释放、自主创新能力提升、产业转型升级、城市集群发展息息相关。为此,要完善人才培养与集聚机制,不断提升人才竞争力。第一,推进教育改革,提高教育质量,培养更多面向现代化、面向世界、面向未来的高素质人才。第二,要在全社会积极营造鼓励大胆创新、勇于创新、包容创新的良好氛围,既要重视成功,更要宽容失败。第三,优化相关人才政策,从招商引资转向引才引智,要使人才"引得来",还要使人才"使上劲",更要使人才"留得住",聚天下英才而用之,打造世界级人才集聚高地。

完善化解国际阻击的应对机制。国际环境的不确定性增加有两个方面的原因,一是大国崛起过程中的"修昔底德陷阱"在历史上多次重演,随着综合国力、国际地位和影响力不断提升,当前中国面临的国际阻击和全面战略遏制有其必然性。二是对外开放不够全面，许多领域还没有很好地融入世界市场。也需要注意到，化解国际阻击的应对过程本身就是实现高质量发展的过程。一方面，中美关系是世界上最重要的双边关系之一，合则两利，斗则俱伤，必须客观理性全面认识中美战略竞争的长期性和严峻性，在此基础上科学研判国际关系新变化、新问题，为积极适应国际环境演变提供对策。另一方面，坚持以开放促改革、促发展、促创新，持续推进更高水平的对外开放，继续扩大市场开放，继续完善开放格局，继续优化营商环境，继续深化多双边合作，继续推进共建"一带一路"。

参考文献

[1] 白南生、李靖，2008：《城市化与中国农村劳动力流动问题研究》，《中国人口科学》第4期。

[2] 蔡昉，2010：《人口转变、人口红利与刘易斯转折点》，《经济研究》第4期。

[3] 蔡昉，2011：《中国的人口红利还能持续多久》，《经济学动态》第6期。

[4] 崔之元，2005：《中国与全球化：华盛顿共识还是北京共识》，北京：社会科学文献出版社。

[5] 邓宏图、徐宝亮、邹洋，2018：《中国工业化的经济逻辑：从重工业优先到比较优势战略》，《经济研究》第11期。

[6] 董丽霞、赵文哲，2011：《人口结构与储蓄率：基于内生结构的研究》，《金融研究》第3期。

[7] 范剑勇，2006：《产业集聚与地区间劳动生产率差异》，《经济研究》第11期。

[8] 范剑勇、莫家伟，2014：《地方债务、土地市场与地区工业增长》，《经济研究》第1期。

[9] 郭步超、王博，2014：《政府债务与经济增长：基于资本回报率的门槛效应分析》，《世界经济》第9期。

[10] 郭克莎，2000：《中国工业化的进程、问题与出路》，《中国社会科学》第3期。

[11] 郭熙保，2009：《中国经济高速增长之谜新解——来自后发优势视角》，《学术月刊》第4期。

[12] 李静、刘霞辉、楠玉，2019：《提高企业技术应用效率加强人力资本建设》，《中国社科

学》第 6 期。

[13] 李力行、申广军,2015:《经济开发区、地区比较优势与产业结构调整》,《经济学(季刊)》第 3 期。

[14] 林毅夫,2003:《后发优势与后发劣势——与杨小凯教授商榷》,《经济学(季刊)》第 7 期。

[15] 林毅夫、巫和懋、邢亦青,2010:《"潮涌现象"与产能过剩的形成机制》,《经济研究》第 10 期。

[16] 林毅夫、张鹏飞,2005:《后发优势、技术引进和落后国家的经济增长》,《经济学(季刊)》第 1 期。

[17] 林毅夫、张鹏飞,2006:《适宜技术、技术选择和发展中国家的经济增长》,《经济学(季刊)》第 3 期。

[18] 陆铭、陈钊,2009:《分割市场的经济增长——为什么经济开放可能加剧地方保护?》,《经济研究》第 3 期。

[19] 陆旸、蔡昉,2016:《从人口红利到改革红利:基于中国潜在增长率的模拟》,《世界经济》第 1 期。

[20] 罗来武、雷蔚,2006:《工业化、高速经济增长与协调分工的制度安排》,《中国工业经济》第 12 期。

[21] 吕健,2014:《政绩竞赛、经济转型与地方政府债务增长》,《中国软科学》第 8 期。

[22] 孟美侠、李培鑫、艾春荣等,2019:《城市工资溢价:群聚、禀赋和集聚经济效应——基于近邻匹配法的估计》,《经济学(季刊)》第 2 期。

[23] 任保平,2018:《新时代中国经济增长的新变化及其转向高质量发展的路径》,《社会科学辑刊》第 5 期。沈坤荣、付文林,2006:《税收竞争、地区博弈及其增长绩效》,《经济研究》第 6 期。

[24] 沈坤荣、李剑,2003:《中国贸易发展与经济增长影响机制的经验研究》,《经济研究》第 5 期。

[25] 沈坤荣、余吉祥,2011:《农村劳动力流动对中国城镇居民收入的影响——基于市场化进程中城乡劳动力分工视角的研究》,《管理世界》第 3 期。

[26] 孙秀林、周飞舟,2013:《土地财政与分税制:一个实证解释》,《中国社会科学》第 4 期。

[27] 谭静、张建华，2019：《开发区政策与企业生产率——基于中国上市企业数据的研究》，《经济学动态》第 1 期。

[28] 陶然，2012：《中国当前增长方式下的城市化模式与土地制度改革——典型事实、主要挑战与政策突破》，清华—布鲁金斯公共政策研究中心工作论文。

[29] 王德文，2007：《人口低生育率阶段的劳动力供求变化与中国经济增长》，《中国人口科学》第 1 期。

[30] 王林辉、董直庆，2012：《资本体现式技术进步、技术合意结构和我国生产率增长来源》，《数量经济技术经济研究》第 2 期。

[31] 王叙果、张广婷、沈红波，2012：《财政分权、晋升激励与预算软约束——地方政府过度负债的一个分析框架》，《财政研究》第 3 期。

[32] 吴敬琏，1996：《渐进与激进：中国改革道路的选择》，北京：经济科学出版社。

[33] 吴敬琏，2006：《中国应当走一条什么样的工业化道路？》，《管理世界》第 8 期。

[34] 许敬轩、王小龙、何振，2019：《多维绩效考核、中国式政府竞争与地方税收征管》，《经济研究》第 4 期。

[35] 杨其静、卓品、杨继东，2014：《工业用地出让与引资质量底线竞争》，《管理世界》第 11 期。

[36] 杨瑞龙，1998：《我国制度变迁方式转换的三阶段论——兼论地方政府的制度创新行为》，《经济研究》第 1 期。

[37] 余吉祥、沈坤荣，2019：《城市建设用地指标的配置逻辑及其对住房市场的影响》，《经济研究》第 4 期。

[38] 张军、高远、傅勇等，2007：《中国为什么拥有了良好的基础设施？》，《经济研究》第 3 期。

[39] 张晓晶、刘学良、王佳，2019：《债务高企、风险集聚与体制变革——对发展型政府的反思与超越》，《经济研究》第 6 期。

[40] 赵志耘、吕冰洋、郭庆旺等，2007：《资本积累与技术进步的动态融合：中国经济增长的一个典型事实》，《经济研究》第 11 期。

[41] 郑江淮、高彦彦、胡小文，2008：《企业"扎堆"、技术升级与经济绩效——开发区集聚效应的实证分析》，《经济研究》第 5 期。

[42] 郑思齐、孙伟增、吴璟等，2014：《以地生财、以财养地——中国特色城市建设投融资模

式研究》,《经济研究》第 8 期。

[43] 中国经济观察课题组,2006:《中国资本回报率:事实、原因和政策含义》,北京大学中国经济研究中心研究报告。

[44] 中国经济增长前沿课题组,2011:《城市化、财政扩张与经济增长》,《经济研究》第 11 期。

[45] 周飞舟,2007:《生财有道:土地开发和转让中的政府和农民》,《社会学研究》第 1 期。

[46] 周黎安,2007:《中国地方官员的晋升锦标赛模式研究》,《经济研究》第 7 期。

[47] 周业安,2000:《中国制度变迁的演进论解释》,《经济研究》第 5 期。

[48] 踪家峰、周亮,2015:《大城市支付了更高的工资吗?》,《经济学(季刊)》第 4 期。

[49] 邹薇、代谦,2003:《技术模仿、人力资本积累与经济赶超》,《中国社会科学》第 5 期。

[50] Acemoglu, D., and F. Zilbotti, 2001, "Productivity Differences", *Quarterly Journal of Economics*, 116(2), 563 – 606.

[51] Aghion, P., and P. Howitt, 1992, "A Model of Growth through Creative Destruction", *Econometrica*, 60(2), 323 – 351.

[52] Barro, R. J., 1990, "Government Spending in A Simple Model of Endogenous Growth", *Journal of Political Economy*, 98(5), 103 – 125.

[53] Barro, R. J., and C. J. Redlick, 2011, "Macroeconomic Effects from Government Purchases and Taxes", *Asian Development Bank Economics Working Paper Series*, No. 232.

[54] Barro, R. J., and X. Sala-i-Martin, 1992, "Public Finance in Models of Economic Growth", *Review of Economic Studies*, 59(4), 645 – 661.

[55] Bloom, D., and J. Williamson, 1998, "Demographic Transitions and Economic Miracles in Emerging Asia", *World Bank Economic Review*, 12(3), 419 – 455.

[56] Cai, F., and D. Wang, 2005, "China's Demographic Transition: Implications for Growth", in R. Garnaut, and L. Song(eds), *The China Boom and Its Discontents*, Canberra, Asia Pacific Press.

[57] Gerschenkron, A., 1962, *Economic Backwardness in Historical Perspective: A Book of Essays*, Cambridge, Harvard University Press.

［58］Jin, H. , Y. Qian, and B. R. Weingast, 2005, "Regional Decentralization and Fiscal Incentives: Federalism, Chinese style", *Journal of Public Economics*, 89(9 - 10), 1719 - 1742.

［59］Kokko, A. , R. Tansini, and M. C. Zejan, 1996, "Local Technological Capability and Productivity Spillovers from FDI in the Uruguayan Manufacturing Sector", *Journal of Development Studies*, 32(4), 602 - 611.

［60］Kuijs, L. , 2005, "Investment and Saving in China", *World Bank Policy Research Working Paper*, No. 3633.

［61］Li, H. , and L. Zhou, 2005, "Political Turnover and Economic Performance: The Incentive Role of Personnel Control in China", *Journal of Public Economics*, 89(9 - 10), 1743 - 1762.

［62］Maskin, E. , Y. Qian, and C. Xu, 2000, "Incentives, Information, and Organizational Form", *Review of Economic Studies*, 67(2), 359 - 378.

［63］Mason, A. , 1997, "Population and the Asian Economic Miracle", *Asia-pacific Population & Policy*, 43, 1 - 4.

［64］Mulligan, C. B. , and X. Sala-i-Martin, 1993, "Transitional Dynamics in Two-sector Models of Endogenous Growth", *Quarterly Journal of Economics*, 108(3), 739 - 773.

［65］Qian, Y. , and B. R. Weingast, 1997, "Federalism as A Commitment to Preserving Market Incentives", *Journal of Economic Perspectives*, 11(4), 83 - 92.

［66］Qian, Y. , and G. Roland, 1998, "Federalism and the Soft Budget Constraint", *American Economic Review*, 88(5), 1143 - 1162.

［67］Romer, P. M. , 1990, "Endogenous Technological Change", *Journal of Political Economy*, 98(5), 71 - 102.

［68］Tiebout, C. M. , 1956, "A Pure Theory of Local Expenditures", *Journal of Political Economy*, 64(5), 416 - 424.

［69］Young, A. , 2000, "The Razor's Edge: Distortions and Incremental Reform in the People's Republic of China", *Quarterly Journal of Economics*, 115(4), 1091 - 1135.

23 中国的"有效市场＋有为政府"与经济增长质量①

内容提要：面对新形势，"有效市场＋有为政府"是进一步提高中国经济增长质量的强大动力。在梳理中国经济增长质量变化的基础上，阐述了中国的有效市场和有为政府。一方面，经过政府主导的渐进式市场化改革，有效市场实现了资源的有效配置，有利于提升经济增长质量；另一方面，有为政府包括中央政府和地方政府，中央政府具有强大的宏观治理能力，地方政府在竞争中弥补了市场缺陷，中央政府的高度集权与地方政府的高度自由裁量权形成了控而不死、活而有序的局面，在无形之中提升了经济增长质量。但是，有效市场和有为政府在改革的过程中，也面临一些现实困境，市场环境不断恶化，地方政府与中央政府之间存在异样的博弈，地方政府之间也存在非理性的博弈。解决有效市场和有为政府的现实困境，需要全面深化改革，不断调整市场与政府的关系。以国内大循环为主体、国内国际双循环相互促进的新发展格局稳增长，化解地方政府隐性债务风险，矫正土地功能异化的现象，推进环境治理，为中国下一个百年经济增长保驾护航。

关键词：有效市场 有为政府 经济增长质量 改革

---

① 原文刊载于《宏观质量研究》2021年第5期，合作者为施宇博士。论文被《人大复印报刊资料·社会主义经济理论与实践》2021年第12期转载。

一、引　言

　　中国共产党建党初期筚路蓝缕,建党至今,实现了经济增长奇迹,经济增长质量有了显著提高,这离不开有效市场与有为政府的作用。鉴往知来,理清中国经济发展的脉络,以及在这个过程中有效市场和有为政府的形成与发展,有助于认识到有效市场和有为政府推动经济增长、提高经济增长质量的重要作用,有助于增加对中国这样一个转型大国发展的认知。在疫情不断反复、经济下行压力不断加大和经济不确定性增加的大环境下,更加需要注重经济发展质量的提高。中国经济正值转型升级的关键时期,面临结构性减速风险,一味追求经济高速增长的时代已经过去。因此,厘清有效市场和有为政府对提升经济增长质量的历史贡献,以及有效市场和有为政府目前面临的现实困境,对于在新形势下进一步提升中国经济增长质量具有重大的价值和意义。

　　新中国成立70多年以来,中国的经济建设取得了辉煌的成就。首先是经济体量的飞跃。1949年的GDP仅为123亿美元,人均GDP大约是23美元,世界排名为第99名,到2010年,中国GDP体量位居世界第二,实现了跨越式增长。2020年,中国的GDP达到了1 015 986.2亿元,经济体量不断创新高,根据图23-1显示,1952年至今,中国的GDP和人均GDP均处于不断上升的趋势,特别是从20世纪90年代开始,增长趋势愈发陡峭。根据图23-2显示,中国GDP体量占世界的比重一直在不断增加,特别是自2000年以来,占比的增长速度不断加快,到2019年,中国的GDP占世界经济的比重已经达到16.28%。反观美国,GDP占世界经济的比重呈现波动中的下降态势,从1962年的39.53%一路下跌到2019年的24.43%,世界经济格局已经发生了根本性变化。其次是经济增长的稳定性和持续性不断提高。根据图23-3显示,新中国成立初期,我国的经济增长波动幅度较大,1962年的经济增长率甚至跌到了-26.5%。改革开放以来,经济增长的稳定性和持续性有了大幅度提升,GDP和人均GDP不再负增长,并且经常保持10%以上的增长率,即使在2008年全球金融危机的冲击下,GDP仍然保持了9.7%的增长率。在新冠肺炎疫情的冲击下,中国是为数不多实现经济正增长的国家之一。最后,经济增长促进了人民生活水平的提高,经济增长质量的提高改善了人民生活福祉。如图 23 - 4 所示,改革开放之前,人民生活福祉的改善进程较慢,改革开放之后,人民的收入水平有了显著提高。1978 年城镇居民家庭人均可支配收入仅为 343.4 元,农村居民家庭人均纯收入仅为 133.6 元。2020 年,城镇居民家庭人均可支配收入达到 43 834 元,农村居民家庭人均可支配收入达到 17 131 元,收入水平增加了数百倍。至此,中国实现了第一个百年奋斗目标,全面建成了小康社会,历史性地解决了绝对贫困问题。

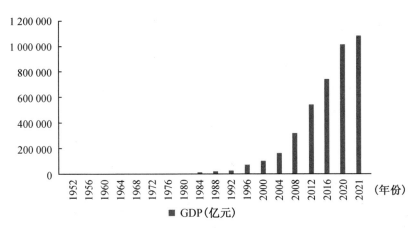

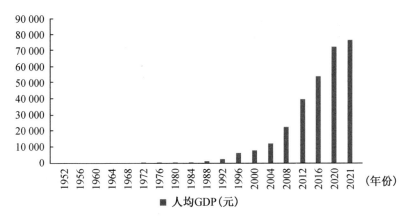

图 23 - 1　1952—2021 年中国 GDP 和人均 GDP 的变化

数据来源:1978 年前:《新中国 60 年统计资料汇编》;1978—2020 年:《中国统计年鉴》;2021 年:IMF 预测,换算汇率取用 2021 年 1—4 月平均汇率。

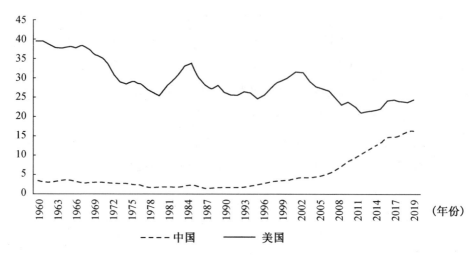

图 23 - 2　1960—2019 年中国和美国 GDP 占世界的份额变化(单位:%)

数据来源:根据世界银行相关数据绘制。

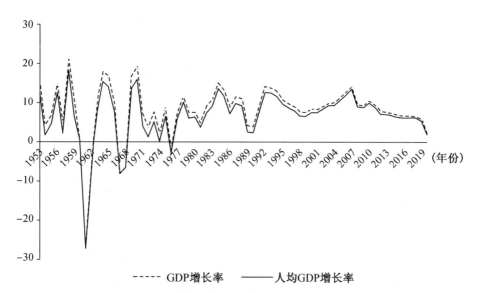

图 23 - 3　1953—2020 年中国 GDP 和人均 GDP 增长率的变化(单位:%)

数据来源:根据《国家统计年鉴》的相关年份的数据绘制。

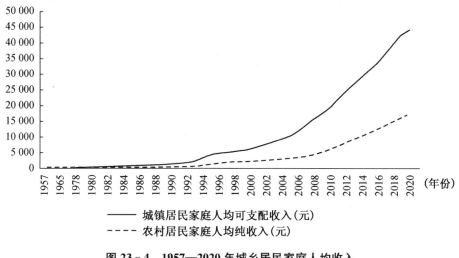

图23-4 1957—2020年城乡居民家庭人均收入

数据来源:1957—2008年数据来自《新中国60年统计资料汇编》,2009—2020年数据来自《中国统计年鉴》。

中国之所以能创造经济增长奇迹,经济增长质量不断提高,离不开有效市场与有为政府的有机结合,两者相伴共生、缺一不可。有效市场的无形之手与有为政府的有形之手相互补充、相互促进,不仅经济增长路径合理,而且在制度安排上具有中国特色。

理论和实践都证明,市场经济本质上是市场决定资源配置的经济,有效市场使得市场配置资源成为最有效率的形式,价格能够及时有效地反映出市场中的信息,构建高水平社会主义市场经济体制必须遵循这条规律。林毅夫(2017)认为有效市场可以引导各个企业按照要素禀赋结构所决定的比较优势进行最优选择,最终使得整个国家具有竞争优势。但同时需要认识到,市场在资源配置中起决定性作用,而不是起全部作用,更不能理解为忽视甚至否认政府的作用,市场和政府的作用是有机统一的。随着中国进入新的发展阶段,应始终坚持发挥社会主义制度的优越性,更好地发挥有为政府的作用,有所为有所不为,要善作为,不缺位,不越位,不错位。陈云贤(2019)认为有为政府有三个标准,分别是尊重市场规律,遵循市场规则;维护经济秩序,稳定经济发展;有效调配资源,参与区域竞争。林毅夫(2017)提出的新结构经济学理论认为中国经济发展与转型成功的关键在于发挥了有效市场与有为政府的作用。斯蒂格利茨(1998)也认为"既要有发达的市场,也要有强大的政府"。成功从中等收入国家成长为高收入国家的政府都善于引导市场建立经济制度,以市场为基础积极发挥政府的宏观调控作用(张来明,2021)。同时,中国的市场体系建设还不健全、政府和市场的关系还没有完全理顺,推动经济增长、提高经济增长质量仍存在不少障碍。因此,仍需在有效市场和有为政府能够更好结合上下功夫,加深对市场和政府关系的认识并在实践中更好地处理两者之间的关系。

纵观现有文献,已有不少学者探讨有效市场与有为政府的关系,例如陈云贤(2019)以深圳为例,从资源稀缺和资源生成的角度阐释了中国特色社会主义市场经济是有为政府与有效市场相结合的经济。王勇(2017)从产业政策的视角解读有效市场和有为政府。但是大部分研究有效市场与有为政府关系的文献,或从宏观视角出发,或从经济体制的角度出发。本文将经济增长质量和政府行为这两个视角结合起来,从政府主导市场化改革的角度解读有效市场,从中央政府宏观治理与地方政府竞争的角度解读有为政府,侧重于研究中国经济增长质量与有效市场和有为政府的关系。在梳理了有效市场与有为政府提高中国经济增长质量的典型事实之后,指出目前有效市场和有为政府面临的现实困境,最终提出相应的改革路径。

二、市场与政府关系演变的历史溯源

新中国成立 70 多年以来,政府与市场的关系沿着社会主义市场经济体制的改革路径也在不断演变。经过建党 100 周年的时间洗礼,高度集中的计划经济体制已经转变为中国特色的社会主义市场经济体制。但是,改革不是一蹴而就的,而是一个循序渐进的过程,中国市场与政府的关系也经历了一个转变的过程。为了适应不同的发展阶段,市场与政府的关系具有不同的特点。新中国成立初期,中国实施高度集中的计划经济体制,政府包揽一切,物资统一购买销售,人力统一分配。此时政府占经济发展的主导地位,市场的作用没有得到有效发挥,即使如此,经过长期努力,1978年中国的 GDP 占世界经济的比重居世界第 11 位。1978 年的改革开放开启了建立社会主义市场经济体制的道路,开启了不断探索市场与政府关系的道路。

改革开放以来,中国的经济规模不断扩大(图23-1),GDP增长率一直保持在正值(图23-2),不仅高于同期世界平均水平(图23-5),而且经济波动与改革开放之前相比明显平缓许多,在高速增长的同时维持了稳定性,世界地位不断提高(图23-3、图23-5),人民的生活福祉得到显著改善(图23-4)。中国经济增长质量的变化得益于市场与政府关系的不断改善。1982年,中共十二大提出"计划经济为主,市场调节为辅",虽然此时政府仍占主导地位,但是市场的作用开始得到重视,此时的GDP与新中国成立初期相比已经有了数十倍的增长,1982年的GDP值为5 373.4亿元,远超1952年的679.1亿元。1987年,中共十三大提出"国家调节市场,市场引导企业",1989年,十三届三中全会提出"计划经济与市场调节相结合",党中央进一步调节市场与政府的关系,不断提高市场的地位,尤其是1992年邓小平同志进行南方谈话,指出政府和市场作为经济手段都可以促进经济增长,与姓资姓社无关,稳定了市场的地位。党的十四大确立建设社会主义市场经济体制的目标,随后多年GDP增长率均高达10%以上,远超世界平均水平,人民收入水平的增长速度也在不断提升。1993年,十四届三中全会提出"确立市场对资源配置的基础性作用",明确了市场的基础性作用,尊重市场规律,重视市场调节经济的作用。中国的经济体量占世界的比重也开始逐年上升,2006年超过5%,2011年超过10%。2013年,十八届三中全会提出"市场在资源配置中起决定性作用和更好发挥政府作用",将"基础性作用"更换为"决定性作用"。可以看出党中央对市场作用的高度重视,将市场的地位提升到前所未有的高度,明确市场经济促进经济增长的重要作用无法被政府替代,中国特色的社会主义市场经济体制需要在市场的基础上发挥政府因势利导的作用。此时中国的经济体量占世界的比重为12%,综合国力有了显著提高,GDP体量不断创新高,人民收入水平有了显著提升,实现了总体小康。2020年,十九届五中全会提出"推动有效市场和有为政府更好结合",是党中央关于市场与政府关系的最新认识,为今后深化市场经济体制改革提出了明确的目标和要求,对激发市场活力和制度活力,尽快形成市场作用和政府作用有机统一、相互补充、相互协调、相互促进的格局具有重要的指导意义。

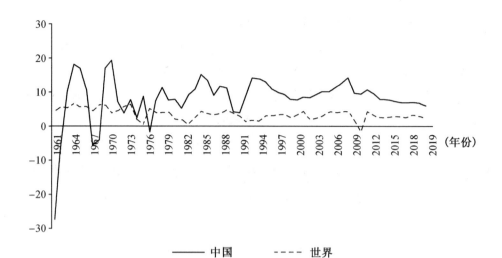

———— 中国   - - - - 世界

图 23‑5   1961—2019 年中国和世界 GDP 增长率的变化（单位：%）

数据来源：根据世界银行的相关数据绘制。

表 23‑1   中国政府与市场关系转变的重大历史事件

时间	重大会议或事件	主要内容
1949 年	中华人民共和国成立	高度集中的计划经济
1978 年	改革开放	对内改革，对外开放
1982 年	中共十二大	计划经济为主，市场调节为辅
1987 年	中共十三大	国家调节市场，市场引导企业
1989 年	十三届三中全会	计划经济与市场调节相结合
1992 年	邓小平南方谈话	计划经济不等于社会主义，资本主义也有计划；市场经济不等于资本主义，社会主义也有市场
1992 年	中共十四大	确立建设社会主义市场经济体制的目标
1993 年	十四届三中全会	确立市场对资源配置的基础性作用
2013 年	十八届三中全会	市场在资源配置中起决定性作用和更好发挥政府作用
2020 年	十九届五中全会	推动有效市场和有为政府更好结合

数据来源：根据中共党史资料整理。

三、中国的"有效市场与有为政府"

中国有效市场的形成与完善主要得益于渐进式市场化改革,而市场化改革的顺利进行离不开政府的主导与规划。有为政府包括中央政府和地方政府,中央政府具有强大的宏观治理能力,地方政府在竞争中弥补了市场缺陷,稳定了市场秩序,中央政府的高度集权与地方政府的高度自由裁量权形成了控而不死、活而有序的局面,最终成为推动中国经济增长、提高经济增长质量的重要力量。

（一）有效市场：政府主导的渐进式市场化改革

市场化改革在中国的经济增长奇迹中起到了重要的作用,已有大量文献证实市场化改革对中国经济增长的重要作用(吕朝凤、朱丹丹,2016;樊纲等,2011;Naughton,2006),正是政府主导的渐进式市场化改革造就了中国的有效市场。有效市场是指经过市场化改革,要素获得合理配置,最终使得国家具有经济增长活力的市场。社会主义市场经济体制的建设和完善是有效市场形成的前提,价格改革是有效市场建设的基础,非公有制经济的发展是有效市场建设的重要环节,对外开放是完善有效市场的必要条件。

在1978年改革开放以前,高度集中的计划经济体制导致了无效市场,并不利于经济的增长与发展。改革开放以来,中国政府秉承"摸着石头过河"的原则,开始进行渐进式市场化改革。改革从农村开始,家庭联产承包责任制的实行极大地调动了人民的生产积极性,显著提高了人民的生活水平。1980年初,实行家庭承包责任制的只占全国的1％,经过1年的增长,年底已经达到20％,经过4年的推广,全国农户已经全部实行家庭联产责任制(沈坤荣、赵倩,2019a),至此开启了全国经济快速增长和人民生活水平显著提高的道路。1984年,十二届三中全会的召开标志着改革从农村走向城市和整个经济领域,会议上通过的《关于经济体制改革的决定》明确指出,"我国的社会主义经济是在公有制基础上的有计划的商品经济",突破了把商品经济与计划经济对立起来的观点,为后来社会主义市场经济体制的提出奠定了基础。1992年,中共十四大提出建立社会主义市场经济体制,中国至此走上了建设和完善社会主义市场经济体制的道路,也为有效市场的形成奠定了制度基础。地方政府之间的激烈竞争,有益于提高辖区经济增长绩效的国有企业改革迅速展开(张维迎、栗树和,1998;金刚、沈坤荣,2019)。总体来看,国有企业的改革在政府的引导下走过了一条从扩权让利试点、经济责任制、利改税、承包经营责任制、租赁制、股份制试点到现代企业制度建设与新型国有企业构造的历程,这些改革大大提升了国有企业的效率(黄速建等,2019;金刚、沈坤荣,2019)。高效率的国有企业也带动了市场运行效率的提高。事实证明,社会主义市场经济体制是最符合中国国情的体制,社会主义市场经济体制的建设和完善是有效市场形成的前提,成为推动中国经济增长、提高经济增长质量的重要力量。

中国有效市场的建设与完善离不开价格改革。价格双轨制是计划经济转向市场经济的一项重要过渡制度。价格双轨制重点是消费品价格的放开,从1982年开始,陆续放开小商品价格,1984年放开了大部分小商品价格和工业生产资料价格,1986年放开了全部小商品价格。同时,1985年中央一号文件的下达取消了农产品的统购统销制度,改为合同订购和市场收购,即国家定价与市场定价并存①。1988年,在《人民日报》刊登的《关于价格、工资改革的初步方案》公报表示,价格改革的总方向是"少数重要商品和劳务价格由国家进行管理,其余绝大多数商品价格由市场进行调节",逐步实现中共十三大提出的"国家调节市场,市场引导企业"的目标,完成"逐步建立起有计划商品经济新体制的基本框架"的任务。到1990年,市场调节价格的商品总额比重已经占全社会商品零售总额的一半以上,生产资料价格双轨制逐渐过渡为市场价格单轨制(张卓元,2008)。价格改革建立起了市场价格的反馈机制和引导机制,使得要素可以在市场中自由流动和有效配置,物质资本和人力资本可以实现跨地区的自由流动,大大提高了市场运行的效率,各地区市场通过自身比较优势的发挥,以低消耗获得了地区经济的增长。价格双轨制是历史的产物,具有时代特征,符合当时中国特殊历史时期的发展要求,有效刺激了计划体制之外市场经济的萌芽与发展,为

---

① 其实早在1978年,广东省广州市已经尝试取消蔬菜的统购统销制度,提出价格由购销双方共同议价得出。之后又逐渐放开猪肉价格、水产品价格,激发了市场的活力,解决了经济短缺的问题,大大增进了人民的福祉。

中国后续的市场化改革奠定了基础，为有效市场的形成与完善做出了有意义的尝试。

有效市场的完善离不开非公有制经济的发展，非公有制经济的发展在政府的引导下经历了"利用论""补充论""重要组成论""同等待遇论""同等地位论"的演化过程（白永秀、王泽润，2018）。非公有制经济从十一届三中全会后开始恢复，起初只是为了恢复生产、解决就业难题。1981年，党的十一届六中全会通过《关于建国以来党的若干历史问题的决议》，决议报告提出，"一定范围的劳动者个体经济是公有制经济的必要的补充"，确立了非公有制经济的补充地位。1987年，党的十三大明确提出鼓励发展个体经济、私营经济等非公有制经济。1988年，《宪法修正案》明确了私营经济受到法律保护，非公有制经济发展面临新发展格局，市场环境得到改善。1997年，党的十五大确立"以公有制为主体、多种所有制经济共同发展，是中国社会主义初级阶段的一项基本经济制度，非公有制经济是中国社会主义市场经济的重要组成部分"，非公有制经济进入全面发展阶段，成为提高经济增长质量的重要力量。2002年，党的十六大提出，"毫不动摇地巩固和发展公有制经济，毫不动摇地鼓励、支持和引导非公有制经济发展"，非公有制经济的地位进一步提升，在资源配置中的基础性地位进一步加强，现代市场体系初现雏形，有效市场环境不断完善。党的十八大报告提出，"各种所有制经济依法平等使用生产要素、平等参与市场竞争、同等受到法律保护"，产权制度不断完善，营商环境得到大幅改善，非公有制经济主体受到法律保护，在良好的市场环境下迅猛发展，为经济增长提供了有力支持。随着非公有制经济主体变得活跃，市场竞争环境也逐渐完善，激烈的市场竞争压力促使公有制经济进行自我改革，提高自身效率。因此，非公有制经济与公有制经济共同激发了市场主体的活力，促进了市场环境的改善。

在中国政府的不懈努力之下，经过长时间的谈判，中国在2001年正式加入WTO，从有限的对外开放转为全方面多层次的对外开放。一方面，大量外国资本进入中国市场，丰富了国内的资本市场，同时，大量先进技术和经验伴随着外资一同进入中国市场，不仅可以帮助中国企业提升自身的管理水平和产能，而且加强了国内市场的竞争性，倒逼了市场化改革的进程。如粮食国内外价差过大倒逼国内粮食收储制度改革，从国家"托市"向"市场化收购"加"定向补贴"机制转变（沈坤荣、赵倩，

2019a)。另一方面，中国的资本和产品也有了更广阔的市场空间，中国经济增长动力的三驾马车之一——出口开始持续发力，出口成为促进中国经济增长的强大动力。而且加入 WTO 之后，中国有效市场建设的重要环节之一——法制建设有了突飞猛进的发展，政府制定和修订了多项法律法规，市场环境和市场秩序得到大幅度改善。总的来说，入世带来的全方位的国外市场冲击倒逼了国内市场化改革的进程，推动了市场环境和秩序的进一步完善。全方面、多层次的开放市场不仅增加了市场的竞争性，而且扩大了市场交易的范围，提高了市场运行效率，有利于经济增长质量的提高。

（二）有为政府：中央政府＋地方政府

市场经济本身具有不可避免的缺陷，因此需要有为政府弥补不足。斯蒂格利茨提出的非分散化基本定理认为没有政府干预，市场就无法有效运行。保罗·克鲁格曼认为，20 世纪 30 年代美国经济大萧条的惨痛经历已经证明了国家干预市场经济的必要性。政府支出占 GDP 的比重是衡量政府干预经济的重要指标，图 23‐6 表明，高收入国家的政府在经济活动中的参与度总体上呈上升趋势，且远远高于中低收入国家，也高于世界平均水平，这足以说明有为政府的重要性。

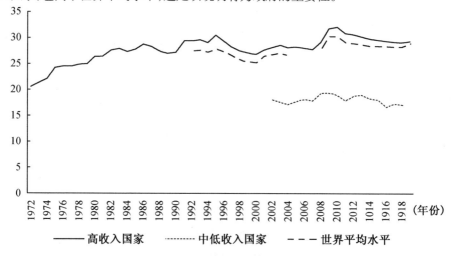

图 23‐6　1972—2019 年世界各国政府干预经济的比重变化（单位：%）

数据来源：根据世界银行的数据进行绘制。

中国经济发展至今,市场体系仍有不完善之处,市场体制发育不够成熟,资源配置效率还有较大提升空间,经济主体活力仍有较大激发空间。中国作为后发国家,想要跨越中等收入陷阱,更加需要政府在经济发展中发挥重要作用。原因在于,一方面,后发国家的市场失灵问题更加明显;另一方面,在要素结构扭曲的情况下,需要政府更好地调动资源(张来明,2021)。中国的有为政府包括中央政府和地方政府。中央政府有绝对的政治权威,在经济衰退时期,中央政府的作用显得极其重要;而地方政府有足够的自主权,在经济平稳运行时期,地方政府的作用显得更为重要。这种具有中国特色的政府体系符合中国经济增长的路径演化,成为促进中国经济增长、提高经济增长质量的重要动力。

1. 中央政府

中国经济的增长离不开中央政府强大的宏观治理能力。无论是平抑经济周期还是抵御外来风险都离不开中央政府的干预与指导。市场经济本身具有顺周期性,处于经济繁荣阶段时,各类市场主体活跃,经济快速增长的同时也累积了大量风险;处于经济衰退阶段时,累积的大量风险爆发,市场秩序崩坏,经济快速下滑,容易导致严重的经济损失和负面社会影响。中央政府的适时干预对抑制经济衰退趋势、降低经济损失具有非常重要的作用。2008 年的金融危机对全世界的经济产生了非常严重的负面影响,世界经济增长速度明显下滑,经济发展呈衰退趋势。2009 年,世界平均 GDP 增长速度仅为−1.67%,与之形成鲜明对比的是中国仍然保持 9.4%的高速增长。这是因为面对金融危机时中央政府发挥了自身的制度优势,实施"四万亿"救助计划。因此中国成为最先从金融危机中得以恢复的国家,而这也充分体现出中央政府在经济衰退时期的有为作用。中央政府面对经济周期起到的宏观调控作用还可以体现在中国经济增长的平稳性中。从图 23 - 4 可以看出,改革开放以后,中国的经济增长率波动明显平滑许多,逐渐与世界水平同步,经济增长速度也普遍高于世界平均水平。这是因为中央政府进行合理的顶层设计,以国家发展规划为战略导向,以货币政策和财政政策为主要手段,做好跨周期的政策设计,进行科学的预期宏观管理,及时进行宏观调控,合理地引导市场,防止短期冲击变成趋势化冲击,使得中国经济增长的波动率保持在较低水平,经济波动一直处于合理区间,高速增长的稳定性不断提高。中央政府在改革开放中建立起来的宏观调控机制帮助中国经济避免经历发达国家因经济周期带来的大幅度波动，有效防范系统性金融风险和稳定经济增长。

新冠肺炎疫情的冲击让各国政府意识到，面对突发公共事件，政府抵御外来风险的能力对于防止本国经济过大波动、保持本国经济稳定增长极其重要。2020年，面对突如其来的疫情冲击，中国政府反应迅速，不仅在最短的时间内控制住了疫情的传播，保障了全国人民的健康，维护了社会的稳定，而且在保证安全的前提下尽早复工复产，恢复经济。为了缓解疫情冲击带来的经济下行压力，中央政府对企业实施各类资金支持政策，推动财政资金直达基层和减税降费精准投放，发行抗疫特别国债，直达市县基层，直接惠企利民，既保障了民生，也保持了经济正增长，体现出社会主义制度的优越性和中央政府对于平抑经济增长波动的强大宏观治理能力。

表 23-2　疫情冲击下世界主要经济体 2020 年的 GDP 增长率　（单位：％）

国家	中国	德国	美国	英国	法国	日本	泰国	韩国
GDP 增长率	2.3	−4.9	−3.5	−9.8	−8.2	−4.8	−6.1	−1.0

数据来源：根据 CEIC 数据库的相关数据绘制。

中国的市场经济具有其特殊性。中国的市场经济由计划经济转变而来，一方面，在市场经济缺失和不完善的年代，是中央政府和地方政府一起承担起市场的作用，承担起推动经济增长的责任，避免像某些发展中国家一样因市场秩序的缺失造成经济的停滞和倒退；另一方面，市场经济的形成与发展离不开中央政府的规划和指导，市场经济的从无到有都是在政府的推动下完成的，在市场化改革的过程中中央政府通过制度安排补偿了改革过程中潜在的利益受损群体，降低了改革成本，凝聚了改革共识。例如，在农业生产组织改革的过程中，中央政府通过补贴平抑粮食销售价格波动，使得城镇居民仍然享受"平价粮"福利，避免触及城镇居民的既得利益（沈坤荣、赵倩，2019a）。可以说，正是由于中央政府的有效干预和及时干预，市场化改革才得以顺利纾困，有效市场才能在提升经济增长质量的道路上取得如此辉煌的成就。

2. 地方政府

与中央政府相比，地方政府在推进中国经济增长、提高经济增长质量的过程中同样起到了重要作用。地方政府为了地方经济建设而展开的竞争在无形之中弥补了市场经济的缺陷,使得市场秩序井然,为经济增长提供了有力支撑。那么,地方政府为什么可以围绕地区经济增长展开激烈竞争? 又为什么愿意通过竞争促进经济增长? 这是解释地方政府竞争弥补市场不足、促进经济增长需要回答的两个重要问题。

地方政府之所以可以围绕地区经济增长展开激烈竞争,主要原因在于中央政府下放事权,给予地方政府极大的自由裁量权。在制度上可以追溯到 1980 年推行的"分灶吃饭"财政包干制度,将定额收入上缴中央,剩余财政收入由地方政府自主支配。1989 年的"划分税种,核定收支,分级包干"是对中央与地方财权与事权划分的进一步改革。但是,财政包干制度使得中央政府的税收收入大幅度降低。1994 年的分税制改革,将税收划分为中央税、地方税以及中央与地方共享税,成为中国历史上对央地关系产生重大影响的里程碑事件,实现了中央与地方财权与事权的分离,结束了当时"两个比重"①持续下滑的局面。分税制改革使得地方政府对于本地的经济建设有了更大的自主权,有了更大自主权的地方政府为了推进当地经济的高速发展,大力进行基础设施建设,改善营商环境,制定优惠的产业政策,用各种方式招商引资并吸引人才,进行开发区建设,提高行政能力,多管齐下进行经济建设,促进了有效市场的建设,使得地方经济又好又快发展。

地方政府之所以愿意通过激烈竞争促进地区经济增长,主要原因在于中国特殊的官员竞争制度和中央—省—市—县—乡镇的五级政府体系。一方面,地方政府官员面临着"晋升锦标赛"(周黎安,2007)。这是一种对地方官员进行地方经济建设具有强激励的模式,地方官员的晋升机会与本地的经济建设指标密切相关,其中最重要的是 GDP 增长速度。各地的地方官员为了在 GDP 锦标赛中胜出,争取名额有限的晋升机会,必须全力以赴进行地区经济建设。各个地方的经济发展你追我赶,又反过来加大了地方官员的经济建设压力,更加致力于加快本地的经济增长速度,最终带来全国的经济高速增长。另一方面,中国严格的上下分级政府体系,导致上级政府对下级政府具有绝对的话语权,而在 GDP 锦标赛中胜出的官员会更加维护该晋升机制,

---

① 　指国家财政收入占国内生产总值的比重和中央政府财政收入比。

导致 GDP 锦标赛的晋升传统不断持续下去(金刚、沈坤荣,2019),GDP 锦标赛带来的经济建设激励机制也会持续下去。同时,中国的五级政府体系具有灵活性,上级政府对下级政府的监管面临严重的信息不对称问题,有效监管需要付出巨大的信息成本,导致中央政府无法对地方政府的政策执行进行有效监管,这反而给了地方政府制度创新的空间。地方政府对于本地的经济状况最了解,因此最了解中央政府的政策是否适合当地的经济发展要求,地方政府针对中央政府的政策进行适当创新,反而有利于当地经济的发展。江苏大力发展以苏南模式为特征的乡镇企业、浙江发展以温州模式为特征的家庭企业、广东大力发展外商直接投资都是地方政府进行制度创新最终取得成功、促进当地经济增长的例子,都是在国家计划之外找到了自己的经济生长点(洪银兴,1997)。

如果说经济衰退时期,中央政府的作用最重要,那么在经济平稳运行时期,则是地方政府发挥自身热量的时候。为了维持地方经济的平稳高速发展,地方政府主要围绕税收竞争和土地竞争这两个方面进行激烈的经济建设竞争(金刚、沈坤荣,2019)。在税收竞争方面,一方面,地方政府为了招商引资,通过各种手段竞相降低实际税率,以牺牲短期税率的方式获得长期税基的增长,最终获得经济的长期增长。另一方面,地方政府竞相争取中央政府的税收优惠,不同程度的税收优惠对当地的宏观税负造成显著的差异。在土地竞争方面,土地存在大量的增值空间,土地出让金是地方政府收入的重要来源。土地对于制造业企业来说是很重要的生产要素,地方政府为了吸引国内外企业入驻,获得经济增长的基本动力,竞相降低工业土地出让价格,同时又通过吸引劳动力流入为本地的房地产市场提供住房需求,促进房地产价格的上涨,这样既可以弥补工业土地低价出让的损失,又可以促进当地的经济增长。

具体而言,政企合作是一条能体现有效市场与有为政府良性互动的中国特色道路。市场由大量的企业组成,企业是决定市场能否繁荣的微观主体。地方政府为了达到本地的经济发展指标,通过补贴、降低税收、降低市场准入门槛等方式吸引企业落户本地,给予企业大量的优惠政策。大量企业在本地茁壮成长不仅可以提高地方政府的税收收入,而且可以为当地经济增长注入新鲜的血液。20 世纪 90 年代的乡镇企业就是政企合作有利于地方经济增长的历史证明。21 世纪也有不少成功的政企合作案例,如北京中关村科技园、义乌小商品市场、福建沙县小吃等。周黎安(2018)认为政企合作不仅有利于克服市场失灵和政府失灵,而且政企双方利用市场机制学习、试错,可以推动地区产业政策的动态演化,实现其多样性,提高经济增长质量。

同时,必须意识到中国的市场化改革离不开地方政府的参与和配合(洪银兴,1997)。在市场化改革的过程中,市场机制存在不少缺陷,正是地方政府在相互之间的不断竞争中,弥补了市场的缺陷,替代了一部分市场机制,使得市场有序且有效,最终形成了控而不死、活而有序的局面。有为政府对于有效市场的形成与完善起到了非常重要的作用,有效市场与有为政府的关系随着改革的步伐和经济增长动力的转变也处于不断演进的过程中,正是有效市场与有为政府默契配合,才能不断提升中国经济增长质量。

四、有效市场和有为政府的现实困境

面对新形势,为了进一步提升经济增长质量,首先要明确有效市场和有为政府目前面临的现实困境,这不仅体现在持续恶化的市场环境上,而且体现在地方政府与中央政府异样的博弈以及地方政府之间非理性的博弈上。

(一)市场环境持续恶化

首先,新冠肺炎疫情的冲击导致国内外市场环境恶化。虽然中国政府及时反应,有效遏制住了疫情对国内经济的冲击,稳定住了经济下滑趋势,但是,一方面,持续反复的疫情不可避免地对国内经济的恢复和增长造成了不小的压力,影响了国内市场的效率,损害了经济增长的活力。另一方面,国外防控疫情不力,严重影响了国外市场对经济增长的贡献度,导致国内外市场环境均有不同程度的恶化趋势。

其次,经济不确定性不断加强。一方面,国际环境错综复杂,中美贸易冲突不断,美国为了遏制中国,不断向中国的外贸市场施加压力,导致中国的国际市场严重受损。2020年,中国的进出口总额增速仅为1.88%,出口作为中国经济增长的三驾马车之一,必然会对经济增长造成严重影响。另一方面,经过长达30多年的高速增长,中国面临结构性减速风险,有效市场和有为政府也必须根据经济发展阶段的变化做出相应的转变。

（二） 地方政府与中央政府之间异样的博弈

中央政府与地方政府之间由于存在信息不对称的情况，中央政府无法对地方政府的行为进行完全的监管，而地方政府为了自身的利益，存在隐瞒甚至扭曲信息的行为，甚至存在违背中央政府目标的行为，通过上报虚假信息获取中央政府的优惠政策，进行地方保护。这些行为虽然可以获得短期的经济增长，但是严重损害了地方经济增长的可持续性。究其原因在于中央政府和地方政府特殊的分权关系，集权的政治体制和分权的经济体制，以及垂直化的行政管理体制和资源流动性的限制（周业安，2003）。中央政府与地方政府之间的异样博弈还体现在中央政府的政策失效上。面对经济过热现象，中央政府采取温和的微调政策，意图实现经济的软着陆，但是地方政府面对中央政府的微调政策，反而出现了白天贯彻学习中央文件，晚上加班加点进行冲刺的行为，以期望在下一轮经济增长中抢占先机，沈坤荣和孙文杰（2004）将这种行为称为"黄灯效应"。

（三） 地方政府之间的非理性博弈

地方政府之间的博弈在实现地区经济增长的同时，也造成许多负面后果，严重影响到经济增长质量的提升，这里择要叙之。第一，地方政府在竞相进行地方经济建设的过程中形成了地方政府隐性债务问题①。1994 年的分税制改革推动中央政府与地方政府进行了财权与事权的划分，地方政府的事权负担加重而对应的财权范围却被缩小，因此地方政府为了获得足够的资金进行地方经济建设，开始走上了违规举借债务的道路。2008 年金融危机爆发后，国家推出的"四万亿"援助计划需要地方政府支出大量资金进行地方经济救助，由此开启了地方政府通过融资平台进行大规模举债的道路，地方政府隐性债务规模开始大幅度增加。2014 年《预算法》出台，针对地方政府的隐性债务问题中央做出了"开正门、堵偏门"的安排，明确剥夺了地方融资平台的融资职能，开启了限额管理下的地方政府合法举债渠道，并且提出通过债务置换的

---

① 根据《中共中央国务院关于防范化解地方政府隐性债务风险的意见》（中发〔2018〕27 号文件）的界定，地方政府隐性债务是指地方政府在法律规定的政府债务限额之外直接或者间接承诺以财政资金偿还的债务以及违法提供担保等方式举借的债务。

方式缓步释放地方政府的隐性债务风险,地方政府的隐性债务风险有所缓解,但是一直没有得到彻底解决。近年来,地方政府的隐性债务风险再度凸显,PPP、政府购买服务和政府投资基金成为地方政府隐性债务的新型方式,地方政府的隐性债务风险不容小觑。根据图 23 - 7 显示,2009—2020 年城投债的发行规模在波动中不断增加,2020 年城投债的发行规模达到新高,达到 47 406. 34 亿元,从城投债发行规模的变化可以看出地方融资平台的债务规模已经给地方政府造成了极大的偿债压力。图23 - 8 显示了 IMF 测算的 2015—2026 年中国的地方政府隐性债务规模,债务处于逐年增长的态势。IMF 预测 2021 年中国的地方政府隐性债务规模为 55. 765 万亿元,占 GDP 的比重为 49. 1%,隐性债务与显性债务之和占 GDP 的比重是 80. 1%。虽然没有超过国际上 90%～100% 的政府负债率警戒线,但是已经超过了欧盟设定的60% 的政府债务警戒线,必须引起各地政府的高度重视。地方政府的隐性债务具有举债方式多样、隐蔽性强、规模大、增长快的特点,债务风险不容小觑,已经成为中国经济的"灰犀牛",严重威胁到防范化解重大风险攻坚战的顺利实施和中国经济的发展进程。

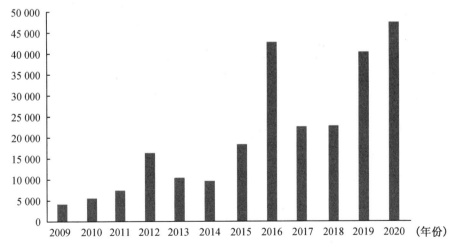

图 23 - 7 2009—2020 年城投债的发行规模(单位:亿元)

数据来源:根据 Wind 数据库的相关数据绘制。

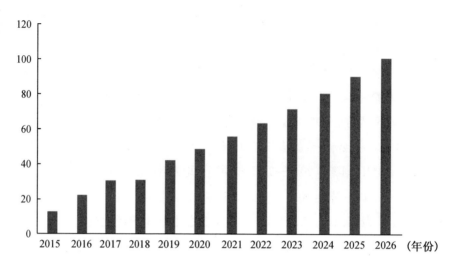

图 23‑8　IMF 测算的 2015—2026 年中国地方政府隐性债务规模(单位:万亿元)[①]

数据来源:IMF(2020)。

　　第二,地方政府的非理性博弈造成了土地功能异化。土地财政一直是地方政府的重要收入来源,但是地方政府对于土地收入的过度依赖造成了土地财政的不可持续性,产生了一系列的负面影响。地方政府在经济建设的过程中为了获得更多的融资,一方面,会将土地资产纳入融资平台,扩大融资平台的资产规模,提高融资能力。另一方面,将土地进行抵押获得融资,而通过土地抵押获得的贷款被用于基础设施建设,基础设施的完善又会反过来提高周边的土地价格,土地溢价进一步提高了融资平台的融资能力,这种"以地生债,以债养地"模式使得地方政府通过加杠杆的方式获得了更多融资(马万里,2019),也在无形之中累积了金融风险。同时,地方政府为了获得更多的土地收入,会有意抬高住宅用地价格,土地寻租行为不断,尤其是一、二线城市的房价居高不下,房价收入比已经严重超过世界银行的标准[②]。房地产泡沫严重,房企杠杆率处于高位,蕴含着严重的金融风险,一旦出现房地产泡沫破灭的情况,引

---

　　①　统计口径主要包括额外的融资平台债务和与政府基金相关的债务,其中 2021—2026 年的隐性债务规模为预测值。

　　②　正常房价收入比是 1.8~5.5。

发系统性金融风险,则会对整个国家的经济增长和社会稳定造成不可估计的负面影响。

第三,地方政府间的竞争引起了环境规制的逐底竞争。在以经济指标为主的官员晋升锦标赛中,地方政府为了争夺流动性资源以发展经济,有足够的动机选择放松环境规制强度,通过降低本地企业的合规成本来招商引资,以达到促进本地经济增长的目的。再加上环境规制具有较大的外部溢出性,即使当地政府实行严格的环境规制,但临近地区放松环境规制,也难以实现环境改善,反之亦然,因此地方政府更加没有动力进行严格的环境规制。同时,各地区之间环境规制的差异性导致污染企业的跨界转移,污染避难所的存在使得部分企业选择跨地迁移而非就地创新(金刚、沈坤荣,2018),上下游政府间的竞争还会导致污染回流(沈坤荣、周力,2020),降低了污染治理的规模性,增加了污染治理的难度,导致中国的环境污染问题愈发严重,环境治理任重而道远。以高污染为代价的经济增长是不可取的,严重影响到经济增长的可持续性,损害经济增长的质量。

五、持续提高经济增长质量的改革路径

党的十八届三中全会指出,"经济体制改革是全面深化改革的重点,核心问题是处理好政府和市场的关系,使市场在资源配置中起决定性作用和更好地发挥政府作用",为解决有效市场与有为政府的现实困境提出了改革的方向。必须引导政府扮演好服务经济增长的角色,推动政府让位于市场,在有效市场和有为政府更好结合上下功夫,为中国的经济增长保驾护航。

第一,处理好政府与市场的关系。一方面,用好"看不见的手",充分激发市场活力,进一步推进市场化改革,确立以市场为中心的市场经济制度,深化要素市场化配置改革,保障市场的公平竞争,实现资源配置的最优化,进一步提高市场的对外开放程度,加快建设高标准的市场体系,构建具有国际影响力的市场体系。另一方面,加快转变政府职能,做到该管的事情要管到位,该放的权要放到位,克服错位、越位、缺位现象,尊重市场规律,减少政府对市场经济的直接干预和不当干预,提升政府效率

和管理能力，在有效市场的基础上发挥政府的因势利导作用，推动有效市场和有为政府更好地结合。

第二，以国内大循环为主体、国内国际双循环相互促进的新发展格局稳增长。面对外部环境不确定性不断增加的背景下，必须加快形成以国内大循环为主体、国内国际双循环相互促进的新发展格局来稳定经济增长。首先，面对全球价值链冲击，重点防控产业链断裂风险，确保产业链的稳定性，大力鼓励技术创新，提高科技水平，实现产业链的转型升级，进一步提升国内产业链的现代化水平。其次，扩大内需，促消费，建立并完善促进居民消费的配套政策；扩投资，重点促进制造业投资和新型基础设施投资，建立促进消费和投资的长效机制。最后，发展多层次的资本市场，重点发展本地资本市场，形成稳定而多元化的本地投资群体。

第三，控制增量风险与化解存量风险并行化解地方政府隐性债务。控制增量风险可以从地方政府和资本市场两方面管住风险源头，关键在于解决地方政府的财政实力难以满足基础设施建设和地方经济发展需求的矛盾，因此要重点提高地方政府的财政收入和推进基础设施投融资的市场化改革，一边扩大地方政府的财政收入，提高地方政府的财政实力，一边增加基础设施建设的融资途径，加快基础设施 REITs 建设，调整地方基础设施建设过度依赖当地政府的局面，从而达到严格控制增量风险的目的。

化解存量风险是长期目标，需逐步缓释地方政府隐性债务风险，稳中推进。一是加快融资平台的转型升级，对违规融资的平台进行清理和整理，进行市场化改革，实现规范融资。二是强化问责，完善地方官员的考核机制，加大对地方政府违规举债的问责力度，建立举债的无期限责任追踪制度。三是明确隐性债务的范围，进行分类管理。根据地方政府举债的工具、来源和主体，分类逐项追踪地方政府的隐性债务来源，建立宽口径的地方债务风险信息披露机制和问责机制。

第四，矫正土地功能异化的现象。一是进行土地财政改革。一方面，坚持市场化改革方向,规范土地出让金的收支管理①,整治土地出让金乱象,压缩土地寻租空间,严厉打击不正当的土地买卖行为,加强对土地财政的监管,降低地方经济发展对土地的依赖度。另一方面,成立国有土地经营公司,发行土地专项债,告别"以地谋发展"的经济发展模式。二是深化土地要素市场化改革,推动城乡土地市场一体化(沈坤荣、赵倩,2019b),加快集体经营性建设用地入市流通,打破土地一级市场卖方垄断,完善征地制度,完善耕地总量动态平衡制度,优化土地利用结构,抑制房地产泡沫,加快建立租购并举的住房制度。

第五,加快进行环境污染治理的步伐,以绿色全要素生产率推动经济增长。一是更好地发挥政府在治理环境方面的有为作用,协调地方政府在环境污染治理方面的步伐,达成联防联控的共识。二是完善环境污染治理体系的建设,进一步加强环境保护法方面的建设,加大执法力度,重点进行水污染和大气污染的治理,以河长制、湖长制,而非以省长制、市长制来治理水污染(沈坤荣、周力,2020)。三是发展绿色低碳经济,进行清洁生产,呼吁能源的合理利用,进行回收循环利用,对各类废弃物进行分类回收处理,尽快实现碳中和、碳达峰,实现"既要绿水青山,又要金山银山"的绿色经济发展模式。

六、结论与展望

经过时间的洗礼和历史的验证,中国从高度集权的计划经济体制转变为社会主义市场经济体制,市场与政府的关系也经历了完全由政府主导到市场调节为辅,再到政府与市场相互兼容,市场在资源配置中起决定性作用和更好发挥政府作用,最终推动有效市场和有为政府更好结合。"坚持和完善社会主义基本经济制度,充分发挥市场在资源配置中的决定性作用,更好发挥政府作用,推动有效市场和有为政府更好结

---

① 2021年6月4日,财政部、自然资源部、税务总局和人民银行四部门联合印发《关于将国有土地使用权出让收入、矿产资源专项收入、海域使用金、无居民海岛使用金四项政府非税收入划转税务部门征收有关问题的通知》财综〔2021〕19号文(简称19号文),将国有土地使用权出让收入等四项政府非税收入统一划转税务部门征收。

合。"党的十九届五中全会对科学把握市场与政府关系这一重大的理论和实践命题进行了深刻总结，为今后的发展指明了方向。有效市场在政府主导的市场化改革的过程中逐渐形成与完善，通过资源的有效配置实现经济增长。有为政府不仅包括中央政府的宏观治理，而且包括地方政府在相互竞争中对市场缺陷的弥补使得市场机制有序、有效起来。这充分说明有效市场的建设离不开有为政府的作用，有为政府也只有在有效市场中才能发挥更大的作用。面对新形势，如何进一步提升经济增长质量？首先，要明确有效市场和有为政府目前面临的现实困境，包括市场环境持续恶化，地方政府与中央政府之间存在异样博弈以及地方政府之间存在非理性博弈。其次，需要全面深化改革，不断调整市场与政府的关系，促进有效市场和有为政府相互协调、共同作用，推动中国经济增长。最后，需要意识到没有完美的市场体系，也没有完美的国家制度，改革永远在路上。对于政府和市场关系的研究需要回归理性，只有适合本国国情的市场建设才是有效的，只有尊重客观规律的政府作为才是有为的。政府与市场的关系仍有调节的空间。因此，需要进一步完善有效市场和有为政府建设，使之继续为中国下一个百年经济增长保驾护航。

参考文献

［1］白永秀、王泽润，2018：《非公有制经济思想演进的基本轨迹、历史逻辑和理论逻辑》，《经济学家》第 11 期。

［2］陈云贤，2019：《中国特色社会主义市场经济：有为政府＋有效市场》，《经济研究》第1 期。

［3］樊纲、王小鲁、马光荣，2011：《中国市场化进程对经济增长的贡献》，《经济研究》第9 期。

［4］洪银兴，1997：《地方政府行为和中国市场经济的发展》，《经济学家》第 1 期。

［5］黄速建、肖红军、王欣，2019：《竞争中性视域下的国有企业改革》，《中国工业经济》第6 期。

［6］金刚、沈坤荣，2018：《以邻为壑还是以邻为伴？——环境规制执行互动与城市生产率增长》，《管理世界》第 12 期。

［7］金刚、沈坤荣,2019:《新中国 70 年经济发展:政府行为演变与增长动力转换》,《宏观质量研究》第 3 期。

［8］林毅夫,2017:《中国经验:经济发展和转型中有效市场与有为政府缺一不可》,《行政管理改革》第 10 期。

［9］吕朝凤、朱丹丹,2016:《市场化改革如何影响长期经济增长? ——基于市场潜力视角的分析》,《管理世界》第 2 期。

［10］马万里,2019:《中国地方政府隐性债务扩张的行为逻辑——兼论规范地方政府举债行为的路径转换与对策建议》,《财政研究》第 8 期。

［11］沈坤荣、孙文杰,2004:《投资效率、资本形成与宏观经济波动——基于金融发展视角的实证研究》,《中国社会科学》第 6 期。

［12］沈坤荣、赵倩,2019a:《改革开放四十年的重大制度创新与阶段性发展》,《学习与探索》第 1 期。

［13］沈坤荣、赵倩,2019b:《土地功能异化与我国经济增长的可持续性》,《经济学家》第 5 期。

［14］沈坤荣、周力,2020:《地方政府竞争、垂直型环境规制与污染回流效应》,《经济研究》第 3 期。

［15］斯蒂格利茨,1998:《政府为什么干预经济》,北京:中国物资出版社。

［16］王勇,2017:《论有效市场与有为政府:新结构经济学视角下的产业政策》,《学习与探索》第 4 期。

［17］张来明,2021:《中等收入国家成长为高收入国家的基本做法与思考》,《管理世界》第 2 期。

［18］张雷声,2020:《新时代中国经济发展的理论创新——学习习近平关于经济高质量发展的重要论述》,《理论与改革》第 5 期。

［19］张维迎、栗树和,1998:《地区间竞争与中国国有企业的民营化》,《经济研究》第 12 期。

［20］张卓元,2008:《中国价格改革三十年:成效、历程与展望》,《经济纵横》第 12 期。

［21］周飞舟,2019:《政府行为与中国社会发展——社会学的研究发现及范式演变》,《中国社会科学》第 3 期。

［22］周黎安,2007:《中国地方官员的晋升锦标赛模式研究》,《经济研究》第 7 期。

[23] 周黎安,2018:《"官场+市场"与中国增长故事》,《社会》第 2 期。

[24] 周业安,2003:《地方政府竞争与经济增长》,《中国人民大学学报》第 1 期。

[25] IMF, 2020, "People's Republic of China: Staff Report for the 2020 Article IV Consultation".

[26] Naughton, B. J., 2006, *The Chinese Economy: Transitions and Growth*, MIT Press.

下　篇

24　如何应对国际经济格局新变化[①]

在应对国际金融危机挑战中,发达国家相继提出"再工业化"战略,力图以高新技术为依托,通过发展高附加值制造业来重建具有强大竞争力的新工业体系。这一战略的实施,将对世界经济竞争格局产生重要影响,对我国经济产生巨大冲击。我们只有坚持以科学发展为主题,加快转变经济发展方式,着力培育国际竞争新优势,才能在国际经济发展新格局中赢得主动。

一、"再工业化"战略提出的背景与内涵

20 世纪 50 年代以来,随着日本、亚洲四小龙以及中国、印度制造业的相继崛起,发达国家采用"去工业化"的发展模式,将劳动力迅速从第一、第二产业转向第三产业,同时将低端制造业向低成本的国家和地区转移。这一发展模式尽管巩固了发达国家在高端产业的优势,但由于虚拟经济畸形发展,终于在 2008 年引爆了百年一遇的国际金融危机,导致了世界性的经济衰退。发达国家对这一金融危机反思的结果,就是重新评估实体经济与虚拟经济之间的关系,重新将实体经济发展置于优先位置。在这一背景下,"再工业化"战略成为各国应对危机的政策选择。概括地讲,"再工业化"战略内涵主要表现在三个突出上。

突出抢占先进制造业发展制高点。当前,全球先进制造业技术生命周期不断加速,而发达国家的研发投入及创新竞争力开始下滑,先进制造业的制造能力出现持续下降。伴随着结构性技术变革时代的到来,新技术的应用和推广步伐正在加快。发

---

① 原文刊载于《求是》2013 年第 8 期。

达国家借这次金融危机提出"再工业化"战略，将先进制造业作为发展重点，其主要意图就是力争在新一轮先进制造业竞争中取得优势地位，抢占世界经济和科技发展的制高点。以美国为例，提出"再工业化"战略是希望通过依托科技进步和发挥既有优势，寻找能够支撑未来经济增长的高端产业，推动实体经济的转型和复苏，继续保持世界制造业创新领导者地位，掌握后危机时期新一轮技术革命的主导权。

突出制度创新与科技创新的持续互动。从本质上讲，发达国家的"再工业化"战略体现的是基于科技创新的产业升级，主要是发展能够支撑未来经济增长的高端制造业，而不仅仅是恢复传统制造业。对于发达国家来说，针对制造业的新一轮科技创新是未来竞争力提升的基础，而先进制造业的创新政策则是其顺利实现的重要保障。因此，贯穿发达国家"再工业化"战略整个过程的核心环节，就是制度创新与科技创新的持续互动。为了保证"再工业化"战略的有效实施，2010 年 8 月，美国公布了制造业促进法案；2011 年，美国总统奥巴马在国情咨文中强调在继续完善自由企业制度以驱动创新的同时对基础研究给予政策支持；2012 年，美国国家科技委员会在促进先进制造业发展的政策措施中将完善先进制造业创新政策作为三大原则之一，鲜明地将制度创新放在优先位置。

突出发展先进制造业。先进制造业代表的是高端、高附加值的产业，它以自主的科技创新为特征，要求在研发、设计、技术、工艺、品牌、营销等关键环节和产业链上打造具有别国无法比拟的竞争优势。近年来，美国政府提出加快中小企业投资、提高劳动力技能、建立健全伙伴关系、调整优化政府投资、加大研发投资力度五大目标，其核心就是要加快发展先进制造业，巩固美国制造业在全球的竞争优势。目前，美国政府已出台一系列措施，积极推动计算机、飞机、汽车、武器、成套设备以及为大企业配套的机械、电子零部件等现有高端制造业的转型升级，同时大力发展新能源、生物工程、医疗信息、航天航空、电动汽车、纳米技术、环保等战略性新兴产业，力图保持美国在世界新一轮产业革命中的领跑者地位。

二、发达国家"再工业化"战略对我国产业转型升级的影响

发达国家经济发展战略由"去工业化"向"再工业化"的转变表明,后危机时代全球经济发展秩序和世界贸易格局将再次发生巨变。随着生产技术改变引起的生产组织方式的变迁,全球工业生产的分工格局也将发生深刻变化。在我国产业转型升级的关键时期,以发展先进制造业为核心的发达国家"再工业化"战略,将对我国经济发展产生深远影响。

高端技术引进难度加大。技术引进、模仿与吸收对于研发资源相对不足、技术相对落后的发展中国家而言,可以缩小与发达国家之间的经济发展差距。目前,我国技术进步的一个重要来源是对国外技术的引进和吸收。虽然中国在过去的几年中研发投入高速增长,但在高增长下被掩盖的是我国的技术和组织能力在总体上还未获得足够的成长。2011年,中国国内技术与引进国外技术经费支出比为0.49,引进技术消化吸收与引进国外技术经费支出比为0.45。为了实施"再工业化"战略,发达国家必然会利用国际知识产权保护协议和高技术产品出口管制构筑技术壁垒,更加严格地控制高端技术的出口。因此,中国靠引进高端技术来发挥后发优势的空间将大大缩小,这无疑会增加我国产业结构向价值链高端提升的难度,特别是一些中高端制造企业将回流发达国家,使我国产业转型升级更加艰难。

直接投资引入难度提高。改革开放以来,积极引进外资成为推动我国经济持续稳定增长的重要因素。从我国三次产业结构看,工业吸引外资数量巨大。截至2011年年底,中国工业累计实际使用外国直接投资(FDI)金额约为7 500亿美元,占来华直接投资比重在65%左右。其中,制造业占我国吸引外资总量的45%左右,直接投资对中国工业经济增长、产业转型升级发挥了重要作用。但由于发达国家的"再工业化"战略,我们吸引外资的难度进一步加大。如2012年年初,美国出台企业税改革方案,通过降低税收来提高制造业吸引资本和投资的能力,鼓励美国企业在国内投资。从目前来看,来华直接投资的增速开始下降,部分领域业已出现资本外流迹象,这与发达国家的"再工业化"战略不无关系。我国工业特别是制造业的产业转型升级将受

到越来越多的投资来源限制。

　　制造业竞争优势降低。目前，我国制造业正面临着越来越大的成本约束。一是资源价格约束。多年来的粗放式增长方式削弱了资源环境的承载力，经济规模的扩大、消费需求的增长以及生产结构和消费结构的变化，将继续推动资源消耗总量的提高和资源价格的上涨，生产成本的竞争优势将不断降低。二是劳动力价格上涨。长期以来，中国规模庞大的人口为经济的高速增长提供了低价的劳动成本，这是中国参与国际经济竞争的优势。但随着人口红利的消失，原有劳动密集型产业的比较优势将逐步消退。根据波士顿集团的报告，到2015年，美国和中国的制造业劳动力净成本将日益接近。由此来看，发达国家"再工业化"战略将发展制造业、增加产品出口作为其减少贸易赤字的一项重要措施，显然会给中国制造业的出口带来巨大冲击。同时，我国劳动力等要素成本上升将推动制造业向发达国家回归，这不仅对我国现有制造业构成巨大威胁，同时也制约发达国家制造业高端环节向我国转移。

三、构建"再工业化"背景下国际竞争的新优势

　　当前，我国经济发展正站在新的历史起点上，既遭遇发达国家"再工业化"战略的严峻挑战，也面临走上科学发展道路的战略机遇。我们唯有实施创新驱动发展战略，推动结构转型升级与制度创新齐头并进，才能最终实现在全球产业分工格局中由"追随者"向"领跑者"的转变，在国际经济竞争中保持战略主动权。

　　提高制造业科技自主创新能力。提高自主创新能力，既是加快转变经济发展方式的内在要求，也是全球竞争新格局下保持我国竞争优势的根本途径。改革开放以来，我国制造业一直保持着较快的发展速度。统计数据显示，2011年中国制造业产值高达2.34万亿美元，占全球制造业总产值的比重为19.9%，略高于美国的1.9万亿美元和18%的比重，打破美国连续百多年占据世界制造业产值第一的历史，成为全球制造业大国之一。但是，我国产业结构在总体上处于国际产业分工体系的中低端，自主创新能力不强且缺乏产业与品牌，发展方式相对粗放。特别是发达国家的"再工业化"战略，将进一步推动新一轮全球产业结构调整和科技创新。我们要紧紧

抓住这一新的机遇和挑战,把建设创新型国家作为基本国策,将提高自主创新能力放在更为突出的位置,一方面,依据产业特征合理配置研发经费,大力提高科技自主创新能力;另一方面,以改革为动力,着力完善社会主义市场经济体制,加快形成有利于各类创新的制度基础。

拉长和延伸先进制造业产业链条。随着我国制造业成本竞争优势的不断下降,发达国家"再工业化"战略在加工和制造以外的环节,包括研发、专利、品牌、核心零部件和营销渠道等都会给我国先进制造业带来更大挑战。从制造业价值链看,当前我国传统制造业还未攀升到全球价值链高端环节,在国际产业分工中以从事委托加工(OEM)活动为主,更多地处于全球制造业的低端。尤其是这些国际代工活动,是制造业中消耗熟练劳动力、土地、能源、原材料等资源最密集的部分,也是对生态环境影响最大的环节。如不改变现状,传统制造业在其实现快速增长的同时,也将不断累积危及自身发展的因素。因此,我国需要通过重新布局产业链等措施,尽快实现传统产业分工向产业链全球布局转变,从常规技术向广泛使用以数控、低耗、洁净生产为重点的先进制造技术转变,并进一步以延伸先进制造业产业链条来提高制造业的技术含量与附加值,实现价值链由中低端向高端的提升,进而提高我国制造业的国际竞争力。

发展与制造业相耦合的现代服务业。制造业与服务业唇齿相依。制造业是国家经济发展的基础,对带动服务业增长具有根本作用,同时服务业也为制造业的发展提供相应保障。生产性服务业,尤其是与知识生产、传播和使用密切相关的金融保险、信息通讯、研发设计、创意咨询、工程技术和知识产权服务等,都包含着制造业升级所需的知识和技能,即专业化的"高级要素"。发达国家实施"再工业化"战略,除了基本生产要素等硬件之外,必须依靠制造业与服务业的融合,将重点放在高端研发设计、国际品牌和营销渠道等软件拓展上。同样,加快我国产业转型升级,亟须发展与制造业相耦合的现代服务业。我们应大力鼓励和引导各类投资主体,围绕生产性服务业、新兴服务业、科技服务业等重点领域,加强商业模式创新和技术集成创新,建立并完善现代服务业技术支撑体系、科技创新体系和产业发展支撑体系,以满足经济结构调整和产业转型升级的需要,不断培育和形成我国产业的竞争新优势。

25 在适应新常态中培育增长新动力[①]

党中央准确把握当前形势和未来走势,作出了我国经济发展进入新常态的战略判断。习近平总书记在中央经济工作会议上明确指出,新常态下经济发展动力正从传统增长点转向新的增长点。做好新常态下的经济工作,关键在于培育新的增长点,加快推动发展动力转换。

一

从人类社会发展进程看,经济增长是一种相对现代的现象。就一般规律看,成功实现经济起飞的经济体,在经历过显著的增长加速后会出现减速,这是从不发达到发达的必经历程。在这一过程中,各经济体增速放缓的时间存在差异,增速回落的态势也不尽相同。迄今为止,只有少数经济体从"旧常态"平稳进入"新常态",最终迈入了发达国家行列,而大多数经济体在"旧常态"中难以自拔,高速增长迅速"熄火",经济发展出现停滞。究其原因,根本在于未能及时培育经济发展的新增长点。因此,我们能够适应新常态并抓住战略机遇的前提是要正确认识和把握新常态。

新常态是经济发展方式的转变。改革开放以来,中国经济以年均9.8%的增长速度,在较短时间内实现了由低收入国家向中等收入国家的转变。但中国是在对发达国家追赶背景下推动经济发展的,为经济增长付出了较高的生态环境代价。事实上,随着经济发展,人民群众对提高生活质量的诉求日益迫切,如果一味地将发展简单化为生产总值的量增,忽视生态环境保护乃至居民福利增长,这样的速度是不可持

① 原文刊载于《求是》2015年第5期。

续的。中国经济发展新常态，就是要从追求增长速度向追求发展的稳定性、持续性和全面性转变，就是经济发展方式的转变。

新常态是经济增长形态的跳跃。经济增长一般表现为要素的积累和投入的增长，但背后是资源配置的优化和产业结构的调整。当前，从生产资源的产业配置看，一方面，钢铁、水泥、平板玻璃等行业产能过剩，占用了大量生产资源，集聚了较大经济风险；另一方面，养老、医疗、教育等行业社会力量进入不足、竞争不充分，导致社会资源错配，影响了整个经济的效率。以往，我们主要依靠投资拉动增长。新常态下，我们要靠创新驱动，经济发展从高速增长转为中高速增长，经济结构不断优化升级。因此，从本质上看，经济发展新常态是传统增长模式到现代增长形态的跳跃，是经济增长的低级形态向高级形态的跃升。

新常态是经济增长动力的切换。资本积累和技术进步是经济增长主要动力源泉，但可持续的增长归根到底要靠技术进步。长期以来，我国经济增长的动力机制单一，随着经济总量不断攀升，原有的动力机制难以为继，已不能适应我国未来增长的需要。但是，"换挡"需要松"油门"。发达国家的历史表明，在每次重大的技术革新后，经济增长通常不会迅速提速，而是随生产率变化出现短期下降现象。从高速增长转为中高速增长是我国经济增长"换挡提速"的必然过程，既包含着动力机制由要素驱动向创新驱动的转变，也包含着增长动力由一元向多元的转变。但需要高度重视的是，经济"换挡提速"潜在风险较大，这就要求我们在应对新常态时要保持定力，真正做到精准发力。

二

近年来，我国在保持主要经济指标处于合理区间的基础上，经济发展呈现出一些新的亮点。经济吸纳就业能力增强，单位国内生产总值能耗下降，高新技术产业和装备制造业增速明显高于工业平均增速，市场活力在简政放权的改革推动下进一步释放。这是我们主动适应新常态并对经济运行进行宏观调控的总体结果。但也要看到，现在还有一些地方在增长速度与预期出现较大差距时，既没有认识到这是经济发展新常态的基本表现，也没有以积极的态度适应新常态，对中央全面深化改革的措施认识不足、执行不力，总想重回粗放投入、盲目扩张的老路。由此可见，适应新常态做到知行合一面临着艰难选择，根子在于缺乏应对新常态的创新思维和方法。所以，主动适应经济发展新常态，必须进行思想观念的解放，解决好发展理念、发展思维、发展战略问题。

在发展理念上，要将增长与发展统一起来。增长与发展的关系，是现代经济发展理论的本质问题。将增长与发展统一起来，是以习近平同志为总书记的中央领导集体对经济发展规律认识的升华。增长不等于发展，发展是增长的目的，增长是发展的手段。没有增长就不会有发展，但没有发展，增长也不能持续。长期以来，一些地方片面地将增长等同于经济发展，有的领导干部盲目崇拜GDP，这种认识迷失了增长的最终目标，即人的全面发展和社会的进步。面向经济发展新常态，首先要抛弃狭隘的发展观，真正确立以增长促发展、以发展促增长的发展理念，推动方式转变和结构调整取得实质性进展。

在发展思维上，要正确处理政府和市场的关系。党的十八届三中全会提出使市场在资源配置中起决定性作用和更好发挥政府作用，这既是对过去几十年发展经验的高度概括，也是新常态下必须树立的发展思维。处理好政府和市场的关系是现代市场经济的核心问题。市场体系的建设和完善、产权的界定和保护，以及市场失灵缺陷的克服都离不开政府的权威，没有政府的功能性保障，市场就无法正常运转。而在市场能够充分发挥作用的竞争性领域，政府这只有形之手不能越位、不能替代市场。只有政府与市场共生互补各司其职，经济活力才能得到有效释放，多元化经济增长的动力机制才能真正建立。

在发展战略上，要坚持立足长远与着眼当前并重。经济发展新常态需要改变旧有的经济运行机制，而在新增长动力形成过程中，不仅增长的波动是可能的，而且影子银行、产能过剩、债务负担等潜在风险积聚，实现稳增长的任务更加艰巨。因此，在发展战略上，必须要有长远目光，在各种新问题新挑战面前沉着应对，忍得住阵痛。同时，也要着眼当前，充分考虑到"三期叠加"特有的阶段性风险，为可能出现的困难做好预案，为困难群众兜底线，缓解改革产生的阵痛。当前，我国经济运行总体保持在合理区间,改革效应不断释放,新的增长动力正在生成,但经济下行压力大,各种矛盾交织。因此,面向新常态的宏观政策,需要保持政策连续性与决策灵活度的有机统一。

三

从实际出发,引领新常态的关键要以改革为先导,在充分发挥市场决定性作用的同时更好发挥政府作用,激发企业和社会活力,培育增长新动力。

坚持简政放权,全方位释放市场潜力。改革开放的历史和实践说明,微观主体更活跃、市场活力更旺盛的省市,往往也是增长质量更高、发展后劲更足的地区。党的十八大以来,我国以行政审批体制改革为突破口,加快完善社会主义市场经济体制,有效地激发了经济发展活力。但从实际情况看,仍存在不少束缚市场主体活力的体制机制问题,特别是一些地方和有的部门常常以"有形的手"取代"无形的手",不仅影响了微观主体的合理预期,还使其行为扭曲而产生了政策依赖,严重压抑了市场成长空间。当前,深化改革要继续坚持简政放权,在加快政府职能转变上下功夫,减少政府对微观经济的干预,消除生产要素价格的扭曲,为微观主体参与市场活动创造公平竞争环境。只有建立了公平竞争秩序,我们才能运用市场机制淘汰落后,助推企业顺利渡过结构调整阵痛期,全面搞活微观经济,增强经济发展后劲。

优化投资结构,增加有效供给。我国城乡发展不平衡和区域发展差异大决定了我国投资潜力依然巨大。但是,面向新常态,优化投资结构是关键。为此,一方面要通过增量资金投入带动资本存量结构和经济结构调整,通过政府购买服务等方式吸引民间资本参与经营性项目建设与运营,保证有限的政府投资投向棚户区改造、农村基础设施建设、农村公共服务供给等经济社会发展的重点领域和薄弱环节;另一方面,要把稳定投资与国家中长期发展规划、新型城镇化战略、保障和改善民生、调整经济结构结合起来,保证投资适度增长,为更长时期、更高水平、更好质量的发展打下坚实基础。当前,投资仍是稳增长的基础和主要手段,但要创新宏观调控工具,坚持定向调控、预调微调,着重从结构性问题入手补短板,促进经济向中高端水平迈进。

　　加快实施创新驱动战略，提升国家创新能力。当今世界，谁牵住了科技创新这个牛鼻子，谁走好了科技创新这步先手棋，谁就能赢得优势。尤其是像中国这样的大国，在利用后发优势实现高速增长后，不可能像过去那样依靠引进技术来谋求更高层次的发展，必须将发展的主要立足点转移到依靠自主创新和科技进步上来，加快实施创新驱动战略。总体看，国家创新驱动战略最终落地生根，关键是要坚持以市场为导向，以符合比较优势为原则，使企业真正成为创新活动的主体。要深化科技体制改革，加快构建激励创新的市场环境，引导和支持创新要素向企业集聚，最大限度激发企业的自主创新行为；加快协同创新平台建设，形成推动创新的强大合力，着力攻克一批关键核心技术，促进科技成果转化为现实生产力；实施知识产权保护战略，加大知识产权保护的执法力度和强度，把全社会智慧和力量凝聚到创新发展上来。

　　主动顺应全球化发展趋势，加快构建开放型经济新体制。进一步提升对外开放水平，应着眼全球性竞争的新变化，一方面更多地引进跨国公司地区总部等功能性机构，另一方面在企业"走出去"战略中更加注重形成研发、品牌、营销相结合的综合优势。要从顶层设计着手，通过加快自由贸易区建设，下大力气探索可复制、可推广的经验，积极参与全球经济治理新规则的制定，努力在发达国家谋求改变新一轮国际贸易和投资规则的大背景下做到未雨绸缪，既最大程度获取新一轮经济全球化的发展红利，又最大程度避免经济开放带来的外部风险。在具体的载体建设和制度安排上，应注重保税区、保税物流园区、保税港区等功能创新，以自由贸易区建设辐射带动周边地区发展，最大限度地释放新的制度红利，为我国经济增长提供新动力。

26　供给侧结构性改革改什么怎么改？[①]

内容提要：推进供给侧结构性改革，是以习近平同志为总书记的党中央深刻把握国内外发展大势基础上对经济治理理念的重大创新，对于解决困扰我国经济发展的重大结构性问题意义重大。

改革开放以来，我国经济持续了 30 多年的高增长，主要解决的问题是总量供给不足，需求侧管理功不可没。但仔细回顾一下，以往我们每一次经济走出低谷，实现新一轮经济增长，其实都与供给侧结构性改革密不可分。

需求侧管理和供给侧管理是宏观经济调控的两个基本手段，前者重点是解决总量性问题，后者重点是解决结构性问题。在不同的历史阶段，是以供给侧为重点还是以需求侧为重点，取决于当时的宏观经济形势。

推动供给侧结构性改革要有底线思维，就是要坚决守住增长和民生两条底线，瞄准既能有效提高供给也能在短期增加总需求的领域精准发力，在保持经济中高速增长的同时重视促进就业等民生改善，确保在"十三五"时期实现全面建成小康社会奋斗目标。

供给侧结构性改革，就是用改革的办法推进结构调整，减少无效和低端供给，扩大有效和中高端供给，增强供给结构对需求结构的适应性和灵活性。目前，我国经济运行总体平稳，可用的供给侧政策工具很多，关键在于提高整体协同性。

---

① 　原文刊载于《求是》2016 年第 7 期。

中央经济工作会议强调，要在适度扩大总需求的同时，着力加强供给侧结构性改革，增强经济持续增长动力，推动我国社会生产力水平整体改善，努力实现"十三五"时期经济社会发展的良好开局。推进供给侧结构性改革，是以习近平同志为总书记的党中央深刻把握国内外发展大势基础上对经济治理理念的重大创新，对于解决困扰我国经济发展的重大结构性问题意义重大。

一、供给侧结构性改革的根本目的是形成经济增长新机制

从理论上讲，经济增长表现为生产要素投入数量的增加和效率的改善。当人均收入水平较低时，可以主要依靠要素投入数量的增加实现经济增长。当人均收入水平达到一定程度时，保持经济增长就需要靠生产要素效率的持续改善来实现。从目前我国经济增长所面临的问题看，主要依靠要素投入数量的增加实现经济增长的空间已很小，通过生产要素效率的改进培植经济增长新动力则是必然选择。

改革开放以来，我国经济持续了 30 多年的高增长，主要解决的问题是总量供给不足，需求侧管理功不可没。但仔细回顾一下，以往我们每一次经济走出低谷，实现新一轮经济增长，其实都与供给侧结构性改革密不可分。比如，20 世纪 90 年代末亚洲金融危机发生后，我国主要通过深化国企改革和抓住加入 WTO 的机遇扩大对外开放，成功抵御危机冲击，实际上就是一种供给侧改革。

当前，应对新常态下中国经济增长所面临的重大挑战，仍需要从供需两端发力，但重点要着眼于提高生产能力和全要素生产率，大力推进供给侧结构性改革，培植经济增长新动力和新优势。应当指出的是，供给侧结构性改革重在解决中长期经济增长所面临的突出问题。因此，必须保持战略定力，既要确立必胜信念，又要充分估计所面临的困难，从实现"两个一百年"奋斗目标的高度理解和把握供给侧结构性改革的实质，确保改革沿着正确方向深入推进，使我国经济在较长时间里保持中高速增长。

二、供给侧结构性改革的着眼点是解决重大结构性问题

　　需求侧管理和供给侧管理是宏观经济调控的两个基本手段,前者重点是解决总量性问题,后者重点是解决结构性问题。在不同的历史阶段,是以供给侧为重点还是以需求侧为重点,取决于当时的宏观经济形势。

　　当前,影响中国经济中高速增长的重大结构性问题主要有四个:一是投资与消费比例不合理;二是三次产业结构不合理;三是收入分配结构不合理;四是总需求结构不合理。以前,我们主要是通过增加需求来解决结构性问题,每当经济出现增速下降时,我们就习惯于通过财政政策和货币政策等需求侧管理工具来应对,也确实产生了立竿见影的效应。比如,消费需求相对下降时,通过增加投资来调节;外部需求不足时,通过扩大内需来调节。即使对产业结构不合理、收入分配差距扩大等重大结构性问题,也通常能通过扩大需求政策,在高速增长过程中得到一定程度的缓解。这就导致了各级政府对需求侧管理的过度依赖。

　　但是,当经济发展进入新常态后,增速必然有所下降,重大结构性问题也就无法通过高速增长得到缓解,反而在经济出现下行压力时更为突出。特别是近两年来,由结构性问题所导致的产能过剩严重、杠杆率高企、经济风险上升等问题集中出现,对我国经济持续稳定增长构成了重大制约。表面来看,这些重大结构性问题主要反映在需求侧,但其根源在供给侧,反映的是经济再平衡能力较弱。比如,投资与消费的比例不合理,反映的是国内供给体系无法满足居民消费需求变化;三次产业结构不合理,反映的是我国生产供给过度依赖出口需求,因为可贸易品通常为制造业产品;收入分配结构不合理,反映的是我国的粗放型经济发展方式,资本在初次分配中占比过高。这些问题存在的根源在于我国经济在规模不断扩张的同时,供给结构跟不上需求结构变化,经济缺乏实现自我修复和平衡的弹性。要适应新常态,就必须改变以需求侧为重点的政策取向,在适度扩大总需求的同时,着力加强供给侧结构性改革,关键是去产能、去库存、去杠杆、降成本、补短板。

三、供给侧结构性改革的底线目标是确保在
保持中高速增长的同时改善民生

2012年以来,我国经济增速不断下行,是改革开放以来时间最长的一次经济回落。经济增速的下降,尽管是中国经济发展进入新常态的必然结果,但如果经济增速下降幅度过大,就会带来一系列民生和社会问题。因此,确保增长和民生的底线是当务之急。

需求侧管理的主要政策目标是熨平经济周期,但由于导致当前经济下行的主要根源在供给侧,传统的需求政策的边际效应会加速衰减。供给侧管理的主要政策目标是提升经济的潜在产出水平,但它对总需求也具有一定的调节作用。因此,在供给侧发力,不但能有效促进长期经济增长,也能兼顾到短期总需求不足问题。供给侧结构性改革,既要尽量解决供给与需求的"错配"问题,也要适当扩大总需求,以确保稳增长和保民生的底线。

就我国经济运行现状看,既能有效提高供给也能有效增加总需求的政策工具很多。比如,近三年来中央出台的一系列简政放权政策,有助于减少交易成本,提高总供给水平;同时也能提高大众创业、万众创新的积极性,增加投资需求。推动供给侧结构性改革要有底线思维,就是要坚决守住增长和民生两条底线,瞄准既能有效提高供给也能在短期增加总需求的领域精准发力,在保持经济中高速增长的同时重视促进就业等民生改善,确保在"十三五"时期实现全面建成小康社会奋斗目标。

四、供给侧结构性改革成功的关键是
提高改革措施的整体协同性

供给侧结构性改革,就是用改革的办法推进结构调整,减少无效和低端供给,扩大有效和中高端供给,增强供给结构对需求结构的适应性和灵活性。目前,我国经济运行总体平稳,可用的供给侧政策工具很多,关键在于提高整体协同性。

　　一是加强供给侧与需求侧管理的协同性。强调供给侧结构性改革，并不是要放弃需求侧管理，而是要提高两者的协同性。从以往实践看，供给侧政策与需求侧政策存在一定程度的对立性，如降低企业税负作为供给侧政策客观上要求降低财政支出，但需求侧财政政策的实施又要求提高财政支出。因此，在当前的实践中加强供给侧与需求侧管理的协同性至关重要。提高两者的协同性，关键在于做好结构性文章，一方面将结构性税收政策与结构性财政政策相结合，另一方面将货币政策的总量管理与结构性放松相结合。具体而言，对税收边际成本高、税收弹性大的领域，如小微企业，应采取结构性减税政策，促进大众创业、万众创新，激发亿万群众的创造活力，加速劳动力资源的重新配置。对税收边际成本低、税收弹性小的领域，如垄断性行业，可采取适当增税的方法，达到稳定各级财政、增加财政政策空间的效果。财政政策方面，主要投入方向应从铁路、公路、机场等传统基础设施行业转向军工、网络信息基础设施、农村交通水利、城乡教育卫生以及前景广阔的城乡养老服务业，这不但有助于逐步淘汰水泥、钢铁、煤炭等传统行业中的落后产能，同时有助于刺激高新技术、生物信息以及现代服务业的发展。货币政策方面，由于货币总量规模较大，继续全面放松不利于存量的调整和优化，并且大量流动性一旦进入实体经济，就存在引发恶性通货膨胀的风险，应继续坚持定向调控，实行结构性定向放松政策。

　　二是加强短期和中长期政策的协同性。一方面，加强力度上的协同性。由于供给侧政策通常具有较长的时滞效应，短期政策在力度上宜大不宜小、宜快不宜慢、宜透明不宜遮掩。中长期政策要稳，相机渐进调整，以稳定全社会的经济预期。另一方面，加强目标上的协同性。由于供给侧与需求侧的政策效应存在对立的一面，各项政策要紧紧围绕推动我国社会生产力水平实现整体跃升来制定，促进全社会创新能力不断提高，促进生产要素的优化配置，促进人民生活水平持续改善。需要注意的是，无论是什么样的供给侧政策，都应力求在全社会形成正确的预期。尤其是一些事关我国长远发展全局的改革举措，应以提高生产要素供给效率为核心目标，不能因为经济的短期波动而轻易变向。

　　三是加强解决重点领域突出问题与全面深化改革的协同性。当前，供给侧结构性改革要注重"三个结合"。第一，把解决突出问题与完善市场机制结合起来。供给侧之所以存在一些突出问题，主要原因在于生产要素配置存在严重扭曲，阻碍了经济活力的有效释放和生产力水平的有效提高。推进供给侧结构性改革，应加快建设统一开放、竞争有序的市场体系，着力清除市场壁垒，提高资源配置效率。比如农村改革，重点就是要在坚持土地集体所有制前提下，深化土地制度改革，优化土地资源配置；深化户籍制度改革，有序推进农业转移人口市民化，促进劳动力跨地区跨部门流动。第二，把解决突出问题与政府职能转变结合起来。由于财政分权体制的存在，地方利益与中央政策难免出现不一致的情况，在一定程度上影响着宏观政策的实现效果。例如，目前经济中存在的大量落后产能，主要是因为地方政府从本地利益出发，盲目引进投资的结果。因此，解决当前供给侧的突出问题，必须推动政府职能转变，在继续推动简政放权改革基础上着力深化财政体制改革，通过财权和事权的调整，合理设置地方收入税种，形成对地方政府行为的正向激励机制，使地方政府从增长依赖症中解脱出来，更加关注辖区内公共产品供给和经济增长的质量效益。第三，把解决突出问题与垄断行业改革结合起来。在理论上，企业无论大小，生产成本由其技术管理水平所决定，而交易成本与流通成本并不能被企业所左右。目前，中国企业尤其是中小企业经营成本高，主要表现在交易成本和流通成本双高上。对于交易成本过高的问题，中央高度重视，并出台了一系列简政放权举措，其政策效应将逐步显现。现在的问题是企业的流通成本过高现象仍很突出，迟迟得不到解决。因此，要降低流通成本，必须加快垄断行业改革，使这些行业的定价机制合理化。

27　以供给侧结构性改革夯实中国经济增长基础[①]

内容提要：党的十八大以来，以习近平同志为核心的党中央坚持稳中求进工作总基调，坚定不移地推进供给侧结构性改革，使我国经济社会保持平稳健康发展，经济发展方式和经济增长质量正在发生本质性转变。

在供给侧结构性改革引领下，目前"三去一降一补"改革举措成效正在显现，产业结构调整正在向纵深推进，经济增长新动力正在酝酿与形成，宏观经济呈现出总体平稳、稳中有进、稳中提质的发展态势，保持中长期中高速增长的基础越来越牢固。

从经济发展提质增效长期目标看，推进供给侧结构性改革任务依然艰巨，供给侧结构性改革还存在不协调、不到位、不配套等问题。

"三去一降一补"五大任务是一个有机整体，任何一项任务"单兵突进"尽管能取得短期效果，但如果缺乏其他任务的协同推进，会产生新的市场扭曲和不适当市场预期，进而削弱长期增长的潜力。

资源配置不优、创新能力不足，是阻碍中国经济长期发展的主要障碍，也是供给侧结构性改革重点要解决的问题，我们的研究发现，如果有效地缓解资源配置上的扭曲程度，我国全要素生产率将增加一半以上。

当前存在将"五大任务"与供给侧结构性改革混为一谈的倾向，认为供给侧结构性改革就是去产能、去库存、去杠杆、降成本和补短板。事实上，供给侧结构性改革本身就是改革，"三去一降一补"是这一改革的目标。

---

① 　原文刊载于《求是》2017 年第 10 期。

党的十八大以来,以习近平同志为核心的党中央坚持稳中求进工作总基调,坚定不移地推进供给侧结构性改革,使我国经济社会保持平稳健康发展,经济发展方式和经济增长质量正在发生本质性转变。2017年是推进供给侧结构性改革的深化之年,我们要牢牢抓好改革这个最强劲的发展动力,不断激发经济发展活力,加快新旧动能转换步伐,为全面建成小康社会奠定坚实基础。

一、供给侧结构性改革取得新进展

推进供给侧结构性改革,是党中央根据国内国际发展大局作出的战略抉择,是适应和引领经济发展新常态的重大创新。在供给侧结构性改革引领下,目前"三去一降一补"改革举措成效正在显现,宏观经济呈现出总体平稳、稳中有进、稳中提质的发展态势。尽管我国经济增长速度近期有所放缓,但产业结构调整正在向纵深推进,经济增长新动力正在酝酿与形成,保持中长期中高速增长的基础越来越牢固。

去产能、去库存、去杠杆力度加大。一是去产能速度加快。2016年,粗钢产量8.08亿吨,同比增长1.2%,提前完成4 500万吨的去产能任务;煤炭产量33.64亿吨,同比下降9.4%,超额完成2.5亿吨的去产能目标。二是去库存成效明显。2016年12月末,全国商品房待售面积为6.95亿平方米,同比下降3.2%。工业企业库存出现积极变化,2017年1—3月,规模以上工业企业产成品存货周转天数为14.5天,同比减少0.9天。三是去杠杆步伐加快。一方面,努力盘活不良贷款,提高银行资产质量,大力发展股权融资,降低企业负债率。另一方面,通过债务置换,剥离地方政府融资平台的融资职能,积极推广运用PPP、资产证券化等新型融资模式,消解地方政府存量债务,降低了债务违约风险。

降成本成效明显。为应对经济下行压力,自2016年3月1日起,央行普遍下调存款准备金率,下调贷款和存款基准利率,进一步降低了社会融资成本。国家统计局的调查显示,2016年上半年,小微企业获得银行贷款的平均年利息及费用率约为6.17%,是2012年开展问卷调查以来的最低点。调低制造业增值税税率,精简归并"五险一金",全面实施"营改增",有效降低了工业企业税负。2016年,"营改增"新增试点行业全部实现总体税负只减不增的预期目标,仅"营改增"一项改革全年预计减税超过 5 000 亿元。地方政府也纷纷出台降成本措施,为企业减轻成本负担。根据国家发改委估算,包括"营改增"、价格改革等在内的多项举措,2016 年为企业降低成本合计约 1 万亿元。

补短板稳步推进。重点是加大对基础设施和公共服务领域投资,弥补民生短板。2016 年,基础设施投资同比增长 17.4%,高出全部投资增速 9.3 个百分点,占全部投资的比重达 19.9%,同比提高 1.5 个百分点。其中涉及短板领域的投资增速更高,全年生态保护和环境治理、水利管理、农林牧渔领域的投资分别同比增长 39.9%、20.4% 和 19.5%,分别高于全部投资 31.8、12.3、11.4 个百分点。实体经济获得更多金融支持。2016 年,实体经济社会融资规模增量为 17.8 万亿元,同比增长 15.5%;对实体经济发放的人民币贷款增量为 12.44 万亿元,同比增长 9.9%,实体经济发放的人民币贷款占同期社会融资规模的 67.4%,同比增加 0.3 个百分点。

二、推进供给侧结构性改革任务依然艰巨

尽管供给侧结构性改革成效明显,但从经济发展提质增效长期目标看,供给侧结构性改革还存在不协调、不到位、不配套等问题,仍需要进一步深入推进。

不协调主要表现在旨在推进宏观经济再平衡的"三去"力度不均,影响了改革的整体效果。五大任务中,房地产去库存成为地方政府的优先选项。但在地方投资冲动下,房地产去库存容易演变为房地产热,有可能导致新的结构性失衡。一是房地产过热将对上游部分产能过剩行业产生短期刺激,延缓去产能步伐。据中钢协数据,2017 年 1 月上旬,重点钢企粗钢日产 170.91 万吨,比上期增产 4.53 万吨,部分地条钢生产企业有死灰复燃迹象。二是房地产投资比重过高将挤出制造业投资,加剧投资"脱实向虚"问题。2016 年,新增固定资产投资完成额累计同比为负 8.5%,而同期房地产累计新开工面积同比增长 8.1%。三是房地产开发企业与居民金融杠杆迅速提升,放大了资产泡沫和局部金融风险。2017 年 1 月,"新增信贷即房贷"现象不再,但新增贷款中居民中长期贷款高达 6 293 亿元,同比增长 31.6%,这将大大改变居民

的储蓄与消费倾向，对经济增长的长期影响不容忽视。

　　不到位主要表现在旨在激发增长活力的补短板用力缺乏针对性，迟滞了宏观经济全面复苏步伐。就目前各地出台的措施看，补短板用力缺乏针对性等问题主要表现在三个方面。一是对一般通用技术的重视程度不够。一般通用技术对全要素生产率的长期增加具有决定性作用，由于这类技术具有较大的外溢效应，需要政策的引导和扶持。但从各地实践看，投资政策偏重于应用型技术，对一般通用技术的扶持乏力。二是基础设施和公共服务供给向城市倾斜加重。基础设施和公共服务投入尽管存在较强正外部性，但随着投入增加会产生"拥挤"，出现投资的增长效应递减。三是基本农产品供给滞后于需求增长。农业生产率的持续改善是工业化和现代化持续深入的重要前提。2016 年，我国食品价格上涨 4.6％，导致 CPI 上涨 0.9 个百分点。食品价格上涨过快反映了农产品供给滞后于需求增长，根源在于我国小农生产方式对农业生产率长期持续改善的制约。这种状况如不尽快改变，会导致劳动力从第二、三产业回流，从而出现过早去工业化趋势。

　　不配套主要表现在重点领域改革不到位，制约改革红利的有效释放。部分领域改革不到位，不但影响供给侧结构性改革的整体成效，而且增加改革的预期成本。集中表现在两个方面。一是垄断行业改革有待深化。近年来，我国企业的交易成本、运营成本总体偏高，加上用工成本持续上升，生产经营面临不小压力。推进垄断行业改革主要目的在于，提高本行业的生产经营效率，以降低关联企业的生产经营成本。但交通、电信以及部分公用事业等行业收费情况说明，推进垄断行业改革任务十分艰巨。二是农村土地制度改革有待突破。2016 年，我国第一产业产值比重已降至8.6％，但就业比重仍接近 30％，主要是农村土地制度制约了农业的集约化生产。全国农村集体土地的总面积为 66.9 亿亩，包括 55.3 亿亩农用地和 3.1 亿亩建设用地，市场潜力巨大。截至目前，参与土地流转的农户超过 30％，但大部分集中在东部沿海地区，土地资源的配置效率还有很大的提升空间。

三、从四个方面着力深化供给侧结构性改革

当前,我国经济面临的下行压力依然存在,巩固稳中有进、稳中向好的发展势头仍需要继续深化供给侧结构性改革,深度拓展经济增长新空间。深化供给侧结构性改革,必须正确处理好四个关系,从四个方面着力。

处理好短期稳增长与长期增潜力的关系,着力在去杠杆和补短板上见成效。"三去一降一补"五大任务是一个有机整体,任何一项任务"单兵突进"尽管能取得短期效果,但如果缺乏其他任务的协同推进,会产生新的市场扭曲和不适当的市场预期,进而削弱长期增长的潜力。因此,目前对房地产问题,要从长期眼光辨症施治,避免因政策过头而导致"大起大落"现象。同时,要瞄准转变发展方式和提高增长可持续性目标,兼顾短期宏观稳定,加强政策协同,提高供给侧结构性改革整体效应。要着力在去杠杆和补短板上下功夫,通过对"僵尸企业"的出清扭转资源错配,通过对劣质资产的重组兼并降低重点行业的资产负债水平,通过混合所有制改革优化企业产权结构,切实降低企业杠杆,稳定政府杠杆,改善居民杠杆。要充分考虑基础设施和公共服务投入的"拥挤"效应,将资源更多地投入到落后地区和农村,推动经济协调发展。

处理好减少资源配置扭曲与创新驱动的关系,着力挖掘经济长期增长潜力。资源配置不优、创新能力不足,是阻碍中国经济长期发展的主要障碍,也是供给侧结构性改革要重点解决的问题。从理论上讲,优化资源配置与推动创新在某种程度上是一对矛盾,前者要求更好发挥市场对资源配置的决定性作用,而推动创新客观上又需要政府的公共政策来促进。但从我国实际看,政府与市场的界限不清仍是妨碍资源优化配置的主要问题,不从根本上发挥市场对资源配置的决定性作用,旨在激励创新的公共政策也难以取得应有效果。近几年来,中央与地方在鼓励创新方面出台的政策、投入的资源不可谓不多,但就经济表现来看,政策效果与预期相距甚远。我们的研究发现,如果能有效地缓解资源配置上的扭曲程度,我国全要素生产率将增加一半以上。从这个意义上讲,解决资源配置问题与实现创新驱动一样,也是提高我国经济长期增长潜力的重要途径。

处理好"五大任务"与全面深化改革的关系，着力增强经济发展活力。当前存在将"五大任务"与供给侧结构性改革混为一谈的倾向，认为供给侧结构性改革就是去产能、去库存、去杠杆、降成本和补短板。事实上，供给侧结构性改革本身就是改革，"三去一降一补"是这一改革的目标。我们看到，由于认识上的一些偏差，推动"三去一降一补"过程中，存在过多地使用行政命令而不是市场方法的问题，导致了新的市场扭曲。解决上述问题，关键在于进一步深化改革，以各项改革的协同推进来推动供给侧结构性改革目标的实现。要加快推进能源、交通、通讯等垄断行业改革，以这些行业的减利让利切实降低国民经济运行成本，改善实体经济发展条件。要继续推进国有企业改革，尤其在推进混合所有制改革时，要充分考虑非公企业的发展空间，促进民间投资健康发展。要稳妥推进农村土地制度改革，促进农业生产适度规模经营，将更多的农业生产从业人员转移到工业与服务业。

处理好对内开放与对外开放的关系，着力拓展经济增长的外部空间。当前，世界经济仍处于深度调整之中，外部需求持续疲软。有鉴于此，需要实行更加积极主动的开放战略，创造全面、深入、多元的对外开放格局。要继续放宽外商投资准入门槛，推进国内高水平、高标准的自贸区建设，完善法治化、便利化、国际化的营商环境，最大限度地释放制度红利。同时，加强国际经济协调合作，增进与周边国家的合作，推动全球经济进一步开放、交流、融合。另一方面，中国对外投资已经实现连续13年的快速增长，并于2015年首次成为对外直接投资第二大国，当前"一带一路"倡议正推动中国对外直接投资进入新阶段。要继续推进"一带一路"建设，重点支持基础设施互联互通，切实推进关键项目落地，加强国际产能合作，为更多优秀企业"走出去"创造条件；同时，要创新国际化融资模式，通过亚投行和丝路基金等新生多边金融机构，撬动更多社会资本与国际资本，为"一带一路"建设提供稳定、可持续、风险可控的金融保障。

28 依托城市群建设推动长江经济带高质量发展①

推动长江经济带发展是关系国家发展全局的重大战略,是推动我国经济高质量发展的重大部署。习近平总书记在首届中国国际进口博览会开幕式上发表主旨演讲提出:"将支持长江三角洲区域一体化发展并上升为国家战略,着力落实新发展理念,构建现代化经济体系,推进更高起点的深化改革和更高层次的对外开放。"在此背景下,推动长江经济带高质量发展,要顺应城市化发展内在规律,立足长江经济带自身特点,在长江经济带打造若干个世界级城市群,以城市群的高质量建设推动长江经济带发展。

一、城市群是推动长江经济带高质量发展的有效载体

目前,长江经济带已形成长江三角洲、长江中游和成渝三大城市群。加快三大城市群建设,既是贯彻落实党中央决策部署的重要举措,也是长江经济带发展规划的重点。站在新时代的历史方位,推动长江经济带高质量发展,必须紧紧依托三大城市群建设,坚持大中小结合、东中西联动,全面提升长江经济带城镇化水平,聚力打造长江经济带三大增长极。

加快建设长三角城市群,发挥全球影响力。长三角城市群是我国经济中心之一,由 26 个城市组成,国土面积 21.1 万平方公里,拥有人口 1.5 亿多,分别约占全国的 2.2%、10.9%。长三角城市群是我国经济最具活力、开放程度最高、创新能力最强、

① 原文刊载于《求是》2018 年第 23 期。

吸纳外来人口最多的区域之一,在国家现代化建设大局和全方位开放格局中具有举足轻重的战略地位。长三角城市群应紧紧抓住一体化发展上升为国家战略这一有利时机,充分发挥上海国际大都市龙头作用,着力提升南京、杭州、合肥等都市区国际化水平,进一步推进要素自由流动、资源高效配置、市场统一开放、设施互联互通,在科技进步、制度创新、产业升级、绿色发展等方面发挥引领作用,加快形成具有全球影响力的世界级城市群。

加快建设长江中游城市群,促进中部崛起。长江中游城市群是以武汉城市圈、环长株潭城市群、环鄱阳湖城市群为主体形成的特大型城市群,国土面积约31.7万平方公里,拥有人口1.2亿多,分别约占全国的3.3%、8.8%。长江中游城市群承东启西、连南接北,是实施促进中部地区崛起战略、全方位深化改革开放和推进新型城镇化的重点区域,在我国区域发展格局中占有重要地位。长江中游城市群应不断强化发展轴线功能,依托沿江、沪昆和京广、京九、二广"两横三纵"重点发展轴线,形成沿线大中城市和小城镇合理分工、联动发展的格局,建成特色鲜明、布局合理、生态良好的现代产业密集带、新型城镇连绵带和生态文明示范带,促进长江中游城市群一体化发展,提升城市群综合竞争力和对外开放水平。

加快建设成渝城市群,引领西部开发开放。成渝城市群由重庆市、四川省部分市县组成,是西部大开发的重要平台,国土面积18.5万平方公里,拥有常住人口9 094万人,分别约占全国的1.9%、6.7%。成渝城市群应着力构建"一轴两带、双核三区"空间发展格局,重点建设成渝发展主轴、沿长江和成德绵乐城市带,促进川南、南遂广、达万城镇密集区加快发展,重点布局优势产业集群,做大做强国家级和省级经济开发区、高新技术产业开发区、综合保税区、出口加工区等重点园区,发挥好重庆、成都中心城市的双引擎带动和支撑作用,促进资源整合与一体化发展,进一步提高空间利用效率,推动经济发展与生态环境相协调。

二、以城市群建设引领长江经济带高质量发展

习近平总书记在深入推动长江经济带发展座谈会上的讲话,阐明了新时代推动长江经济带发展的指导方针,明确了推动长江经济带高质量发展的目标任务。我们要深刻领会习近平总书记重要讲话精神,坚持把新发展理念贯穿到长江经济带发展的各个方面,加快重塑长江经济带城市群协调发展新格局,以城市群高质量建设推动长江经济带高质量发展。

以生态优先、绿色发展为引领。要全面做好长江生态环境保护修复工作,坚持共抓大保护,不搞大开发,走生态优先、绿色发展之路,扎实系统推进长江水污染治理、水生态修复、水资源保护"三水共治",建立健全生态补偿与保护长效机制。要强化企业责任,推动企业加快技术改造,淘汰落后产能,发展清洁生产,彻底根除长江污染隐患。用好政府和市场"两只手",加快政府"放管服"改革,努力营造良好营商环境。积极探索建立绿色生态技术交易市场,建立健全用水权、排污权、碳排放权交易市场,使政府与市场"两只手"的作用形成最佳组合。扎实推进供给侧结构性改革,加快建设现代化经济体系,从生产领域加强优质供给,提高供给体系质量和效率,有效推动长江经济带发展新旧动能转换。

以基础设施互联互通打破地理边界。实现城市群对内联系紧密、对外高度开放和区域内生产要素的自由流动,需要建设覆盖交通、能源以及公共服务的网络化基础设施。要加快建设长江经济带高质量综合立体交通走廊,以畅通黄金水道为依托,打造港口与铁路、公路、水路连接的多式联运中心,形成错位协同、优势互补、集约利用的港口一体化发展格局。抓住枢纽经济这个新增长点,以上海、南京、武汉、成都等交通枢纽城市为节点,完善枢纽设施功能,促进要素集聚,加快产业链条化和集聚化发展。推动实现基本公共服务均等化,建立区域公共交通、医疗卫生、社区服务结算中心,推进区域内公共设施和服务互联共享,实现公共服务"一卡通"。

以有效合作新机制打破行政边界。高质量推动长江经济带城市群建设必须做好区域协调发展"一盘棋"这篇大文章。要加强顶层设计,坚持融入世界级城市群发展

理念，以全球眼光进行高起点规划、高标准定位，深入推进《长江经济带发展规划纲要》的贯彻落实。完善省际协商合作机制，定期组织区域合作与发展联席会议，力争以常态化合作机制突破区域协同发展的行政边界制约，推动资本、技术、产权、人才、劳动力等生产要素在区域内自由流动和优化配置。打造有机融合的高效经济体，综合城市群所在的区位条件、资源禀赋、经济基础，做好产业布局、土地利用、信息互通、人才互动、资源共享、交通能源等方面的协调工作，实现长江上中下游互动合作和协同发展。

建立世界级人才集聚高地。要根据城市群主体功能区定位，以规划引人才，以产业引人才，以市场引人才，避免区域间人才引进的恶性竞争，实现不同类型、不同层次人才的优化配置。加强知识产权交易平台等公共服务设施建设，加强公共财政对创新创业的扶持与补助力度，营造有利于创新的低成本创业环境，使人才"使上劲"，技术与知识"用得上"。加强对公共产品与服务的供给，促进要素自由流动与公共服务均等化，深化户籍制度改革，大力推进公租房、廉租房建设，降低新市民的居住和生活成本，让各类人才真正留得住，成为推动长江经济带高质量发展的第一要素。

29 加快转型升级 推进苏南现代化示范区建设^①

国际经验表明,现代化国家都基本遵循由传统农业向现代工业转变并以服务业为国民经济主导产业的结构升级路径。加快产业转型升级、实现产业价值链的整体攀升、构建全球重要的产业科技创新中心和创新型经济发展高地,是推进苏南现代化示范区建设的重要内容和主要推力。

一、苏南产业转型升级的现有基础

苏南经济总量已进入世界高收入国家经济体的范畴。一方面,苏南工业化水平高,2011 年苏南地区重工业产值占规模以上工业总产值比重高达 77.3%。另一方面,苏南是省内较早对外开放的地区,以国际代工参与全球产业价值链分工,江苏86%的外贸、64%的外资均来自苏南。

在产业格局上,2011 年苏南三次产业产值比为 2∶54∶44,还处在以工业为主导的社会经济发展阶段,与现代化国家以服务业为主导的国民经济结构大相径庭,形成较大落差。2011 年苏南居民消费率仅为 26.9%,而日本、韩国和德国在 2009 年的消费率就达 59.3%、54.2%和 58.9%。在三驾马车中,推动苏南经济成长的主要动力是投资和出口,消费对经济增长的拉动乏力。此外,苏南是以资本密集型和劳动密集型为主的产业,产品附加值低、利润空间稀薄。2012 年,苏南的"规模以上工业增加值率"为 24.2%,同期美国、日本分别为 56.2%、54.2%。

随着严峻的国际经济形势和全球经济格局的重新布局,苏南在高端技术引进和

---

① 原文刊载于 2013 年 7 月 9 日《新华日报》。

直接投资引入的难度势必加大;当下又是中国经济转型升级的关键期,劳动力无限供给时代终结,资本报酬递减,苏南制造业的竞争优势也会降低。这些内外部条件都将冲击着苏南旧有的发展格局,形成促使苏南产业转型的倒逼机制。改革开放以来,苏南的高速增长使苏南拥有投资结构转换所必需的收入来源、厚实的高科技产业基础与技术研发实力,成为产业转型升级的重要基础。

二、苏南产业转型升级的基本路径

根据产业结构转型升级的一般规律和现代化国家的发展经验,在"四化同步"思想指导下,苏南产业转型升级的路径是:以服务业经济为主体、以战略性新兴产业为主导、以先进制造业为支撑、以现代农业为基础,构建现代产业体系、打造面向全球的产业科技创新中心和创新型经济发展高地。

一是倾力打造服务全球的现代服务业高地。历史经验表明,现代产业体系变迁的实质是产业的分工深化。在此过程中,服务业天然具有对其他产业的支撑属性。因此,现代服务业的有无是区分现代经济与传统经济的标志。现代服务业也是拉动经济增长的支柱,根据世界银行的数据,全球服务业占 GDP 比重平均超过 60%,高收入和中高收入国家服务业占国内生产总值的比重分别为 70% 和 60% 左右。2012年苏南服务业增加值占 GDP 比重 46.4%,与同期中低收入和低收入国家平均 45%的水平相当。与国内的广东、浙江、上海相比,苏南现代服务业在行业布局和财税贡献上也有较大差距。苏南服务业缺乏具有领军作用的服务业龙头企业,在全国服务业企业 500 强中,浙江 61 家、广东 52 家,江苏只有 45 家,其中苏南 45 家,超 1 000 亿元的企业仅苏宁 1 家。2020 年苏南现代化示范区服务业增加值占比的预期目标是60%,打造现代服务业是未来苏南发展的重中之重。这需要苏南坚持多个双轮驱动——生产性服务业与先进制造业融合发展,生活性服务业与扩大居民消费相互促进,现代服务业集聚区与开发园区配套建设——发展金融、现代物流、科技服务、软件和信息服务、知识产权服务、商贸流通、文化、旅游等新型业态,实现服务业的规模化、高端化与专业化发展。

二是着力培育高附加值的战略性新兴产业。苏南一直是江苏发展战略性新兴产业的主要阵地,80％的新兴产业集中于此,规模效应激增。虽然苏南战略性新兴产业起步较早,但在发展过程中严重依赖于国外先进企业,缺乏核心技术和自主品牌,扮演着世界先进企业跟随者的角色,在国际竞争中话语权小。在战略性新兴产业发展现状基础上,苏南需要扬长避短,积极推进高技术产业与传统优势产业融合发展,实现由一般制造为主向高端制造为主、产品竞争转向品牌竞争的转变,实现"苏南制造"向"苏南创造"跨越。苏南5市以建设全国重要的战略性新兴策源地为己任,协调发展,推动高端装备制造业、节能环保、新一代信息技术、生物、新能源、新材料、新能源汽车等新兴产业在苏南区域内的战略布局和差异化竞争。

三是走新型工业化道路,发展先进制造业。苏南传统制造业以国际代工为主,是制造业中消耗熟练劳动力、土地、能源、原材料等资源最密集的部分,也是对生态环境影响最大的环节,环境承载力也难以支撑传统产业继续大幅度扩张。如不改变现状,传统制造业在其实现快速增长的同时,也将不断累积危及自身发展的因素。先进制造业是指那些能够不断吸收国内外高新技术成果,并将先进制造技术、制造模式及管理方式综合应用于研发、设计、制造、检测和服务等全过程的制造业。苏南应积极运用更先进装备、先进适用技术及工艺,推进传统优势产业向高端、绿色、低碳方向发展;通过嫁接高新技术、创新商业模式等途径,改造传统产业,进而发展出先进制造业,缩短产业换代时间,获取产业高端价值;推动区域中心城市周边重化工业向有环境容量的沿海地区转移,培育形成一批产值达千亿元级品牌和百亿元级品牌产品;依托主要交通通道和现有产业基础,构建沿沪宁线、沿江、沿宁杭线三大产业带。

四是高水平推进现代农业生产体系建设。现代产业体系离不开现代农业的基础。由于劳动力丰裕而土地资源相对匮乏,苏南农业在高产良种、化肥和水利灌溉调节等上做文章,以替代相对稀缺的土地资源。这种"化学化"的农业生产模式虽然在增长率和产出水平上与美国的"机械化"相当,但在人均收入和劳动生产率上却乏善可陈。苏南建立现代农业生产体系,是提高农民收入、缩小农业与其他产业劳动生产率差距的重要手段。在集约化农业生产模式上,苏南可以通过现代科学技术和信息手段的包装,大力发展现代都市农业、休闲观光农业、生态旅游农业,积极推进农业规模化、产业化、标准化和信息化，加快建立以优质粮油、特色水产、高效园艺、生态林业为主导，以生产加工销售一体，生产生活生态功能并重，一、二、三产业融合为特征的现代农业产业体系。

三、苏南产业转型升级需要处理好的几个关系

在全球产业调整加速的形势下，为应对国际经济格局的新变化，苏南产业转型升级需要处理好四方面问题。

一是以改革的办法解决发展中难题。产业发展的不同阶段所需要的制度和政策环境不同。到了经济发展的较高阶段，产业发展主要解决从低到高、从弱到强、从粗到精的问题，主要路径是依靠创新和提高管理水平，对制度的要求也相对较高。产业转型升级重在制度创新，需要处理好政府与市场的关系，处理好以市场为基础、政府为主导的市场经济体问题，加大改革攻坚力度，在重点领域和关键环节取得新突破，率先建立完善的社会主义市场经济体制，为现代化建设提供强大动力。

二是以进一步扩大开放拓展发展空间。随着苏南进一步扩大对外开放水平，贸易摩擦增生，经济纠纷与政治矛盾交织。因此，既要充分发挥进口贸易调整经济结构的作用，加强进口政策和产业政策的协调互动，推动企业自主创新和产业结构优化升级；也要高效利用外资，充分发挥外资的竞争效应、示范效应和技术溢出效应；更要充分利用WTO的相关政策和原则，鼓励和扶持有潜力的企业、实体积极"走出去"，参与国际竞争，赢得市场空间和成长空间。

三是以创新驱动提升产业竞争力。创新并非仅仅解决科技问题，而是系统考虑科技发明与经济产出相结合的问题，着力构建以企业为主体、市场为导向、产学研相结合的技术创新体系。苏南需积极争取设立苏南自主创新先导区或示范区，努力优化区域创新布局，以高新区为重点建设自主创新核心区；集聚整合高端创新资源，统筹各类创新人才发展，强化企业创新主体地位，推动科技与经济社会发展紧密结合，加强统筹协调和协同创新，构建富有国际竞争力的区域创新体系。

四是以合理的区域空间布局推进载体建设。苏南、苏中、苏北的区域发展差异是

江苏特有的空间布局特征，日益形成"南升中稳北快"的格局。在苏南产业升级过程中，苏中、苏北需要加快承接苏南产业转移速度，既为苏南腾笼换鸟提供空间，也可促进自身工业化水平提升。鼓励企业跨区域发展、由南向北转移，同时鼓励有条件的地方，开展境外带料加工装配业务，或向中西部地区投资办厂；利用区位优势，提高产业集聚水平，充分挖掘外部经济、创新效益和竞争效益的集聚效应。

30 加快落实改革举措 稳定市场主体预期[①]

当前,我国经济增速下行压力逐渐加大。同时,主要发达国家复苏乏力,国际经济形势充满不确定性。多重风险和困难相互交织,保持经济运行在合理区间的任务更加艰巨。

宏观环境不稳致使市场主体的预期产生波动。走向深水区的改革已很难再做到帕累托最优,部分利益群体在改革过程中利益受损会在今后的改革过程中成为一种常态,这就使得很多改革举措在推进落实过程中经常出现"中梗阻"和"最后一公里"现象。当前特别要关注改革过程中地方政府的"失位"问题:一方面,基于传统增长模式下形成的增长导向的激励机制尚未完全被新的激励机制所替代,少数地方政府对中央政府通过简政放权释放市场活力的改革举措并不能完全理解和接受,在新情况、新问题面前,发力失准,进退失据,对落实国家稳增长和改革创新政策"不积极"、搞"软拒绝",致使政令不畅;另一方面,对新常态下政府职能的转变还缺乏足够的准备,在改革举措的落实过程中"等、靠、要"倾向愈发明显,改革创新的主动精神不足,甚至有的官员为了避免"担责任""受牵连",对市场主体的需要视而不见,贻误改革良机。

需要指出,改革创新的深入推进,离不开稳定的宏观经济环境,政策效果的实现有赖于市场主体形成正面预期。改革创新是慢变量,着眼于解决长期增长动力问题;经济下行压力则是快变量,最先被市场所感知。在完成动力的转换之前,市场主体看到的可能只是经济的不断下滑以及风险因素的逐渐释放,一旦宏观环境无法传递利好消息,企业和民众对未来增长的预期也将随之恶化,从而抵消改革的正向激励。为此,笔者认为应从以下方面做好预期管理。

加快信息公开,形成正确的改革预期。鉴于现阶段改革举措存在时滞效应和协

---

① 原文刊载于 2015 年 7 月 15 日《光明日报》。

同效应问题,我们一方面不能因为改革短期效应不足而放慢改革的步伐,另一方面也要通过加快信息公开的步伐,形成强大的改革声势,促进全社会形成正确的改革预期。要加强政府部门与社会公众的互动,做好改革创新政策的解释说明。特别是当前社会中仍然存在将改革与刺激相对立的错误观点,已经对政府在必要情况下刺激经济造成舆论压力,不利于形成正确的社会预期。中央有关部门有必要对涉及面广、存有争议和理解不全面的改革创新政策进行更加清晰的解读。

调整宏观调控力度,稳定微观主体预期。宏观调控政策以稳增长、稳就业为主要目标,密切注意通货紧缩风险,防止出现经济全面下滑。加强对宏观经济走势的预判,在坚持区间调控的基础上,更好地引导市场预期,在经济增速逼近下限前提早应对。协调稳增长与全面深化改革同步推进、平衡推进,不能让政策储备成为摆设,做到该出手时就出手。建议采取适度宽松的货币政策与更加积极的财政政策相互配合,财政政策作为主要手段着力结构调整,货币政策在理顺机制、降低融资成本的基础上,进行适度的数量宽松,调动民资投资的积极性。

重视改革协同和试点推广,完善社会保障。继续做好对制约我国改革发展全局性、关键性问题的顶层设计,针对不同改革创新政策做好整体推进和分类试点,按照中央统一部署尽早推进。重视基层探索和群众的首创精神,大胆鼓励探索和创新,为顶层设计提供脚本、积累经验。尽快推动成效显著的改革实践的复制和推广,在扩大覆盖面的同时,积极向纵深发展。要下更大力气来推进简政放权,继续取消、下放行政审批事项,推进商事制度改革和落实,通过简化办事程序,优化办理流程,公开办事指南,以及平台建设和协同监管机制建设来提高简政放权的质量。针对改革过程中可能出现的低收入阶层的利益群体受损现象,着力完善社会保障功能,强化地方政府社会保障职责,保证各项改革的平稳有序推进。

完善各级政府激励考核问责机制。抛弃狭隘的政绩观,真正确立以增长促发展、以发展促增长的发展理念。正确认识政府与市场关系,积极转变政府职能,规范政府管理经济的方式方法,保持政府与企业之间的恰当关系。明确各级政府、各个部门的权责,完善干部管理、考察、惩治制度。加强对已出台重大方案的督查、跟踪、评估、落实工作,做到早发现、早整改。以更快更多的简政放权,减少懒政和不作为问题。

31 将湾区城市群发展理念融入江苏功能区战略①

比较世界三大湾区可以发现,湾区城市群有效整合了创新资源与全球市场,成为全球最具经济活力的地区。成熟的湾区城市群拥有国际化视野与创新功能区,网络化的基础设施体系,以及统一的区域治理机制。

江苏正在高起点规划"1+3"重点功能区发展,需要将湾区城市群发展理念融入扬子江城市群和沿海经济带的规划定位,以全球眼光对两大功能区进行高起点规划,高标准定位。

新增长理论和新经济地理理论将城市看作经济增长的引擎。城市空间集聚促进要素的自由流动,致使市场边界不断扩大,有利于形成规模经济,企业的生产和交易成本不断下降。此外,城市空间集聚有利于劳动分工、促进知识溢出,产生正向外部性,促进创新并带动收益递增。城市群是制造业与服务业高度集聚的产物,促进资源要素的自由流动和高效利用,并进一步推动区域形成合理的发展格局和健全的协调机制。高端的城市集群有利于提升经济增长效率,加快生产要素集中、公共服务均衡化和环境保护。

20世纪60年代以来,随着经济的深度开放,各种要素向湾区快速集聚,沿海港湾地区高速发展,形成了以世界级港口为基础、以产业集聚为动力、以广阔腹地为支撑的湾区城市群。可以说,湾区城市群由滨海经济、港口经济、都市经济与网络经济高度融合而成,这种特有的经济格局是海岸贸易、都市商圈与湾区地理形态的聚合体,湾区城市群对于区域转型升级、资源的高效配置、技术变革产生强大的引领作用,一般包括港口经济、工业经济、服务经济、创新经济四个阶段,目前世界三大湾区分别

---

① 原文刊载于2017年12月27日《新华日报》。

为东京湾区、纽约湾区、旧金山湾区。

比较世界三大湾区可以发现，湾区城市群有效整合了创新资源与全球市场，成为全球最具经济活力的地区。成熟的湾区城市群拥有国际化视野与创新功能区，网络化的基础设施体系，以及统一的区域治理机制。

因临近海湾，湾区具备避风、防冻的优点，适宜建造港口群，形成发达的港口城市。港口城市处于对外开放前沿，便于招商引资、引进消化再吸收新技术，是高端生产要素跨境流动的门户。高度开放的环境有利于发展外向型经济，形成具有竞争优势的本土企业，富有竞争力的产业体系和充满活力的企业成为湾区城市群进一步发展的载体。湾区城市群往往包含移民城市，容易形成开放、包容、多元的移民文化，有利于构建公正有序、高效便捷的现代市场体系，促进对外开放水平的不断深化，强化企业的创新主体地位。此外，完善的产学研创新体系，极大地提高了湾区的创新能力。

随着对外开放的深入，湾区城市群率先打造现代化的城市轨道交通、完善的城际基础设施、发达的航运功能、良好的市场竞争环境，并逐渐向腹地延伸。网络化基础设施有利于降低货物运输成本，促进资源的自由流动和外溢效应的发挥，有利于湾区城市群与广阔腹地的良性互动，促进区域协同发展。劳动、资本、人力资本、信息向湾区城市群集聚，共同支撑起具有全球影响力的产业体系，涌现一批跨国企业与国际知名品牌。而湾区宜居宜业的生态环境也吸引高素质人才居住，知识外溢效应显著。

世界三大湾区城市群注重统筹规划的实施，由于横跨多个平行的行政区域，湾区城市群需要统筹规划的范围包括：城际基础设施的衔接、产业结构的平衡、公共服务的均衡化、生态环境的保护等。东京湾区除了统一的大东京规划之外，每个地区也各有规划，所有规划的协调衔接工作都由智库完成。纽约湾区的统筹规划由跨行政区域的纽约区域规划协会（简称RPA）完成，20世纪20年代起，该非政府机构负责研究指导纽约湾区发展的长期计划，2014年，RPA启动纽约大都市地区第四次发展规划，致力于从区域视野解决就业、贫穷、基础设施、气候等问题。旧金山湾区建立的区域治理机制涵盖基础设施、生态保护、空气质量等方面，旨在推动区域协调发展。

当前，长三角地区人均GDP已经接近20 000美元，未来以上海为核心，涵盖江苏、浙江沿海沿江区域的上海湾区城市群，由于有更为坚实的产业基础、更为完善的基础设施、更为庞大的人口规模，必然会在未来5—10年中成长为世界级湾区城市群。根据"一体两翼"的发展构想，上海湾区城市群的重要一翼是扬子江城市群。江苏未来的发展，就是要积极顺应湾区经济的发展趋势，将湾区城市群发展理念融入"1＋3"重点功能区战略，及早规划，准确定位，在新一轮发展中谋取先机。

高标准规划，将湾区城市群发展理念融入"1＋3"重点功能区发展规划。国际化视野与创新功能区是湾区经济的重要特征。从纽约湾区城市群的空间特征来看，不但拥有世界级金融与商业中心，其他功能区差异化特征非常明显，如纽约是世界金融的中央枢纽和全球商业中心，康州是全美最重要的制造业中心之一，新泽西州是全美制药业中心。当前，江苏正在高起点规划"1＋3"重点功能区发展，需要将湾区城市群发展理念融入扬子江城市群和沿海经济带的规划定位，以全球眼光对两大功能区进行高起点规划，高标准定位。要聚力创新，充分利用扬子江城市群制造业发展优势，依托上海这个全球创新中心，着力提升扬子江城市群二次开发和技术孵化能力，提升沿海经济带新兴技术的产业化能力，推动扬子江城市群产业升级和沿海经济带形成若干个产业集群块，建成具有世界水平的高端制造业基地。要充分发挥江苏沿海空间广阔和扬子江城市群人口的规模优势，大力发展面向高端消费人群的金融、文创、旅游等先进服务业，实现高端制造业与先进服务业协同发展。

打破地理边界，促进生产要素自由流动。湾区城市群的共同特点是对内联系紧密、对外高度开放，区域内生产要素实现自由流动。这就需要建设包括交通、通讯以及公共服务在内的网络化基础设施，实现基础设施互联互通。一是建立超省级的基础设施规划控制中心，提升交通通信网络基础设施水平，建立稳定高效的能源、水资源供应体系，实现区域内油、气、电、水同类型同网同价。二是建立省级公共交通、医疗卫生、社区服务结算中心，推进区域内公共设施和服务互联共享，实现公共服务"一卡通"。三是补齐江苏北沿江和沿海地区基础设施和长江过江通道建设的"短板"，在加快北沿江高铁建设的同时，大力发展江北及沿海城市城际轨道交通，使泰州、扬州、南通、盐城等地与上海及苏南城市深度融合。

创新政府管理模式，建立跨行政边界协调合作平台。推动建立各种形式的上海湾区城市群协调机构,推动区域协同发展。一是推动建立具有准行政区权限的上海湾区经济区,突破区域协同发展的行政边界制约,实现湾区内部资源整合与区域整体利益的最大化。二是设立跨扬子江城市群与沿海经济带两大省级功能区的协调机构,合理规划两大功能区基础设施建设和生产力布局,推动功能区之间与功能区内部错位发展。三是建立常态化的区域内城市间交流合作协调机制,加强区域内部的合作,实现湾区内部的资源互补与功能融合,推动湾区经济的一体化。

聚力创新,建立世界级人才集聚高地。人才是最重要的生产要素,是创新的主体。要把建立世界级人才集聚高地作为江苏主动顺应上海湾区城市群发展的第一方略,不但使人才"引得来",还要使人才"使上劲",更要使人才"留得住"。一要根据功能区定位,以规划引人才,以产业引人才,以市场引人才,避免区域间人才引进的恶性竞争,实现不同类型、不同层次人才的优化配置。二是加强各类创新创业服务平台、知识产权交易平台等创新创业公共服务设施建设,加强公共财政对创新创业的扶持与补助力度,营造有利于创新的低成本创业环境。三是加强对公共产品与服务的供给,促进要素自由流动与公共服务均衡化。要深化户籍制度改革,大力推进公租房、廉租房建设,推进租售同权,降低湾区内生活成本。要改革行政审批制度,降低准入门槛,使各类人才成为推动湾区经济发展的第一要素。

32 如何提升城市能级与核心竞争力①

日前,十一届市委四次全会审议通过《中共上海市委关于面向全球面向未来提升上海城市能级和核心竞争力的意见》。该意见指出,提升城市能级和核心竞争力,是世界城市发展的普遍规律,是上海承担起新时代新使命的必然要求,是应对城市激烈竞争的迫切需要。城市的兴起,在于核心竞争力的形成;城市的衰落,在于核心竞争力的丧失;城市的持久繁荣,在于能级和核心竞争力的不断提升。只有把握全球城市发展的规律,顺势而为,乘势而上,持续提升城市能级和核心竞争力,才能不断超越、永葆生机、赢得主动。

新时代是实现从富起来到强起来的时代。对于上海来说,新时代不单纯是经济强起来,更重要的是贯彻新发展理念,不断提升城市能级和核心竞争力,在全面开放上成为标杆,在引领创新上成为标杆,在区域协同上成为标杆,在提升软实力上成为标杆。具体而言,上海应当在以下几个方面发挥引领作用。

一、在实现由融入全球化到引领
全球化角色转换中抢抓机遇

改革开放以来,中国坚持对外开放基本国策,积极推动自由贸易,支持开放、透明、包容、非歧视性的多边贸易体制,构建互利共赢的全球价值链,培育全球市场。在经济全球化的格局中,已经开始从跟随、参与全球化进程逐渐过渡到影响甚至引领全球化进程。在这一过程中,上海要抓好发展机遇期,引领和带动长三角、长江经济带

---

① 原文刊载于2018年7月3日《解放日报》。

实现更高层次的对外开放。

要全面深化中国(上海)自由贸易试验区改革开放。上海自贸区的新一轮发展要坚持以制度创新为核心,继续解放思想、勇于突破、当好标杆,进一步对照国际最高标准、查找短板弱项,大胆试、大胆闯、自主改,坚持全方位对外开放,推动贸易和投资自由化便利化,加大压力测试,切实有效防控风险。

要探索建设上海自由贸易港。在洋山保税港区和浦东机场综合保税区等海关特殊监管区域内设立自由贸易港区,强化上海在金融、贸易、航运、文化和科技创新等方面的功能引领性。以上海自贸试验区为引领,充分发挥区域组合港的集聚效应,推进国际航运枢纽建设,提升贸易服务功能,形成沿海全面开放的国际门户。

要以数字经济、服务经济、品牌经济引领新一轮对外开放。通过对外开放引入竞争,推动经营效率和服务质量提升,带动上海服务业相关政策改革。在引进来方面,可先从酒店、餐饮、交通等行业的吸引外资起步,随后不断向其他服务行业拓展。在走出去方面,从工业企业的"出口产品+售后服务"一起走出去,发展为银行、保险、医疗、航运、旅游、软件、零售、支付、文化等多领域,其中以上海航运业最为典型。

要打造品牌优势,全力打响"上海服务""上海制造""上海购物""上海文化"四大品牌。即将在上海举办的世界上首个以进口为主题的国家级博览会——中国国际进口博览会,是中国主动向世界开放市场的重大举措,是全面提升上海新一轮对外开放水平的重要载体,也是全面提升上海城市形象的重大机遇。要以办好此次进口博览会为契机,努力打造开放型经济新高地,使上海在新时代开放发展中发挥好带动作用。

二、在实现由追随创新到原始
创新动力切换中找准定位

创新是引领发展的第一动力。随着中国发展进入新时代,模仿创新、追随创新逐渐过渡到原创技术引领。形势逼人、挑战逼人、使命逼人,上海如何在创新驱动型发展中起到引领带动作用?

要发挥人才优势。创新驱动本质上是人才驱动，科技创新、商业模式创新、产品创新的核心是人才支撑。谁拥有一流人才，谁就拥有科技创新的优势和主导权。要加快构建具有全球竞争力的人才制度体系，努力建设世界一流的人才发展环境，让上海成为天下英才最向往的地方之一。我们要有引才、聚才的强烈危机感和紧迫感，营造有利于人才成长发展的良好生态，坚持人才配置的市场导向、国际导向、精准导向，破除一切不利于人才发展的思想观念和体制性障碍。要着力解决人才普遍反映的安居、子女教育、医疗等问题，提高人才的获得感、安全感、幸福感。要提升城市管理精细化水平，在细微处见功夫、见质量、见情怀，使上海成为具有国际吸引力的宜居之都。

要大力弘扬创新文化。这样做的目的是，厚植创新沃土，营造敢为人先、宽容失败的创新氛围。一方面，可借鉴美国旧金山市高科技产业的发展经验。旧金山市是旧金山湾区的中心城市，位于硅谷北部。在 2008 年金融危机冲击下，旧金山市的支柱产业——金融业受到重创。为了推动产业结构转型，旧金山市政府出台税收减免等诸多优惠政策，以吸引高科技企业和科技创新人才落户。现在，优步、爱彼迎等多家互联网新兴巨头将总部设在旧金山市，亚马逊、微软、雅虎、谷歌、领英等多家高科技企业在旧金山市设立新办公室。全市超过一半的办公室租赁合同来自科技企业。同时，旧金山市的多元城市文化吸引众多年轻人前来创业，大批风投资金紧随其后注入，促进了创业生态系统的发展，一批高质量初创企业相继涌现。另一方面，要重视用好张江综合性国家科学中心，积极打造研发与转化功能型平台，大力构建生态、生产、生活一体化，社区、街区、孵化区相融合的新型双创载体。

要着力优化营商环境。以加快形成法治化、国际化、便利化的营商环境为目标，深化政府"放管服"改革，对标国际最高标准、最好水平，不断提升制度环境软实力，努力打造营商环境新高地。中小型科技企业是具有发展潜力和成长性的创新群体，是上海经济发展不可或缺的重要力量。要深入了解企业需求，摸清企业生产经营中的难点、痛点，为企业提供高效、便捷、精准的服务，减轻企业负担。要深入推进"互联网＋政务服务"，简政放权、简化流程，落实政务服务"一网通办"改革举措，使更多事项在网上办理，必须到现场办的也要力争做到"只进一扇门""最多跑一次"。要进一步加强制度供给,加强事中事后监管,努力营造公平公正的制度环境、活而有序的生态环境。要大力弘扬企业家精神,鼓励和支持上海企业充分发挥市场主体的作用。

三、在实现从区域竞争到区域协同
战略转变中做好引领

以区域竞争为标志的增长模式支撑了改革开放 40 年的发展,但条块分割的竞争格局也带来一系列问题。因此,党的十九大提出实施区域协调发展战略。事实上,以一体化为核心的协调发展模式是发达国家近 30 年发展的重要特征。当前,成熟的世界级城市群拥有国际化视野和创新功能区兼备的核心城市、网络化的基础设施体系以及统一的区域治理机制,如洛杉矶—长滩—阿纳海姆都市圈、纽约—纽瓦克—泽西城都市圈、东京经济圈、首尔经济圈。

长三角地区是中国经济最具活力、开放程度最高、创新能力最强的区域之一,是"一带一路"和长江经济带的重要交汇点。以上海为核心,涵盖江苏、浙江、安徽沿海沿江区域的长三角城市群拥有坚实的产业基础、完善的基础设施网络、庞大的人口规模,是长三角一体化建设的重要载体。长三角建设世界级城市群,要努力成为高端人才、全球投资、科技创新、优势产业的集聚地,成为在空间便捷、资源配置、产业分工、人文交流、公共服务等方面具有功能互补和良好协调机制的共同体。要以世界级城市群建设为契机,凸显上海在长江经济带中的龙头地位,凸显上海在长三角一体化进程中的引领带动作用,凸显上海在"一带一路"建设中的引领带动作用。

具体来看,上海应该在长三角一体化发展进程中发挥引领作用,从长江经济带和长三角城市群、上海大都市圈、邻沪地区等不同层面系统推进区域规划协同工作,做好长三角一体化发展这篇大文章。在长江经济带和长三角城市群层面,应根据《长江经济带发展规划纲要》《长江三角洲城市群规划》等纲领性文件,做好全市总规、区总规、新市镇总规等各层次规划编制。要主动加强与苏浙皖的基础设施互联互通与规划对接,进一步整合资源,实现功能布局融合、基础设施统筹、生态环境共保共治、公共服务资源共享,抓好牵头事项,积极推动重大项目和任务落地落实。上海各区要加

强与长三角城市群协同联动,主动与周边地区加强规划、产业、科技、民生、环境治理、人才服务等方面对接,实现合理分工、错位竞争、协同发展、共享互补,形成经济一体化发展格局。在上海大都市圈层面,充分发挥上海中心城市作用,协调都市圈范围内上海及近沪城市在目标、功能、空间、产业引导、生态环境、历史人文、基础设施等多系统多方面的发展。要促进邻沪地区跨省城镇圈统筹,进一步加强功能统筹、交通对接、环境共治、设施共商,推动上海与周边城市协同发展。

四、在从增强硬实力到提升软实力
较量中走在前列

中国特色社会主义进入新时代,拓展了发展中国家走向现代化的途径,为解决人类问题贡献了中国智慧和中国方案。中国智慧和中国方案能否得到世界的广泛认同和接受,就要在进一步增强硬实力的基础上不断提升软实力,因此,提升上海城市能级和核心竞争力,就必须使上海在中国从增强硬实力到提升软实力较量中走在前列。

一方面,要尽可能地建设好金融服务、公共服务平台。上海金融资源丰富,在建设金融服务平台方面具有先天优势,重点在于搭建服务“一带一路”平台,全面增强“一带一路”建设的金融服务功能。可依托上海自贸试验区金融改革创新,对接“一带一路”金融服务需求,加强与上海国际金融中心建设联动,把上海建设成为“一带一路”投融资中心和全球人民币金融服务中心。支持上海证券交易所、银联国际等要素市场和金融基础设施体系开展国际业务合作,推动机构和企业“走出去”。要开创政府公共信息资源服务和社会化公共服务新模式,整合国内外贸易、航运、科技创新、教育、文化等领域的优势资源(如供应链服务、网上会展中心、国际人力资源合作、综合指数体系等),提供综合性信息服务,并通过建立数据仓库及数据分析体系,打造综合性信息数据服务中心功能,满足社会各界对于公共服务的个性化需求。

另一方面,要有意识地搭建国际公共治理平台,以进一步提升国际对话能力、维护多边合作机制、参与国际规则制定和国际机制构建。上海要秉持开放、包容、合作、共赢的精神,从全球视角出发,探索建立国际区域合作组织、联合国组织的区域协调

机构,扩大区域人文交流,引领构建全方位、多层次的区域合作架构,打造全球交流协商平台。要积极参与新兴领域规则制定,积极开展国际反腐合作。要主动实施国际发展援助,承担更多国际责任。

从这个意义上说,上海不仅是上海人民的上海、长三角的上海,更是中国的上海,也是世界的上海。上海要为讲好中国故事、传播中国智慧提供平台、通道、窗口和舞台。

33 以城市群建设提升长三角区域竞争力①

十九大报告指出，中国经济已由高速增长阶段转向高质量发展阶段，以城市群为主体的新一轮城市化进程，是经济发展质量变革、效率变革、动力变革的重要驱动因素。以现代化体系构建为重点的中国经济进入高质量发展阶段，空间布局优化和要素集聚作用更加突出。以世界级城市群建设为契机，推动区域经济发展质量变革、效率变革、动力变革，是提升长三角区域竞争力的必然选择。

20世纪60年代以来，随着经济的深度开放，各种要素向湾区快速集聚，沿海港湾地区高速发展，形成了以世界级港口为基础、以产业集聚为动力、以广阔腹地为支撑的湾区城市群。可以说，湾区城市群由滨海经济、港口经济、都市经济与网络经济高度融合而成，这种特有的经济格局是海岸贸易、都市商圈与湾区地理形态的聚合体。湾区城市群对于区域转型升级、资源高效配置、技术变革产生强大的引领作用，目前值得中国对标的世界级城市群分别为东京湾区、纽约湾区和旧金山湾区。世界级城市群具有三大本质特征，即国际化视野与创新功能区兼备的核心城市、网络化的基础设施体系、统一的区域治理机制。

长三角地区是中国的经济中心之一，世界级城市群的崛起将进一步提升该地区的竞争力。从现有区域整合来看，城市群建设的核心是要素集聚。未来以上海为核心、涵盖江苏、浙江、安徽沿海沿江区域的长三角城市群，由于有更为坚实的产业基础、更为完善的基础设施、更为庞大的人口规模，必然会在未来5—10年中成长为世界级城市群。

从城市定位来看，上海致力于打造国际经济中心、国际金融中心、国际贸易中心、

---

① 原文刊载于2018年6月19日《新华日报》。

国际航运中心。苏州、南京是全国先进制造业中心,苏南5市是"中国制造2025"试点示范城市群;南通成立通州湾江海联动开发示范区,打造江苏沿海新兴的区域枢纽港;此外,扬子江城市群为上海提供广阔的经济腹地。杭州是"互联网+"双创中心、拥有全新的商业模式,以及阿里巴巴、网易等知名互联网企业;宁波是重要的港口城市和制造业基地,宁波—舟山港的货运吞吐量位列全国第一,宁波也是"中国制造2025"首个试点示范城市。合肥新晋"中国制造2025"试点示范城市,已经建成世界最大的新型显示面板生产基地,初步形成了以战略性新兴产业为先导的先进制造业体系。此外,安徽率先践行"互联网+现代农业"理念,大力发展智慧农业,涌现了"三只松鼠"等知名特色农产品电商企业。

改革开放以来,长三角地区充分发挥区位优势,以丰富的优质劳动力、低价供地及税收优惠政策,抓住全球要素分工合作的机遇,快速实现了工业化,并开启了大规模快速城镇化。从经济增长的角度来看,伴随经济发展的阶段性变化,长三角地区的发展模式开始从总量扩张向质量提升转变,而高质量发展的实现离不开创新驱动和资源配置优化,城市作为要素集聚的中心、创新孵化的中心,是实现高质量发展的载体。由于城镇化的快速推进,单一城市规模快速扩张;而新阶段意味着空间的优化布局和要素集聚的作用更加突出,新时代下长三角一体化进程需要进一步推进。从提高人民群众的获得感来看,由于高铁、公路、轨道交通、通信等硬件基础设施和互联网等软件基础设施的发展,地方政府进行公共管理的最优规模不断扩大,这是城市群协同发展的客观要求。此外,城市群的建设会弱化地方政府间的过度竞争,增强地方政府在医疗、教育、养老、环保等公共服务领域的协调配合,最终增进民生福祉,不断提高人民群众的获得感。

中国湾区城市群构想的落地,需要克服行政边界固化、城市职能定位不清晰等困难。与粤港澳大湾区相比,长三角城市群的整体发展水平、区域内部的差异化发展程度较低,构建区域协同发展新机制面临的制度阻碍相对较小。此外,长三角城市群的地理位置紧密相连,在基础设施互联互通和能源保障安全方面可以先行一步。

以功能区发展规划对接湾区经济。要将湾区城市群发展理念融入长三角城市群新一轮规划定位,以全球眼光进行高起点规划,高标准定位。要聚力创新,充分利用长三角城市群制造业发展优势，依托上海全球创新中心和杭州"互联网＋"双创中心，着力提升扬子江城市群二次开发和技术孵化能力，提升沿海经济带新兴技术的产业化能力，推动长三角城市群产业升级和沿海经济带形成若干个产业集群块，建成具有世界水平的高端制造业基地。推动沿海经济带建立发达的交通枢纽，打造港口与铁路、公路连接的多式联运中心，强化航运服务集聚功能。要充分发挥沿海空间广阔和长三角城市群人口的规模优势，大力发展面向高端消费人群的金融、文创、旅游等先进服务业，实现高端制造业与先进服务业协同发展。

以基建网络的扩张打破地理边界。湾区城市群的共同特点是对内联系紧密、对外高度开放，区域内生产要素实现自由流动。这就需要建设包括交通、通信以及公共服务在内的网络化基础设施，实现基础设施互联互通。建立超越省级的规划中心，构建高效便捷的现代综合交通运输体系，提升通信网络基础设施水平，建立稳定高效的能源、水资源供应体系，实现区域内油、气、电、水同类型同网同价，打造一体化都市圈。建立省级区域公共交通、医疗卫生、社区服务结算中心，推进区域内公共设施和服务互联共享，实现公共服务"一卡通"。补齐长江北岸以及沿海地区基础设施和长江过江通道建设的"短板"，在加快北沿江高铁建设的同时，大力发展沿海城市城际轨道交通，使上海与长三角其他三省的城市之间深度融合。

以更加有效的合作新机制打破行政边界。建立健全更加有效的合作新机制是实现湾区城市群协同发展的前提。为了促进公共服务深度融合，加快建设区域一体化市场，进一步完善长三角区域协调机制，突破区域协同发展的行政边界制约，共建长三角市场规则体系，实现区域内部资源整合与区域整体利益的最大化。建立长三角城市群功能区的协调机构，合理规划功能区基础设施建设和生产力布局，推动功能区之间与功能区内部错位发展。建立常态化的区域内城市间交流合作协调机制，加强区域内部的合作，实现长三角地区的资源互补与功能融合，加快推进长三角一体化进程。

34　以城市群推动经济高质量发展①

党的十九大报告指出,以城市群为主体构建大中小城市和小城镇协调发展的城镇格局。习近平同志在参加十三届全国人大一次会议广东代表团审议时强调,要抓住建设粤港澳大湾区重大机遇,携手港澳加快推进相关工作,打造国际一流湾区和世界级城市群。建设世界级城市群,发挥其优化空间布局和集聚生产要素的重要作用,推动区域经济发展质量变革、效率变革、动力变革,是贯彻落实习近平新时代中国特色社会主义经济思想、推动经济高质量发展的重要体现,是实施区域协调发展战略的重要内容。

一、城市群是经济发展水平的重要标志

城市群崛起是经济发展到一定阶段的重要标志,同时对经济发展具有巨大带动作用。

世界级城市群随着开放型经济快速发展在湾区崛起。20 世纪 60 年代以来,随着世界经济快速发展、经济全球化深入推进,各种生产要素日益向湾区集聚,沿海港湾地区快速发展,形成了以世界级港口为基础、以产业集聚为动力、以广阔腹地为支撑的湾区城市群。湾区城市群大多由滨海经济、港口经济、都市经济与网络经济高度融合而成,这种特有的经济格局是海岸贸易、都市商圈与湾区地理形态的聚合体。

城市群是经济发展的重要引擎。规模效应、技术外溢和不完全竞争会引导经济活动在空间集中,在市场机制作用下,各类生产要素也会自发向资本回报率高的地区

---

① 原文刊载于 2018 年 8 月 6 日《人民日报》。

集聚。这种集中和集聚多在城市中实现，发展到一定阶段，就逐步形成了城市群。城市群有利于促进要素自由流动，不断拓展市场边界；有利于形成规模经济，降低企业的生产成本和交易成本；有利于劳动分工、知识溢出，产生正外部性，促进创新并带动收益递增；有利于在区域内形成合理的发展格局和健全的协调机制。城市群通过引领区域经济转型升级、资源高效配置、技术变革扩散，在增强区域经济活力、提升区域经济效率方面发挥着重要作用。

二、世界级城市群的共同特征

东京湾区、纽约湾区、旧金山湾区和大伦敦都市区等世界级城市群大都是所在国家的金融中心、工业中心、创新中心，拥有充满活力的产学研创新体系、优美的自然生态和包容失败的创新文化。总体来看，世界级城市群具有一些共同特征。

拥有国际化视野与创新功能区兼备的核心城市。城市群的核心城市处于对外开放前沿，是高端生产要素跨境流动的门户。高度开放的环境、高端要素的集聚更容易孵化创新型企业，因此核心城市具有较好的创新基础。开放、包容、多元的创新文化以及完善的产学研创新体系极大提高了核心城市的创新能力，并通过示范作用、外溢效应带动周边中小城市发展。

拥有网络化的基础设施体系。高效便捷的现代市场体系离不开发达的交通网络。世界级城市群具备现代化的城市轨道交通、完善的城际基础设施、发达的航运功能、良好的市场环境，并逐渐向腹地延伸。网络化基础设施有利于降低货物运输成本、促进资源自由流动，既能促进湾区核心城市与周边中小城市进行产业合作，又能促进城市群与广阔腹地良性互动，实现区域协调发展。

拥有统一的区域治理机制。世界级城市群大都非常注重城际基础设施衔接、产业结构差异互补、公共服务均衡化以及生态环境保护等方面的统筹规划。例如，东京湾区除了统一的大东京规划，每个地区也各有规划，各种规划的协调衔接工作大都由智库完成。纽约湾区的统筹规划由跨行政区域的纽约区域规划协会完成。旧金山湾区建立的区域治理机制涵盖基础设施、生态保护、空气质量等方面，旨在推动区域协调发展。1937 年,为了解决伦敦人口过度集聚问题,英国政府成立"巴罗委员会",并根据该委员会提交的报告编制首轮大伦敦规划,奠定了大伦敦都市区的空间格局。

三、我国城市群建设的实践探索

2014 年 2 月,习近平同志考察北京市并主持召开座谈会,强调实现京津冀协同发展,是一个重大国家战略。2017 年的《政府工作报告》提出要研究制定粤港澳大湾区城市群发展规划。京津冀、长三角、粤港澳大湾区三大城市群是我国最重要的经济中心,肩负着引领国内高水平城市群建设、打造世界级城市群的双重任务。因此,深入推进这三大城市群建设具有深远的战略意义。

京津冀城市群。京津冀城市群包括北京、天津以及河北 11 市,北京、天津是两大核心城市。长期以来,由于北京承载过多非首都功能,一方面"大城市病"问题较为突出,另一方面对周边地区的经济辐射作用不够强。因此,党的十九大报告指出,要以疏解北京非首都功能为"牛鼻子"推动京津冀协同发展,高起点规划、高标准建设雄安新区。雄安新区是北京非首都功能疏解集中承载地,也是贯彻落实新发展理念的创新发展示范区,有利于优化京津冀城市布局和空间结构,补齐河北发展短板。

长三角城市群。根据《长江三角洲城市群发展规划》,长三角城市群由 26 个城市组成。从城市定位来看,上海致力于打造国际经济中心、国际金融中心、国际贸易中心、国际航运中心。南京、苏州是全国先进制造业中心,苏南 5 市在新型制造业发展中占有重要地位;南通成立通州湾江海联动开发示范区,打造江苏沿海新兴区域枢纽港;扬子江城市群为上海提供广阔的经济腹地。杭州是"互联网＋"双创中心,拥有全新的商业模式以及阿里巴巴、网易等知名互联网企业;宁波是重要的港口城市和制造业基地,宁波—舟山港的货运吞吐量位居全国第一。合肥已经建成世界级新型显示面板生产基地,初步形成了以战略性新兴产业为先导的先进制造业体系。

粤港澳大湾区城市群。粤港澳大湾区城市群包括广州等 9 市和香港、澳门两个特别行政区。粤港澳大湾区呈现多元化产业格局。深圳以电子信息产业、生物医药、新能源等高新技术产业为主,是我国首屈一指的创新型城市。广州是华南地区的高端制造业中心和贸易枢纽,汽车制造业、重大装备制造业发展速度较快。除了深圳与广州,珠三角其他城市的产业差异化程度并不明显。香港是国际金融中心,贸易、物流、金融服务业发达。近年来,澳门致力于打造葡语系商贸合作服务平台和世界旅游休闲中心。如果香港的金融资本、深圳的创新和珠三角的制造业进一步形成良性互动,粤港澳大湾区一体化发展将达到更高水平,发挥更大作用。

四、高质量发展城市群经济的路径

世界级城市群的发展经验表明,高质量发展的城市群可以优化区域发展格局,带动整个经济高质量发展。从我国实际出发,推动城市群持续健康发展,当前可从以下三个方面着手。

建设互联互通的基础设施网络。世界级城市群的共同特点是对内联系紧密、对外高度开放,区域内生产要素实现自由流动。这就需要建设覆盖交通、能源以及公共服务的网络化基础设施。第一,研究制定超越省级的发展规划,构建高效便捷的现代综合交通运输体系。打通不同行政区之间的"断头路",大力发展城际轨道交通,补齐基础设施短板。第二,建立稳定高效的能源、水资源供应体系,实现区域内油、气、电、水等同类型能源资源同网同价,打造一体化都市圈。第三,建立区域公共交通、医疗卫生、社区服务结算中心,推进区域内公共设施和公共服务互联共享,实现公共服务"一卡通"。

建立健全有效合作机制。实现城市群内各城市协同发展,必须促进公共服务深度融合,加快建设区域一体化市场。为此,需要建立健全有效合作机制。第一,加强顶层设计,完善区域协调机制,突破区域协同发展的行政边界制约,推动资本、技术、产权、人才、劳动力等生产要素在区域内自由流动和优化配置。第二,调整城市群生产力布局,加快产业对接协作,推动各城市差异化发展。第三,优化城市群空间结构,建立常态化的城市沟通协调机制,促进各城市分工合作,实现资源互补与功能融合,提高城市综合承载能力。

建设世界级人才集聚高地。人才是最重要的生产要素,是创新的主体。应把建设世界级人才集聚高地作为我国城市群发展的第一方略,让人才"引得来""使上劲""留得住"。一是根据功能区定位,以规划引人才,以产业引人才,以市场引人才,避免城市间人才引进的恶性竞争,实现不同类型、不同层次人才的优化配置。二是加强各类创新创业服务平台、知识产权交易平台等公共服务设施建设,营造有利于创新创业的环境,让人才"使上劲",使其技术与知识"用得上"。三是加强公共产品和服务供给,促进基本公共服务均等化。加快推进户籍制度改革,大力推进公租房、廉租房建设,降低新市民的居住成本。改革行政审批制度,推广"不见面审批"、办税事项"最多跑一次"等经验,降低准入门槛,让各类人才"留得住",成为城市群发展的第一要素。

35　打造世界级人才集聚高地①

区域竞争的本质是人才竞争。国内区域竞争格局经历了由点到面、从"造城运动"向城市集群发展的转变。未来区域之间的竞争,不仅仅是资本、技术、投资环境或者劳动力成本的竞争,归根到底是人才竞争。从某种程度上来说,人力资本的集聚在一定程度上将重塑未来经济发展空间格局。

人才竞争的重要意义可以从两个方面加以理解。一方面,人口年龄结构影响经济的活力。城市的发展归根到底是人口集聚,城市化意味着劳动力进入城市,没有人口,就没有经济增长,没有繁荣、财富。中国的人口红利正在减弱,人口出生率下降的趋势仍将持续,既然"人口蛋糕"难以做大,那么"蛋糕"的重新分配,特别是对青年的吸纳就是接下来区域竞争的关键。

另一方面,人口知识结构决定创新能力与经济竞争力。人力资本积累与集聚是城市经济的基础,也是现代经济增长的重要驱动力量。从短期来看,各类人才是房地产市场尤其是楼市"刚需"的主力军,对稳定房价与土地拍卖价格、维持土地出让收入均有重要的现实意义。在人口净流入城市,房地产仍然具有投资潜力。从长期来看,关键的自主创新需要创新型人才去实现。人才是最重要的生产要素,是创新的主体。各类人才不仅是产业转型升级的重要驱动力量,也是推动消费结构升级的主力。只有提高区域对受过良好教育的劳动力、高素质人才的吸引力,才能实现提振消费、扩大有效投资、维持土地出让收入等方面的短期目标,并为产业转型升级,特别是先进制造业和现代服务业发展,储备领军人才、技术工人与潜在购买力,使江苏逐步成为全球科技创新高地和新兴产业重要策源地。

---

①　原文刊载于 2019 年 8 月 13 日《新华日报》。

当前,江苏人才发展既面临机遇,也面临挑战,具体表现在以下四个方面。一是江苏科教水平较高,良好的人才生态基本形成。国家"双一流"大学数量仅次于北京,常住人口中大学生数量、两院院士、科研产出能力均位列全国前列,正在迈向具有全球影响力的科创中心。近年来,江苏先后制定出台"人才26条""人才10条""科技改革30条"等各类政策,建立了覆盖初创、成长、发展等不同阶段的人才政策支持体系,"近悦远来"的人才生态正在构建。根据《2017中国区域国际人才竞争力报告》,上海、北京、广东和江苏排行前四,形成中国区域国际人才竞争力的第一梯队;浙江位列第五,居于第二梯队的首位。

二是江苏人口老龄化现象严重。目前江苏的老龄化率仅次于上海、北京,位居全国第三位,是老龄化程度最高的省份之一。无论从改善人口结构来看,还是从增强发展后劲活力来看,引进和聚集人才,特别是优秀的、年轻的高层次人才都是当务之急。

三是在优化人口结构、加快人才引进工作方面有提升空间。从人口增量来看,2018年江苏常住人口增量为21.4万人,而广东、浙江常住人口增量分别高达177万人和80万人。如果剔除同期人口自然增加数,2018年江苏常住人口净流入3万人,而同期广东、浙江分别净流入84万人、49万人。比较长三角、珠三角主要城市近年来常住人口变化可以发现,2013—2018年南京新增常住人口总量仅为深圳的1/10、杭州的1/4,苏州、无锡的情况更不容乐观。从2018年的情况看,深圳、广州和杭州新增常住人口数分别为49.8万人、40.6万人、33.8万人,远远高于南京的10.1万人和苏州的3.8万人。

四是其他省份集聚人才政策频出。近年来,高素质劳动力向大城市和大都市圈集中的趋势越来越显著。各地根据自身发展定位,纷纷推出一系列针对高技能劳动力的优惠政策。一些区位优势明显、经济基础好、开放程度更高的城市,如深圳、广州,人才政策密集出台,集聚进程更快。作为科教大省、人口大省,江苏在优化人口结构、加快人才引进方面还有很大的提升空间,形势逼人、时不我待。

事业因人才而兴,人才因事业而聚。优化相关人才政策,要使人才"引得来",还要使人才"使上劲",更要使人才"留得住",打造世界级人才集聚高地。

要使人才"引得来"。树立全球视野和战略眼光,充分利用区位优势主动参与国际人才竞争，扩大人才对外开放，提升人才国际化水平。以规划引人才、以产业引人才、以市场引人才，实现不同类型、不同层次人才的优化配置。加快人力资源领域改革创新，破除阻碍人才在空间、部门间自由流动的体制机制，比如在保证严格程序的前提下，下放外资人才中介机构审批权。立足实际，根据不同层次、不同阶段的人才制定差异化的引进扶持政策，并推动奖励补贴、个税补贴、优先落户（包括配偶、子女随迁户）、安家购房租房、配偶就业、子女入学、医疗保险等具体的人才政策相互配套、有机衔接，打好吸引人才"组合拳"。

要使人才"使上劲"，技术与知识"用得上"。搭建各类服务人才的创新创业平台、科技创新载体，如科技园区、科技创新产业基地、青年创新工场、工程中心等。共建一批产学研合作和成果转化基地、高层次基础与应用基础研究平台，增强江苏基础创新和科技成果转化能力。完善江苏知识产权交易市场、江苏省技术产权交易市场、江苏国际知识产权运营交易中心等知识产权服务平台，严厉打击知识产权侵权行为。定期举办国际人才论坛、各类专业研讨会、技术沙龙等活动，鼓励科技和学术人才交往交流。

要使人才"留得住"。不断提高人才的获得感、幸福感、安全感，才能使人才真正"留得住"。完善城市基础设施与公共服务，落实针对人才的生活、居住、医疗、交通等一系列相关配套。提高柔性化治理能力，提供精细化、便利化服务。大力推进人才安居工程，加快人才公寓、人才共有产权房的建设，鼓励针对"新市民"的住房供应模式创新，降低年轻人的居住成本。做好舆论引导工作，提高年轻人的"容错率"，营造开放包容的人才友好型社会环境。

36　加快新型基础设施建设①

新冠肺炎疫情对我国经济和世界经济产生巨大冲击。在党中央坚强领导下,上半年我国经济先降后升,二季度经济增长由负转正,主要指标恢复性增长,经济运行稳步复苏。但也应看到,当前经济形势仍然复杂严峻。我们必须坚持新发展理念,牢牢把握扩大内需这个战略基点,加快新型基础设施建设,为我国经济高质量发展拓展新空间、赢得新机遇。

加快新型基础设施建设,是应对当前复杂严峻经济形势、夯实经济高质量发展基础的重要举措。从短期看,加快新型基础设施建设能够扩大国内需求、增加就业岗位,有助于消除疫情冲击带来的产出缺口、对冲经济下行压力。从长远看,适度超前的新型基础设施建设能够夯实经济长远发展的基础,显著提高经济社会运行效率,为我国经济长期稳定发展提供有力支撑。因此,加快新型基础设施建设,必须兼顾短期经济平稳运行和中长期经济高质量发展。既要着眼于应对短期经济运行面临的风险挑战,又要从"十四五"时期和我国经济中长期发展大势出发把握当前经济形势,积极适应国内国际发展条件和发展环境变化,努力实现更大发展。

当前,我国经济已进入高质量发展阶段,具有多方面优势和条件,同时发展不平衡不充分问题仍然突出。加快新型基础设施建设,必须坚持以新发展理念为引领,面向高质量发展,需要聚焦关键领域、薄弱环节锻长板、补短板。比如,聚焦新一代信息技术关键领域锻长板。适度超前布局5G基建、大数据中心等新型基础设施,通过5G赋能工业互联网,推动5G与人工智能深度融合,加快建设数字中国,从而牢牢把握新一轮科技革命和产业变革带来的历史性机遇,抢占数字经济发展主动权。在此

---

① 原文刊载于 2020 年 8 月 26 日《人民日报》。

基础上,推动新一代信息技术与制造业融合发展,加速工业企业数字化、智能化转型,提高制造业数字化、网络化、智能化发展水平,推进制造模式、生产方式以及企业形态变革,带动产业转型升级。又如,聚焦区域一体化发展薄弱环节补短板。目前,中心城市和城市群等经济发展优势区域正成为承载发展要素的主要空间,但同时面临着地理边界限制、区域能源安全保障不足等薄弱环节和短板。需要加快布局城际高速铁路和城际轨道交通、特高压电力枢纽以及重大科技基础设施、科教基础设施、产业技术创新基础设施等,统筹推进跨区域基础设施建设,不断提升中心城市和重点城市群的基础设施互联互通水平。

投融资机制在加快新型基础设施建设方面具有重要作用。目前我国基础设施建设领域已经积淀了大量优质资产,但这些优质资产短期内难以收回投资成本,债务风险加大。如何盘活这些优质资产、有效化解地方债务风险、推动经济去杠杆,是加快新型基础设施建设必须解决的一大难题。解决这一难题,需要把握好基础设施领域不动产投资信托基金(REITs)在京津冀、长江经济带、雄安新区、粤港澳大湾区、海南、长三角等重点区域先行先试的政策机遇,充分发挥其在提高直接融资比重、提升地方投融资效率、盘活存量资产、广泛调动社会资本参与积极性、化解地方债务等方面的重要作用,为加快推进新型基础设施建设提供有力支撑。

37　加快发展数字经济　助力产业"智改数转"①

随着互联网、大数据、人工智能等技术加速融入经济社会发展的各领域全过程，以数字化信息为生产要素，以信息化网络平台为主要载体，以数字技术创新为核心驱动的数字经济，已经成为继农业经济、工业经济之后的新型经济形态。数字经济既改变了国民经济的生产、消费和分配方式，也提供了更加高效的经济运行模式，是贯彻落实新发展理念、推动高质量发展的重要抓手。

一、数字经济成经济高质量发展主引擎

党的十八大以来，党中央一直高度重视数字经济的发展，并将其确定为国家发展战略。国务院印发的"十四五"数字经济发展规划显示，2020年，我国数字经济核心产业的增加值占国内生产总值的比重达到 7.8%，为经济社会的健康可持续发展注入了强大动力。目前，我国信息基础设施建设水平处于全球领先地位，拥有全球最大规模的光纤和4G、5G网络；数字产业化和产业数字化的进程稳步推进，越来越多的工业企业插上了"数字翅膀"赋智上云；新业态新模式的发展迅速，移动支付、网络购物、远程会议、视频直播等新生产生活方式广泛普及。

与此同时，我国数字经济的发展也面临着一些问题和挑战。一是数字经济核心领域的创新能力相对不足，数字经济相关领域的底层技术、硬件设施与发达国家相比缺乏竞争力。二是尚未建立起完善的数字经济治理体系。数字经济发展存在一些不规范、不健康的现象，急需探索出监管规范和促进发展两手并重两手都硬的治理模

---

① 原文刊载于2022年3月1日《新华日报》。

式。三是数字经济相关领域的研究不够深入。数字经济相关的学科体系建设、学术研究进展均处于起步阶段，由此引致的数字经济领域人才培养不足的问题制约了数字经济的发展。

二、大力推动我国数字经济健康快速发展

通过法律法规体系建设让数字经济发展更稳健。促进数字经济的发展，要完善数字经济治理体系。鼓励地方政府通过立法的方式探索出数据权属和数据使用的通用规则和标准，为下一步上升到国家立法提供相应的经验参考。同时加强对数字经济重大问题和风险的预警，通过对政府、企业和社会公众等多方资源的整合，强化对于数字经济发展过程的可能出现的风险和问题的事前防范和事中治理干预工作。在推动数字经济发展过程中，增强各级政府数字化治理和服务能力的建设，有效地发挥规范市场、引导市场合理有序的作用。

通过人才培养体系建设让数字经济发展更扎实。促进数字经济的发展，要重视数字经济人才培养。应该在尊重人才培养规律的基础上，建立学历教育与职业教育相结合、官方投入与民间投入相结合的数字经济人才培养体系，鼓励和引导社会资本与政府资本合作支持数字经济人才的培养。

通过新型基础设施建设让数字经济发展更快速。以 5G 设施、数据中心等为代表的新型基础设施是推动数字经济快速发展的根本保障。在持续推进以 5G、大数据、人工智能等数字化基础设施为代表的数字基建的覆盖和应用的同时，应当前瞻性地鼓励和支持对于新一代网络通信技术的研发和布局。大力发展支撑数字基建发展的配套领域，例如新能源、新材料等。稳步推进已有的基础设施逐步实现智能升级，提升基础设施的智能化水平，打造更加智慧更加便捷的新型数字生活。

通过加快应用场景落地让数字经济发展更普遍。第一，要加快推动数字经济在企业的应用场景落地。要根据不同类型的企业特征，引导企业通过强化数字化思维、深化数字化建设、提高数字化能力，推动各项业务的数字化转型。要结合不同产业的发展需求，推动传统产业利用数字技术进行转型升级，提高传统产业的全要素生产

率。第二,要提升数字公共服务水平,加速推进"互联网+政务服务"平台的建设,推进"互联网+教育""互联网+医疗""互联网+文旅"等领域的发展,帮助提升社会公共服务的普惠化水平。统筹推进智慧城市和数字乡村的建设,有序推动城市智能设施向周边乡村的延伸和覆盖,帮助乡村逐步实现服务的信息化和智能化。

通过加快国际合作让数字经济发展更开放。加快国际贸易的数字化发展,加大开放力度,依托自由贸易试验区和自由贸易港,探索数字经济发展的新业态,帮助我国数字经济企业"引进来"。推动"数字丝绸之路"的发展,加强与"一带一路"国家在网络基础设施建设、金融、物流、电商等领域的合作,支持我国数字经济企业"走出去"。构建良好的数字经济国际合作环境,出台相应的治理政策和规范,依托双边和多边的合作机制,积极投身国际数字经济治理工作。

三、"智改数转"赋能江苏创新驱动

以产业数字化促进制造业高质量发展。推动全省产业数字化首先要加强顶层设计。由发改、工信、科技以及财政等部门根据全省产业发展的实际情况,制定制造业智能化改造与数字化转型的总体方案,统筹推进全省的产业数字化。同时,应当鼓励各个地方根据地方产业发展的特点制定符合地方特色的方案,充分发挥基层政府的主观能动性与积极性。推动全省产业数字化还需要统筹科研机构与制造业企业的研发力量。制造业的智能化改造与数字化转型要深入研究剖析企业的真实需求以及可以进行改造的具体环节,让产业数字化对企业的效率提升真正有效。

以服务业数字化促进城市高质量发展。当前,江苏的城市化率已达 73.94%,远高于全国平均水平。城市化率较高意味着绝大多数人在城市生活就业,城市的服务业占比较高意味着服务业吸纳了较多的就业人口。因此,应当通过服务业数字化转型促进城市的高质量发展。在推动服务业数字化转型过程中,城市管理者应给企业搭建低成本的公共云平台、公共数据管理平台,助力服务业企业数字化转型。

以治理数字化满足人民群众对美好生活的向往。治理数字化就是要通过数字化转型的机遇,创新推进智慧城市建设。要坚持"以人民为中心",推动全省各市成立大数据公司，为服务企业发展与居民生活等提供决策依据。要充分考虑全省所有地市之间的协同关系，站在"全省一盘棋"的视角推动智慧城市建设，建设一个畅通的、安全的、高效的、有温度的、有江苏特点的城市社会治理体系。

38　释放数据要素潜力　赋能经济社会发展[①]

近年来,我国数字经济发展取得了积极成效,为经济社会的健康可持续发展注入了强大动力。与此同时,我国数字经济发展也面临着一些问题和挑战,其中就包括数据资源规模庞大,但数据价值潜力并未得到充分释放。数据作为最具时代特征的生产要素,对提高生产效率的乘数作用不断凸显,对促进经济发展的巨大价值和潜能不断展现。切实用好数据这一基础资源和创新引擎,将为经济社会的发展带来更为强劲的动力。

一、全面提升数据资源质量

优化基础数据资源供给。数据要素的供给离不开数据要素的生产,要围绕数据采集应用全流程,优化物联网、算力中心等系列数据生产基础设施。以公共数据开放为突破口,逐步实现高价值密度公共数据的高水平开放共享。培育数据型"独角兽"单项冠军企业,促进全社会参与到优质数据的有效供给中来。引导政府部门、社会公共组织、企业共同开展以数据编目为代表的数据预处理工作,破除政府、公共机构、企业等不同主体之间的数据壁垒,推动多元异构数据的深度融合,释放数据红利。

构建数据资源标准体系。积极发挥以行业协会为代表的社会组织作用,推动不同行业和领域在实践过程中总结适应行业发展的数据生产和应用标准。开展数据国家标准研制工作,围绕数据的生产采集、交换共享、开发利用、安全隐私等方面建设一系列、成体系的数据资源国家标准。根据数据的分级分类对数据进行质量管理,推进

---

① 原文刊载于《群众》2022 年第 9 期。

跨部门、跨行业、跨区域的数据中心建设，建立完善跨部门、跨行业的数据运营管理标准。深度参与数据治理的国际沟通与交流，推动建立完善数据资源的国际标准，拓展我国跨境数据流动的国际空间。

培育数据资源服务机构。支持市场主体在依法合规的前提下开展数据的采集、整理、分析等加工业务。鼓励社会力量根据不同类型数据的特点，面向实际应用需求，进行数据的开发利用和增值工作，充分挖掘数据资源的价值，提供专业化、个性化、高质量的数据资源服务，发展壮大数据服务产业，培育一批有特色、有竞争力的数据资源服务机构。

二、加快培育数据要素市场

探索数据权属认定。合理界定数据的产权是数据顺利进入市场流通交易的前提。参考国家数据分类分级保护制度，探索出可以适应不同数据类别、多元应用场景的综合确权路径。构建科学立体的数据权利体系，给予数据的生产者以及市场参与主体不同的权利，实现在不同利益主体之间的激励相容。建立和完善全国统一的数据登记确权体系，在合理保障数据安全的前提下，推动数据的价值变现，提高数据持有者参与数据要素市场的积极性。

推动数据资产定价。数据的价值确定受数据的"量"和"质"的共同影响，积极推动数据质量评价指标的建立，着力探索数据质量评价的定量指标，解决当前仅能定性比较数据质量的难题。研究开发数据资产定价的理论模型，为数据资源的成本核算和价值评估提供科学指导。同时，鼓励平台探索可操作性强、适应市场变化的动态定价策略，激发数据供给方参与数据交易的积极性。设定并完善与数据资产价值相关的会计准则，为不同市场主体对数据资产进行投资和交易奠定基础。

构建数据流通机制。鼓励企业、科研院所等机构基于区块链、量子加密等数字技术探索完善数据交易手段，确保数据在流通交易过程中的安全。搭建数据流通安全监测平台，构建数据交易双方的信任机制，建立数据资源质量评价和信用评级体系，化解数据交易流通与数据安全保护之间的突出矛盾。建立数据交易市场化机制，搭建包括数据资产评估、交易撮合等在内的市场运营体系。精准对接数据应用市场需求，充分发挥政府的作用，严厉打击数据黑市交易，营造健康可持续的数据流通交易市场环境。此外，培育数据交易平台，积极助推数据交易平台联合制定数据交易行业标准和行为规范。

三、开拓创新数据应用场景

数据产业化。加快推动全国一体化的新型数据基础设施建设。面向数据的政用、民用和商用场景，优化全国范围内综合数据中心的建设布局。协调推进交通运输、能源、环保等重点领域基础设施和城市市政公用设施的数字化改造。依托数据交易平台、数据信托、实体企业等机构进行数据产品化、资产化、证券化处理，探索提供基于数据的新产品和新服务，降低数据创新型企业的市场准入门槛，逐步推进数据产业化。

产业数字化。支持不同行业的企业基于业务特点探索各具特色的数据应用模式，梳理不同行业的数据应用路径方法，为企业的数据应用提供指导方向。以推动企业研发设计、经营管理等业务数字化转型为抓手，强化数据全流程贯通，深化数据全流程应用，提高以数据为驱动的企业智能决策能力。探索以产业园区和产业集群为载体推动企业实现数据资源集聚融合，鼓励平台企业和龙头企业帮助中小微企业实现数字化转型，形成大中小微企业数字化发展合力，以数据资源提升产业链供应链的协同创新能力。

公共服务数字化。搭建政务数据共享交换平台，提升政务服务的运行管理效能。推进教育、医疗等公共服务领域数据的共建共享，通过对大数据的综合应用，强化民生及社会保障领域的供需对接。在智慧城市和数字乡村的建设过程中，推动数据与业务、服务的深度融合，提高信息利用和管理水平。鼓励有条件的政府部门与企业开展合作，向公众提供公共数据的市场化增值服务，并着手围绕政务数据、民生数据开发更多的应用场景，打造智慧共享的新型数字生活。

四、健全完善数据安全监管

增强数据安全维护能力。加强数据安全人才培养，在高等教育体系中，丰富和发展数据安全相关的课程体系，并通过职业教育体系和继续教育体系，培养适应数据安全维护工作的技术型人才。在壮大数据安全领域科技力量的基础上，着力突破网络和数据安全关键技术及应用，逐步实现覆盖数据采集、传输、存储、处理、共享、销毁全生命周期的数据安全防护。开展数据安全宣传教育工作，鼓励行业协会研究出台行业数据安全管理规范。支持和引导不同类别的市场主体共同参与到数据安全维护中，在全社会营造积极维护数据安全的良好氛围。

提升数据安全保障水平。扎实推动数据安全立法工作，明确数据使用主体对于数据安全保护的责任，规范企业在数据使用和经营过程中的行为，切实保证数据在流通交易过程中的安全。推动数据分级分类安全保护制度，依法依规做好政务数据在开放共享和社会化利用过程中的安全管理，加强对于商业秘密数据和个人数据的信息保护。建立健全数据在跨境流动过程中的安全管理规范，有效防范国家安全风险。

强化风险治理监管机制。建立数据安全风险评估、监测预警和应急处置机制，强化对数据安全引发的风险及社会问题的综合研判，提升对数据安全事件的应急解决能力。组建数据交易监管职能部门，加强对数据要素市场的动态监管，指导和规范我国数据要素市场持续健康发展，严控数据资本市场风险。完善社会监督举报机制，拓宽全社会参与数据安全治理的渠道，培育多元治理新生态。

39 以构建新发展格局为主轴开启全面建设社会主义现代化国家新征程[①]

内容提要:"十三五"圆满收官,全面建成小康社会的第一个百年目标即将实现,为"十四五"高质量发展和实现第二个百年目标打下了坚实基础,但当今世界正面临百年未有之大变局,必须准确把握新发展阶段,深入贯彻新发展理念,加快构建新发展格局,增强自身的生存力、竞争力、发展力、持续力,随时准备应对更加复杂困难的局面。构建新发展格局,必须坚持深化供给侧结构性改革这条主线,向更深层次的改革要效率,向更高水平的开放要活力,向更优载体的建设挖潜力,切实把制度优势更好转化为国家治理效能和构建新发展格局动能,全面优化升级产业结构,提升创新能力、竞争力和综合实力,推动"十四五"时期高质量发展,确保全面建设社会主义现代化国家开好局、起好步。

"十三五"以来,在以习近平同志为核心的党中央坚强领导下,"十三五"规划顺利实施,重大标志性成果基本形成,全面建成小康社会取得决定性胜利,为"十四五"高质量发展和实现第二个百年目标打下了坚实基础。党的十九届五中全会提出,全面建成小康社会、实现第一个百年奋斗目标之后,要乘势而上开启全面建设社会主义现代化国家新征程、向第二个百年奋斗目标进军,这标志着我国进入了一个新发展阶段。面对百年未有之大变局,面对国内结构性、体制性、周期性问题相互交织所带来

---

① 原文是作者受邀参加《求是》杂志社和江苏省委于 2021 年 6 月 5 日在苏州共同举办的"全面建成小康社会理论研讨会"的论文,并在研讨会上报告。

的困难和挑战，必须完整、准确、全面贯彻新发展理念，加快构建以国内大循环为主体、国内国际双循环相互促进的新发展格局，增强我们的生存力、竞争力、发展力、持续力，才能任由国际风云变幻，始终充满朝气生存和发展下去。

习近平总书记在"省部级主要领导干部学习贯彻党的十九届五中全会精神专题研讨班"开班式上发表重要讲话强调，"加快构建新发展格局，是"十四五"规划《建议》提出的一项关系我国发展全局的重大战略任务，需要从全局高度准确把握和积极推进"。要紧扣"十四五"时期高质量发展要求，继续咬住深化供给侧结构性改革不放松，加快培育完整内需体系，向更深层次改革要效率，向更高水平开放要活力，向更优载体建设挖潜力，增强供给体系的韧性，持续释放内需潜力，实现经济在高水平上的动态平衡。

一、向更深层次的改革要效率

构建新发展格局的关键在于经济循环的畅通无阻。立足自身、畅通国内大循环，需要建立层次分明竞争有序的统一市场，使市场在资源配置中起决定性作用。"十四五"时期，要瞄准各类要素市场存在的突出矛盾和薄弱环节，坚持问题导向，以要素市场化配置改革为重点，构建城乡统一的建设用地市场，推动形成城乡统一的劳动力市场，健全完善多层次资本市场体系，加快发展技术要素市场，加快培育数据要素市场，促进各类生产要素自主有序流动。

1. 构建城乡统一的建设用地市场

围绕提升建设用地供给对国内需求的适配性目标，推进国土空间治理体系和治理能力现代化，保证经济高质量发展的回旋余地，需要以化解建设用地市场的结构性矛盾为突破口和主抓手，着力构建城乡统一的建设用地市场。要在守住农村土地制度改革"三不"底线，即土地公有制性质不改变、耕地红线不突破、防止出现农民利益受损基础上，试点先行，稳妥推进，推动农村集体经营性建设用地入市落地落实、深化农村宅基地制度改革，改变地方政府在城镇建设用地一级市场的局部卖方垄断地位，助力乡村振兴和城乡融合发展。要深化用地审批制度"放管服"改革，从事前审批管理转向事中事后监管,增强建设用地计划管理方式的灵活性,提高土地要素空间配置效率。

2. 推动形成城乡统一的劳动力市场

户籍制度与城乡二元土地制度并存,已经成为影响中国城市化的主要原因,不但对优化区域经济布局构成重大制约,也不利于内需潜力的充分挖掘。"十四五"时期,户籍制度和土地制度改革的重点,要放在加快形成城乡统一的劳动力市场上。一是进一步放宽城镇落户条件,推动农业转移人口市民化。二是建立城镇教育、就业创业、医疗卫生等基本公共服务与常住人口挂钩机制,推动公共资源按常住人口规模配置。三是注重地区差异性,聚焦"钱从哪里出、地从哪里来、人往哪里走",因地制宜推进保障性安居工程建设,做好保障房配套设施。

3. 健全完善多层次资本市场体系

健全完善资本市场体系要在多层次上下功夫。除了传统金融、证券等市场外,要积极探索市场创新投融资机制,把握好基础设施领域不动产投资信托基金(REITs)在京津冀、长江经济带、雄安新区、粤港澳大湾区、海南、长三角等重点区域先行先试的政策机遇,充分发挥其在提高直接融资比重、提升地方投融资效率、盘活存量资产、广泛调动社会资本参与积极性、化解地方债务等方面的重要作用,为加快推进新型基础设施建设提供有力支撑。

4. 加快发展技术要素市场

构建新发展格局最本质的特征是实现高水平的自立自强,必须更强调自主创新。而提升自主创新能力、尽快突破关键核心技术,需要全面加强对科技创新的部署,集合优势资源,有力有序推进创新攻关的"揭榜挂帅"体制机制,加强创新链和产业链对接,加快发展技术要素市场。要健全职务科技成果产权制度,深化科技成果使用权、处置权和收益权改革,强化知识产权保护和运用。要发挥企业在技术创新中的主体作用,支持有条件的企业承担国家重大科技项目,支持科技企业与高校、科研机构合作建立技术研发中心、产业研究院、中试基地等新型研发机构,使企业成为创新要素集成、科技成果转化的主力军。要促进技术要素与资本要素融合发展,支持国际科技创新合作,不断提升科技创新水平,催生新发展动能。

5. 加快培育数据要素市场

从世界范围来看，数字经济已成为经济发展新动能。将数据纳入生产要素的范畴，是体现新发展理念、构建新发展格局、引领高质量发展的内在要求。当前，数据要素市场体系面临数据化程度不足、数据产权不明晰、传统治理模式难以适应形势的快速变化等，导致数据要素的价值没有充分体现。为此，要推进政府数字化转型和跨行政区域政府之间、不同部门之间的数据共享交换，探索建立统一规范的数据共享交换标准，丰富数据格式，扩大数据规模和种类，增强数据时效性，提高数据质量，加强数据资源整合。要遵循激励相容原则，根据数据性质完善产权性质，推动建立安全高效的数据交易平台，建立健全数据交易管理制度，规范市场主体交易行为，培育数据交易市场，将超大规模数据优势转化为新发展动能。

二、向更高水平的开放要活力

新发展格局绝不是封闭的国内循环，而是开放的国内国际双循环。"十四五"时期，要坚持引进来与走出去并重，实施更大范围、更宽领域、更深层次的全面开放，使国内国际循环相互补充、相互促进，改善我国生产要素质量和配置水平，推动我国产业转型升级。

1. 实施双向开放提升国际循环水平

当前贸易保护主义尽管非常猖獗，但国际市场对中国需求、中国资本的依赖性呈现不断加深之势，构建开放的国内国际双循环，既要引进来，更要走出去，通过实施双向开放提升国际循环水平。要坚持引进来与走出去并重，依托强大的国内经济循环体系和稳固的基本盘，积极推动国际商品"引进来"，通过体制机制创新拓展对外贸易多元化，扩大服务贸易，让更多优质产品进入中国市场，更多的市场和企业依赖中国市场，提升国内消费市场的选择性、多样性，满足人民多层次多元化需求。要积极推动中国资本"走出去"，以交通基础设施互联互通降低运输成本，把"一带一路"倡议落到实处，构筑更广泛的"朋友圈"。双向开放要注意两点：一是凡是愿意同中国合作的国家、地区和企业甚至美国的州、地方和企业，都要积极欢迎，在构建全球命运共同体中巩固全方位、多层次、多元化的开放合作新格局;二是要统筹好开发、发展和安全,围绕增强自身竞争能力、开放监管能力、风险防控能力目标,健全外商投资国家安全审查、反垄断审查、国家技术安全清单管理、不可靠实体清单等制度,建立完善促进对外投资政策和服务体系、涉外经贸法律和规则体系,赢得对外开放主动权。

2. 以国际循环提升国内大循环效率和水平

更高水平开放要服务好国内大循环,塑造我国参与国际合作和竞争新优势。一是推动制造业关键领域对外开放。我国是制造业大国,但不是制造业强国,制造业一些关键领域仍然没有形成国内大循环。要放开关键领域外资控股或独资经营限制,围绕制造业国内大循环加大引进外资力度,确保产业链安全。二是有序扩大金融业对外开放。稳步推进人民币国际化和人民币资本项目可兑换,逐步推进证券、基金行业对内对外双向开放,有序推进期货市场对外开放,逐步放宽外资金融机构准入条件,简化境外机构投资者境内证券期货投资资金管理要求,推进境内金融机构参与国际金融市场交易,积极适应开放的国内国际双循环。三是扩大科技领域对外开放。深化基础研究国际合作,开展创新要素跨境便利流动试点,探索国际科技创新合作新模式,组织实施国际科技创新合作重点专项,发展离岸创新创业,探索推动外籍科学家领衔承担政府支持科技项目,在主动融入全球创新网络中提升自身科技创新能力。发展技术贸易,促进技术进口来源多元化,扩大技术出口。

3. 构建促进内外资企业公平竞争的营商环境

要通过构建促进内外资企业公平竞争的营商环境,使国内国际循环双促进双提高。一是推动规则、规制、管理、标准等制度型开放,《民法典》和相关法律法规以及外商投资法,加强与国际通行经贸规则对接,落实所有制中性,确保在境内注册的各种所有制企业享受同等的政策、同等的服务、同等的法律保护。落实竞争中性,强化竞争政策基础性地位,营造公平竞争的市场环境,打破行政性垄断、防止市场垄断,消除各种隐性壁垒。二是加快中国特色社会主义先行示范区、自由贸易试验区、自由贸易港等对外开放高地建设,把握好先行先试的政策机遇,更好发挥先行示范作用。三是持续放宽市场准入,全面落实外商投资准入前国民待遇加负面清单管理制度,进一步缩减外商投资准入负面清单,降低公共领域特别是医疗、卫生、健康、教育和养老等行业的准入门槛，推动贸易和投资便利化。

4. 面向世界汇聚一流人才

打造世界一流人才集聚高地，既要使海外人才"引得来"，还要使海外人才"使上劲"，更要使海外人才"留得住"，让更多海外高端人才心向往之、为我所用。一要使海外人才"引得来"。要加快人力资源领域改革创新，下放海外人才中介机构审批权，建立柔性引才机制，破除阻碍海外人才在空间、部门间自由流动的体制机制。要立足实际，根据不同层次、不同阶段的人才制定差异化的引进扶持政策，推动奖励补贴、个税补贴、安家购房租房、配偶就业、子女入学、医疗保险等具体的人才引进政策相互配套、有机衔接，打好吸引人才"组合拳"，为海外人才在华工作提供具有国际竞争力和吸引力的环境条件。二要使海外人才"使上劲"，技术与知识"用得上"。要建立科学规范的人才跟踪评价机制和引进管理服务体系，搭建服务海外人才的创新创业平台，在基金申请、经费使用、成果评价等方面逐步实现国内外人才规则趋同化管理。三要使海外人才"留得住"。要设置"一站式"海外人才服务中心，落实针对海外人才的集中生活社区、子女教育、医疗、交通等一系列相关配套，做好全方位服务保障工作，解决海外人才长期在华工作的后顾之忧。

三、向更优载体的建设挖潜力

作为构建新发展格局的主要平台和坚实载体，城市群建设正处于战略机遇窗口期。"十四五"时期，要推进城市群"硬基建"补短板，有效对冲经济下行；推进城市群"新基建"强功能，全力促进产业升级；推进城市群"软基建"提档次，拓展社会发展新空间。

1. 城市群发展的重要性

当前，中国经济发展的空间结构正在发生深刻变化，中心城市和城市群正在成为承载发展要素的主要空间形式，也是承载国内大循环、实现国内国际双循环相互促进相互补充的主要平台，具体表现在四个方面。一是有利于产业结构调整，特别是制造业在降成本的基础上提高专业化水平，打通国内大循环的生产环节。二是有利于人口结构调整,大幅度改善居民收入和消费水平,补好国内大循环的消费短板。三是有利于扩大投资和消费需求,提高产能利用率,形成重要的经济增长新动能。四是有利于推动创新和绿色发展,促进生产生活转向高质量、可持续、有韧性的新发展方式。

从世界维度看,中心城市和重点城市群肩负着在更高层次参与国际合作和竞争的国家使命,着眼于聚集全球要素资源,在新一轮改革开放中探路攻坚,形成在全球发展有竞争力、在全国走在前列的引领性发展。从全局维度看,城市群肩负着开启全面建设社会主义现代化国家新征程的探索使命,着眼于打破行政区划与地理边界束缚,实现集聚与辐射相辅相成的一体化。京津冀协同发展、粤港澳大湾区建设、长三角一体化发展先后上升为国家战略,标志着城市群建设进入一个新的历史阶段。要紧紧抓住实施国家战略带来的机遇,以城市群作为参与国际合作和竞争的重要平台,打破行政区划壁垒,发挥区域协同效应,推进都市圈同城化,从行政区经济向功能区经济转变,从同质竞争向协同发展转变,形成一个开放融合、协同发展的大生态系统。要发挥各地区比较优势,促进各类要素合理流动和高效集聚,推动产业协同优势互补和产业链深度融合。

2. 以城市群"硬基建"补短板对冲经济下行

从经济地理的意义上看,基础设施互联互通将降低物流成本、优化空间结构、缩短组团发展的时空距离。这既是城市群建设的薄弱环节和短板,也是应对当前复杂严峻经济形势的重要举措,能够扩大国内需求、增加就业岗位,有助于消除疫情冲击带来的产出缺口、对冲经济下行压力。要聚焦薄弱环节补短板,加快布局城际高速铁路和城际轨道交通、特高压电力枢纽以及重大科技基础设施、科教基础设施、产业技术创新基础设施等,统筹推进跨区域交通、电信、能源、水利基础设施建设,不断提升中心城市和重点城市群的基础设施互联互通水平。

3. 以城市群"新基建"强功能挖掘发展潜能

从长远看,适度超前的新型基础设施建设能够夯实经济长远发展的基础,显著提高经济社会运行效率,为中国经济长期稳定发展提供有力支撑。因此,"十四五"时期,加快城市群新型基础设施建设,必须兼顾短期经济平稳运行和中长期经济高质量发展。要聚焦关键领域锻长板,牢牢把握新一轮科技革命和产业变革带来的历史性机遇,协同建设 5G 网络、大数据中心等新型基础设施,通过 5G 赋能工业互联网,共同推动 5G 与人工智能深度融合,共同打造建设数字城市群,抢占数字经济发展主动权。在此基础上,共同推动新一代信息技术与制造业融合发展,加速区内工业企业数字化、智能化转型,提高制造业数字化、网络化、智能化发展水平,推进制造模式、生产方式以及企业形态变革,为提升产业链供应链的稳定性和竞争力、优化产业发展格局、加快产业转型升级提供强大支撑。

4. 以城市群"软基建"提档次拓展发展空间

城市群"软基建"包括创新区域合作机制、完善共建共治共享的社会治理制度等,对于将制度优势转化为发展优势,不断拓展发展新空间,有着重要意义。要健全市场一体化发展机制,消除歧视性、隐蔽性的区域市场壁垒,坚决破除地方保护主义。要尊重客观规律、发挥比较优势,深化区域间基建、环保、产业等方面的合作机制,全面建立生态补偿制度,推动形成优势互补、高质量发展的区域经济布局。要创新跨区域服务机制,运用信息化手段协同建设便捷高效的公共服务平台,加快区内政务数据开放共享,推动区内率先实现基本公共服务均等化、可及性,不断优化区内公共治理体系,提升精细化管理水平和公共治理能力,为城市群建设提供强大公共治理平台。